KB045736

화폐전쟁 2

| 금권 천하 |

HUO BI ZHAN ZHENG 2 货币战争 2 – 金权天下

쑹훙빙 지음 | 차혜정 옮김 | 박한진 감수

CURRENCY WARS

화폐전쟁 2

| 금권 천하 |

이 책의 집필 목적은 독자들에게 투자 방법을 가르치거나 자산 분배 방법, 환헤지 방법을 전수하려는 것이 아니다. 오랫동안 우리를 곤혹스럽게 만들었으나 해답을 찾을 수 없었던 문제에 대한 답을 주려는 것이 목적이다. 그 문제는 바로 화폐는 왜 서로 충돌하는가 하는 것이다.

쑹 선생은 세계 경제학계에서 천재적인 학자로 꼽힌다. 그는 엄청난 시간을 투자해 역사를 탐구하고 현실을 연구하고 미래를 해독하고자 했다. 그는 이 책을 쓰기 위해 무려 100여 권 이상의 책을 통독했다. 더불어 300여 년 이상을 거슬러 올라가 현대 금융 시스템의 기원을 탐색했다.

이 책에서 그는 '판도라의 상자'를 열었다. 무엇보다 17개 은행 가문들이 20세기 초에서 시작해 지금에 이르기까지 어떻게 세계 금융 시스템을 지배했고, 어떤 금융 수단과 사건으로 은행 시스템을 비롯해 원유, 공업, 군수 산업 등을 장악했는지 파헤쳤다. 또 이를 통해 어떻게 세계를 유효적절하게 움직이고 있는지를 폭로하고 있다. 은행 가문들은 계급 피라미드의 최상층부에 자리 잡고 있는 사람들이자 모든 비밀을 자신들의 보좌 밑에 숨겨놓은 사람들이다. 쑹 선생은 바로 이 점에 주목하고 그들이 추진하려는 이른바 세계화의 추세를 중국이 이해할 수 있도록 은근히 촉구하고 있다.

여러분이 이 책을 흥미진진하게 읽다 보면 세월이 화살처럼 빠르고 역사가 천변만화하다는 사실을 깨닫게 될 것이다. 이 책이 비슷한 화제를 다룬 저서 중에서 단연 최고라고 생각한다. 이 책을 읽고 얻는 수확은 그의 첫 책인《화폐전쟁 1》보다 열 배나 많다. 나는 이미 그가 준비 중인 세 번째 책을 목이 빠져라 기다리고 있다. 그가 이처럼 가치 있는 생각과 관점을 제공해 주어 너무나도 고맙다. 더불어 독자와 함께 그의 열정과 끈기를 나누고 싶다.

무하마드 압둘라 하크

G6그룹 총재 겸 CEO, FNC그룹 회장

감수자의 글

2007년에 초판 출간된《화폐전쟁 1》은 저자와 감수자의 생활에 큰 변화를 가져왔다. 저자는 책 출간과 동시에 중국의 학계와 기업계를 아우르며 일약 명사 반열에 올랐다. 〈비즈니스 위크(Business Week)〉는 그를 2009년 '중국에서 가장 영향력 있는 인물 40인'에 선정했다. 감수자는 책의 내용이 사실이냐 허구냐를 묻는 진실게임식 질문 공세를 받았다. 국내 출판계로부터는 음모론에 관한 책을 써보라는 권유도 적지 않았다.

《화폐전쟁 2》도 중국에서 원저 초판이 나온 이후 전작 못지않은 인기몰이를 하고 있다. 화폐전쟁 1편과 2009년에는 2편이 중국 전체 경영서 판매순위 1, 2위에 나란히 올랐다.

저자는 2편에서도 깜짝 놀랄 만한 주장들을 유감없이 펼치고 있다. 제2차 세계대전의 명장 패턴 장군은 사고사한 것이 아니라 국제 은행 가문에 의해 암살됐다는 것, 1983년 러시아 전투기에 의한 KAL 007기 피격사건은 로런스 P. 맥도널드 미국 하원의원을 제거하기 위한 금융과두 엘리트의 소행이라는 것, 수리경제학과 산업 분석의 달인 '앨런 그린스펀' 전 미국 연방준비제도이사회(FRB) 의장이 자신의 가치관과는 정반대로 달러화의 남발을 방임해 결국 글로벌 금융위기를 촉발한 데는 숨은 이유가 있다는 것, 나아가 금권 세력들은 2024년 세계 단일 화폐 출범을 위해 이미 2009년부터 치밀한 행동을 시작했다는 것까지……. 《화폐전쟁 2》는 전편에 이어 이번에도 뜨거운 논쟁이 꼬리를 물 전망이다.

《화폐전쟁 2》는 전작과 차별화하려는 저자의 세심한 준비와 노력이 눈에 띈다. 1편에서 주로 유대인 로스차일드 일가가 미국에 미친 영향력을 추적했다면 이번에는 독일, 영국, 프랑스, 미국에서 유래한 17대 국제 금융 가문의 인맥 관계와 그들의 정보 네트워크를 세밀하게 그려냈다. 책 전반에 걸친 저자의 시각도 화폐금융 중심에서 역사, 정치사 분야로까지 확장됐다.

2009년 4월 7일 베이징에서 저자 쑹훙빙을 만난 적이 있다. 그는 자신이 화폐전쟁 시리즈를 집필하는 이유를 담담하게 말했다. 전술적 차원의 역량은 커졌지만 전략적 사고체계가 미약한 중국 국민들에게 세계를 보는 시야를 넓혀주기 위해서라고 한다. 과거의 전쟁은 군사력의 대결이었으나 이제는 금융파워가 우열을 가르기 때문이라는 것.

저자는 서방의 국제 금융 가문이 중심이 되어 구축된 오늘날의 '글로벌화'와 '국제 관례'에는 결코 동조할 수 없다고 강조했다. 그들이 정해놓은 게임의 법칙을 따라간다면 영원히 피지배적 위치에 놓일 수 밖에 없다는 주장이다. 세계화의 문제점을 지적한 장하준 교수의《나쁜 사마리아인》《사다리 걷어차기》 등과 비록 관점은 달라도 일견 맥이 닿는 대목이다.

그는 자신의 관점에 대해 긍정적인 반응과 함께 비판의 목소리도 많다는 것을 잘 알고 있지만 중국인들이 21세기 글로벌 전략을 수립해 나가는 데 자신의 책이 작은 초석이 된다면 보람을 느낄 것이라고 했다.

나는《화폐전쟁 2》 한국어판 출간에 대해 우리 독자들에게 몇 가지 제안을 드리고자 한다.

첫째, 이 책의 내용에 대해 진실게임식 접근보다는 사실(fact)에 허구(fiction)를 가미한 '팩션(faction)'으로 받아들여 달라는 것은 여전히 유효하며 가장 핵심적인 제안이다. 기본적으로 음모론에 기초한 책이지만 캐도 캐도 끝이 없는 것이 음모론이다. 진위 여부에 매달리기보다는 개연성 내지는 가능성으로 보아달라는 것이다. 그렇게 한다면 큰 그림을 그려볼 수 있을 것이다.

둘째, 같은 맥락에서 '사고 실험(thought experiment)'적 접근을 한다면 책 읽는 재미가 훨씬 커질 것이다. 머릿속으로 가상의 시나리오를 상정하고 어떤 일이 일어날 것인지를 예측하는 생각 실험이다. 이렇게 한다면 실제 일어난 일과 일어날 가능성이 있는 일을 비교해 볼 수도 있다. 예를 들면 제10장 '미래로 돌아가다'에서 저자는 앞으로 세계 단일 정부, 세계 단일 화폐가 출현할 것으로 예측하고 2009년부터 2024년까지의 전개 양상을 타임머신처럼 보여준다. 여기에 사고 실험을 적용한다면 독자 자신이 가진 정보와 지식, 판단으로 나름대로의 가상 시나리오를 만들어볼 수 있을 것이다. 물론 신뢰성과 타당성을 담보하자면 보다 과학적이고 세밀한 미래예측 기법을 동원해야 할 것이다.

셋째, 겉으로 드러난 사실보다는 속에 감추어진 배경과 흐름에 초점을 맞추었으면 한다. 이 책은 중국인 저자가 서방 각국으로부터 유래한 여러 금융 가문을 다루고 있지만 기본적으로 중국이 미국을 염두에 두고 쓴 것이다. 국제 금융 가문은 출신지역에 관계없이 현실적으로 미국이 주요 활동 무대이기 때문이다. 미국은 왜 중국에 대해 전례 없는 강도로 위안화 평가절상 압력을 가하고 있는가? 중국은 왜 버티고 있는가? 언제까지 버틸 것인가? 중국 경제와 위안화 위상이 좀 더 커졌을 때 미국은 과연 어떻게 나올 것인가? 미 달러는 결국 추락하는가? 100년 만의 글로벌 금융위기의 음영이 가시면서 미국과 중국의 금융 시스템과 경제산업 구조가 극적인 변화를 모색한다면 한국은 과연 어떤 좌표를 찾아야 하는가? 이런 고민이 필요하다.

《화폐전쟁 2》 감수를 마치며 줄곧 뇌리를 떠나지 않은 구절이 있다. "먼저 적이 나를 이길 수 없도록 만들어놓고, 적을 이길 수 있을 때까지 기다린다." 저자가 세계 최고의 숨은 부자로 꼽는 로스차일드가의 경쟁전략이다. 마치 손자병법의 '지피지기 백전불태'와 삼국지의 '도광양회(韜光養晦)'를 섞어놓은 듯하다. 상대를 알고 자신을 알되, 실력을 기를 때까지는 자신의 재능과 명성을 드러내지 않고 참고 기다린다는 것이다.

중국의 고전에만 있는 줄 알았던 전략을 서방의 금융 가문들도 일찌감치 구사하고 있었다. 중국에선 중장기 국제환경 변화와 대응방안을 담은 거대담론과 미래예측 보고서들이 쏟아져 나오고 있다. 그 와중에 미국은 이전과는 다른 새로운 전략을 모색하는 듯 보인다. 한국의 방향은 어디인가. 심각하게 고민해야 할 문제가 아닐 수 없다.

《화폐전쟁 2》의 출간이 한국에서도 '지피지기'와 '도광양회'의 지혜를 생각하게 하는 계기가 되기를 바란다.

박한진

한국의 독자들에게

쓰촨성(四川省) 청두(成都)는 내 고향이다. 2009년 11월 18일 저녁 무렵, 내가 탄 비행기는 서서히 청두의 쐉류(雙流) 공항에 착륙 준비를 하고 있었다. 이때 내 마음은 왠지 조금 떨렸다. 휴대폰을 켜자 문자 하나가 툭 튀어나왔다. 친구가 보낸 문자였다. "오늘 미국의 〈비즈니스 위크〉가 선정한 '2009년 중국에서 가장 영향력 있는 40명'에 네가 뽑혔어. 이유는 네 책에서 미래 세계에 초주권(超主權) 화폐가 출현할 것이라고 주장했기 때문이래. 이 명단에는 후진타오(胡錦濤), 원자바오(溫家寶) 등도 들어 있어……"라는 내용이었다.

《화폐전쟁 2》가 세상에 나올 무렵, 내 어머니는 병으로 세상을 떠나셨다. 이건 정말 내 인생에서 가장 안타까운 일이었다. 내가 집으로 돌아와 이 책이 출간될 예정이라는 소식을 어머니에게 전했을 때, 나는 마치 초등학교 3학년 때 어머니가 나를 바라보며 사랑스러운 미소를 짓던 모습을 다시 보는 듯했다.

나는 2009년 하반기에 중국의 많은 지방을 다녔다. 이때 한 독자가 나에게 "《화폐전쟁 1》이 내 인생을 바꿨습니다"라면서 과분한 말을 하기도 했다. 사실 나 역시도 이 책으로 인해 인생의 궤적이 완전히 변해버렸다. 우선 아내와 딸의 곁을 떠나 조국으로 돌아오게 되었고, 또 책을 매개로 많은 우수한 친구들과 인연을 맺게 되었다. 어디 이뿐인가. 얼마 후에는 글로벌재경연구원을 설립하고 〈환추차이징(環球財經)〉이라는 잡지의 발행인까지 맡았다.

한국의 중앙은행인 한국은행의 행사에 참여하는 기회도 얻었다. 이를 통해 《화폐전쟁 1》이 한국에서도 많은 독자들의 사랑을 받고 있다는 말을 들을 수 있었다. 나중에는 중국에서 사업을 하는 많은 우수한 한국 기업인들까지 사귈 기회를 얻었다. 나는 그들에게서 정말이지 동방예의지국의 사람들에게서나 받을 만한 좋은 감정을 느꼈다.

2007년 출판한 《화폐전쟁 1》에서 나는 세계적인 금융위기의 도래를 예언했다. 또 세계 경제에 환경 보호를 위한 금융 상품이 출현할 것이라고 주장했다. 이 주장은 코펜하겐 회의에서 들어맞았다. 또 《화폐전쟁 2》에서는 달러화가 틀림없이 파산을 맞이하고, 금융 역시 천변만화의 격동에 휩싸일 것이라고 주장했다. 독자들은 이를 통해 세계 금융 시스템의 게임 규칙이 극소수의 사람들에 의해 만들어지고 통제된다는 사실을 확실하게 깨달았을 것이다. 또한 자본이 국가를 통제하는 것이 금융위기 폭발의 근원이라는 것도 분명히 알게 되었으리라고 생각한다. 주권을 초월하고 공평하고 안정적이면서 세계가 함께 부의 척도를 재는 기준으로 삼을 수 있는 화폐가 반드시 출현해야 한다. 유로든 아시아판 달러든, 모두 자신들의 지역에서는 상대적으로 평등한 무역 규칙을 세울 수 있지만 궁극적으로 이들 화폐로는 세계를 안정시키는 역할을 기대하기 어렵기 때문이다.

우리는 위기라는 것이 특정 국가, 특정 지역에만 영향을 미치지 않으리라는 것을 잘 알고 있다. 국제 관계가 갈수록 긴밀해지는 지금은 순망치한이라는 말이 딱 들어맞는다. 어떤 나라도 다른 나라의 위기를 방관할 수 없다. 서로 돕고 공동의 발전을 도모해야만 위기의 도래와 공격에 대항할 수 있다.

《화폐전쟁 1》과《화폐전쟁 2》는 중국에서만 250만 부 이상 발행되었다. 나는 독자들이 이 책을 통해 세계 금융의 발전사를 이해할 수 있길 진심으로 바란다. 선현들도 일찍이 "역사를 모르는 사람은 반드시 실패의 전철을 밟는다"라고 하지 않았던가.

나는《화폐전쟁 1》에 이어《화폐전쟁 2》를 출판하는 알에이치코리아에 깊이 감사한다. 더불어 더 많은 한국인들이 세계와 금융에 대해 깊이 이해하기를 바란다. 또 한중 양국이 손을 잡고 함께 부강해져 양국 국민들이 더욱 행복해지길 바라는 마음이 간절하다.

서문

2009년 6월 11일 새벽 2시 41분,《화폐전쟁 2》의 원고가 드디어 마무리되었다.

2006년 여름《화폐전쟁 1》을 탈고한 이후 바로 이 책 집필을 위한 자료 수집에 착수했다. 3년 동안 독일을 비롯해 영국, 프랑스, 미국 등의 300여 년에 걸친 모든 중요한 은행 가문의 인맥 관계를 자세하게 파악할 수 있었다. 또 이들과 각 나라들의 전쟁, 혁명, 정변, 위기 사이의 연동 관계 역시 파악할 수 있었다. 이 중간에는 유럽과 미국의 수많은 주요 역사적 사건과 그 배후에 도사린 금융의 움직임이 있었다. 결국 이에 대한 고찰을 통해 나는 세계 17개 주요 은행 가문 사이의 인맥 관계도를 그릴 수 있게 되었다.

1,000일 가까운 기간에 나는 각 가문의 역사를 다룬 자료를 100권 이상 읽었다. 각 나라의 경제사와 각종 문헌, 지도, 잡지, 신문, 내부 문건 등도 읽었다. 이렇게 읽은 자료의 총량은 5,000만 자, 200자 원고지로 25만 장이 넘었다. 평균적으로 매일 5만 자, 원고지 250장을 본

셈이었다. 이 덕분에 다시는 돌아보고 싶지 않은 지난한 작업을 마무리할 수 있었다. 특히 2009년에는 평균 수면 시간이 4시간을 넘지 않았다. 심지어 8주 연속 밤을 지새워 일하기도 했다.

나는 이 책의 정보량이 '1권'의 열 배 이상 된다고 생각한다. 이름과 성이 언급된 인물만 200여 명 이상에 이른다. '1권'을 본 분들이 두 번째 책을 본 다음에 절대로 시간을 낭비했다는 생각이 들지 않을 것이라고 확신한다. 또 이 두 권에서 주장하는 논리는 정말 타당하다고 생각한다. 대량의 역사적 사실로 상호 교차 증명을 했다고 해도 과언이 아니다. 한마디로 수많은 주요 역사적 미스터리들이 합리적이고 통일적인 논리에 의해 지탱되고 있는 것이다.

중국 학계는 서방 세계를 연구할 때 종종 심각한 오류를 저지르는 경향이 있다. 그것은 바로 서방 사회의 인맥 관계를 소홀히 한다는 점이다. 이 지구상에 사람에 의해 이뤄지지 않은 사회는 없다. 따라서 사회에 대한 연구는 사람을 중심으로 이뤄져야 한다. 특히 어느 사회에서 막강한 영향력을 발휘한 결정적인 인물들에 대해서는 더욱 그래야 한다. 그래야 이들이 형성한 인맥 네트워크를 철저히 이해할 수 있다. 이는 서방 사회를 정확히 이해하는 매우 중요한 기초이기도 하다.

모든 인류 사회 구조는 사실 전형적인 피라미드 형태를 이룬다. 결정적인 소수의 사람들만이 자신의 총명함과 부지런함으로 사회 구조 내에서 점점 신분 상승의 기회를 갖게 된다. 경우에 따라서는 폭력과 속임수를 동원하기도 하지만 말이다. 어쨌거나 이들은 충분한 재력과 영향력을 갖추게 될 때, 역으로 게임의 법칙을 변화시켜 자신들의 기득권을 공고히 하거나 확대하는 데 나선다. 더불어 폐쇄적인 이익을 향유하는 통치 엘리트 계층을 형성한다. 동양 사회 권력의 피라미드 구조가 정권에 기반을 두고 있다면, 서양의 권력 피라미드는 매우 은밀하게 숨겨진 채권을 고리로 하고 있다. 사회 각계각층을 이 채권이라는 고리로 단단히 묶는 것이다. 서방 사회에서 채권자는 지배적인 권력을 향유한다. 반면 채무자는 피지배 계급에 놓이게 된다. 더불어 국가기관의 주요 기능은 이런 고리의 연결성을 더욱 보호하고 강화하는 데 있다. 서방에서는 최대의 채권자가 바로 게임 법칙의 최종 제정자가 된다. 국제 은행가가 통제하는 중앙은행은 19세기 이래 의심할 바 없는 전체 사회의 최대 채권자였다. 이에 반해 정부를 포함한 사회 각계각층은 하나같이 채무자였다. 이 각도로 오늘날의 서방 사회를 본다면, 금융 세력이 사실상 정부의 정책 결정을 좌지우지하고 있는 것이다.

중국은 날이 갈수록 글로벌 영향력을 보유한 대국으로 변모해 가고 있다. 따라서 중국의 신세대 전략 사상가들은 넓은 글로벌 차원의 시각과 깊고 원대한 역사적 이해력을 구비해야 한다. 그래야 장기적이고도 실질적인 국가 전략을 마련할 수 있다. 모든 전략의 전제 조건은 누구를 가장 중요한 전략적 상대로 확정짓느냐 하는 것이다. 상대가 없는 전략은 절대로 제대로 된 전략이 될 수 없다. 또 중요한 상대를 잘못 선택한 전략은 유효한 전략이 될 수 없다. 그러므로 중국 국가 전략의 주춧돌을 정확하게 놓기 위해서는 국제 금융 세력의 역사적 연원과 인맥 관계를 전면적이고 철저하게 이해해야 한다.

이 책은 300년의 시간을 뛰어넘어 유럽과 미국의 주요 금융 세력의 형성 및 발전, 퇴출, 충돌, 연합, 견제 등에 대해 전면적으로 기술하고 있다. 더불어 현재 막후에서 세계를 조종하는 세력의 움직임과 정책 결정 메커니즘을 체계적으로 분석한 책이기도 하다. 한마디로 세계를 지배하는 '국제 은행 가문 클럽'의 신비한 베일을 최초로 벗긴 책이다. 이 책은 또한 심금을 울리는 뛰어난 스토리, 통속적이면서도 생생한 표현, 원대한 금융 분야의 시각, 광범위한 역사적 이해, 깊고도 풍부한 이론적 기초, 충실한 역사적 데이터 등을 통해 전체적, 입체적으로 현재 세계를 움직이고 있는 금융 세력 간의 합종연횡을 설명해 준다. 상생과 상극의 미묘한 관계 역시 생생하게 그려낸다.

이것은 지금까지 중국인들이 전혀 몰랐던 방대한 국제 인맥 네트워크이며, 금융 산업을 핵심으로 각 나라의 정부 기구, 석유 메이저, 국가 무장 역량, 생물제약 그룹, 전략 정보 시스템, 국방 기관, 매스 미디어와 로비스트, 사법 및 입법 기관, NGO, 방대한 펀드 시스템, 싱크탱크, 종교 세력 집단, 비밀 엘리트 단체 등 국제사회에서 결정적 역할을 하는 힘이 복잡하게 얽혀 있다. 한마디로 이 인맥 관계도는 지금 세계에 빈번하게 출현하는 금융위기, 전쟁과 무력 충돌, 혁명이나 폭동, 쿠데타, 종교 이슈, 글로벌 의제, 지역 정치, 대국들의 관계, 국제 조직을 정확하게 이해하는 나침반이라고 해도 과언이 아니다.

이 책은 많은 이들의 도움을 받았다. 우선 양웨이(楊巍) 선생과 그가 이끄는 보루이촨스(博銳傳世) 투자고문공사의 '화폐전쟁 태스크포스'가 제공한 도움이 적지 않았다. 이들은 정말 이 책의 자료 수집과 내용의 대조 검토에 감탄할 만한 공헌을 했다.

홍위안(宏源) 증권 회장인 탕스성(湯世生) 선생도 이 책 각 장에 대한 많은 귀중한 의견을 제시했다. 우리는 이 과정에서 신용의 기원과 역할, 신용과 화폐의 관계 및 금융위기의 근원 등에 대해 장기간 토론을 벌였다. 그의 격려와 지도로 나는《마르크스엥겔스전집》중의 신용과 화폐 및 19세기 유럽 금융시장과 관련된 부분을 통독했다. 정말로 도움이 많이 됐다.

〈환추차이징〉 잡지의 발행인 런원(任文) 여사, 사장 샹쑹쭤(向松作) 선생, 편집위원회의 차오량(喬良) 장군, 왕샹수이(王湘穗) 선생, 펑샤오광(彭曉光) 선생, 바이이민(白益民) 선생, 장밍(張明) 선생, 메이신위(梅新育) 선생과 모뤄(摩羅) 선생 역시 본인에게 많은 격려를 아끼지 않았다. 이외에 장위옌(張宇燕) 선생은 중국 고대 화폐사 분야에서 도움이 되는 의견을 많이 제시했다. 여기에서 고마움을 표하고자 한다.

동시에 나는 수많은 독자의 지대한 관심에도 고마움을 전하고 싶다. 독자 여러분의 지지가 없었다면 아마 이처럼 너무나도 지난한 일을 마무리할 용기와 능력을 발휘하지 못했을 것이다.

솔직히 나는 이 일에 너무나 오래 매달렸다. 게다가 내 인맥은 무척이나 복잡하고, 중간에 우여곡절도 겪었다. 여기에 나 자신의 이론적 능력도 한계가 있었다. 때문에 이 책에는 잘못된 점과 누락된 부분이 없지 않을 것이다. 독자의 이해와 인내를 바라고 싶다.

나는 이 작업을 진행하는 가장 결정적인 순간에 어머니의 병 수발을 들기도 했다. 그야말로 주야로 쉬지 않았다. 아마 어머니는 의식이 혼미해지는 순간에도 묵묵히 나를 기다리시고 나와 함께하고 싶으셨던 것 같다. 그러나 마지막 원고를 완성하려는 순간 사랑하는 어머니는 세상을 떠나셨다. 여기에서 이 책을 어머니의 영전에 바치고자 한다!

이 책은 아내 줄리에와 딸 소피아의 격려와 지지가 없었다면 완성되기 어려웠을 것이다. 그들의 희생과 봉사가 있었기에 지금까지 걸어 올 수 있었다.

마지막으로 L. H 여사에게 고마움을 표하고 싶다. 그녀는 두 권의 《화폐전쟁》에 이름을 올리지 못한 내 중요한 연구 조수이자 협력자였다. 그녀의 심혈과 지혜는 내 두 권의 책에 그대로 녹아 있다.

차례

제1장 독일: 국제 은행 가문들의 발원지

제2장 영국: 금권의 고지 선점

제3장 프랑스: 금권의 할거

제4장 미국: 금권 커넥션의 내부 사람들

제5장 혼돈의 유럽

제6장 히틀러의 뉴딜 정책

제7장 은행가와 정보 네트워크

제10장 미래로 돌아가다

제1장

독일:
국제 은행 가문들의 발원지

정치와 금융은 원래부터 손에 손을 잡고 움직였다.
이것은 의심의 여지가 없다.
_ 로스차일드

들어가면서

19세기 이후 로스차일드Rothschild가家를 대표로 하는 17개 주요 국제 은행 가문이 네덜란드, 영국, 프랑스, 독일에서 잇달아 탄생했다. 이어 러시아를 비롯해 오스트리아, 이탈리아, 미국으로 점점 더 넓게 퍼져나갔다. 마지막에는 오늘날 지구촌에서 막강한 영향력을 행사하는 국제 금융 인맥의 핵심 네트워크를 형성하기에 이르렀다.

이들 가문은 말할 것도 없이 막강한 역량을 가진 이 세상 최고의 극소수 엘리트 집단이다. 따라서 이들의 사고방식이나 행동방식은 인류의 운명에 결정적 영향을 미칠 수밖에 없다. 실제로 과거 200여 년 동안 이들 가문은 세계무대에서 질풍노도의 행보를 보였다. 이들 가문을 핵심으로 형성된 서방 사회의 방대하고도 복잡한 인맥 네트워크가 인류 역사의 발전 궤적과 현 지구촌 구도의 형성에 엄청난 작용을 했다는 얘기다. 이들 가문은 오늘날까지도 국제 금융계에 중요한 영향력을 행사하고 있다.

봉건사회를 겪은 아시아 사람들은 원래 권력이라는 인성人性의 역사에 대해 대단히 친숙하다. 그러나 우리가 다루려고 하는 부富라는 인성의 역사에 대해서는 별로 익숙하지 못하다. 때문에 우리는 국제 은행 가문을 가장 많이 배출한 독일에서부터 이 곡절 많은 탐색의 여정을 시작해 보려고 한다.

독일의 전신인 프로이센은 1860년대에 오스트리아와 국가의 운명을 건 일전을 치르고 있었다. 이때 프로이센의 수상 비스마르크Bismarck는 승리의 여세를 몰아 오스트리아의 수도 빈을 점령할 수 있는 유리한 전황을 만들었다. 그러나 그는 진군을 원하는 국왕과 달리 오스트리아를 막다른 골목으로 밀어붙이지 않았다. 오히려 수상 자리에서 물러나겠다는 압박과 투신자살하겠다는 협박을 통해 전쟁을 끝내려는 입장을 견지했다.

이처럼 갑자기 종료된 전쟁의 배후에는 무엇이 숨겨져 있었을까? 우리는 이를 어렵지 않게 찾을 수 있다. 그것은 바로 끊이지 않고 이어지는 국제 은행 가문의 그림자였다. 이를테면 로스차일드, 블라이흐뢰더Bleichröeder, 오펜하임Oppenheim 등이 주인공들이었다. 더불어 홀연히 나타났다 사라지곤 했던 이들의 그림자 뒤에는 사통팔달四通八達하면서도 깊숙한 연계를 가지는 가문들의 네트워크도 존재했다. 당시 이들은 한편으로는 제휴하고 다른 한편으로는 이전투구의 격렬한 싸움을 벌이면서 서로 돕거나 경쟁을 벌였다.

이 금권金權 네트워크는 정말 없는 곳이 없었고 못할 일이 없었다. 실제로 유럽 각국의 복잡한 국가 내정과 외교, 전쟁과 혁명, 정변과 음모를 배후에서 조종하거나 장악하거나 결정했다. 끝이 없는 신통력을 가진 금권 네트워크는 비스마르크가 두각을 나타났을 때부터 독일 통일 과정, 1848년의 혁명(프랑스의 2월 혁명을 비롯한 전 유럽의 혁명을 의미함-옮긴이), 덴마크 위기, 프로이센-오스트리아 전쟁, 보불 전쟁(프로이센과 프랑스의 전쟁-옮긴이) 등의 사건들과 하나같이 밀접한 관련이 있었다. 역사 역시 이처럼 천변만화하는 국면을 거치면서 아슬아슬하게 발전해 내려왔다.

누가 국제 은행 가문인가

19세기 이래 네덜란드를 비롯한 영국, 프랑스, 독일에서는 로스차일드가를 대표로 하는 국제 은행 가문이 탄생했다. 이들은 이후 점점 더 외연을 확대하면서 급기야 오늘날 지구촌에도 엄청난 영향을 미치는 금융 인맥의 핵심 네트워크까지 형성했다. 종교 세력과 봉건 왕권은 프랑스 부르주아 대혁명의 파도가 유럽을 휩쓸기 시작하면서 점점 쇠락해 갔다. 이른바 구체제의 통치 세력 그룹이 점차 와해되면서 신흥 부르주아 계급이 빠른 속도로 사회 권력의 공백을 메워갔다. 이 기간에는 또 산업혁명에 의해 탄생한 철도, 야금, 광업, 군수, 기계, 통신 분야의 산업이 폭발적으로 성장했다. 더불어 유럽 열강들의 세력 불균형에 의해 수차례의 전쟁 역시 폭발했다. 국제 은행가들은 바로 이 순간을 놓치지 않았다. 매우 뛰어난 동물적 감각으로 역사적인 중대한

구체제
프랑스 원어는 앙시앵 레짐(ancien régime). 프랑스 혁명기 타도의 대상이 되었음.

기회를 움켜잡아, 금융시장을 통해 산업 성장과 국가 간의 전쟁에 필요한 대규모 자금을 모집한 것이다. 이로써 그들은 깜짝 놀랄 만한 엄청난 부를 획득함과 동시에 역사 발전에 막강한 영향력을 발휘하기 시작했다.

이들이 획득한 부의 역량은 권력을 타락시키고 갈망하고 통제하기에 이르렀다. 이들은 자본의 수요와 공급이 서로 맞물려 어우러지는 과정에서 점차 세계 자본과 신용 흐름의 채널을 장악하기 시작했다. 더불어 일련의 완벽한 게임의 규칙도 만들어냈다. 모든 역사적인 사건들의 배후에 금융 세력의 그림자가 드리우기 시작한 것이다. 대략 살펴만 봐도 이 사건들은 간단한 게 아니었다.

우선 호프(Hope)와 베어링(Baring)가의 연합에서부터 영국과 네덜란드의 동맹 확립이라는 사건이 예사롭지 않았다. 또 말레(Mallet)와 호팅거(Hottinguer) 등 스위스은행 가문의 막후 공작에서부터 프랑스 대혁명으로 심화, 발전하기까지의 사건들 역시 간과해서는 안 될 것들이다. 오트 방크의 은행 가문들이 자금을 원조한 이른바 브뤼메르 18일에서부터 나폴레옹이 이들에게 프랑스은행을 설립하도록 한 화끈한 대가에 이르는 과정의 사건들도 크게 다르지 않았다. 이뿐만이 아니었다. 윌링(Willing)과 모리스(Morris) 가문이 대서양을 넘어 미국까지 인맥을 넓힌 것에서부터 미국 정부에 루이지애나 지역을 구입하도록 자금을 융자한 사건들, 페레르(Pérreire)와 풀드(Fould)가가 연합해 로스차일드가에 대항한 것에서부터 크레디 모빌리에 등으로 대표

오트 방크(Haute banque)
일반적인 금융과는 차원이 다른 고도의 금융이라는 의미.

브뤼메르 18일
1799년 프랑스에서 나폴레옹 1세가 총재정부를 뒤엎고 독재 체제를 구축한 사건.

크레디 모빌리에 (Crédit Mobilier)
프랑스 최초의 산업은행. 근대 산업 금융의 선도적 역할을 함.

되는 새로운 금융 혁신 경쟁에 이르기까지 금융 세력의 그림자는 어른거렸다. 또 비스마르크에 대한 블라이흐뢰더가의 지지에서부터 빈에서의 갑작스런 전쟁 중지에 이르기까지, 파울링과 바르부르크(Warburg)가가 빌헬름 2세를 선동해 영토 확장에 나서도록 한 것에서부터 로스차일드가 영국 금융을 장악하는 사건에 이르기까지, 벨몬트(Belmont)가가 링컨의 그린백을 폐지시키는 데 참여할 때부터 셀리그먼(Seligman)가가 파나마의 독립을 획책할 때까지도 그랬다. 아라비아인들의 대기의(大起義)에서부터 밸푸어 선언에 이르기까지, 독일 제국 은행의 민영화에서부터 1923년 하이퍼인플레이션에 이르기까지, 나치의 부상에서부터 히틀러가 진행한 금융 혁신 정책에 월스트리트의 자금이 투입되는 과정에 이르기까지, 원자탄 관련 비밀의 누설에서부터 소련 KGB가 자행한 악질적인 간첩 사건에 이르기까지, 로즈 재단의 웅대한 계획에서부터 미국의 재단 시스템이 만들어낸 '그림자 정부'가 탄생하는 데에 이르기까지, 에인 랜드의 정신적인 가르침에서부터 앨런 그린스펀의 깨달음에 이르기까지, 현재의 금융 쓰나미에서부터 세계중앙은행의 태동에 이르기까지, 미 달러화의 최종적인 붕괴에서부터 세계 단일 화폐의 카운트다운에 이르기까지 등의 과정에서도 마찬가지였다. 세계의 자본과 신용의 유통 채널이 하나같이 국제 은행 가문의 효율적이고도 긴밀한 인맥 네트워크에 의해 좌우됐다고 해도 과언이 아니었다.

그린백(greenbacks)
미국 연방정부가 남북전쟁 중인 1826년에 발행한 화폐. 뒷면이 녹색.

오늘날 세상 사람들에게는 '채널이 곧 왕'이라는 개념이 귀에 무척이나 익숙하다. 월마트가 이 경우 단연 먼저 떠오른다. 만약 월마트가 상품 유통 영역의 채널 장악력과 상품 가격 협상 능력에서 다른 경쟁 기업의 추격을 우려할 정도였다면 과연 어떻게 됐을까? 아마도 이 사회의 모든 사람이 필요로 하는 자본과 신용 흐름 채널의 독점적 장악력에 의해 형성된 사회적 영향력이 지금의 월마트에 훨씬 못 미쳤을 것이다.

국제 은행 가문들은 하나같이 비천한 사회적 지위에서 가문을 일으켰다. 처음에는 각 나라의 권력 귀족층에 빌붙어 크기 시작한 특징을 가지고 있다. 이들은 이후 점점 강력한 경제적 실력을 키워 각 나라의 자금 흐름 채널을 완벽하게 장악했다. 나중에는 각국의 공업과 상업 시스템을 장악한 다음 상호 이익을 폐쇄적으로 공유했다. 이어 각 나라가 지향하는 정책에 영향을 미치기 시작함으로써 더욱 막대한 이익을 도모하기에 이르렀다. 이들과 권력 귀족층과의 상호 이익은 날이 갈수록 잘 맞아떨어졌다. 급기야 이들은 거부하기 어려운 금전적인 유혹을 통해 정부 관리의 임명에서부터 대통령 선거와 같은 정치가들의 인선까지 주도하게 되었다. 경제 정책의 제정에서부터 외교 전략의 형성 역시 이들의 몫이었다. 전략 정보 시스템의 운영에서부터 각국 군대 장군의 승진까지는 더 말할 것도 없었다. 이들은 또 각종 엘리트 단체의 설립에서부터 공공 의사 결정 과정에 영향을 미쳤다. 미디어 경영을 통한 자율적인 출판 사업에서부터 사회를 좌우할 정보 공급까지, 교육과 문화의 취사(取捨)에서부터 사상과 의식의 형성에 이르기까지의 일을 주도하는 것 역시 별로 어렵지 않았다. 한마디로 금권은 200여 년에 걸친 진화를 통해 점진적으로 싹을 틔우면서 강대해지는 과정을 일궈냈다. 이 기간에 금권은 그저 영향을 끼치는 존재에서 모든 것을 농단하는 존재가 돼버렸다. 무대 앞에서 활약하다 막후에서 모든 것을 좌지우지하는 역사적 전환 과정 역시 거쳤다. 보이지 않는 것 같아도 확실하게 존재하는 서방 사회의 지배적 역량이 됐다고 해도 과언이 아니다. 이들의 권력은 심지어 입법, 행정, 사법권 위에 군림하기도 했다. 이로써 그들은 완벽하게 금권 독재로 탈바꿈하는 임무를 완수했다.

이제 대단한 역량을 발휘한 국제 은행 가문들을 일별해 보자.

첫손가락으로 꼽아야 할 가문은 200여 년 동안 국제 금융계라는 강호에서 종횡무진 활약한 보스 중의 보스, 로스차일드가이다.

이어 독일의 철혈 재상 비스마르크의 심복이자 베를린의 은행가인 블라이흐뢰더가가 꼽힌다.

이외에 아래와 같은 가문들 역시 더 꼽아야 한다.

- 독일 쾰른의 오펜하임가
- 독일 함부르크의 바르부르크가
- 독일 바이에른 출신의 월스트리트 은행가인 셀리그먼가
- 독일 프랑크푸르트 출신, 훗날 미국의 슈퍼 파워가 된 시프(Schiff)가
- 독일 함부르크에서 가문을 일으킨 다음 영국의 런던과 미국의 뉴욕에서 크게 성공한 슈뢰더(Schröder)가
- 독일 프랑크푸르트에서 가문을 일으킨 다음 미국에서 크게 성공한 슈파이어(Speyer)가
- 독일 베를린의 최고 전통을 자랑하는 멘델스존(Mendelssohn)가
- 19세기에 로스차일드가와 함께 명성을 떨쳤던 영국의 베어링가

- 네덜란드 암스테르담의 호프가
- 프랑스 왕실이 특히 의존했던 풀드가
- 프랑스은행의 이사 자리를 근 100여 년이나 지켰던 프랑스의 말레가
- 로스차일드가에 도전했던 프랑스 크레디 모빌리에 창업자 페레르가
- 스위스은행가의 태두인 미라보(Mirabaud)가
- 원래 로스차일드가의 집사로 있다가 미국의 급부상을 틈타 빠르게 지금의 세계 금융 주도 세력이 된 록펠러(Rockefeller)가와 모건(Morgan)가

이처럼 이 세상의 극소수 엘리트 집단에 속했던 이들은 당연히 엄청난 일을 해냈다. 무엇보다 이들이 일어난 곳은 엄청난 번영을 구가할 수 있었다. 반면 이들이 포기한 곳은 쇠락만이 있을 뿐이었다. 또 이들은 기기묘묘한 술수를 부리는 과정에서 대량의 부를 창조하도록 사회를 자극할 수 있었다. 더불어 그에 못지않은 농간으로 거액의 금전을 획득하기도 했다. 그러나 일부 가문은 불처럼 일어났다는 사실이 믿기지 않을 정도로 조용히 사라졌다. 물론 대부분의 가문은 여전히 이 지구상에 엄청난 영향력을 계속 미치는 존재로 남아 있기는 하지만.

이 세계에는 매일 새로운 변화가 일어난다. 그러나 인간의 본성, 즉 인성은 시종일관 부단히 자아를 되풀이해 왔다. 이런 관점에서 보면 인성은 수천 년 전에 이미 부에 대한 탐욕과 두려움을 가졌고, 권력에 대해서 매우 집착하면서도 저주했다. 지금 역시 이 점은 똑같다고 할 수 있다. 인류는 자유를 갈망해 왔다. 얻지 못했을 때는 얻기를 열망해 마지않았고, 얻었을 때는 잃을 것을 걱정했다. 또 늘 공평무사를 추구

하면서도 동시에 마음 한구석에는 이기심을 품었다. 아름다움을 추구하면서도 사악한 마음을 버리지 못했다. 증거를 굳이 복잡하게 찾을 필요도 없다. '25사'로 흔히 일컬어지는 방대한 중국 역사를 장식한 정치적 도박과, 서양 역사에서 흔히 보이는 돈과 관련한 권모술수 등이 인성의 본질을 중복해 보여주고 있다. 우리가 역사 연구를 통해 미래를 파악하는 의의는 바로 여기에 있다. 한마디로 오늘날 인성에 나타나는 모든 현상은 역사에서 그 선례를 찾아볼 수 있다.

25사(二十五史)
중국 역대 왕조의 정사로 인정되는 25종류의 사서.

그럼에도 독자 여러분은 부의 인성의 역사에 대해서 시시콜콜 잘 알고 있다고 하기 어렵다. 국제 은행 가문들을 가장 많이 배출한 독일에서부터 이 곡절 많은 탐색의 여정을 시작하는 것은 바로 이 때문이다.

갑작스레 멈춰버린 전쟁

> 최근 200여 년의 역사를 가만히 살펴보면 로스차일드가는 두 가지 큰 사건에 관심을 기울였다. 그건 다름 아닌 전쟁과 혁명이다. 전쟁이든 혁명이든 교전에 임하는 쌍방 모두 규모가 상당하고 조직적인 폭력 행동을 위해 필연적으로 대량의 자금을 필요로 한다는 사실이다.
>
> _ 니얼 퍼거슨(Niall Ferguson, 하버드 대학 역사학과 교수)

때는 1866년 7월 3일의 여명 즈음이었다. 이날 보헤미아의 사도바

마을(지금의 체코 경내) 쾨니히츠레그 요새 부근에는 새벽부터 비가 흩뿌리고 있었다. 3만 5,000여 명에 이르는 부대원들은 사납게 내리는 비를 뚫고 조용히 전진하고 있었다. 하나같이 젊어 보이는 병사들의 윤곽 뚜렷한 얼굴에서는 긴장과 흥분, 기대가 잔뜩 흘러넘쳤다. 이들은 다름 아닌 프로이센의 엘베(Elbe) 군단 병사들로, 모두 자신들이 공격해야 할 적이 20만 대군의 오스트리아-작센 연합군이라는 사실을 잘 알고 있었다. 수적으로만 보면 도저히 상대가 안 되는, 말 그대로 중과부적이었다. 때문에 이들은 다른 방향에서 공격해 들어올, 프리드리히 카를 친왕이 지휘하는 8만 5,000명의 프로이센 제1군단에 희망을 걸 수밖에 없었다. 원래 프로이센 총참모장인 헬무트 몰트케(Helmuth Karl Bernhard von Moltke) 장군의 전략적 배치에 의하면, 훗날 프로이센의 빌헬름 2세가 되는 황태자가 직접 지휘하는 제2군단의 10만 대군 역시 동시에 이 공격에 참여해야 했다. 그러나 이 부대의 주둔지가 전보로 연락이 가능한 범위 밖에 있었던 탓에 제때에 명령을 받아 병력을 움직일 수 없었다.

프로이센(Preussen)
프러시아로도 불리는 독일의 전신 국가.

그럼에도 엘베 군단은 지나치게 서둘렀다. 이로 인해 이들은 자신들의 공격선을 충분하게 넓히지 못했다. 게다가 이들의 화력은 제1군단의 공격 루트를 뛰어넘어 국면이 일거에 혼란에 빠졌다. 이들은 오스트리아 대군의 반격을 받아 집중 포격으로 상당한 타격을 입었다. 아침 11시가 돼서는 공격이 완전히 저지당해 급기야 예비대까지 투입해 적의 정면 공격을 막아내야 했다.

사실 이때가 오스트리아에게는 절호의 기회였다. 기병대를 동원해 적극적으로 공격에 나섰다면 프로이센의 대군을 격퇴할 가능성이 높았다. 그러나 지나치게 신중했던 오스트리아의 사령관 베네데크 원수는 기병을 아예 움직이지도 않았다. 이로써 쌍방은 혼란한 전장에서 상당 기간 대치를 계속했다.

그러나 전체적인 전황은 프로이센 군대에게 훨씬 더 불리했다. 패배는 결정적이었다고 해도 좋았다. 바로 이 절체절명의 순간 몰트케와 함께 전선을 누볐던 수상 오토 폰 비스마르크(Otto von Bismarck)는 갑자기 뭔가를 발견하게 된다. 그것은 전장의 동쪽 몇 킬로 밖에서 나무 모양의 물체들이 이동하는 모습이었다. 몰트케는 망원경으로 그 모습을 잠깐 살펴본 다음, 직접 군대를 독려하기 위해 전선으로 달려온 바로 옆의 빌헬름 1세에게 흥분에 겨운 어조로 황급히 말했다.

"폐하, 우리는 이 전투에서 이길 뿐 아니라 전체 전쟁에서도 확실하게 이기게 됐습니다."

그가 단정적으로 말한 데에는 이유가 있었다. 비스마르크가 목격한 나무처럼 움직이는 물체들이 바로 프로이센 제2군단의 병사들이었기 때문이다. 그렇다면 한참이나 떨어져 있던 2군단은 어떻게 갑자기 모습을 나타내게 됐을까?

빌헬름 1세의 행동에 답이 있다. 엘베 군단과 제1군단이 오스트리아 군대에게 고전하자 지체하지 않고 전령을 불러 30킬로미터를 내달려 자신의 명령을 황태자에게 전달하도록 한 것이다. 제2군단은 이 명령에 따라 즉각 북쪽으로 병력을 이동했다. 오후 2시 30분, 제2군단은 오스트리아 군대의 북쪽 방어선을 향해 공격을 개시했다. 오스트리아 군대의 방어선은 곧 무너졌다. 승리를 목전에 뒀던 베네데크는 다른

프로이센–오스트리아 전쟁 당시의 사도바 대전 광경

방법이 없었다. 오후 3시에 병사들에게 전 방어선에서 철수하라는 명령을 내리는 것이 그가 할 수 있는 최선의 선택이었다. 그러나 프로이센 군대의 공세는 대단히 맹렬했다. 오스트리아 제1군단 역시 이에 기병을 내세워 반격을 가했다. 그래야 포병 부대와 인근 부대의 철수를 지원, 엄호할 수 있었다. 당연히 오스트리아 제1군단의 피해는 엄청났다. 20분 만에 무려 1만 명의 병사들이 전사할 정도였다. 제1군단이 거의 궤멸됐다고 해도 틀리지 않은 전황이었다. 그러나 이 반격으로 오스트리아 군대는 충분한 시간을 벌었다. 결국 약 18만 명에 이르는 병력이 완전히 포위를 뚫고 바늘구멍에서 벗어나듯 성공적으로 철수하게 되었다.

프로이센 군대는 한때 위태로운 국면을 맞이하기도 했던 사도바 전투를 결정적인 승리로 이끌었다. 10일 후 프로이센 군대는 여세를 몰아 오스트리아의 수도 빈까지 압박해 들어갔다. 빈에서 고작 6킬로미터 떨어진 브로츠라프 요새 역시 공격해 점령했다. 빈을 함락시키고 오스트리아를 정복하는 것은 이제 시간문제나 다름없었다.

그러나 이때 그야말로 이상한 일이 일어났다. 승리를 목전에 둔 상황에서 국왕 빌헬름 1세와 수상 비스마르크, 총참모장 몰트케 장군 등이 뜯어말리기 어려울 만큼 격렬한 싸움을 벌이기 시작한 것이다. 빌헬름 1세의 생각은 간단했다. 지척 거리에 있는 빈을 내친김에 확실하게 공략해야 한다는 입장이었다. 군인의 시각을 가졌던 몰트케 장군의 입장 역시 비슷했다. 천재일우의 기회를 꽉 잡아 일거에 고립무원 상태가 돼버린 빈을 함락시켜야 한다는 생각을 가졌다. 그러나 비스마르크는 달랐다. 오히려 '숙성된 포도주에 물을 부어 중화'시키려는 노력을 기울일 생각을 하고 있었다. 그는 이때 빌헬름 1세에게 빈에 대한 공격을 포기할 것을 강력하게 요구했다. 그의 생각은 오로지 군사적으로 우위에 있는 상황을 이용해 하루라도 빨리 오스트리아와 정전 조약을 체결하는 것에만 맞춰져 있었다. 그로서는 오스트리아를 독일 연방의 일원에서 배제시키기만 하면 대성공이라고 생각했던 것이다. 당연히 빌헬름 1세는 계속 양보할 생각을 하지 않고 공격을 해야 한다고 고집을 부렸다. 그러자 다급해진 비스마르크는 바로 승부수를 띄웠다. 마치 미리 준비라도 한 듯 뜨거운 눈물을 흘리면서 사표를 내겠다는 협박을 가한 것이다. 심지어 4층에서 뛰어내려 자살하겠다는 위협을 가하는 것도 잊지 않았다. 논쟁은 늦은 밤까지 쉬지 않고 이

> **독일 연방(Deutscher Bund)**
> 당시 프로이센은 소독일주의하의 통일, 오스트리아는 대독일주의하의 통일을 주장. 전쟁도 이런 의견 차이 때문에 일어났음. 이때 비스마르크는 대독일주의 통일을 주장하는 오스트리아의 체면을 세워주고 통일에서 배제하는 것만으로도 전쟁의 목적을 달성하게 된다고 생각했음.

어졌다. 결과는 비스마르크의 승리였다. 빌헬름 1세는 매우 고통스런 어조로 공격을 포기하겠다고 선언했다. 그러나 이는 그의 본심이 아니었다. 국가 문서관에 보관돼 있는 당시의 기록도 '빌헬름 1세가 어쩔 수 없는 상황에서 대국적인 견지의 양보'를 한 사실을 분명히 증명하고 있다.

얼마 후 프로이센은 정말 땅 할양도 배상도 전혀 요구하지 않는 이른바 성하지맹을 오스트리아와 체결했다. 이로써 오스트리아는 그저 독일 연방에서 퇴출되는 운명만 감수하면 되었다. 비스마르크는 누가 보더라도 엄청나게 유리한 전황임에도 불구하고 빈을 공격해 전과를 확대할 절호의 기회를 스스로 포기했다. 이 일은 지금까지도 세계 전쟁사의 미스터리로 남아 있다.

성하지맹(城下之盟)
성 아래에서의 맹세. 굴욕적인 강화나 항복을 의미.

그러면 비스마르크는 왜 사표와 투신까지 거론하며 빌헬름 1세를 위협하는 배수의 진을 쳤을까? 왜 국왕의 뜻을 거슬러가면서까지 빈을 코앞에 둔 프로이센 군대의 진격을 반대했을까? 이 의문에 대한 전통적인 관점의 해답은 대체로 다음과 같다.

우선 유럽 세력의 균형을 위한 전략적인 고려와 관계가 있었다. 달리 말해 다른 유럽 국가들이 프로이센이 오스트리아를 철저하게 격파하여 중부 유럽의 강국으로 급작스레 발돋움하는 것을 좌시하지 않았을 것이라는 얘기다. 프로이센 군대가 계속 빈을 공격하여 점령할 생각을 버리지 않았다면 열강은 분명 무력간섭을 통해 프로이센의 독일 연방 통일을 저지할 가능성이 높았다. 18만 명에 이르는 오스트리아 대군이 포위를 성공적으로 돌파한 다음 수도 빈을 전력을 다해 지키려 했다는 사실 역시 비스마르크가 소극적으로 나온 이유와 밀접한 관계가 있다. 당시 프로이센은 사도바 대전에서 결정적인 승리를 거두기는 했다. 하지만 오스트리아 대군의 주력 부대를 완벽하게 섬멸하지는 못했다. 이런 상황에서 다급하게 공격에 나선다면 성공을 장담하기는 어려웠다. 비스마르크는 걸출한 전략가답게 장기적인 안목을 가지고 상황을 판단했던 것이다.

솔직히 말한다면 비스마르크는 걸출한 전략가라기보다 행운이 뒤따른 모험가였다. 4년 후에 일어난 보불 전쟁의 뒤처리를 보면 이렇게 단언해도 틀리지 않는다. 이때 비스마르크는 오스트리아에게 취했던 입장과 완전히 딴판인 자세를 보였다. 우선 패전국 프랑스를 너무 심할 정도로 몰아붙여 알사스와 로렌 두 지역을 할양하도록 강요했다. 또 전쟁 배상금 50억 프랑도 물어내도록 했다. 이로 인해 프랑스는 자존심과 자부심에 깊은 상처를 입었다. 자연스레 프로이센에 대한 앙심을 품을 수밖에 없었다. 그래서 프랑스를 미래 독일의 진정한 전략적 적국인 영국에게 접근하도록 만들었다. 사실 독일은 작심하고 프랑스에게 모욕을 줄 필요가 없었다. 그렇게 하지 않음으로써 훗날 프랑스와 영국 사이의 갈등을 이용할 여지를 남겨둘 필요가 있었다. 단기간에 세계적 강대국으로 급부상하겠다는 목적을 실현하려 했다면 더욱 그랬어야 했다. 그러나 비스마르크의 단견은 독일에게 강력하고도 정복하기 어려운 적을 만들고야 말았다. 더불어 독일의 부상을 어떻게 해서든 막고야 말겠다는 강력한 영불 동맹까지 초래했다. 독일이 훗날 두 차례에 걸친 세계대전에서 참패한 것은 비스마르크의 멍청한 전략과 밀접한 관련이 있다고 해도 틀리지 않는다.

물론 비스마르크가 빈을 코앞에 두고도 갑작스레 전쟁을 중지한 배후에는 또 다른 이유가 있었다. 그것은 바로 오스트리아와의 전쟁이 7주째에 이르렀을 때, 대군을 빈 코앞에까지 진군시킨 그의 자금 동원 능력이 한계에 이르렀다는 사실이다. 그는 이미 전쟁을 지속할 여력이 없었다. 따라서 우리는 프로이센 군대가 직면했던 당시 상황을 명확하게 이해할 필요가 있다. 또 이를 위해서는 무엇보다 프로이센의 역사적인 급부상 과정으로 시야를 넓혀야 한다. 금융이라는 파워가 발휘한 결정적인 역할에 대해 관찰해야 하는 것이다. 전쟁과 혁명 뒤에 숨어 있는 금융 파워를 이해하지 못하면 진정한 역사의 전모를 제대로 밝힐 방법이 없다.

사무엘 블라이흐뢰더: 로스차일드가의 대리인

독일은 유럽 동부와 서부의 중간 지점에 자리 잡고 있다. 특히 베를린은 유럽의 지리적 중심이자 교통의 축으로서의 역할을 아주 오래전부터 담당해 왔다. 이로 인해 유럽 전역의 상인들은 늘 베를린에 운집했다. 자연스럽게 유럽 각국의 화폐들 역시 베를린에서 활발하게 유통되었다. 베를린이 로마 제국 시대부터 화폐 교환 센터가 된 것은 별로 이상한 일이 아니었다. 이런 위상은 나폴레옹이 베를린을 점령한 이후 더욱 강화됐다. 화폐 교환 센터로서의 필요성 역시 더욱더 분명하게 요구됐다.

이때 베를린의 금융시장에서 두각을 나타냈던 블라이흐뢰더가를 일으킨 중시조는 사무엘(Samuel)이었다. 주요 사업은 베를린의 현지 정부가 발행한 채권을 매매하면서 남는 차액을 챙기는 것이었다. 당시 정부가 이런 채권을 발행한 주요 목적은 전쟁 중에 남편이나 아들을 잃은 가정을 경제적으로 지원하는 데 있었다.

블라이흐뢰더가에 천재일우의 기회가 찾아온 것은 1828년 전후였다. 이 시기에 로스차일드가와 상업적 합작 관계를 맺기 시작한 것이다. 당시 로스차일드가는 그야말로 유럽 금융 권력의 최정상에 자리 잡고 있었다. 이런 거물 집안과의 합작 관계 강화로 블라이흐뢰더가는 어떤 베를린 은행 가문보다 단연 두각을 나타냈다. 더구나 그들은 1830년 이후 로스차일드가로부터 정기적으로 커미션도 받기 시작했다. 이로 인해 당시 베를린에서 명성을 날리던 멘델스존가 등의 기존 은행 가문은 점점 주변부로 밀려났다.

블라이흐뢰더가는 이후 로스차일드가의 일관된 지휘와 도움을 통해 런던과 파리, 프랑크푸르트, 베를린, 빈, 나폴리 등의 금융시장에서 각종 금융 상품을 싸게 사서 비싸게 파는 기회를 보다 확실히 움켜쥐게 되었다. 당시 유럽 시장에서 채권과 화폐의 가격은 도시마다 달랐다. 따라서 이들 각 지역의 가격 차이를 이용해 이익을 도모하는 방법은 단 하나 외에는 없었다. 바로 정확한 정보와 적절한 시기를 꽉 잡는 것이었다.

금융업 종사자들이 이 정보들에 목을 맨 것은 너무나 당연했다. 그렇다면 이들의 정보는 정말 그렇게 대단했을까? 오늘날 내로라하는 국제적인 정보 기구들이 사실은 이들 국제 은행 가문들의 상업 정보 전달 시스템의 기초 위에서 건립되었다는 사실로 답을 대신하고자 한다. 당시 이들 중에서 가장 선진적인 정보 시스템을 구축한 주인공은 단연 로스차일드가였다. 광대한 정보망의 구축 범위나 신속성을 비롯해 비밀 유지, 정확성, 복잡한 정도 등의 정보 전달 시스템이 각국 정부의 시스템을 가볍게 압도할 정도였다.

블라이흐뢰더가는 이런 현실을 일찍이 간파했다. 1830년대에 줄곧 로스차일드가의 정보 전달 네트워크에 편입되기를 강력하게 희망한 데에는 다 이유가 있었다. 사실 베를린에서 사업을 하고 있던 이들로서는 그럴 수밖에 없었다. 당시 파리에서 붙인 편지 등을 베를린에서 받으려면 최소한 6일 정도가 걸렸다. 그러나 로스차일드의 정보 네트워크를 이용하면 5일이면 충분했다. 하루 차이가 대수롭지 않은 시간일지 몰라도, 이는 엄청난 상업적 이익과 직결됐다. 로스차일드가는 결국 오랫동안의 관찰을 거친 다음 블라이흐뢰더가를 자신들의 정보 시스템에 점차적으로 합류시킨다는 결정을 내렸다.

1831년 블라이흐뢰더가는 베를린에서 로스차일드가의 충실한 대리인 자리를 완전히 굳혔다. 그들은 프로이센의 내정 및 금융시장과 관련한 각종 정보 등을 로스차일드가에 부단히 전달하는 역할에 충실했다. 이때 이 가문이 흘린 다른 고급 정보 역시 만만치 않았다. 이를테면 네덜란드 국왕을 비롯한 유럽의 강력한 5개 정권이, 새로 탄생한 벨기에에 보인 정치적인 태도, 폴란드의 모반에 대한 러시아 차르의 태도와 입장 등이 로스차일드가에 그대로 흘러 들어갔다. 이뿐만이 아니었다. 블라이흐뢰더가는 유럽에 만연했던 전염병의 상황, 1848년 혁명에 대한 베를린의 동향 등과 관련한 정보도 자세하게 수집하여 로스차일드가에

1848년 혁명
프랑스의 2월 혁명을 비롯해 전 유럽을 휩쓴 민주화 혁명.

보고하는 성의를 보였다. 한마디로 로스차일드가가 사들인 황금과 채권의 안전성을 확보하려는 노력을 수없이 기울였다.[1] 말할 것도 없이 블라이흐뢰더가가 수집, 전달한 정보들은 로스차일드가가 구축한 유럽 정보 시스템 내에 차곡차곡 쌓였다. 또 로스차일드가는 이 정보들을 토대로 유럽 각국의 내정과 외교 정책에 광범위하고 깊은 영향을 미쳤고, 전 유럽의 금융시장에서는 더욱 막대한 이익을 올리는 기염을 토했다.

그러나 1830년대와 40년대의 베를린 금융시장의 규모는 그다지 크지 않았다. 가장 두드러진 금융 상품은 철도 채권 정도였다. 따라서 프로이센 정부가 외부의 '자본 유치'를 위해 로스차일드 같은 큰손에 관심을 기울인 것은 당연한 일이었다. 프로이센은 온갖 방법을 동원한 끝에 마침내 철도 산업에 로스차일드가의 투자를 유치할 수 있었다. 이 과정에서 프로이센 산업 전체에 대한 로스차일드의 영향력은 급속도로 커져 나중에는 여러 철도 회사의 이사까지 맡기에 이르렀다.

1836년은 로스차일드가에게 특별한 해였다. 바로 영국 은행 책임자이자 전체 가문의 리더였던 네이선 로스차일드가 세상을 떠나고 파리의 제임스 로스차일드가 장문인 자리를 이어받게 되었다. 블라이흐뢰더가가 제임스 로스차일드에게 다시 집안의 운명을 맡기던 초기에 양측의 관계는 매우 불평등했다. 무엇보다 블라이흐뢰더가는 더 많은 이익을 제임스 로스차일드에게 보장해야만 했다. 그렇지 않으면 로스차일드가가 제공하는 금융 네트워크의 특권을 얻을 수 없었다. 당시 제임스 로스차일드는 블라이흐뢰더가에 별로 호의적이지 않았고, 항상 그들에게 로스차일드가의 이익을 소홀히 하지 말라고 다그쳤다. 이 경고는 사실 로스차일드가가 블라이흐뢰더가와의 합작에 완벽하게 만족하지 않는다는 사실을 의미했다. 더불어 그들이 줄곧 새로운 대리상 및 합작 파트너를 찾는 시도를 하고 있다는 사실 역시 의미했다.

블라이흐뢰더가는 이 특수한 채널을 더욱 확실히 유지하기 위해 항상 자신들의 이익을 희생했다. 특히 1840년에 폭발한 독일 금융시장 대위기 때에는 자신들의 커미션까지 희생해 가면서 로스차일드가의 이익을 챙겨주었다. 이렇게 몇 년이 지났지만 쌍방의 합작은 여전히 로스차일드가를 만족시켜주지 못했다. 나중에는 블라이흐뢰더가가 커미션을 받지 못하는 데에서 더 나아가 적지 않은 손해를 감수하는 경우까지 생기게 됐다. 물론 블라이흐뢰더가로서는 로스차일드가와 사업 관계를 계속 유지하려면 다른 방법이 없었다. 한마디로 양측의 관계는 종속 관계라고 해도 좋았다.

양측의 관계가 어느 정도였는지는 사무엘 블라이흐뢰더가 로스차일드가의 빈 책임자인 살로몬 남작에게 보낸 편지에서도 여실히 엿볼 수 있다. 이 편지에서 그는 자신의 열일곱 살 먹은 아들 게텐(Gethen) 블라이흐뢰더를 살로몬 남작에게 추천하는 진지함과 충정을 보였다.

> 제 모든 충심과 가장 뜨거운 사랑의 마음으로 남작님께 감사를 표하고 싶습니다. 지난 수년 동안 남작께서는 너무나도 넓으신 아량과 선의의 감정을 베풀어주셨습니다. 이로 인해 저는 총애를 많이 받는 영광을 누리게 됐습니다. 이는 마치 모래와 흙에서 솎아낸 티끌과 같은 영광이 아니고 무엇이겠습니까? 남작께서는 너무나도 고귀하고 너무나도 착하신 귀인이십니다. 남작께서는 또 저를 (로스차일드라는) 대가문을 위해

이렇게 중요한 일을 맡도록 해주셨습니다. 저는 어떻게 감사의 말을 전해야 할지 모르겠습니다. 그저 살아 있기만 하다면 남작의 초상화를 영원히 저의 마음속에 새겨두고자 합니다. 저는 제 생명이 다하는 날까지 저의 은인이신 남작님께 충성을 다할 것입니다. 지금 저에 대한 사랑과 가호를 제 아들에게도 베풀어주시기를 간절히 부탁드리는 바입니다.[2]

너무나도 절절한 이 편지를 세상에 남겼던 사무엘 블라이흐뢰더는 1855년 세상을 떠났다. 이후 아들 게텐은 그의 염원대로 순조롭게 블라이흐뢰더가의 새 장문인이 되었다. 바로 이 19세기 중엽 독일에도 산업혁명 열풍이 맹렬한 속도로 불어닥쳤다. 베를린의 금융시장 역시 예외가 아니었다. 산업 발전에 힘입어 전대미문의 번영을 구가하기에 이르렀다. 블라이흐뢰더가의 상황만 놓고 볼 때, 이들의 가장 중요한 자산은 여전히 로스차일드가와 맺고 있던 요지부동의 상업적 관계였다. 이 합작 모델은 게텐이 등장하고부터 더욱더 공고해지게 되었다. 동시에 게텐 역시 자신의 권력 기반을 서서히 구축하기 시작했다. 그는 우선 베를린의 다른 많은 유대계 은행 가문들과 협력해 방대한 이익 공동체를 형성했다. 이어 사업 범위를 더욱 넓혀 야금, 철도 건설 등의 산업에도 진출하기에 이르렀다. 당시 이들의 가장 중요한 합작 파트너는 다름 아닌 쾰른의 오펜하임가였다.

오펜하임: 쾰른의 금융 패주

1834년 아브라함 오펜하임은 로스차일드가의 창시자인 메이어 암셸 로스차일드의 손녀인 23세의 샤를로테 베이푸스와 결혼하는 기쁨을 맛봤다. 이후부터 그의 앞길은 그야말로 탄탄대로였다. 부와 권세가 날로 커져 부의 경우 장인과 처삼촌들에 필적하게 됐다. 이들은 프랑크푸르트의 재정 정책을 결정하는 위치에 있었던 암셸, 오스트리아 금고 열쇠를 쥐고 있던 살로몬, 런던 금융 타운을 좌지우지하던 네이선, 이탈리아 세수(稅收)를 장악하고 있던 카를, 파리의 은행을 완전히 정복한 제임스 등이었다.

천하의 로스차일드가와 사돈 관계를 맺은 오펜하임가도 물론 평범한 집안이 아니었다. 유대인 중에서 최고 계급이었던 '궁정(宮廷) 유대인'에 속했다. 집안의 융성은 1789년 아브라함 오펜하임의 아버지인 살로몬 오펜하임이 겨우 열일곱 살의 나이에 본(Bonn)에서 오펜하임가 은행을 설립하면서 본격적으로 시작됐다. 나중에 이 은행은 쾰른으로 기반을 옮겼다. 나이는 어렸으나 아버지를 따라 금융시장에서 산전수전을 다 겪은 살로몬 오펜하임은 이미 신흥 자산 계급의 재력이 급속도로 확장되는 시대의 조류 속에서 봉건 귀족 세력이 점차적으로 사회 전반에 대한 통제력을 상실할 것이라는 사실을 동물적인 감각으로 알아챘다.

살로몬 오펜하임

사회 주도적인 지위에 있던 세력이 다른 각

종 사회 그룹에 대한 통제력을 점차 상실해 갈 때 반드시 나타나는 현상이 하나 있다. 그것은 바로 권력 투쟁에 따른 분열 국면이다. 사실 중국 역사에서도 이런 현상은 늘 반복돼 왔다. 이를테면 주(周)나라 천자가 힘을 잃으면서 춘추오패(春秋五霸) 시대가 도래한 것 외에 동한(東漢) 제국의 해체와 이에 따른 삼국의 정립(鼎立), 진(晋) 왕조 내부의 분열과 오호(五胡)의 득세, 당(唐)나라의 번진(藩鎭) 할거와 오대십국(五代十國) 시대의 도래 등이 비슷한 상황이라고 할 수 있다. 왕조들이 통제력을 상실하자 곧바로 권력 진공 상태가 도래한 다음 내외부의 신흥 세력이 급부상하여 사회를 완벽하게 재편한 것이다. 서양 역시 동양과 마찬가지였다. 오로지 이윤 추구를 핵심 가치로 삼는 자본주의가 18세기 말엽 유럽 대륙에 날로 세력을 떨침에 따라, 사회 각층을 속박했던 기존의 봉건 귀족 통치와 종교의 신권 세력이 무너져 내린 것은 너무나 당연한 귀결이었다. 쇠락한 사회 전통 권력의 기반은 이처럼 뿌리째 흔들렸다. 대신 금전의 권력이 각종 사회 구조의 틈과 권력이 무너져 내린 폐허에서 빠른 속도로 성장을 구가했다. 이들은 서로 결탁하여 네트워크를 형성한 다음 모든 사회 시스템에 강력한 영향력을 발휘했다. 나중에는 하늘을 가릴 정도의 발전을 구가하게 되었다.

젊고 패기 넘치는 살로몬은 이런 시세를 너무나도 잘 읽었다. 행동 역시 빨랐다. 전통적인 궁정 대출이나 화폐 교환 사업에서 정부 채권의 인수 및 시장간 차익거래(Inter-market Arbitrage) 등의 신흥 사업 쪽으로 방향을 전환하는 결정은 바로 내려졌다. 이 결정은 당연히 성공으로 연결됐다. 1810년 오펜하임가 은행의 자산은 100만 프랑에 이르러 일류 은행 가문의 반열에 들어서게 되었다. 그러나 야심이 끝이 없었던 살로몬은 이 정도의 성공에 만족하지 않았다. 곧 로스차일드가의 성공 모델을 따라 방대한 금융 제국으로 발전하겠다는 기본적인 원칙을 세우고, 이를 위해 어떤 수단과 방법도 가리지 않았다. 실제로 그는 사업 수법이 탐욕스럽고 마지노선이 없는 것으로 악명 높았다. 오죽했으면 나중에 사돈이 되는 로스차일드가에서조차 그를 몹시 부담스러워 했을까? 이 사실은 1814년 3월 18일 로스차일드가가 암스테르담의 합작 파트너에게 보낸 편지에서도 잘 드러난다. 오펜하임가의 수법에 대해 경계할 것을 일깨운 내용이다.

> 우리는 제임스가 있는 그곳(파리의 로스차일드 지점)과 쾰른의 오펜하임가에서 보낸 자금이 당신들에게 꼭 필요하다는 사실을 알고 매우 기뻤습니다. 쾰른의 오펜하임가에서는 우리 사촌형을 통해 다시 일단의 자금을 보낼 것입니다. 그러나 오펜하임가에서 보내는 물건에 대해서는 각별히 주의해야 합니다. 자세하게 점검할 필요가 있습니다. 그들은 대단히 탐욕스러운 사람들입니다. 더구나 매번 규칙을 지키는 것도 아닙니다. 때문에 굉장히 조심해야 합니다. 그들에게 상한선 없는 주문을 해서도 안 됩니다. 그렇게 되면 이익은 모두 그 사람들 것이 되고 맙니다.[3]

살로몬 오펜하임은 전략적 연맹에 눈을 돌릴 줄도 알았다. 그는 이를 위해 결혼을 통한 인맥 네트워크를 적극적으로 구축하는 노력 역시 잊지 않았다. 1813년 그의 노력은 첫 결실을 맺었다. 고작 열다섯 살에 불과한 자신의 딸을 프랑스 파리의 저명한 유대계 은행 가문인 풀드가의 아들 베네딕트 풀드(Benedict Fould)에게 시집을 보낸 것이다.

스당 대전 후의 비스마르크와 나폴레옹 3세의 모습

그의 눈은 과연 정확했다. 이후 풀드가는 나폴레옹 3세를 적극적으로 지지하며 프랑스 황제로 등극시키는 저력을 과시했다. 당연히 이 결혼 동맹을 통한 유대는 프랑스 자본 시장에 대한 오펜하임가의 영향력을 극대화하는 결과로 나타났다. 두 집안이 공동으로 6만 프랑을 출자해 만든 유명한 풀드-오펜하임은행(House of B. L. Fould & Fould-Oppenheim)은 바로 이 끈끈한 유대의 산물이었다.

1815년 프랑스는 워털루 전투에서 영국군에게 참패하는 수모를 당했다. 이후 열린 파리 강화 회의의 결과는 프랑스에게 더 큰 수모를 안겨줬다. 배상금이 너무 가혹했던 것이다. 특히 과거 수없이 프랑스에 정복당한 뼈아픈 경험을 했던 프로이센은 이 과정에서 집요한 입장을 보였다. 전쟁 배상금을 무려 1억 7,000만 탈러(Thaler, 프로이센 은화 1탈러는 3.54프랑임)나 요구했다. 전쟁에서 패한 프랑스가 이 거금을 지불하기란 사실 불가능했다. 따라서 프랑스 정부로부터 엄청난 사업을 대가로 받을 수 있었다. 이때 오펜하임가의 본거지인 쾰른과 라인 지구는 프로이센에 의해 라인주로 편입되었다. 신생 프로이센의 신민이 된 오펜하임가는 사돈인 풀드가와 접촉을 시도해 이 사업에 뛰어들었다. 결국 1818년 오펜하임가는 사돈 가문과 베를린의 전통적 금융 명가 멘델스존가까지 끌어들여 5,250만 프랑의 전쟁 배상금을 대리 지불하는 계약을 성사시켰다.

여기에서 잠깐 멘델스존가에 대해 알아보자. 일단 베를린에서 가장 오래된 유대계 은행 가문 중 하나라는 사실은 더 이상 설명이 필요없다. 재미있는 것은 19세기의 유명한 작곡가이자 피아니스트, 지휘자인 펠릭스 멘델스존이 이 가문의 직계 후손이라는 사실이다. 여기에 그의 할아버지가 독일의 유명한 철학자인 모세 멘델스존이라는 사실까지 더하면 이 가문이 결코 녹록한 집안이 아니라는 사실은 더욱 분명해진다. 펠릭스 멘델스존의 아버지인 아브라함 멘델스존은 일찍이 "나는 어려서 저명한 아버지의 아들이었다. 나중에는 유명한 아들의 아버지가 됐다"라고 언급하면서 뿌듯해한 바 있었다.[4] 이처럼 여러모로 유명했던 멘델스존가의 은행은 1850년을 전후해서는 러시아 차르의 황실 지정 대리 은행이 되는 기염을 토했다. 이때 이들 가문은 방대한 규모의 러시아 국채를 유럽 시장에서 인수하는 사업을 거의 도맡다시피 했다. 이들은 이 사업을 제1차 세계대전이 폭발할 때까지 손에서 놓지 않았다.

1818년 11월 4일, 오펜하임가는 전승국의 배상청산위원회와 오랜 협상 끝에 최종 협의를 이끌어내는 역량을 발휘했다. 내용은 14일 내에 파리에서 5,250만 프랑을 조달해 아헨(Aachen)의 배상청산위원회에 지급한다는 것이었다. 또 이에 따른 자금 조달과 환어음, 운송, 보증 등의 각종 수속에 드는 비용은 0.75%로 하는 것으로 결정이 났다. 이는 오펜하임가가 40만 프랑에 이르는 엄청난 수입을 올리게 된다는 사실을 의미했다. 오펜하임가로서는 일종의 벤처 투자를 한 셈이었다. 하기야 이 사업을 위해 그들은 자신들의 모든 동산과 부동산을 담보로 걸어야 했으니까. 그러나 이들은 이 벤처 투자에서 보란 듯 성공을 거둬 주변에서 찬사를 듣기도 했다.

당시 프로이센의 전통 은행 가문의 시각에서 볼 때 그 사업은 돈이 남는 장사가 아니었다. 다시 말해 각종 수속비가 결코 많다고 하기 어려웠다. 그들은 무엇보다 그처럼 짧은 시간 내에 엄청난 자금을 조달하는 것이 쉽지 않다고 생각했다. 또 은화를 운송할 적지 않은 인력과 말들을 먹여야 하는 것도 문제였다. 무장 호송의 번잡함이나 복잡한 과정 역시 골칫거리였다. 여기에 국제 은행 가문과 사업 및 인맥 네트워크를 구축하는 방법 역시 생각하지 못했다. 이렇다 보니 5,250만 프랑의 자금을 유대계 은행 가문이 통제하고 있는 프랑스 자본 시장에서 할당해 모집하는 것이 어려울 것이라고 생각할 수밖에 없었다. 한마디로 전쟁 배상금 조달 사업은 오늘날 중국 은행 간의 거래 시장에서 인기를 끌고 있는 단기금융채(Short-term Financial Bonds)나 중기채권(Medium-term Note) 발행보다 못한 사업이라고 해도 좋았다. 하지만 오펜하임가는 이런 거액의 현금 교환과 지불이라는 쉽지 않은 작업을 파리와 쾰른 은행을 통해 환어음 한 장을 주고받고서 간단히 끝내버렸다. 오펜하임은 40만 프랑을 가볍게 벌어들인 것이다. 낙후하기 이를 데 없었던 프로이센의 은행 시스템은 갑자기 나타난 신흥 금융 인맥 네트워크에 깜짝 놀라지 않을 수 없었다.

풀드가와의 결혼 동맹 이후 유럽 자본 시장에 대한 오펜하임가의 영향력은 하늘을 찌를 듯했다. 물론 이때 로스차일드가는 여전히 유럽 금융시장에서 두말이 필요 없는 패주 중의 하나였다. 1826년 오펜하임가와 로스차일드가와의 사업 관계는 더욱 긴밀해졌다. 살로몬 오펜하임은 거의 매일 프랑크푸르트, 빈, 파리, 런던, 나폴리 등의 로스차일드가와 밀접한 사업 정보를 교환했다. 이때는 특히 독일의 라인 강 일대의 관광자원이 본격적으로 개발되던 시기여서 자연스럽게 라인 강 일대는 영국 상류 사회 인사들이 선호하는 관광지로 떠올랐다. 그러나 이들 부호 중 일부는 너무 많은 현금을 가지고 관광하길 원치 않았다. 오펜하임가는 곧 이 사실에 착안해 로스차일드가와 새로운 합작 사업을 벌이기로 결정을 내렸다. 영국 로스차일드가가 발행한 신용증을 가진 고객에게 라인 강 일대의 오펜하임가가 현금을 제공하는 사업이었다. 이로써 두 가문의 관계는 더욱 밀접해졌다.

이때 살로몬 오펜하임은 가문의 사업을 점차 아들인 아브라함 오펜하임에게 물려주고 있었다. 이 과정에서 오펜하임가는 로스차일드가가 추천한 고객을 잃는 실수를 저지르기도 했다. 그러나 아브라함이 샤를로테 베이푸스와 결혼한 1834년을 기점으로 오펜하임은 탄탄대로를 달리게 되었다. 아브라함은 이를 위해 결혼식 직후 처삼촌들이 있는 유럽 각 도시를 신혼여행지로 선택하고 인사를 올리는 영민함을 발휘했다. 아브라함은 신혼여행에서 돌아와 로스차일드가의 다섯 형제 중 가장 막강한 권세를 자랑하던 영국의 네이선 로스차일드에게 편지를 보내 이런 그의 장점을 다시 한번 부각시켰다.

> 남작 전하! 2년여 전 전하께서는 고객을 우리 쾰른 가문에게 추천했습니다. 그러나 최근 우리의 실수로 전하가 추천해 준 고객을 잃고 말았습니다. 이는 우리를 굉장히 고통스럽게 만들었습니다. 최근 저는 운 좋게도 전하의 조카를 부인으로 맞이했습니다. 이 일로 인해 저는 전하의 보살핌 아래에 들어갈 수 있게 됐습니다. 저는 주제넘게도 전하께서 우리 양 가문의 관계를 종전처럼 회복시켜 주실 것으로 믿고 있습니다. 더불어 우리 가문을 샤프하우젠(Schaffhausen)가보다 먼저 살펴주시기 바랍니다. 저도 우리 가문과의 합작과 관련해서는 전하께 우선권을 드리겠습니다. 제 부탁을 전하께서 받아주실 것으로 믿고 있습니다. 최고의 경의를 갖고 영광스럽게도 전하께 이 편지를 씁니다.[5]

그렇다고 오펜하임가가 로스차일드가에만 목을 맨 것은 아니었다. 다른 가문들과도 전략적 제휴 관계를 맺어 합작의 외연을 넓히기도 했다. 1830년 이래 합작 관계를 맺은 한스만(Hansemann)가가 대표적 사례이다. 오펜하임가는 이들과 철도와 해상 운수업 융자 사업에서 함께 손을 잡았다. 또 라인 철도 프로젝트 투자를 위해 새로운 주식회사 형태의 회사를 만들기도 했다.

네이선 로스차일드

당시 프로이센은 산업이 고속도로 발전하는 시기였다. 이로 인해 프로이센 전 지역은 심각한 자금 부족 현상을 겪게 되었다. 거의 모든 회사들이 신용 한도에 내몰렸다. 사업에 뛰어난 감각을 지녔던 아브라함은 이 시기를 놓치지 않았다. 즉각 산업과 투자를 대상으로 한 신용보험 사업을 적극적으로 추진하기 시작했다. 이 과정에서 처가인 로스차일드가는 큰 힘을 보태는 성의를 보였다. 이후 아브라함은 세계 최초의 재보험 회사를 설립하는 개가를 올리게 된다.

재보험(reinsurance)
보험 계약상의 책임의 전부 또는 일부를 다른 보험자에게 인수시키는 보험.

1842년에 아브라함 오펜하임은 훗날 독일 통일 과정에서 결정적인 역할을 하게 되는 베를린의 유명한 유대계 은행 가문인 블라이흐뢰더가와도 튼튼한 상업적 연계를 구축했다. 이 이후로 오펜하임가의 유럽 내 인맥 네트워크가 기본적으로 완성되었다. 적어도 쾰른의 금융계에서는 절대적인 지위를 차지하게 되었으며, 당연히 프로이센에서도 주도적인 역할을 수행했다. 나아가 프랑스와 오스트리아, 이탈리아, 영국 등에서도 결코 가볍게 보지 못할 영향력을 가진 국제 은행 가문으로 발돋움했다.

1848년 혁명과 은행 산업 구제 프로젝트

1830년 전후는 세계 근대사의 일대 전환점이 된 시기로 영국에서 시작된 산업혁명이 유럽 대륙으로 빠르게 확산되었다. 프랑스와 독일, 오스트리아 등의 경제 발전은 이로 인해 완전히 새로운 단계에 진입했다.

산업화 진행 과정은 광산, 방직, 기계, 철도, 기선 분야 등의 산업을 폭발적으로 발전시켰다. 이에 따라 대량의 산업 자산 계급의 승자가 생겨났다. 그러나 다른 한편으로는 더욱 많은 수의 패자들 역시 양산해 냈다. 그들은 바로 토지 상실로 인해 도시로 유입되었던 완전 빈털터리의 농민을 비롯해 극도로 열악한 환경에서 일해야 했던 노동자, 실업에 직면한 수공업자 및 도시 빈민 계층들이었다. 이 중 산업혁명의 승자들은 봉건 전제 역량이 날로 쇠약해지는 상황에서 자신들의 정치적 권력이 날로 커져가는 경제적 권력에 상응하지 못하는 데에 불만이 높았다. 따라서 통치자들에게 보다 많은 권력을 요구한 것은 자연스러운 현상이었다.

이에 반해 산업혁명의 패배자들은 더욱 비참한 현실에 대한 원한을 키워만 갔다. 사실 이런 원한은 하루 이틀 사이에 쌓인 것이 아니었다. 지난 1,000여 년에 걸친 종교 및 사회적 멸시에 대한 유대인들의 저항은 특히 심했다. 강력하고도 선동적인 색채가 농후했던 이들은 급기야 몇몇 의제에서 완벽히 의견일치를 보았다. 완전히 평등한 공민 권력과 폭력 혁명에 대한 기대를 적극적으로 갖게 된 것이다. 한마디로 번영을 향해 치닫는 산업화라는 상징 아래에서 갑작스런 폭풍의 도래가 점점 현실로 무르익어 가고 있었다.

설상가상으로 1845년부터 1847년까지 3년 동안 유럽의 수많은 국가에서 자연재해마저 발생했다. 거의 전 유럽에서 대기근이 일어났다. 흉작은 식량의 급속한 가격 팽창으로 이어졌고 농산물 판매는 자연스럽게 떨어져 농업 신용 규모의 축소를 야기하고 취업 기회마저 박탈했다.

산업 분야 역시 1840년부터 정체에 빠졌고, 특히 철도 건설 분야는 성장 동력을 완전히 상실하고 말았다. 산업 신용 역시 위축되지 않을 수 없었다. 이 두 방면의 힘이 위축되면서 결국 1848년 유럽 대부분 지역은 경제 불황의 나락으로 떨어졌다. 1815년 나폴레옹 전쟁이 끝난 이후 형성된 안정 국면은 경제 위축이라는 거대한 압력에 의해 곳곳에서 파열음을 내게 되었다.

나폴레옹 전쟁
프랑스 혁명 당시 프랑스가 나폴레옹 1세의 지휘 아래 유럽의 여러 나라와 싸운 전쟁의 총칭.

유럽 각 지역의 자본 시장에 보편적으로 나타난 자금 결핍 현상을 자세하게 관찰한 아브라함 오펜하임은 중대한 위기가 곧 도래할 것을 예감했다.

1848년 2월, 프랑스 파리의 주식시장이 대폭락하면서 그동안 무르익어가던 혁명의 기운이 드디어 폭발했다. 평민들의 원한과 자산 계급의 탈권(奪權)의 충동 역시 사회 곳곳에 쌓인 불만의 화산이 맹렬한 기세로 터지도록 자극했다. 2월 26일 프랑스의 풀드가가 오펜하임가에 보내온 소식에 따르면 혁명은 거의 성공했다고 볼 수 있었다.

제2공화국도 순조롭게 출범했다. 그러나 며칠 지나지 않아 전혀 새로운 소식이 오펜하임가에 전해졌다. 상황이 완전히 변했을 뿐 아니라 변수가 곳곳에서 생겨나고 있다는 소식이었다. 3월에는 프랑스 혁명의 파도가 쾰른에도 충격을 가하기 시작했다. 혁명 세력들이 아브라함 오펜하임에게 자신들의 대표를 맡아 정부와 담판을 짓도록 요구했다. 아브라함은 생각할 것도 없이 즉각 거절했다. 사실 혁명 세력이 오펜하임가에 이런 요구를 한 것은 다 이유가 있었다. 혁명 세력과의 관계가 보통이 아니었던 탓이다. 관계의 끈을 긴밀하게 맺은 사람은 바로 아브라함의 셋째 동생인 다고베르트(Dagobert) 오펜하임이었다. 일찍이 그는 직접 혁명에 투신하여 자금을 대는 역할을 했다. 특히 그는 마르크스 대학을 졸업한 후인 1842년 여름에 자신이 자금을 댄 혁명 세력의 기관지인 〈라이니셔 자이퉁(Rheiniscer Zeitung)〉의 편집국장에 취임하고 프로이센 정부를 맹공격하기도 했다.

퀼른의 상황은 풀드가가 염려한 대로 급속도로 나빠졌다. 무엇보다 부동산 시장이 붕괴했다. 대표적으로 샤프하우젠 은행이 과도하게 부동산에 투자를 한 탓에 지불 위기를 겪게 됐다. 그나마 오펜하임가는 부동산에 크게 투자를 하지 않았다. 국제 은행 가문의 전통으로 볼 때, 유동성에 문제가 있는 자산에 투자하는 것을 극도로 혐오했기 때문에 부동산 투자에 나서지 않는 것을 거의 철칙으로 여겼다.

3월 29일, 샤프하우젠 은행은 170개의 거래처와 4만여 명의 노동자 고객들에 대한 지불 정지를 단행했다. 전혀 예상치 못한 조치에 놀란 고객들이 한꺼번에 몰려와 돈을 찾으려 했지만 때는 이미 늦었다. 샤프하우젠 은행은 도무지 지불할 방법이 없어 생존 위기에 내몰렸다. 그러나 샤프하우젠은 망해서는 절대로 안 되는 이른바 대마불사(大馬不死)의 은행이었다. 만약 샤프하우젠이 무너진다면 라인주 전체의 은행 시스템이 완전히 붕괴되는 것이나 다름없었다.

이 경우 샤프하우젠 은행과 긴밀한 거래 관계에 있던 오펜하임가 역시 안전을 장담하기 어려웠다. 특히 오펜하임가가 자금을 댄 퀼른-뮌덴(Münden) 철도는 당장 50만 탈러의 현금이 필요했고, 샤프하우젠 은행 역시 갑작스레 닥친 위기를 극복하기 위해 비슷한 금액의 자금이 필요한 상황이었다. 오펜하임가의 철도 사업을 총괄하던 아브라함의 동생 시몬은 당시의 상황을 4월 3일 형에게 편지로 알렸다.

"나는 형님의 능력을 하늘처럼 믿고 있습니다. 우리를 위해 정부 측으로부터 최소한 50만 탈러를 융자받을 수 있을 것으로 생각하고 있습니다. 기한은 1년이나 그 이상으로 길어야 하겠습니다."

그러나 이건 약과였다. 편지를 보낸 3일 후 시몬은 더욱 좋지 않은 소식을 아브라함에게 전했다.

"친애하는 아브라함 형님, 오늘 쾰른-뮌덴 철도는 다시 3,000탈러를 낭비했습니다. 다고베르트 쪽 사람들은 내일은 보다 많은 돈을 써야 할 것이라고 말하고 있습니다."

시몬은 4월 10일까지 형 아브라함으로부터 기다리던 소식을 듣지 못하자 급해지기 시작했다.

"우리의 상황은 아주 특수합니다. 한스만(프로이센의 재무장관)으로부터 반드시 양보를 받아내야 합니다. 우리는 라인주 최대의 은행입니다. 아직까지 영업을 하고 있는 거의 유일한 은행입니다. (우리를 구제하는 것은) 정부의 이익에도 부합합니다. 모든 사람들이 우리 같은 은행을 보호하는 데 동의한다면 그건 대단히 현명한 선택입니다."

4월 11일 시몬은 다시 재촉하는 편지를 보냈다.

"전능하신 주께서 우리들을 보우하사 우리가 희망했던 결과가 어제 이미 나왔으리라 기대합니다. 한스만이 우리에게 50만 탈러를 제공하는 결정을 이미 내렸을 것이라고 희망하는 바입니다. 친애하는 아브라함 형님, 매일 저녁 편안하게 주무시려면 우리를 믿어야 합니다. 우리는 이 돈을 반드시 얻어야 합니다."[6]

아브라함 역시 몸이 달 대로 단 시몬과 크게 다르지 않았다. 동생의 편지를 받기 전인 4월 1일에 직접 베를린으로 달려가 친구인 한스만에게 50만 탈러의 정부 신용 자금을 샤프하우젠 은행에 제공하도록 요청하는 신속함을 보였다. 그는 이때 자신들의 부동산과 주식을 담보로 제공했다. 샤프하우젠을 지원하는 것이 자신들을 구하는 것이나 다름없었으므로 이는 당연한 조치였다.

반복 협상의 결과는 2주 후에 나왔다. 다행히 한스만은 사태를 해결하기 위해서는 채권자 측과 은행 간의 타협이 필요하다는 결정을 최종적으로 내렸다. 그는 즉각 베를린 정부에 구제 금융 지급을 요구했다. 그러나 베를린 정부는 한스만의 생각과 달리 가능하면 구제 금융을 하지 않겠다는 입장이었다. 아브라함으로서는 이때 배수의 진을 치고 베를린 정부를 협박하는 것 외에는 달리 방법이 없었다.

"은행을 구제하는 것은 대단히 중요합니다. 절대로 개별 은행의 유동성 문제를 해결하는 것처럼 간단한 게 아니라 혁명을 저지할 수 있느냐의 여부가 달린 중대한 문제입니다. 프로이센 정부의 생사 존망과 관련된 중요한 정치적인 문제입니다. 만약 은행 신용이 회복되지 않으면 현재의 사회 질서는 붕괴하고 말 것입니다."

프로이센 정부는 그의 말에 깜짝 놀라지 않을 수 없었다. 즉각 위기협조위원회를 설립하고 샤프하우젠 은행을 살릴 수 있는 방안을 공동으로 논의하는 행보에 나섰다. 베를린 정부에서는 한스만, 금융계 쪽에서는 아브라함이 나서 이 위원회를 주도했다. 양측은 곧 샤프하우젠 은행을 주식제 형태의 은행으로 전환시키는 합의에 도달했다. 이렇게 해서 프로이센 역사상 최초로 주식제 형태의 은행이 탄생했다. 그러나 이는 사실 자유파와 아브라함이 1830년부터 계속 정부에게 실시하도록 요구한 금융 개혁 정책의 일부분이었다.

아브라함은 정부에 대한 압력을 극대화하기 위해 적시에 금융위기를 구제하지 않을 경우 라인주가 프로이센을 탈퇴하는 것은 불가피하다는 사실을 거론하며 협박하는 강경함까지 보였다. 한마디로 은행에 대한 구제는 국가 주권과 관련한 일이라는 사실을 분명하게 강조한 것이다. 그의 이 전략은 사회적 혼란을 무슨 수를 써서라도 막으려고 했던 프로이센 정부에게 치명적인 한 방을 먹였다. 결국 그와 한스만 등이 견지한 '정치 안정의 전제는 금융 안정'이라는 전략적 관점은 확실하게 우위를 점하는 결과로 나타났다. 사실 이 모든 것은 아브라함과 한스만 등이 오래전부터 견지해 온 전략이기도 했다. 그들의 목표는 다름 아닌 금융과 정치 영역에서의 위로부터의 혁명이었다. 그들은 꿈에도 그리던 이 목표를 사회 동요와 정치 혼란을 빌려 드디어 실현했다.

5월 초 오펜하임가는 프로이센 정부로부터 50만 탈러의 구제 금융을 받았다. 프로이센의 금융 시스템은 바로 이때부터 중대한 변화를 맞이하게 되었다.

우리들은 이 역사를 요즘 발생한 금융위기 및 미국 정부의 구제 금융 조치 등과 대비해 살펴볼 수 있다. 이 경우 시대와 명칭만 조금 바꾸면 〈월스트리트 저널〉의 헤드라인 기사를 작성할 수 있다. 제목은 바로 '은행 구제와 금융 개혁: 재무장관과 은행가, 일치된 목표를 달성하다'가 되지 않을까.

인성은 역사에서 계속 되풀이되고 반복되는 법이다. 이때 역시 예외는 아니었다.

비스마르크의 부상

독일 통일을 말할 때 비스마르크를 절대로 떠나 얘기할 수 없다면, 그의 성공은 그 뒤에 숨어 있던 유대인 은행가 게턴 블라이흐뢰더를 빼놓을 수 없다. 독일 역사상 비스마르크의 지위는 중국 역사에서 진시황(秦始皇)과 크게 다르지 않다. 그들 모두 불굴의 의지와 철혈(鐵血)의 수단으로 국가 통일을 이룩한 인물이라고 할 수 있다. 또한 역사적으로 불멸의 업적을 남긴 점에서도 대단히 비슷하다.

독일에서 비스마르크와 관련된 저서는 무려 7,000여 종에 이르며, 독일 사학계는 그의 공과와 득실에 대해 철저한 분석과 연구를 진행했다. 그러나 이 엄청난 문헌들도 완전히 간과한 것이 있다. 그건 바로 비스마르크가 추진한 정책 배후에 방대한 금융 세력 집단이 영향을 미쳤다는 사실이다. 비스마르크 본인이 저술한 세 권의 전기에서도 그저 빌헬름 2세가 세상을 떠났을 때 블라이흐뢰더가를 딱 한 번 언급했을 뿐이다. 유대계 은행 가문이 독일 정치에 미친 영향력과 관련한 연구는 거의 사각 지대에 놓여 있다.

비스마르크 수상

그러나 비스마르크와 은행 가문들과의 관계는 놀랄 정도로 밀접했다는 것이 정설이다. 이는 그의 전체 정치 생애를 통해 블라이흐뢰더나 로스차일드가와 주고받은 편지가 무려 1,000여 통에 이른 사실에서도 잘 알 수 있다. 이뿐만이 아니었다. 블라이흐뢰더가 역시 로스차일드가에 독일 정계의 변화, 군사 배치, 금융시장에 대한 정보들을 하루라도 제공하지 않은 날이 없었다.[7]

우리는 이를 통해 블라이흐뢰더나 로스차일드가의 강력한 금융 지원이 없었다면 비스마르크가 독일 정계에서 우뚝 서고 독일 통일이라는 위업을 달성하지 못했을 것이라는 사실을 분명히 알 수 있다. 블라이흐뢰더가는 이미 100여 년 전에 연기처럼 역사 저 편으로 사라져버린 가문이다. 그럼에도 이 가문을 되살리려고 하는 이유는 독일 역사에서 오랫동안 소홀하게 취급됐던, 금융 세력이 역사에 미친 영향력을 상기시킬 필요성이 있기 때문이다.

융커(Junker)
프로이센의 지배 계급을 형성한 보수적인 토지 귀족.

비스마르크는 명문가 출신으로 융커 지주 계급에 속했다. 이른바 금 숟가락을 물고 태어난 것이다. 그는 어릴 때부터 큰 포부를 가졌다고 한다. 하기야 일반 평민들은 감히 상상하기도 어려운 사회적 지위와 부를 태어날 때부터 가졌으니 그렇지 않은 것이 이상한 일일지 몰랐다. 아무튼 그는 이런 우월한 조건으로 인해 독특한 개성을 지니게 되었다. 조급하고 거친 성미, 일을 추진할 때 시원스럽게 해치우는 열정, 과감하고 굳센 성격 등이 이에 속했다. 여기에 강인하고 까칠한 태도, 자신밖에 모르는 외고집 역시 그를 대표하는 개성으로 부족함이 없었다.

그의 야심만만한 성격은 자연스럽게 정치에 대한 관심으로 이어졌다. 동시에 다른 융커 귀족들과 마찬가지로 막대한 재산을 갈망했다. 그가 재산에 눈을 돌린 데는 당연히 이유가 있었다. 일단 돈 문제에 대해 신경을 쓰지 않아도 된다는 사실이 매력적이었다. 게다가 많은 돈은 정치적 야심과 권력에 대한 갈망을 충족시켜줄 수단도 되었다. 이뿐만이 아니었다. 돈이 많으면 정치에 싫증을 느끼게 될 때에도 경제적인 속박과 영향에서 벗어나 조용히 은퇴하는 것이 가능했다.

아니나 다를까 정계에 투신한 이후 부에 대한 그의 식탐은 나날이 커져갔다. 반면 자신이 재산을 관리할 시간은 날이 갈수록 줄어들었다. 그는 자연스럽게 돈에 대해 민감하고 재테크에 천부적인 자질을 타고난 유대인을 이용해 재산을 늘리는 등의 개인적인 이재에 나서야겠다고 생각했다.

이 과정에서 그는 유대인에 대해 실용적인 태도를 견지했다. 물론 그는 유대인을 천성적으로 좋아하지 않았다. 오히려 싫어하는 쪽에 더 가까웠다. 심지어는 유대인들을 정부 공무원으로 임용해서는 안 된다는 입장을 밝히기도 했다. 그가 유대인에게 원한 것은 오로지 그들의 뛰어난 이재 능력뿐이라고 해도 과언은 아니었다. 그는 이재에 밝은 유대인 은행가에게 자신의 개인 재산 증식을 전적으로 의존했다.

1848년의 유럽 혁명은 거대한 권력의 진공을 초래했다. 그러나 이 현실은 비스마르크에게 거대한 발전 공간을 제공하여 그의 정치적인 야망을 촉발시킴과 동시에 특유의 현실주의적인 태도를 견지하도록 만들었다. 그는 혁명의 와중에서 적지 않게 고심했다. 그러다 마침내 자신의 갈 길을 확실하게 정하는 용단을 내렸다. 그건 다름 아닌 국왕을 굳게 지키는 보수파가 되겠다는 결정이었다.

실제로 당시 그는 독일이 언젠가는 통일을 향해 갈 수밖에 없고, 이 과정에서 강력한 군주 제도의 힘이 필요하다는 사실을 믿어 의심치 않았다. 그는 또 민주 제도라는 것이 국력의 쇠락과 역량의 분산을 가져올 것이라고 생각했다. 그가 국왕의 든든한 보호자가 된 것은 이렇게 볼 때 당연한 일이었다. 이런 생각에 근거한 비스마르크의 언행들은 당연히 프로이센 국왕의 환심을 샀다. 결국 1851년 프리드리히 빌헬름 4세는 이에 대한 보상으로 비스마르크를 프랑크푸르트에서 열린 독일 연방 대회의 대표로 임명하는 용단을 내렸다.

이때부터 비스마르크는 정식으로 대중이 주목하는 인물이 되어 역사의 무대로 걸어 나왔다.

블라이흐뢰더: 비스마르크의 개인 은행 가문

> 게텐 블라이흐뢰더는 독일 제국의 초대 수상인 비스마르크의 개인 은행가이자 독일 공공의 은행가였다. 그는 익숙한 수완과 인내심으로 엄청난 이득을 올렸다. 로스차일드가는 그에게 본보기이자 비밀 동맹의 파트너였다. 그러나 그는 그럴수록 자신의 길을 걸어가며 자신이 가치 있는 사람임을 입증했다.
>
> _프리츠 슈테른(Fritz Stern, 독일 역사가)

1851년 비스마르크는 프리드리히 빌헬름 4세의 명을 받고 프랑크푸르트로 달려갔다. 이곳에서 그는 프랑크푸르트 금융계의 터줏대감인 로스차일드가의 대부 암셸 로스차일드의 눈을 끌었다. 당시 그의 나이는 80세에 가까웠다. 비스마르크 역시 암셸 로스차일드를 처음 만나자마자 깊은 인상을 받았다. 집에 돌아오면 늘 부인과 자식들 앞에서 암셸 로스차일드의 말투를 흉내 낼 정도였다. 심지어 유대인의 발음과 어법으로 독일어를 말하기도 했다.

그는 로스차일드가의 재력과 막강한 영향력에 깊은 인상을 받음과 동시에 그들과 사귀게 된 것을 매우 기쁘게 생각했다. 이후 그는 로스차일드가의 초대를 받으면 늘 감지덕지한 심정으로 달려가고는 했다. 그는 암셸 로스차일드에 대해서 이렇게 묘사하고 있다.

"그는 매우 연로한 유대인이다. 엄청난 재산을 가지고 있으며, 집에 무수히 많은 황금 접시와 숟가락 등이 있다. 그러나 그는 뒤를 이을 아들이 없다. 아무리 부자라 해도 후계자가 없는 신세가 된 것이다. 호화스러운 궁전에 살고 있으면서도 가난한 사람처럼 보이는 것은 바로 이 때문이 아닐까 싶다. 그의 주변에는 물론 무수히 많은 사람들이 있다. 그러나 이들은 모두 그의 재산을 사기 쳐 빼앗으려 하거나 이익을 도모하려는 사람들이다. 그의 친척들 역시 그의 재산을 노리고 주위를 맴돈다. 실제로는 그에 대한 진실한 사랑이나 감정이 없다."[8]

비스마르크는 천성적으로 부지런하고 배우기를 좋아했다. 또 권력과 지혜에 대한 욕망, 정치적인 야심과 포부 역시 대단했다. 그래서 암셸 로스차일드와 그의 양자인 메이어 카를 로스차일드의 총애를 받았다. 더구나 로스차일드가는 특히 정치 신진들을 양성하는 것을 좋아했다. 늘 자신들이 인재를 알아보는 능력이 뛰어나다고 자부했다. 비스마르크 역시 충분히 투자할 만한 가치가 있는 잠재력이 풍부한 카드라고 확신했다.

사실 전체 유럽 근대사를 유심히 살펴보면, 비스마르크 외에도 로스차일드가의 선택을 받아 정치적으로 뿌리를 내렸던 유명 인사들이 적지 않다는 사실을 알 수 있다. 훗날 영국 수상이 되는 벤저민 디즈레

더비 레이스(Derby Race)
영국의 귀족인 더비 경의 이름을 따 시작한 경마 경기. 현대 경마의 기원이 됨.

일리(Benjamin Disraeli)가 무엇보다 대표적으로 꼽힌다. 다음으로는 로스차일드가가 직접 선택한 로즈버리 백작 역시 거론해야 한다. 나중에 여세를 몰아 로스차일드가의 사위가 되는 그는 젊은 시절 세 가지 인생 목표를 설정했다고 한다. 첫째가 더비 레이스에서 우승하는 것, 다음이 엄청난 재산을 가진 여성과 결혼하는 것, 마지막이 수상이 되는 것이었다.

그는 실제로 로스차일드가를 만남으로써 이 인생 목표를 실현했다. 훗날 로스차일드가는 영국의 저명한 정치가인 윈스턴 처칠을 키우기도 했다. 한마디로 100년 가까운 세월 동안 전력을 다해 내로라하는 인재들을 지원하여 전 세계 역사에 엄청난 영향을 미친 정치가들로 키운 것이다.[9]

이런 현실들을 보면 네이선 로스차일드가 안하무인 격으로 "대영제국의 화폐 발행권을 장악했다"라고 호언한 데에는 다 이유가 있었다. 그럼에도 유럽의 전통 귀족들은 가슴 깊숙한 곳에 로스차일드 등의 유대인 신흥 '졸부'에 대한 일종의 경멸감을 숨겨놓고 있었다. 물론 특수한 상황 아래에서는 귀족들 역시 금전의 권력 앞에 굴복해야 했지만 말이다. 비스마르크 역시 이런 귀족들의 입장과 크게 다르지 않았다. 유대인 은행 가문을 이용했으나 우습게 여기기도 했다.

실제로 비스마르크와 로스차일드가와의 밀월기는 얼마 후 종말을 고하게 됐다. 양측이 대단히 격렬한 싸움을 벌였기 때문이다. 사건의 발단은 1852년 당시 독일 연방의 수장국이었던 오스트리아의 독단적인 전횡과 밀접한 관련이 있었다.

오스트리아의 독단은 말할 것도 없이 프로이센 정부를 무시하는 행동으로 이어졌다. 비스마르크는 이때 비록 프로이센 베를린 정부의 정치적 입장에 복종해야 하는 외교관이었으나 여전히 예민하고 터프한 성질을 그대로 가지고 있었다. 더구나 자질구레한 문제에 사사건건 트집을 잡는 오스트리아의 태도나 오만함은 그의 성질을 더욱 건드렸다. 그러나 로스차일드가의 생각은 그와 사뭇 달랐다. 하기야 오스트리아 합스부르크 왕가와의 밀접한 관계를 통해 집안을 일으킨 입장에서는 그게 당연한지도 몰랐다.

이런 위태로운 상황에서 급기야 프로이센과 오스트리아 사이에 독일 연방 문제와 관련한 사소한 충돌이 일어났다. 당시 독일 연방은 소형 함대를 보유하고 있었다. 그러나 자금 부족으로 계속 운영하기가 어렵게 되었다. 급히 자금을 마련해 수병들의 임금을 지불해야만 했던 것이다. 이때 오스트리아는 프로이센의 강력한 반대에도 불구하고 직접 로스차일드가에게 6만 네덜란드 길더의 대출을 요구했다. 로스차일드가는 솔직히 이 함대를 지원할 생각이 별로 없었다. 그러나 암셸 로스차일드는 합스부르크 왕가의 명령만큼은 복종해야 한다는 생각을 가지고 있었다. 당연히 이 일은 비스마르크의 격노를 불러일으켰다. 그와 암셸 로스차일드의 격렬한 논쟁은 도저히 피할 길이 없었다.

로스차일드는 분명 당시 일세를 풍미한 거대 자본가 가문이었다. 그러나 봉건 귀족층의 권력가 앞에서는 처지가 달랐다. 풀무 속의 쥐처럼 자신의 마음대로 처신한다는 것이 쉽지 않았다. 이때 봉건 귀족층의 뇌리에는 여전히 유대인들이 열등한 민족이라는 선입견이 남아 있었다. 당시의 역사적 상황으로 볼 때, 비천한 유대인들의 정치적인 지위는 돈으로 절대 해결할 수 없는 문제였다.

한바탕 격렬한 언쟁이 끝난 후에도 비스마르크의 분노는 가라앉지 않았다. 그로서는 로스차일드가가 오스트리아와 더 친근한 관계를 맺으면서 프로이센을 우습게 알고 있다는 생각을 떨치기가 어려웠다. 이 때문에 그는 로스차일드가의 초청을 죄다 거부하고, 프로이센 정부에 로스차일드의 경쟁 상대인 바이스만(Weismann) 은행을 이용하도록 설득했다. 바이스만 은행을 아예 프로이센 정부의 관영 은행으로 대체시키려 한 것이다. 하지만 그의 뜻대로 모든 것이 돌아가지는 않았다.

프로이센 정부의 재무부는 비스마르크처럼 쉽게 흥분하여 로스차일드가를 바이스만 가로 대체하지 않았다. 이유는 간단했다. 로스차일드가의 위상을 실질적으로 다른 가문이 대체할 수 없었기 때문이다. 프로이센 정부는 진짜 돈이 필요할 때 로스차일드가만이 결정적인 도움을 줄 수 있다는 사실을 너무나 잘 알고 있었다. 어쨌든 프랑크푸르트 주재 오스트리아 대사는 이 논쟁이 있은 후 바로 프랑크푸르트를 떠났다. 비스마르크는 이 싸움에서 자신이 승리했다고 생각했다.

"싸워야 친해진다"라는 속담이 있다. 이 속담대로 비스마르크는 로스차일드가와 한판 싸움을 진행하면서 상대의 역량을 분명하게 알게 되는 부수적 소득까지 올릴 수 있었다.

비스마르크는 정치적으로는 이성적이고 현실적인 정치가였다. 일단 정치적으로 오스트리아에 승리했다는 판단이 서자 즉각 로스차일드가에 대한 태도를 바꾸었다. 로스차일드가에 대해 다시 호의를 보이기 시작한 것이다. 1853년 비스마르크는 프랑크푸르트의 로스차일드가를 프로이센의 관방 은행으로 지정하자는 정부의 건의에 지지를 보냈다. 그의 행보는 이 정도에서 그치지 않았다. 암셸의 양자인 메이어 카를 로스차일드 나이트작(Knight爵)에게 붉은 독수리 훈장을 수여하도록 프로이센 정부에 요구하기도 했다. 양측의 관계는 이처럼 극적으로 회복된 다음 더욱 현실적이고 긴밀하게 발전했다.

시간은 흘러 1858년이 되었다. 이해에 프로이센 황태자(나중의 빌헬름 1세)는 비스마르크를 상트페테르부르크 주재 대사로 임명했다. 비스마르크는 프랑크푸르트를 떠나기 직전인 다음 해 3월 메이어 카를 로스차일드를 방문하여 일을 믿고 맡길 만한 베를린의 은행가를 추천해 달라고 부탁했다. 이때 자신의 개인 재산을 관리할 은행가가 반드시 유대인이어야 한다는 당부도 잊지 않았다. 여러 경험으로 미뤄볼 때 유대인 은행가만이 이재에 대한 자신의 욕망을 실현시킬 타고난 소질과 능력이 있다고 본 것이다. 물론 가장 중요한 이유는 이후에도 계속 로스차일드가와 특수하고 긴밀한 관계를 유지하고 싶었기 때문이다.

로스차일드가 역시 비스마르크의 생각을 모르지 않았다. 가장 신뢰했던 게텐 블라이흐뢰더를 정식으로 그의 개인 은행가로 추천하는 센스를 발휘했다.

1861년 블라이흐뢰더는 베를린에서 가장 영향력이 큰 유대인 은행가문으로 부상했다. 물론 이때 베를린에는 멘델스존가를 비롯한 전통 가문의 은행들이 여전히 위력을 발휘하고 있었다. 또 이들 은행들은 규모나 업무의 숙련도 면에서 블라이흐뢰더가보다 한 차원 높은 수준을 자랑했다. 하지만 블라이흐뢰더가는 로스차일드가와의 끈끈한 사업적인 관계를 통해 베를린 금융계에서 급부상하여 완전히 '떠오르는 별'이 되었다. 달리 말해 그 어떤 은행 가문이라도 로스차일드가와 밀접한 관계를 가지게 될 경우 시장 경쟁에서 탁월한 실적을 낼 기회를 잡을 수 있었던 것이다.

블라이흐뢰더가는 비스마르크의 개인 은행이 된 다음 빠른 속도로 명문 은행의 반열에 진입했다. 비스마르크는 안심하고 모든 월급과 다른 수입들을 블라이흐뢰더가의 은행이 처리하도록 맡겼다. 또 자신의 모든 개인적인 채무 지급, 해외의 은행 계좌 관리 등도 일임했다. 블라이흐뢰더가는 이때만 해도 그다지 많지 않았던 비스마르크의 자산을 완전히 관리하는 집사가 되었다.

비스마르크는 이때부터 로스차일드가와 마찬가지로 블라이흐뢰더가와도 편지 등을 주고받는 관계를 맺기 시작했다. 사실 이는 블라이흐뢰더가가 너무나 바라던 일이었다. 당시의 모든 은행 가문들이 배후에 엄청난 상업적 기회를 간직한 정치 뉴스와 시장 정보에 민감했으니 말이다. 바로 이 때문에 블라이흐뢰더가는 비스마르크에게 그 어떤 금전적 대가도 원하지 않았다. 그들이 원했던 보상은 오로지 정치 뉴스와 일련의 막후 정보의 제공이었다.

덴마크 위기: 비스마르크가 잡은 의외의 기회

그 어떤 전쟁이라도 막후에서 결정적인 역할을 하는 것은 바로 경제력이다. 경제적인 잠재력 자원이 큰 쪽이 전쟁에서 최후의 승리를 거둘 가능성이 훨씬 클 수밖에 없다. 비스마르크는 독일 통일 과정에서 가장 먼저 경제적인 어려움에 부딪혔다.

1861년 빌헬름 1세는 프로이센의 국왕 자리를 물려받았다. 하지만 그의 앞에는 자유파가 장악한 의회라는 난관이 기다리고 있었다.

민주를 핵심 이념으로 하는 자유파의 사조는 18세기 말엽에 프랑스 자산 계급의 대혁명이 터진 이후 유럽을 거의 휩쓸다시피 했다. 특히 1848년의 혁명 이후에는 자유파의 영향력이 더욱 커져갔다. 심지어 이들은 폭력과 유혈을 동반하여 봉건 전제의 사회 권력 구도를 완전히 타파하려고 시도했다. 하지만 사상이 비교적 보수적이었던 프로이센에서 자유파는 프랑스와 영국의 민주 모델을 동경하면서도 프랑스가 겪은 피비린내 나는 혁명을 내심 두려워했다. 이는 프로이센의 자유파에게 치명적인 약점이었다. 그들은 비록 자유파의 외피를 뒤집어쓰고 있었으나 여전히 골수 민족주의자였던 것이다.

빌헬름 1세는 다년간에 걸친 군 경험을 통해 강력한 군대를 건설하는 일에 각별한 관심을 쏟았다. 그는 일찍이 1848년 혁명이 발발했을 때, 그 어떤 타협도 거부하고 무력 진압 입장을 견지했던 강경 소수파이기도 했다. 그래서 그는 강력한 군대를 건설해 정치권력을 확실하게 장악하는 게 프로이센 부상의 선결 조건이라고 믿었다. 또 이 점에서는 비스마르크의 생각과 딱 맞아떨어졌다.

그는 자신의 생각을 군대 개혁 법안의 마련으로 실천에 옮겼다. 하지만 그의 법안은 1862년 수차례나 의회의 반대에 직면했다. 그는 이런 상황에서 마지막 카드를 빼들었다. 그건 논쟁의 여지가 많은 인물인 비스마르크를 수상 겸 외무부 장관으로 기용하는 것이었다. 비스마르크는 빌헬름 1세의 기대에 그대로 부응했다.

그는 취임 연설에서 "우리가 지금 당면한 중대한 문제는 연설이나 다수파의 결의로 해결할 성질의 것이 아니다. 그것은 우리가 1848년과 1849년에 이미 범한 오류들이다. (이 문제는) 오로지 철혈(鐵血)의 방법으로 해결할 수 있다"라고 강조했다. 비스마르크는 동시에 빌헬름 1세에게도 "우리가 언젠가는 죽어야 한다면 보다 명예롭게 죽어야 하지 않을까요. …… 폐하는 이미 다른 선택의 길이 없습니다. 그저 분투하는 수밖에 없습니다!"라며 강심제를 투약하는 것을 잊지 않았다. 이때부터 그의 정책은 빌헬름 1세의 전폭적인 지지를 받게 되었다.[10]

빌헬름 1세의 군대 개혁 법안의 핵심은 간단했다. 정규군을 강화하고 국민 경비대를 약화시키는 것이었다. 이를 위해 빌헬름 1세는 정규군의 복무 기간을 2년에서 3년으로 연장한다는 내용을 법안에 포함시켰다. 의회가 이 법안에 반대한 표면적인 이유는 군사비의 과다 지출이었다. 하지만 진짜 이유는 따로 있었다. 국민 경비대의 위상 격하에 대한 불만이었다.

당시의 프로이센 군사 제도를 살펴보면, 정규군의 핵심은 봉건 융커 귀족 세력이었고, 국민 경비대는 도시 중산 계급의 신흥 자산 계급 세력이었다. 따라서 정규군을 강화할 경우 필연적으로 프로이센의 봉건 세력은 강화될 수밖에 없었다. 자유파가 장악한 의회는 이 점을 몹시 꺼려했다. 그들의 수단은 정부의 예산 비준을 거부하여 돈 문제로 비스마르크의 목을 졸라 죽일 생각이었다. 하지만 비스마르크는 조금도 약한 모습을 보이지 않고 즉각 의회 해산이라는 협박으로 대응했다. 의회 없이 정책을 펴나가도 괜찮다는 입장을 견지한 것이다.

쌍방 누구도 양보 없이 강경하게 대치하는 와중에 덴마크 위기가 갑자기 폭발했다. 덴마크 국왕은 1863년 3월 당시까지 프로이센과 영토 분쟁 중에 있던 국경 지대의 슐레스비히(Schleswig)와 홀슈타인(Holstein) 두 지역을 자국 영토로 편입시키려는 의지를 강력하게 피력했다. 이 일은 당연히 프로이센의 민족주의 정서를 자극했다. 원래 이 지역들은 1852년의 런던조약 규정에 의해 덴마크가 줄곧 관리해 온 땅이었지만 주권은 여전히 독일 연방에 있었다. 전쟁의 먹구름이 갑자기 프로이센 상공을 뒤덮었다.[11]

비스마르크의 입장에서 이는 그야말로 천재일우의 기회였다. 그는 즉각 덴마크와의 전쟁을 통해 국내 자유파 반대 세력을 대대적으로 약화시켜 자신의 권력을 공고히 하겠다는 야심을 드러냈다. 물론 이 목적을 달성하기 위해서는 전쟁을 어떻게 하든 승리로 이끌어야 했다. 그러자면 반드시 오스트리아를 동맹으로 끌어들여야만 했다. 전략적으로 볼 때 향후 슐레스비히의 주권은 프로이센에, 홀슈타인의 주권은 오스트리아에 귀속하겠다는 그의 제안은 대단히 침착하고 노련했다. 오스트리아는 그의 절묘한 제의를 거부할 이유가 없어 흔쾌히 동의했다. 비스마르크는 또한 다른 유럽 강대국들의 간섭을 피하기 위해 런던조약을 지지한다는 입장과 당시의 유럽 질서를 옹호한다는 태도를 적극적으로 피력하는 민첩함을 보였다. 이렇게 해서 그는 가볍게 영국과 프랑스, 러시아를 안심시킬 수 있었다.

덴마크 위기가 진행되는 와중에 비스마르크가 보여준 정치적 수단과 외교적 기교는 한마디로 기가 막혔다. 더구나 프로이센 군대의 화력은 덴마크를 압도하고도 남았다. 그러나 그를 초조하게 만든 문제는 아직 의회에서 통과하지 못한 막대한 규모의 전쟁 비용이었다. 더구나 당시 의회는 그의 내정과 외교 정책에 대해 격렬한 반대 입장을 보여

전쟁 예산이 통과될 가능성은 거의 없었다.

프로이센-덴마크 전쟁:
금권, 예봉을 서서히 드러내다

비스마르크의 유일한 희망은 의회의 예산 견제를 피해 다른 경로로 전비를 융자받는 것이었다. 그는 이 희망을 자신의 개인 은행 역할을 하는 블라이흐뢰더가에 걸었다. 블라이흐뢰더가는 수완이 비상했던 로스차일드가와 긴밀한 관계를 유지하고 있어서 방대한 자금 문제를 해결할 수 있었을 뿐 아니라 프랑스의 나폴레옹 3세에 대한 영향력도 상당했다. 덴마크와의 전쟁을 승리로 이끌기 위해서는 나폴레옹 3세의 중립이 무엇보다 필요한 상황이었다.

이때 이미 비스마르크의 측근이 돼 있었던 블라이흐뢰더가는 프로이센 정계의 일련의 정치적 동요를 조용히 주시하며 이 중대한 정국 변동을 이용해 어떻게 엄청난 경제적 이익을 얻을 것인가 하는 생각으로 열심히 주판알을 굴리고 있었다. 개인적인 성향으로 미뤄볼 때, 유대인 출신인 블라이흐뢰더가는 자유파 사상에 경도되어 있었다. 사실 유대인들은 공평한 경쟁을 통한 권력 쟁취를 위해 1848년 발발한 혁명의 주요 핵심 세력으로 활동했다. 그러나 은행가인 그들의 판단은 이성적이어야 했다. 심지어 냉혹해야 했다. 무엇보다도 사업적 이익이 최우선이었다!

이때 블라이흐뢰더가는 매일 로스차일드가와 편지 등을 주고받으면서 긴밀한 관계를 유지하고 있었다. 베를린의 상업 및 시장 상황, 정치·군사 정보 등이 끊임없이 파리의 제임스 로스차일드에게 흘러들어갔다. 그러던 1863년 5월 1일, 블라이흐뢰더가는 제임스 로스차일드에게 보내는 정보 보고에서 덴마크 위기에 대한 가장 정확하고 확실한 시각을 피력했다.

"우리의 (재무부) 장관은 원래 5,000만 탈러를 융자해 해군력을 강화하려고 했습니다. 그러나 (덴마크 위기는) 융자를 3,000만 탈러로 줄어들게 만들었습니다. 더구나 이 비용은 발트해 항구의 방어에 사용될 가능성이 높습니다. …… (비스마르크는) 덴마크 사건이 엄중하고 복잡한 국면을 야기할 것이라는 생각을 피력하고 있습니다. 그러나 군사력이 아직 완벽하게 갖춰지지 않아서 3개월 내에는 절대로 병력을 움직이지 않을 것입니다."[12]

비스마르크는 1863년 5월부터 11월까지 긴장을 늦추지 않은 채 전쟁 준비를 계속 진행했다. 그러나 자금의 압박은 갈수록 심해지고 있었다. 블라이흐뢰더가는 마침내 이해 11월 로스차일드가와의 협상을 통해 비스마르크에게 융자 조건을 제시했다. 조건은 아주 간단했다. 프로이센이 국유 자산 매각을 통해 융자를 받는 방식이었다. 그들이 눈독을 들인 것은 매장량이 풍부한 자르(Saar) 지역의 석탄 탄광으로, 이 탄광을 프랑스의 로스차일드가에 팔라고 제의했다.

이때 이 탄광은 프로이센 정부의 통제 아래 있었다. 사실 로스차일드가는 1861년에 이미 자르 지역의 탄광을 2,000만 탈러에 구입하려는 계획을 추진한 바 있었다. 비스마르크는 나폴레옹 3세도 자르 지역의 탄광에 군침을 흘리고 있다는 사실을 모르지 않았다. 나폴레옹 3세는 비스마르크에게 직접적으로 자신의 패를 보여주면서 은근히 자르 지역에 상당한 관심이 있다는 입장을 밝히기까지 했다. 그건 "만약 프로이센-덴마크 전쟁에서 우리의 중립을 원한다면 자르의 탄광으로 우리와 거래를 해야 한다"라는 얘기였다. 그러나 이 거래가 1864년 초 프랑스 언론에 대대적으로 보도되면서 빌헬름 1세는 엄청나게 체면을 구기고 말았다. 비스마르크의 융자 계획은 자연스럽게 중지될 수밖에 없었다.

1863년 12월 7일, 블라이흐뢰더가는 로스차일드가에 중요한 편지 한 통을 보냈다. 프로이센 정부가 곧 의회에 1,000만 탈러의 예산 승인을 요청할 것인데, 의회가 거절할 가능성이 높다는 내용이었다. 이틀 후 비스마르크는 과연 1,200만 탈러의 예산을 덴마크와의 전쟁에 사용할 수 있도록 승인해 달라는 안건을 제출했다. 당시 프로이센 국고에는 덴마크와의 전쟁에 사용할 수 있는 자금이 2,100만 탈러나 있었다. 그러나 비스마르크는 전비를 보수적으로 계산해 의외의 일에 대비해 남겨둬야 한다고 생각했다. 1864년 1월 22일 프로이센 의회는 275 대 51이라는 압도적인 표 차이로 비스마르크의 요구를 부결시켰다.[13]

비스마르크는 하는 수 없이 다른 방법을 통해 다시 전쟁에 필요한 자금 조달에 나섰다. 놀랍게도 이때 프랑크푸르트의 은행 가문인 에어랑거(Raphael von Erlanger)가가 직접 비스마르크를 찾아와 1,500만 탈러를 융자해 주겠다고 제안했다. 비스마르크는 뛸 듯이 기뻐했다. 그러나 이 일은 로스차일드가의 격노를 불러일으켰다.

원래 에어랑거가는 로스차일드가의 집사로 일하다가 훗날 자립하여 로스차일드가를 위협하는 경쟁상대 중 하나로 발전했다. 이때 그들은 이미 국제적인 명성을 자랑하는 은행 가문의 반열에 올라 있었다. 하지만 로스차일드가는 자신들 휘하의 사람들이 배신하는 것을 절대 용서하지 않았다. 더구나 에어랑거가는 종종 로스차일드가가 프랑스 풀드가 및 페레르가와 진행하는 사업을 중간에서 가로채고는 했다.

제임스 로스차일드는 불처럼 화를 내며 블라이흐뢰더가가 일을 잘못 처리했다고 격렬히 힐책했다. 게텐 블라이흐뢰더는 이에 즉각 반응을 보이지 않을 수 없었다. "(프로이센) 의회는 의회의 비준이 없거나 권한을 위임받지 못한 그 어떤 개인 은행의 정부에 대한 대출에 대해서도 완강히 반대할 겁니다. '에어랑거의 (프로이센) 정부에 대한 대출은 완전히 부결됐다'고 봐도 좋습니다"라는 편지를 바로 보냈다.[14]

프로이센과 오스트리아 연합군은 1864년 2월 1일, 마침내 정식으로 덴마크와의 전쟁을 개시했다. 2월 3일, 게텐 블라이흐뢰더는 비스마르크를 만나 로스차일드가를 대신해 에어랑거가로부터 대출을 받아서는 안 된다는 경고를 다시 한번 건넸다. 로스차일드가는 더불어 비스마르크에게 에어랑거가의 체면을 여지없이 깎아내리는 내용의 보도가 프로이센 언론에 나가도록 요구했다. 비스마르크는 지나친 이 요구를 단호하게 거부했다. 하지만 에어랑거가와의 합작은 신중하게 고려하겠다는 프로이센 정부의 입장을 피력했다. 이에 용기를 얻은 게텐 블라이흐뢰더는 비스마르크에게 즉각 프로이센 의회가 철도 건설에 사용하도록 비준한 대출금을 담보로 은행들로부터 일정 비율로 할인된 금액의 융자를 받으라는 새로운 제안을 했다. 이 경우 은행들은 투자가들에게 정액 채권을 판매하는 길이 열릴 수 있었다.

비스마르크는 전쟁이 시작된 첫 주부터 전황에 대한 관심보다 오히려 전비에 대한 걱정이 더 컸다. 실제로 전쟁 비용은 그의 예측을 훨씬 뛰어넘었다. 후속 자금이 마련되지 않을 경우 프로이센 군대가 버틸 기간은 길어야 2개월 전후였다. 만약 이때가 돼서도 전쟁이 끝나지 않는다면 비스마르크는 의회로부터 엄청난 비난을 받는 것은 물론, 유럽 열강들로부터 정말 고소하다는 조소를 받을 게 뻔했다. 과장해서 말하지 않더라도 비스마르크라는 이름은 유럽의 조롱거리가 되고, 그 자신도 역사 무대에서 완전히 퇴출될 가능성이 높았다.

3월 초 프로이센 은행과 에어랑거가가 비밀 협의를 이끌어냈다는 소문이 유럽 금융계를 강타했다. 로스차일드가는 이 소식에 다시 한번 격노하며 재차 블라이흐뢰더가의 무능력을 질타했다. 그러나 3월 14일 게텐 블라이흐뢰더는 "비스마르크는 전혀 이 사실을 모르고 있습니다. 게다가 이 일로 인해 매우 곤혹스러워하고 있습니다"라는 편지를 보내 자신들은 이 일과 무관하다고 하소연했다. 그는 또한 비스마르크가 이 일을 추진한 재무부 장관을 견책할 것이라고 밝혔다.

비스마르크는 말할 것도 없이 대단히 비상한 머리의 소유자였다. 그는 로스차일드가와 에어랑거가 사이의 갈등을 지켜보면서 알게 모르게 에어랑거의 잠재적 위협을 은근히 과장했다. 그 목적은 로스차일드가로부터 가장 좋은 조건의 대출을 받아내기 위해서였다. 그는 국제 정치에서 자주 응용되는 이른바 '디바이드 앤드 룰'이라는 법칙을 금융 방면에서도 도입했다. '이전제전(以錢制錢)'이라는 이 수는 정말 뛰어난 방법이었다.

디바이드 앤드 룰
(divide and rule)
분할 통치. 피지배지를 분열시켜 단결하지 못하게 하며 지배하는 통치 방법.

그는 결국 최종적으로 4.5%의 이자에 전비를 대출받는 성공을 거두었다. 그리고 로스차일드는 두툼한 융자 대리 비용을 거둬들이는 부대 효과를 거두었다.

1864년 4월 18일, 프로이센은 예상대로 덴마크에 결정적 승리를 거뒀다. 그러나 승리의 기쁨도 잠깐이었다. 전쟁에 쏟아부은 전비로 인해 만만치 않은 위기가 도래하고 말았다. "1864년 여름 비스마르크는 전쟁으로 야기된 유동자금 부족으로 적지 않은 곤욕을 치렀다"는 말대로, 프로이센은 이후 만만치 않은 전쟁 후유증에 시달렸다. 이 전쟁에 쏟아 부은 자금은 무려 2,250만 탈러로, 재정 잉여금 530만 탈러와 프로이센 정부가 융자한 자금 1,700만 탈러를 완전히 소진한 셈이었다.[15]

비스마르크는 이번 전쟁을 통해 돈이 얼마나 중요한지 깨달았다. 특히 결정적인 순간에 정치가는 은행가들과 중대한 타협을 해야 한다는 사실을 뼈저리게 느꼈다. 프로이센과 덴마크의 전쟁은 대략 미국의 남북전쟁과 비슷한 시기에 일어났다. 비스마르크는 일찍이 남북전쟁과 링컨의 암살에 대해 이렇게 논평했다.

"미국이 실력이 비교적 약한 남북 두 개 연방으로 분열된 것은 내전이 폭발하기 전에 이미 유럽의 금융 실세들에 의해 결정이 난 것이다. 이는 의심의 여지가 없다. …… 그(링컨)는 의회의 동의하에 국민에게 국채를 파는 방법을 통해 전비를 조달했다. 이렇게 해서 정부와 국가는 외국 금융 가문의 올가미로부터 벗어났다. 그러나 그들(국제 은행 가문)이 자신들의 손아귀에서 미국이 벗어났다는 사실을 알았을 때에 링컨의 죽음도 멀지 않았던 것이다. 링컨의 죽음은 기독교 세계의 중대한 손실이다. 미국은 그처럼 위대한 족적을 남길 인물을 다시 얻을 수 없다. 반면에 국제 은행 가문은 부유한 사람들을 다시 장악할 것이다. 나는 외국 은행 가문이 기묘하고도 잔혹한 수법으로 미국의 부를 장악하고, 그런 다음 이를 이용해 체계적으로 현대 문명을 좀먹을까 정말 두렵다."

비스마르크의 이 말은 본인의 경험에서 우러나와 작심하고 쓴 것이다.

어쨌거나 덴마크와의 전쟁은 비스마르크의 대승리로 끝났다. 이는 그에게 일석다조의 효과를 안겨줬다. 우선 맞수인 오스트리아를 이용해 자신의 전략적 목표를 달성했다. 둘째로 오스트리아와 유럽 맹우들과의 관계를 이간시키는 결실을 거뒀다. 마지막으로 국내 자유파의 반대를 억누를 수 있었다.

의회 자유파:
통일 독일로 가는 길의 최대 장애물

1815년 나폴레옹 전쟁이 끝났다. 이 전쟁의 결과로 신성로마 제국이 붕괴했다. 이후 독일 지역에 흩어져 있던 수많은 군주국들은 느슨한 형태의 독일 연방을 결성했고, 오스트리아가 수장국 자리에 올랐다. 나폴레옹의 죽음으로 그의 후광이 사라지자 독일에 대한 프랑스의 영향력은 급속도로 줄어들었다. 이에 따라 민족주의가 대두되면서 독일 통일에 대한 기운이 날이 갈수록 힘을 얻었다.

1848년 유럽 혁명 이후 독일 통일에는 두 갈래의 움직임이 있었다. 하나는 다민족 제국인 오스트리아를 포함해 전체 게르만 지역을 아우르는 대독일 연방을 결성하자는 것이었다. 다른 하나는 프로이센을 핵심으로 오스트리아를 배제하는 소독일 연방 결성의 움직임이었다. 이때 비스마르크는 현실을 고려해 소독일 연방 노선을 지지하는 입장을 견지했다.

프로이센-덴마크 전쟁이 끝난 후 오스트리아는 비스마르크의 독일 통일 야심에 주요 장애물로 등장했다. 비스마르크는 이 전략적 목적을 달성하기 위해 계속 전쟁을 벌이는 방법을 채택했다. 국내의 지지 여론을 이끌어내고 의회를 압박하여 프로이센 내에서 자신의 지위를 확고히 하는 데는 이 방법이 가장 효과적이었다. 한편 전쟁에서 승리를 담보하는 최고의 전략은 바로 외교전이다. 이 이치를 잘 알고 있었던 비스마르크는 마침 이탈리아가 오스트리아의 통치에 저항하는 것을 보고 이탈리아와 곧 전략적 동맹 관계를 맺었다. 동시에 자르 탄광 지역의 이익을 보장하겠다는 미끼로 나폴레옹 3세를 유혹하여 중립을 약속받았다. 비스마르크는 내친김에 러시아와 오스트리아가 발칸 반도를 놓고 벌인 분쟁을 이용해 러시아를 자기편으로 끌어들였다. 마지막으로 영국의 태도가 관건이었다. 다행히 영국은 유럽 대륙의 세력 균형 변화와 관련한 잠재적 추세에 대해 전혀 민감하지 못했다. 프로이센이 독일을 통일하길 바라지 않았던 영국은 형세로 볼 때 오스트리아에게 승산이 더 많아 프로이센이 함부로 군사 행동에 나서지 못할 것이라고 생각했다. 더구나 영국에는 나폴레옹 시대에 형성된, 프랑스를 견제해야 한다는 관성적인 사고가 여전히 남아 있었다. 이로써 비스마르크는 영국이 프로이센과 오스트리아의 전쟁에 불만은 있어도 격렬하게 반대하지는 않을 것이라고 판단했다.

비스마르크의 이런 치밀한 사전 공작을 통해 드디어 1864년 여름 프로이센의 동맹국이 오스트리아보다 많아졌고, 적도 오스트리아보다 훨씬 적어졌다.

그럼에도 이때 비스마르크를 골치 아프게 만든 문제는 역시 전비였다.

프로이센은 덴마크와의 전쟁에서 정부 재정에 적지 않은 타격을 입은 바 있었다. 수년 동안에 걸쳐 쌓아온 재정 잉여 자금이 전비로 연기처럼 사라져버렸다. 비스마르크는 전쟁이 얼마나 많은 돈을 순식간에 삼켜버리는지 몸으로 체득했다. 전쟁은 누가 뭐래도 돈이 하는 게임이었던 것이다!

그래서 비스마르크는 1864년부터 1866년까지 두 가지 일에 목숨을 걸고 매달렸다. 하나는 한 푼이라도 더 쥐어 짜내 전쟁 준비를 다그치는 것이었고, 다른 하나는 오스트리아가 유럽 금융시장에서 전쟁 경비를 얻지 못하도록 전력을 다해 방해하는 일이었다. 그의 전략의 요체는 금융 방면에서 상대를 막다른 골목으로 몰아간 다음 전쟁의 위협으로 국력을 약화시키겠다는 것이었다. 사실 오스트리아의 재정 상태는 프로이센보다 훨씬 열악했다. 매년 발칸 반도와 다른 지역의 민족주의 발흥에 따른 혼란을 진압하는 데 재원을 고갈하여 거의 파산 상태에 이르렀다. 하지만 쌍방 모두 공개적으로 재정의 어려움을 털어놓지 않았다. 하나같이 막후에서 비밀리에 결전 준비를 위한 자금을 조달하고 있었다.

그러나 비스마르크가 처한 입장은 나아지지 않았다. 의회는 이전과 마찬가지로 그가 요구한 예산안을 모두 부결시켰다. 더불어 정부는 의회의 비준을 거치지 않으면 국고 자금을 쓸 권리가 없다고 선포해 버렸다. 만약 그럴 경우 위헌이 되므로 정부 장관들이 그에 따른 책임을 져야 한다는 엄포를 놓았다. 미치도록 괴로웠던 비스마르크는 예산안이 부결된 당일 강력한 어조로 의회를 비판했다. 그는 의회 반대파를 국왕의 외교 정책을 악의적으로 방해하는 세력으로 간주하고 적과 내통하는 매국노나 마찬가지라고 규정했다.

비스마르크가 이처럼 독설을 퍼부은 데에는 이유가 있었다. 의회 자유파 내에 적지 않은 의원들이 덴마크를 격파했을 때 속으로는 환호작약했다는 사실을 알고 있었기 때문이다. 말하자면 그는 매국노라는 말로 이들의 자존심을 자극함으로써 태도 변화를 이끌어내고자 했던 것이다. 하지만 의회 자유파 중의 극렬 의원들 역시 호락호락 물러서지 않았다. 심지어 어떤 의원은 그가 의회와 국왕에게 사기를 치고 있다는 비난을 서슴지 않았다. 비스마르크는 이 말에 대로하여 즉각 자신에게 극언을 퍼부은 상대방에게 결투를 신청했다. 이 소식에 베를린 정계는 발칵 뒤집어졌다.

당시 결투라는 것은 용기와 만용의 혼합체였다고 해도 과언이 아니었다. 일단 결투가 시작되면 뒤로 물러서거나 화해할 가능성은 전혀 없었다. 양측 모두 죽거나 다칠 확률이 다분했다. 위풍당당한 프로이센의 수상이 결투장에서 죽기라도 한다면 아마 전 유럽의 정국에 엄청난 변화가 일어나지 않을까. 비스마르크는 이미 대학 시절에 27번이나 결투를 한 경험을 가지고 있었다. 배짱 하나는 주변 사람을 깜짝 놀라게 만들었다. 이 소식에 게텐 블라이흐뢰더 등이 즉각 달려와 만류에 나섰다. 파리의 로스차일드가 역시 이 결투에 안테나를 곤두세웠다. 물론 결투는 주위의 만류로 취소되었다. 그러나 정부의 예산 승인을 거절한 의회에 대한 그의 분노와 초조함은 날이 갈수록 커지기만 했다.

비스마르크는 정말 돈을 갈망했다. 만약 돈이 없다면 그의 이상은 그저 몽상에 불과하고, 나아가 마지막에 환상으로 퇴색하는 운명을 맞게 될 판이었다.

쾰른-뮌덴 철도의 민영화: 프로이센-오스트리아 전쟁의 재원

1865년 7월, 전쟁과 평화의 저울은 신용 유동의 방향을 따라 움직이며 한쪽으로 기울기 시작했다. 비스마르크가 학수고대한 전쟁 경비 확보 노력에 드디어 서광이 들기 시작한 것이다. 그것은 바로 쾰른-뮌덴 철도의 민영화였다.

쾰른-뮌덴 철도는 프로이센에서 최초로 건설된 철도였다. 1833년에 설계되어 1859년에 완공됐으며, 프로이센 철도 시스템의 주축 노선이었다. 루르 지역의 석탄을 저렴한 비용으로 공업 지역에 운송하는 것을 목적으로 하고 있었다. 블라이흐뢰더가는 이 철도 건설에 필요한 자금을 융자하는 데 결정적인 역할을 담당해 이 철도 회사의 이사를 맡고 있었다.

철도 운송 시스템은 미래에 벌어질 전쟁을 생각해서 저렴한 비용으로 대량의 병력과 물자를 효율적으로 실어 나를 수 있는 수단이었으므로 철도 회사는 국유화하는 것이 바람직했다. 그리고 쾰른-뮌덴 철도는 처음부터 프로이센 정부 주도로 시작된 대형 공공 인프라 시설 건설 공사였다. 프로이센 정부는 이를 위해 기업공개(IPO) 주식의 7분의 1을 직접 매입하고, 1,400만 탈러로 3.5%의 액면 이자율에 발행하는 이 철도 채권에 대한 보증을 섰다. 이에 대한 대가로 정부는 분기마다 이 회사의 보통주를 매입해 최종적으로 쾰른-뮌덴 철도의 유일한 주주가 되어 점차적으로 국유화의 길을 밟아나갔다. 그러나 1854년 프로이센 정부는 당시 유럽을 풍미했던 자유 시장경제 조류의 영향 때문에 잠시 국유화 과정을 중단하고, 1870년까지 상황을 보고 국유화를 계속 진행할지 여부를 결정하기로 했다. 하지만 철도 채권 이자에 대한 정부의 보증은 여전히 유효하여 보증금 1,400만 탈러는 전용 계좌에 묶인 채 정부 마음대로 사용할 수 없게 되었다.

비스마르크는 당시 오스트리아와의 전쟁에 필요한 전쟁 비용을 대략 6,000만 탈러로 추산했다. 천문학적인 이 전쟁 비용을 마련하는 임무는 블라이흐뢰더가의 어깨에 떨어졌다. 사실 블라이흐뢰더가는 1862년 12월부터 이 문제에 대해 열심히 주판알을 튕기고 수없이 심사숙고하여 논쟁의 여지가 다분한 쾰른-뮌덴 철도의 민영화 방안을 제안했다. 이 방안의 핵심은 프로이센 정부가 1870년에 거금을 출자해 철도 회사의 주식을 모두 사들여 국가 재정에 엄청난 압력을 받느니 차라리 국유화를 포기하고 그 대가로 보상금을 받자는 것이었다. 동시에 채권 이자에 대한 보증을 포기하는 것도 포함되었다. 이 경우

1,400만 탈러의 부분 보증금을 즉각 운용할 수 있었다.

이 방안이 나오자마자 수많은 사람들의 반대에 부딪혔다. 반대론자들은 이 방안이 정부의 장기적 손실을 대가로 블라이흐뢰더가를 포함한 철도 회사의 주주들이 폭리를 취하는 것이라고 생각했다. 사실 이 방안대로라면 정부가 손해를 보는 각종 권리의 총액은 3,000만 탈러에 이르렀다. 반면 가질 수 있는 당장의 이익은 고작 1,000만 탈러의 보상금과 400만 탈러의 가용 보증금에 지나지 않았다. 쾰른-민덴 철도는 프로이센 정부가 투자한 프로젝트 중에서 가장 이익이 많이 남는 사업이었다. 민영화를 통해 단기적으로는 긴급 자금을 융통하는 것이 가능했으나 이 때문에 치러야 하는 대가는 절반에도 미치지 못하는 가격에 우량 자산을 팔아야 한다는 것이었다. 게다가 미래에 올릴 수 있는 장기적인 이익도 포기해야 했으니 프로이센 정부 입장에서 볼 때는 결코 좋은 거래라고 하기 어려웠다.

그러나 1865년에 접어들면서 상황은 큰 변화를 맞이하게 되었다. 독일을 통일해야겠다는 비스마르크의 야심이 모든 것을 압도해 오스트리아와의 대대적인 전쟁을 준비하기 위해서 그 어떤 대가라도 치르겠다는 마음을 먹게 된 것이다. 이것이 바로 국제 은행 가문들이 전쟁을 특히 좋아하는 이유라고 할 수 있었다. 정부가 부득이한 상황에 내몰릴 때 특별히 저렴한 가격으로 우량 자산을 매입해야 떼돈을 벌 기회를 가지게 되기 때문이었다. 국제 은행 가문들은 세력이 일정한 수준에 도달하면 민족주의 정서를 자극한 다음 국가적인 대립과 각 정부의 대규모 군비 투자를 부추기고 이들의 잠재적 모순을 더욱 격화시켰다. 이렇게 해서 전쟁이 유발되면 보란 듯이 당당하게 나서서 전쟁 배상금 문제를 처리했다. 대규모 자금을 조달해 남보다 뛰어난 능력을 보이기만 한다면 국제 은행 가문은 거액의 수수료를 챙길 수 있었다. 자금과 신용 유동성이 있는 곳이라면 어디든 투자 은행 가문들의 그림자를 찾을 수 있었다.

게텐이 이끌던 블라이흐뢰더가는 이렇게 엄청난 거래를 혼자 해결할 능력이 없었다. 그들은 즉각 쾰른의 오펜하임가를 끌어들였다. 주인으로 섬기던 로스차일드가에게 손을 벌린 것은 더 말할 나위가 없었다. 유럽 각지의 대형 국제 은행 가문들은 내부 작당을 통해 이 거대한 케이크를 집어삼킬 수 있게 되었다.

1865년 7월 18일, 프로이센 정부는 쾰른-뮌덴 철도 회사와 정식으로 계약에 서명했다. 최종 결과는 프로이센 정부가 철도의 국유화 권한을 포기하는 대신 1,300만 탈러의 보상금을 받는 것이 핵심 내용이었다. 그중 첫 번째 보상은 300만 탈러를 현금으로 1865년 10월 1일까지 입금하기로 했고, 270만 5,000탈러인 두 번째 보상금은 1866년 1월 2일까지 현금으로 지급하기로 했다. 나머지는 철도 회사가 새 주식을 발행해 보상하도록 규정했다. 비스마르크는 이 거래를 막후에서 조종한 블라이흐뢰더가의 노고를 치하하기 위해 프로이센과 오스트리아의 조약에 의해 처리해야 할 자금 이체 업무를 모두 그들에게 위임했다. 그러나 이때 이 자금을 이체 받은 곳은 오스트리아의 로스차일드가였다. 블라이흐뢰더가는 그저 1%의 '관리비'가 통장에 들어오는 것으로 만족해야 했다.

비스마르크는 이 거래가 성사돼 재원을 마련하기 전에도 외교적 해결 방안이라는 수단을 염두에 두고 협상을 진행했다. 비스마르크는 정부와 쾰른-뮌덴 철도 회사 사이에 정식 계약이 체결되었다는 소식을 접한 후 즉각 오스트리아에 대해 강경한 외교적 자세를 취했다. 계약이 체결되던 바로 그날, 그는 프로이센의 황태자에게 전보를 보냈다.

"레겐스부르크 회의석상에서 폐하께서는 1년은 걸릴 전쟁의 전비를 마련하기 위해 금융 수단을 사용하기로 결정을 내렸습니다. 이제 이 일이 마무리됐습니다. 액수는 대략 6,000만 탈러입니다."

1주일 후에는 비스마르크 휘하의 국방부 장관 알브레히트 폰 론(Albrecht von Roon) 역시 자신의 친구에게 보내는 편지에서 이때의 상황에 대해 자세하게 밝혔다.

"우리는 이제 충분한 자금을 보유하게 됐네. 외교적으로 더욱 큰 자유를 얻게 됐다는 말일세. 만약 필요하다면 모든 군사력을 동원해 전면전을 치를 수도 있네. 이는 우리의 입장을 더욱 굳건히 해주고 오스트리아가 우리의 합리적인 요구를 받아들이도록 압박을 가할 수 있도록 해주었네. 이를 통해 우리는 불필요한 전쟁을 피할 수 있을 걸세. 돈이 어디에서 났냐고? 우리는 법을 어겨서는 안 되는 상황에서 쾰른-뮌덴 철도를 처분하여 필요한 돈을 얻을 수 있었네."[16]

오스트리아 역시 쾰른-뮌덴 철도 매각을 통해 프로이센 정부가 긴급 자금 확보에 나선 것은 전쟁을 일으키려는 목적임을 눈치챘다. 하지만 오스트리아는 전비를 마련하는 길이 여전히 안개 속을 헤매고 있었기 때문에 외교 협상에서 갑자기 유연한 입장을 취했다. 한편 비스마르크도 처음의 흥분이 가라앉자 쾰른-뮌덴 철도를 매각한 자금이 들어오려면 상당한 시간이 필요하다는 사실을 점점 인식했다. 게다가 블라이흐뢰더가 및 국제 은행 가문들과 협력하기로 결정한 후 그들에게 보상할 것을 생각하니 국면은 낙관적이지 않았다. 여기에 로스차일드가와 쾰른-뮌덴 철도 회사 간의 900만 탈러에 이르는 채권 양도 역시 가격 문제로 타결에 이르지 못한 채 중단된 상태였다. 전쟁 자금의 난제가 코앞의 골칫거리로 대두되자 비스마르크는 다시 치미는 화를 억제하지 못했다. 돈이 언제 들어오는지 알고 싶어 애가 탈 지경이었다.

이때 반드시 결전을 치르고 말겠다던 그의 확고한 결심이 흔들리기 시작했다. 그는 어쩔 수 없이 외교적 해결 방안을 진지하게 고민해 보았다.

1865년 8월 10일, 그는 자신의 흔들리는 마음을 이렇게 토로했다.

"우리는 전비 조달과 프랑스의 중립을 이끌어내기 위한 시간이 아직 필요하다. …… 이 기간에 우리는 우리의 영예를 지킬 수 있음과 동시에 전쟁 선택 결심을 보류할 수 있다."

이 판단은 그의 개인 투자 결정에도 똑같이 영향을 미쳤다. 이는 그가 게텐 블라이흐뢰더에게 전한 말에서도 드러나고 있다.

"내 투자 계좌에 아직 채권 투자가 남아 있다 해도 현재로서는 아무것도 알 수가 없는 상황이오. 어쨌거나 전쟁에 대한 지나친 우려 때문에 일찌감치 이 채권(쾰른-뮌덴 철도의 채권)들을 팔아치우지 말아야 했소."[17]

이 말은 그가 당시 쾰른-뮌덴 철도의 채권을 구입했다는 사실을 분명하게 말해준다. 당시에는 이런 행위가 불법이 아닐 수도 있었다. 그러나 지금의 기준에서 본다면, 내부 정보를 이용해 투자한 다음 불법적 이익을 올렸다는 혐의를 뒤집어쓰기 딱 좋았다.

이후 프로이센과 오스트리아는 이런 어정쩡한 분위기에서 가슈타인(Gastein) 협정을 체결했다. 프로이센이 슐레스비히, 오스트리아가 홀슈타인을 관리하고 주권은 쌍방이 공동으로 향유한다는 내용이었다. 그러나 양측은 모두 이 협정이 전쟁을 잠시 뒤로 미루는 역할을 할 뿐, 전비 문제만 해결되면 당장이라도 전쟁이 일어나리란 걸 잘 알고 있었다.

왜 전쟁은 갑자기 멈췄을까?

1866년 2월, 게텐 블라이흐뢰더는 유럽 시장에서 쾰른-뮌덴 철도의 주식을 구매하기 위한 자금 조달에 나섰다. 하지만 그의 노력은 로스차일드가를 필두로 하는 은행 가문의 전면적인 저항에 부딪혔다. 이들은 이 자금이 프로이센의 전쟁 비용으로 쓰일 것을 잘 알고 있었다. 더구나 그것은 평화를 갈망하는 국제 은행 가문들의 외면적인 '공동의 이상'을 깨뜨리는 것이기도 했다.

2월 중순 게텐 블라이흐뢰더는 로스차일드가에 은밀하게 보낸 편지에서 프로이센 정부가 자르 탄광 매각을 검토한다는 사실을 자신들만의 은어를 통해 알렸다. 시장에서는 로스차일드와 오펜하임이 이 탄광을 매입할 큰손이라는 소문이 돌았다. 이처럼 국제 은행 가문들이 쾰른-뮌덴 철도의 주식 매각을 봉쇄하면서도 자르 지역 탄광에 군침을 흘린 이유는 탄광의 잠재적 이득이 훨씬 컸기 때문이었다. 만약 비스마르크가 철도 주식 매각을 통해 충분한 자금을 얻게 된다면 프로이센 정부는 자르 탄광 매각에 굳이 나설 필요가 없었다.

자금 문제는 실질적인 진전이 없었지만 전쟁 준비는 착착 진행되어 갔다. 1866년 3월 28일, 프로이센 군대는 드디어 대규모 전쟁 준비에 들어갔다. 3월 말 프로이센 재무부는 쾰른-민덴 철도의 주인을 찾는 것이 현실적으로 어렵다는 판단하에 시장에서 공개적으로 주식을 매각하기 시작했다. 그러나 이때 주식시장에는 전쟁의 그림자가 자욱하게 드리워져 대규모 주식 매각이 자칫 심각한 손실로 이어질 개연성이 다분했다.

4월 8일, 프로이센이 이탈리아와 군사 동맹을 맺었다고 선포하자 주식 가격은 대폭락했다. 로스차일드가 역시 발 빠르게 블라이흐뢰더가에게 전쟁이 발발하는 즉시 베를린의 모든 채권을 매각하라는 지시를 내렸다. 그러나 게텐 블라이흐뢰더는 이미 자신이 관리하던 로스차일드가의 채권을 대거 팔아치운 상태였다. 이에 로스차일드가는 크게 분노했다. 그들은 비스마르크가 실질적인 자금을 조달하기 전에는 절대 전쟁을 발동하지 않을 것이므로 이탈리아와의 동맹이 전쟁의 개시를 의미하지는 않는다고 생각했다. 게텐 블라이흐뢰더는 확실히 만회하기 어려운 실수를 저질렀다. 이 사실은 로스차일드가가 그에게 보낸 편지에서도 여실히 엿보인다.

"지금 당신이 우리 가문의 이익을 보호하기 위해 노력하고 있다는 어떤 증거도 없다. 우리는 당신이 우리의 채권을 팔아 치운 이유에 대해 해명해 주기를 원한다. 우리는 이미 당신에게 보낸 전보에서 최근 (채권) 매각 조치를 받아들이지 않을 것이라는 입장을 명확하게 전달한 바 있다."

이에 4월 18일 게텐 블라이흐뢰더는 긴급 전보를 보내, 최근 오스트리아와의 관계가 완화되는 조짐을 보이고 있어 채권 매각을 전면적으로 중지했다는 변명을 시도했다.

1866년 5월 프로이센 정부는 전 군대에 총동원령을 내렸다. 총 9개 군단이 전투 태세에 들어가는 데 필요한 전비는 우선 2,400만 탈러에 이를 것으로 예상됐다. 또 이 전비는 매월 600만 탈러씩 증가할 것으로 추산됐다.[18] 5월 18일, 프로이센 정부는 심각한 자금 부족에 봉착하자 공공 신용기관의 설립을 선포한 다음 무담보로 2,500만 탈러의 신용을 제공한다는 계획을 밝혔다. 이뿐만이 아니었다. 높은 이자를 제한하는 모든 법령을 폐기한다는 조치 또한 발표하여 어떻게든 민간 자본을 끌어들이려고 노력했다. 그러나 이런 노력에도 불구하고 신용 경직 상황은 전혀 완화되지 않았다. 급기야 프로이센 재무부 장관은 전쟁을 일으킬 충분한 자금을 확보하지 못했으며, 심지어 2개월 치 전비 부담도 어려울 것이라고 실토했다.[19]

블라이흐뢰더가의 쾰른-뮌덴 철도 민영화 방안은 전쟁 폭발 직전에 결정적 역할을 하게 된다. 프로이센 정부는 모든 자금 조달 계획이 실패로 돌아가자 눈물을 머금고 블라이흐뢰더와 한스만 가에게 쾰른-뮌덴 철도 주식을 구매할 은행 채권단 구성 방안 마련을 일임했다. 이때 구매 가격은 110탈러, 시장 가격은 117탈러였다. 이 와중에 두 가문을 제외한 다른 은행들이 프로이센 정부의 재정 궁핍을 빌미로 주식 가격을 105탈러로 인하하라고 압박했다. 하지만 프로이센 정부로서도 이렇게 낮은 가격으로 주식을 매각할 수는 없는 일이어서 주식을 나누어 매각하기로 결정했다. 사실 이 방법은 대모험이었다. 전쟁이 순조롭게 진행되면 일거에 주식 가격이 폭등할 수 있었으나 전쟁이 순조롭지 못할 경우에는 반대 상황도 각오해야 했다. 전비 고갈과 주식 가격 대폭락의 위험에 직면하지 말라는 법이 없었다. 그러나 비스마르크는 모험을 감행하기로 결단을 내렸다!

프로이센 정부는 쾰른-뮌덴 철도의 국유화를 최종적으로 포기하고 채권의 이자에 대한 보증 역시 해제했다. 이로써 잠겨 있던 1,400만 탈러의 보증금은 프로이센 정부의 수중에 들어오게 되었다. 곧 발발한 7주 동안의 전쟁을 지탱시켜줄 자금이었다. 물론 쾰른-뮌덴 철도의 주식을 매각한 대금 역시 모조리 군비에 투입되었다. 그러나 비스마르크가 빈 함락을 목전에 뒀을 때 전비는 이미 300만 탈러나 부족했다. 반면 오스트리아는 여전히 18만 대군을 유지한 채 빈을 지키고 있었다. 만약 2주 내에 오스트리아의 항복을 받아내지 못한다면 비스마르크는 역사상 가장 억울한 정치가가 될 가능성이 높았다.

비스마르크가 갑자기 전쟁을 중지한 것은 독일의 운명과 그 자신의 운명을 건 중대한 도박이었다. 하지만 그는 이 도박에서 큰 승리를 낚을 수 있었다!

보불 전쟁:
프랑스, 대포 한 방에 억만금을 잃다

프로이센-오스트리아 전쟁의 패배자 중에서 가장 억울한 경우는 프랑스의 나폴레옹 3세만 한 사람이 없다. 그는 뻔히 눈을 뜬 채 프로이센이 빠른 속도로 부상하는 모습을 지켜볼 수밖에 없었다. 프랑스는 비스마르크에게 전략적인 사기를 당했다고 볼 수도 있다. 중립에 대한 그 어떤 보상도 받지 못했을 뿐 아니라 룩셈부르크 주권 문제와 관련해서는 비스마르크에게 조롱을 당하기까지 했다.

유럽 각 대국의 세력 균형 게임을 즐기는 것에 관한 한 완숙한 경지에 이른 영국 역시 떳떳하게 고개를 들 입장은 아니었다. 당시 독일 통일을 앞두고 있던 프로이센은 영국의 강력한 도전자로 급부상 중이었다. 하지만 영국은 이를 전혀 인식하지 못했다. 영국은 그저 허장성세를 부리던 나폴레옹 3세에게 속아 넘어가 프랑스 제2제국의 실력만 너무 과도하게 평가하고 있었다. 영국이 이처럼 상황을 잘못 판단한 것은 프랑스가 1859년 공사를 시작해 1869년 운항을 시작한 수에즈 운하와 밀접한 관계가 있었다.

당시 영국은 수에즈 운하가 자신들의 통치하에 있던 중동 지역과 인도에 위협이 될 것이라고 우려했다. 만약 영국 본토와 인도 식민지 사이의 교통로를 끊는다면 대영제국의 척추를 베어버리는 것과 다를 바 없었다. 영국으로서는 어떤 일이 있어도 이를 용납할 수 없었다. 바로 이런 이유 탓에 영국은 근시안적인 전략으로 프로이센을 프랑스의 대항마로 선택했다. 이는 한마디로 프로이센이 통일 독일로 가는 길에 녹색 신호등을 밝혀주었다고 해도 과언이 아니었다. 영국은 프랑스에 대한 우려가 통일 독일에 대한 부담보다 훨씬 컸던 것이다.

러시아는 크림 전쟁에서 참패한 후 영국 및 프랑스와 관계가 얼어붙었다. 그래서 표면적으로 중립을 지켰지만 실제로는 프랑스에 대한 프로이센의 전쟁 발동을 은연중에 지지했다. 이는 어부지리를 통해 구원(舊怨)을 갚으려는 심보였다. 그러나 우둔하고 폐쇄적인 차르는 오로지 발칸 반도에서 얻을 수 있는 사소한 이익에만 골몰하고 있었다. 과거 반 프랑스 동맹의 우방국인 프로이센과 수십 개 느슨한 형태의 독일 연방은 거의 안중에도 두지 않았다. 차르로서는 이것이 훗날 패망의 씨앗이 될지 꿈에도 상상하지 못했다.

패배 당사자인 오스트리아는 재정이 거의 파산 상태에 이르렀다. 프랑스가 대신 프로이센에게 보복해 주기를 바랐으나 힘을 보탤 형편은 되지 못했다.

비스마르크는 사실 위대한 전략가라기보다 행운이 뒤따르는 모험가라고 해야 옳았다. 그의 행운은 경쟁 상대들이 전략적으로 프로이센을 소홀히 한 것과 그 자신조차 상상하지 못한 프로이센의 급속한 부상에서 찾을 수 있다. 그는 오스트리아와의 전쟁을 승리로 이끈 다음 독일 통일의 대업을 완수하려면 강대국인 프랑스를 반드시 꺾어야 한다는 사실을 분명히 인식하고 있었다. 보불 전쟁은 도저히 피하기 어려운 현실로 떠올랐다.

그러나 전쟁을 일으키려면 명분이 필요했다. 이때 보불 전쟁의 도화선인 '엠스 전보 사건'이 발생했다.

1870년 7월 초, 프로이센 호엔촐레른(Hohenzollern)가의 레오폴드 공이 스페인 국왕으로 추대되었다. 동서 양쪽의 프로이센 왕가로부터 위협을 받게 된 나폴레옹 3세는 즉각 프로이센 주재 프랑스 대사인 베네데티에게 강력하게 항의하라는 명령을 내렸다. 이때 빌헬름 1세는 엠스(Ames) 온천에서 휴식을 취하고 있었다. 그는 베네데티 대사에게 호엔촐레른 가가 스페인 왕위 계승권을 포기할지도 모른다는 언질을 주었다. 하지만 나폴레옹 3세는 집요

레오폴드 공
빌헬름 1세의 사촌임.

했다. 서면으로 빌헬름 1세의 확약을 받으라는 명령을 다시 내렸다. 빌헬름 1세는 베를린으로 돌아가 이 문제를 각료들과 상의해 보겠다고 말하고, 동시에 비스마르크에게 전보 한 통을 보냈다. 그런데 전보를 받은 비스마르크는 전보 일부를 빌헬름 1세가 베네데티와의 담판에서 프랑스의 요구를 거절했다는 내용으로 고쳐 신문에 공개적으로 발표해 버렸다. 1870년 7월 19일, 나폴레옹 3세는 드디어 모욕을 당했다는 핑계로 프로이센에게 선전포고를 했다.

문제는 이때 프랑스에게 동맹국이 단 한 나라도 없었다는 사실이다.

당시 프로이센-오스트리아 전쟁의 주요 공신인 게텐 블라이흐뢰더는 과거의 그가 아니었다. 이미 로스차일드가의 마름 수준에서 대등한 입장으로 떠올라 있었다. 그에 대한 비스마르크의 신망 역시 로스차일드가에 대한 경외를 이미 뛰어넘었다. 그가 오스트리아와의 전쟁을 끝마치기 무섭게 자신의 모든 계좌의 재산을 프랑스의 로스차일드은행에서 블라이흐뢰더 은행으로 옮긴 것은 어찌 보면 당연했다.

전쟁이 터지기 10일 전에 게텐 블라이흐뢰더는 비스마르크에게 비밀 편지를 보내 전쟁 발발 가능성을 물었다. 그러면서 비스마르크 개인 계좌의 투자 상황에 대해 언급하는 교활함을 보였다.

> "제가 이쪽에서 보면 극단적이고 엄중한 정치적 상황이 이미 나타났는지 전혀 알 수 없습니다. 그래서 저는 각하의 계좌 속 자산을 매각하지 않았습니다. 만약 제 판단이 틀리다면 각하께서는 별로 유쾌하지 않은 일이 곧 발생할 것을 아실 것이므로 저에게 제때에 알려줘서 대비하도록 하면 고맙겠습니다."

비스마르크는 개인 재산의 이익과 관련된 일이어서 그랬는지 즉각 반응을 보였다. 바로 다음날 회신을 보냈다. 물론 자신이 아닌 부인의 명의로 보내기는 했지만.

> "그(비스마르크)는 다른 사람이 갑자기 우리에게 공격을 가할 것이라고 생각하지 않고 있습니다. 스페인의 계획이 그 누구의 뜻과도 부합하지 않기 때문입니다. 그러나 그는 아마도 어떤 시기가 되면 전쟁의 가능성이 지금보다 훨씬 더 높아지지 않을까 생각하는 것 같습니다. 그래서 (쾰른-뮌덴) 철도의 주식을 완전히 매각하는 것도 좋은 생각입니다. 어쨌든 그는 이곳에서 돈을 필요로 하고 있습니다."

게텐 블라이흐뢰더는 편지를 받자마자 전쟁이 곧 벌어질 것을 알았다. 다음날 그는 즉각 이 엄청난 정보를 파리의 로스차일드가에 알리고 "모든 주식 가격이 빠르게 하락할 것이다"라고 언질을 주었다. 동시에 그는 유럽 각 주식시장의 거래 담당자들에게 자신의 모든 자산을 팔아버리라는 명령을 내렸다. 심지어 일부는 손해를 보더라도 팔라고 주문했다. 게텐은 이때 이것저것 돌아볼 상황이 아니었다.

프로이센-오스트리아 전쟁은 프로이센에 헌정 위기를 종결시키는 효과를 줬다는 점에서 특히 의미가 있었다. 이는 비스마르크 정부가 상당한 정도의 재정 자유를 얻게 됐다는 사실 역시 의미했다. 실제로도 1870년 7월 21일, 프로이센 주도하의 북독일 연방 의회는 1억 2,000만 탈러의 전쟁 신용에 대한 비준을 할 수 있었다.

전쟁 발발 초기 베를린의 주식시장은 거의 패닉에 가까운 상태를 보였다. 쾰른-뮌덴 철도의 우량주조차 30%포인트 주가가 떨어질 정도였다. 프로이센 정부는 급기야 1억 탈러에 달하는 제1차 전쟁 채권의 직접 판매에 나섰다. 은행이 농단하고 있던 채권 인수 채널에서 벗어나고자 했던 것이다. 당시 프로이센 정부는 5%의 이자에, 기본 가격의 88%에 할인 판매하는 조건을 내걸었다. 그러나 은행 가문은 프로이센 정부가 제시한 조건보다 훨씬 낮은 85%에 인수하겠다고 밝혔다. 프로이센 정부는 즉각 이를 거절한 후 독자적인 길을 걸었다. 오펜하임가는 이때 블라이흐뢰더가에 편지를 보내 "이는 현재의 시장 상황 아래에서 정말로 웃기는 조건이다"라고 강조하면서 프로이센 정부의 조치를 비웃었다. 채권 판매는 완전히 실패로 끝나 고작 6,000만 탈러가 팔려나가는 데 그쳤다. 사실 프로이센 정부가 실패한 이유는 은행 가문들이 집단적인 보이콧에 나섰기 때문이었다. 이들은 프로이센 정부가 직접 채권을 판매할 경우 채권 인수 비용을 챙기지 못한다는 생각을 한 것이다. '채널이 왕'이라는 금융시장에서의 속설과 위력이 다시 한번 확인됐다고 할 수 있다.[20]

1870년 9월 1일, 프로이센과 프랑스 대군은 스당(Sedan)에서 운명의 일전을 겨뤘다. 결과는 프랑스 군대의 참패로 끝났다. 다음날 나폴레옹 3세는 10만 프랑스 대군을 이끌고 투항하는 치욕을 감내해야 했다. 그러자 파리 노동자들은 9월 4일 나폴레옹 3세의 통치를 종식시키는 무장 봉기에 나섰다.

스당 전투 후 무려 30만 명에 이르는 프랑스 포로들이 프로이센에 의해 수감되었다. 바로 이때 게텐 블라이흐뢰더는 이 상황이 그에게 큰돈을 벌게 해줄 기회라는 것을 본능적으로 간파했다. 그는 곧 매월

포로들이 프로이센에 지불해야 하는 생활비를 책임지는 역할을 자임했다. 사실 이는 절대 손해 보지 않는 대출 장사였다. 나중에 누가 프랑스 정부를 대표한다 해도 대출받은 거액의 자금에 대한 원금과 이자를 지불해야 했기 때문이다. 이는 전쟁 배상금의 일부분이기도 했다. 게텐 블라이흐뢰더는 프랑스가 대출금을 떼어먹을 걱정도 하지 않았다. 프로이센 대군이 전쟁 배상금을 받지 않으면 절대로 프랑스를 떠나지 않을 것을 누구보다 더 잘 알고 있었다. 또 프랑스 군대는 완전히 와해돼 단기간 내에 재기할 가능성이 거의 없었다.

전쟁이 코앞으로 다가와 발발함에 따라 블라이흐뢰더가는 로스차일드가와 매일 주고받던 비즈니스 서신 왕래가 갈수록 곤란해졌다. 그래서 나중에는 베를린과 파리의 직통 왕래가 브뤼셀과 암스테르담을 거치는 루트로 바뀌게 되었다. 블라이흐뢰더가는 이렇게나마 베를린 시장 상황을 전처럼 로스차일드가에 제공했다. 스당 전투 직전 블라이흐뢰더가는 로스차일드가에 자신들이 보유 중인 쾰른-뮌덴 철도의 주식을 전부 팔아치우는 것이 좋겠다고 긴급 통보했다. 뒤이어 로스차일드가를 대신해 총 1,250주의 주식을 주당 128탈러에 매각했다.

이들의 판단은 정확했다. 7월에 주가는 95.72탈러로 폭락했다. 9월 15일 이후에는 쌍방의 연락이 두절되었고, 9월 20일에는 파리가 포위됨에 따라 로스차일드가는 시내에 갇히고 말았다. 이 상태는 이듬해인 1871년 2월까지 죽 이어졌다. 이 기간에 로스차일드가는 기구 등을 이용해 간간이 외부에 자신들의 소식을 알렸다. 이 와중인 10월 5일에는 프로이센 군대가 로스차일드가의 페리에르 별장을 빼앗아 빌헬름 1세, 비스마르크 수상, 몰트케 대원수 등이 머무는 지휘부로 개조하기도 했다. 프랑스의 외교부 장관이 평화 협정 체결을 위해 비스마르크를 끈질기게 설득한 '페리에르 회동'이 바로 이곳에서 이뤄졌다. 물론 회담은 결실을 거두지 못했다.

1870년 10월 말 프로이센 정부는 런던과 베를린에서 2,000만 탈러의 제2차 채권 판매에 나섰다. 이때는 지난번 실패를 거울삼아 한스만가를 중심으로 한 채권 인수단을 구성하는 신중함을 보였다. 프로이센이 승리를 거둠에 따라 채권 계약 가격은 가파른 상승세를 보였다. 이렇게 해서 프로이센 정부는 부분적으로 담보가 걸려 있었던 신용 공여 자금을 취소하고 이자를 5%, 상환 기간을 5년으로 하는 전쟁 채권을 판매했다. 방대한 전쟁 경비는 끊임없이 프랑스 전선의 프로이센 대군에게 흘러들어갔다. 11월 30일 국제 은행 가문들은 다시 한번 분발하여 영국에서 92%의 할인 가격으로 판매하는 채권을 발행하고 3,400만 탈러를 조달했다. 이때 이들은 필요에 따라 1,700만 탈러를 더 발행하는 권한도 선택할 수 있었다. 그러나 동시에 채권 발행에 나선 프랑스는 영국인들의 동정을 등에 업고도 거의 실적을 올리지 못했다. 프랑스는 금융이라는 보이지 않는 전쟁에서 다시 한번 프로이센에 패배했다.

1871년 1월 18일, 프로이센 국왕 빌헬름 1세는 베르사유 궁전에서 성대한 황제 대관식을 거행하고 독일 연방의 성립을 선포했다. 28일에는 교전 쌍방이 정전 협정을 체결하고, 2월 26일에는 예비 평화 협약도 체결되었다.

이로써 보불 전쟁은 완전히 막을 내렸다. 프로이센이 이 전쟁에서 소비한 전비는 총 2,200만 탈러였다.

50억 프랑의 전쟁 배상금:
은행 가문에 떨어진 엄청난 콩고물

비스마르크의 대군은 전쟁이 끝나자 곧바로 휴식을 취했으나 국제 은행 가문들은 이때부터 더욱 바빠졌다. 솔직히 말해 50억 프랑의 전쟁 배상금 관련 업무는 누구라도 침을 흘릴 만한 엄청난 장사였다. 1%의 관리 비용만 받는다 해도 5,000만 프랑의 엄청난 콩고물이 떨어지지 않는가!

이 엄청난 사업에 가장 먼저 야심을 드러낸 가문은 오스트리아의 로스차일드가였다. 전쟁이 1870년 11월에 이르렀을 때 자발적으로 프로이센을 대신해 프랑스로부터 전쟁 배상금을 대리 수령하겠다는 입장을 재빨리 피력했다. 당연히 오펜하임과 다른 국제 은행 가문들 역시 이 경쟁 대열에 합류하겠다는 의사를 속속 밝혔다. 비스마르크는 즉시 게텐 블라이흐뢰더에게 자문을 구했다. 타고난 장사꾼이 이런 엄청난 사업을 마다할 이유가 없었다. 그는 뒤도 돌아보지 않고 1871년 2월 7일에 베르사유로 달려갔다. 그는 이때 전쟁 배상금의 일부인 2억 프랑을 조달하고 전쟁 배상금 조정에 도움을 주겠다는 생각을 하고 있었다.

전쟁 배상금 액수에 대해 우선 패전국인 프랑스의 티에르 정부는 50억 프랑을 제시했다. 그러나 비스마르크는 전혀 망설이지 않고 종이에 60억 프랑이라고 적었다! 티에르는 개에 물린 듯 깜짝 놀랄 수밖에 없었다. 곧 이어 격렬한 논쟁이 벌어졌다.

비스마르크는 티에르의 완강한 반대에 분노를 금치 못했다. 게다가 이때 영국이 갑자기 개입하여 비스마르크에게 적당한 선에서 물러날 것을 요구했다. 티에르는 프랑스가 그처럼 많은 돈을 조달할 능력이 없다는 사실을 잘 알았다. 하지만 성격이 과격하기로 유명한 비스마르크는 물러날 기미를 보이지 않았다. 결국 과다한 배상금이 너무 불공평하고 비현실적이라고 생각한 티에르는 로스차일드가에게 중재자로 나서줄 것을 요청했다. 로스차일드가가 등장하자 비스마르크의 분노는 고스란히 그들에게 옮겨갔다. 협상장에 있던 사람들은 경악을 금치 못했다. 그러나 로스차일드가는 전혀 동요하지 않고 여전히 50억 프랑이 프랑스 정부가 지급 가능한 최대 배상 금액이라는 주장에서 한 걸음도 물러나지 않았다. 얼마 후 블라이흐뢰더가는 이 상황을 독일 황제 빌헬름 1세에게 보내는 편지에서 그대로 언급했다. 빌헬름 1세 역시 다분히 고의적인 비스마르크의 이런 거친 행동을 대단히 불만스럽게 생각했다.

그러나 분노는 분노일 뿐, 국제 금융시장에서 로스차일드가의 지위는 함부로 건드릴 수 있는 것이 아니었다. 로스차일드가의 조건을 받아들이지 않는다면 전쟁 배상금을 받는 것은 꿈도 꾸지 말아야 했다. 또한 프로이센 대군은 적의로 가득한 프랑스 영토 내에서 하염없이 머물러야만 했다. 그러면 매일 대군에게 들어가는 경비는 기하급수적으로 늘어나고, 프로이센 국내뿐 아니라 유럽 각국에서 비스마르크에 대한 불만이 빠른 속도로 누적될 것이 뻔했다. 비스마르크는 이 상황에 이르러서야 주판알을 튕겨본 후, 로스차일드가가 주장한 50억 프랑을 받아들이기로 결론 내렸다. 티에르 정부도 해결하지 못한 일을 로스차일드가는 얼굴을 나타내자마자 가볍게 마무리 지은 셈이었다.

1871년 5월 10일, 독일과 프랑스는 정식으로 프랑크푸르트 평화조약을 체결했다. 조약의 핵심 내용은 프랑스가 전쟁 배상금 50억 프랑을 지불하고, 알자스 지역 전부와 로렌의 대부분 지역을 독일에 할양한다는 것이었다.

프랑스는 곧 이어 20억 프랑의 1차 전쟁 배상금 지불을 위한 채권 판매에 들어갔다. 이자율은 5%였다. 블라이흐뢰더를 필두로 하는 독일의 채권 인수 컨소시엄 역시 곧 설립됐다. 오펜하임, 바르부르크 등이 이 채권 발행에 참여했다. 결과는 무려 14배나 초과 신청을 받을 정도로 대성공을 거두었다. 1차 배상금 조달이 예정보다 앞서 마무리된 후 이들 자금은 곧 로스차일드은행을 통해 블라이흐뢰더와 한스만은행으로 송금되었다. 1872년 2차 배상금 30억 프랑 조달을 위한 채권 발행 역시 목표액의 13배를 초과했다. 오펜하임가는 이때 단독으로 4억 9,000만 탈러를 인수하는 실적을 거뒀다. 그들의 커미션은 7,400만 탈러였다. 이로써 배상금 조달을 위한 프랑스의 채권 발행은 순조롭게 마무리되었다.

깜짝 놀랄 엄청난 금액의 전쟁 배상금 지불은 1873년 여름에 들어서면서 완전히 끝나게 되었다. 프로이센 군대는 드디어 프랑스에서 철수를 시작했다. 현대 금융시장의 엄청난 자금 조달 능력은 과거에는 상상도 할 수 없는 것이었다. 그래서 청나라는 전쟁 배상금을 가난한 백성들에게 세금의 형식으로 거둬들이고는 했다. 물론 당시 유럽은 중국과 달리 채권 투자의 방식으로 부자들에게 투자 기회를 제공했다. 이처럼 생각이 다르면 결과는 완전히 달라진다.

국제 은행 가문들은 이런 일련의 과정을 진행하면서 두 가지 중요한 역할을 수행했다. 이를테면 이쪽에서는 문제나 분쟁의 해결사를 자처하고, 저쪽에서는 문제나 분쟁을 만들어내는 악역을 담당하는 식이었다. 다시 말해 전쟁을 벌이는 쌍방에게 군수 업체의 상장, 군수 채권 발행, 융자 진행에서부터 전쟁 채권 발행, 전후 배상 채권 인수, 배상 자금 이체, 국가 재건을 위한 융자 등의 사업에 이르기까지 모든 것을 일괄로 해결했다. 전쟁에 나서는 나라는 승리를 위해 그 어떤 대가도 치를 각오가 되어 있다. 이때가 바로 은행 가문들이 저렴한 가격으로 국유 자산을 사들일 절호의 기회인 것이다. "대포 한 방이 만 냥!"이라는 중국 속담은 바로 이런 사실을 잘 말해준다. 전쟁의 결과야 어떻든 전쟁에 나서는 양국의 국제 은행 가문들은 돈을 벌 수밖에 없는 것이다.

나폴레옹도 이 불후의 진리에 대해 일찍이 이렇게 설파했다.

"돈에는 조국이 없다. 은행 가문의 눈에는 오로지 이익만이 보일 뿐이다!"

제 1 장 인맥 관계도

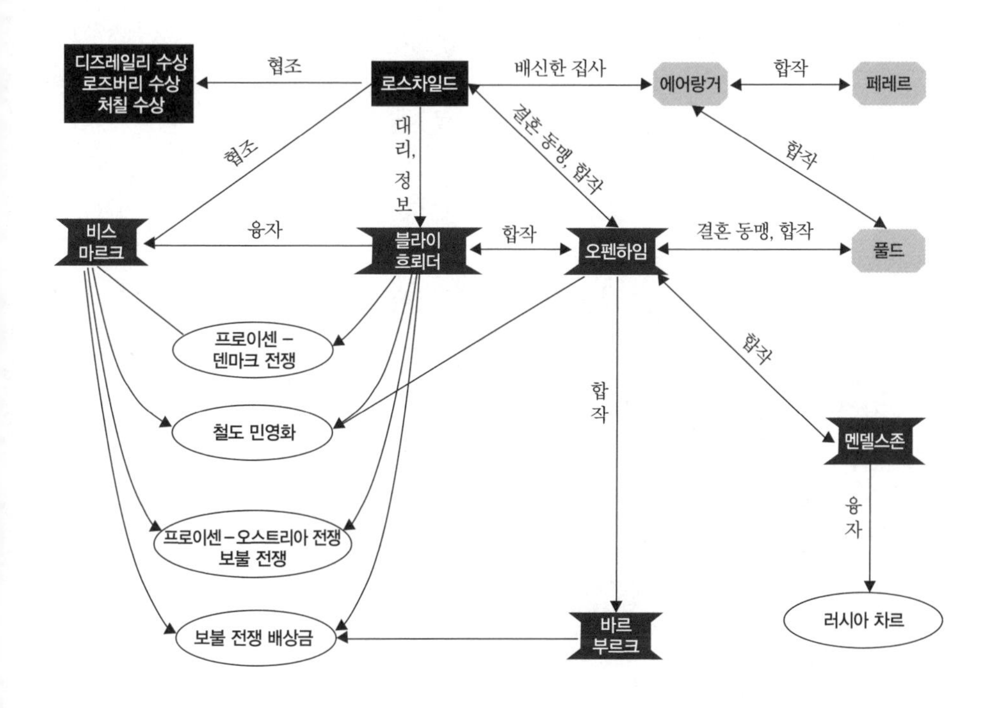

디즈레일리 수상
로즈버리 수상
처칠 수상
협조
로스차일드
배신한 집사
에어랑거
합작
페레르
대리, 정보
결혼 동맹, 합작
합작
협조
비스마르크
융자
블라이흐뢰더
합작
오펜하임
결혼 동맹, 합작
풀드
프로이센 – 덴마크 전쟁
합작
철도 민영화
합작
멘델스존
융자
프로이센 – 오스트리아 전쟁
보불 전쟁
러시아 차르
보불 전쟁 배상금
바르부르크

주 각각의 모양이 각기 다른 나라를 대표
영국
독일
프랑스

제2장

영국: 금권의 고지 선점

누가 세계의 권력 균형을 주관하는가?
누가 우리의 국회를 통치하는가,
자유파인가 아니면 황제를 보위하는 보황당인가?
누가 스페인을 두려움 모르는 애국자로 일깨웠는가?
그것이 고통스럽든 쾌락적이든 누가 세계로 하여금
구질서를 유지하는 동시에 신기원을 열도록 만들었는가?
누가 정치를 마음대로 주무르는가?
나폴레옹 대제가 용기의 그림자를 배가시켰을까?
아니다. 주인공은 유대인인 로스차일드가와 그들의 동료이자
기독교도인 베어링가 사람들이다.
_ 바이런, 《돈 후안》[1]

상업 자본주의가 발흥했던 16세기 이후 영국은 천시天時, 지리地利, 인화人和에서 모두 우위를 점했다. 영국은 이를 통해 해외 무역과 식민지 확장에 적극 나서 눈부신 속도로 부를 쌓을 수 있었다. 또 1770년대에는 와트의 증기기관차로 상징되는 산업혁명의 발흥에 힘입어 생산력을 대대적으로 향상시켰다. 1694년 잉글랜드은행의 설립은 인류 역사상 대단히 중대한 사건이었다. 영국 은행 가문은 이를 통해 마침내 신용의 비밀을 발견하고, 신용이 화폐의 주요 구성 부분이 될 것이라고 예기豫期했다. 이후 영국의 금융 역량은 강력한 물질 생산 능력의 뒷받침에 힘입어 폭발적인 성장을 구가했다. 신용 혁명 및 산업혁명이 상업 자본주의와 전면적으로 결합하면서 사회 전체의 부가 이때까지 목도한 적이 없는 깜짝 놀랄 수준에 도달하게 되었다. 영국은 이로써 인류 역사상 일찍이 존재한 적이 없었던 이른바 해가 지지 않는 강력한 대제국으로 떠올랐다.

19세기는 국제 은행 가문이 발전하고 성장한 결정적인 역사적 단계로, 이들은 영국, 프랑스, 독일, 미국 등 각국에서 서로 다른 형태로 발전했다. 이중 영국의 상황이 가장 독특했다. 개인들이 막대한 자본력을 갖춤에 따라 산업혁명 전반기의 방직, 야금, 석탄, 해상 운수, 철도, 기계 제조, 군수 산업 등이 민영 은행의 투자와 국가 자체 자본의 융자 등에 힘입어 대거 발전했다. 심지어 이들 자본의 규모는 산업혁명이 필요로 했던 수준을 훨씬 넘어서서 과잉 상태에 이르렀다. 실제로 당시 영국의 산업 발전은 방대한 규모에 이르렀던 영국과 외국 공채 융자에 힘입었을 뿐, 국제 은행 가문의 자본은 그다지 필요로 하지 않았다. 영국의 회사법이 비교적 느슨했음에도 이런 자본 과잉으로 주식제 은행의 발전은 상대적으로 더디었다. 민영 은행이 계속 영국 금융 산업을 주도하게 되면서 비밀주의가 영국 금융 산업의 핵심적 전통으로 자리 잡게 되었다.

비밀스런 커튼 뒤에 숨어 있던 영국의 17개 민영 은행은 이후 잉글랜드은행을 완전히 좌지우지했다. 심지어 1946년 잉글랜드은행이 국유화된 다음에도 막강한 파괴력을 과시했다. 가장 대표적인 가문이 베어링과 로스차일드, 슈뢰더 가였다. 그들은 영국과 유럽 각국의 채권 발행 등과 관련한 금융 채널을 완전히 장악하고서 세계의 자본과 신용 유동 방향을 농단하는 행보를 이어갔다. 또 이를 통해 막대한 부를 쌓은 다음에는 서서히 정부의 외교와 내정에도 영향을 미치기 시작했다. 그들은 은밀하게 국가 간의 분쟁을 촉발시키고 군수 산업을 적극적으로 지원했으며, 전쟁을 불사하려는 분쟁 당사국에 모두 전비를 지원하고 정변 폭발을 책동함은 물론, 전후에는 안팎으로 서로 호응하면서 전쟁 배상금 문제를 처리했다. 이렇다 보니 이들 사이의 이익 역시 서로 충돌하여 각자 정치 대변인을 내세워 대형 사업을 따내려는 이전투구의 모습도 보였다. 극단적인 상황에서는 금융시장에서 직접 대결을 펼치기도 했다.

돈이 있는 곳이면 어디나 이익을 노리는 도박이 존재한다. 또 돈이 많은 곳에서는 권력 투쟁이 발생한다. 그리고 권력을 움켜쥐면 더욱 많은 이익을 거머쥘 수 있다.

프랜시스: 베어링 왕조의 창업자

영국 베어링가의 역사는 로스차일드가와 비교하면 훨씬 더 장구하다. 베어링스은행이 런던에서 유럽의 대국들에게 융자를 해주고 있을 때, 로스차일드가는 아직 프랑크푸르트에서 소규모 금화 수집 사업을 하고 있었다. 기독교를 신봉하는 베어링가는 국제 은행 가문에서 소수파에 속했다. 그러나 사업을 가장 먼저 일으켜 영향력이 막강했고, 글로벌 은행 네트워크 모델을 창시했다. 이 모델은 훗날 로스차일드가가 그대로 모방했다.

베어링가는 북독일에서 발원했으며, 행적 추적이 가능한 최초의 선조는 그로닝겐(Groningen)에 정주했던 것으로 알려져 있다. 적지 않은 후손들이 루터교 목사가 된 것으로 볼 때, 루터교의 영향을 깊이 받은 듯하다. 물론 공무원이 된 후손들도 꽤 있었다. 사업에 본격적으로 뛰어든 것은 요한 베어링 대부터였다. 그는 1717년에 영국의 엑서터

(Exeter)로 이민을 떠나 운 좋게도 1723년에 현지 거상의 딸을 부인으로 맞아들인 후 본격적인 베어링가의 전설적인 역정을 시작했다.

베어링가를 가장 빛낸 인물은 단연코 프랜시스 베어링(Francis Baring)이었다. 18세기는 유럽이 인도와 동남아, 극동 등에 눈길을 돌리던 시절이었다. 여기에 북미 신대륙 시장 역시 점차 발전하는 양상을 보여 유럽을 중심으로 하는 국제무역이 전성기를 맞이했다. 한마디로 이때는 물건을 주기만 하면 넙죽넙죽 받아먹는 방대한 수요가 있었고, 상품의 제조 능력이 빠른 속도로 발전했으며, 해상 운수업 역시 상당한 궤도에 올라 있었다. 그러나 전체 국제무역 과정에 기여하는 금융 서비스는 상대적으로 침체해 있었다. 프랜시스는 바로 이 점에 착안하여 가문의 전통 사업인 제조업과 무역업을 금융업 쪽으로 과감하게 전환하는 용단을 내렸다. 가문의 대본영인 엑서터와 런던에 경영 사무소를 설립하고 서로 도움을 주고받으면서 무역과 일반 사업, 어음 업무 등을 사업 범위로 잡았다. 이러한 새로운 사업 모델은 25년 후 로스차일드가가 유럽 전역에서 그대로 따라했다.

그러나 과감하게 가문의 사업을 금융업으로 전환한 프랜시스의 도전은 탄탄대로를 달리지 못했다. 그의 결정은 가문 내부의 격렬한 반대에 부딪혔다. 급기야 경영 이념의 차이와 이익 분쟁으로 인해 베어링가의 여러 형제들은 1777년 분가를 하기로 합의했다. 프랜시스는 이 합의에 따라 가문의 사업 중에서 런던 지사의 소유권을 가지게 되었다. 런던은 이때 암스테르담을 대신해 빠른 속도로 세계의 금융 중심지로 떠오르고 있었다. 이렇게 해서 프랜시스가 이끄는 베어링가는 역사 무대에 본격적으로 얼굴을 나타냈다.

프랜시스 베어링은 분가 후 다른 모든 사업을 정리하고 금융업에 올인하고 싶었다. 그러나 당시 국제 형세의 변화는 야심만만한 프랜시스에게 결코 유리하지 않았다. 미국 독립전쟁의 승리가 대영제국의 강력한 군사적 위용에 엄청난 타격을 가해 영국 경제가 휘청거렸다. 무역 규모가 순식간에 눈에 띄게 줄어들어 베어링가의 엑서터 소가문은 엄청난 손실을 입고 조용히 사라져야 할 상황에까지 내몰렸다. 프랜시스 베어링의 런던 지사 역시 불행을 피하기 어려웠다.

그러나 그에게는 다행히도 전 캔터베리 대주교의 후손이자 경영 능력이 뛰어난 부인이 있었다. 그녀는 남편을 도와 그다지 어렵지 않게 난관을 돌파하는 능력을 보여줬다. 그녀는 안살림에 뛰어나 집안 운영 비용을 1년에 800파운드로 꽁꽁 묶는 수완을 발휘했다. 프랜시스 베어링은 부인이 세상을 떠난 후 이렇게 찬탄했다.

"만약 그 어려웠던 시기에 집사람의 뛰어난 살림살이 능력이 없었다면 집안 운영 비용은 매년 1,200파운드에 달했을 것이다. 그랬다면 우리 가문은 영원히 회복되지 못하고 사라졌을지 모른다."

위기가 지나간 다음 베어링가의 사업은 정상 궤도에 진입했다. 영업 이익도 1777년의 3,400파운드에서 1781년 1만 300파운드로 대폭 늘어났다. 이어 1788년에는 기록적인 1만 2,000파운드를 달성했다. 회사의 자본금도 미국 독립전쟁 초창기인 1776년에는 고작 1만 9,452파운드에 불과했으나 전쟁이 끝난 다음인 1783년에는 4만 3,951파운드로 늘어났다.[2] 또 1780년에는 베어링가의 지사들이 웨일즈, 잉글랜드, 스코틀랜드와 유럽 각국에 널리 퍼졌다. 이 결과 당시의 세계 금융 중심지인 암스테르담의 지사 두 곳 외에도 대본영인 엑서터와 런던, 상트페테르부르크, 스페인의 카르타헤나, 이탈리아의 리보르노 등에 지사를 하나씩 두었다. 이로써 전 유럽의 자금, 물류, 정보 채널을 하나로 묶는 금융 네트워크를 구축하는 데 성공했다. 미래 베어링 금융 왕조의 검은 구름은 이때 이미 유럽 상공을 뒤덮고 있었다.

네덜란드: 상업 자본주의의 최고봉

암스테르담은 런던이 급부상하기 전에 유럽의 금융 중심지였다. 네덜란드는 막강한 조선업을 무기로 포르투갈과 동방 무역의 주도권을 다투었다. 네덜란드의 조선소들은 이때 이미 기계를 자유자재로 다루며 선박을 거의 하루에 한 척꼴로 제조해 냈다. 당시 네덜란드는 수만 척의 선박을 보유했으며, 톤으로 환산할 경우 전체 유럽 해운 총량의 4분의 3을 점유했다. 실제로 세계 각국의 무역 화물 운송은 거의 대부분 네덜란드 상선이 책임을 져 '바다 위의 마부'라고 불렸다. 네덜란드의 선원 총수는 25만 명에 달했다. 이에 반해 포르투갈은 고작 300척의 선박을 보유하고 있었고, 선원 총수 역시 4,000여 명에 지나지 않았다.

60여 년에 걸친 상업적 경쟁과 무장 충돌을 거쳐 네덜란드가 17세기 후반 포르투갈을 제압하고 마침내 우위를 점하게 되었다. 이로써 암스테르담은 동서 무역의 중심 도시로 우뚝 섰다. 전성기 때에 네덜란드동인도회사는 무려 1,500개 지사를 운영하며 전 세계 무역 총량의 절반을 차지했다. 삼색의 국기를 매단 1만여 척의 상선들이 전 세계의 대양을 휩쓸게 되자, 네덜란드는 상업 자본주의 세계의 핵심 국가로 부상했다.

네덜란드 무역의 폭발적 성장은 당연히 금융 서비스의 수요를 대거 촉발시켰다. 이로써 1609년 세계 최초의 국영 은행인 암스테르담은행이 설립되었다.

암스테르담은행의 설립 목적은 혼란하기 이를 데 없었던 당시의 금융 산업을 규범화하기 위해서였다. 당시 암스테르담의 금융 산업을 좌지우지한 두 그룹의 큰손이 있었다. 하나는 앤트워프에서 이주해 온 유대계 은행 가문이고, 다른 하나는 기독교인들을 핵심으로 하는 본토의 은행 가문이었다. 이 중 유대계 은행 가문은 주로 환전, 어음 할인, 저축 및 대출 업무 등과 같은 자신들의 전통적 업종에 종사했다. 그러나 이들 업무는 각종 이율의 차이가 너무 심하고 관리 역시 뒤죽박죽이라는 중대한 문제를 안고 있었다.

"이(암스테르담) 은행을 설립한 가장 중요한 목적은 신용을 제공하는 데 있는 것이 아니라 사방에서 조금도 거리낌 없이 이뤄지는 환전과 어음 할인 과정에서 일어나는 과도한 투기를 방지하는 데 있다. 그래서 (무역을 위해) 고효율적이고 안정적인 환전, 어음 할인 서비스를 제공하고자 한다. 암스테르담은행의 특징은 공공성이며 개인이 소유하거나 관리하는 기관이 아니다."[3]

암스테르담은행은 설립 후 100여 년 동안 네덜란드의 무역을 대대적으로 발전시키고, 네덜란드가 세계 무역 중심지 지위를 굳건하게 지키는 데 기여하여 공전의 번영과 부를 창조했다. 이에 따라 일단의 거부 가문들이 탄생했다. 호프가는 그중에서도 가장 걸출한 가문이었다.

퀘이커 교도(Quakers)
17세기 중반 영국과 식민지 미국에서 일어난 기독교 집단. 기존 교회의 전통에 반발해 많은 박해를 받았음.

호프가의 조상은 스코틀랜드의 무역상으로 훗날 네덜란드 암스테르담과 로테르담에서 해상 운수업, 창고업, 보험과 신용 대출 사업 등에 종사했다. 특히 로테르담에서 퀘이커 교도들을 신대륙에 이민 보내는 사업과 암스테르담의 노예무역에 열을 올렸다. 퀘이커 교도 한 명을 이민 보낼 때마다 교회로부터 60길더의 비용을 받았으며, 밀무역되는 노예들을 극도로 열악한 환경에 방치하여 이들의 평균 사망률은 16%에 이르렀다. 호프가는 이런 투기적인 사업을 통해 7년 전쟁 기간(1756~1763)에 엄청난 수입을 올렸다.

호프가는 7년 전쟁 이후 그동안 거둔 성공을 바탕으로 국제 금융 사업에 본격적으로 뛰어들었다. 그들은 스웨덴, 러시아, 포르투갈, 바이에른 등에 적극적으로 정부 대출을 해주고 영국과 네덜란드의 은행단을 통해서 이들 국채를 인수하며 5~9%에 이르는 커미션을 챙겼다. 이들은 또한 서인도의 농장주들에게 전문적으로 대출을 해주며 사탕수수와 커피, 담배 등을 대가로 받아 암스테르담 시장에 내다팔았다. 호프가는 포르투갈 왕실에도 대규모 대출을 해주고 그 대가로 브라질의 보석 무역을 독점했다. 이후 암스테르담은 유럽 보석 무역의 중심지로 자리매김했다.[4]

호프가의 가장 중요한 고객으로는 러시아의 여황제인 예카테리나 대제도 있었다. 호프가는 러시아 황실에도 대규모 대출을 해주고 예카테리나 대제로부터 러시아가 수입하는 사탕수수의 독점 대리권을 부여받았고, 동시에 식량과 목재의 대유럽 무역 대리권을 인수했다. 일련의 사업과 금융 대출을 통해 호프가는 유럽 최고의 부호로 우뚝 섰다. 실제로 호프가의 세력은 네덜란드의 동인도회사와 서인도회사를 모두 장악했고, 영국의 주요 동업자들과 영국-네덜란드 은행단을 조직한 금융 역량을 통해 유럽과 미국의 정치 및 외교에 막대한 영향력을 행사했다.

헨리 호프

1779년부터는 헨리 호프가 전면에 나서 호프가의 기업(Hope & Co.)을 이끌게 되었다. 1786년에 발간된 거작 《국부론》의 제4판에서 애덤 스미스는 그에 대한 절절한 감사의 말을 전하고 있다.

> 나는 이 4판에서 원래 어떤 형식적인 변화도 가하지 않으려 했다. 그러나 최근 들어 암스테르담의 헨리 호프 선생에게 감사의 말을 전해야 한다는 사실을 깨달았다. 암스테르담은행이라는 흥미롭고 중요한 주제와 관련된 독보적이고 광범위한 정보를 호프 선생으로부터 획득할 수 있었기 때문이다. 호프 선생이 도움을 주기 전에 암스테르담은행의 수입, 지출 등과 관련한 자료 정보는 나에게 만족을 주지 못했다. 심지어 이해하기도 어려웠다. 유럽에서 호프 선생의 존성대명은 너무나 빛난다. 누구라도 호프 선생에게서 이런 정보를 얻는다면 무한한 영광으로 여길 것이다. 더구나 나의 허영심을 채워준 헨리 호프 선생에게 감사의 말을 전하고 싶다. 그래서 나는 영광스럽게도 이를 졸작의 가장 최신 수정판 앞에 첨부하려고 한다. 졸작을 가장 좋은 광고로 삼고자 하는 것이다.[5]

이는 당시의 유럽 은행 가문 중에서 호프가와 상업적 합작 관계를 맺으면 부와 권력을 거머쥐는 통행증을 얻게 됨을 의미했다. 프랜시스 베어링이 바로 이런 행운을 거머쥔 사람 중의 한 명이었다.

호프가와의 동맹: 베어링가, 유럽 제일 부호로 이름을 올리다

프랜시스 베어링은 외모가 차갑고 성격이 침착하며 성실하고 신의를 잘 지켰다. 그래서 점점 금융 업계에서 커다란 신망을 얻어 나폴레옹 전쟁 때에 사업이 엄청나게 발전했다. 1771년 프랜시스는 그동안의 활약에 힘입어 황실외환보험협회(The Royal Exchange Assurance)의 이사로 취임했다. 일이 되려고 그랬는지 이 협회는 묘하게 호프가와 밀접한 관련이 있었다. 이로써 그에게 호프가와의 합작의 문이 활짝 열리면서 크게 발전할 수 있는 계기가 마련됐다.

호프가는 이때 마침 채권 발행을 통해 영국 시장 진출을 적극 모색하고 있었다. 프랜시스는 이 천재일우의 기회를 재빨리 움켜잡아 호프가의 1만 5,000파운드의 채권 발행 업무를 완벽히 처리해 주었다. 이때부터 양 가문은 서로에 대해 좋은 감정을 품게 되어 동맹을 맺었다.

프랑스 은행가인 요한 말레는 이에 대해 "호프가는 베어링가의 열정과 추진력에 크게 감명을 받았다. 특히 베어링가가 보여준 신뢰와 풍부한 자원을 더욱 인상적으로 느꼈다. 이때부터 베어링가는 호프가의 절친한 친구가 될 수 있었다"라고 평가했다. 1790년 윌리엄 호프는 일이 너무 바빠 프랜시스 베어링에게 편지를 보내지 못한 것에 대해 미안함을 표시했다.

"친애하는 베어링 선생, 우리가 연락을 주고받는 것은 가족끼리 연락을 주고받는 것처럼 친밀합니다. 사실 이 친밀한 관계는 선생이 한결같은 마음으로 우리를 대해주었기에 가능했습니다."[6]

이후 호프가의 가족들은 런던을 방문할 때마다 베어링가에서 묵곤 했다. 1796년에는 호프가의 동업자인 피에르 라부셰어와 프랜시스 베어링의 딸이 결혼하여 양 가문은 확실한 결혼 동맹 관계로 연결되었다.

1794년 1월 헨리 호프는 프랜시스에게 "저는 영국과 네덜란드의 관계가 원래 좋을 수밖에 없다고 생각합니다. 거의 같은 뿌리니까요. 저는 영국에서 머무를 때면 늘 집에 있는 것 같은 느낌을 받습니다."[7]라는 편지를 보내 베어링가에 대한 애틋한 감정을 숨기지 않았다. 불과 1년 후인 1795년 그의 이런 생각은 바로 증명됐다. 그해 프랑스 혁명군이 네덜란드로 진군하자 호프가는 서둘러 런던으로 도피했다. 이 과정에서 베어링가는 영국 황실 해군이 포함을 파견해 그들의 배를 호위하도록 중간에서 손을 썼다. 또 프랜시스의 아들인 알렉산더 베어링은 아버지의 명을 받들어 런던으로 도망가지 않고 프랑스 군대가 암스테르담에서 철수할 때까지 호프 은행 사무실을 굳게 지키는 의리를 보여줬다.

1802년 아미앵(Amiens) 평화조약이 체결되면서 전쟁이 일단락을 맺자 호프가도 암스테르담으로 돌아가 옛 사업을 다시 시작할 준비를 했다. 이해에 새로 은행 문을 열었으나 호프가의 재산은 여전히 베어링가의 손에 쥐어져 있었다. 그때 알렉산더는 아버지의 뜻을 어기고 신대륙에서 사업을 하기 위해 미국으로 이주했다. 그는 네덜란드로 돌아가 호프가와 합작 관계를 이어가려 하지 않았다. 그의 생각은 훗날 선견지명으로 확인됐다.

얼마 후 전쟁이 다시 발발했다. 프랑스 대군이 재차 네덜란드로 진군하여 호프가의 재산은 회복하기 어려울 만큼 손실을 입었다. 1813년에는 아예 빈껍데기가 돼버려 베어링가의 새 수장인 알렉산더 베어링이 고작 25만 파운드의 자금으로 호프가의 사업을 그대로 인수했다. 하지만 양 가문의 긴밀한 관계를 고려해 호프가의 재산을 완전히 흡수하지는 않았다. 호프가는 베어링가의 도움으로 베어링의 주요 무역 파트너의 위치를 계속 유지할 수 있었으나 더 이상 독립적인 금융 파워를 가지지는 못했다. 양 가문은 실질적으로 하나로 합쳐지게 되었다.

고관 사업가: 금권으로 정권을 사다

베어링가의 사업은 호프가와 동맹을 맺은 이후 날로 번창했다. 권세 역시 갈수록 커지면서 마침내 정계에 눈을 돌리게 되었다. 1786년 프랜시스 베어링은 이에 대한 생각을 분명하게 밝히는 편지를 랜스다운(Lansdowne, 이전의 셸번 백작) 후작에게 보냈다.

"저는 요즘 세 가지 일에 신경 쓰고 있습니다. 첫째는 우리 가문의 사업이고, 둘째는 공공사업이며, 마지막은 동인도회사가 되겠습니다."

이미 그때 그의 눈은 대영제국의 동방 식민지 사업으로 향하고 있었다. 그는 그 안에 숨겨져 있는 사업 기회를 민첩하게 발견해 냈다.

1787년 그는 윌리엄 피터 수상의 비서인 헨리 던더스(Henry Dundas)에게도 편지를 보내 네덜란드와 상업 조약을 맺으면 좋은 점에 대해 강력하게 피력했다.

"네덜란드는 무역으로 강대국이 된 나라입니다. 우리나라의 상품을 인도 시장에까지 팔 수 있도록 판로를 확대해줄 겁니다. 이는 우리나라에 대단히 유리한 조건입니다. 이외에 네덜란드는 정치적으로 우리나라를 강력하게 지지해줄 것입니다. 양국의 기본 이념이 서로 같아 이익을 보완해줄 수 있습니다. 우리나라로 말하면 가장 우선시해야 할 이익은 제국의 장기적인 안정입니다. 그다음이 무역 이익입니다. 네덜란드의 중요한 이익 역시 똑같이 두 가지입니다. 하나는 동인도제도의 독점권이고, 다음은 무역 이익입니다. 양자의 근본 이익은 서로 충돌하지 않고 경제적으로 상호 보충 작용이 강합니다. 반드시 전략적 합작 관계를 유지해야 합니다."[8]

이 편지는 표면적으로 국가 이익을 상당히 고려한 것처럼 보인다. 하지만 그 배후에는 호프와 베어링가 동맹이 노리는 특수 이익이 분명하게 드러나 있다.

호시탐탐 정계 진출을 노린 프랜시스 베어링의 야심을 실현시켜준 사람은 바로 존 더닝(John Dunning)이었다. 랭커스터 공작의 영지에서 수석 변호사로 일하고 있던 그는 1782년 일찍이 피터 수상의 예산처 장관으로 임명된 아이작 바르(Issac Barre) 대령의 절친한 친구였다. 세 사람은 서로 의기투합하여 자연스럽게 의형제를 맺었다. 도원결의를 맺은 유비와 관우, 장비가 따로 없었다. 이들은 피터 수상 밑에서 재무부 장관으로 일하고 있던 랜스다운의 뒤를 믿고 누구나 부러워하면서도 두려움을 느끼는 삼두마차 동맹을 결성했다.

이처럼 더닝이 프랜시스의 정계 입문을 도와준 가장 중요한 이유는 도저히 갚기 어려운 빚더미에 올라 있었기 때문이다. 이렇게 해서 프랜시스는 더닝을 위해 6년 동안이나 매년 5,000파운드의 거액의 빚을 대신 갚아주었다.

삼두마차의 치밀한 공작으로 피터 수상은 프랜시스 베어링을 빈객으로 대우하게 되었다. 피터 수상은 세네갈 노예무역, 터키 외교, 지브롤터 주둔, 세관 개혁 문제 등에 대해 프랜시스의 의견을 경청했다. 당연히 프랜시스는 자신 가문의 상업적 이익과 영국의 국가 이익을 유기적으로 결합하는 입장을 피력했다. 이로써 당시의 정치에 정확하게 부합하면서 부단히 자신의 세력을 강화해 나갔다.

베어링가의 정치 밭갈이는 드디어 결실을 맺었다. 장관들과의 밀접한 관계와 상호 신뢰를 바탕으로 정부가 계약하는 먹음직한 사업들을 독점하기 시작한 것이었다. 때마침 미국의 독립전쟁이 일어나 영국은 전방 병사 보급이 태부족인 긴급 사태가 발생했다. 베어링가는 이때 전방에 군수품을 보급하는 중임을 위탁받았다. 이는 랜스다운 후작의 막후 노력에 힘입은 바가 컸다. 베어링가는 이에 만족하지 않고 전쟁에 참여한 민간 사업자들의 납세액을 7만 파운드나 절감시켜 주는 수완을 발휘했다. 이 대가로 10%의 커미션을 챙겨 총 1만 1,000파운드의 수입을 올렸다.

1780년 영국 정부는 전황이 불리하게 돌아가자 전비 융자를 책임질 은행을 찾기 시작했다. 당연히 조건은 까다로웠다. 해당 은행에 충분한 재력이 있거나 고객과 투자자들의 재력이 전쟁 공채를 구매할 여력이 있어야 했다. 완전히 고위험, 고수익의 장사나 다름없었다. 프랜시스 베어링은 기회가 왔다는 판단에 이 채권 인수 사업을 떠맡기로 과감하게 결정했다. 이렇게 해서 베어링가는 1780년부터 1784년까지 전쟁 공채 인수를 통해 총 1만 9,000파운드의 수익을 올렸다. 액수는 얼마 되지 않았으나 결과는 상상 이상이었다. 우선 영국 정부가 만족감을 표시하여 베어링가가 썩 괜찮은 은행이라는 인식을 심어줄 수 있었다. 이때부터 영국 정부는 베어링가를 이해하고 신뢰하기 시작했다. 프랜시스 베어링을 좋아했고 그의 능력을 존중했으며 늘 그에게 빚을 지고 있다는 생각을 가졌다. 이런 감정은 베어링가에게 더 큰 대박 계약을 안겨다 주었다.

영국은 18세기 말부터 19세기 초까지 자주 전쟁을 일으켰다. 군비 지출이 엄청나게 늘어나면서 국채 발행량도 급속도로 늘어났다. 베어링스은행 가문은 이 전쟁 채권을 인수하는 과정에서 별다른 노력 없이 떼돈을 벌었다. 1799년부터 1815년까지 16년 중 4년을 제외한 12년 동안 전쟁 채권 주요 매입자로 나서 무려 19만 파운드를 벌어들였다. 베어링가의 명성은 런던 금융가에서 단연 최고봉에 올라 국채를 발행하려는 각국 고객들이 베어링가의 문 앞에 줄을 서서 기다렸다.[9]

1793년 3월 유럽에 반 프랑스 전쟁의 기운이 기세등등한 분위기로 번져나갈 때였다. 포르투갈의 브라질 친왕이 120만 파운드의 자금을 조달하기 위해 런던으로 달려왔다. 그는 브라질의 보석과 코담배 사업을 담보로 융자를 받으려 했다. 만약 담보가 부족하다면 '자원 보고의 섬, 모잠비크'를 내놓겠다고 밝혔다. 프랜시스는 이 제의에 대단한 흥미를 느꼈다. 그러나 그는 먼저 피터 수상에게 의견을 물었다. 피터 수상은 "포르투갈의 국운이 좋지 않을 때다"라고 대답하며 대출에 적극적으로 나서지 않았다. 그는 만약 베어링이 민영 기업의 입장에서 융자를 해준다면 반대하지는 않겠지만 정부가 대출을 지지할 수 없다고 말했다. 이에 프랜시스는 피터 수상의 입장을 고려하여 이 절호의 기회를 포기하기로 결정했다.

세기가 바뀌어 1801년이 되었다. 포르투갈이 다시 전비 마련을 위해 거액의 대출이 급히 필요해지자 융자 문제가 수면 위로 떠올랐다. 마침 이때 피터가 잠시 수상 자리에서 물러나 있어서 프랜시스 베어링은 정부의 통제에서 벗어나 일을 단독 처리하기로 마음먹었다. 그는 사위이자 호프가의 동업자인 피에르 라부셰어에게 이렇게 말했다.

"요즘처럼 일이 많을 때는 포르투갈 대출 문제를 장관들과 꼭 상의할 필요가 없다. 자네도 장관이라는 자들이 국제 대출 문제에 대해 제대로 모르고 있다는 사실을 알아야 해."

피에르 라부셰어는 장인의 지시를 받고 조지 베어링과 함께 리스본으로 달려가 대출 계약과 관련한 자세한 협상에 임했다. 그러나 협상은 이들이 리스본으로 올 때 타고 온 당나귀 마차가 심하게 흔들려 고생했던 것처럼 순조롭지 못했다. 피에르 라부셰어는 이들의 태도에 대해 "그들은 끊임없이 계약서의 내용을 바꿨다. 게다가 그들의 글을 이해할 수도 없었다. 나는 완전히 돌아버릴 지경이었다"라며 원망해 마지않았다. 그러던 중 1802년 한 유대인 은행 가문이 리스본으로 달려와 이 계약 쟁탈전에 가세했다. 그러나 조지 베어링은 런던 본가에 "이 유대인들이 강적처럼 보입니다만 걱정할 필요는 없습니다. 이들은 재력이 충분하지 못해서 우리만큼 돈을 내놓을 수 없습니다"라고 자신만만하게 보고했다. 최종적으로 이 계약은 베어링-호프 컨소시엄의 수중에 떨어졌다. 이중 베어링가가 인수를 책임진 액수는 500만 네덜란드 길더였다.

프랜시스 베어링은 순풍의 돛을 단 것처럼 돈을 벌게 되자 '고관 사업가'가 될 필요성을 진지하게 고민했다. 당시 은행가에 대한 인식이 좋지 못해 사람들은 그들을 인정머리 없는 상인으로 치부해 버리기 일쑤였다. 그래서 어떻게 해서든 정치가가 되어야 통치 계급의 일원이 되고, 더불어 가문의 사업 기반을 굳건한 명예 위에 올려놓을 수 있다고 생각했다. 프랜시스 베어링은 결심을 굳힌 후 즉각 3,000파운드를 로비 자금으로 삼아 예상대로 하원 의원에 당선됐다. 이후 150년 동안 그의 가문은 의회의 의원 자리를 차지했다.

대서양을 횡단한 인맥 네트워크

프랜시스 베어링은 일찌감치 미국 시장의 중요성을 예감했다. 이에 그는 1774년에 필라델피아의 토머스 윌링(Thomas Willing), 로버트 모리스(Robert Morris) 등과 동업 관계를 맺었다. 토머스 윌링은 나중에 미국 최초의 민영 중앙은행인 미국 제1은행(Bank of United States)의 회장이 된 인물이다. 로버트 모리스는 미국의 가장 저명한 은행 가문을 일으킨 주인공이자 미국 건국의 주요 멤버였다. 거물 인사들과의 인맥 관계는 베어링가가 미국에서 사업을 크게 벌이는 데 결정적 역할을 했다.

18세기 말 프랑스 대혁명이 초래한 혼란한 국면은 베어링가의 사

베르베르 정권
북아프리카 해적. 지금의 모로코, 튀니지 일대에 거주했음.

업 중심을 잠시 북미에 두도록 만들었다. 1795년 리스본 주재 미국 공사인 데이비드 험프리스(David Humphreys)와 북아프리카의 베르베르 정권은 지중해에서 미국 상선의 자유 항해 문제에 대해 담판을 벌였다. 베르베르의 요구 조건은 당연히 돈이었다. 급전이 필요했던 미국 정부는 베어링가가 대신 나서 80만 달러의 국채를 연리 6%로 발행해 달라고 요구했다. 1개월 후 베어링가는 미국 정부의 요구에 따라 20만 달러의 자금을 조달해 리스본 공사가 직면한 발등의 불을 껐다. 영국 주재 미국 공사인 루푸스 킹(Rufus King)은 베어링가에 편지를 보내 "기개 넘치는 열정과 숙련된 방법을 통해 험프리스를 도와 이처럼 중요한 일을 성공시켰다"라며 축하의 인사를 전했다. 그는 더불어 "나는 이미 우리 재무부 장관에게 선생의 공적을 보고했습니다. 또 우리 합중국 정부가 저처럼 이 일을 훌륭하게 처리한 선생에 대해 좋은 인상을 가져달라고 요청했습니다"라는 칭찬의 말도 잊지 않았다.[10]

당시 미국과 프랑스는 일촉즉발의 긴박한 상황에 처해 있었다. 베어링가는 이때 미국을 위해 4만 5,000달러를 출자해 1만 정의 활강총과 330문의 캐넌포를 구입했다. 당시 수준으로 보면 대규모의 군사를 무장시킬 수 있었다. 이런 협조 때문에 베어링가가 비록 미국 정부가 지정한 유럽 대리인은 아니었지만 미국은 18세기가 끝날 무렵에 유럽에서 자금을 조달할 때마다 베어링가를 찾아갔다.

활강총(滑降銃)
속에 강선이 없는 총.

캐넌포
대포의 일종.

베어링가는 프랑스 대혁명으로 유럽 형세가 불안해지자, 미국 증시가 유럽 투자자들의 안전한 대피처가 될 것이라고 판단했다. 그래서 그들은 영국 투자자들을 대거 미국 증시로 유인했다. 1803년에 외국 투자자들이 보유한 주식은 미국 시가 총액(대략 3,200만 달러)의 절반에 이르렀을 정도였다. 이에 따라 미국이 주식 배당금을 영국으로 송금함으로써 대서양을 가로지르는 긴밀한 금융 네트워크가 구축되었다. 이 네트워크의 중심에는 당연히 베어링가가 자리하고 있었다.

토머스 윌링은 1790년부터 베어링가의 충실한 맹우이자 금융 대리인을 자처했다. 이로써 베어링가가 미국 정부의 정식 대리인이 되는 길도 사실상 열리게 되었다. 얼마 후 미국의 주영 대사인 루푸스 킹은 베어링가에 '최고의 권위와 안정성을 가진 영국 은행 가문'을 대리인으로 위임하고 정기적으로 대륙회의에 거액의 융자를 담당하며 미국이 각국에 파견한 외교 사절단을 금전적으로 지원해 달라는 미국 정부의 결정을 전했다. 이런 일들은 솔직히 번거롭기만 하고 커미션도 얼마 되지 않았다. 그러나 이로 인해 얻는 명성은 결코 값으로 매길 수 없었다. 1803년 베어링가는 정식으로 미국 정부의 영국 내 금융 대리인으로 임명되었다.

대륙회의
(Continental Congress)
영국 식민지였던 북아메리카 13개 식민지의 대표자 회의.

루이지애나 구입을 위한 융자: 역사상 최고로 경악스러운 사례

베어링가는 세계 금융 역사에서 최악의 사례로 꼽히는 미국의 루이지애나 구매에 자금을 제공한 것으로 유명하다.

베어링스은행 문장

루이지애나 지역은 미시시피강과 로키산맥 사이에 자리 잡고 있으며, 북쪽은 캐나다, 남쪽은 멕시코만에 인접해 있었다. 면적은 지금의 중서부 13개 주를 합친 것만큼이나 넓었다. 역사적으로 줄곧 프랑스의 식민지였다가 프랑스가 7년 전쟁에서 패배한 다음 스페인에 할양됐다. 그러나 1800년에 나폴레옹 제국의 기세가 하늘을 찌르면서 스페인은 이 식민지를 프랑스에 다시 반환했다. 이에 미국 정부는 자신의 문 앞에 강력한 프랑스 군대가 버티고 있자 좌불안석이 돼버렸다. 이때 영국은 미국에게 자신들이 이 땅을 정복한 다음 유럽이 안정되면 다시 돌려주겠다고 제안했다. 그러나 이는 눈앞의 프랑스 군대보다 더 끔찍한 제안이었다. 이에 제퍼슨 대통령은 특사를 파리에 보내 나폴레옹의 속내를 떠보고 루이지애나의 일부를 미국에 매각할 수 있는지에 대해서 알아보았다. 미국 특사 일행은 나폴레옹이 루이지애나 식민지 전체를 미국에 매각할 의중이 있다는 기쁜 소식을 안고 돌아왔다. 큰 방향은 이미 정해졌고 남은 것은 흥정뿐이었다. 프랑스는 처음에 1,500만 달러를 불렀고, 거래는 1,125만 달러에 성사되었다.

사실 나폴레옹에게는 말 못할 고충이 있었다. 당시 그는 2만 병력을 파견하여 아이티를 침공했다가 전 병력이 전사하는 참패를 당했다. 다시 전열을 정비하려면 급전이 필요했다. 그리고 나폴레옹의 계산으로는 만약 미국이 영국과 동맹을 맺어 프랑스와 전쟁을 벌이게 되면 영국은 루이지애나 지역을 공격할 가능성이 높았다. 숙적 영국에게 땅을 빼앗기느니 차라리 미국에게 팔아버리는 게 낫다고 본 것이다. 여기에 이 땅을 팔아버릴 경우 프랑스는 등 뒤의 걱정을 해소하고 유럽을 장악하는 데 전력을 다할 수 있었다.

1803년 4월, 미국과 프랑스는 평화조약을 체결했다. 이로써 미국은 가볍게 260만 제곱킬로미터(프랑스 면적의 3.85배)의 땅을 차지하게 되었다. 제곱킬로미터당 가격은 5달러에도 미치지 않았다.

돈을 어디서 구하느냐가 미국에게 가장 큰 문제였지만 답은 이미 나와 있었다. 미국이 프랑스와 파리에서 금액을 협상하고 있을 때, 알렉산더 베어링은 가문의 대표로 중간에서 조정에 나섰다. 그의 노력으로 프랑스는 값을 1,125만 달러로 깎는 데 동의했다. 베어링-호프 컨소시엄은 거래가 이뤄진 후 자연스럽게 미국 정부가 발행하는 국채의 자금 조달 임무까지 자임했다. 국채의 이자는 5%로 호프가가 40%, 베어링가가 60% 조달을 책임졌다. 사실상 베어링-호프 컨소시엄이 프랑스 정부로부터 루이지애나를 사들인 다음, 이를 다시 미국에 파는 형태의 거래라고 할 수 있었다.

1803년 6월, 영국은 프랑스에 전쟁 재개를 선언했다. 양국은 곧바로 군사 대치 상태에 돌입했다. 이때 헨리 애딩턴(Henry Addington) 영국 수상은 영국의 은행이 매달 적국에 100만 프랑을 지불하는 것을 눈 뜨고 지켜볼 수 없었다. 이에 그는 베어링가에 프랑스에 대한 자금 지불을 중지하라는 명령을 내렸다. 그러나 베어링가는 지불 책임을 암스테르담의 맹우인 호프가에게 넘겨버리고 정치적 풍파에서 벗어났다.

하지만 이때 베어링가와 호프가 사이의 각종 통신 수단은 이미 감시와 통제를 받고 있었다. 때문에 호프가는 베어링가에게 "우리는 프랑스에 자금 지불을 중지하는 것에 대해 찬성합니다. 또한 당신들의 요구(대리 지불)를 준수할 수 없습니다"라는 회신을 보낼 수밖에 없었다. 이 편지로 양 가문이 갈등을 일으킬 것 같았지만 실제로는 그렇지 않았다. 베어링가는 호프가가 틀림없이 프랑스 정부에 자금을 지불할 것임을 잘 알고 있었고, 호프가 역시 베어링가가 표면적으로 항의해올 것을 알았다. 이 모든 것은 영국 정부를 속이기 위한 쇼에 지나지 않았다. 양 가문은 나중에 이 사업으로 300만 달러라는 엄청난 돈을 벌어들이게 되었다.

1812년의 영국과 미국의 전쟁:
베어링가가 안팎으로 독식하다

1806년 미국의 전 부통령인 애런 버(Aaron Burr)가 미국 분열 음모죄로 전격적으로 체포됐다. 미국인들은 하나같이 그가 미국을 다시 영국 통치하에 두려했다고 믿어 의심치 않았다. 순식간에 양국 국민들의 적대감이 폭발하면서 전쟁의 어두운 그림자는 대서양의 양안에 짙게 드리웠다. 더구나 이때 영국이 영국과 프랑스 사이의 전쟁으로 유럽 대륙을 봉쇄하는 해금(海禁) 정책을 실시해 미국과 프랑스의 무역은 상당한 타격을 입었다. 영국 해군은 또한 미국 해안으로부터 3마일 떨어진 구역까지 들어와 항상 자국의 법을 집행했다. 미국은 명백한 영해 침범에 대해 교섭을 시도하려 백방으로 노력했으나 영국은 막무가내로 나왔다. 이로써 쌍방의 충돌 가능성은 갈수록 높아만 갔다.

전쟁의 또 다른 주요 요인은 바로 미국 제1은행의 문제였다. 원래 제1은행은 1791년 설립된 미국 최초의 민영 중앙은행으로 베어링가가 대주주로 참여하고 있었다. 회장은 베어링가와 근 30년 동안 사업적 동반자 관계를 맺고 있었던 토머스 윌링이었다.

1791년 미국 정부는 제1은행의 설립 권리를 민간에 부여하면서 유효 기간을 20년으로 설정했다. 이에 따르면 1811년에 만기가 도래한다. 미국 내부에서는 이에 대해 은행 설립 때부터 격렬한 논쟁이 벌어졌다. 최종 결과는 민간에 부여하는 기한을 제한해야 한다는 반대파의 승리로 미국 정부는 1811년 3월 3일 제1은행에 대한 권리를 중지한다고 발표했다. 이는 제1은행의 주식 70%를 보유하고 있던 영국 은행 가문에게 엄청난 타격이었다. 베어링과 로스차일드가의 핵심 이익은 심각한 도전에 직면하게 되었다.

그러나 베어링가에게는 이 사건이 동시에 천재일우의 기회이기도 했다. 전쟁이 있는 곳에는 언제나 기회가 있는 마련이었다. 더구나 영국과 미국에 양다리를 걸치고 있는 베어링가는 더욱 그럴 수밖에 없었다. 전쟁이 터지면 양국의 국채 발행은 수면 위로 떠오를 게 뻔했다.

이때 베어링가가 대서양 양안에서 채권 인수 사업을 주도하고 큰돈을 벌어들여 한 국가에 버금가는 부를 쌓는 것이 가능했다. 동시에 전쟁은 필시 경제 약소국인 미국에 막대한 부채를 안기게 되어 금융 면에서 베어링가에 더욱 의지할 게 뻔했다. 미국 정부는 필연적으로 정치적 굴복을 선언하고 중앙은행이 영국 은행 가문의 통제하에 운영되는 데 동의할 수밖에 없을 때 베어링가가 다시 양국의 화해를 주선하는 사람 좋은 얼굴로 나타나 양쪽에서 모두 돈을 벌 수 있었다.

1812년 마침내 영국과 미국의 전쟁이 폭발했다. 전황은 예상을 크게 벗어나지 않았다. 1814년에 이르자 미국의 채권 발행 필요성이 최고조에 다다라 7월에 600만 달러의 전쟁 채권을 발행했다. 그러나 시장에서는 차마 눈 뜨고 볼 수 없는 20%의 가격에 팔려나갔다. 그해 미국의 재정은 심각한 적자를 기록했을 뿐 아니라 1815년의 전쟁 경비 마련은 아예 엄두를 내지 못했다. 이때 해군부 장관 윌리엄 존스는 다음과 같이 호소했다.

"지금 긴급 행동이 필요할 때입니다. 그것도 빨리 서둘러야 합니다! 그렇지 않으면 우리는 역사상 일찍이 경험하지 못했던 상황에 봉착하게 됩니다. 재정이 고갈된 상태에서 우리의 육군과 해군을 유지해야 할 뿐 아니라 어렵기 그지없는 전쟁을 진행해야 합니다."

전쟁부의 상황 역시 좋지 않았다. 스프링필드(Springfield) 군수 공장은 자금 부족으로 완전히 가동이 중지되었다. 가장 '민주적인 주'로 유명한 버지니아 주는 식량 부족으로 인해 병사들의 소요까지 발생했다. 뉴햄프셔 주는 현금이 없어서 퇴역 군인들에게까지 국채를 발행하는 통에 정부에 대한 원한과 분노는 그야말로 폭발 직전에 이르렀다. 다른 지방의 병사들도 제때 월급을 주지 않으면 부대를 점거해 정부 재산을 헐값에 팔아버리겠다고 공공연하게 밝혔다. 사병들의 임금은 6개월에서 1년까지 지급되지 못했고, 이보다 더 긴 경우도 있었다. 심지어 1년에 30달러의 월급조차 받지 못하는 병사들도 있었다. 결국 수많은 지역의 부대에서 탈영병이 대량으로 발생했다.

전쟁부
국방부의 전신.

장교들 역시 사정이 마찬가지라 탈영병을 잡으러 다닐 돈이 없었을 뿐 아니라 탈영병을 잡는다는 광고를 낼 비용조차 없었다. 뉴잉글랜드의 군 교도소는 운영 자금이 없어서 죄수들을 모두 풀어주었고, 뉴욕 야전병원의 의약품과 보급품은 이미 소진된 지 오래였다. 이처럼 상황이 악화일로로 치닫자 일부 정부 관리와 군대 간부들은 부득불 개인 명의로 돈을 융통해 가장 긴박한 순간에 지출로 사용했다.[11]

전쟁은 한없이 돈을 먹어대는 거대한 기계라고 할 수 있다. 그러므로 돈 없이 장기전을 치르는 것은 정말 멍청한 생각이다. 또 다른 각도에서 보면 돈은 전쟁을 좌지우지하는 주인이다. 돈은 전쟁의 목적인 동시에 전쟁을 움직이는 수단인 것이다. 국제 은행 가문은 바로 이 불후의 진리에 정통하여 전쟁을 사랑할 수밖에 없었다. 이들은 전쟁을 통해 엄청난 이익을 얻고 정부를 멋대로 부리고 전후 정책을 좌지우지했다. 그리고 결국 장기적 이익이라는 전략적 목적을 실현했다.

베어링가는 영국 국민이었기 때문에 전쟁 중에 공공연하게 미국을 경제적으로 지원할 수 없었다. 그러나 유럽 다른 도시에 산재한 자신들의 대리인들을 통해 어렵지 않게 미국 채권을 인수했다. 그것은 솔직히 누구도 통제하기 어려웠다. 또한 베어링가는 이때 이미 전쟁이 끝난 다음 미국 시장에 복귀할 계획을 치밀하게 짰을 뿐 아니라 전시에도 미국에 투자하는 투자자들에게 이자를 계속 지불했다.

1813년 7월, 미국 정부는 드디어 대표단을 유럽에 파견해 영국과 평화 회담을 진행했다. 이때 미국은 영국이 조정국으로 러시아를 환영할지도 모른다는 생각에 상트페테르부르크로 먼저 달려갔다.

프랜시스의 아들 알렉산더 베어링이 이때부터 본격적으로 등장해 영국과 미국 정부 모두의 환심을 사게 되었다. 그는 미국 대표인 알버트 갤러틴(Albert Gallatin)과 영국 외상 비스카운트 캐슬레이(Viscount Castlereagh) 사이에서 중개인 역할을 했다. 그는 이때 자신의 미국 친구에게 "영국인들은 절대로 러시아인이 중개인 역할을 맡는 것을 원하지 않는다"라는 편지를 보냈다. 그는 또한 편지에서 "집안 싸움에 외부인이 끼어들면 악영향을 미치게 된다"라고 강조했다. 1814년 3월 갤러틴이 드디어 런던에 도착했다. 갤러틴의 아들 제임스는 이때 느낀 감정을 다음과 같이 원망하며 말했다.

"파리 및 상트페테르부르크와 비교해 볼 때 런던은 정말 재미없는 곳이다. 우리는 누구로부터도 진정한 환영을 받지 못했다. 우리는 늘 많은 사람들로부터 초청을 받았으나 그때마다 어색함을 느꼈다. …… 이런 와중에도 우리에게 자유를 느끼게 해주고 진정으로 우리를 환영한 곳은 베어링 선생의 집뿐이었다."

베어링가의 이런 '평화에 대한 지극한 사랑'에 감화를 받았는지 영국과 미국은 1815년에 마침내 정전 협정을 체결했다. 베어링가와 다른 영국의 은행 가문들은 이로 인해 엄청난 돈을 벌어들였다. 미국 정부는 국제 은행 가문들의 압력에 굴복하여 1815년 12월에 두 번째 민영 중앙은행인 미국 제2은행의 설립을 허가했다. 소원을 성취한 베어링가는 나폴레옹 전쟁이 끝난 이후에도 수십 년 동안이나 영국과 미국을 횡단하는 대서양 무역과 금융 명맥을 한 손에 움켜쥐었다.

프랑스의 전후 배상:
베어링가, 유럽의 6대 권력으로 우뚝 서다

> 지금 유럽에는 막강한 6대 권력이 있다. 바로 영국, 프랑스, 러시아, 오스트리아, 프로이센과 베어링가이다.
>
> _리슐리외 프랑스 수상

1815년 프랑스는 전쟁에서 완패했고, 나폴레옹은 유배의 길을 떠났다. 빈 평화조약에 의거해 프랑스는 7억 프랑의 전쟁 배상금을 지불하고 5년 동안 15만 명에 이르는 반 프랑스 연합군의 프랑스 체재 비용까지 부담했다. 설상가상으로 1816년에는 흉년이 들어 국고가 텅 비고 말았다. 전쟁 직후 극적으로 컴백한 부르봉 왕실은 국내 금융 가문의 신임과 지지를 받지 못하자 도리 없이 당시 유럽에서 최고 권력으로 우뚝 선 베어링가에 구원을 요청했다. 부르봉 왕실로서는 하루라도 빨리 승전국에 대한 배상을 마무리 짓고 프랑스 국내에 있는 외국 점령군을 철수시켜야만 했다.

이때 등장한 사람이 바로 가브리엘 쥘리앵 우브라르(Gabriel-Julien Ouvrard)였다. 그는 프랑스 주재 영국 대사인 웰링턴 공작과 프랑스 수상 리슐리외 공작(루이 14세 때의 명재상인 붉은 망토의 추기경 리슐리외의 손자)의 지원을 등에 업고 루이 18세를 대표해 런던으로 달려가 베어링가를 방문했다. 우브라르는 일찍이 나폴레옹의 재정 고문을 담당한 인물이었다. 하지만 수차례나 회계를 엉뚱하게 잘못 처리해 감옥에 갇힌 전과가 있었다. 그러나 그는 권모술수에 대단히 뛰어나고 언변 역시 보통을 넘어 리슐리외 및 루이 18세와 긴밀한 관계를 맺었다. 한마디로 사기꾼 기질이 농후한 사람이었다.

우브라르는 베어링가 사람들을 만나서도 자신은 리슐리외 수상과 코르베토(Corvetto) 재무부 장관으로부터 영국 및 네덜란드 은행 가문들과 대출 협상을 벌이는 전권을 위임받았다고 대놓고 말했다. 그러나 베어링가는 듣도 보도 못한 '거간꾼'에게 전혀 믿음이 안 가 명확한 태도를 보이지 않았다.

우브라르는 귀국 후 프랑스 장관들에게 베어링-호프 컨소시엄이 대출 협상에 굉장한 관심을 보여 거의 거래에 동의했다는 식으로 허풍을 떨었다. 리슐리외 수상과 코르베토 재무부 장관은 그의 말에 기쁨을 금치 못했다. 우브라르가 중간에서 수완을 발휘하여 쌍방은 마침내 대출과 관련한 세부 사항 협상에 들어가기로 합의했다. 협상 장소는 프랑스의 튀일리(Tuileries) 궁이었다.

베어링과 호프가는 이때 대출을 반대하는 그룹에 포위돼 있었다. 호프가는 그래도 이들의 의견에 귀를 기울였지만 베어링가는 뒤도 돌아보지 않고 대출을 계속 추진했다. 프랑스 외무부 장관인 샤를 모리스 드 탈레랑은 개인적 이익에 눈이 멀어 협상 타결을 그다지 원하지 않았다. 반면 루이 18세는 베어링가가 파리에 오는 것을 환영한다는 입장을 피력했다.

1816년 12월 협상은 상당한 진전을 보였다. 웰링턴 공작은 정식으로 비스카운트 캐슬레이 외무부 장관에게 "프랑스의 공채 총액은 약 3억 프랑(약 1,200만 달러)이며, 이 중 200만 파운드에 해당하는 액수의 채권이 런던의 금융시장에서 판매될 것입니다"라는 내용의 보고를 올렸다. 베어링가는 이때 오스트리아의 메테르니히 수상을 비롯한 유럽 각국 정치가들의 지지를 등에 업었고, 이들은 개인적으로 베어링가가 인수한 프랑스 국채를 너도나도 사들였다. 베어링가는 파리의 자크 라피트(Jacques Lafitte)가와의 합작을 통해 세 차례에 걸쳐 프랑스 정부에 3억 1,500만 프랑을 조달한다는 채권 인수 작업을 마무리 지었다.

원래 파리 금융계는 프랑스 왕실을 크게 신뢰하지 않았다. 그러나 베어링가가 적극적으로 움직이자 이들도 프랑스 공채를 신뢰하기 시작했다. 먼저 두 차례에 걸쳐 공채의 4분의 1을 사들이고 마지막에 절반 이상을 구입하기로 합의했다. 베어링가는 이번의 대활약으로 프랑스 금융계에서 독보적인 위상을 확보했다. 웰링턴 공작은 자신의 친구에게 보내는 편지에서 이에 대한 생각을 밝힌 바 있다.

"베어링가는 프랑스의 재정을 완전히 자신들의 손아귀에 장악했다. 프랑스 공채는 영국의 채권 시장에서도 물 만난 고기나 다름없었다. 베어링가는 어떤 측면에서 보면 거의 전 세계 금융시장을 장악했다고 해도 과언이 아니다. 베어링가 역시 자신들이 가진 (이런 금융) 권력의 위력을 실감할 것이다. 더불어 자신들에 대한 그 어떤 저항도 쉽게 성공하지 못할 것임을 잘 알고 있다."

웰링턴은 산전수전 다 겪은 백전노장이었다. 그런 그의 이 말에는 찬사의 뜻이 담겨 있으면서도 은근히 경고의 메시지가 담겨 있다.

베어링가가 대리인으로 적극 나서면서 프랑스의 전쟁 배상금 문제는 쉽게 해결되었다. 반 프랑스 동맹국은 배상금을 가볍게 손에 넣었고, 프랑스는 외국 군대의 점령으로부터 벗어났다. 그러나 이 프로젝트의 최대 수혜자는 단연 베어링가였다. 이들은 무려 72만 파운드라는 거액을 챙겼고, 정치적 지위 역시 그야말로 하늘을 찌를 듯 급상승했다. 오죽했으면 리슐리외 수상이 "지금 유럽에는 막강한 6대 권력이 있다. 그것은 바로 영국, 프랑스, 러시아, 오스트리아, 프로이센과 베어링가이다"라는 찬탄을 터뜨렸을까.

한마디로 베어링가의 사업은 욱일승천이라는 표현이 어울렸다. 그러나 오르막이 있으면 내리막도 있는 법이다. 웰링턴 공작의 말대로 전 세계 금융계에서 독보적 위상을 차지하던 베어링가에 반대하는 가문들이 서서히 나타나기 시작했다. 이들 중 능력이 가장 출중하고 두려운 적수는 역시 나폴레옹 전쟁 중에 급부상한 로스차일드가였다. 로스차일드가는 베어링가가 전성기를 맞은 지 딱 10년 후에 베어링가를 금융계의 왕좌에서 끌어내리고 그 자리를 대신 차지했다.

프랑스 공채 계약:
두 영웅 가문, 원수가 되다

1815년 로스차일드가는 나폴레옹 전쟁 중에 자신들의 뛰어난 금융 정보 네트워크를 이용해 남들보다 빨리 워털루 전투의 결과를 알아냈다. 이때 이들은 영국 공채를 대량으로 매각했다가 공채 가격이 폭락하자 다시 대대적으로 사들였다. 그리고 정부에서 공식으로 발표한 전투 결과가 런던에 전달되었을 때, 로스차일드가는 일거에 영국 공채 시장의 가격을 좌지우지하는 권한을 가지게 됐다. 이는 세계 금융 역사상 가장 빛나는 사례로 꼽힌다.

로스차일드가는 나폴레옹 전쟁 때 동맹, 분열, 이간, 포섭 등의 온갖 수단을 총동원하여 유럽 금융시장에서 빠르게 부상할 수 있었다. 이 결과 나폴레옹 전쟁이 끝났을 때에는 이미 세계 금융 패주의 자리를 노릴 실력과 야망을 갖추게 되었다. 로스차일드가는 또 베어링가와의 프랑스 공채 계약 경쟁을 통해 세계 근대사에 지대한 영향을 미친 금융 쟁패전의 서막을 열었다.

로스차일드가는 베어링가가 프랑스 정부와 프랑스 공채 발행과 관련한 협상을 벌이고 있을 때 당연히 적극적인 활동을 전개하고 있었다. 그들은 프랑크푸르트, 빈, 파리, 런던 등에 구축해 놓은 강력하고 효과적인 유대 은행 가문의 판매 네트워크를 이용해 프랑스 국채 인수라는 엄청난 사업의 떡고물을 챙기기로 결심했다.

처음의 형세는 로스차일드가에게 유리하게 전개되는 듯했다. 그들은 부르봉 왕실이 재집권하는 데 필요한 막대한 자금을 대출해 준 데다가 자신들과 끈끈한 친분이 있던 탈레랑 프랑스 외무부 장관이 부르봉 왕조 정부에서 막강한 권력을 쥐면서, 프랑스 정부에 대한 로스차일드가의 영향력이 일거에 급상승했다. 하지만 좋은 시절은 오래가지 않았다. 얼마 후 탈레랑의 사직에 이어 리슐리외 공작을 수반으로 하는 새로운 정부가 구성된 것이다. 게다가 리슐리외 공작은 로스차일드가의 지위를 약화시키려고 노력 중이었다.

파리에 근거지를 두고 있던 제임스 로스차일드는 적극적으로 리슐리외 수상의 비서에게 접근했다. 이 비서는 로스차일드가에게 상당히 값어치 있는 정부 방침을 항상 건네주던 사람이었다. 그러나 1816년 초겨울에 프랑스 정부는 공채 인수 사업을 베어링-호프 컨소시엄에 맡기는 결정을 내렸다. 로스차일드가를 더 우울하게 만든 소식은 베어링-호프 컨소시엄이 로스차일드가를 이 사업에서 완전히 배제해버렸다는 것이다.

제임스 로스차일드는 어쩔 도리가 없어 난생처음 베어링-호프 컨소시엄에 참여하겠다는 입장을 밝히고 프랑스 정부가 발행하는 세 번째 공채의 부분 인수권을 따내기 위해 노력했다. 그러나 1817년 말 협상이 결렬되면서 로스차일드가는 단 한 푼도 건지지 못했다. 패배감에 사로잡힌 제임스 로스차일드는 너무 화가 나 베어링가를 "말과 행동이 다른 표리부동한 놈들"이라며 한바탕 욕을 퍼부었다.

가문의 둘째인 살로몬 로스차일드는 파리에서 런던으로 돌아간 후 베어링가의 수단에 부러움과 함께 강한 적대감을 표시했다.

"베어링가의 사람들은 정말 무뢰한이다. 오늘 그(알렉산더 베어링을 일컬음-옮긴이)와 라피트는 부리나케 우리한테 달려와 함께 밥을 먹었다. …… 우리들은 그의 일거수일투족을 자세하게 관찰했다. 자신의 가문이 가진 영향력을 발휘하거나 조종하는 그의 행동은 우리와 거의 비슷했다. 파리의 주요 정계 인사들 대부분이 베어링가와 관계가 밀접했다. …… 파리 주재 러시아 대사 포소 디 보르고(Posso di Borgo)는 프랑스에 몸을 두고 있으면서 베어링가의 영향력 아래 일을 처리했다. …… 프랑스 재무부 장관과 베어링은 서로 결탁해 이익을 나눠 가지고 나쁜 일을 많이 저질렀다. 이 재무부 장관은 장관들 중에서 가장 탐욕스럽고 부끄러움을 모르는 놈이다."

이에 대해서는 제임스 로스차일드 역시 1817년 3월 살로몬에게 보낸 편지에서 솔직하게 인정한 바 있다.

"형님은 전에 베어링가를 너무 걱정하지 말라고 했습니다. 한 손으로 하늘을 가릴 수는 없으니까요. 그러나 형님은 그들이 얼마나 똑똑한지 모르십니다."

며칠 후 제임스 로스차일드는 베어링가의 사위 피에르 라부셰어를 만났다. 그는 이때 호프가의 실질적인 수장이 된 피에르 라부셰어가 선량하고 총명한 사람이라는 생각에 자신의 속내를 털어놓았다.

"나는 여태껏 그런 사람들을 본 적이 없습니다. 그들은 사업의 전문가이자 최고의 지혜를 지닌 사람들이더군요. 그러나 불행히도 그들이 엄청나게 강력한 힘을 가지게 되면서 다른 사람들이 생존할 수 없게 되었습니다."

로스차일드가는 끊임없는 노력 끝에 고작 5만 파운드의 액수이기는 했지만 1817년의 프랑스 공채 인수 과정에 참여할 수 있었다. 이때 베어링가는 인색하게도 "그 정도면 충분합니다"라는 입장을 공공연하게 밝혔다. 당시 베어링가의 최대 합작 파트너는 라피트 가문이었다.

제임스 로스차일드는 자크 라피트를 직접 찾아간 적이 있었다. 그가 살로몬에게 보낸 편지에 이에 대한 얘기가 나온다.

"그는 나에게 다음 번 정부 공채를 인수할 때는 우리를 절대로 배제하지 않겠다고 분명히 약속했습니다. …… 그러나 나는 그 프랑스 놈의 입에서 나온 말들을 믿지 않았습니다."

몇 개월 후에는 알렉산더 베어링이 로스차일드가를 직접 방문하여 베어링-호프 컨소시엄과 똑같은 액수의 프랑스 국채 인수 사업권을 주겠다고 슬쩍 제안했다. 그러나 그해 연말에 베어링가는 무수히 많은 구실을 붙여 로스차일드가에 했던 제안을 완곡하게 거절했다.

"만약 우리의 파트너인 라부셰어가 동의한다면 우리는 이 프랑스 공채 사업을 당신들에게 나눠주겠습니다. 하지만 라부셰어는 자신이 구세주보다도 더 위대하다고 생각하고 있습니다. 그는 이 공채 인수를 독자적으로 처리하기를 원합니다."

베어링가는 로스차일드가와 자신들의 사업 파트너인 라피트가와의 합작에 일찍이 동의한 적이 있다. 그러나 이때도 그들은 바로 생각을 바꿨다. 자신들의 사업 파트너에게 "우리 허가 없이 절대 유대인과 합작할 수 없다"라는 반유대주의 발언을 서슴지 않았다. 로스차일드가는 이 소식을 듣고 이를 악물며 베어링-호프 컨소시엄에 저항할 동맹을 반드시 결성하여 베어링가의 금융 패권에 도전하겠다고 마음먹었다.

베어링과 로스차일드가의 문서에서 쌍방에 대한 태도가 어떠했는지를 보여주는 편지들을 찾을 수 있다. 그중 로스차일드가는 베어링가를 "한 입으로 두말하고 과대망상에 빠진 인간들"이라고 묘사했다. 또 베어링가는 로스차일드가를 '속임수'를 잘 쓰고 '악독'하다고 혹평했다. 이런 상호 비난은 최소한 어느 정도는 객관적이라고 할 수 있다.

1818년 5월 30일, 베어링과 호프가는 2억 6,500만 프랑의 프랑스 채권 인수 사업권을 획득했다. 이들은 이중 2,000만 프랑의 사업권을 라피트가에게 분배했으며, 그동안 합작 사업에서 철저하게 배제했던 로스차일드가에게도 1,000만 프랑의 사업권을 나눠주었다. 같은 해 베어링-호프 컨소시엄은 300만 파운드에 이르는 오스트리아 정부의 공채도 인수했다. 이때 로스차일드가는 재정적인 지원을 요청받았으나 자신이 직접 융자해 줄 권리를 얻지는 못했다. 제임스 로스차일드는 이렇게 원망했다.

"이 인간들은 믿기 어려울 정도로 오만함을 가지고 있다. 나는 어제 내무부 장관의 집무실에서 베스트만과 얘기를 나누고 있었다. 이때 라부셰어가 바로 내 옆을 지나갔는데, '굿 이브닝'이라는 인사조차 건네지 않았다……."

이때부터 제임스 로스차일드의 뇌리에서 라부셰어가 '좋은 사람'이라는 인상은 완전히 사라져버렸다.

로스차일드가의 넷째인 카를은 당시 베를린에 있었다. 그는 형제들과 달리 흥분을 가라앉히고 냉정한 평가를 내렸다.

"우선 우리는 유대인이다. 다음으로 우리는 타고난 백만장자가 아니다. 마지막으로 우리는 베어링가와 치열한 경쟁을 벌이고 있다. 이 상황에서 왜 그들에게 좋은 친구가 되어달라고 요구하는가?"

누구의 잘잘못을 떠나 1818년 로스차일드가의 분노는 극에 달해 있었다. 베어링가는 결국 두렵기 이를 데 없는 강력한 적을 스스로 만들고야 말았다. 로스차일드가는 드디어 보복에 나서기 시작했다.

모략을 확정한 다음 행동을 개시하다: 로스차일드, 마침내 패주가 되다

1818년 로스차일드가에게 가장 중요했던 일은 어떻게 하면 베어링가에 가장 뼈아픈 한 방을 먹이느냐 하는 것이었다. 당연히 로스차일드가는 경쟁자에게 치명적인 한 방을 날릴 만한 완숙한 능력을 보유하고 있었다.

그들의 방법은 우선 베어링가가 대리로 나서 발행한 프랑스 공채를 대량으로 구입하여 공채 가격을 천정부지로 올리는 것이었다. 뒤이어 아헨 동맹국 정상회담이 개최되는 결정적인 순간을 틈타 갑자기 시장에 이 공채를 대량으로 팔아치우자 공채 가격은 급락하기 시작했다. 시장은 순식간에 공황 상태로 돌변했다. 이때 아무 준비도 없었던 베어링가는 가격 안정을 위해 마지못해 이 공채를 대량으로 사들였다. 하지만 결과는 상황 개선에 전혀 도움이 되지 않았다. 현금 유동성이 악화된 베어링가는 도산을 걱정해야 했다.

다행히 아헨 정상회담에 참석한 각국 지도자들은 프랑스 공채가 대폭락하여 유럽 전체 국면에 악영향을 미칠까 염려했다. 이에 메테르니히, 프로이센과 러시아의 친왕, 수상들은 너도나도 나서서 베어링가를 지지한다는 입장을 표명했다. 하지만 이들이 지지를 밝힌 진짜 이유는 개인 재산이 모두 베어링가가 대리 발행한 프랑스 공채에 투입되었기 때문이다. 공적이든 사적이든 베어링가와 프랑스 공채를 지원하지 않으면 안 되는 상황이었다. 여기에 프랑스은행이 다시 과감하게 나서서 금융시장 안정 조치를 취하고 시장의 투매를 막았다. 그제야 비로소 상황이 안정돼 프랑스 공채 가격은 서서히 상승하기 시작했다.

가까스로 화를 면한 베어링가는 서늘해진 가슴을 쓸어내렸다. 이런 과거의 일을 회상해 보면, 최근의 리먼(Lehman) 브러더스가 과연 누구의 암수에 의해 쓰러졌는지 알 수 없다는 게 안타까울 뿐이다.

그러나 이는 로스차일드가의 작은 시험이었을 뿐이다. 이들의 진정한 전략적 계산은 따로 있었다. 베어링-호프 컨소시엄이 프랑스의 전쟁 배상금 마련을 위한 공채 인수권을 독점하고 있었으므로 그들이 노린 것은 바로 러시아, 프로이센, 오스트리아의 3국 '신성동맹'의 금융 대리인이 되는 것이었다. 이 유럽 3대 제국을 온전하게 자신의 금융 네트워크로 끌어들인 다음 영국 공채 시장에서 우위를 점하고 있는 로스차일드가의 세력과 결합한다면, 동서 양쪽에서 베어링가의 금융 네트워크에 치명적인 타격을 가할 수 있었다. 그리고 마침내 베어링가를 유럽 금융 무대의 중심에서 완전히 몰아내는 것도 가능했다.

25년에 걸친 장구한 반 프랑스 전쟁으로 인해 유럽 각국은 국민들이 가난한 것은 기본이고 국가 재정이 텅텅 비었으며 곳곳이 폐허로 변해버렸다. 어떻게 해서든 대량의 자금을 마련해 국민경제를 회복시키는 것이 시급한 과제가 되었다. 반 프랑스 전쟁의 주력군이자 주요 전장이었던 프로이센과 오스트리아, 러시아 3국 역시 예외가 아니었다. 모두들 영국과 프랑스의 발달된 금융시장에서 대규모의 자금을 융통해야 했다.

몇 년 후 벤저민 디즈레일리 영국 수상은 당시 상황을 "25년 동안에 걸친 피비린내 나는 전쟁으로 유럽 각국은 자금을 융통해 평화를 유지해야만 했다. …… 프랑스는 많은 돈이 필요했고, 오스트리아는 더 많은 돈을 필요로 했다. 프로이센은 다소 적은 자금을 필요로 했으나 러시아는 수백만 파운드가 필요했다"라고 묘사했다. 당시 유럽의 '6대 권력' 중 하나였던 베어링가는 모든 정력과 재력을 프랑스 공채에 쏟아부어 다른 것을 돌아볼 여력이 없었다. 로스차일드가는 이 중요한 시기에 과감하게 행동을 개시해 프로이센(1818년), 오스트리아(1820년), 러시아(1822년)와 연이어 거액의 국채 대리 발행 계약을 맺었다.

이를 통해 로스차일드가는 한때 유럽을 거머쥐었던 막강한 파워의

'신성동맹'을 자신들의 금융 네트워크로 편입시켰다. 이들 3개국을 등에 업은 로스차일드가의 런던 금융시장 장악력은 사람들의 찬탄을 들을 정도였다.

"로스차일드가가 런던에서 행한 모든 금융 사업은 사람들이 믿기 어려울 정도로 영향력을 미쳤다. 사람들은 모두 그들이 런던 금융 타운에서 융자 및 환전의 이율 결정을 완전히 장악했다는 사실을 인정했다. 은행 가문인 그들이 장악한 권력은 거의 무소불위라고 해도 좋았다."

'신성동맹' 3국에 대한 로스차일드가의 영향력은 매우 컸고 관계도 대단히 좋았다. 그래서 사람들은 네이선 로스차일드가 '신성동맹'의 '보험 매니저'가 되어 이들 3국이 유럽 '정치의 불(자유주의의 물결)'을 박살내는 데 도움을 줬다고 비난했다. 네이선은 1821년에 심지어 살해 협박 편지를 받기도 했다. "그와 외국의 강력한 권력과의 연계, 특히 오스트리아(메테르니히)에 대한 적극적 지지는 그 정부(메테르니히)로 하여금 전 유럽의 자유를 진압하게 만들었다"라는 비난을 공연히 들은 것이 아니었다.

로스차일드가의 세력 확장은 자연스럽게 베어링가의 세력 위축으로 이어졌다. 이런 결정적인 순간에 베어링가 전체의 사업적 소양과 진취적 정신마저 퇴색하는 상황이 도래했다. 가문의 주요 멤버들은 정치에 눈을 돌린 것도 모자라 문학과 예술을 비롯한 다른 취미 생활에 빠져들어 음주가무와 여색, 애완동물 기르기 등이 이들의 일상생활이 되어버렸다. 가문의 핵심 인물인 알렉산더 베어링도 갈수록 사업은 내팽개치고 방종한 생활과 예술에 심취했으며, 하원에서의 정치 투쟁에 주력했다. 베어링가는 유대인 가문이 아니었기 때문에 전통적으로 반

유대 세력이 장악하고 있던 유럽 정계에서 정치적인 기회를 많이 가질 수 있었다. 이로 인해 그들이 적극적으로 정치 투쟁에 나서면서 금융 사업은 상대적으로 소홀히 하게 되었다.

더구나 베어링가는 투자 방향을 잘못 잡는 실수를 범했다. 우선 이들은 부동산에 너무 많은 투자를 했다. 여기에 너무 깊이 빠져들어 은행의 자기자본까지 끌어들였다. 결국 1821년에 62만 2,000파운드에 이르렀던 투자 은행 사업과 관련한 자기자본금이 수년 사이에 무려 3분의 1 전후로 줄어들었다. 풍부한 자금과 광범위하게 퍼진 지점 네트워크로 투자 은행 사업을 더욱 넓혀나간 로스차일드가와는 완전히 반대의 길을 걸었다. 이 와중에 라틴 아메리카 투자 사업마저 줄줄이 쓴맛을 보게 되면서 베어링가의 금융 실력은 급속도로 쇠약해졌다.

자기자본(owner's capital)
기업의 자본 중에서 출자의 원천에 따라 출자자에 귀속되는 자본 부분.

이때 주목할 만한 새로운 추세가 나타났는데, 1809년에서 1939년 사이에 전 세계에서 자기자본이 100만 파운드가 넘는 31개 투자 은행 가문 중 유대계가 24개나 차지했다는 사실이다. 반면 영국 국교를 믿는 가문은 4개로 12.9%에 불과했다. 베어링가는 그 4개 중 하나였다.

이들 유대계 은행 가문은 19세기에 독일에서 본격적으로 두각을 나타냈다. 이어 로스차일드가를 필두로 빠른 속도로 세계에 퍼져나갔다. 지역별로 보면 영국의 랑제, 독일의 오펜하임, 멘델스존, 블라이흐뢰더, 바르부르크, 에어랑거, 프랑스의 풀드, 하이네, 벨레, 웜스, 스턴가 등을 꼽을 수 있었다. 또 미국에는 벨몬트, 셀리그먼, 시프, 바르부르크, 리먼, 쿤(Kuhn), 뢰브(Loeb), 골드만(Goldman)가 등이 건너가 활약했다. 이들의 특징은 무엇보다 군대처럼 집단을 이루는 걸 좋아했다. 서로 경쟁하는가 하면 통혼 역시 마다하지 않았고, 이익을 폐쇄적으로 공유하여 점차 방대하면서도 촘촘한 금융 네트워크를 구축해 나갔다. 외부인은 이 네트워크에 들어가는 것이 갈수록 어려워졌다. 유대계 은행들이 장악한 이 거대한 바다에서 베어링가가 얻을 수 있었던 사업 기회는 당연히 줄어들 수밖에 없었다.

한쪽이 망하면 다른 한쪽이 흥하는 것처럼, 베어링가의 쇠락은 상승기류를 타고 있던 로스차일드가에게 절호의 기회를 제공했다. 그들은 이 기회를 꽉 잡고 놓지 않았다. 우선 1822년에 러시아가 발행한 650만 파운드의 공채를 일거에 인수했다. 이전만 해도 러시아 정부의 공채 발행 관련 사업은 모조리 베어링-호프 컨소시엄이 도맡았었다. 이때 베어링-호프 컨소시엄은 로스차일드가가 런던 주재 러시아 대사인 레빈 친왕에게 뇌물을 주고 공채 발행 사업 계약을 따냈다고 강도 높게 비난했다.

1824년에는 프랑스가 국채 발행을 준비하고 있었다. 이때 로스차일드가와 베어링가는 주객이 완전히 전도되어 로스차일드가가 이 사업을 주도했다. 반면 베어링가는 더 이상 이전처럼 모든 사업을 결정하는 주도 세력이 아니라 단순한 사업 참여자에 지나지 않았다. 파리에 있던 제임스 로스차일드는 곧 런던 등의 형제들을 비롯해 프랑스 수상, 베어링가, 라피트 등을 불러 회의를 열고 국채 발행과 관련한 계획을 새롭게 짜자고 제안했다. 이때 제임스 로스차일드와 라피트는 베어링가의 의도를 극도로 불신했다. 이에 제임스는 라피트와의 협의를 통해 "만약 베어링가가 퇴출되면 우리 두 가문이 프랑스 국채 발행 업무를 도맡아 처리한다"라는 보충 조항을 마련했다. 결국 베어링가는 핵심 사업자 그룹에서 배제되는 횡액을 당했다. 베어링가의 파트너는 정치 소용돌이에 푹 빠져 있던 알렉산더 베어링에게 다음과 같은 편지를 보냈다.

"전체적으로 말해 로스차일드가는 주도면밀하고 대단히 총명하게 일을 처리합니다. 수단 역시 노련합니다. 그러나 자세히 보면 전쟁 때의 나폴레옹과 크게 다를 바 없습니다. 만약 돌발 상황이 일어나면 그들도 다른 사람들과 마찬가지로 추락하게 될 것입니다. 지금 우리가 그들의 손아귀에서 빠져나올 수 있기를 바랍니다."

1825년에 접어들면서 상황이 더욱 분명해졌다. 로스차일드가는 이미 두말이 필요 없는 국제 금융계의 새로운 패주로 확실히 올라섰다. 그해 이들의 런던 지점 자본금은 114만 파운드에 이르렀으나 베어링가의 자본금은 절반에도 못 미치는 49만 파운드에 불과했다. 그리고 로스차일드 전체 가문의 자본금은 무려 500만 파운드 이상이었다.

1825년 7월에 베어링스은행은 배당을 비롯한 수입이 12만 파운드였으나 1년 뒤 오히려 5만 6,000파운드의 손실을 기록했다. 이로써 베어링가는 업계 2위 자리마저 빼앗길 위기에 직면했다. 장부상의 자본금 액수는 여전히 로스차일드를 제외한 다른 모든 은행들보다 많았으나 미국의 볼티모어, 뉴욕, 보스턴이 근거지이던 브라운 브러더스(Brown Brothers)에게 맹추격을 당하고 있었다. 그들은 눈부신 속도로 발전을 이뤄 35만 파운드의 자본금을 축적했고, 자본금 증가 속도는 이미 베어링가를 넘어섰다. 베어링가는 힘겹게 2위 자리를 지키며 거액의 신용 대출이나 융자 사업 및 국제 관계 분야에서 여전히 중요한 역할을 수행했다. 그러나 무대의 주역은 이미 로스차일드가로 바뀌어 있었다.

금융가와 정치가

> 정치와 금융은 원래부터 손에 손을 잡고 움직였다. 이는 의심의 여지가 없다.
>
> _로스차일드12

19세기 중엽 이후 로스차일드가는 세계 금융계 패주로서의 지위를 공고히 함과 동시에 권력의 정점을 향해 치닫기 시작하면서 정계에서 그들의 영향력과 역할은 시간이 갈수록 더욱 확고해졌다. 각국 수뇌를 비롯한 정계 요인들과 긴밀한 관계를 맺고 국정 대사의 결정과 시행에 광범위하게 참여했다. 무대 위에 올라가지 않은 채 막후에서 고문 역할을 하다가 점차 각 당파나 정계 세력들이 무시하기 어려운 신생 권력으로 변모해 갔다. 심지어는 모두들 끌어들이고 싶어 안달하는 중요한 상대가 되었다.

누구보다도 이런 현실을 꿰뚫고 있었던 영국 자유당 당수인 그랜빌(Granville) 백작은 여왕에게 이렇게 말했다.

"로스차일드가는 특수 계층을 대표합니다. 그들은 엄청난 재산과 출중한 머리, 어디에도 없는 곳이 없는 인맥, 하원의 수많은 의원들에게 발휘하는 무시하기 어려운 영향력 등을 가지고 있습니다. 그러므로 그들을 빨리 귀족층으로 받아들이는 것이 좋습니다. 그들이 보수당 진영에 합류하는 것을 막아야 합니다."

로스차일드가는 디즈레일리 수상과도 밀접한 관계를 맺고 있었다. 그가 수상으로 당선되는 데 로스차일드가의 재력이 배후에서 상당한 힘이 되어주었다. 디즈레일리는 수차례에 걸쳐 로스차일드가와 다른 유대계 부호들의 자유당에 대한 충성을 극찬했다. 그래서 그의 집권 기간 중에 영국 정부의 해외 확장과 유대인들의 시오니즘에 대한 지지가 역사상 최고조에 이르기도 했다. 로스차일드가와 디즈레일리 수상은 서로를 "가장 친애하는 친구"나 "우리 가문이 가장 좋아하고 신뢰하는 친구"라고 불렀다.

시오니즘(Zionism)
팔레스타인에 유대 민족 국가를 건설하는 것을 목표로 한 운동.

사실 디즈레일리도 유대인이었으며, 영국 정부에서 정치인으로 일한 기간이 무려 30년에 달했다. 그는 1838년에 로스차일드가를 알게 된 이후 로스차일드가와 친한 친구 사이가 되었다. 이 인연 덕에 그는 1848년 처음으로 수상에 당선되었다. 1846년에는 라이오넬 로스차일드의 도움으로 프랑스 철도에 투자하는 기회를 얻기도 했다. 그는 뛰어난 자질을 갖춘 정치가이자 많은 작품을 남긴 문인이었다. 그러나 이재에는 밝지 못해 항상 빚에 쪼들렸다. 다행히 이때 라이오넬의 도움으로 1846년에만 5,000파운드가 넘는 빚을 갚을 수 있었다.

항간에는 디즈레일리의 경제 사정이 너무 안 좋아 빚에 허덕거렸으나 로스차일드가가 재정적인 도움을 줘 해결했다는 소문이 돌았다. 로스차일드가는 이를 정식으로 부인하며 명세서까지 공개했다. 수상 자신의 수입이 있었을 뿐 아니라 문학 작품의 원고료만 해도 만만치 않아 빚을 갚는 데 어려움이 없었다는 설명인 셈이었다.

디즈레일리 수상과 부인 매리엔은 안타깝게도 슬하에 자식이 없어서 로스차일드가의 다섯 아이를 자기 자식처럼 생각했다. 그들은 휴일이면 로스차일드가를 찾아 함께 보내곤 했다. 1845년 여름, 매리엔은

벤저민 디즈레일리 영국 수상

로스차일드가의 여섯 살 난 딸 이블린을 재산을 물려줄 유일한 상속인으로 선포했다. 이블린의 어머니는 당연히 이런 과분한 은혜에 깜짝 놀라 극구 사양했다. 그러나 매리엔은 이미 "우리는 일찍부터 한 가족이었어요. 나는 가장 좋아하는 나비 모양의 브로치를 이블린의 가슴에 달아주고 싶어요"라는 유서를 써놓은 상태였다. 정말로 평범하게 볼 수 있는 일반적인 교유가 아니었다.

디즈레일리는 열렬한 유대교 신자로 라이오넬 로스차일드와는 신앙 면에서도 상당히 의기가 통했다. 그래서 두 사람은 셀 수 없을 만큼의 진지한 대화를 통해 정치와 국사에 대한 생각을 공유하게 되었다.

이들의 관계는 디즈레일리의 가장 유명한 소설인 《커닝스비》에서도 잘 드러나 있다. 남자 주인공은 꼭 디즈레일리와 라이오넬 로스차일드를 합쳐놓은 인물로, 주인공의 출신이나 직업, 종교, 개성, 심지어는 얼굴 생김새까지 완전히 라이오넬 로스차일드와 판박이였다.[13]

영국에는 디즈레일리 외에도 로스차일드가와 밀접한 관계를 맺은 수상이 또 있었다. 바로 로즈버리 백작이었다. 그는 해나 로스차일드와 결혼하여 아예 로스차일드가의 사위가 되었다. 1884년 로즈버리는 영국 외무부 장관으로 임명됐다. 이때 로스차일드가의 런던은행은 막 발행한 이집트 대출 채권 중에서 5만 파운드를 그에게 사용하도록 했다. 이 돈은 바로 해나 로스차일드의 계좌로 입금됐다. 로스차일드가는 점점 전 세계적인 대사에서부터 나랏일, 집안일까지 손을 대지 않는 일 없이 마음대로 주무르기 시작했다.

영국은 1865년부터 1914년까지 총 40억 파운드의 각국 채권을 발행했다. 로스차일드가는 정계와의 관계가 돈독했기 때문에 이 중의 약 4분의 1을 처리하는 기염을 토했다. 이들보다 앞서 출현한 베어링스 은행, 이후의 모건 그룹 및 같은 시기의 미국 셀리그먼가 등은 죽어라고 뛰어봐야 그림자도 쫓아가지 못했다. 세계 금융시장에서 로스차일드가의 패주 지위는 요지부동 그 자체였다.

정치가들에게 전쟁은 말할 것도 없이 비싼 대가를 지불해야 하는 것이다. 1899년 폴란드의 작가 겸 은행가인 이반 블로치는 이를 수치로 계산한 바 있다. 결과는 유럽 주요 국가들 사이의 전쟁 비용이 대략 매일 400만 파운드 정도에 이르는 것으로 나왔다. 1902년 영국의 저명한 경제학자 존 홉슨(John Hobson)은 "로스차일드은행 및 그들과 관계를 맺고 있는 사람들이 반대한다면 전쟁을 일으킬 수 있는 유럽 국가는 하나도 없다"라고 말할 정도였다.[14]

수에즈 운하: 전광석화 같은 로스차일드의 금융 작전

영국의 입장에서 볼 때, 대서양에서 자국의 최대 해외 식민지인 인도로 가는 최상의 코스는 지브롤터 해협에서 몰타와 이집트를 거쳐 다시 인도로 가는 길이었다. 한마디로 이 코스는 영국에게 어떤 도전도 용납이 안 되는 '제국의 생명선'이었다.

해양 제국인 영국은 해군에 주로 의지해야 했다. 또 해군은 당연히 견고한 해외 기지에 의존할 수밖에 없었다. 19세기는 영국 해군의 전성기로 완벽한 해군 기지를 이미 곳곳에 구축해 놓고 있었다. 대서양에는 캐나다의 핼리팩스와 버뮤다, 인도양에는 봄베이와 트링코말리, 또 태평양에는 홍콩과 캐나다 서안의 에스키몰트, 홍해에는 아덴 항이 있었다. 이들 해군 기지는 각 대양의 가장 중요한 길목에 자리하면서 전 세계의 중요한 해상 운수를 완벽하게 장악하고 있었다. 그런데 이집트의 수에즈는 영국이 해외의 최대 식민지인 인도로 가려면 반드시 통과해야 하는 요지였으나 묘하게도 제국의 생명선 중에서 가장 취약했다.

이집트는 1801년 나폴레옹을 쫓아냈다. 이어 무함마드 알리가 1805년에 정권을 잡고 아라비아인의 제국을 건설했다. 그러나 1840년에 런던조약을 강요당하면서 반식민지의 길로 들어서고 말았다. 또 알리 왕조의 아바스 1세 통치 기간(1849~1854년)에는 서방 식민 세력의 침략을 받았다.

1851년 영국은 알렉산더에서 수에즈 사이를 운행하는 철도 건설 특권을 획득했다. 프랑스 역시 1854년에 수에즈 운하의 건설과 조차에 대한 계약을 체결하는 성과를 올렸다. 그리고 1869년에 프랑스의 기술자인 페르디낭 드 레셉스가 프랑스 자본의 적극적인 지원을 등에 업고 유명한 수에즈 운하를 완공했다. 이때부터 지중해와 홍해는 완전히 한몸이 되어 대서양에서 인도양으로 가는 거리를 크게 단축시키며 대단히 중요한 전략적 가치를 지닌 황금 바닷길이 되었다. 매년 운하를 통과하는 선박의 70%가 영국 함대였으며, 영국과 인도 무역의

50%가 이 수에즈 운하를 통해 이뤄졌다. 비스마르크가 수에즈 운하를 '대영제국의 척추'로 불렀던 것은 결코 지나친 말이 아니었다.

그러나 이 제국의 척추는 최대 라이벌인 프랑스에 의해 끊길 가능성이 언제나 상존했다. 이 때문에 영국인들은 발 뻗고 편히 잠을 이루지 못했다.

디즈레일리 영국 수상은 정권을 잡은 후 친구인 라이오넬 로스차일드에게 프랑스가 수에즈 운하를 팔 생각이 없는지 알아보라는 임무를 부여했다. 프랑스 정부는 이 제안을 일언지하에 거절했다.

1875년 11월 14일, 이날은 마침 일요일이었다. 디즈레일리 수상은 다시 라이오넬을 방문했다. 두 사람이 환담을 나누고 있을 때, 로스차일드가의 전령사가 가문의 파리 지점에서 날아온 편지 한 통을 가지고 들어왔다. 라이오넬은 편지를 읽은 후 디즈레일리에게 말했다.

"이집트 총독이 부채 문제로 피곤한 모양입니다. 17만 7,000주에 이르는 수에즈 운하 주식을 급하게 처분할 것이라고 하네요. 그는 우선 프랑스 정부에 이 제의를 했습니다. 그러나 프랑스 정부가 제시한 지분의 최고 가격과 반응 속도에 상당히 불만을 품고 있습니다. 그는 신속하게 이 일을 처리하려는 게 분명합니다."

디즈레일리와 라이오넬은 거의 동시에 절호의 찬스가 왔다고 생각했다. 둘은 한참을 골똘히 고민하더니 디즈레일리가 침묵을 깼다.

"얼마나 한답니까?"

라이오넬은 즉각 전보를 파리에 보내 수에즈 운하 쪽이 제시한 가격을 물었다. 초조하게 기다리던 디즈레일리는 '런던에서 가장 맛있는' 로스차일드가의 저녁을 먹을 생각조차 하지 못했다. 브랜디를 한

잔 하고 있을 때, 파리의 로스차일드가에서 연락이 날아왔다. 주식 가격이 400만 파운드라는 전언이었다. 디즈레일리는 지체하지 않고 "우리가 반드시 운하를 잡아야 합니다"라고 라이오넬을 다그쳤다. 그러나 라이오넬은 분명한 생각을 얼굴에 드러내지 않았다. 그는 이 정보가 정확한지 다시 알아볼 필요가 있었다. 정보가 틀림이 없다는 사실은 월요일 오전에 밝혀졌다.

이때 이들에게 시급했던 일은 다른 나라들이 반응을 보이기 전에 즉각 이 거래를 끝내는 것이었다. 그러자면 손을 빨리 쓰는 동시에 고도의 보안을 유지해야 했다. 그러나 당시 의회는 휴회 중이어서 다시 의회를 소집해 지루한 토론을 벌일 시간이 없었다. 그렇다고 디즈레일리 수상이 잉글랜드은행을 찾아갈 수도 없었다. 할머니(잉글랜드은행)의 반응이 너무 느려 터졌고, 그렇게 많은 현금을 가지고 있을 가능성도 없었다. 더구나 잉글랜드은행은 법률상 의회가 휴회 중일 때 정부에 대출을 해줄 수가 없었다. 주식제 은행도 대안은 아니었다. 그들이 대출을 해주기 위해서는 일단 이사회를 소집한 다음 영국 신사처럼 천천히 토론을 진행할 게 뻔했다. 금융시장에서 자금을 모집한다면 짧은 시간 안에 그렇게 많은 돈을 확보하기 어려운 데다가 상황이 금방 알려져 소문이 날 확률이 높았다. 결국 로스차일드가만이 이 일을 감당할 수 있었다.

디즈레일리는 즉각 내각의 장관 회의를 소집해 로스차일드가에게 자금을 빌리는 의제를 발의했다. 디즈레일리는 이때 내각 회의실 밖에 자신이 가장 신임하는 수석 개인 비서를 대기시켜 놓고 있었다. 이어 회의에서 의제가 통과하자 즉각 밖으로 얼굴을 내밀고 "예스!"라고 외쳤다. 비서는 부리나케 문 앞에 대기하고 있던 마차에 올라타고 라이오넬 로스차일드의 집으로 내달렸다. 비서는 라이오넬을 보자마자 숨을 헐떡거리면서 말했다.

"수상께서 내일까지 400만 파운드를 필요로 하십니다."

하지만 라이오넬은 전혀 서두르지 않은 채 앞의 포도를 천천히 집어먹고 포도 껍질을 뱉은 다음 담담하게 물었다.

"수상은 무엇을 담보로 맡기신답니까?"

"영국 정부입니다."

"좋습니다. 곧 돈을 받으실 수 있을 겁니다."

디즈레일리는 여왕에게 보고할 때 흥분과 격한 감정을 감출 수 없었다.

"이번에 프랑스가 우리에게 졌습니다. 그들은 희망이 없습니다. 400만 파운드입니다! 이 큰돈을 바로 내놓아야 합니다! 이 일을 할 수 있는 은행은 오로지 하나밖에 없습니다. 로스차일드가입니다!"[15]

로스차일드가가 이처럼 화끈하고 결연하게 금고를 연 것은 당연히 의로운 일을 보고 용감하게 실천하려 했기 때문이 아니었다. 만약 투자 수익률이 자신들의 목표에 이르지 않았다면 영국 정부가 아니라 여왕을 담보로 잡혔더라도 흔쾌히 나서지 않았을 것이다. 라이오넬 로스차일드의 입에서 단 한마디로 오케이라는 단어를 끌어낸 것은 바로 이율이었다. 이때 이자는 3개월에 15만 파운드로, 연 이율이 15%에 달했다. 이는 아무런 위험도 없는 시원스러운 투자였다!

더구나 로스차일드가의 의중은 돈에만 있지 않았다. 이들은 수에즈 운하 구매에 대한 재정적인 융자를 통해 정치적인 입지를 한 단계 업

그레이드시키려고 영국의 내정과 외교의 결정권을 가진 핵심 계층에 더욱 가까이 다가가 관계를 보다 돈독히 하고자 했다. 로스차일드가가 400만 파운드를 내놓은 다음 영국과 이집트의 외교 정책 및 사무에 대한 발언권이 강화되어 말만 했다 하면 바로 먹혀들었다. 이 대출로 전략적 전기를 맞은 로스차일드가는 영국 공공 정책 및 사무에 대한 영향력과 참여 등이 '정치 우선'을 모토로 내걸었던 베어링스은행을 뛰어넘기 시작했다.

영국이 이처럼 열정적으로 수에즈 운하 인수 프로젝트에 나선 이유는 이집트의 정치와 경제를 전면적으로 통제할 필요성을 느꼈기 때문이다. 이에 따라 영국은 이집트에 깊숙이 침투해 세력을 넓혔다. 로스차일드은행 역시 순풍에 돛 단 듯 융자 사업을 이집트에서 본격적으로 전개했다. 1885년부터 1893년 사이에 로스차일드은행은 블라이흐뢰더가와 손을 잡고 로스차일드가의 런던과 파리, 프랑크푸르트 지점과 함께 이집트가 실시한 4건의 국채 발행 사업을 모조리 거머쥐었다. 총 액수만 해도 5,000만 파운드에 이르렀다.

로스차일드와 유대계 은행 가문들은 당시 '정치적 입장'에서는 보수당을 선택하면서, 더불어 자유당의 '제국주의'적인 해외 확장 정책을 적극적으로 지지했다. 영국이 19세기 말에 해외에서 세력을 적극적으로 확장하게 된 것은 바로 이런 유대 자본의 풍부한 금전적인 지원에 힘입은 바가 컸다. 또 로스차일드가를 핵심으로 하는 유대계 은행 가문들은 영국의 식민지 확장 정책을 적극 지원함으로써 거액의 경제적 이득을 얻을 수 있었다. 나아가 자신들의 '금 손가락'으로 전 세계의 금융 명맥을 쥘 수 있게 되었다.

숙적 베어링스은행에 구원의 손길을 내밀다

1880년대에 남미 대륙에는 막강한 군대가 출현하여 풍부한 광산 및 천연자원(브라질의 커피와 고무, 칠레의 인 및 동 광산, 아르헨티나의 철광)을 기반으로 눈부신 경제 발전을 이루었다. 그중 아르헨티나가 최강의 국력을 자랑하며 독보적인 존재로 떠올랐다. 베어링스은행을 필두로 한 영국 은행들은 이때 남미 각국의 채권을 대량으로 보유하고 있었다. 베어링스은행은 특히 아르헨티나의 채권을 가장 많이 가지고 있었고, 로스차일드가는 브라질에 호감을 보이고 있었다.

1888년 런던의 로스차일드가를 이끌던 네티 로스차일드는 "아르헨티나의 경제 발전은 너무 과열돼 있다", "아르헨티나의 실질 경제 성장은 이미 자신들의 부채 수준을 감당하기 어려운 상황이다"라는 등의 말로 아르헨티나에 대한 우려를 나타냈다. 나아가 그는 "아르헨티나의 자본 시장은 곧 붕괴할 것이다. 또 이 위기는 빠르게 다른 나라들로 확대될 것이다"라고 예언하기도 했다.

2년 후인 1890년 아르헨티나의 경제 거품이 그의 말대로 꺼지기 시작했다. 경제 위기가 곧 도래했고, 채권 가치는 눈사태가 난 듯 폭락을 거듭했다. 이때 가장 큰 피해를 입은 곳은 베어링스은행이었다. 아르헨티나의 채권 가치가 폭락한 데다가 설상가상으로 러시아 정부가 갑자기 베어링스은행에 저축해 놓은 대량의 자금을 인출해 간 것이다. 베어링스은행은 연달아 터진 사고에 중상을 입고 곧 현금 유동성 위기를 맞아 파산 직전에 내몰렸다.

잉글랜드은행은 즉각 베어링스은행 지원에 나서 대형 은행들에게 구원의 손길을 뻗어달라고 호소했다. 네티 로스차일드는 즉각 "만약 베어링스은행이 도산하면 런던의 대다수 금융기관들이 붕괴하고 말 것이다. 우리 모두 최선을 다해 재난 발생을 막겠다"라는 적극적인 어조로 이에 호응했다. 그는 베어링스은행의 위기가 시간이 갈수록 점점 현실로 나타나자, 1개월 사이에 두 차례나 파리 지점으로부터 200만 파운드의 자금과 100만 파운드의 황금을 긴급히 조달했다. 베어링스은행 위기에 휘말렸던 잉글랜드은행은 일단 자금 부족에서 겨우 한숨을 돌릴 수 있었다.

베어링스은행에 대한 지원은 시간 단위로 계획을 세워야 할 만큼 긴박했다. 잉글랜드은행은 모든 은행 책임자를 소집하여 지원 방안을 마련하라고 강력히 촉구했다. 이렇게 베어링가의 운명은 다시 한번 로스차일드가의 손에 들어가고 말았다. 그러나 네티 로스차일드는 긴급 회의가 수차례나 열렸는데도 선뜻 결정을 내리지 못했다. 그저 "다른 형제들의 의견을 들어봐야 한다"라는 원론적인 얘기만 되풀이했다. 런던 금융계의 거물인 커레이 은행이 베어링스은행 지원 계획에 동참하자, 잉글랜드은행은 더 이상 참지 못하고 "당신이 없더라도 우리는 (베어링스은행 구제하는 일을) 계속할 겁니다"라는 말로 네티 로스차일드를 압박했다. 네티는 내키지 않았으나 어쩔 수 없이 계획에 동참했다.

로스차일드은행과 커레이 은행이 앞장서자 다른 은행들도 경쟁적으로 베어링스은행 지원 자금을 내놓았다. 24시간의 지원 데드라인이 지났을 때, 구제 자금은 무려 1,000만 파운드에 이르렀으며 나중에는 1,700만 파운드까지 늘어났다.[16] 이로써 경각에 달린 베어링스은행의 목숨은 겨우 부지할 수 있었다.

베어링스은행이 위기에 직면한 1890년에 보여준 로스차일드가의 행동과 관련해 사학계는 세 가지 의문을 제기했다. 첫째는 이 위기에 이른바 '유대인의 손가락'이 결정적인 역할을 하지 않았을까 하는 의문이다. 주지하다시피 로스차일드가와 베어링가는 유럽 금융계의 지존이자 서로 불구대천의 원수 내지 강력한 경쟁 상대이기도 했다. 심지어 네티 로스차일드는 2년 전 베어링가가 직면할 위기를 예언하기도 했다. 혹시 그가 베어링가를 겨냥하고 방아쇠를 당긴 것이 아닐까? 다음은 도대체 무엇이 네티 로스차일드로 하여금 마지막에 베어링가를 지원하는 대열의 선두에 서게 만들었을까 하는 의문이다. 마지막으로 왜 로스차일드은행은 베어링스은행이 당한 액운을 맞지 않았을까 하는 의문이다.

앞의 두 문제에 대해서는 로스차일드은행의 파리 지점을 책임지고 있던 알폰스 로스차일드가 일찍이 다음과 같이 분석한 바 있다.

"베어링스은행은 실질적으로 전체 영국의 산업 및 경제의 신용을 웅변해 주는 주춧돌이었다. 일단 베어링스은행이 도산하면 전 세계에서 영국의 신용이 심각한 타격을 받을 수밖에 없다. 로스차일드은행은 최종적으로 자신의 이익을 보호하는 각도에서 전력을 다해 베어링스은행을 지원하는 결정을 내렸다."

마지막 의문에 대해서도 별로 어렵지 않게 답을 구할 수 있다. 로스차일드가가 일찍이 적극적으로 이에 대해 밝힌 적이 있었다.

"우리가 보유한 채권의 상당수는 아르헨티나가 아니라 브라질에 있었다. 아르헨티나 위기가 전 남미를 뒤덮었지만 우리는 그 전에 이미 브라질 채권 대부분을 매각해 버렸다. 1886년에 브라질 채권은 우리

은행 자산의 고작 2.4%에 지나지 않았다. 이외에 우리 은행의 자산과 부채 상황은 베어링스은행보다 훨씬 좋았다. 남미 경제의 거품이 가장 극심했을 때에도 우리 가문은 시종일관 정신이 깨어 있었다. 냉정을 차리고서 부채를 너무 높게 가져가지 않았다. 그러나 잔뜩 열이 올라 있었던 베어링스은행은 너무나 지나친 모험을 했다."

어쨌거나 베어링스은행은 마지막 순간에 목숨을 건졌다. 그러나 오랫동안 간당간당 목숨을 유지하면서 더 이상 과거 영광을 재현하지 못했다. 로스차일드가의 오랜 숙적은 드디어 물 밑으로 가라앉고 말았다.

베어링스은행은 1995년에 27세의 젊은 트레이더인 닉 리슨(Nick Leeson)에 의해 철저하게 망가지는 운명을 맞이했다.

황금의 지배

19세기 말과 20세기 초에 영국이 대규모로 자본을 수출할 수 있었던 것은 전 세계화폐 시스템의 발전에 절대적인 도움을 받았기 때문이다. 1870년대에 세계화폐 시스템은 금은 양본위 체제에서 금본위 체제로 완전히 전환되었고, 영국 파운드가 세계 기축통화로 자리매김했다. 로스차일드가가 이 결정적인 전환기에 수행한 역할에 대해서는 줄곧 저평가되어 왔다.

로스차일드가는 19세기의 마지막 20년 동안 금광 개발 사업에 특히 관심을 보여 빠른 속도로 이익을 올렸다. 그들이 이 기간에 외국 채권 대부분을 금본위 제도를 채택한 국가에서 발행한 것은 이런 현실과 깊은 관계가 있었다.

로스차일드가와 이들의 미국 내 대리인인 아우구스트 벨몬트(August Belmont) 및 셀리그먼가는 미국 남북전쟁이 막을 내린 후 미국에 일정한 영향력을 행사했다. 미국이 링컨 시대의 그린백을 폐지하고 다시 황금을 화폐로 사용하는 결정을 내리는 데 크게 영향을 미친 것이다.

1874년 가을 로스차일드의 런던은행은 뉴욕의 유대계 은행 가문인 요제프 셀리그먼(Joseph Seligman)과 손을 잡고 5,500만 달러의 미국 국채를 인수했다. 이후 모건 그룹과 뉴욕 제1국민은행(First National Bank of New York)도 이에 가입하여 2,500만 달러의 국채를 발행했는데, 로스차일드가가 이중 55%를 인수했다. 1873년에서 1877년까지 로스차일드가는 뉴욕 월스트리트의 은행 가문들과 함께 총 2억 6,700만 달러의 미국 국채를 발행했다. 이들 대출은 당연히 미국의 금융시장을 안정시키는 중요한 역할을 했다. 더불어 미국이 훗날 금본위 제도를 채택하는 데 기초가 되었다.[17]

그러나 1877년 10월 미국은 45차 의회 회의에서 다시 은화를 법정 유통 화폐로 사용한다는 내용의 법안을 통과시켰다. 이 법안은 아우구스트 벨몬트를 분노하게 만들었다. 그는 의원들과 법안 통과를 '공개적인 도둑' 내지는 '눈이 먼 사람들의 멍청하고 미친 짓'이라고 원색적으로 비난했다.

로스차일드은행 역시 미국에 압력을 가하자 미국은 다시 은화는 매우 제한된 범위 내에서 유통된다는 규정을 만들지 않을 수 없었다. 더불어 로스차일드가의 융자에 대한 이자로는 지불하지 않는다는 규정도 만들었다.

존 셔먼(John Sherman) 재무부 장관은 1899년 벨몬트 은행, 로스차일드은행 등과 5,000만 달러의 융자를 받는 내용의 계약을 체결할 때 금화로 계산한다는 입장을 공식적으로 밝혔다. 이 거래는 결과적으로 미국이 금본위 제도를 실시하는 중요한 전환점이 되었다. 로스차일드가로서는 1879년부터 시도한 노력이 결실을 본 셈이었다.

1893년 3월 미국의 황금 보유량이 급격하게 감소하는 상황이 발생했다. 그로버 클리블랜드 대통령은 달러의 태환성(兌換性)을 유지하기 위해 총 5,000~6,000만 달러 규모의 황금 채권 발행 계획을 마련하지 않을 수 없었다. 모건 그룹은 이 계획에 적극적으로 동참하려는 자세를 보였으나 로스차일드가는 결정을 내리지 못하고 주저하고 있었다. 클리블랜드 대통령이 이미 은화 유통을 극도로 제한하는 셔먼은매입법(Sherman Silver Purchase Act, 1890년에 제정됨) 폐지 입장을 밝힌 후였으나 앨프리드 로스차일드로서는 여전히 분위기가 만족스럽지 않았다.

그러나 로스차일드가는 협상의 귀재답게 이런 상황을 절묘하게 이용하여 모든 협의를 자신들의 이익을 극대화할 수 있는 조건으로 타결시켰다. 이로써 로스차일드가는 104.5%의 가격으로 6,230만 달러의 미국 국채를 인수한 다음 이를 다시 112.25%(나중에는 더욱 상승해 119%에 이름)에 투자자들에게 서둘러 전매했다. 이때 로스차일드가는 고작 22분 만에 600만 달러에 달하는 수익을 거두는 신화를 창조했다.[18] 이 거래는 급기야 미국의 조야로부터 엄청난 비난에 직면하게 되었고, 결국 1896년의 민주당 대통령 후보는 클리블랜드가 아닌 은본위 제도를 적극적으로 주창한 브라이언(William Jennings Bryan)이 당선되었다.

1868년에 금본위 제도를 채택한 나라는 그렇게 많지 않았다. 영국을 비롯해 영국의 경제 식민지인 포르투갈, 이집트, 캐나다, 칠레, 오스트레일리아 정도였다. 프랑스, 러시아, 페르시아 등과 일부 남미 국가들은 양본위 제도를 채택하고 있었다. 이 밖에 중부 유럽의 다수 국가들을 포함한 거의 대부분 국가들은 모두 기존의 은본위 제도를 버리지 않고 있었다. 그러나 40년 후 은본위 제도를 계속 고수한 나라는 중국, 페르시아를 비롯한 남미 몇 개 나라 외에는 없었다. 이로써 황금은 실질적으로 세계화폐 시스템의 표준이 되었다.

유럽 주요 국가들의 화폐 시스템 전환 과정을 보면, 독일이 1871~1873년에 가장 앞서 금본위 제도를 도입했다. 이어 프랑스가 1878년, 이탈리아가 1881~1882년, 러시아가 1897년에 각각 이를 도입했다. 이 과정에서 결정적인 역할을 한 주인공은 당연히 로스차일드은행이었다. 로스차일드의 런던은행과 파리은행은 실질적으로 이들 국가의 두 번째 중앙은행이나 다름없었다.

로스차일드은행 네트워크는 국제 금융시장에서 대량의 신용과 화폐를 수송하는 역할을 자임했다. 세계 각 나라들은 로스차일드가가 주도하는 금본위 시스템에서 환율이 급격히 변동하는 위험을 피할 수 있었다. 로스차일드가 역시 자신들의 주요 사업인 공채 교역에서 각 나라 화폐들 간의 자유 태환을 필요로 했으므로 각국의 통일된 금본위 제도하에서 마음껏 사업을 펼치는 발판을 마련하게 되었다. 로스차일드가는 이처럼 황금 시장을 완전히 장악함으로써 각국 중앙은행에 대한 통제력을 간접적으로 보유하게 되었다. 로스차일드은행이 19세기 후반에 힘을 아끼지 않고 각국들이 금본위 제도를 도입하도록 만든 전략적 의도는 바로 여기에 있었다.

중국 진군

로스차일드가는 대단히 독특한 집안이다. 그들은 서로 쉬지 않고 논쟁을 벌인다. 그러나 단결할 때는 하나가 돼 세계를 상대로 싸운다.

_영국의 저명한 정치가 찰스 딜크, 1879년 3월[19]

1874년 중국의 청(淸)나라 정부는 최초로 채권 발행 계약을 체결했다. 이후 두 영국계 금융기관이 이 계획을 주도했다. 바로 홍콩상하이은행(이하 HSBC)과 자딘 매디슨이었다. 영국은 동시에 로버트 하트(Robert Hart) 경을 총감(總監)으로 임명해 청나라의 해관(海關, 세관)을 장악하도록 했다.

1885년 3월, 파리에 있던 알폰스 로스차일드는 비스마르크가 중국 문제에 끼어들 의향이 있다는 소문을 들었다. 이에 로스차일드가의 발 빠른 정보망을 통해 독일의 다비드 한스만(David Hansemann) 재무부 장관이 로스차일드은행과 HSBC가 각각 독일과 영국을 대표하여 중국 정부의 철도 건설 프로젝트 관련 융자 사업에 나서자고 제의했다는 사실을 알아냈다. 알폰스 로스차일드는 즉각 찬성 입장을 밝히며, "독일은 진작 극동에 진출했어야 했다. 이는 정말 정확한 방향이다"라고 말했다. 유일한 문제는 한스만이 이 컨소시엄을 통해 절반 이상의 권리를 가지려 한다는 것이었다. 그래서 네티 로스차일드는 런던 주재 중국 대사를 수행해 독일을 방문했을 때, 영국 외

홍콩상하이은행(Hongkong & Shanghai Banking Corp.)
1865년에 설립됨. 영문으로는 머리글자를 따 HSBC라고 함. 중국에서는 후이펑(匯豐) 은행이라고 부름.

자딘 매디슨 (Jardine Matheson & Co)
1832년에 중국 광저우(廣州)에 설립된 영국의 중국 무역회사. 중국에서는 이허양싱(怡和洋行)이라고 부름.

무부 장관에게 "향후 중국 정부와 거래를 하거나 계약을 할 때 반드시 영국 기업들이 합리적인 비율의 권리를 가질 수 있도록 보장해야 한다"고 독촉했다.

한스만은 1889년 2월 빌헬름 카를(Wilhelm Carl)에게 독일-중국 은행(Deutsch-Asiatische Bank)을 설립하도록 지시했다. 이때 로스차일드가의 프랑크푸르트은행을 포함한 13개 주요 은행이 이 컨소시엄에 포함되었다. 오펜하임은행은 이들을 대표해 중국으로 달려가 경제 상황을 두루 살피는 역할을 자임했다. 로스차일드가의 런던 지점 역시 출자를 지원하는 책임을 마다하지 않았다.

당시 극동 지역에서는 영국이 거의 모든 이익을 독점하고 있었다. 대적할 만한 나라는 프랑스와 러시아가 고작이었다. 러시아는 지리적 이점을 살려 영향력을 계속 확장해 나가려고 했으나 1894년에 벌어진 청일전쟁에서 일본이 승리함으로써 베를린과 런던이 합작하여 일을 추진할 수 있는 절호의 기회를 제공했다. 물론 배후의 총 연출가는 로스차일드가와 한스만이었다.

이들의 계획은 HSBC와 독일-중국 은행의 합작을 유도하여 영국과 독일 정부를 등에 업고 러시아의 중국 내 세력 확장을 저지한다는 것이었다. 그러나 외교관 및 정치가의 생각은 은행 가문의 생각과 확연히 달랐다. 독일 관료들은 심정적으로 영국이 아닌 러시아나 프랑스 쪽으로 상당히 기울어 있었다. 더불어 1895년 4월 일본의 랴오둥(遼東) 반도 병탄에 대해서도 강력하게 반대한다는 입장을 견지했다. 심지어 일부 관료들은 로스차일드가가 독일 은행을 중국 시장에서 배제하려 한다고 생각했다. 한편 HSBC도 중국 정부에 대한 자신들의 융자 독점권을 포기하려고 하지 않았다. 이로써 로스차일드가와 한스만의 자체 타산은 실현될 수가 없었다. 급기야 청나라 정부는 로스차일드가와 한스만이 적극적으로 추천한 다국적 컨소시엄에 의한 채권 발행 계획을 받아들이지 않고, 1895년 러시아로부터 1,500만 파운드의 차관을 빌려 일본에게 전쟁 배상금을 지불했다. 알폰스 로스차일드는 이것이 영국과 독일 정부 모두에게 '입에 쓴 약'이 될 것이라고 그저 좋게 생각했다.

사실 러시아는 부채에 허덕이고 있었기 때문에 그렇게 많은 자금을 조달할 능력이 없었다. 그 자금은 프랑스가 파리은행을 비롯한 프랑스의 세 은행으로부터 조달한 차관이었다. 그러나 영업 이익은 러시아와 프랑스가 사이좋게 나눠 가졌다. 러시아는 이 협상 과정에서 시베리아 횡단 철도 건설권을 획득했고, 프랑스도 중국 철도 건설권을 손에 쥐었다. 순풍에 돛을 단 듯 일이 일사천리로 진행되자 러시아 은행가인 로스슈타인(Rothstein)은 1896년 프랑스 자금을 활용하여 러시아-중국 은행을 신설했다. 이후에는 러시아-중국 동맹 조약이 체결되었다.

러시아가 중국에서 크게 한탕 하고서 희희낙락하는 모습을 본 한스만은 초조하고도 분한 마음을 숨기지 못했다. 그러나 로스차일드가는 더 다급했다. 양측은 중국의 국채 발행 사업권을 차지하기 위해 HSBC와 독일-중국 은행 사이의 합작을 더욱 서둘렀다. 이렇게 해서 1895년 7월 양 은행 간의 합작 협약이 정식으로 체결되었다. 이 노력이 헛되지 않아 1898년 중국의 1,600만 파운드 규모의 2차 차관 조달권을 따내는 데 성공했다. 그러나 문제가 다시 찾아왔다. 영국 정부가 이 차관에 대한 정부 보증을 원하지 않아 영국의 채권 인수 비율을 확정하기가 어려워졌다. 게다가 영국과 독일 정부는 각각 상대가 중국 영토에 야심이 있다는 생각에 서로에 대해 마음을 놓지 못했다. 이때 HSBC와 한스만도 산둥성(山東省)의 철도 진입 허가권을 서로 차지하기 위해 격렬한 충돌을 벌이고 있었다. 이 사태로 급기야 알렉산더 로스차일드와 네티 로스차일드 형제가 나서서 각각 HSBC와 한스만 사이에서 설득과 조정을 진행하여 8월에 이르러 쌍방은 화를 어느 정도 가라앉혔다.

앨프리드 로스차일드는 분위기가 무르익자 직접 전면에 나섰다. 우선 영국과 독일의 정계 요인들을 런던의 로스차일드가가 주최하는 만찬에 초대했다. 이어 독일 측에게 '우호적이면서도 비밀스럽고 사적인' 방식으로 중국 문제에서 당한 억울한 입장을 호소할 수 있는 기회를 주었다. HSBC 관계자들 역시 감정이 폭발해 독일-중국 은행이 자신들을 배신했다는 비난의 말을 퍼부었다. 네티 로스차일드는 서둘러 한스만과 HSBC 사이를 뜯어말렸다.

이런 분주한 일련의 움직임을 거친 다음 1898년 9월 초 은행가들과 정객들이 드디어 런던의 한 회담장에 모여 중국 철도 관할권 획정 문제에 대한 협상을 타결했다. 영국 은행가들이 양쯔 강 연안의 노선, 독일 은행가들이 산둥 반도의 철도에 대한 관할권을 가진다는 내용이었다. 톈진(天津)-친황다오(秦皇島) 간 철도에 대한 권한은 양측이 균등하게 나누기로 합의했다. 네티 로스차일드는 분위기에 고무돼 "중국에서의 사업 이익에 대해서는 독일 수상이 영국 및 미국, 일본과 연합하기를 간절하게 원한다"[20]라는 말을 되풀이했다.

협의는 매끄럽게 이뤄졌지만 중국에서의 이권을 둘러싼 각국의 분쟁과 시기, 갈등은 여전히 잠복해 있었다. 1900년 의화단운동이 터지자, 독일은 즉각 이를 핑계로 중국에 출병을 단행했다. 러시아 역시 직접 만주를 점령하면서 양국 사이에 전쟁의 불꽃이 튀었다. 다행히 이들은 이성을 되찾고 로스차일드가에 중재를 요청했다. 로스차일드가는 영국 정부에 "러시아는 전쟁을 벌이지 않겠다고 약속했다"는 편지를 전달하는 한편, 배후 조종을 통해 영국과 독일이 중국 문제에 대한 새로운 협약을 체결하도록 만들었다. 이로써 양국은 청나라 황실은 그대로 유지시키면서 '문호개방'을 통해 외국과 무역에 나서도록 압박을 가했다. 로스차일드가의 수완으로 영국과 독일이 순순히 중국의 이익을 나눠가지는 공전의 정치적 협력을 이루는 순간이었다.

의화단운동(義和團運動)
중국 청나라 말기에 일어난 외세 배척 운동. 청나라 정부가 이를 지지하자 열강 8개국 연합군이 베이징을 점령함.

1902년 네티 로스차일드와 한스만은 베를린에서 다시 은행 가문들을 모아 회의를 열었다. 이 회의에서는 이른바 베이징(北京) 신디케이트(독점 형식의 조직을 의미)가 구성됐다. 중국에서의 사업과 관련한 합작을 전문적으로 논의하는 기구였다. 영국과 독일, 러시아는 이 일련의 과정에서 로스차일드가를 '가장 안전하고 유효한 외교 채널'로 인정했다.

로스차일드가는 세계 금융 패주의 자격으로 19세기에 중국에 진출하여 중국의 정치, 경제 및 전쟁 등에 커다란 영향을 미쳤다. 1979년 로스차일드가는 다시 중국에 들어왔는데, 이때는 그야말로 '아무 말 없이 조용히' 들어왔다.

제 2 장 인맥 관계도

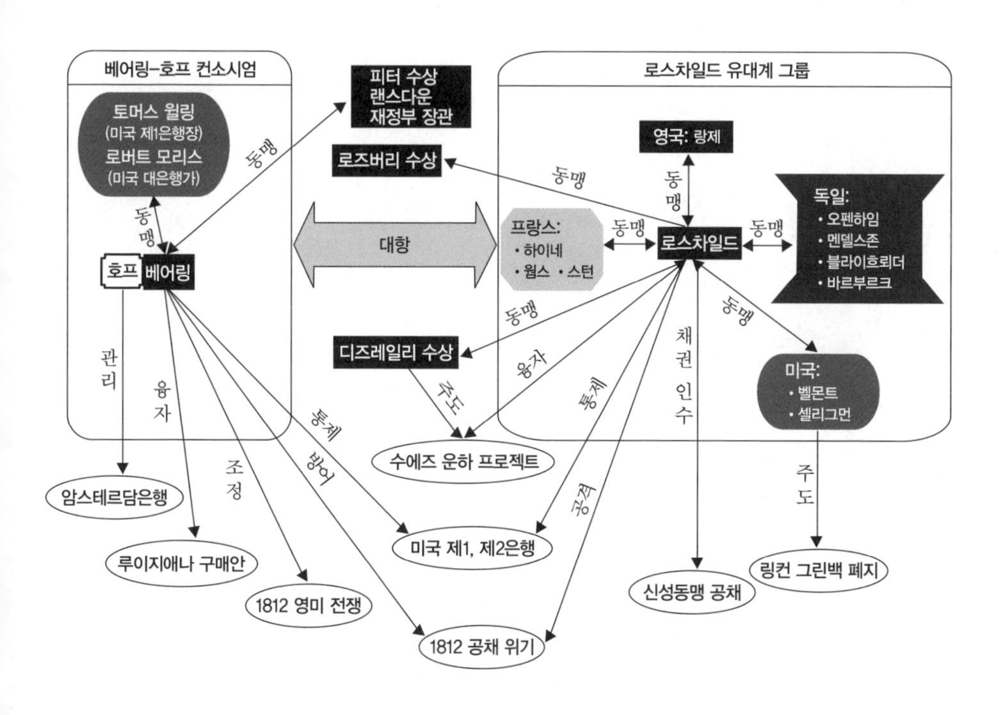

베어링-호프 컨소시엄
토머스 윌링 (미국 제1은행장)
로버트 모리스 (미국 대은행가)
동맹
호프
베어링
피터 수상
랜스다운
재정부 장관
로즈버리 수상
동맹
대항
로스차일드 유대계 그룹
영국: 랑제
동맹
프랑스:
·하이네
·웜스 ·스턴
로스차일드
독일:
·오펜하임
·멘델스존
·블라이흐뢰더
·바르부르크
디즈레일리 수상
융자
통제
채권 인수
미국:
·벨몬트
·셀리그먼
관리
융자
조정
방어
주도
수에즈 운하 프로젝트
공격
암스테르담은행
루이지애나 구매안
1812 영미 전쟁
미국 제1, 제2은행
1812 공채 위기
신성동맹 공채
링컨 그린백 폐지

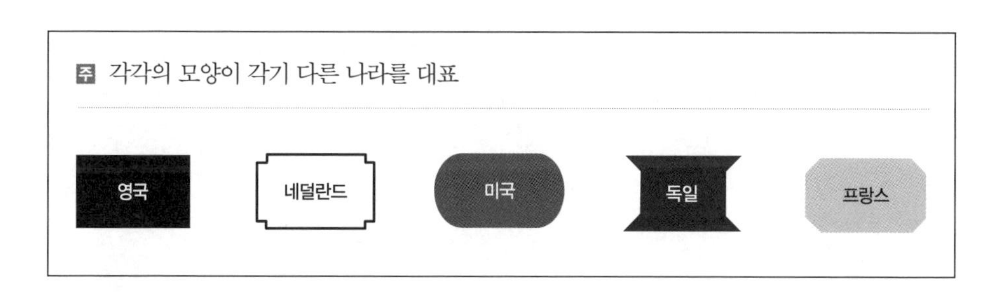

주 각각의 모양이 각기 다른 나라를 대표
영국
네덜란드
미국
독일
프랑스

제3장

프랑스: 금권의 할거

가장 무지하고 우매한 사람만이 진부하기 이를 데 없는, '눈으로 본 것이 진실'이라는 말을 믿는다. 눈에 보이는 모든 것은 바로 의심의 대상이 되어야 마땅하다.

_ 에인 랜드

프랑스의 산업혁명은 영국에 비해 두 세대나 늦었다. 게다가 18세기 말의 프랑스 대혁명과 뒤이어 벌어진 나폴레옹 전쟁은 프랑스 경제에 막대한 타격을 안겼다. 비록 이런 상황이었음에도 프랑스는 독일이나 미국보다 훨씬 빨리 산업혁명의 과정에 접어들었다. 프랑스는 또한 북미와 인도차이나, 아프리카 등에 방대한 해외 식민지 자원을 보유하고 있어서 해외 무역이 대단히 발달했다. 풍부하게 비축돼 있는 자원과 자본은 당연히 프랑스 산업혁명 시대의 중요한 자금원이 되었다. 프랑스 금융 자본주의의 발전 모델은 네덜란드와 영국의 중간 지점에 위치했으며, 독일과 미국 모델과는 분명하게 달랐다. 특히 민영 은행업은 프랑스 금융업을 이끈 주도적 역량이었다. 그러나 주식제 은행이 19세기 후반에 출현하면서 둘 사이에 전에 없던 격렬한 경쟁이 벌어졌다.

프랑스 역사에서 주요 은행 가문은 크게 두 그룹으로 나누어진다. 하나는 청교도 은행 가문으로 대부분 스위스에서 건너왔으며 18세기 후반부터 본격적으로 발전하기 시작했다. 그들은 프랑스 대혁명을 막후에서 적극적으로 지원했다. 그러나 혁명이 자신들의 통제에서 벗어나는 방향으로 발전하자, 다시 나폴레옹의 정권 장악을 도와 "사회 질서를 회복했다." 나폴레옹은 그 대가로 이들이 프랑스은행을 설립하는 것에 동의했다. 이후 그들은 프랑스의 금융 시스템을 완전히 장악했다. 그러나 나폴레옹의 호전好戰 정책과 독재 스타일은 이들 은행 가문들의 이익과 늘 배치돼, 급기야 이들은 1811년 부르봉 왕조의 후예들과 비밀리에 접촉하여 왕정 복구에 적극적으로 나섰다. 주요 은행 가문으로는 미라보, 말레, 호팅거가 등이 있었다. 이후 이들 은행 가문은 프랑스와 스위스에서 지금까지 그 명맥을 이어오고 있다. 2009년 미국 정부는 스위스와 비밀 계좌 문제로 격렬한 논쟁을 벌인 바 있는데, 타깃은 바로 미라보를 비롯한 은행 가문이었다.

다른 금융 세력은 19세기 초에 급부상한 유대계 은행 가문이었다. 주요 가문으로는 로스차일드, 풀드, 스턴, 웜스 가 등이 있었다. 이들 중에 페레르, 하이네 등 몇몇 가문은 기독교로 귀의했다. 유대계 은행 가문 내부에서도 격렬한 경쟁은 피할 수 없었다. 이중 가장 중요했던 것은 바로 로스차일드가를 핵심으로 하는 민영 은행 시스템과 페레르, 풀드를 대표로 한 프랑스 크레디 모빌리에라는 새로운 주식제 은행 모델의 경쟁이었다.

이들 가문들의 경쟁과 더불어 프랑스 정권의 잇단 교체, 대외 전쟁, 새로운 사조의 부상과 혁명 등이 잇달아 전개되었다. 19세기 프랑스 사회는 영국보다 훨씬 더 혼란스러웠고, 독일보다 훨씬 더 다원적이었으며, 미국보다 훨씬 세밀하고 정교했다. 프랑스의 금권은 이런 영광과 몽상, 실패와 치욕 등을 모두 경험한 다음 온갖 장애물을 돌파하고 점차 프랑스 제국의 운명을 주재하는 세력이 될 수 있었다.

프랑스 대혁명 막후의 스위스은행 가문

> 나는 곧 죽는다. 그러나 절대로 그 어떤 죄도 범하지 않았다. 나를 단두대로 내몰아 죽이려는 사람들을 용서한다. 더불어 내 피가 뿌려진 다음에 프랑스 땅에 다시는 피가 흩뿌리지 않도록 하나님께 기도하겠다.[1]
>
> _프랑스 루이 16세가 단두대 앞에서 마지막으로 한 말

17세기 초 영국이 미주 신대륙에 식민지를 세웠을 때, 프랑스 부르봉 왕조는 여전히 유럽의 한 귀퉁이에 조용히 자리하고 있었다. 이런 프랑스가 갑자기 깨어나 해외로 세력을 확장한 것은 그로부터 수십 년이 지난 후였다. 그러나 프랑스의 추격 속도는 대단히 빨라 18세기 대부분 시기 동안 대서양 무역의 성장률 속도가 영국마저 초월할 정도였다. 이후로 프랑스는 훗날 산업혁명 시대를 뒷받침할 귀중한 원시 자본을 쌓을 수 있었다. 통계에 의하면, 1716년부터 1787년 동안 프

랑스의 해외 식민지 무역 총액은 10배나 늘어났다고 한다.

프랑스의 산업혁명은 영국이 발명한 증기기관, 방직 기계, 광산 채굴, 제련 등의 기술이 속속 전해지면서 서서히 싹을 보이기 시작했다. 영국은 단연 유럽 산업혁명의 기수로 주요 기술 수출국이었으나 프랑스가 산업혁명 과정에서 이룬 공헌 역시 자못 컸다. 예컨대 루이 니콜라 로베르가 발명한 종이 연속 제조기는 산업혁명 촉진에 결정적인 역할을 했다.

이런 무역과 산업 발전은 자연스럽게 프랑스의 금융 개혁을 촉발했다. 그러나 존 로가 1718~1720년에 '새로운 금융의 창조'라는 슬로건을 내걸고 시작한 금융 개혁이 사기로 판명이 나면서 결국 개혁은 중단되었다. 은행과 화폐, 주식이라는 단어들은 프랑스에서 반세기 동안이나 혐오의 대상이 되었고, 본토의 프랑스인들은 아예 금융업에 종사할 생각을 갖지 않았다.

존 로(John Law)
1671~1729. 스코틀랜드 출신의 화폐 개혁론자. 말년에 프랑스에서 활동함.

루이 14세는 금융이라는 도구와 강력한 금융시장의 지원이 없었던 탓에 끊임없이 발동한 전쟁의 경비를 오로지 혹독한 세수와 이율 높은 외채에 의존해야 했다. 당시 프랑스가 부담했던 평균 채무 이자율은 영국의 무려 2배인 8.5~10%에 이르렀다.

국가 채무는 1780년대에 접어들면서 국가 세수의 무려 절반 이상을 점유했다. 그러나 억세게 운이 없었던 왕은 루이 14세가 아니라 루이 16세였다. 그는 등극과 동시에 '태양왕'으로 불린 루이 14세가 남겨놓은 엉망진창인 재정에 맞닥뜨려야 했다. 루이 16세는 알려진 것처럼 멍청한 군주가 아니었다. 실제로는 성격이 온화하고 겸손한 사람이었다. 그러나 대동란이 일어나기 직전에 태어난 운명을 어쩌지 못하고 결국 비극적인 최후를 맞이했다. 집권 중에 그는 관용을 베풀지 못한 탓에 평민들로부터 좋은 평가를 받지 못했고, 엄격하게 대응했으면서도 권력을 가진 귀족들의 양보를 얻어내지 못했다. 어떻게 보면 그의 처지는 명(明)나라 말기의 숭정제(崇禎帝)와 비슷했다고 할 수 있다.

국가 재정이 날로 악화되는 데다가 불합리한 세수 제도까지 더해져 평민들과 귀족들의 불만은 하늘을 찌를 듯했다. 또 그동안 쌓은 부로 기세등등해진 신생 자산 계급 역시 봉건 귀족과 종교 세력이 자행하는 권력의 농단을 더 이상 참지 못했다. 이로 인해 귀족과 종교 세력으로 대표되는 핵심 권력층, 신흥 자산 계급, 평민의 프랑스 사회 3대 세력 집단은 모든 분노를 프랑스 정부에 쏟아냈다. 루이 16세는 졸지에 곧 폭발할 화산 꼭대기에 앉아 있는 신세가 되어버렸다.

프랑스인들의 금융 경시로 인해 루이 16세 정부의 외채가 갈수록 심각해지자 스위스, 이탈리아, 네덜란드, 독일 등의 외국 은행 가문들은 이러한 금융 권력의 공백을 절호의 기회로 삼았다. 그중 가장 적극적으로 대응한 곳은 스위스 제네바의 청교도 은행 가문들이었다. 이들은 파리에 도착하기 무섭게 왕실의 목을 짓누르고 있던 절망적인 채무에 대한 해결 방안을 제시했다. 이들은 많은 재산을 바탕으로 기세등등해진 은행 가문답게 수차례에 걸쳐 프랑스 왕실의 화급한 어려움을 해결해 주었다. 그러면서 서서히 프랑스 금융에 대한 발언권과 재정 개혁 결정권을 손아귀에 넣었다.

그럼에도 루이 16세는 당장 눈앞에 닥친 재정 문제를 완전히 해결하지는 못해, 도리 없이 '용병'인 자크 네케르(Jacques Necker)를 재무부 장관으로 초빙했다. 스위스 청교도 은행가인 네케르는 이들 은행 가문의 영향력을 이용해 급전을 빌려 당장의 불을 껐다. 이 급전은 요즘으로 따지면 고리대인 일수와 마찬가지였다. 스위스은행 가문 내부에서는 급전 투자가 높은 수익률을 올릴 것으로 기대해 마지않았다. 그러나 프랑스 궁정 귀족들의 씀씀이는 상상을 초월할 정도로 엄청나 재정을 단기간에 흑자로 돌릴 방법이 없었다. 이에 이들 은행 가문들은 초조해지기 시작했다. 자칫 잘못하다가는 '급전'이 '느린 돈'이 됐다가 '죽은 돈'으로 변할 가능성이 높았다. 이들에게는 자신들의 목숨이 걸린 투자였으니 결코 지체할 수가 없었다.

네케르는 하는 수 없이 '쇼크 개혁'을 단행했다. 우선 궁정 귀족들의 일부 특권을 폐지하고 이들의 봉록을 삭감했다. 그런 다음 세수에 대한 철저한 개혁에 나서, 세금을 '인두세'에서 '토지세'로 전환해 징수했다. 이로써 대규모 토지를 보유하고 있던 귀족들은 중과세를 피하지 못했다. 뜻밖의 불행 앞에 귀족들은 자신들의 치즈를 빼앗기지 않으려고 목청을 높여 네케르의 개혁에 맹공을 가했다. 네케르로서도 상황이 자신 및 자신과 밀접한 관련을 가진 수많은 은행 가문의 목숨과도 같은 이익과 결부되어 있었으므로 가만히 앉아 있을 수만은 없었다.

1781년 그는 귀족들이 어느 정도로 방만한 생활을 즐겼는지 증명해 주는 명세서를 세상에 공표했다. 핵폭탄과 같은 이 폭로는 즉각 프랑스 사회를 발칵 뒤집어 놓았다. 오랫동안 볼테르, 루소 등이 주창한 자유주의 사조에 깊이 영향 받았던 프랑스 평민들이 당장 벌떼처럼 일어났다. 그동안 막강한 권력을 향유했던 귀족들에 대한 분노는 자연스럽게 왕실에 대한 적대감으로 바뀌었다.[2]

하지만 네케르도 일을 너무 성급하게 처리했다가 그만 장관직에서 쫓겨났다. 이후 프랑스는 네 명이 더 재무부 장관에 올랐으나 재정은 갈수록 악화됐다. 1788년에 루이 16세는 어쩔 도리 없이 다시 네케르를 기용했다. 이때 프랑스는 이미 혁명 전야의 대혼란에 빠져 파리의 평민 및 신흥 자산 계급과 전통 귀족들 사이의 갈등이 날로 격화되어 일촉즉발의 위기를 맞고 있었다. 이런 와중에 프랑스 정부에 대출을 해준 은행 가문들의 마음은 서서히 삼부회 쪽으로 기울었다. 그들은 거액의 대출을 회수할 수 있도록 삼부회가 재정, 세수 및 정부 예산에 대한 통제권을 빼앗아 오길 바랐다.

삼부회(三部會)
루이 16세가 귀족, 성직자, 평민 등의 대표를 소집해 구성한 의회.

이때 각 세력은 자신만의 패를 손에 쥐고 각자 다른 꿈을 꾸었다. 프랑스 도시의 신흥 자산 계급은 날로 늘어나는 막대한 부를 바탕으로 권력을 향유하겠다는 욕망을 더 이상 억제하지 못했다. 그러나 봉건 귀족과 교회 세력은 더욱 높은 곳에 올라 필연적인 이 추세를 완전히 무시했으며 심지어 적대시하기까지 했다. 여기에 오랫동안 지나친 세금의 압력으로 극단적인 상황에 내몰린 일반 평민들은 이미 혁명을 생각하고 있었다. 1789년에 프랑스의 상황은 불이 붙기를 기다리는 마른 장작과 다를 바 없었다.

1789년 6월, 허울뿐이던 삼부회는 우여곡절 끝에 '국민의회'로 바뀌었다. 이와 함께 국민의회가 자체적으로 세수권(稅收權)을 보유할 수 있다는 규정을 마련했다. 7월에는 국민의회 스스로 '제헌국민의회'로 이름을 바꾸었다. 이 사태에 불안감을 느낀 루이 16세는 군대를 파리와 베르사유궁 앞에 집결해 통제 불능의 국면을 장악하려 했다.

7월 14일, 분노한 평민들이 드디어 혁명을 일으키고 바스티유 감옥을 점령했다. 곧 이어 전국에서 농민 폭동이 일어났다. 8월에는 제헌회의에서 세계적 의의를 가지는 인권과 공민의 권리 선언을 선포했다.[3] 루이 16세는 10월에 폭동을 일으킨 평민들에게 생포되었다.

그해 10월에는 또 로마 교황청이 스위스은행의 적극적인 로비에 무너져 고리대금을 금지한 법률을 폐기해 버렸다. 이로써 고액 이자를 뜯는 은행들의 행위는 정식으로 합법화의 길을 걷게 되었다. 이어 11월 제헌회의는 전국 교회의 토지를 몰수한다고 선포한 다음, 이를 아시냐 지폐 발행의 담보로 삼는다고 발표했다. 프랑스 재정은 곧 눈에 띄게 호전되어 스위스은행 가문들은 마침내 대출을 회수할 수 있었다.

아시냐(Assignats)
가치 폭락으로 유명한 프랑스 혁명기에 발행되었던 불환지폐(不換紙幣).

1793년 1월 21일, 루이 16세의 목이 땅에 떨어졌다. 향년 39세였다. 기록에 의하면 그는 죽기 직전 심금을 울리는 한마디를 남겼다고 한다. "나는 곧 죽는다. …… 나는 내 피가 뿌려진 다음에 프랑스 땅에 다시는 피가 흩뿌리지 않도록 하나님께 기도하겠다"라는 말이었다.

프랑스는 중간에 짧은 휴식 기간이 있었으나 1789년 혁명 발발에서 1815년의 나폴레옹 전쟁 패전에 이르기까지 25년이나 쉬지 않고 전쟁을 겪었다. 대량의 자원이 전쟁에 의해 흔적 없이 사라졌고, 500여만 명에 이르는 목숨 역시 백골로 변했다. 산업과 상업이 동시에 쇠퇴했을 뿐 아니라 통화 팽창도 심각한 양상으로 치달았다. 프랑스의 산업혁명이 30여 년 가까이 지체되면서 영국은 프랑스에 절대적인 우위를 점유했다. 이때부터 프랑스의 국력은 다시는 영국을 넘어서지 못했다. 프랑스 대혁명에 따른 정치·경제적 대가는 너무도 심각했다.

프랑스은행: 브뤼메르 18일의 투자 수익

프랑스의 대외 전쟁과 대혁명은 정치와 경제를 완전히 혼돈으로 몰아넣었다. 그러나 파리는 누가 뭐래도 유럽 대륙의 반짝거리는 명주(明珠)였다. 그들은 자석처럼 주변 국가의 부호와 부호가 되고자 갈망하는 사람들을 끌어들이려는 유혹을 멈추지 않았다. 더구나 프랑스는 유럽 사상 해방 운동의 발원지였고, 여타 종교에 대한 천주교의 박해도 점차 줄어들어 비천주교도들이 완전한 공민권을 획득할 수 있었다. 이 모든 조건들은 유럽에서 종교적 박해를 받고 있던 청교도와 유대인 은행 가문들에게 저항하기 어려운 매력으로 작용했다.

대외 전쟁을 위해 전비가 필요했던 프랑스 왕실 또한 이들 금융 가문들에게 일찍이 경험하지 못했던 모험의 분위기 가득한 천국을 만들어주었다. 이 천국에서는 왕실 채권의 인수에서부터 군대 물자 공급 사업까지 가능했고, 또 교회 토지의 매매에서부터 프랑스 화폐에 대한 투기까지 어려울 것이 없었다. 본국 어음의 할인과 영국 수표의 유통도 마찬가지였다. 그중에 두드러지게 막대한 수익을 올린 은행 가문들은 이른바 '오트 방크(Haute Banque)'라는 대은행 그룹을 형성했다. 이들의 핵심 구성원은 1799년에 나폴레옹에게 비밀리에 자금을 지원하여 '브뤼메르 18일'을 일으키게 한 스위스은행 가문들이었다.

'오트 방크' 가문들은 나폴레옹이 정권을 잡은 다음 서운하지 않을 만큼 보답을 받았다. 나폴레옹은 이들에게 프랑스 최초의 민영 중앙은행인 프랑스은행 설립권을 부여했다. 이로써 프랑스 금융의 명맥은 가볍게 스위스은행 가문의 수중에 들어갔다. 19세기 상반기 동안 이들은 프랑스은행 이사회를 장악하고 독점적인 위상을 구가했다. 또한 이런 금융력을 바탕으로 산업혁명이 확장되는 과정에서 전체 프랑스의 광산, 야금, 방직, 운수 분야 등의 발전을 손에 거머쥔 채 좌지우지했다.

프랑스은행 정관에는 200명의 최대 주주만이 투표권을 가지도록 규정돼 있었다. 또 전체 발행 주식은 18만 2,500주, 액면가는 1,000프랑이었다. 이사회는 3만여 명의 주주를 대신해 투표권을 가진 200명이 선출한 12명의 이사로 구성되었다. 200명의 최대 주주 가운데 78명은 회사나 기관의 주주들이었고, 나머지 122명은 개인 주주였다. 그러나 자세히 살펴보면 200명 주주 모두 기본적으로는 같은 사람들이란 사실을 발견할 수 있다. 바로 프랑스은행을 좌지우지하는 44개 주요 가문의 사람들이었다. 더구나 이들 가문이 소유한 자리는 승계가 가능했다. 이들 중 세 가문은 이 자리를 무려 100년 동안이나 차지하고 있었는데, 말레, 미라보, 로스차일드가가 바로 그들이었다.

스위스은행 가문들 중에서 가장 두드러지게 활약한 가문은 단연 말레, 호팅거, 미라보가였다.

말레가는 1557년 유럽의 유명한 종교개혁 지도자인 장 칼뱅(John Calvin)을 따라 스위스 제네바로 온 집안이었다. 제네바에 도착해서는 바로 상업과 은행 분야에서 두각을 나타내 부호 집안이 되었다. 그러던 1709년 25세의 아이작 말레가 제네바은행 가문을 대표해 프랑스에서의 금융 사업 발전 기회를 찾아 파리로 이민을 떠났다. 70여 년에 걸친 노력 끝에 말레가는 마침내 프랑스 금융계의 거두로 성장했다.

프랑스 대혁명 시대에도 말레가는 평소대로 영업을 계속했다.

1799년 그의 아들 기욤 말레(Guillaume Mallet)는 다른 스위스은행 가문들과 연합해 나폴레옹이 브뤼메르 18일을 일으킬 수 있도록 전폭적인 지원을 아끼지 않았다. 이 공로로 그는 나폴레옹이 집권한 다음 남작에 봉해졌고, 1826년 세상을 떠나기까지 프랑스은행 이사회의 제3인자 자리를 지켰다. 그리고 아들과 손자, 증손자가 프랑스은행이 국유화되는 1936년까지 계속 이 자리에 앉아 있었다. 말레가는 프랑스은행 설립에서부터 국유화 직전까지 이사회에 참석했던 유일한 가문이었다. 그 기간만 무려 136년에 이르렀다![4]

말레가와 비견할 만한 또 다른 스위스 청교도 은행 가문으로는 호팅거가가 손꼽힌다. 스위스에서 여러 명의 장관을 배출했을 정도로 명문가인 이 가문은 1784년 장 콘라트 호팅거(Jean Conrad Hottinguer)가 파리로 이주하면서 프랑스와 본격적으로 인연을 맺었다. 그는 처음에 한 은행에서 직원으로 일했던 경험을 바탕으로 자신의 은행을 열었다. 이때 동시에 한 취리히은행 가문의 프랑스 대리인으로 일하기도 했다. 주요 업무는 프랑스 왕실에 채무 해결 방법과 융자 서비스를 제공하는 것이었다.

장 콘라트 호팅거는 프랑스 대혁명 초창기의 지도자들과 관계가 긴밀했다. 훗날 권력이 하늘을 찌를 듯했던 탈레랑(Talleyrand) 의원 역시 그중 한 명이었다. 그는 이 때문에 '자코뱅당 독재' 아래에서 '공포 정치'가 자행됐을 때, 탈레랑을 따라 미국으로 망명할 수밖에 없었다. 그는 1798년 다시 파리로 돌

장 콘라트 호팅거

아와 본업인 은행 사업에 매진했다. 나중에는 기욤 말레처럼 나폴레옹의 쿠데타를 지원한 공로로 남작에 봉해지고 프랑스은행의 이사회에 들어갔다. 프랑스 금융계 및 산업, 실업계에 대한 호팅거가의 엄청난 영향력은 지금까지도 이어지고 있다.[4]

피에르 미라보(현재 스위스은행 협회 회장)

훗날 '오트 방크' 그룹에 가입한 스위스은행 가문들로는 미라보, 안데스, 오디얼스, 베누스가 등이 있었다. 이들은 대부분 프랑스은행 이사회의 멤버가 되었으니, 프랑스은행이 완전히 스위스은행 가문의 향우회였다고 해도 과언이 아니었다.

프랑스는 이후 나폴레옹, 루이 18세, 샤를 10세, 루이 필리프, 나폴레옹 3세 등이 집권하는 시대를 거쳤다. 그 중간에 1815년 부르봉 왕조의 왕정 복귀, 1830년의 7월 혁명, 1848년의 혁명, 1851년의 나폴레옹 3세의 정변, 1870년의 프랑스 공화국 건국 등의 사건이 잇따랐다. 빈번한 정권 교체 와중에도 스위스은행 가문은 굳건하게 프랑스은행의 이사회 자리를 지키며 전혀 흔들리지 않는 금융 오뚝이로서의 위상을 과시했다. 특히 미라보가는 스위스 지점에 대한 영향력을 지금까지 이어오며 청교도 은행 가문의 대표로 자리매김했다.

이들 스위스 청교도 은행 가문들은 19세기 초 점차적으로 방대한 금융 네트워크를 수립하고, 스위스 본토의 은행 가문들과도 밀접하게 사업을 추진했다. 이를 통해 프랑스은행 시스템의 자금과 신용 대출을 완전히 장악하게 되었다.

제2차 세계대전 중 독일이 유대계 은행가의 자산을 약탈하고, 미국 정부가 2009년 스위스은행에 비밀 계좌 공개를 강력하게 요구한 것은 모두 국제 은행 가문이 100년에 걸쳐 벌인 내전과 관련이 깊다고 할 수 있다.

독점 카르텔 붕괴: 유대계 은행 가문의 부상

'오트 방크' 내부의 또 다른 거대 분파는 바로 1780년 이후 계속 프랑스로 이주했던 유대계 은행 가문이었다. 이들은 스위스은행 가문들과 비교해 프랑스에서 활약한 시기는 비교적 늦었으나 발전 기세는 사람들을 깜짝 놀라게 만들었다. 특히 평등한 공민권을 획득한 프랑스 대혁명 이후에는 부와 사회적 지위가 맹렬한 속도로 팽창해 점차 스위스은행 가문과 비슷한 반열에 오르게 되었다. 풀드, 페레르, 로스차일드가가 바로 프랑스 유대계 은행 가문의 핵심이었다.

풀드가는 1784년 파리에 입성했다. 이들은 주로 해외 유대계 은행의 대리 업무에 종사했으며, 정부 채권을 인수해 이자를 받는 분야까지 사업을 확대해 나갔다. 이들은 프랑스 혁명 정부가 토지를 담보로 새로운 화폐를 발행했던 1790년에 대거 투기에 나선 후 적극적으로 교회 토지 매매에도 관여하여 엄청난 부를 챙겼다.

풀드가는 특히 인맥 네트워크를 구축하는 데 타의 추종을 불허해 독일의 다른 수많은 유대계 상인 및 은행 가문들과 확고한 친분 관계를 맺었다. 나중에는 그들의 프랑스 내 대리인을 자처했다. 창업자의

❙ 아실 풀드

아들인 아실 풀드(Achille Fould)는 정계와 금융계에서 바로 두각을 나타내고 영향력을 계속 극대화해 나갔다.

아실 풀드는 가문의 사업을 완전히 물려받은 후 본격적으로 정계에 진출했다. 1842년에 그는 국민 대표로 지방 의회에 진출했다. 1848년 2월에는 혁명이 발발하자 진지한 자세로 혁명파를 지지했고, 금융 방면의 영향력으로 곧이어 탄생한 임시정부를 금전적으로 적극 도왔다. 얼마 후에는 작은 책자 두 권을 출판하여 지폐 유통에 반대 입장을 보였다. 그는 나폴레옹 3세 정부가 종말을 고할 때까지 무려 네 차례나 재무부 장관을 역임하며 프랑스 경제 개혁에 선도적 역할을 했다.

그는 보수적 경향이 강했던 사람답게 자유무역주의에 반대하고, 루이 보나파르트의 정변과 뒤이어 수립된 나폴레옹 3세의 프랑스 제2제국을 적극적으로 옹호했다. 하지만 나폴레옹 3세가 과도하게 정적인 오를레앙 가문을 공격하는 것에는 반대했다. 때문에 제국 법정이 오를레앙 가문의 재산을 국고로 환수하는 판결을 내린 후인 1852년 1월 25일에 재무부 장관 자리에서 전격적으로 물러났다. 그러나 그는 다시 참의원에 임명되면서 얼마 후 국무부 장관의 신분으로 제국 조정에 복귀하는 발판을 마련했다. 임기 중에는 1855년의 파리 국제박람회를 개최하는 성과를 올리기도 했다. 그는 1860년 11월에 사임했으나 이듬해 11월에 다시 복귀하는 수순을 밟았다. 1867년 이후에는 고령으로 정계에서 완전히 은퇴했다. 그는 마지막 재임 기간에 담판을 통해 멕시코 침략으로 발생한 3억 프랑의 단기 채무를 삭감하는 능력을 발휘했다. 마지막까지 은행가와 정치가로서의 탁월한 재능을 보여준 것이다.[5]

풀드가가 페레르가와 연합해 창설한 크레디 모빌리에는 로스차일드가에 강력한 압박으로 작용했다. 이는 유대계 은행 가문 내부 투쟁의 가장 대표적인 사례로 꼽히고 있다.

페레르가는 19세기 프랑스에서 가장 유명한 은행 가문 중 하나였다. 원래는 로스차일드가의 동업자이자 도제(徒弟)였으나 훗날 홀로서기에 성공했다. 이들은 로스차일드가와 같은 유대계이기는 했으나 출신 성분은 완전히 달랐다. 르네상스 시기 이탈리아에서 서쪽으로 이주한 포르투갈과 스페인 지역의 세파르디(Sephardi) 유대인이었다. 이들은 주로 어음 할인을 통해 돈을 벌었으며, 자신들을 유대인 중에서도 단연 최고로 여겨 동유럽으로 이주한 유대인들을 깔보는 경향이 강했다.[6]

19세기에 이들 집안을 지탱하는 기둥은 에밀과 이사크 형제였다. 이들의 아버지 야코프 페레르는 수화를 발명한 사람 중 한 명으로 루이 15세의 통역을 지냈다. 에밀과 이사크 형제는 우선 크레디 모빌리에를 핵심으로 하는 새로운 형태의 주식제 투자 은행을 설립했다. 이를 통해 전국 철도 네트워크의 주요 부분을 장악하고, 가스 회사 6곳과 전차 회사 역시 장악했으며, 보험 회사 2곳을 설립하고 식염(食鹽) 사업에까지 진출했다. 또한 파리 전체의 건설 프로젝트를 사업 대상으로 하는 부동산 회사와 해외 무역을 전담할 '범대서양'이라는 이름의 회사를 설립했다. 크레디 모빌리에는 오스트리아와 러시아, 스위스,

페레르 형제

스페인 등의 철도 회사에도 광범위하게 투자했으며, 네덜란드와 이탈리아 등에는 크레디 모빌리에의 지점까지 설립했다. 한마디로 크레디 모빌리에는 인수 합병이나 재정 통제를 통해 과거에 보지 못했던 대규모 펀드를 조성하여, 당시 유럽을 손아귀에 넣은 채 주무르고 있던 로스차일드가의 강력한 라이벌로 부상했다. 1852년 이후 이 대규모 펀드가 통제하고 있던 은행 및 기업들이 발행한 주식의 시세는 매해 15억 프랑을 웃돌았다.[7] 프랑스나 유럽에 미친 막강한 영향력은 중세 시대의 천주교 교회와 비견될 정도였다.

물론 19세기 프랑스에서 가장 강력한 은행 가문은 의심할 바 없이 로스차일드가였다. 이들은 1814년에 막대한 자금을 동원해 나폴레옹을 권좌에서 밀어내고 부르봉 왕조의 왕정 복귀를 도왔다. 그러나 로스차일드가는 1830년 부르봉 왕조를 포기하고 오를레앙 공작이 루이 필리프 왕으로 등극하는 것을 지원했다. 이로써 로스차일드가는 프랑스의 '7월 왕조'에서 가장 영향력 막강한 가문으로 올라섰다.

그들이 프랑스은행에서 통제하는 자산만 1815년의 600만 파운드에서 1825년 1,490만 파운드로 대폭 늘어났다. 이들 가문이 점유한 프랑스은행 총 자산 비율은 6분의 1에서 3분의 1로 증가했다. 1836년 영국 로스차일드가의 핵심 인물인 네이선이 세상을 떠난 후, 프랑스의 제임스 로스차일드가 사실상 전체 가문의 지도자로 올라섰다. 이때 그는 개인 재산이 무려 4,000만 프랑에 달하는 최고의 부호였다. 호팅거가의 재산보다는 열 배나 많았고, 말레가보다는 무려 스무 배나 많았다. 이때 유대계 은행 가문의 세력은 이미 청교도 은행 가문을 가볍게 넘어섰다.

금융 혁신의 혁명

19세기 상반기에 프랑스은행은 프랑스의 중앙은행이 되었다. 그러나 그 역할은 프랑스 금융 분야에서 결코 핵심적인 위치에 있지 않았다. 민영 은행의 영향력이 프랑스은행을 훨씬 능가했기 때문이며, 특히 로스차일드은행이 가장 막강했다. 하지만 1848년에 혁명이 발발함에 따라 전통적인 사회 권력 시스템이 크게 훼손되고 권력이 새롭게 분배되는 국면이 빠른 속도로 형성되었다. 상업과 금융 분야에서도 이런 현상은 예외가 아니었다.

1848년 혁명이 발발한 후, 프랑스은행이 발행한 지폐는 파리를 넘어서 다른 지역의 공·상업 중심지까지 침투했다. 또한 혁명의 위기는 프랑스은행의 보수적인 어음 할인 정책을 끝내게 만들었다. 어음 할인 업무는 자연스럽게 창고 증권(Warehouse Warrant)과 정부 채권, 삼자(은행과 채권, 채무자를 의미함)가 서명한 무담보 단명(單名) 어음 영역으로까지 발전했다. 동시에 프랑스은행은 액면가 100프랑 지폐를 발행하는 권리를 획득하면서 영향력이 전국으로 확대되었다.

이어 1848년 3월 8일에 파리 상인들에게 긴급 유동자금을 제공해 대규모 연쇄 파산을 방지하기 위한 목적으로 파리 국가 어음 할인 은행이 설립되었다. 그러나 이 은행은 1854년에 정부의 은근한 독촉으로 반(半)국영 은행의 지위를 포기하고 일반 주식제 은행으로 전환하면서, 파리의 기업이나 경제 단체들에 금융 서비스를 제공하는 업무 영역에서 벗어나 대외 무역 금융 서비스로 눈을 돌렸다. 당시 프랑스 각지에는 파리 국가 어음 할인 은행 외에도 지방 어음 할인 은행 76곳이 설립되어 주로 현지 상인들에게 각종 상업 어음 할인 서비스를 제공했다.

19세기 초 프랑스에서는 공상(空想) 사회주의 사상가로 유명한 클로드 생시몽(Saint-Simon)의 산업주의 사상이 일세를 풍미해 적지 않은 프랑스인들이 이 사상의 영향을 받았다. 그의 사상은 이른바 실업 이론에 기반을 둔 것으로 미래의 이상적인 제도는 일종의 '실업(實業) 제도'라는 가상에서 출발했다. 이 실업 제도하에서 실업가와 학자들은 사회, 정치, 경제, 문화 각 방면의 권력을 장악한다. 사회의 유일한 목적은 과학과 예술, 수공업의 지식을 최고로 운용해 사람들의 수요를 만족시켜주는 것이다. 특히 수가 가장 많은 빈곤 계층의 물질생활과 정신생활의 필요를 충족시켜줘야 한다. 또한 사람들은 모두 노동을 해야 할 뿐 아니라 경제 역시 계획대로 발전시켜야 하며, 개인의 수입은 자신의 재능과 공헌에 따라 정비례하고 그 누구도 특권을 가져서는 안 된다. 이 이상 사회에서 정치학은 생산적인 과학이 되고, 정치는 경제에 포함이 된다. 사람에 대한 통치는 물질에 대한 관리 내지는 생산 과정에 대한 지도로 변한다.

생시몽은 역사적 한계 때문에 산업 활동에 종사하는 자산가들을 공업과 농업에 종사하는 노동자로 보거나 '실업가'로 간주했다. 더불어 통치 계급의 이성과 선량한 마음에 기대를 걸어 국왕과 자산가들이 무산계급을 도와 실업 제도와 사회주의를 건설할 것이라는 환상을 가졌다. 이 밖에 생시몽은 프랑스의 새로운 금융업 및 농업 경영의 개량과 관련한 자신의 주장을 제기하기도 했다.

생시몽주의자들과 프랑스 경제의 장기적인 발전에 관심을 가진 사람들의 입장에서 볼 때, 프랑스에서 대규모 경제 건설을 추진하려면 유한책임 주식제 회사를 대규모로 설립해야 했다. 특히 철도, 해상 운수, 운하 및 대형 공업 기업을 발전시키려면 이런 회사들이 반드시 필요했다. 다시 말해 프랑스 모든 중산계급의 부를 고효율적으로 동원해 이런 방면에 융자를 해주고, 또 다른 한편으로는 경제 발전의 성과를 주식 배당금과 이익금 등의 형태로 시민 대중에게 배분하여 국가와 시민들이 부강해지는 양성의 순환을 실현하고자 했다.

생시몽의 실업주의 이론 프레임으로 볼 때, 금융 영역에서의 혁신적 구상은 전통적 민영 투자 은행 모델을 대체하는 주식제 투자 은행의 설립이었다. 공개적으로 주식과 채권을 사회 대중에게 발행함으로써 민영 은행은 도저히 불가능한 방대한 자금을 모은다는 계획은 정말 괜찮은 생각이었다. 이 계획이 성공할 경우 한편으로는 정부가 금융 분야에서 민영 은행에 의존하던 구태를 벗어날 수 있고, 다른 한편으로는 실업 발전을 추진하는 것이 충분히 가능했다. 생시몽의 실업 사상과 산업화 주장은 제2제국 시대 산업화의 주도 사상이 되어 프랑스 근대 경제 발전에 중대하고도 깊은 영향을 미쳤다.[8]

프랑스은행의 세력 확대와 주식제 은행의 출현은 양방향에서 전통적인 민영 은행의 권력 구도에 심각한 위협을 가했다. 본능적으로 기득권을 지켜야 했던 로스차일드가는 금융 혁신에 완강하게 반대하며 모든 수단을 총동원해 주식제 은행의 출현을 막았다. 로스차일드가는 마침내 페레르가를 대표로 하는 금융 혁신파를 물리친 후, 분위기와 형세를 살펴 역사의 조류에 순응하는 쪽으로 가닥을 잡고 자신들 버전의 주식제 투자 은행을 설립했다. 이 은행이 바로 19세기 말과 20세기 초에 걸쳐 프랑스 경제에 엄청난 영향을 미친 파리바(Paribas) 은행이었다.

크레디 모빌리에: 페레르가의 도전

역사적인 경험으로 볼 때, 수많은 이론들은 들을 때에는 모두 무릎을 치게 된다. 그러나 그것뿐이다. 실천은 결코 이론의 논리에 따라 발전하지 않는다. 이론을 실천하는 사람이 영원히 따르는 것은 이익이라는 게임의 법칙이기 때문이다. 따라서 이론이 실천에 영향을 미치려면 이론을 실천하는 사람들이 묵묵히 지키려는 이익이라는 게임의 법칙에 부합되어야 한다. 그래야 진정한 현실로 나타날 수 있다.

크레디 모빌리에 이론에 대한 나폴레옹 3세의 맹목적 믿음 역시 예외가 아니었다.

그는 누구보다 생시몽주의의 열렬한 광신도였고, 스스로 위대한 사회를 창조하는 설계자가 돼 세상에 이름을 떨치고 싶어 했다. 그는 권력을 잡기 전인 1830년대에 일찍이 생시몽의 실업주의를 프랑스에

뿌리내리게 하기 위해 금융계의 절친한 친구인 페레르, 풀드가의 사람들과 이른바 '사위일체'의 금융기관 시스템 구축 방안을 논의했다. 이때 그가 구상한 은행들의 윤곽은 대략 다음과 같았다.

- 상업 은행: 프랑스 국가 어음 할인 은행
- 산업 은행: 크레디 모빌리에
- 모기지 은행: 토지신용 은행
- 상호저축 은행: 소기업에 대한 융자 신용을 위한 상호저축 은행

이중 핵심은 단연 주식제 투자 은행인 크레디 모빌리에였다.[9]

페레르 형제는 나폴레옹 3세가 정권을 잡자 본격적으로 무대 전면에 나섰다. 그들은 모든 계급적 모순은 새롭게 발견된 일종의 사회적 신용 제도가 가져올 보편적 행복 앞에서 사라져버린다는 생시몽의 이론을 실현시키려는 허명에 들떠 있던 나폴레옹 3세의 심리를 교묘히 이용했다. 이들은 1852년에 크레디 모빌리에라는 상업적 모델의 장점을 나폴레옹 3세에게 크게 부풀려 얘기했다. 사실 이 모델은 은행의 주식 지분과 채권을 일반인들에게 팔아 은행 설립 자금을 모집한 다음, 이 자금으로 발전이 기대되는 신흥 산업 기업의 주식을 구매하면 만사 오케이였다. 페레르 형제는 사탕발림으로 크레디 모빌리에가 생시몽의 실업 사회주의를 실현시키는 수단이라고 나폴레옹 3세를 유혹했다.

나폴레옹 3세는 페레르 형제가 제안한 새로운 신용 제도에 열렬한 지지를 보냈다. 카를 마르크스는 이에 대해 "나폴레옹의 사회주의이

다"라거나 "존 로에서부터 이사크 페레르에 이르기까지 모두들 이런 취향의 성향을 갖고 있었다. 사기꾼이면서도 예언가라고 할 수 있다"라고 풍자했다.[10] 실제로 이 제도가 실행되자 프랑스 증권거래소에서는 투기가 창궐하고 부정부패가 범람하는 부작용이 초래됐다. 그러나 당시 사람들은 이를 위대하고 혁신적인 전략적 금융 제도라고 여기며 신속한 산업 발전을 위해 자본과 신용을 적절하게 제공할 것으로 믿어 의심치 않았다.

크레디 모빌리에의 주요 업무는 두 부분으로 나누어져 있었다. 하나는 저축 예금, 상업 어음 할인, 대출과 보험 같은 전통적인 은행 업무였다. 또 다른 하나는 정부와 기업의 채권 인수 같은 투자 은행의 업무였다.

페레르 형제와 풀드가는 크레디 모빌리에의 설립을 촉진하기 위해 공상 사회주의 사상만으로 나폴레옹 3세를 현혹한 것이 아니라 이간 전략까지 채택했다. 원래 나무가 크면 바람을 부르는 법이다. 당시 로스차일드가가 보유한 엄청난 부와 세력은 청교도 은행 가문의 적대감만 유발시킨 것이 아니라 다른 유대계 가문 은행의 질투까지 불러일으켰다. 페레르와 풀드가는 이를 교묘하게 이용했다.

페레르가는 일찍이 로스차일드가에서 집사 일을 담당했다. 로스차일드가가 그들의 스승인 셈이었다. 훗날 페레르가는 독립을 선언했고, 로스차일드가에 대한 태도 역시 나날이 적대적으로 변해갔다. 보이지 않는 곳에서는 지독하고도 치명적인 공격을 가하기까지 했다.

페레르와 풀드가는 나폴레옹 3세가 쿠데타를 일으키는 데 자금을 대어 공을 세운 정치적 '직계 부대'로, 로스차일드가 차지하고 있던 금융권의 보스 자리에 도전하겠다는 공동 목표를 가지고 있었다. 아실 풀드는 프랑스 재무부 장관을 역임할 때, 나폴레옹 3세에게 정중히 이렇게 진언했다.

"폐하의 왕국을 로스차일드가의 손아귀에서 해방시켜야 합니다. 제임스 로스차일드는 폐하를 대신해 실질적으로 이 나라를 통치하고 있습니다."[11]

로스차일드가라고 순순히 당할 사람들이 아니었다. 제임스 로스차일드는 특별히 나폴레옹 3세에게 편지를 보내 "크레디 모빌리에가 설립돼 운영되면 대부분의 공공재산을 장악할 것입니다. 그리고 마지막에는 정부보다 더 강한 권력을 가지게 될 것이 분명합니다"라고 말했다. 프랑스 정부가 크레디 모빌리에를 설립하려는 결심을 흔들려는 시도였다.

이때 나폴레옹 3세의 입장은 분명했다. 무엇보다 그는 페레르와 풀드가의 지지를 등에 업고 권력을 잡았으니, 이 두 가문의 말을 듣는 것은 당연했다. 게다가 그는 크레디 모빌리에의 이론적 시스템에 대해 흔들리지 않는 확고한 믿음을 가지고 있었다. 또한 나폴레옹 3세와 로스차일드가가 어정쩡한 관계에 있어서 제임스 로스차일드는 나폴레옹 3세를 좋아하지도 신뢰하지도 않았다. 이런 상황이다 보니 프랑스 정부는 페레르와 풀드가의 편을 더 들어주었다.

물론 로스차일드가도 나폴레옹 3세의 권력 장악을 위해 힘을 보탰다. 그러나 당시의 위상은 기세가 하늘을 찌르던 부르봉 왕조의 왕정 복귀 때나 7월 혁명 때와는 비교가 되지 않았다. 이에 반해 1848년의 혁명에서 나폴레옹 3세를 옹위한 두 가문은 그야말로 욱일승천의 기세를 보였다. 여기에 두 가문이 나폴레옹 3세의 귀에 끊임없이 바람을 넣자, 제임스 로스차일드는 괴로운 나날을 보낼 수밖에 없었다.

당시 로스차일드가가 그나마 기댔던 언덕은 일찍이 나폴레옹 3세의 총애를 듬뿍 받은 샹가르니에(Changarnier) 장군이었다. 그러나 그는 어쩐 일인지 서서히 총애를 잃어가고 있었다. 상황을 그대로 방치해서는 안 되겠다고 판단한 제임스 로스차일드는 1850년 드디어 칼을 뽑아 들었다. 우선 나폴레옹 3세와 샹가르니에 장군의 관계를 회복시키고자 적극적으로 노력을 기울였다. 이어 대통령(당시 나폴레옹은 아직 황제 자리에 오르지 않았음)에게 "대통령께서는 제가 그를 오해하고 있다고 생각하시는 것 같습니다. 보아하니 제가 그의 앞에서는 말을 조심해야 하겠습니다. 풀드 가문 쪽 사람들도 저에 대해 좋은 말을 하지 않을 것입니다"라며 자신의 억울함을 호소했다.

그러나 이 방법도 소용이 없었다. 나폴레옹 3세는 더욱 더 페레르와 풀드가 쪽으로 기울어갔다. 반면 샹가르니에 장군과 제임스 로스차일드의 건의는 아예 귀담아들으려 하지 않았다. 나폴레옹 3세는 샹가르니에 장군을 제거하려는 마음까지 먹었다. 제임스 로스차일드는 상황이 악화되자, 서둘러 자신이 보유한 황금을 런던으로 옮겼다. 그는 이때 초조함을 감추지 못한 채 이렇게 토로했다.

"나는 차라리 수중의 금을 모조리 런던으로 옮겨놓겠다. 고작 3%의 미미한 이자를 받더라도 그렇게 하겠다. 절대로 프랑스에는 놓아두지 않겠다. 나폴레옹은 내가 샹가르니에와 친구라는 이유로 내 돈을 몰수하려고 한다. 그가 두렵진 않지만 대비는 해야 한다. 이곳은 정치적으로 정말 더러운 나라이다."

1850년 12월 드디어 상가르니에가 체포됐다. 이는 공화파의 철저한 실권을 의미했다. 이때 제임스 로스차일드는 즉각 공화파와 등을 지고 제정(帝政)을 지지하는 기지를 발휘했다. 그에게 정치적 성향과 사업적 이익 사이에는 하등의 관계도 없었다. 그러나 아무래도 페레르와 풀드가 사람들보다는 입장이 확고하지 않아서 나폴레옹 3세에게는 다소 기회주의적인 사람으로 비쳤다.

1852년, 페레르와 풀드가는 나폴레옹 3세의 대대적인 지지하에 공동으로 크레디 모빌리에를 설립했다.[12] 이후로 로스차일드가에 강력한 라이벌이 등장하게 되었다.

사기꾼이자 예언가

> 신용 제도는 기본적으로 두 가지 성질을 가지고 있다. 하나는 다른 사람의 노동을 착취하여 치부하는 자본주의의 생산 동력이라는 성질이다. 이는 가장 순수하고 거대한 도박을 하는 사기 제도로 사회의 부를 착취하는 소수의 사람을 갈수록 적게 만든다. 다른 성질은 새로운 생산 방식으로 변화돼가는 과도기의 형식이라는 것이다. 바로 이 두 가지 성질이 신용 제도의 주요 선전가인 존 로나 이사크 페레르 같은 사람들을 사기꾼이자 예언가라는 재미있는 성질을 가지게 했다.[13]
>
> _ 카를 마르크스

마르크스의 이런 평가는 대단히 의미가 있다. 그는 신용이 생산력

제임스 로스차일드

에 미치는 작용에 대해 이해했고, 또 신용 이론을 실천하는 이런 유형의 사람들이 모두 자신의 이익을 가장 우선시한, 에누리 없는 사기꾼이란 사실 역시 간파했다. 마르크스의 이 말은 모든 금융 혁신의 본질에 대한 가장 정확하고 빛나는 고전적인 평가라고 할 만하다. 이론은 오직 사람에 의해 실천에 옮겨지고, 이론을 실천하는 사람은 자신의 이익에 집착할 수밖에 없다. 어떻게 이론의 목표를 자신의 이익과 합치시킬까 하는 문제에 가장 신경을 쓴다. 이것이 위대한 정치가와 위대한 사상가를 구분 짓는 가장 중요한 포인트이다.

로스차일드가와 페레르가는 '두 종류의 유대인'을 대표했다. 전자는 '북방 유대인'의 전형으로 '항상 냉정하고 이성적'이었다. 부와 이익을 쟁취하는 데 있어서는 저비용, 고효율을 자랑했다. 그러나 '중부 유대인'을 대표하는 후자는 달랐다. 그들은 유대인에 대한 프랑스 정부의 유화 정책이라는 수혜를 등에 업고 일이나 사업을 할 때 보다 개방적이고 공공의 이익을 돌아보는 입장을 취했다.

이런 '가슴 뜨거운 정신'은 정력의 낭비와 비효율을 초래했다. 또 당시 프랑스 사회에서 로스차일드가가 '봉건 금융'을 대표했다면, 페레르가는 '민주 금융'을 상징했다.

페레르 형제는 자신들의 은행 조직을 빠른 속도로 갖춰나가기 시작했다. 우선 풀드가의 브누아 풀드(Benoît Fould)를 초대 이사회 회장으로 선임했다. 그는 1854년에 사임했으나 이때까지 은행의 일상 업무는 부회장인 이사크 페레르가 도맡아 처리했다. 이사회 주요 멤버들로는 제2제국의 권력을 한 손에 거머쥐고 있던 무쉬(Mouchy) 공작, 갈리에라(Galliera)와 앙드레(André) 백작, 세이에르(Seillière) 남작, 청교도 은행 가문의 샤를 말레(Charle Mallet) 등과 나폴레옹 3세의 쿠데타와 칭제(稱帝)를 계획하고 실행에 옮긴 아우구스트 드 모르니(Auguste de Morny)가 있었다. 이 중 모르니는 나폴레옹 3세의 배다른 형제였다.[14]

크레디 모빌리에는 이런 호화 진용의 막강한 지원하에 시장에 모습을 드러내자마자 깜짝 놀랄 만한 능력을 보여주었다. 당초 이 은행의 주식 가격은 500프랑이었으나 첫날 개장과 동시에 1,100프랑으로 치솟았다. 나흘째에는 무려 1,600프랑에 이르렀고, 1856년 3월에는 최고가인 1,982프랑을 기록했다. 배당 역시 1853년에는 13%에 불과했으나 1855년에는 40%로 급등했다. 투자자들은 그야말로 벌어진 입을 다물지 못했다. 크레디 모빌리에의 존재가 금융 재난이 될 것이라던 제임스 로스차일드의 예언은 그야말로 웃음거리가 되어버렸다.

크레디 모빌리에는 주식제 은행이었다. 그럼에도 최초의 자금 규모는 로스차일드은행보다 훨씬 적어 총 자산이 2,000만 프랑(페레르가가 이 중 29%의 지분을 소유함)에 지나지 않았다. 이에 반해 1852년 프랑스 로스차일드은행의 자산은 4배 이상인 8,800만 프랑을 넘어섰다. 각 지점의 자산까지 합치면 2억 3,000만 프랑이 넘었다. 그러나 크레디 모빌리에의 특징인 기백이나 트렌드, 짧은 시간 내에 쌓은 명성과 야심은 로스차일드은행의 근엄함과 전통, 차분함과는 분명 극단적인 대비를 이루었다.

크레디 모빌리에의 운영을 주도하는 은행 가문들은 늘 일단의 사람들로 둘러싸여 있었다. 이들은 모두 주고객들이 주식을 사는지 파는지 등의 사업 동향에 대해 귀를 쫑긋 세웠다. 직원들도 늘 은행 계단에 서서 고객을 맞으면서도 은근히 장사를 할 수 있는 기회를 엿봤다. 한마디로 사람들은 수단과 방법을 가리지 않고 졸부가 되기를 꿈꿨고 이런 모습을 결코 숨기려 하지도 않았다.

이 시기는 프랑스의 철도 건설이 휘황찬란한 전성기를 맞이한 때로, 1851년부터 1856년 사이에 철도 사업에 대한 투자액만 5배가 늘어났다. 이로 인해 50년대의 신규 철도 건설 투자는 40년대보다 2배나 더 많아졌다. 크레디 모빌리에의 급속한 팽창은 철도 건설 분야에서도 로스차일드가와의 경쟁을 뜨겁게 만들었다. 그들이 순식간에 3개 노선의 건설 및 운영권을 장악하자, 로스차일드가는 기존에 확보하고 있던 2개 노선을 지키기에만 급급했다. 이 결과 크레디 모빌리에는 로스차일드가의 14석보다는 적었으나 프랑스 각 철도 회사의 이사직을 여덟 자리나 차지했다.

양 진영의 유대계 은행 가문은 철도 건설 융자 사업에서도 승부를 가리기 어려운 싸움을 벌였다. 그러나 나폴레옹 3세가 크레디 모빌리에의 손을 들어주면서 철도 노선 건설을 위한 융자 프로젝트는 하나씩 페레르가 쪽으로 흘러들어갔다.

이때 나폴레옹 3세의 이복동생인 모르니가 철도 건설 프로젝트가 돈이 된다는 사실을 알고 본격적으로 매달리기 시작했다. 그는 단번에 돈을 벌 요량으로 작은 철도 회사들을 합병해 주요 회사 몇 개로 만들어야 한다는 제안을 내놓았다. 제임스 로스차일드는 이 기회를 놓치지 않고 모르니에게 달라붙어 이 계획을 추진하는 데 매달렸다. 당시 로스차일드가 보유하고 있던 프랑스 내 철도 회사의 지분 총 자산은 은행 자산의 15%인 2,000만 프랑에 이르렀다. 이 지분의 주가는 모르니의 계획이 본격적으로 추진되면서 탄력을 받아 급속도로 치솟기 시작했다. 1852년 4월 제임스 로스차일드는 고작 1주일 만에 '단 한 푼도 사용하지 않고' 150만 프랑을 벌어들였다.

로스차일드가의 프랑스은행은 이때 엄청난 재력을 보유한 데다 기세까지 등등해 철도 건설 융자 수주 경쟁에서 앞서 나가는 모습을 보여주었다. 크레디 모빌리에도 전혀 약한 모습을 보이지 않고 여러 철도 회사들이 보유한 각종 기한 및 각종 조건의 주식과 채권을 대상으로 한 표준화 '포장(包裝)' 작업을 진행했다. 지금은 일반화된 융자 상품의 시조라고 부를 만했다.

크레디 모빌리에는 '금융 혁신'을 통해 새 금융 상품 투자 모델을 대량으로 만들어내 채권 시장과 주식시장 사이의 공백을 잘 메워나갔다. 이 조치는 즉각 셀 수 없이 많은 군소 투자자들을 끌어들였다. 크레디 모빌리에의 자산은 순식간에 6,000만 프랑으로 늘어나 철도 융자 사업에서 단연 선두를 달리던 로스차일드의 아성에 직접 도전하게 되었다.

제임스 로스차일드를 더욱 우울하게 만든 것은 바로 페레르가가 프랑스를 넘어 전 유럽까지 휩쓸 기세를 보여주고 있었다는 사실이다. 1853년 4월 2일, 쾰른의 은행 가문 오펜하임은 프랑크푸르트에서 채 20마일도 떨어지지 않은 다름슈타트에 새로운 은행을 개설할 수 있는 허가권을 얻었다. 이 은행은 완전히 크레디 모빌리에의 프로이센 버전인 데다가 로스차일드가의 프랑크푸르트은행을 직접 겨냥하고 있었다. 페레르, 풀드, 오펜하임가와 크레디 모빌리에는 공동으로 이 새로운 은행을 통제했다.[15]

페레르가는 더 나아가 1853년 스페인에 크레디 모빌리에를 설립하고, 동시에 벨기에의 크레디 모빌리에 설립까지 계획했다. 1854년에는 오스트리아를 공략 대상으로 삼았다. 그들은 여기서 그치지 않고 저 멀리 러시아까지 눈을 돌렸다.

러시아는 크림 전쟁에서 패배한 후, 철도 네트워크의 전략적 가치를 통감하고 모스크바-상트페테르부르크를 축으로 하는 전국 철도망 건설을 결심했다. 서쪽으로 폴란드 국경에서 남쪽으로 크림 반도까지, 러시아의 유럽 부분을 연결하는 전체 구간은 4,000마일이 넘고 예상 투자비는 10억 프랑이었다.

이 전략적 인프라 시설 건설 프로젝트를 실행하기 위해 전 러시아 철도 회사(The Great Russian Railway Company)가 설립되었다. 초기 자본금은 3억 프랑이었다. 주주는 상트페테르부르크의 차르 개인 은행가인 스티글리츠(Stieglitz), 바르샤바의 프랭켈(Fraenkel), 런던의 베어링 형제, 암스테르담의 호프, 베를린의 멘델스존가 및 로스차일드가의 경쟁 상대인 페레르, 말레, 풀드와 호팅거가 등 화려한 멤버들로 이뤄져 있었다. 또 이사회에는 러시아 육군 장군들과 정부 관리들로 구성된 10명(이 중에는 차르가 임명한 이사회 회장이 포함돼 있음)의 러시아인, 베어링-호프 컨소시엄의 이사 4명, 프랑스은행의 이사 5명, 페레르와 풀드가의 각 2명 등이 포함돼 있었다. 이로써 크레디 모빌리에를 대표로 하는 프랑스 금융 세력은 러시아의 정치, 경제, 사회 등 모든 영역에 걸쳐 대규모 침투에 성공했고, 훗날 러시아-프랑스 동맹의 대본영이 되었다.[16] 당시 상황을 1856년 프랑스의 〈산업〉 잡지에서는 이렇게 평가했다.

"크레디 모빌리에는 영향력을 반드시 전 세계로 확장해야만 한다. 파리의 모회사는 4년의 발전 기간을 거쳐 프랑스 업계가 벤치마킹하는 모범적인 모델이 되었다. 프랑스 밖에서는 오스트리아, 스페인, 피에몬테(북이탈리아)에 지점을 개설했고, 평화조약(크림 전쟁 후에 영국과 프랑스가 러시아와 맺은 조약) 체결을 틈타 콘스탄티노플과 상트페테르부르크에도 곧 지점이 개설될 예정이다. …… 유럽 각국이 모두 생산 발전과 물질의 진보가 현재 세계에서 가장 큰 정치적 이익이라고 인정하고 있기 때문에 …… 이런 이유로 신용대출은 반드시 필요하다."[17]

그러나 로스차일드가에 우호적인 〈철도〉 잡지는 크레디 모빌리에가 전 유럽으로 확장하려면 무려 10억 프랑이 필요하다며 이에 의문을 제기했다. 이 경우 프랑스 국내 산업 발전에 필요한 자본을 탈탈 털어 외국으로 이전해야 한다고 주장했다.

크레디 모빌리에는 비록 로스차일드가에 경도된 매체의 공격을 받았음에도 불구하고 전혀 흔들리지 않았다. 당초 계획대로 대담하게 유럽 각국으로 세력을 확장해 나갔다. 오스트리아, 러시아, 터키, 미국 정부가 발행한 공채를 인수했을 뿐 아니라 벨기에, 오스트리아, 이탈리아, 루마니아의 철도에 투자하고, 네덜란드, 오스트리아, 벨기에의 담보 채권을 사들였다. 게다가 네덜란드에 사탕수수 가공공장을 설립하고, 프라하에는 제철 공장을 오픈했으며, 심지어 실론(스리랑카)에 커피 농장까지 열었다. 하지만 크레디 모빌리에의 최대 성과는 역시 네덜란드-인도네시아 상업 은행을 비롯해 국가 철도 운영 회사, 네덜란드-

인도네시아 철도 회사를 설립한 것이다. 이 중 가장 중요한 네덜란드-인도네시아 상업 은행은 싱가포르와 홍콩에까지 지점을 개설했다. 이 은행은 주로 업종을 가리지 않는 투자 은행, 담보 은행 역할과 상업 무역 등의 업무를 처리했고, 크레디 모빌리에의 자은행으로 불렸다.

프랑스은행: 페레르가 격파를 위한 전략 고지를 선점하다

중앙은행을 장악하면 경쟁에서 전략적 우세를 점하게 된다. 과거에도 그랬고 지금도 마찬가지이다. 이 점에서 보면, 리먼 브러더스가 파산의 비극을 맞은 것은 이 역사적 교훈을 제대로 깨닫지 못했기 때문이다.

크레디 모빌리에라는 이름은 원래 공공의 이익을 대표하는 금융 센터를 의미했다. 그러나 실제로는 중앙은행인 프랑스은행의 업무 영역에 도전하는 상황을 만들어냈다. 1852년 이전만 해도 프랑스은행은 철도 회사의 주식을 담보로 잡고 대출을 해주는 영업을 하지 않았고, 이율도 6%로 무척 높았다. 그러나 1852년 11월에 이르러 이 이율이 크레디 모빌리에의 압력으로 인해 3.6%로 떨어졌다. 당연히 프랑스의 로스차일드가가 보유하고 있던 프랑스은행의 주식 시세는 대폭 하락하는 운명에 봉착했다. 크레디 모빌리에에 대한 로스차일드가의 원한은 골수에 맺혀 자연스럽게 프랑스은행과 동맹을 맺기에 이르렀다.

사실 로스차일드가는 크레디 모빌리에 설립 초기에 5,000주를 매입하고 시세를 예의 주시했다. 반면 페레르가는 조금씩 주식을 내다 팔고 있었다. 사기를 치는 사람들이 늘 그렇듯, 페레르가는 자신들의 금융 혁신 정책이 조만간 큰 문제를 일으킬 것임을 잘 알고 있었다. 로스차일드가 역시 이 점을 분명하게 인식하고 있었다.

1852년 11월 15일, 제임스 로스차일드는 나폴레옹 3세에게 보내는 사신(私信)에서 크레디 모빌리에 같은 주식제 은행은 '국가 경제의 재난'이 될 것이라고 맹렬하게 비판했다. 또 크레디 모빌리에의 주주들이 이름을 공개하지 않고 있다는 사실을 지적하며, 이들이 은행에 대한 책임을 지지 않은 채 권력을 남용할 기회를 잡으면 시민들의 재산을 마음대로 처리할 것이라고 주장했다. 그는 이어 "크레디 모빌리에가 거액을 투자해 상업 및 산업을 주도하는 목적은 시장의 규칙과 법률을 제정하기 위해서입니다. 이런 규칙과 법률이 제재를 받지 않고 경쟁이 과도하게 되면 …… 대부분의 국가 재산은 그들 손에 들어갈 것입니다. 나중에는 이 은행의 역량이 정부를 넘어설 수도 있습니다"라고 강조하면서 크레디 모빌리에의 위험성을 경고했다.[18] 내친김에 그는 크레디 모빌리에가 기초가 튼튼하지 못한 '해변의 모래 위에 세워진' 은행이라고 말했다. 그 이유는 그들이 발행한 채권의 고정 이자를 투자자들에게 지급해야 하는 탓에 은행 자체가 실시한 투자에 '불확실하고 믿기 어려운 변수'가 많다고 주장했다. 한마디로 위기가 발생하면 은행이 전체 경제를 완전히 '바닥으로 끌고 갈 수 있다'는 경고나 다름없었다. 제임스 로스차일드는 크레디 모빌리에의 준비 자금이 틀림없이 부족하여 일단 위기에 빠지면 정부로서는 '전체 파산' 내지는 '금은과 지폐의 태환 중지' 조치를 취할 수밖에 없다고 예견했다.

처음에 이 주장을 제기했을 때만 해도 나폴레옹 3세는 그다지 놀라는 기색을 보이지 않았다. 그러나 나중에 불거진 사실들은 이 말이 결코 헛소리가 아님을 증명했다. 제임스 로스차일드가 이때 크레디 모빌리에에 대해 내린 평가는 이름과 연도를 바꿀 경우, 금융 쓰나미가 지나간 다음의 〈파이낸셜 타임스〉 톱기사로 충분히 쓸 만한 내용이었다. 아마도 "금융 파생 상품의 위험에 대하여"라는 제목이 붙지 않았을까 싶다. 오늘날 로스차일드가가 전 세계를 휩쓴 금융 쓰나미에도 전혀 흔들림 없이 위용을 과시하는 것은 절대 거저 얻은 허명이 아니다.

1855년 은행과 철도의 번영은 최고조에 이르렀다. 그럼에도 크림 전쟁이 조성한 거액의 자금 경색은 이해의 농사를 흉작으로 몰아가 프랑스은행은 갑자기 천식에 걸린 것처럼 위기로 내몰렸다. 1855년 8월, 프랑스은행은 텅 빈 지불 준비금을 채우기 위해 로스차일드은행으로부터 3,000만 프랑의 황금과 2,500만 프랑의 백은을 매입할 수밖에 없었다. 1년 후에는 상황이 더욱 악화돼 도저히 방법이 없자 급기야 지폐와 금은의 상호 태환을 중지하겠다고 신청했다. 대다수 은행 이사들은 하나같이 이 제의에 찬성했으나 유독 알폰스 로스차일드만이 이에 적극적으로 반대했다. 마지막에 프랑스 재무부 장관의 지지를 얻은 쪽은 알폰스 부자였다.

이들은 할인율 인상과 8,300만 프랑의 황금 및 백은의 대규모 구매를 통해 고객들의 대량 인출 사태를 막고 프랑스은행의 현금 유동성을 유지시켜주었다. 1855년부터 1857년까지는 7억 5,100만 프랑의 황금을 제공하고 총 11%의 이윤을 챙겼다. 로스차일드은행과 프랑스은행의 공생공영 관계는 과거 어느 때보다 밀접하게 변해갔다.

로스차일드가는 페레르가를 지지하는 세력에 대해서 상당히 단호한 입장을 보였다. 친 페레르가 성향의 프랑스은행 고관들을 해외 주재 대사로 발령을 내 파리에서 멀리 떠나 있도록 막후에서 조종하기도 했다. 이런 일련의 공작으로 1855년에 알폰스 로스차일드가 프랑스은행의 회장으로 당선되면서 로스차일드은행은 프랑스은행의 최대주주가 되었다. 프랑스 재정과 화폐 정책에 대한 로스차일드가의 영향력은 양 가문의 치열한 각축전에서 로스차일드가를 최후의 승자로 만들어주었다.

페레르가의 확장 정책도 계속 이어졌다. 이 당시 그들은 오스트리아에 크레디 모빌리에를 설립하는 데 몰두했다.

이사크 페레르는 이를 위해 빈으로 직접 달려가 오스트리아 의회와 왕실에 프랑스의 성공 사례를 거론하며 금융과 산업 발전을 위한 일괄적인 건의를 제안했다. 이사크 페레르가 건의한 핵심 사업은 두 가지였다. 하나는 오스트리아에 크레디 모빌리에를 설립하는 것이고, 다른 하나는 빈과 이탈리아 트리에스테를 연결하는 철도 건설이었다. 일단의 빈 귀족들과 은행 가문들은 이사크 페레르의 건의에 상당히 고무되어 즉각 왕실에 크레디 모빌리에 설립 특허권을 이사크 페레르에게 주라고 요구했다. 오스트리아 수상 알렉산더 바흐(Alexander Bach)와 재무부 장관 폰 브룩(von Bruck) 남작은 페레르가의 건의가 제국의 경제 발전에 큰 도움이 될 것이라고 굳게 믿었다.

마침 이 무렵 빈 로스차일드은행의 장문인인 살로몬 로스차일드가 세상을 떠남으로써 합스부르크 궁정에 로스차일드가 사람이 아무도 없는 상황이 발생했다. 제임스 로스차일드는 자기 가문이 오스트리아의 새로운 금융 기구에 참여하지 못하는 상황을 용납할 수 없었다. 이에 즉각 살로몬 로스차일드의 아들 안젤름(Anselm) 로스차일드에게 오스트리아 가문의 업무를 모두 맡겼다.

안젤름 로스차일드는 오스트리아 가문의 대권을 거머쥐자마자 크레디 모빌리에 설립에 반대하는 각 분야의 인사들과 결속을 강화해 나갔다. 그는 이를 통해 오스트리아 조정으로 하여금 크레디 모빌리에에 적대적인 금융 컨소시엄의 실력을 깨닫게 만들려고 했다. 그러자 오스트리아 제국의 귀족들은 양 가문이 힘을 합쳐 합스부르크 왕실을 위해 봉사할 새로운 은행을 만들라고 제안했다.

안젤름 로스차일드는 이 제안에 대단히 절묘한 아이디어로 대응했다.

"오스트리아 조정은 새로운 이 기관의 업무 범위를 합스부르크 왕조 영토 내로 엄격하게 제한해야 합니다. 그래야만 자본이 외국으로 도피하는 것을 막아 오스트리아의 산업 발전을 촉진할 수 있습니다."

물론 유럽 전역에 퍼져 있는 로스차일드은행 지점이나 합작 파트너들은 이런 제한을 가볍게 피할 능력을 갖추고 있었다. 그러나 각 지역의 자원을 동원해 다양한 분야로 발전을 꾀하며 국제무대로 발돋움하려 했던 크레디 모빌리에에게는 분명히 족쇄가 되었다.

이사크 페레르는 하는 수 없이 원래 2억 3,000만 프랑으로 예정돼 있던 자본금을 대폭 삭감하는 조건으로 새로운 금융기관에 참여하는데 동의했다. 그러나 이때 페레르가는 심각한 자금 부족을 겪으며 공격의 예봉이 많이 무뎌져 있었다.

반면 로스차일드가는 프랑스 중앙은행의 대권을 거머쥔 후 이미 전략적 반격을 개시하기로 결정을 내렸다. 오스트리아에서 크레디 모빌리에를 설립하여 두각을 나타내려던 페레르가에게 통렬한 일격을 가할 심산이었다.

그들은 우선 페레르가가 크레디 모빌리에를 유럽 곳곳에 설립하느라 자금이 부족해진 상황을 눈치채고 현금 루트 차단에 나섰다. 1855년 9월, 페레르 형제가 장기 채권을 발행한다고 선포하자 로스차일드은행은 프랑스 중앙은행에 대한 영향력을 즉각 이용했다. 그들은 '자본 시장의 압력을 경감'한다는 이유를 내걸고 1억 2,000만 프랑 규모의 기업채 발행을 연기시킨 다음 아예 동결시켜버렸다. 이에 따라 크레디 모빌리에의 현금 유동성은 크게 악화되었다. 크레디 모빌리에가 장기 채권의 발행 기회를 놓친 효과는 금방 나타났다. 무엇보다 방대한 토지 개발 프로젝트를 위한 지속적인 자금 마련이 어려워지면서 페레르가의 거침없는 기세는 마침내 꺾이고 말았다.[19]

로스차일드은행은 동시에 프랑스 정부 내에도 크레디 모빌리에가 외국 시장에 대규모 자본을 투입하려 한다는 루머를 퍼뜨렸다. 결국 이사크 페레르는 오스트리아 정부에 "크레디 모빌리에는 '프랑스 정부의 태도 때문'에 새로 설립될 오스트리아 유니온 크레디 모빌리에에 참여할 수 없게 되었습니다. 그러나 이 은행은 오스트리아 제국의 금융권을 이끄는 주도적인 투자 은행 내지는 유럽 최대 규모의 금융기관이 될 것입니다"라고 통고할 수밖에 없었다. 오스트리아 유니온 크레디 모빌리에를 설립하며 페레르가는 쓰디쓴 실패를 맛보았다.

1857년 유럽의 경제 위기가 심화됨에 따라 철도 건설 프로젝트 역시 적지 않은 영향을 받았다. 페레르가가 착수한 주요 노선 프로젝트는 하나같이 손실을 기록했다. 이에 반해 로스차일드가가 장악하고 있던 프로젝트는 다행히 이 위기에서 살아남았다. 프랑스은행은 이 교훈을 통해 치명적인 결함을 가진 은행은 '늙은' 로스차일드은행이 아니라 페레르가를 필두로 하는 '젊은' 은행이라는 사실을 절실하게 깨달았다.

이 와중에도 유럽의 철도 건설이 갈수록 국경을 넘어서면서 글로벌 발전을 향해 계속 달려가고 있었다. 로스차일드은행의 '국제화'는 이때 유독 두드러졌다. 반면 성공 일보 직전에서 휘청거린 크레디 모빌리에로서는 전 유럽에 퍼진 지점들이 서로 호응하면서 도와주는 로스차일드의 네트워크를 도저히 따라잡지 못했다. 1857년 이후 크레디 모빌리에는 철도 융자 사업에서 결국 깨끗이 패배를 인정했다.

크레디 모빌리에의 자금 부족은 1857년 금융위기가 폭발한 다음 갈수록 심해졌다. 우선 증시 상장을 통해 각 회사들로부터 거둬들였던 대량의 현금 배당이 고갈 직전에 이르렀을 뿐 아니라 이 회사들은 상황이 어려워지자 오히려 크레디 모빌리에에게 대규모 자금 지원을 요구했다. 페레르가로서는 자산이 폭락하는 상황에서 주식 투매가 초래한 엄청난 손해를 감당하지 못하고 자금 고갈을 향해 치닫고 있었다.

사실 크레디 모빌리에가 최종적으로 실패에 직면하게 된 데에는 모험을 무릅쓴 페레르가의 투자 역시 상당한 영향을 미쳤다. 1854년 프랑스는 수에즈 운하의 건설과 임대 사용에 관한 계약을 체결했다. 이때 페레르 형제는 운하가 개통된 다음에 마르세유 항이 동양으로 통하는 프랑스 최고의 항구가 될 것으로 판단하고 마르세유 항 부근의 부동산에 대규모 자본을 투자했다. 당시 대외 투자 자금 5,500만 프랑중 무려 5,200만 프랑을 이 사업에 쏟아부었다. 하지만 수에즈 운하는 1869년에 완공되었으니 대규모 자금이 도리 없이 마르세유 지역의 부동산에 묶인 꼴이 되었다. 이는 '크레디' 모빌리에가 '부동산' 신용 대출 은행으로 변한 우스운 상황을 연출했다.

1863년 궁지에 몰린 페레르 형제는 크레디 모빌리에의 자본금을 배로 증자하는 건의를 정부에 제출했으나 보기 좋게 거절당했다. 나중에 자본금의 증자 승인을 얻기는 했지만 이미 때가 너무 늦어 크레디 모빌리에의 주가는 완전히 폭락하고 파산 지경에 이르렀다. 다른 금융기관들 역시 상황이 심상치 않다는 인식하에 구원의 손길을 내밀려 하지 않았다. 막다른 골목에 몰린 페레르 형제는 1868년에 하는 수 없이 '마지막 천사'가 될 프랑스은행을 찾아가 도움을 요청했다.

이렇게 해서 페레르 형제는 완전히 벌거벗겨진 채 로스차일드가의 총구 앞에 서게 됐다. 프랑스은행은 지원 조건으로 페레르 형제의 퇴진과 프랑스은행의 전 총재를 크레디 모빌리에의 회장으로 선임하라고 요구했다. 완전히 크레디 모빌리에의 새판 짜기에 들어간 것이었다. 이후 크레디 모빌리에는 단 한 번도 재기하지 못한 채 1930년대의 불경기 때 사망을 선고받았다. 크레디 모빌리에의 전성기는 1852년부터 1857년까지 고작 5년에 불과했다.

외젠(Eugène) 페레르는 이사크 페레르의 아들로 훗날 페레르가를 이끈 핵심 인물이 되었다. 1881년에는 오늘날 프랑스에서 가장 오래된 민영 은행 중 하나로 손꼽히는 트랜스 애틀랜틱은행(Banque Transatlantique)을 설립했다. 1909년에는 그의 손녀와 로스차일드가의 일원이 혼인을 맺어 대대로 이어오던 원수 집안은 혈연으로 엮이게 되었다.[20]

크림 전쟁

로스차일드가는 200여 년간 자신들이 금융 제국에 영향을 미칠 수 있었던 이유는 다름 아닌 전쟁과 혁명 때문이라고 생각했다. 혁명이든 전쟁이든 교전 쌍방이 폭력적 행동을 조직적으로 펼치기 위해서는 필연적으로 대량의 자금 융자를 필요로 할 수밖에 없었다. 또 전쟁과 혁명 자체는 기존에 존재하던 봉건 사회와 교회의 통치 질서에 대대적인 충격을 가해 금융 가문에 정치적 영향력을 확대할 수 있는 기회를 제공했다. 전쟁과 혁명이 끝난 다음의 재건 프로젝트에도 대량의 자본 융자는 필수 불가결한 요소였다. 한마디로 전쟁과 혁명은 로스차일드가에게 일석삼조의 효과를 제공했다고 할 수 있다.

1854년 3월, 유럽 주요국을 휩쓴 전쟁이 발발했다.

크림 전쟁이 발발하기 직전에 보인 조짐에 대해 로스차일드가는 크게 신경을 쓰지 않았다. 전쟁의 도화선은 다름 아닌 성지(聖地) 쟁탈을 둘러싼 갈등이었다. 더 깊이 들어가면 예루살렘의 베들레헴 교회 관할권을 누가 차지하느냐 하는 분쟁이었다. 갈등의 주역은 프랑스의 지지를 등에 업은 천주교와 러시아를 배경으로 하고 있던 동방 정교회였다. 전쟁의 원인은 18세기 후반으로 거슬러 올라간다.

당시 러시아는 근동(近東) 지역으로 급속히 세력을 확장해 날로 쇠락해 가던 오스만 제국을 점령하고 흑해 해협을 장악해 남쪽 지중해로 진출하려는 숙원을 이루고자 했다. 그러나 이 야욕은 근동 지역에 중요한 정치·경제적 이해관계를 가지고 있던 영국 및 프랑스와의 첨예한 충돌을 야기했다.

어떤 전쟁이든 국제 금융시장에 대지각 변동을 일으켜, 각국의 재정 상황과 새판을 짜는 국제 금융시장의 이익 구도에 급격한 변화를 가져오게 되어 있다. 바로 이 때문에 천주교와 동방 정교회의 충돌이 일어나자마자 국제 은행 가문의 발바닥에 가장 먼저 불이 붙었다.

하지만 로스차일드가는 외교 경로를 통해 얻은 정보를 너무 과신한 나머지 처음에는 수동적인 자세를 보였다. 그러나 러시아에서 날아온 정보들은 정확한 게 아니었다. 거의 모든 정보는 1853년 6월까지만 해도 러시아가 절대 전쟁을 일으키지 않을 것이라는 사실을 보여주는 내용이었다. 1854년 1월, 유럽 연합군이 흑해로 진군했으나 제임스 로스차일드는 전혀 개의치 않았다. 그와 달리 비스마르크는 2월에 러시아 대사가 파리에 긴급 소환됐다는 정확한 정보를 입수하고 즉각 머리를 굴리기 시작했다. 이에 대해 비스마르크가 남긴 기록을 살펴보자.

"나는 당시 이 소식이 누구를 가장 놀라게 할 것인가 생각했다. 내 눈은 자연스럽게 로스차일드가의 사람들에 맞춰져 있었다. 내가 그 소식을 전하자 과연 그의 얼굴은 백지장처럼 변했다. 그의 첫 번째 반응은 '내가 이 사실을 오늘 아침에 알았다면 좋았을 텐데요.'라는 말이었다. 두 번째 반응은 '내일 저와 사업에 대해 얘기할 수 있겠습니까?'라는 말이었다."

런던의 장문인 라이오넬 로스차일드 역시 러시아가 전쟁을 일으키리라고는 전혀 생각하지 못했다. 그는 1854년 3월에 "이미 8억 파운드의 국가 부채를 진 국가는 전쟁을 시작하기 전에 이에 대해 신중하게 생각해야 한다"며 러시아가 이미 쇠퇴기에 접어들었다고 여겼다.

하지만 3년을 끈 크림 전쟁에서 로스차일드가는 공채 인수 사업을 통해 다시 한번 위용을 과시했다. 전쟁으로 인해 참전국들 모두 군사 지출이 재정 수입을 훨씬 초과하는 사태가 발생했다. 이에 각국이 공채를 대거 발행하면서 공채 시장은 뜨겁게 달아올랐다.

이 공채 전쟁에서 로스차일드은행은 그동안 페레르가에 억눌렸던 울분을 일거에 만회했다. 공채 시장에는 로스차일드은행의 패자 지위를 흔들 만한 적수가 아예 보이지 않았다. 그들은 이미 100여 년 동안이나 이어진 피나는 노력을 통해 이 시장에 군림하고 있었다. 실제로 이때 크레디 모빌리에를 포함한 경쟁자들은 공채 전쟁에서 모두 빈손으로 돌아가야만 했다. 오로지 로스차일드가의 오랜 숙적인 베어링스은행만이 패전국 러시아가 발행한 공채 인수에 나섰으나 결국 큰 손해를 보는 낭패를 당했다. 결론적으로 로스차일드가는 이 전쟁에서 크게 준비를 하지 않았음에도 완벽한 한판승을 거두었다.

영국은 원래 정부 차원에서 베어링스은행으로부터 자금을 빌린다는 원칙을 정했다. 그러나 베어링스은행은 러시아에 물려 빠져나오지 못하는 상황이었다. 그저 눈 뻔히 뜬 채 1,600만 파운드나 되는 전쟁공채를 로스차일드은행이 야금야금 삼키는 것을 구경해야 했다.

전쟁 당사자인 프랑스도 경제 위기로 골머리를 앓고 있었다. 나폴레옹 3세는 급히 일련의 이율 조정을 내놓아 경제를 자극했다. 로스차일드가의 프랑스은행과 호팅거가는 즉각 손을 잡고 재정을 통해 경제를 활성화시키겠다는 이 정책에 동조했다. 당연히 이 사업에서 페레르은행은 제외됐다. 이렇게 해서 프랑스 재무부가 1854년과 1855년에 크림 전쟁에 필요한 채권을 잇달아 발행했을 때, 로스차일드가는 자연스럽게 우선 협상 대상자가 되었다.

그제야 페레르 은행은 반응을 보이며 나폴레옹 3세에게 적극적인 로비를 벌였다. 그러나 재무부 장관이 나폴레옹 3세에게 "지금 국내 시장의 전쟁 채권 용량은 포화 상태에 이르렀습니다"라고 보고하면서 상황은 끝났다. 채권은 최종적으로 바다 건너 영국 런던에서 발행되었고, 로스차일드은행 런던 지점은 미리부터 자리를 펴고 기다리고 있었다. 프랑스의 채권 발행 사업은 자연스럽게 로스차일드의 런던 지점에 떨어졌다. 페레르가로서는 미리 선수를 친 로스차일드가를 당해낼 수 없었다. 그저 부러운 시선으로 로스차일드가의 프랑스은행과 런던은행이 프랑스 전쟁 채권을 맛있게 먹어치우는 모습을 바라봐야 했다.

페레르가는 프랑스에서 로스차일드가에게 완패하자 서둘러 터키 쪽으로 손을 뻗쳤다. 그러나 로스차일드가는 이미 터키의 전쟁 채권에도 선제공격을 가해 페레르가보다 한 발 앞서 콘스탄티노플에 자신들의 대리인을 파견해 놓았다. 터키의 전쟁 채권도 곧 로스차일드가 런던은행의 수중에 떨어졌다. 1857년 당시 〈타임〉지는 "터키의 중앙은행이 곧 로스차일드은행의 지점이 될 것으로 보인다"라고 전망했다.

오스트리아는 크림 전쟁에 직접 참전한 당사국이 아니었다. 하지만 참전국 못지않게 바삐 움직이며 전 국력을 동원해 군비 확충에 나섰다. 이 결과 러시아군을 다뉴브 강에서 몰아내는 성과를 올렸다. 그렇다고 오스트리아가 마냥 기뻐할 상황은 아니었다. 전비 부담으로 인해 화폐가치가 나날이 폭락하고 정부 재정이 심각한 상황에 이르렀기 때문이었다. 오스트리아 재무부 장관은 제임스 로스차일드에게 "우리 화폐는 완전히 휴지로 변하기 직전입니다. 당신만이 우리를 구해줄 수 있습니다."[21]라는 긴급 구호 요청 편지를 보냈다. 제임스 로스차일드는 이에 즉각 다른 지역의 로스차일드은행 지점과 연합해 지원하겠다는 입장을 피력했다. 조건은 풀드은행에 허가를 내준 대출 업무를 로스차일드가에게 이양해 달라는 것이었다. 풀드가로서는 입에 다 넣었다고 생각한 오리가 다시 날아가 버린 입장에 처하고 말았다.

전쟁 기간 중 프로이센 정부의 지출액 역시 무려 45%나 늘어나 도저히 감당하기 어려운 상황에 이르렀다. 결국 비스마르크를 주축으로 한 채권 발행 실무진은 로스차일드의 프랑크푸르트은행에 전쟁 채권 사업의 전권을 이양해야만 했다. 메이어 카를 로스차일드는 이때 국가를 위해 헌신한 공로로 붉은 독수리 훈장을 받았다.

유럽 각국은 1856년까지 전쟁을 치르면서 거의 동시에 심각한 경제 위기에 빠져들었고, 수많은 은행들이 도산했다. 이 상황은 1852년부터 1855년까지 각국 정부의 공공 지출 증가율을 보면 잘 알 수 있다. 오스트리아가 42%, 영국이 68%, 프랑스가 53%, 러시아가 88%의 증가율을 기록했다. 공채 가치의 하락 역시 심각한 상황을 연출해 영국 15%, 프랑스 15%, 오스트리아 24%, 프로이센 11%를 기록했다. 전쟁을 위한 자금이 '빈혈' 상태에서 점점 '단혈' 상태의 양상을 보이면서, 전쟁은 자연스럽게 더 이상 치르기 어려운 상황이 되었다. 이로써 크림 전쟁은 얼마 후 조용히 막을 내렸다.

로스차일드은행은 솔직히 전쟁의 승패에는 아무 관심이 없었다. 1850년대 말까지 영국을 비롯해 프랑스, 터키, 오스트리아, 프로이센 등이 로스차일드은행의 고객이 되었다는 사실이 가장 중요했다. 또한 로스차일드은행은 전쟁 기간 신구 라이벌을 일제히 정리하는 실적을 거뒀다. 일부는 역사에서 완전히 사라지기도 했다. 유럽 각국의 공채 인수 사업 분야에서 그들의 지위는 다시는 흔들리지 않게 되었다.

1857년 당시 상당수 은행들은 파산의 운명을 피하지 못했다. 그럼에도 로스차일드은행은 단 한 곳에서도 손해를 보지 않았다. 최대의 손실이라면 그저 이익이 줄었을 뿐이었다.

천주교 은행 가문: 제3세력

1870년 전까지 프랑스의 은행 가문 세력은 대략 둘로 갈라져 대치했다. 주역은 유대계 은행 가문과 청교도 은행 가문이었다. 유대계 은행 가문에서는 로스차일드가가 단연 독보적인 위치에 있었고, 청교도 은행 가문 중에서는 미라보가가 가장 두드러졌다. 이에 반해 천주교 은행 가문은 양대 가문처럼 종교적 박해를 받지 않아 굳이 응집력을 과시할 필요가 없었다.

그러나 1870년 보불 전쟁 이후에 제3세력인 천주교 은행 가문이 점차 형성되기 시작했다. 여기에는 다비예(Davillier), 뤼베르삭(Lubersac), 드마쉬(Demachy), 구드쇼(Goudchaux), 르히도(Lehidaux)가 등이 포함되었다. 이 제3세력은 그다지 안정적이지 않았고, 모습을 드러내기 무섭게 두 그룹으로 나뉘어졌다. 한 그룹은 로스차일드 진영과 동맹을 맺고 제3공화국의 건국을 지지한 세력이었고, 또 다른 그룹은 당시 발흥하던 중공업 그룹과 힘을 합친 세력이었다. 중공업 그룹을 이끈 주력 가문은 천주교 신도가 대부분이었다. 이들 중 리더는 단연 프랑스 철강 대왕으로 불린 슈나이더(Schneider)가였다. 결론적으로 로스차일드가는 제

3세력 가운데서도 돋보이는 위치를 차지했다.

금권의 진화: 소유권에서 지배권으로

프랑스 역사를 보면, 로스차일드가나 페레르가나 하나같이 정부와 끈끈한 유대 관계를 맺고 있었다. 그러나 프랑스 실물 경제와의 관계는 상대적으로 약했다고 말할 수 있다. 이들은 철도 방면에 대대적인 투자를 하는 것 외에 다른 산업 분야에 대한 투자에는 별로 흥미를 가지지 않았다. 여기에는 두 가지 중요한 이유가 있었다.

하나는 풍부한 저축으로 인해 산업혁명 전기의 필요 자금이 충분히 조달 가능했다는 사실이다. 자금 공급이 충분하다 보니 굳이 이윤이 높지 않은 실물 경제에 투자할 이유가 없었던 것이다. 다른 하나는 외국과 전쟁을 벌였던 정부의 전쟁 채권 수요가 엄청났다는 사실이다. 이 경우는 이윤도 높고 정부라는 확실한 보증도 있어서 안정적으로 큰돈을 벌 수 있는 투자 방법이었다. 그 밖에 자본이 부족한 국가에서 벌이는 프로젝트 투자는 수익률이 대단히 높고 현지 정부가 보증을 섰으므로 고이윤에 믿을 만한 투자라 할 수 있었다. 한마디로 국제 은행 가문의 입장에서는 본국의 실물 경제 순환에 자금을 투자하는 것보다 국제적인 고액의 이익을 추구하는 게 훨씬 더 매력적이었다.

은행의 운영 모델로 볼 때, 당시 소규모의 프랑스 민영 은행들은 기업들의 자금 수요를 충분히 감당할 수 있었다. 방직, 야금, 운수, 기계 등 산업 분야의 기업들이 필요로 하는 자금은 어느 정도 한도가 있었기 때문이다. 그리고 저축을 유독 좋아했던 프랑스 국민들의 투자 방식은 대단히 보수적이어서 안정적이고 믿을 만한 정부나 기업의 채권을 구입하는 경향이 농후했다. 반면 위험성이 높은 주식은 가능하면 매입을 피하려 했다. 만약 기업에 투자를 해도 개인 기업이나 가족 기업에 투자를 했지, 대형 기업에는 눈길을 돌리지 않았다. 바로 이런 이유 탓에 프랑스에서 대형 주식제 은행의 출현은 거북이걸음일 수밖에 없었다. 이 점에서 프랑스는 영국과 비슷한 점이 있었다.

그러나 대규모 철도 건설 프로젝트의 출현에 따라 이런 상황은 확 달라졌다. 프랑스에서 철도가 가장 많이 건설되던 호황기는 1830년에서 1870년 사이였다. 이 시기에는 그 어느 때보다 많은 자금이 필요했으나 일반 고객의 저축에 모든 것을 의지하는 전통적 방식의 민영 은행 시스템으로는 이를 감당하기 쉽지 않았다. 중대한 도전에 직면한 프랑스의 금융 시스템은 산업혁명 후기의 대규모 자금 수요에 부응하기 위해 완전히 새로운 주식제 투자 은행과 저축 은행, 일단의 보험 회사를 포함하는 금융기관을 설립하지 않을 수 없었다. 이 금융기관들은 수많은 고객의 자금을 모집한 다음 다시 투자와 융자를 거쳐 운영되었다. 방대한 규모의 자금은 실물 경제 가운데 특히 많은 자금이 필요한 공업 분야에 주로 투입되며 눈에 두드러진 수익을 올렸다.

새로운 주식제 은행 모델의 출현에 따라, 민영 은행의 역할은 과거에 그저 자금을 대출해 주는 입장에서 공공자금을 운용하는 관리자로 완전히 바뀌었다. 사실 이런 변신은 민영 은행가에게 상당히 유리한 면이 있었다. 과거에는 자신이 조성한 자금을 대출만 해주었기 때문에 투자한 산업 분야의 금융 장악력이 일목요연하게 드러나 비밀을 유지하기가 거의 불가능했다. 그러나 이제는 공공자금을 관리함으로써 사회 전반의 부에 대한 장악력이 커졌을 뿐 아니라 비밀 유지도 훨씬 쉬워졌다. 게다가 이런 시스템에서는 자신의 신분을 공개하지 않고 막후에서 모두 통제하는 것이 가능해졌다. 이처럼 금융 자본주의 제도는 대중의 시선을 적절하게 차단하는 특징을 가지고 있었다.

이런 일련의 신흥 금융기관 배후에는 당연히 은행 가문들이 있었다. 이사회 멤버들은 대부분 은행 가문 인사들로 채워졌다. 로스차일드가가 설립한 파리바은행이 그중 가장 대표적인 사례였다.

1870년부터 제2차 세계대전이 발발할 때까지의 제3공화국 시대에 로스차일드가를 필두로 한 유대계 은행 가문은 가장 확실하게 정권을 지지한 금융 세력 그룹이었다. 이에 반해 청교도와 천주교 은행 가문은 제3공화국에 반대하는 경향을 보였다. 이 과정에서 유대계 은행 가문은 프랑스 최대이자 가장 중요한 주식제 투자 은행인 파리바은행을 통해 거대한 부를 축적했다. 또 파리바은행은 20세기 초에 프랑스 경제와 정치에 엄청난 영향을 미치는 은행으로 성장했다.

1931년에 로스차일드가가 통제하는 파리바은행은 총 357개의 프랑스 상장회사 주식을 보유하고, 로스차일드가의 일원이나 가문 은행의 고위 임원들은 이 중 120개 회사의 180개 이사 자리를 차지하고 있었다. 이런 식의 지배는 고도로 치밀한 수법을 동원해 쟁취한 것이다. 이를테면 주권(株權) 중의 무 투표권과 복수 투표권을 절묘하게 안배해, 기존의 이사가 투표를 통해 새 이사 자리를 늘렸다. 이를 통해 극소수의 특별 주주가 다수 주주의 부를 유효하게 통제할 수 있었다. 다른 사례도 있다. 특권을 보유한 주주는 주식 한 주당 한 표의 투표권을 가지지만 시장의 일반 투자자는 한 주에 10분의 1의 투표권만 보장된다. 이때 특수 주주가 이사회의 임명과 회사 운영을 완벽하게 장악하는 것은 별로 어렵지 않았다. 로스차일드가는 바로 이런 방법을 동원했다.

청교도 은행가들은 이런 파리바은행의 횡포에 대항하기 위해 1904년 자신들이 지분을 가진 주식제 투자 은행 유니온 파리지엔(Union Parisienne)을 설립했다. 이들은 1904년부터 1919년까지 유니온 파리지엔을 중심으로 금융 세력을 결집하여 파리바은행을 핵심으로 뭉친 유대계 은행 세력에 대항했다.

하지만 청교도 은행 시스템과 유대계 은행 가문 시스템이 프랑스 정치와 경제의 패권을 놓고 벌인 한판 승부 때문에 프랑스 정치와 경제 시스템은 거의 마비되고 말았다. 이 싸움은 1934년부터 1938년에 특히 심해 경제 불황에 빠진 프랑스 경제의 소생을 더욱 더디게 만들었다. 그러나 결정적인 후폭풍은 이 대결로 인해 제2차 세계대전 때 너무나도 빨리 독일에게 점령당하는 치욕을 겪었다는 사실이다.

1936년 파리 증권거래소에 상장된 회사는 총 1,506개였다. 이 중 대략 600개는 프랑스 국가 경제 및 민생과 밀접하고 중요한 회사들이었다. 이외에 상장되지 않은 회사 중에서도 대략 200여 개는 대단히 중요한 위치에 있었다. 총 800개의 중요한 회사가 있었던 셈이다.

유대계 은행 가문은 이중 약 400여 개를 장악하고 있었고, 청교도 은행가들은 300여 개를 통제하고 있었다. 고작 100여 개만이 이들 그룹이나 다른 세력의 통제를 받지 않는 회사들이었다. 제2차 세계대전 중 프랑스는 4년 동안이나 나치 독일에 점령을 당했다. 이때 유대계 은행 가문은 상장 회사에 대한 지배권을 포함한 자산을 모두 나치 독일에게 강탈당했다. 전쟁이 끝난 후 당연히 이 지배권은 대부분 회수되었고, 패전국 독일은 이자까지 포함한 전쟁 배상금을 물어야 했다.

통계에 따르면 당시 프랑스는 양대 세력이 장악한 그룹을 포함해 총 183개 대기업이 사회를 좌지우지하고 있었다. 이들 그룹이 바로 프랑스의 유명한 '200 패밀리'의 전신이다. 이 밖에 당시의 금융 가문들은 언론계와 정계에도 적극적으로 침투했다. 특히 은행가들이 빈번하게 언론 사업에 투자하거나 직접 언론사를 세웠다. 당연히 이 모든 현상은 프랑스의 정치, 경제, 사회 등의 각 방면에 엄청난 영향을 미쳤다.

금융계의 황제들이 권력과 부를 움켜쥔 것에서 한 발 더 나아가 정계에 입문한 경우는 나폴레옹 3세 때 재무부 장관을 지낸 아실 풀드가 대표적인 사례였다. 은행 가문의 대리인이 정계에 진출한 사례 역시 적지 않았다. 대표적인 인물로는 1962년 드골 대통령 시절 총리로 임명됐던 퐁피두가 꼽힌다. 그는 로스차일드가 산하의 프랑스은행 총재를 역임하다가 1962년부터 1968년까지 총리를 지냈다. 1969년부터 1974년까지는 대통령직을 수행했다. 금권의 역량은 200여 년을 거치면서 부단히 진화해 프랑스에서는 도저히 흔들 수 없을 정도로 깊이 뿌리를 내렸다.

제 3 장 인맥 관계도

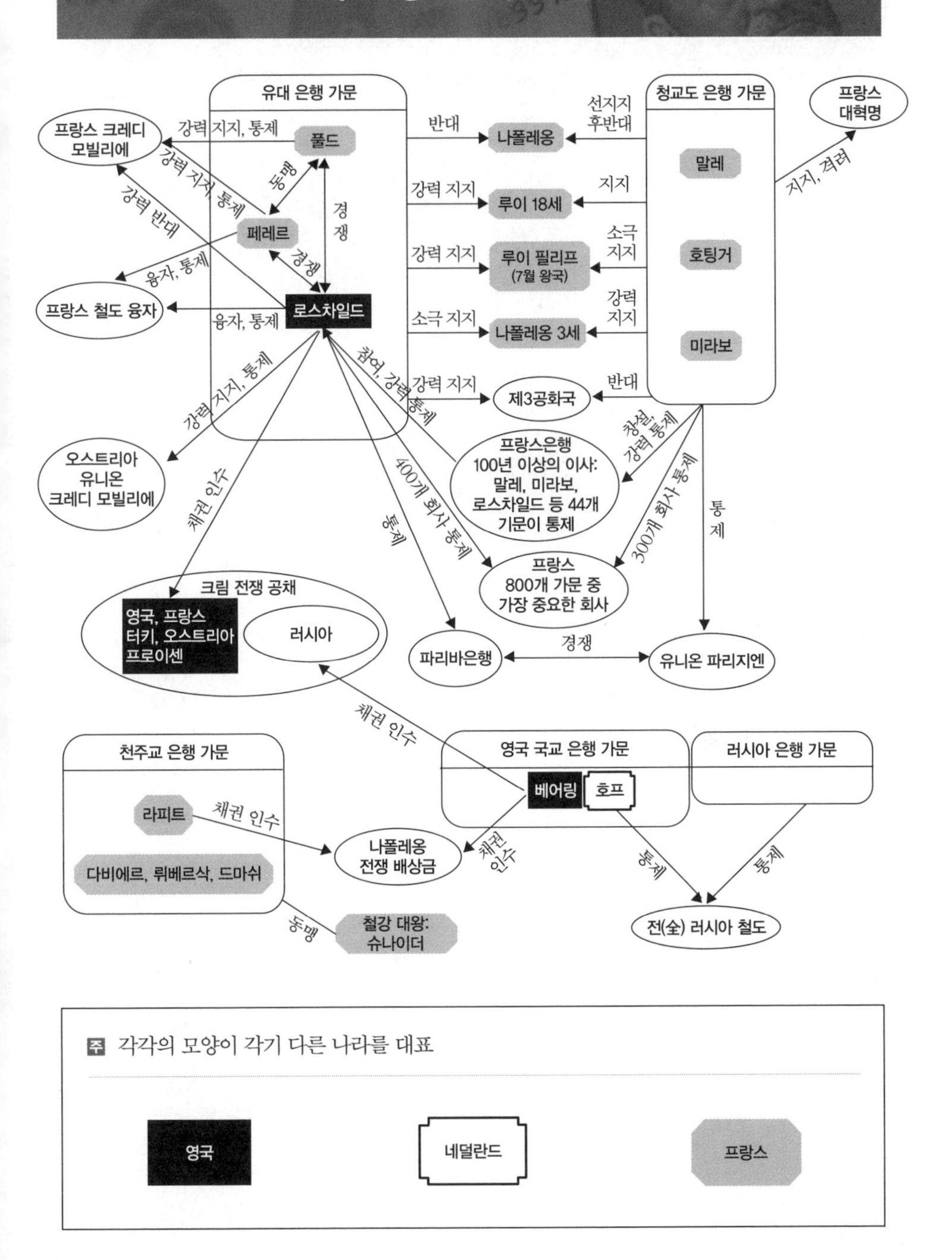

유대 은행 가문
청교도 은행 가문
프랑스 대혁명
프랑스 크레디 모빌리에
강력 지지, 통제
풀드
반대
나폴레옹
선지지 후반대
말레
지지, 격려
강력 지지, 통제
동맹
경쟁
강력 반대
강력 지지
루이 18세
지지
페레르
강력 지지
루이 필리프 (7월 왕국)
소극 지지
호팅거
경쟁
융자, 통제
프랑스 철도 융자
로스차일드
융자, 통제
소극 지지
나폴레옹 3세
강력 지지
미라보
참여, 강력 통제
강력 지지
제3공화국
반대
강력 지지, 통제
창설 강력 통제
오스트리아 유니온 크레디 모빌리에
프랑스은행 100년 이상의 이사: 말레, 미라보, 로스차일드 등 44개 가문이 통제
채권 인수
400개 회사 통제
통제
300개 회사 통제
통제
프랑스 800개 가문 중 가장 중요한 회사
크림 전쟁 공채
영국, 프랑스 터키, 오스트리아 프로이센
러시아
파리바은행
경쟁
유니온 파리지엔
채권 인수
천주교 은행 가문
영국 국교 은행 가문
러시아 은행 가문
베어링
호프
라피트
채권 인수
나폴레옹 전쟁 배상금
채권 인수
다비에르, 뤼베르삭, 드마쉬
통제
통제
동맹
철강 대왕: 슈나이더
전(全) 러시아 철도
주 각각의 모양이 각기 다른 나라를 대표
영국
네덜란드
프랑스

제4장

미국: 금권 커넥션의 내부 사람들

어떤 사람들은 심지어 우리를 비밀 집단의 일부라고 생각하고, 미국의 핵심 이익을 해치려한다고 평가한다. 그들은 내 가족과 나를 '국제주의자'로 묘사하며 우리가 (같은 이상을 가지고 있는) 다른 나라의 사람들과 함께 전 세계적인 정치 및 경제 기구 – 단일한 세계(정부) – 를 세우려는 음모를 꾸민다고 매도한다. 만약 이것이 우리에 대한 고발이라면 나는 죄가 있다고 인정하겠다. 그러나 나는 이를 영광으로 여길 것이다.

_ 데이비드 록펠러

들어가면서

미국 역사의 가장 독특한 점은 모든 것이 거의 백지상태에서 출발했다는 것이다. 종교 박해를 피해 유럽과 기타 대륙에서 신대륙으로 건너온 사람들은 땅덩어리가 어마어마하고 자원이 풍부한 이곳에서 자수성가하여 거대한 부를 창출했다. 이때 미국에는 영국, 프랑스, 네덜란드 등이 상업 자본주의 시대에 축적한 원시 자본이 전무했다. 게다가 유럽 대륙이 수천 년에 걸쳐 만들어낸 도시, 농촌, 항구, 교량, 도로 등의 기본적인 인프라 시설이 거의 없었다. 이렇다 보니 미국이 필요로 하는 자본과 노동력 수요가 거의 무한대에 가까웠다.

미국은 엄청나게 풍부한 천연자원, 심각하다고 해도 과언이 아닌 노동력 부족, 거의 제로 상태인 자본의 세 가지 요소가 절묘하게 어우러져 유럽과 현저히 다른 금융 환경이 조성되었다. 이곳에는 또한 사람들을 질식시키는 봉건 계급 제도나 광란에 가까울 정도로 자행되던 종교 박해도 존재하지 않았다. 국제 은행 가문들에게는 그야말로 천혜의 옥토가 따로 없었다. 금권은 이 옥토에서 제멋대로 성장하고 확장하며 하늘을 덮을 정도의 세력을 키워나갔다. 당시 금권에 대한 정권의 입장은 압제에서 통제로, 대항에서 묵인으로, 배척에서 연합으로, 협력에서 순종으로 점차 변해갔다.

사실 금권이란 것은 목적을 달성하기 위해 사람들을 강요하는 대신 유혹하는 방법을 더 많이 사용한다. 금권은 사람의 마음속 욕망을 이끌어낼 뿐, 절대 외부적 압력을 가하지 않는다. 금권은 이익의 고른 분배를 강조할 뿐, 절대 적과 아군으로 구분 짓지 않는다.

19세기 내내 미국에는 국제 은행 가문들이 대거 속출했다. 그중에서도 가장 주목받은 그룹은 유대계 가문이었다. 대표적인 유대계 은행 가문으로는 셀리그먼, 벨몬트, 시프, 쿤, 뢰브, 바르부르크, 슈파이어, 리먼, 골드만, 삭스Sachs 등을 꼽을 수 있다. 이들 가문의 가장 뚜렷한 공통점은 모두 독일에서 건너왔다는 것이다. 만약 오늘날 월스트리트 금융 권력의 90%를 장악한 주인공이 유대계 은행 가문이라고 한다면, 위의 독일계 은행 가문은 월스트리트의 금권을 지탱하는 근간이라고 할 수 있다. 따라서 이들 가문의 배경과 인맥 관계를 알아야 현재 진행형인 글로벌 금융 쓰나미와 세계 금융시장 동향에 대해 기본적인 판단을 내릴 수 있다.

사회는 사람들이 만들어놓은 서로 다른 수많은 커넥션, 이를테면 사회집단으로 구성된다. 이들 개별 사회집단은 언제 어디서나 존재하는 인맥에 의해 하나의 무리를 이루게 된다. 이렇게 형성된 집단이 곧 능력이 비범한 사람들로 구성된 사회집단이라고 할 수 있다.

셀리그먼
: 무명의 잡화상에서 국제 은행 가문으로

셀리그먼가는 1820년대까지만 해도 독일 바이에른 주에서 유대인들의 비장의 생존 무기인 환전업에 종사하면서 평범한 삶을 살았다. 당시 독일은 통일 전으로 30여 개의 공국들로 나뉘어 있었다. 당연히 공국별로 서로 다른 화폐를 사용했기 때문에 각지를 왕래하며 무역하는 행상들의 불편은 이만저만이 아니었다.

요제프 셀리그먼은 어릴 때부터 집안에서 신동 소리를 들으며 자랐다. 여덟 살 때부터 은행에서 일하는 어른들의 심부름을 도맡아 처리하던 그는 돈을 받을 때 각 지역별로 화폐가치가 다르다는 사실을 재빨리 간파했다. 나이에 비해 재능이 많았던 요제프 셀리그먼은 열두 살 때부터는 아예 거리를 누비고 다니다가 점점 세상 물정에 밝은 환전상으로 성장했다.

요제프 셀리그먼

그의 주요 사업은 다른 지역의 행상이 가져온 금은화폐를 현지 화폐로 교환해 주고, 또 이때 구매한 다른 지역의 화폐를 그곳으로 여행이나 장사를 떠나는 사람에게 되파는 것이었다. 그는 이런 방법으로 적지 않은 차액을 남겼다. 그는 또한 환전 사업을 통해 알게 된 고향 밖의 지리, 경제, 화폐 교환 등과 관련한 정보를 자기 것으로 만들며 예민한 사업적 후각을 키워나갔다.

1830년대 독일에서 산업혁명이 본격적으로 일어나자, 바이에른 지역의 수공업은 이 거대한 산업 물결의 충격으로 점차 침체에 빠져들었다. 현지 수공업자들은 사업 기회를 잃고 생계마저 어려워졌다. 그러자 많은 유대인들이 잇달아 바다 건너 미국 신대륙으로 새로운 삶을 찾아 떠났다.

1837년 7월, 겨우 열일곱 살 나이의 요제프 셀리그먼 역시 어머니를 모시고 천신만고 끝에 뉴욕에 도착했다. 이때 그의 속옷 주머니에는 행여 잃어버릴세라 바느질로 꼼꼼하게 꿰매 보관한 100달러가 들어 있었다. 그런데 마침 그해에 미국은 최악의 불경기를 만나 뉴욕 증시는 대책 없이 폭락하기만 했고 경제 역시 걷잡을 수 없이 쇠퇴 일로를 걸었다. 그는 뉴욕에서는 도저히 뜻을 이룰 수 없다고 판단하고 서쪽 펜실베이니아 주로 발걸음을 옮겼다. 연봉이 겨우 400달러에 불과한 현금 출납 일을 하면서 그는 미국 생활을 새롭게 시작했다.

요제프는 일상생활 속의 자질구레한 부분까지도 매우 자세하게 관찰하는 사람이었다. 수금원으로 일할 때 가끔 마차를 타고 소도시의 시장에 와서 물건을 구입하는 농장주들이 그의 눈에 들어오기 시작했다. 그는 농장주들이 주로 어떤 물건을 사고 그 가격이 얼마인지를 자세히 관찰하고 기록해 두었다가, 저녁에 집에 돌아와 이 기록들을 꼼꼼히 분석했다.

미국의 남북전쟁

1년 후 그는 농장주들을 상대로 사업 아이디어 하나를 고안해 냈다. 만약 농장주들이 필요로 하는 상품을 문 앞까지 가져다주면 그들은 먼 길을 왕복하는 수고를 덜 수 있으므로 돈을 좀 더 주더라도 그의 물건을 살 것이라고 생각했다. 요즘으로 치면 일종의 '배달 서비스'였다. 생각을 굳힌 그는 즉각 거울을 비롯해 반지, 칼, 보석, 손목시계 등 약간 비싸기는 해도 무게가 많이 나가지 않는 작은 상품들을 우선 장만해, 펜실베이니아 주의 시골 구석구석을 다니면서 농장주들에게 물건을 파는 행상을 시작했다.

그의 사업 아이디어는 큰 성공을 거둬 반년도 채 안 되는 기간에 무려 500달러의 수입을 올렸다. 그는 바로 독일에 있는 가족과 친척 들을 미국으로 불러들여 몇몇 형제들과 함께 본격적으로 행상을 시작했다. 얼마 후 셀리그먼 형제는 차곡차곡 모은 돈으로 자신들의 작은 잡화점을 차렸다. 그들은 장사와 관련해 다음과 같은 명언을 남겼다.

"고객이 필요로 하는 물건을 파는 것은 장사가 아니다. 고객에게 필요하지 않은 물건을 파는 것이 진정한 장사이다."

바로 이때 인연이 되려고 그랬는지 요제프 셀리그먼은 미군 제4보병 사단에 근무하던 율리시스 그랜트를 만나게 되었다. 당시 그랜트의 사단은 셀리그먼의 잡화상 근처에 있었는데, 그는 애인에게 줄 선물을 사기 위해 가게에 자주 들렀다. 두 사람은 얼마 후 서로 속마음을 털어놓는 막역한 사이로 발전했다. 그랜트는 훗날 남북전쟁에서 혁혁한 전공을 세운 명장이자 미국의 제18대 대통령이 된 인물이었다.[1]

셀리그먼의 잡화점은 수년 만에 궤도에 올라 간단한 은행 업무도 취급하기 시작했다. 고객의 신용도에 따라 외상 거래나 차용증 매매를 해주고, 나중에는 고객의 예금을 받아 대출을 해주는 업무도 개시했다.

그러던 어느 날 그는 잡화점 일을 보다가 갑자기 상품 매매와 화폐 매매의 사이에 거대한 차이가 존재한다는 사실을 깨달았다. 그는 자신도 모르게 중얼거렸다.

"상품 거래는 잡화점이 문을 연 상태에서 물건이 팔려나갔을 때 이뤄지는 것이야. 이 과정을 통해 이익을 얻지. 반대로 상품이 팔려나가지 않으면 자금이 묶여 있다는 것을 의미하고, 심하게 말하면 빚을 지는 것이라고도 할 수 있어. 그러나 돈은 달라. 돈은 하루 24시간, 1년 365일 잡화점을 여는 것과 관계없이, 명절이나 휴일 없이 멈추지 않고 영원히 활동하는 것이 가능해. 게다가 돈은 이자까지 생기잖아."

요제프는 순간적으로 돈이 더 많은 부를 창조하는 가장 완벽한 상품이라는 사실을 깨달았다.

15년 동안 꽤 많은 돈을 모은 셀리그먼 형제는 미래의 발전 방향에 대해 난상토론을 벌였다. 요제프는 '돈의 이치'를 깨달은 후 은행업에 진출해야만 한다고 강력하게 주장했다. 이에 형제들은 펜실베이니아 주의 모든 재산을 처분하고 뉴욕으로 진출하여 유대인이라면 누구나 동경해 마지않던 금융업에 투신했다. 이때만 해도 잡화상 출신인 이들은 겨우 10여 년 후에 자신들이 미국의 재정 및 외교 정책에 큰 영향력을 행사하는 국제 은행 가문으로 떠오르게 될 줄 꿈에도 상상하지 못했다.

아우구스트 벨몬트의 '연방준비은행'

요제프 셀리그먼과 비슷한 시기에 뉴욕에 도착한 또 한 사람이 있었다. 바로 미국 역사에 확실한 족적을 남긴 유명한 은행가인 아우구스트 벨몬트(August Belmont)였다. 그 역시 유대인으로 셀리그먼보다 세 살이 더 많았으며 일생은 전설적인 색채가 농후했다.

그는 열세 살 때 프랑크푸르트의 로스차일드은행에서 무보수 견습생으로 일한 경험이 있었다. 그는 성격이 거칠고 난폭하며 구속을 싫어했지만 금융 분야에서는 천부적인 재능을 가지고 있었다. 처음에는 로스차일드은행에서 청소부로 일하다가 은행 업무와 관련해 적극적으로 의견을 제시하며 비범한 능력을 보여줬다. 얼마 후 그는 출중한 능력을 인정받아 로스차일드가의 동업자들만 참석할 자격이 주어지는 중요한 회의의 방청 특권을 얻었다. 하지만 벨몬트는 성격이 제멋대로인 데다가 귀족의 품위라고는 눈곱만큼도 찾아볼 수 없어서 항상 사람들 앞에서 암셸 로스차일드의 체면을 사정없이 구겨버렸다. 하지

아우구스트 벨몬트

만 인재를 보는 눈이 독특했던 암셸 로스차일드는 젊은 그를 이탈리아 나폴리에 파견해 사업 관리를 맡겼다. 벨몬트는 21세 때 쿠바의 아바나에 파견됐다가 얼마 후에는 로스차일드가의 미국 대리인 신분으로 뉴욕으로 가게 되었다.[2]

당시 뉴욕은 경제의 고속 성장과 대서양 무역의 폭발적인 증가에 따라 미국의 최대 무역 중심지로 떠올랐다. 서부 지역의 밀, 밀가루, 목화 등의 상품이 뉴욕에 집결됐다가 다시 유럽으로 수출되었고, 또 유럽의 공산품 역시 뉴욕을 거쳐 미국 시장으로 대거 진입했다.

상업과 무역이 전례 없이 번성하자 신용, 융자, 어음 할인, 자산 매각, 보험, 외환 등의 금융 서비스에 대한 수요도 크게 증가하게 되었다. 뉴욕에서는 대서양 양안의 어음 할인, 신용 거래 및 자금 거래 등의 금융 활동이 빈번하게 대규모로 이루어졌다. 유럽의 대규모 자본 역시 뉴욕의 채권 시장을 거쳐 미국의 실물 경제와 인프라 시설 건설 분야로 끊임없이 흘러들어 왔다.

원래 뉴욕 증권거래소는 런던 증권거래소보다 빠른 1792년에 설립되었다. 뉴욕 금융 경기의 활황으로 미국의 거물 기업들이 이 증권거래소에 잇따라 상장되면서 연간 수억 달러의 주식이 이곳을 통해 거래되었다. 금융업이 빠른 속도로 발전함에 따라 뉴욕은 보스턴과 필라델피아 다음의 세 번째 주요 도시로 급부상했다.

당시 보스턴을 비롯한 필라델피아, 찰스턴 등 뉴잉글랜드 지역 도시들은 몇몇 대가문들로 이뤄진 전통 세력이 경제 명맥을 틀어쥐고 있어서 다소 경직되고 생기를 잃은 느낌을 주었다. 이에 반해 신흥 도시인 뉴욕은 생기가 넘치고 활기가 가득했다. 당연히 전통 세력은 뉴욕에서 특별한 우위를 확보하지 못했다.

보스턴에서는 카포티 로웰 로런스가가 금융을 무기로 방직업을 수중에 장악했고, 리 히긴슨 잭슨가는 화폐 시장을 지배하고 있었다. 말하자면 이 두 가문이 보스턴 지역의 경제를 독점한 것이나 다름없었다. 필라델피아의 경우도 해밀턴을 비롯해 모리스, 윌링의 3대 가문이 모든 상업 은행 시스템을 독점하다시피 했다. 미국 상업 은행 시스템에 대한 이 3대 가문의 지배력은 오늘날까지도 맹위를 떨치고 있다.

전통 세력의 손길이 닿지 않은 뉴욕에서 전례 없는 금융업의 기회를 잡은 쪽은 수많은 유대계 은행 가문들이었다. 이들은 속속 뉴욕에 상륙하여 뿌리를 내리고 이를 출발점으로 하여 점차 미국을 주름잡는 금융 세력으로 발전했다.

아우구스트 벨몬트가 뉴욕에 발을 디딘 해는 셀리그먼과 마찬가지로 미국이 최악의 금융 불경기를 맞은 1837년이었다. 그러나 벨몬트는 셀리그먼과 출발선부터가 달랐다. 그의 배후에는 재력이 든든한 로스차일드가가 버티고 있었다.

겨우 24세의 벨몬트는 뉴욕에 도착하자마자 증권거래소에서 헐값에 팔린 주식과 채권 등을 한꺼번에 사들여 금융계를 깜짝 놀라게 만들었다. 그 덕분에 채무를 갚지 못해 파산 위기에 내몰렸던 뉴욕 현지의 수많은 은행들은 거액의 자금을 지원받고 기사회생하는 데 성공했다.[3]

1년 전인 1836년에 미국 제2은행이 앤드루 잭슨 대통령의 지시에 의해 문을 닫은 후, 로스차일드가가 소유하던 민간 중앙은행이 다시 퇴출되었다. 이 와중에 금융위기가 닥치면서 미국은 마지막으로 손 벌릴 곳이 사라지게 되었다. 그런데 어느 날 갑자기 혜성처럼 등장한 아우구스트 벨몬트가 거액의 자금을 투입해 미국의 금융 시스템을 구원해 내는 기적을 창출했다. 굳이 비교하자면 24세의 벨몬트는 오늘날의 'FRB(연방준비제도이사회)' 역할을 했다고 할 수 있다. 물론 그의 배후에는 미국의 신용과 자금 유동성을 실질적으로 통제한 막후 컨트롤 타워, 로스차일드가가 버티고 있었다.

뉴욕의 상류 사회

아우구스트 벨몬트는 하룻밤 사이에 일약 뉴욕의 유명 인사로 떠올랐다. 뉴욕 금융계는 말할 것도 없고 미국 정부 역시 거액의 자금을 투자한 이 젊은이에게 지대한 관심을 보였다. 스타가 된 벨몬트는 뉴욕의 각종 사교 모임에 빈번하게 모습을 드러냈다.

그는 스페인어를 유창하게 구사했을 뿐 아니라 표준 이탈리아어에 능했고, 또 억양이 독특한 프랑스어도 할 줄 알았다. 당시 뉴욕은 유럽인들 사이에 "거칠고 야만적인 사람들이 모여 사는 곳"으로 불렸다. 한마디로 귀족적인 풍채나 고상한 품격과는 거리가 먼 도시였다. 이런 뉴욕이었으니 그가 하늘에서 내려온 사람 대접을 받은 것도 결코 무리는 아니었다.

이때 뉴욕은 벼락부자들이 자신들의 사회적 신분을 확고히 하기 위해 노력하면서 사회 각층에 계급 분화의 조짐이 조금씩 보이기 시작했다. 이에 따라 에티켓이나 옷차림, 교제 대상, 상류층의 위엄 등을 중시하는 귀족 취향의 사람들이 점차 증가했다. 공공 에티켓을 가르치는 문화 센터도 우후죽순처럼 생겨났다. 이들 센터에서는 수프를 마실 때 후룩후룩 소리를 내지 말 것, 공공장소에서 함부로 콧구멍을 후비지 말 것, 낯선 사람을 빤히 쳐다보지 말 것, 가래를 함부로 뱉지 말 것 등을 가르쳤다.

특히 아무데나 침을 뱉는 문제는 서둘러 고칠 필요가 있었다. 극장에서 영화가 다 끝나면 앞자리에 앉은 여성의 치마 뒷자락이 뒷자리 사람이 뱉은 가래로 범벅이 되는 일이 심심찮게 벌어졌다. 이 때문에 뉴욕을 방문한 유럽인들은 낭패를 보기 일쑤였고, 뉴욕 사회가 아무리 무질서하다고 해도 이 정도로 야만적일 줄은 몰랐다고 분통을 터뜨렸다. 뉴욕의 상류 사회는 이런 현상에 대해 몹시 골머리를 앓고 있었다.

이런 상황에 등장한 아우구스트 벨몬트라는 존재는 뉴욕 사회에 신선한 충격을 주었다. 하기야 그는 유럽의 명문 대가인 로스차일드가에서 철저한 귀족 훈련을 받은 사람이 아니었던가. 그의 일거수일투족은 그대로 뉴욕 상류 사회의 모범이 되었다. 상류층 남자들은 그의 언행, 행동거지는 물론이고 악센트까지 앞다퉈 모방하기 시작했다.

그는 또한 뉴욕 사교 문화의 유행을 선도했다. 그의 트레이드마크는 한마디로 '무관심과 무신경한 듯한 행동'이었다. 이것도 뉴욕 상류 사회에 널리 확산돼 보급되기에 이르렀다. 예를 들면, 그가 저녁 7시에 저녁 식사 초대를 받았다면 9시 이전에 도착하는 경우가 거의 드물었다. 그의 귀족식 논리에 따르면 제시간에 약속 장소에 나타나는 것은 야만인들이나 하는 행동이었다.

그는 뉴욕 전역을 떠들썩하게 만든 파격적 행동을 보여주기도 했다. 그중에서도 그가 인지도와 사회적 신분을 높이기 위해 자주 사용한 수단은 다름 아닌 결투였다. 그는 결투 상대를 고를 때 각별히 신중을 기했다. 명문세가 출신이 아니면 결투 상대로 생각하지도 않았다. 한번은 그가 찰스턴에 있는 헤이워드(Hayward)가의 아들에게 결투를 신청하는 도전장을 보낸 적이 있었다.

어느 날 헤이워드가의 아들이 여자 친구와 함께 음식점에서 밥을 먹으면서 벨몬트에 대한 얘기가 화제로 등장했다. 헤이워드가의 아들은 별 생각 없이 그가 유대인 출신이라고 은근히 무시하는 투로 여자 친구에게 말했다. 그냥 넘어갈 수도 있는 문제였으나 벨몬트는 그 말을 듣고 분기탱천했다. 결투 중에 사망한 사람은 나오지 않았다. 그러나 벨몬트는 허벅지에 총알을 한 방 맞는 상처를 입었다.

어떻게 보면 그의 패배라고 해도 좋았다. 하지만 결투 상대가 쟁쟁한 헤이워드가의 후계자가 아니었던가? 그는 부상을 입기는 했으나 이로 인해 미국 상류 사회에서의 인지도가 급작스럽게 상승했다. 게다가 언론 매체들 역시 앞다퉈 그의 귀족적 이미지를 홍보하는 데 열을 올렸다. 그는 어느새가 완벽한 귀족의 이미지로 탈바꿈된 자신의 모습을 발견하게 되었다.

뉴욕에서 그의 사업은 탄탄대로를 달렸고, 유럽 로스차일드가의 대규모 자본은 그의 손을 거쳐 미국 국채 시장에 끊임없이 흘러들어 갔다. 미국으로 건너온 지 7년이 지난 1844년, 그는 오스트리아 주재 미국 공사로 임명되었다. 미국 정부로서는 로스차일드가와 가까운 관계인 그를 통해 로스차일드은행의 경제적 지원을 얻을 속셈이었다.

젊은 나이에 막대한 영향력을 행사하게 된 벨몬트에게 사회 각계의 관심이 집중된 것은 당연했다. 특히 그에 대한 상류 사회의 호기심은 상상 이상이었다. 그는 본인 입으로 자신의 출신이나 살아온 경력에 대해 언급하기를 꺼려했다. 때문에 뉴욕 상류 사회에서는 그의 출신과 관련해 다양한 유언비어가 파다하게 퍼졌다. 심지어 그가 로스차일드가의 총애를 받는 이유는 암셸 로스차일드의 사생아이기 때문이라는 말까지 돌았다.

그러나 벨몬트도 진정한 귀족의 눈에는 그저 하찮은 졸부쯤으로 보였다. 그들은 바로 장원(莊園)의 영주(領主) 계급이었다.

네덜란드는 미국에 세운 최초의 식민지 관할기구인 서인도회사를 통해 1629년에서 1640년 사이에 허드슨 강 양안의 토지를 귀족들에게 분봉했다. 이 분봉 제도는 유럽의 봉건 영주제와 거의 유사했다. 이에 따라 영주들은 토지에 대한 항구적인 소유권을 가졌고, 영지 내에 정부와 같은 기능을 하는 관리 기구나 법정을 세울 수 있었다. 또한 소작농들은 영주에게 노역과 조세를 바쳐야만 했다.

미국 식민지 시대에는 군주제가 실시되지 않아 군주나 국왕이 없었다. 따라서 당시 미국 최초의 귀족이자 최상위 계급은 영주라고 해도 과언이 아니었다. 이들은 지금까지도 미국에서 가장 전통 있는 귀족으로 대접받고 있다. 당시 뉴욕에서 가장 유명했던 거물급 영주들로는 윈(wynne), 로즈웰(Roswell), 애스터(Aster) 등의 초기 영주와 커스트, 모리스 등의 후기 영주들을 꼽을 수 있다.[4]

신흥 귀족인 아우구스트 벨몬트는 배후에 로스차일드가라는 든든한 전주를 두고 있었으나 정통 귀족들 앞에서는 자신도 모르게 기가 죽는 느낌이 들었다. 당시 영주 귀족들은 해마다 최고급 호텔에서 수백 명이 참석하는 파티를 여는 전통이 있었다. 때문에 파티 초대장은 그들의 상류 사회 신분을 증명해 주는 가장 확실한 증명서였다. 하지만 그는 단 한 번도 초대장을 받지 못해 항상 분노에 차 있었다. 어느 날 그는 파티의 초대를 책임진 사람을 직접 찾아가 윽박지르는 만용을 보였다.

"나는 당신들의 계좌를 이미 다 조사해 놓았소. 올해에는 나에게도 파티 초대장을 보내는 것이 좋을 것이오. 아니면 파티가 끝난 뒤 개망신을 당할 수 있소. 둘 중에 하나를 선택하시오."

정통파 귀족 대열에 합류하고 싶어 하는 벨몬트의 몸부림은 거의 협박에 가까웠다. 그의 협박은 과연 효과가 있어서 소원대로 파티의 초대장을 받을 수 있었다. 그는 화려한 옷을 차려입고 약속 장소에 도착했다. 그러나 곧 그곳에는 자신을 제외하고 단 한 사람도 없다는 사실을 깨달았다. 협박에 못 이겨 그를 유일한 손님으로 초대한 것이었다.

이처럼 월스트리트의 은행가들이 상당한 영향력을 행사하긴 했지만 미국 최고의 사교 모임에 들어가기란 여간 까다로운 것이 아니었다. 벨몬트는 항상 이것이 맘에 걸려 온갖 방법을 모두 생각해 보았다. 그러다 결국 통혼을 통해 정통 귀족 가문에 들어가기로 결심했다. 그는 주식이나 와인, 결투 상대를 찾는 것처럼 까다롭게 배우자를 물색하기 시작했다. 가문의 배경을 비롯해 권세 및 종교 등 각종 조건들을 세밀하게 비교 검토한 끝에 마침내 캐롤라인 페리(Caroline Perry)라는 여성을 선택했다.

1867년의 월스트리트 전경

그녀의 집안은 부자는 아니었지만 사회적으로 명사 가문이었다. 그에게는 돈으로 사지 못할 사회적 지위를 충분히 가져다줄 수 있었다. 캐롤라인 페리의 아버지 매튜 페리(Matthew Perry)는 멕시코 전쟁의 영웅으로 훗날 일본의 문호를 열고 불평등조약을 체결한 장본인이었다. 그녀의 삼촌인 너새니얼 페리(Nathaniel Perry) 역시 1812년 발발한 영국과 미국의 전쟁에서 맹활약한 유명한 장군이었다. 벨몬트의 사회적 지위는 캐롤라인과의 결혼을 통해 비로소 크게 상승했다. 뉴욕의 정통 귀족들 역시 더 이상 그를 돈만 많은 졸부라고 비웃지 못했다. 그는 마침내 돈과 사회적 지위라는 두 마리 토끼를 모두 잡게 되었다.

국채의 황제 셀리그먼

요제프 셀리그먼이 미국 국채 판매 과정에서 담당한 역할은 미국 북군이 게티즈버그에서 리 장군의 남군을 물리친 것만큼 대단한 일이었다.[5]

_W. E. 다드, 역사학자 겸 나치독일 주재 미국 대사

셀리그먼가의 장문인 요제프 셀리그먼은 완벽주의자였다. 일거수일투족, 일언일행을 함부로 하는 법이 결코 없었다. 그는 또 시간을 낭비하는 것을 극도로 싫어했고, 사업과 생활의 세세한 부분에서도 늘 머리를 써야 한다는 생각으로 가득했다. 그래서 일을 시작하기 전에 항상 어떤 순서와 절차에 따라 진행할지를 미리 생각해 두고 난이도와 시간, 중첩되는 정도에 따라 타당하게 안배했다. 또 그의 머리는 여러 가지 다양한 정보와 생각을 동시에 처리할 수 있었고, 입체 교차로처럼 복잡한 계획을 세우거나 다양한 개념을 정리하는 것도 가능했다. 이 밖에 복잡한 일을 처리할 때에는 나무와 숲을 모두 보면서 다양한 방법으로 일처리의 효율성과 계획성을 극대화했다. 다차원적인 사고방식은 셀리그먼을 비롯해 성공한 모든 사람들의 공통된 특유의 기질이 아닐까 싶다.

셀리그먼은 성격이 급하고 에너지가 넘쳤으며 몸도 소처럼 튼튼해 종일 지칠 줄을 몰랐다. 그는 행동 하나하나에서도 범접치 못할 위엄과 절대적인 권위를 자랑해 사람들은 보기만 해도 두려움을 느꼈다.

그들 형제들이 은행업에 진출할 당시 미국은 '자유은행 시대(free banking era)'로 접어들었다. 민간 중앙은행인 미국 제2은행이 문을 닫자,

1837년부터 1872년까지 미국의 은행업은 자유를 구가했다. 그러나 반대급부의 혼란을 피하지는 못했다. 당시에는 누구나 신청만 하면 은행을 설립할 수 있었다. 이때 뉴욕에서는 옷차림만 은행가 같다면 너나 할 것 없이 은행가라고 자칭하고 다녔을 정도였다.

셀리그먼은 1852년에 은행업에 진출한 이후 줄곧 전통적 은행 업무만 취급했다. 당시 미국에서는 철도 건설과 서부 지역 개발이 한창 활발하게 이뤄지고 있었다. 증시에서도 이와 관련된 종목의 주가가 하늘 높은 줄 모르고 치솟았다. 투기꾼들은 이 기회를 놓치지 않았다. 양대 인기 종목의 주식을 담보로 새로운 대출을 신청한 다음 이 자본으로 다시 주식을 구매했다. 이 과정은 끊임없이 반복, 순환하는 사이클로 이어져 뉴욕 증시는 걷잡을 수 없이 폭등했다. 이런 와중에 영국 은행들이 시중에 자금을 대거 풀자, 뉴욕의 상업 은행들도 이에 뒤질세라 맞대응에 나섰다. 이로 인해 대출 금리가 내려가 사람들은 손쉽게 돈을 얻게 되었고 소비 욕구가 한껏 팽창하며 시장은 활기를 띠었다. 투자자들 역시 안정적 투자보다는 모험을 향한 열정을 주체하지 못했다.

뉴욕의 시민들 모두 벼락부자라도 된 듯 도시의 면모가 확 달라지기 시작했다. 여성들은 사치품 구매 경쟁을 벌였고, 도시 곳곳에는 화려한 저택과 고층 빌딩들이 경쟁적으로 건축됐으며, 사회적으로 과소비와 과시욕 풍조가 만연했다. 당연히 증권 시장에 거품의 징후가 나타났지만 부의 환각 속에 빠진 뉴욕 시민들은 '위험'이라는 두 글자를 까맣게 잊고 있었다.

철도 관련 기업의 주가는 연일 상종가를 기록했다. 심지어 설계도만 그려놓은 채 아직 공사도 시작하지 않은 철도의 주가마저 이 대열에 가세했다. 월요일에 주당 25센트의 주식이 주말에 무려 4,000달러로 폭등하는 기현상이 일어났다. 그러나 거품으로 이뤄진 번영은 오래 가지 못했다. 셀리그먼은 특유의 예민한 사업적 후각으로 증시의 이상 기류를 감지하고 소량의 채권만 남겨둔 채, 거품이 빠지기 전에 손에 쥐고 있던 주식을 몽땅 팔아버렸다.

1857년 드디어 뉴욕 증시는 대폭락의 재앙을 맞았다. 뉴욕에 소재하고 있던 상업 은행 대부분은 도산의 비운을 맞고 말았다. 큰 손실을 입지 않은 곳은 셀리그먼은행이 유일했다.

그러나 1857년의 금융 공황은 갑자기 찾아온 것만큼이나 빠른 시간 내에 회복되었다. 1858년에 캘리포니아에서 발견된 대규모 금광이 결정적인 역할을 했다. 무려 800만 달러 가치의 황금이 뉴욕으로 운반되었는데, 이는 뉴욕 은행들이 금융 공황 발생 이전에 보유했던 황금의 총량과 맞먹는 규모였다. 이로 인해 두 달 후 뉴욕의 황금 보유량은 2,800만 달러로 증가했다.

로스차일드가는 금융위기가 발생하기 전에 벨몬트를 통해 미국 시장에 1,000만 달러의 자금을 대출로 풀어놓은 바 있었다. 그러다 공황이 발생하자마자 부랴부랴 대출을 회수했다. 당연히 미국 금융시장은 더 휘청거릴 수밖에 없었다. 그러나 캘리포니아에서 발견된 대량의 황금은 이 위기까지 극복하게 만들었다. 미국은 채 1년도 안 돼 로스차일드가에게 진 1,000만 달러의 빚을 가뿐히 상환했다.[6]

요제프 셀리그먼은 남북전쟁이 터지자 서둘러 연방 정부와 군복 납품 계약을 체결했다. 당시 미국 정부는 이 대금을 그린백으로 지불했다. 그린백은 미국 정부에서 자체 발행한, 이자율 5%인 채권 형태의 정부 지폐였기 때문에 시중 유통이 가능했다. 그러나 금을 기준으로 발행한 화폐가 아니었던 데다 전쟁 초기에 북군이 계속 패했기 때문에 시장에서는 별로 환영을 받지 못했다. 그럼에도 전쟁이 끊임없이 확대되자 그린백 발행량과 유통량은 증가했고, 셀리그먼 역시 점점 더 많은 그린백을 받아야 했다. 그러나 문제는 그가 군복 생산을 위해 각종 비용을 지불할 때 상대방이 그린백을 거부한다는 사실이었다. 그로서는 그린백을 처분할 방법이 없자 고심 끝에 채권 형태로 이를 유럽 시장에 판매하여 금을 받아오기로 계획했다.

당시 유럽 시장에서 그린백의 수익률은 7.3%였다. 이렇게 높은 수익률로 인해 유럽 사람들은 전황이 북군에게 불리하게 돌아간다고 여기게 되었다. 그럼에도 셀리그먼은 유럽의 인맥을 총동원해 그린백 마케팅에 나섰다. 처음에는 판매량이 많지 않았으나 북군이 연이어 승전고를 울리자 그린백을 구매하는 사람들이 점차 늘어나기 시작했다. 나중에는 프랑크푸르트를 비롯해 뮌헨, 베를린, 암스테르담, 파리, 런던 및 다른 기타 도시들이 그린백의 판매시장이 되었다.

남북전쟁이 막바지로 치달았을 때는 그린백 판매량이 이전보다 훨씬 빠른 속도로 증가했다. 그린백을 보유한 사람이 증가하고 전황이 북군에게 유리하게 돌아가자 유럽 시장에서는 북군에 대한 지지가 갈수록 확대되었다. 하기야 그린백이 휴지로 변하기를 바라는 사람은 없었을 테니 말이다. 셀리그먼은 별 생각 없이 유럽에 그린백을 팔았지만 결국에는 미국 정부에 대한 지원을 이끌어낸 외교관 역할을 톡톡히 한 셈이었다.

미국은 1862년 2월부터 1864년 6월까지 총 5억 1,000만 달러의 그린백과 소규모 국채를 발행했다. 이중 해외 시장에 판매한 액수는 2,500만 달러였다. 셀리그먼은 자신의 힘으로 이 2,500만 달러의 절반 이상을 판매했고, 나머지 절반의 판매에도 결정적인 도움을 주었다.

미국의 역사학자 다드는 "요제프 셀리그먼이 미국 국채 판매 과정에서 담당한 역할은 미국 북군이 게티스버그에서 리 장군의 남군을 물리친 것만큼 대단한 일이다"라고 평가했을 정도다. 유럽이나 미국을 막론하고 전쟁의 승패는 금융 조달 능력과 큰 관계가 있었다. 이는 고대에 병사들의 양식과 말의 사료 공급이 전쟁에 결정적 역할을 미친 것과 같은 이치이다. 전쟁은 영원히 '돈의 전쟁'이고, 돈 많은 쪽이 이기는 게임이다. 이는 영원히 변하지 않는 진리이다.

이때 셀리그먼은 소규모 잡화상에서 은행업에 진출한 지 겨우 12년밖에 되지 않았다! 그럼에도 그는 세계 금융 역사의 기적이라고 불릴 만한 성과를 일궈냈다. 그러나 이 12년 동안에 그가 받은 충격도 적지 않았다. 로스차일드가를 필두로 한 유럽의 쟁쟁한 유대계 은행 가문들이 금융시장과 정계를 쥐락펴락하는 것을 두 눈으로 목격했기 때문이다. 그는 국제적인 은행가가 되고 싶은 충동을 강하게 느꼈다. 그에게는 이제 로스차일드가처럼 방대한 금융 제국을 건설하겠다는 새로운 꿈이 생기게 되었다.

1865년 미국 정부는 다시 4억 달러 규모의 국채를 발행했다. 이때 이미 월스트리트 유대계 은행가들 중에서 손꼽힐 만한 리더로 성장한 셀리그먼은 독일에서 뉴욕으로 새로 이주한 유대계 은행 가문들로 이뤄진 미국 국채 인수팀을 조직했다. 당시 그는 4억 달러 중 5,000만 달러를 인수하겠다는 목표를 내걸었다. 이는 월스트리트에서도 천문학적인 액수나 다름없었다. 그러나 여러 가지 이유로 인해 미국 정부와 국채 인수팀의 협상은 결렬됐다. 이후 셀리그먼은행은 단독으로 국채 인수 도전에 나서서 원래 목표를 초과한 6,000만 달러의 국채를 판매하는 기록을 세웠다!

이즈음 셀리그먼은 월스트리트에서 전설적 인물로 떠오르며 최고의 전성기를 누렸다. 반면 잠재적 라이벌인 아우구스트 벨몬트의 지위는 급전직하했다. 링컨 대통령은 당초 국채 판매의 희망을 모두 벨몬트에게 걸었다. 그러나 로스차일드가는 미국이 남북으로 분할 통치되면 더 많은 이익을 거둘 수 있다고 보고 국채의 인수 할인율을 대단히 높게 요구했다. 이는 사실상 링컨에게 협력을 거부하겠다는 의사 표시였다. 막다른 골목에 몰린 링컨은 선택의 여지가 없어 국제 금융시장에서 무명소졸에 불과한 셀리그먼에게 손을 내민 것이었다. 이로 인해 워싱턴 정부에 대한 벨몬트의 영향력은 크게 줄어들고 말았다.

국채 인수를 통해 기반을 닦은 셀리그먼은 이후 자신의 위대한 전략을 실현할 준비에 나섰다. 남부 정부의 리 장군이 링컨에게 투항함과 동시에 그는 형제들을 불러 모아 셀리그먼 국제 은행 네트워크의 구축 계획을 밝혔다. 아메리카 대륙을 중심으로 유럽 전역을 연결하는 은행 네트워크를 설립한다는 그의 계획은 60년 전에 로스차일드가가 실행에 옮겼던 것과 판박이였다.

그는 우선 형제들을 유럽의 각 도시에 파견했다. 맛있는 술과 음식을 좋아하는 빌헬름 셀리그먼은 파리로, 독일에서 가장 오래 살았던 헨리 셀리그먼은 프랑크푸르트로, 형제들 중에서 가장 먼저 링컨 대통령을 만난 아이작 셀리그먼은 런던으로 보냈다. 요제프 셀리그먼은 형제들이 출발하기 전에 직접적인 사업 유대를 가지기 위해 어떻게 해서든 로스차일드 남작을 반드시 만나라고 신신당부했다. 이때 그는 비록 금융업에서 성공을 거두고 원대한 포부를 품긴 했으나 여전히 유럽 국제 은행 가문이 구축한 커넥션 밖에서 맴돌고 있었기 때문이었다.

셀리그먼, 재무부 장관을 흔들다

남북전쟁 이후 미국 경제가 비약적인 발전을 이룩하고 부유층이 빠른 속도로 증가했지만 미국 정부의 재정 상황은 별로 좋지 못했다. 1866년 국고에는 고작 1억 달러 정도의 자금밖에 남지 않았으나 전쟁 과정에서 눈덩이처럼 불어난 공공 채무는 무려 30억 달러에 달했다. 미국 재무부는 경제 재건을 위해 10~40년짜리 장기 국채를 발행해 단기 채무를 상환할 계획을 마련했다. 전쟁 기간 중 국채 판매의 달인으로 인정받은 셀리그먼은 장기 국채 판매와 관련해서도 정부의 기대를 한몸에 받았다.

셀리그먼은 링컨 대통령 재임 시절에 세 명의 재무부 장관과 꽤 돈독한 관계를 유지했다. 게다가 1869년에 대통령으로 당선된 율리시스 그랜트는 펜실베이니아에서 잡화점을 운영할 때 돈독한 우정을 쌓았던 사람이 아니던가. 그랜트는 옛 인연을 잊지 않고 사적인 자리에서 그에게 재무부 장관 취임을 권유했다. 그는 충분히 능력을 갖추고 있었지만 공개 석상에 모습을 드러내기 싫어하는 성격 탓에 완곡하게 대통령의 제안을 거절했다.

그런데 뜻밖에도 훗날 그랜트 대통령이 새로 임명한 재무부 장관 조지 포트웰이 그의 라이벌로 부상하게 되었다. 두 사람은 처음에는 꽤 사이가 좋아 국채의 만기 연장이나 화폐 안정, 미국 정부의 해외 신용과 관련된 문제에서 서로 공감대를 형성했다. 그중 두 가지는 꽤 중요한 사안이었다. 하나는 미국이 그린백 발행을 중지하고 다시 금속화폐 시스템을 회복하는 것이었고, 다른 하나는 전쟁이 끝나고 정세가 안정된 상황에서 국채 금리 6%는 너무 높다는 인식이었다.

주목해야 할 점은 이때 셀리그먼이 정부 관리가 아니었다는 사실이다. 이런 사람이 재무부 장관과 마주앉아 화폐 정책과 재정 정책에 대해 토론했다는 것은 그가 미국 정부에 얼마나 큰 영향력을 미쳤는지 말해준다.

예컨대 국채 금리를 6%로 유지하느냐 조정하느냐는 30억 달러에 이르는 채권 시장의 가격 추이와 관련된 중요한 사안이었다. 이는 시장 게임 룰의 제정자이자 채권 시장의 최대 투자자인 셀리그먼가의 이익과 충돌할 것이 불을 보듯 뻔했지만 다행히 아무 문제없이 순조롭게 진행되었다. 이와 같은 정부와 월스트리트 사이의 조율은 오늘날까지도 계속 이어져 오고 있다.

미국의 채권 시장은 셀리그먼가가 어떤 판단을 내리고 어떤 설명을 하는지에 대해 항상 귀를 기울여야만 했다. 채권 금리가 0.1%P만 변화하더라도 투자자들의 성공과 실패가 결정 나기 때문이었다. 요제프 셀리그먼과 조지 포트웰은 미국 국채 금리를 5%로 확정하기로 최종 합의를 보았다.[7]

그러나 조지 포트웰은 국회에 제출한 채권 발행 계획에서 금리를 사전에 합의한 5%가 아닌 4.5%로 하향 조정해 보고했다. 셀리그먼은 이 소식에 크게 분노해 포트웰의 사무실을 직접 찾아가 소리를 지르며 항의했다. 그는 그렇게 낮은 금리로는 미국 국채를 유럽 시장에 판매하기 어렵다고 강조했다. 채권 인수자 입장에서는 금리가 높을수록 이익을 더 많이 남길 수 있으므로 채권을 매입할 마음이 더 생기는데, 금리가 4.5%로 떨어졌으니 판매가 어려워질 수밖에 없었다. 물론 여기에는 셀리그먼가의 이윤이 줄어드는 것도 크게 한몫했다.

그러나 미국 정부를 대변하는 포트웰로서는 국채 금리를 0.5%P 인하함으로써 정부의 재정 지출을 크게 줄이고 간접적으로 납세자의 세수 부담을 경감해 주는 것까지 생각하지 않을 수 없었다. 더구나 재무부 장관인 그가 정부 조치를 월스트리트 은행가에게 사전 동의를 받아야 할 하등의 이유가 없었다. 하지만 이로 인해 포트웰은 국제 은행가문들이 정해놓은 '잠재 규칙'을 위반하는 실수를 저질렀다.

잊지 말아야 할 것은 세계 금융시장에서는 신용과 자본 흐름의 채널을 장악한 자가 게임 룰을 정한다는 사실이다! 이는 역사를 통해 확증된 진리이기도 하다. 일개 채권 인수업자가 일국의 재무부 장관과 다툰다는 것은 중국을 비롯한 아시아권에서는 상상도 할 수 없는 일이다. 그러나 금권이 하늘과 같았던 서방 국가에서는 충분히 가능한 일이었다. 월스트리트에서 방침을 제정하면 워싱턴 정부가 이에 따라 정책을 집행한 것은 과거뿐만 아니라 지금도 여전히 마찬가지이다.

셀리그먼이 그렇게 낮은 금리로는 유럽뿐만 아니라 세계 어느 시장에서도 미국 국채를 팔 수 없다고 강조했으나 포트웰은 요지부동이었다. 사실 30억 달러의 국채는 금리를 0.5%P만 인하해도 정부 지출을

1,500만 달러나 줄일 수 있었다. 그리고 당시 미국 재무부가 확보하고 있던 자금은 고작 1억 달러가 아니었던가! 셀리그먼은 치밀어 오르는 분노를 주체하지 못하고 단호하게 경고했다.

"당신은 정말 바보로군요. 곧 후회하게 될 겁니다!"

요제프는 자신의 주장이 정확하다는 것을 입증하기 위해 프랑크푸르트에 있는 헨리 셀리그먼에게 독일 은행 가문들이 포트웰이 제시한 금리를 받아들일지 여부를 알아보라는 편지를 보냈다. 이와 동시에 파리에 있는 빌헬름 셀리그먼에게도 현지 금융시장의 반응을 알아보라는 지시를 내렸다. 얼마 지나지 않아 파리에서 답신이 날아들었다. 말레를 비롯해 미라보, 호팅거가 등은 하나같이 "4.5%의 금리는 너무 낮다. 최저 5%는 돼야 미국 국채를 유럽 시장에서 팔 수 있다"라고 말했다.

그러나 포트웰도 한사코 자신의 주장을 고집하며 국제 은행 가문들의 제안을 거절했다. 유럽의 국제 은행 가문들과 공감대를 형성한 셀리그먼 역시 물러서지 않았다. 그는 국회의원들을 설득하여 그들을 전면에 내세워 포트웰의 '황당무계한' 주장을 포기시키려고 했다. 그러자 포트웰이 이에 격분하며 "당신은 정부의 일에 간섭할 권한이 없소. 더구나 국회의 정책에 직접 개입하는 것은 부당한 행동이오"라고 항의했다. 두 사람의 적대감은 점점 공개 비방전으로 변해갔다. 국제 금융시장을 장악한 자들은 정부를 협박하는 수준에서 그치지 않고 심지어 직접 정부에 대항할 정도로 세력이 막강했다.

두 사람의 팽팽한 신경전은 미국 국회의 조정을 거쳐 겨우 일단락됐다. 미국 국회는 1870년 7월 14일과 1871년 1월 12일, 두 차례에 걸쳐 국채 발행 안건을 통과시켰다. 총 발행 규모는 15억 달러로 금리의 경우 주무 부처의 책임자인 포트웰의 기준을 적용하는 쪽으로 결론이 내려졌다. 13억 달러에 대해서는 포트웰이 제출한 4.5%보다 더 낮은 3.5%의 금리를 적용했고, 나머지 2억 달러에 대해서만 5%의 금리를 적용해 셀리그먼의 체면을 세워주었다.

요제프 셀리그먼은 이 결정에 적지 않은 충격을 받았다. 그로서는 미국 정부에 이용당했다는 생각 때문에 기분이 상당히 나빴다. 사실 포트웰이 요제프 셀리그먼과 협력한 주목적은 금융 분야에서의 그의 천재적 재능을 이용하기 위해서였다. 이런 현실을 반영하듯 국채 금리가 조정된 것만 제외하고 그가 내놓은 방안은 미국 정부에 의해 그대로 집행되었다. 이처럼 미국의 국채 발행과 관련해 항상 주도적인 역할을 해왔던 만큼 5%의 금리를 적용할 2억 달러의 국채는 당연히 셀리그먼가에게 돌아갈 것이라고 생각했다. 이에 월스트리트의 투자자들은 앞다퉈 그를 찾아왔다.

그러나 뜻밖에도 미국 재무부가 셀리그먼가에게 인수 허가를 내준 국채는 1억 달러로, 예상했던 것보다 절반이나 줄어든 액수였다. 1871년 3월, 파리의 빌헬름 셀리그먼은 친구에게 편지를 보내 분노를 표출했다.

"나는 어젯밤 전보를 받고 깜짝 놀랐네. 포트웰이 미국 국채를 인수할 유럽 대리인을 임명했는데, 그 안에 우리 셀리그먼가가 빠져 있지 뭔가. 우리의 생각이 완전히 빗나간 걸세. 미국 정부가 우리를 이용했다는 생각밖에 들지가 않아. 미국 정부가 도대체 무엇을 믿고 이토록 우리를 무시하는지 모르겠네. 우리가 왜 불공평한 대우를 받아야 하는

지 도통 알 수가 없다고. 혹시 포트웰이 우리에게 개인적 원한을 가져서일까? 우리에 대한 신뢰가 부족해서 그럴까? 아니면 경쟁자가 우리를 음해한 것일까?"[8]

포트웰은 이해득실을 냉정하게 따져본 후, 셀리그먼가를 나머지 국채 인수단에 끼워주기로 결정했다. 그러나 특별한 대우 없이 일반 멤버와 똑같이 대한다는 조건이었다. 셀리그먼가는 미국 정부에게 이런 '모욕'을 당하자 미국의 국채 판매가 틀림없이 실패할 것이라고 단언했다. 전 세계 금융계의 커넥션에 깔려 있는 엄청난 인맥으로 미뤄볼 때, 셀리그먼가의 단정은 허언이 아니었다. 정말 미국 국채는 전혀 팔리지 않은 것은 아니나 판매 실적이 대단히 부진해 나중에는 포트웰이 직접 나서야 할 상황에까지 이르렀다.

국제 은행 가문들이 오랫동안 공들여 구축해 놓은 금융망을 무시하고 국채 판매를 시도한 것 자체가 잘못이었다. 전 세계 금융계를 주름잡는 국제 은행 가문들이 집단 불매에 나선 이상 용빼 재주가 있을 리 만무했다. 포트웰은 어쩔 수 없이 다시 셀리그먼가를 불러 런던과 뉴욕에서의 판매를 책임지도록 했다. 셀리그먼의 위력은 정말 대단했다. 그가 개입하자 미국 국채는 그야말로 불티나게 팔렸다. 그랜트 대통령으로서는 "이번 국채 발행을 통해 해외에서 미국의 신용 확립이 가능해졌다"라며 기뻐할 수밖에 없었다.

셀리그먼: 미국의 로스차일드

남북전쟁 기간 동안 파리에 자리를 잡은 빌헬름 셀리그먼은 로스차일드가의 파리은행과 거래를 트기 위해 백방으로 노력했다. 요제프 셀리그먼 역시 로스차일드가에게 접근하기 위해 직접 런던을 방문하는 열성을 보여줬다. 그러나 로스차일드가는 셀리그먼가에게 시종 냉랭한 태도를 보였다.

1874년 요제프는 그랜트 대통령이 새로 임명한 벤저민 브레스트 재무부 장관에게 새로 발행될 2,500만 달러의 국채를 인수하겠다고 밝혔다. 포트웰 전임 재무부 장관이 국채 판매에서 겪은 어려움을 잘 알고 있었던 브레스트는 보다 출중한 능력을 갖춘 인수단이 이번 국채 발행을 주관하길 원했다. 이에 그는 요제프에게 로스차일드가를 불러 국채 인수단을 이끌게 하고 싶다는 뜻을 강력하게 시사했다.

그러나 요제프에게는 따로 속셈이 있었으니, 바로 자신이 또 다른 로스차일드가 되는 것이었다. 그는 기분 나쁜 표정을 억지로 감추면서 예의 있게 "로스차일드가를 국채 인수단으로 부르면 어떤 이로운 점이 있습니까?"라고 물었다. 로스차일드가가 남북전쟁 당시에 북군의 채권 인수를 거절한 사실을 잊지 말라는 얘기였다. 그러나 남북전쟁이 끝난 지 이미 10년이나 지나 로스차일드가의 '전과'는 사람들 기억 속에서 잊힌 지 오래였다.

재무부 장관이 계속 고집을 부리자 요제프도 더 이상 어쩔 수가 없었다. 그는 하는 수 없이 형제들에게 편지를 보냈다.

"대통령과 브레스트 장관은 우리가 로스차일드가와 손잡고 이 일(국채 인수)을 진행할 것을 절박하게 바라고 있네. 그들의 말처럼 우리와 로스차일드가가 연합하면 타의 추종을 불허할 막강한 힘을 발휘할 수 있을 걸세. 그러나 오만하기로 이름난 로스차일드가가 우리를 동등한 동업자로 대우해 줄지는 의문이네."

요제프의 우려는 솔직히 사실이었다. 미국이 빠른 속도로 발전해 자신이 비록 월스트리트에서 가장 잘나가는 투자 은행가가 되었지만 국제 금융계의 대부인 로스차일드가와 비교하면 그야말로 새 발의 피에 지나지 않았다.

국제 금융계의 패주인 로스차일드가에는 성문화하지 않은 관례가 하나 있었다. 바로 자신들이 주도권을 갖지 않는 일에는 일절 개입하지 않는다는 것이었다. 브레스트 장관은 당시 국채 발행 계획과 관련해 로스차일드가와 직접 연락을 취했다. 로스차일드가의 대답은 시원시원했다. 로스차일드가에 국채 인수 사업 주도권을 준다면 자신들이 8분의 5를 인수하고, 나머지 8분의 3은 셀리그먼 및 여타 믿을 만한 은행 가문들이 나누어 인수한다는 조건이었다.

요제프는 이 소식을 듣고 화가 치밀었다. 재주는 곰이 부리고 돈은 조련사가 챙기는 것처럼, 아무런 공도 없는 로스차일드가가 도리어 대장 노릇을 한다는 게 말이 되는 소린가! 요제프는 곰곰이 생각한 끝에 로스차일드가와 흥정을 벌였다.

"이윤 배분 방식에는 이의를 제기하지 않겠습니다. 대신 국채 인수 광고에는 로스차일드가와 셀리그먼가의 이름을 나란히 넣어주시기 바랍니다."

요제프의 속셈은 분명했다. 로스차일드가와 나란히 광고에 등장하면 셀리그먼가가 로스차일드가와 같은 국제 은행 가문의 반열에 올라섰다는 인식을 사람들에게 강하게 심어줄 수 있었다. 돈을 많이 벌고 적게 벌고는 차후 문제였다.

로스차일드가는 단호하게 거부 의사를 밝혔다. 국채 인수 광고에 로스차일드가를 제외한 다른 은행 가문의 이름이 등장해서는 절대로 안 된다는 입장이었다. 로스차일드가의 태도에 타협의 여지가 조금도 보이지 않자 요제프는 화가 나면서도 불안해지기 시작했다. 그는 바로 런던에 있는 아이작 셀리그먼에게 편지를 보냈다.

"다음 주까지 로스차일드가가 국채 인수 광고에 우리의 이름을 그들과 나란히 넣는 요구를 들어주지 않는다면, 우리 역시 가만히 있어서는 안 될 것 같다. 로스차일드가에 압력을 가해야겠어. 벤저민 브레스트가 우리를 무시하고 로스차일드가에게만 이번 거래를 맡길 것이라고 생각하지 않는다. 우리의 경쟁력이 비록 로스차일드가에는 뒤질지 몰라도 미국 정부에게는 로스차일드가보다 우리가 더 필요하니까."

요제프의 엄포가 통했는지 로스차일드가는 벤저민 브레스트에게 보내는 편지에서 국채 발행 광고에 셀리그먼가의 이름을 넣는 데 동의했다. 단 셀리그먼가에게 배당될 국채 인수 비율을 8분의 2로 줄여야 한다는 조건을 달았다.

요제프는 이해득실을 곰곰이 따져보더니 로스차일드가의 제안을 받아들이는 쪽으로 마음을 굳혔다. 당분간 얻을 이익은 줄어들겠지만 로스차일드가와 함께 광고에 등장함으로써 인지도와 상업적 가치가 대폭 상승한다는 이점을 노리는 것이 더 낫다고 생각했다. 그러나 로스차일드가의 요구를 선뜻 수락하기에는 자존심이 허락하지 않아 다시 한번 홍정의 카드를 꺼내들었다. 그는 8분의 2와 8분의 3의 정확히 반인 31.25%를 제안했다. 로스차일드가는 요제프가 자꾸 옴니암니 따지면서 귀찮게 나오자, 셀리그먼가에게 28%의 국채를 배분해주고 이름을 광고에 넣어주겠다는 최후통첩을 보냈다. 셀리그먼가의 이름은 당연히 로스차일드의 뒤에 나오는 것으로 말이다.

요제프는 이리저리 고민하더니 마침내 로스차일드가의 제안을 받아들였다. 그는 아이작 셀리그먼에게 보낸 편지에서 이렇게 말했다.

"지금까지의 상황을 봐서는 우리가 로스차일드가와 공정한 경쟁을 벌이는 것이 가능할 것 같다. 28%라는 배당률은 다소 적은 감이 있지만 그래도 동의하기로 결정했다."

런던의 아이작은 셀리그먼가를 대표해 경외와 긴장으로 가득한 마음을 겨우 달래면서 로스차일드가를 방문했다. 그는 일찍이 10년 전인 1864년에 링컨 대통령의 초대를 받는 영광을 누린 적도 있었지만 막상 로스차일드가와 접촉한다고 생각하자 긴장감과 복잡한 심경이 마구 교차했다. 이는 링컨 대통령과 만날 때와는 또 다른 느낌이었다.

아이작이 만날 사람은 라이오넬 로스차일드 남작이었다. 그는 성격이 강직하기로 둘째가라면 서러운 사람으로, 영국 의회 의원에 당선되고 나서 무려 8년이 지나도록 의원 선서를 하지 않았다. 원래 영국 의회에서는 《신약》에 따라 선서하는 것이 전통이었는데, 그는 한사코 《구약》에 따라 선서하겠다고 고집을 피웠기 때문이다. 이로 인해 의회에서는 커다란 논쟁이 벌어졌다. 하지만 양측 모두 조금도 양보를 하지 않아 그는 의원 생활을 하는 15년 동안 단 한마디도 하지 않고 침묵으로 일관했다. 그의 고집이 어느 정도인지 짐작할 만한 대목이다.

아이작 셀리그먼이 라이오넬 로스차일드를 방문한 날은 묘하게도 유대인의 안식일인 토요일이었다. 이에 라이오넬은 아이작에게 이렇게 첫마디를 던졌다.

"나는 당신보다 착한 유대인이오. 당신은 토요일에도 장사를 하나 난 토요일에는 일을 하지 않소."

분명히 아이작을 조롱하는 말투였다. 하지만 아이작도 만만치 않았다. 그는 주위를 둘러보다가 라이오넬의 책상 위에 쌓인 서류 더미를 보고 재빨리 대답했다.

"남작 전하, 전하께서 토요일 하루 동안에 하시는 일이 제가 일주일 동안 하는 일보다 더 많아 보이는군요."

예의를 깍듯이 차리면서도 급소를 찌르는 아이작의 공격에 라이오넬은 호탕한 웃음으로 대답을 대신했다.

그날 밤 아이작 셀리그먼은 요제프 셀리그먼에게 편지를 보내 라이오넬 로스차일드 남작의 태도가 비교적 우호적이었다고 알리고, 또 잘만 한다면 양측의 관계가 더 가까워질 것이라고 말했다. 아이작은 이렇게 셀리그먼가와 로스차일드가 사이의 얼어붙은 관계를 깨뜨리고, 셀리그먼가를 국제 은행 가문의 핵심 커넥션에 진입하도록 만들었다.

요제프 셀리그먼은 즉각 아이작 셀리그먼에게 세 페이지 분량의 답신을 보내, 이를 꼭 라이오넬 로스차일드에게 전하라고 당부했다. 그는 이 편지에서 온갖 미사여구로 라이오넬 로스차일드에게 아부를 늘어놓은 다음 셀리그먼가와 로스차일드가가 손을 잡으면 어떻겠냐고 은근히 의중을 살폈다. 그는 또한 자신의 능력이 아우구스트 벨몬트보다 훨씬 뛰어나다는 사실을 강조한 후, 뉴욕에서 자신과 협력하는 것이 벨몬트와 협력하는 것보다 훨씬 더 이롭다고 자신감 있게 말했다.

요제프 셀리그먼은 로스차일드가와의 접촉을 통해 뜻밖의 수확을 얻는 기쁨도 맛봤다. 그는 이 기쁜 감정을 아이작에게 보내는 편지에 그대로 드러냈다.

"모건과 잭스 가문은 우리를 대단히 질투하고 있다. 그건 정부에서 우리에게 국채 판매와 관련한 일을 위임한 데에도 이유가 있지만 우리가 로스차일드가와 손잡았다는 것이 그들의 시샘을 유발한 결정적인 이유인 것 같다."

1874년 가을, 라이오넬 로스차일드는 아이작 셀리그먼을 불러 몇 가지 제안을 건넸다.

"미국이 5,500만 달러의 국채를 곧 발행할 것이오. 우리 로스차일드와 모건, 셀리그먼 세 가문이 채권 인수단을 구성하고, 아우구스트 벨몬트를 로스차일드와 셀리그먼가의 공동 대리인으로 내세우면 어떻겠소?"

아이작 셀리그먼은 이 제안을 조금도 주저하지 않고 흔쾌히 받아들였다. 이는 셀리그먼가가 마침내 정식으로 세계 최강의 금융 커넥션에 이름을 올리게 됐음을 의미했다.

뉴욕과 런던의 국제 은행 가문인 로스차일드, 셀리그먼, 벨몬트, 모건이 사위일체를 이뤄 미국 국채 발행에 나서자, 뉴욕 월스트리트의 다른 은행 가문들이 노골적으로 불만을 터뜨렸다. 이들 인수단이 미국 국채의 유럽 판매를 거의 독점하다시피 했으므로 그들의 반발은 당연했다. 이때부터 셀리그먼가는 '미국의 로스차일드'라고 불리기 시작했다.

1877년에 접어들면서 미국의 금융권은 눈엣가시와 같은 그린백 문제에 천착하게 되었다. 원래 국제 은행 가문들은 링컨 대통령이 그린백을 발행한 이래로 줄곧 화폐 발행 권한을 정부에 넘기는 개혁에 대해 반대 입장을 견지했다. 월스트리트의 은행가들은 워싱턴과 셔먼 재무부 장관에게 몰려가 그린백의 폐지 방안에 대해 논의했다. 이를 주도적으로 이끈 인물은 요제프 셀리그먼과 아우구스트 벨몬트였다. 셔먼 장관은 상황이 이렇게 되자 두 사람을 불러 정부 예산 균형 및 정부 채무의 회전과 관련한 계획서를 제출하도록 요구했다. 두 사람이 각각 제출한 계획서에서는 약속이라도 한 듯 그린백 폐지가 급선무라는 쪽으로 의견이 모아졌다.

셔먼은 1주일 후 요제프가 제출한 계획서가 매우 정밀할 뿐 아니라 실용적이라고 칭찬한 다음 곧 정부에서 의결을 하게 될 것이라고 전했다. 요제프가 제출한 계획서의 핵심은 정부에서 그린백 발행 액수의 40%에 상당한 황금을 보유하면서 금화로 그린백의 이자를 지불하자는 것이었다. 이 방안은 그린백을 폐지하지 않으면서도 금본위의 화폐 발행을 회복하여 정부의 화폐 발행권을 제한하는 것이 목적이었다.

당시 금본위제를 실시하는 국가에서는 중앙은행이 화폐의 권위를 장악하는 것이 쉽지 않았다. 세계의 황금 광산 및 거래 시장, 채널을 모두 장악한 로스차일드가가 실질적으로 중앙은행의 배후에서 이들을 좌지우지했기 때문이었다. 요제프의 방안은 바로 이런 사실을 감안하고 제출한 것인 만큼 매우 교묘하고 뛰어난 계책이라고 할 수 있었다. 당시 황금은 화폐로서 타고난 우세를 점하고 있었기 때문에 어떻게 하면 황금의 독점적 지위를 깨뜨릴 수 있느냐가 가장 중요한 문제였다.

1881년 7월 2일, 취임한 지 얼마 되지도 않은 미국의 제20대 대통령 제임스 가필드가 워싱턴에서 총격을 당하는 사건이 발생했다. 그는 백악관으로 부리나케 후송돼 치료를 받아 상태가 다소 안정되었다. 그러나 9월 6일, 요제프가 뉴저지 주에 마련해 둔 별장에 '피서'를 갔다가 그만 병세가 악화돼 세상을 떠나고 말았다. 숨을 거둔 시간은 요제프의 별장에 온 지 13일 만인 9월 19일 10시 35분이었다.[9]

가필드 대통령의 죽음에는 지금까지도 밝혀지지 않은 미스터리한 부분이 많다. 우선 총상을 입은 대통령의 사망 장소가 병원도 백악관도 아닌, 왜 요제프의 별장이었을까? 솔직히 일국의 대통령이 관저나 병원이 아니라 한 개인의 별장에서 치료를 받는다는 것 자체가 말이 되지 않는다. 더구나 그는 피습을 한 번 당한 상황이었으므로 신변 경호에 더욱 신경을 써야만 했다. 일반적인 상식으로도 도저히 납득이 가지 않는다. 가필드 대통령은 앤드루 잭슨 대통령과 마찬가지로 중앙은행의 사유화를 극력 반대한 대통령으로 유명했다. 이에 반해 셀리그먼가를 비롯한 국제 은행 가문들은 정부의 화폐 발행권을 약화하려고 온갖 수단을 가리지 않은 사람들이었다.

진정한 '파나마 건국의 아버지', 셀리그먼

1869년 수에즈 운하가 개통됨에 따라 아시아와 유럽을 잇는 구상이 마침내 현실이 되었다. 이 상황에서 또 하나의 중요한 전략적 가치를 지닌 카리브해의 파나마에 운하를 파 태평양과 대서양을 연결하자는 구상이 제기되었다. 그러면 태평양에서 미국 동해안까지의 운송 거리와 시간을 대폭 단축할 수 있었다. 이처럼 파나마 운하 건설 계획이 가지는 전략적 의미는 대단히 컸다.

요제프가 세상을 떠난 다음 그의 동생 제시가 셀리그먼가의 새로운 장문인이 되었다. 제시 셀리그먼은 바로 이 파나마 운하 사업에 지대한 관심을 보였다. 그는 이 운하 사업을 구체적으로 추진하기 위해 프랑스의 파나마 운하 회사 설립을 적극적으로 돕기로 마음을 굳히고 셀리그먼은행이 운하 회사의 주식 발행을 책임졌다.

당시 프랑스의 파나마 운하 회사는 거액의 융자를 끌어들이기 위해 셀리그먼은행의 인지도가 꼭 필요한 상황이었다. 이에 셀리그먼 브랜드의 사용료로 30만 달러를 단번에 지불하는 것도 아까워하지 않았다. 파나마 운하 회사의 주식 인수단은 곧바로 결성돼 셀리그먼가와 잭스가, 모건가가 공동으로 미국 시장에서의 주식 판매를 담당했다. 프랑스에서는 셀리그먼은행의 파리 지점과 파리은행이 주식 판매를 책임졌다.

파나마 운하 건설에 필요한 최초 예산은 1억 1,400만 달러로 추산되었다. 그런데 주식 발행을 통해 조성한 자금이 무려 6억 달러에 이르러 운하 건설 자금으로는 충분할 것으로 보였다. 또한 운하가 준공된 후에는 프랑스 정부가 관리하기로 약정돼 있었다. 이 소식은 미국에 큰 파문을 일으켰다. 많은 사람들은 이 프로젝트에 유럽 세력을 끌어들여 중요한 수로를 그들에게 넘겨주었다고 비판했다. 심지어 셀리그먼가가 미국의 이익을 팔아먹었다고 욕하는 이들까지 생겨났다.

한편 미국은 수년 전부터 중앙아메리카의 니카라과에 운하를 건설할 계획을 가지고 있었다. 지리적 위치로 보면 니카라과가 파나마보다 미국에 더 가까운 곳에 자리하고 있어서 니카라과 호수를 통과하는 운하를 건설하는 게 모든 면에서 효율적이었다. 1873년 경제 위기가 터지기 전까지 일부 미국 기업이 운하 건설과 관련해 지리적 탐사를 하는 등 사전 작업을 진행하고 있었다. 그러나 경제 위기가 터지면서 이 사업은 중단되고 말았다. 이런 이유로 두 프로젝트를 두고 말이 많아져 중대한 정치 문제로 비화될 가능성이 높았다.

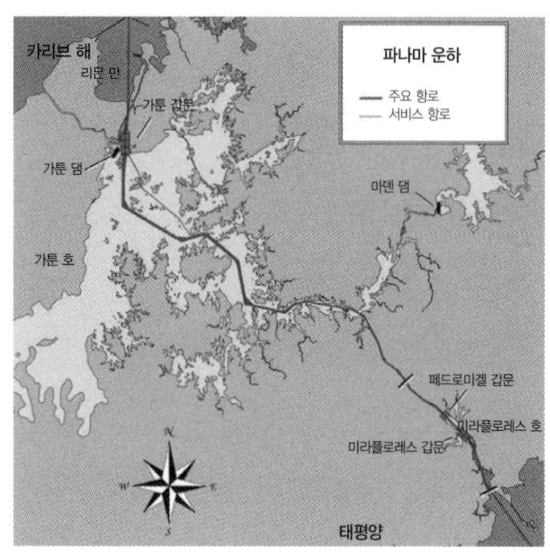

파나마 운하

그런데 셀리그먼가와 모건가가 파나마 운하 건설 계획을 밀어붙이자 미국의 일부 언론은 그들을 미국 이익을 프랑스에 팔아넘긴 매국노라고 비난했다. 심지어 어떤 이는 파나마 운하를 유대인의 음모라고 주장하기도 했다. 이에 제시 셀리그먼은 뉴욕의 한 신문에 "파나마 운하는 민간 프로젝트로 국가와는 하등의 관계가 없다. 파나마 운하 사업은 수익성이 매우 높은 데다가 공사에 필요한 기계와 설비를 모두 미국산 제품을 사용하기 때문에 미국의 국가 이익에 크게 도움이 된다"라는 성명을 발표하기에 이르렀다. 뒤이어 프랑스의 영웅인 페르디낭 드 레셉스가 파나마 운하 회사의 사장으로 임명되었다. 드 레셉스가 파나마 운하의 공사를 책임지게 되자 파나마 운하 회사의 주

페르디낭 드 레셉스
(Ferdinand de Lesseps)
프랑스 외교관으로 이집트에 근무하면서 수에즈 운하 건설을 책임짐.

식은 프랑스와 미국 양쪽에서 공히 일사천리로 판매되었고, 초기의 예상 목표를 훨씬 넘는 자금이 조달되었다.

드 레셉스의 계획에 따르면 공사 기간은 약 7년으로 예정돼 있었다. 또한 해수면과 같은 높이의 운하를 건설해 수문이 없이도 선박의 접안과 통항이 가능하도록 설계했다. 드 레셉스와 휘하의 엔지니어들은 이미 현지의 산악, 협곡 및 폭포 등의 자연환경에 대한 구체적인 탐사를 마친 상태였다. 이와는 별도로 미국 측은 니카라과 정부와 1884년에 니카라과 운하 건설과 관련한 계약을 체결했다. 따라서 양쪽의 계획이 순조롭게 이뤄진다면 중앙아메리카에 두 개의 운하가 나란히 생길 가능성도 충분히 있었다.

그러나 공사는 시작과 동시에 난관에 부딪혔다. 원래 계획에 따르면 수문을 만들지 않는 쪽으로 의견이 모아졌으나 운하와 바다의 수위 차이가 너무 심해 갑문을 만들어야 한다는 의견이 서서히 대두되었다. 갑문 문제로 결국 2년을 허비하는 바람에 공사를 시작한 지 9년이 지났지만 운하는 3분의 1도 채 건설되지 못했고, 초기 예산의 4배에 달하는 4억 달러를 날려버렸다.

이로 인해 프랑스의 영웅은 해고되었고, 미국 국회는 즉각 조사위원회를 조직했다. 조직위원회는 미국 투자자들이 거액의 투자를 한 파나마 운하 사업이 엄청난 손실을 보았는데도 셀리그먼과 모건가를 비롯한 은행 가문들은 주식 인수를 통해 거액의 이익을 얻은 데 대한 조사에 나섰다. 조사 결과 놀라운 사실들이 하나둘 밝혀졌다. 제시 셀리그먼은 당초 셀리그먼가의 옛 친구이자 전 대통령인 그랜트를 연봉 2만 4,000달러에 파나마 운하 위원회의 위원장으로 초빙할 계획을 세웠다. 그러나 그랜트는 이 제의를 거절했다. 그러자 그는 러더퍼드 헤이스 대통령 휘하의 해군부 장관인 톰슨에게 손을 뻗쳤다. 톰슨은 즉각 장관직을 사직하고 파나마 운하 위원회의 위원장에 취임했다.

셀리그먼의 의혹은 여기서 그치지 않았다. 공사에 필요한 기계 설비와 관련해 납품업자들과 의혹투성이의 각종 계약을 체결한 사실 역시 드러났다. 조사위원회는 셀리그먼이 공과 사를 분명하게 구분하지 않았다고 의심했다. 조사 기간에 한 상원 의원은 제시에게 다음과 같이 물었다.

"뛰어난 금융인도 아닌 톰슨이 어떻게 파나마 운하 위원회의 위원장에 임명될 수 있었습니까?"

제시는 이에 지체 없이 대답했다.

"그는 뛰어난 금융인은 아닙니다. 그러나 위대한 정치가이자 변호사입니다."

"당신은 원래 그랜트 전 대통령을 파나마 운하 위원회의 위원장으로 초빙하려 했습니다. 그는 위대한 전사이자 대중의 우상입니다. 하지만 그는 위대한 변호사도 금융인도 정치가도 아닙니다. 그렇지 않습니까?"

"그랜트 장군은 내 가장 가까운 친구입니다. 나는 항상 내 친구들을 우선순위에 올려놓습니다."

셀리그먼가는 요제프 셀리그먼이 세상을 뜬 지 며칠 후 당시 해군부 장관으로 있던 톰슨이 제시에게 보낸 편지를 증거로 제출했다.

"나는 정부 관리로 일하면서 운 좋게도 요제프 셀리그먼을 알게 되었습니다. 나와 셀리그먼가와의 인연 역시 그를 통해 맺어졌습니다.

내가 그를 처음 만난 것은 해군부 장관에 취임한 지 얼마 안 된 1877년 여름이었습니다. 당시 우리 해군부의 재정 상황은 말이 아니어서 셀리그먼가에만 수십만 달러의 빚을 지고 있었습니다. 더구나 채무 액수는 나날이 증가하기만 했습니다. 채무 만기일은 앞으로 다가오는데 해군부는 채무 전액은 말할 것도 없고 일부조차 상환할 능력이 없었습니다. 이 일로 인해 미국 정부는 난처한 입장에 빠졌습니다. 해군부 역시 정상적인 운영을 하기조차 어려운 상황이 돼버렸습니다. 이 소식을 들은 요제프 셀리그먼은 선뜻 해군부의 채무 만기일을 다음 회계연도까지 연기해 주었습니다. 또한 (해군부가) 필요할 때마다 돈을 빌려주겠다고 약속했습니다. 그는 진정한 애국자였습니다. 당시 나는 그의 제안을 받아들이면서 마음속으로 한없는 고마움을 느꼈습니다. 그의 도움에 힘입어 우리 해군부는 가장 어려운 시기를 벗어날 수 있었습니다."

절묘한 타이밍에 제출한 이 편지 덕분에 셀리그먼가는 여론의 집중 포화에서 벗어날 수 있었다. 국회 조사위원회는 최종적으로 파나마 운하 건설과 관련해 셀리그먼가의 불법 혐의 증거를 찾을 수 없다고 발표했다. 그러나 이미 바닥으로 추락한 셀리그먼은행의 명성과 월스트리트의 이미지는 되돌리기 어려웠다. 미국 국회는 결국 파나마 운하 사업을 중지시키고 니카라과 운하 사업을 재개하라는 결정을 내렸다.[10]

이렇게 되자 운하를 어디에 건설해야 하는지에 대한 논쟁이 다시 불붙기 시작했다. 이 와중에 제시는 운하 노선 연구 결정 위원회의 책임자로 있던 상원의 마크 한나 의원을 찾아가 로비를 벌였다. 제시는 한나 의원에게 운하 노선 연구 결정 위원회에 최종 보고서가 제출될 때까지 잠시 국회에 결정을 유보해 줄 것을 제의해 달라고 간청했다. 의회는 조금 더 기다려달라는 그의 요구를 들어주었다.

그러나 얼마 지나지 않아 그를 실망시키는 소식이 전해졌다. 운하 노선 연구 결정 위원회의 조사 결과 니카라과에 운하를 건설하는 것이 합당하다는 결론이 내려졌다. 셀리그먼가는 절망적인 상황에서 파리에 있는 필리프 부노바리야(Philippe Bunau-Varilla)라는 건설 기술자를 찾아가 설득 작업을 벌였다.[11]

부노바리야는 열 살 때부터 파나마 운하 건설을 꿈꿔온 집념의 사나이였다. 파나마 운하에 대한 그의 열망은 드 레셉스가 수에즈 운하 건설에 성공한 것을 보고 난 다음 더욱 커졌다. 그는 제시 셀리그먼의 부탁을 흔쾌히 받아들여 즉각 미국으로 날아가 각 지역을 순회하면서 파나마 운하 계획안의 타당성을 역설했다. 그러나 몇 달이 지났음에도 그의 노력은 별다른 효과를 거두지 못해, 미국 상원 의원들은 여전히 니카라과 운하 건설을 지지하고 있었다.

제시의 대대적인 지원 아래 부노바리야는 혼신의 힘을 다한 유세 활동으로 의원들의 결정을 뒤집으려 했다. 부노바리야는 몇 차례 연설에서 거의 미치광이처럼 파나마 운하의 이점을 입에 침을 튀기며 역설했다. 주미 프랑스 대사가 파리에 있는 부노바리야의 형제들에게 "부노바리야가 드디어 미쳐버렸다. 빨리 와서 데리고 가라"는 급전을 보냈을 정도였다. 부노바리야는 거액의 금전적 유혹 앞에서 완전히 편집증 증세를 보인 것이었다.

제시와 부노바리야에게 더없이 중요했던 이 시기에 전환점이 되는 사건 하나가 발생했다. 서인도제도의 세인트 빈센트섬에서 화산이 폭발해 수천 명이 목숨을 잃는 비극이 일어난 것이다. 이보다 이틀 전에는 사화산으로 여겨졌던 마르티크섬의 펠레 화산이 폭발해 3,000명의 목숨을 앗아간 일도 있었다. 순간 부노바리야의 머릿속에서 갑자기 어떤 생각이 번뜩하면서 스쳐 지나갔다.

"니카라과에는 화산이 있으나 파나마에는 화산이 없다. 그래, 바로 이거야."

부노바리야는 즉시 우체국으로 달려가 5페소짜리 니카라과 우표를 샀다. 우표에는 짙은 연기를 내뿜는 화산 폭발 장면이 담겨져 있었다. 그는 진귀한 보물이라도 얻은 양 니카라과 우표 90장을 구매해, 그 우표를 붙인 편지를 90명의 상원 의원들에게 보냈다. 편지에서 그는 우표의 사진이 바로 니카라과 지역의 화산 폭발을 입증하는 역사적 증거라고 수차례나 반복해서 말했다. 이때는 미국 상원에서 운하 건설 표결까지 사흘 앞둔 날이었다.

투표 날 제시와 부노바리야는 하루를 여삼추같이 결과를 기다렸다. 곧 미국 상원이 8표 차이로 파나마 운하 계획안을 통과시켰다는 소식이 날아들었다. 셀리그먼은 기뻐 어쩔 줄을 몰라 했다. 부노바리야는 니카라과 우표를 더 많이 구입해 하원 의원들에게도 편지를 보냈다. 얼마 후 미국 하원으로부터도 파나마 운하를 건설하는 쪽으로 의견을 모았다는 소식이 전해졌다.

모든 일이 겨우 계획대로 진행되려는 순간, 전혀 엉뚱한 곳에서 심각한 변수가 발생했다. 당시 파마나는 독립 국가가 아니라 콜롬비아의 한 개 주였는데, 콜롬비아 정부가 갑자기 태도를 바꿔 운하 통로를 내주지 않겠다고 변덕을 부렸다. 급해진 부노바리야는 돈으로 콜롬비아 정부 측을 매수했다. 그러나 그의 노력도 헛되이 콜롬비아 상원은 파나마 운하 조약을 비준하지 않았다. 콜롬비아 정부에서 파나마 운하 건설에 동의하지 않는다면 제시의 그동안의 노력은 모두 헛수고로 돌아갈 판이었다.

당시 부노바리야는 제시에게 속수무책의 심정으로 탄식했다.

"우리는 철저하게 패하고 모든 것을 잃었습니다. 파나마가 콜롬비아로부터 독립을 하지 않는 한 희망이 없습니다. 파나마에서 혁명이라도 일어난다면 아마 독립을 할지도 모르겠습니다."

부노바리야의 말에 제시가 반문했다.

"혁명을 일으키려면 돈이 얼마나 필요할 것 같소?"

부노바리야는 제시의 말뜻을 알아들었다. 그는 즉각 파나마 민족주의자들을 만나 혁명을 일으키는 데 얼마의 예산이 드는지 조사하기 시작했다. 파나마 민족주의자들은 적어도 600만 달러는 있어야 현지 게릴라들을 지원할 수 있다고 부풀렸다. 부노바리야는 바로 제시에게 최소한 600만 달러가 필요하다는 보고를 올렸다. 제시는 얼토당토않은 액수라고 여기고 10만 달러만 주겠다고 제시했다. 이에 파나마 민족주의자들도 시원스럽게 이 액수를 받아들였다.

부노바리야는 파나마 민족주의자들의 약속을 받아내자 쏜살같이 제시의 사무실로 날아갔다. 이어 셀리그먼은행 동업자의 책상에서 파나마 독립선언과 파나마 헌법 초안을 작성했다. 그의 다음 행선지는 워싱턴이었다. 그는 시어도어 루스벨트 대통령을 만나 그동안의 진척 과정에 대해 보고를 올렸다. 그는 자서전에서 당시 상황을 다음과 같이 기억했다.

"나는 루스벨트 대통령에게 파나마에서 혁명이 발발하면 미국인의 생명과 이익을 보호한다는 명목으로 미국 전함을 파나마에 파견해 달라고 부탁했다. 물론 미국의 이익에는 셀리그먼가의 이익도 포함돼 있었다. 대통령은 나를 힐끗 보고는 한마디 말도 하지 않았다. 물론 미국의 대통령이 나 같은 사람, 특히 외국인에게 어떤 약속을 한다는 것은 쉬운 일이 아니었다. 그러나 나는 그가 나를 한번 힐끗 쳐다봤다는 것 자체로 이미 만족하고 있었다."

루스벨트 대통령은 부노바리아의 부탁에 침묵으로 일관했다. 그러나 이는 다시 말하면 암묵적 동의나 다름없었다.

1903년 파나마에서 혁명이 발발하자 미국은 전함 내슈빌호를 파견해 사태의 진전을 지켜봤다. 미국은 전함 파견을 통해 파나마 분열주의자들을 지원한다는 뜻을 암시한 셈이었다. 콜롬비아는 파나마에 대한 미국의 전폭적인 지원을 당해낼 재간이 없었다. 이로써 파나마는 독립을 쟁취했다.

파나마의 독립은 셀리그먼가의 위대한 승리를 의미했다. 셀리그먼가는 파나마 운하 건설의 최대 공신인 부노바리아에게 의미 있는 자리를 마련해 주기 위해 막후 로비에 나섰다. 이에 프랑스 국적인 부노바리아는 파나마 주재 미국 초대 대사로 부임하는 영광을 누렸다.[12]

국제 은행 가문들은 이때 자신들의 이익을 위해서라면 국가 분열은 기본이고 혁명, 전쟁까지 일으킬 정도로 무소불위의 능력을 자랑했다. 가장 분명한 결과가 바로 파나마의 독립이었다. 이유야 어쨌든 파나마는 극적으로 독립을 쟁취했다. 어떤 의미에서 보면 셀리그먼가는 진정한 '파나마 건국의 아버지'라고 할 수 있었다.

시프의 시대

야코프 시프는 독일 프랑크푸르트의 유대계 가문 출신이었다. 그의 집안은 셀리그먼가와 달리 유대인 중에서도 명문 세가에 속했다. 유대인 백과사전에 따르면, 시프가의 역사는 유대 민족의 뿌리에까지 거슬러 올라간다. 프랑크푸르트에 정착한 시프 일가의 역사 역시 14세기까지 거슬러 올라간다. 심지어 야코프 시프의 조상이 기원전 10세기의 솔로몬 왕 직계 후손이라는 설도 있다.

시프가는 로스차일드가와도 100여 년 이상 친분을 쌓아온 가까운 관계였다. 18세기 후반에는 양 가문이 복층 빌라에서 서로 이웃하며 살았던 적도 있었다. 야코프 시프는 입버릇처럼 "우리 가문은 로스차일드가보다 부자는 아니다. 그러나 더 고귀하고 정통성 있는 가문이다"라고 말했다고 한다. 실제로도 로스차일드가가 상업적으로 성공한 가문이라면, 시프가는 다수의 은행가, 출중한 학자 및 종교 지도자들을 배출한 가문이었다. 시프가는 또 로스차일드가보다 훨씬 장구한 역사를 자랑했다.[13]

야코프 시프는 평범한 사람이 아니었다. 그는 어릴 때부터 가슴에 큰 뜻을 품었고 출중한 재능을 인정받았다. 게다가 타인의 생각을 재빨리 알아차리는 기민함과 빈틈없는 정확성, 유능함까지 갖추고 있었다. 이런 장점들은 그를 위대한 유대계 은행가로 만들어주었다.

그는 어릴 때부터 뚜렷한 목표를 가지고, 이를 달성하기 위해 많은 노력을 기울였다. 그는 18세 때 부모를 속이고 런던 여행에 나선 적이 있었다. 사실 프랑크푸르트를 떠났을 때 그는 홀로 뉴욕을 둘러볼 계

▎야코프 시프

획을 가지고 있었다. 그의 어머니가 런던에서 온 아들의 편지를 속속 받고 있었을 때쯤 그는 이미 뉴욕에 도착했다. 뉴욕에서 마음이 통하는 친구들을 몇 명 사귄 그는 수중에 있던 500달러로 주식 중개 회사를 차리기로 결심했다. 그런데 정식 계약을 체결하려고 할 때 그가 회사를 세울 수 있는 법정 연령에 미치지 않는다는 사실이 발각되었다. 게다가 야코프는 지배욕이 유달리 강해 사람들이 곁에 붙어 있지 못하고 하나 둘 그를 떠났다. 그는 다시 독일로 돌아와 새로운 기회를 찾기로 마음먹었다.

야코프 시프는 독일로 돌아오는 길에 바르부르크가의 파울과 펠릭스 형제를 우연히 만났는데, 바르부르크 형제는 그에게 강렬한 인상을 남겼다.[14] 이 만남은 미래의 뉴욕 월스트리트, 더 나아가 전 세계 금융업에 엄청난 영향을 미친 사건이었다. 야코프는 독일에서 아브라함 쿤을 사귀게 되었다. 그는 월스트리트에서 뢰브와 손을 잡고 쿤-뢰브 회사를 설립했으나 고향이 너무 그리워 이미 프랑크푸르트로 돌아와 있었다. 아브라함 쿤은 야코프와의 첫 만남에서 대번에 그의 비범한 재능을 알아보고 야코프에게 뉴욕의 쿤-뢰브 회사에 들어가라고 제안했다. 1873년인 이해에 야코프의 나이는 26세였다.

당시 미국은 국가와 경제 모두 활기찬 움직임을 보이며 나날이 발전하고 있었다. 남북전쟁을 계기로 철도 산업이 크게 발전하면서 월스트리트는 철도의 인수 합병, 파산, 구조 조정 등과 관련한 금융 업무를 통해 거액의 이익을 창출했다.

1870년을 전후해 미국에서 국채를 제외하고 가장 잘 팔린 주식 종목은 철도 기업의 주식과 채권으로 미국 증권거래소 총 거래량의 85%를 차지했을 정도였다. 이런 분위기는 유럽에까지 영향을 미쳐 철도 주식과 채권에 관심을 가지는 투자자들이 급증했다. 미국 철도 주식 및 채권은 프랑크푸르트, 런던, 파리, 암스테르담에서 불티나게 팔려나가 이를 발판으로 한 부호 은행가들이 속출했다. 당시 월스트리트의 최대 투자자는 말할 것도 없이 요제프 셀리그먼이었다. 그러나 어찌된 영문인지 그의 철도 사업 부문 투자는 줄곧 순탄하지 않았다.

야코프 시프는 요제프 셀리그먼의 구체적인 투자 방법과 투자 절차를 자세하게 연구하다가 그 안에서 치명적인 실수를 발견했다. 셀리그먼은 철도 사업을 이윤 창출의 수단과 목적으로만 여겼을 뿐이었다. 철도 건설의 목적과 과정, 철도 운행 및 철도 회사 운영 등과 관련해서는 전혀 관심이 없었다. 야코프는 이를 교훈삼아 철도 사업에 투자하기 전에 먼저 철도 분야의 전문가가 되기로 결심했다.

그는 우선 여러 철도 기업의 이사직을 맡았다. 레일의 제조와 부설 과정에서 시작해 수송과 창고 보관에 이르기까지 철도 운영과 관련된 모든 지식을 처음부터 배워나갔다. 모르는 부분은 사람들에게 물어서 반드시 알고 넘어갔다. 이 때문에 회사의 관리자, 기술자, 엔지니어는 말할 것도 없고, 증기 터빈의 보일러 기사 및 열차 브레이크 정비공까지 모두 그의 스승이 되었다. 그는 각고의 노력 끝에 철도 분야의 권위 있는 전문가로 올라설 수 있었다.

부지런하고 성실한 태도로 철도 운영과 관련한 실무 지식을 완전히 마스터한 그는 철도 기업이 어떤 상황에서 어떤 금융기관과 금융 서비스를 필요로 하는지에 대한 전문적인 판단을 내릴 수 있게 되었다. 그는 또 철도 기업의 경영 모델에 대해서도 손금 보듯 훤히 꿰뚫고 있었기 때문에 철도 기업의 관리 및 운영 수요에 맞춰 월스트리트에 맞춤형 금융 투자 상품을 출시할 수 있었다. 이 밖에도 철도 기업의 자금 조달 경로, 조달 시간 및 조달 액수까지 낱낱이 파악하는 능력을 갖춰 철도 관련 금융 분야에서는 가히 독보적인 존재로 군림했다.

1873년부터 1900년까지 근 30년 동안 미국 금융업의 투자 대세는 누가 뭐래도 철도였다. 철도 사업의 비약적 발전 덕택에 시프가 진두지휘하는 쿤-뢰브 회사는 소규모 투자 은행에서 미국의 철도 금융을 주름잡는 거물 기업으로 성장했다. 중량급 은행 가문인 모건가조차 그의 능력에 혀를 내둘렀을 정도였다. 특히 철도 관련 전문 지식을 완벽하게 숙지한 다음 그것을 금융과 결부시킨 사업 방식은 현지 은행가들의 높은 평가를 받았다.

야코프의 또 다른 성공 요인은 유럽의 국제 은행 가문들과 쌓은 끈끈한 인맥이었다. 이를 통해 유럽 국제 은행 가문의 전폭적인 경제적 지원을 등에 업은 그의 사업은 탄탄대로를 달렸다.

금융권에 미치는 영향력만 놓고 보면 야코프는 선배인 요제프 셀리그먼을 훨씬 능가했다. 요제프도 철도에 투자하기는 했으나 철도의 상업적 운영 모델에 대해서는 전혀 아는 바가 없었다. 그 이유는 당시 월스트리트의 금융가들이 철도 자체보다는 철도 배후의 부동산에 더 흥미를 가지고 있었기 때문이다.

미국 법률에 따르면 철길을 따라 좌우 일정한 범위에 있는 토지는 철도 회사에서 소유권을 가지게 되어 있었다. 따라서 철도 기업은 토지를 담보로 융자를 받아 철도를 건설했다. 이처럼 월스트리트에서 철도 주식 및 철도 채권 구매 붐이 일어난 것은 철길 주위의 토지 개발 및 투기와 밀접한 관계가 있었다. 실제로 요제프 셀리그먼을 비롯한 대부분의 금융가들은 철도 자체에는 별 관심이 없었고, 그저 투기 수단으로만 여겼을 뿐이었다.

하지만 야코프 시프의 생각은 달랐다. 그는 철길 옆의 땅을 산 각 업종 개발자들의 다양한 생산, 가공, 무역 활동이 바로 철도를 따라 집중적으로 이루어질 것이라고 생각했다. 한마디로 상업 활동이 철도의 운송 수요를 만들어내고, 이를 통해 철도 건설 원가, 운영 원가 및 운영 이익을 창출해 낸다는 것이 그의 지론이었다. 이것이야말로 철도 금융의 핵심이었다.

그는 자신의 분석을 바탕으로 유니언 퍼시픽 철도(Union Pacific Railroad) 건설 사업에 관심을 가지기 시작했다. 이 프로젝트는 이미 심각한 부채 부담에 시달리고 있었기 때문에 그는 손을 대기 전에 무려 4년 동안이나 면밀한 조사를 시행했다. 당시 이 프로젝트가 미국 정부에 진 빚은 4,500만 달러에 이르렀고, 대출 금리는 6%로 꽤 높은 편에 이자도 무려 30년이나 밀려 있었다. 철도의 길이 역시 원래 1만 3,000킬로미터에서 7,000킬로미터로 단축된 데다가 이조차 심각한 채무 부담과 각종 외부 압력으로 제대로 건설될지 의문인 상황이었다.

월스트리트의 투자자들은 이미 이 프로젝트에 사망 진단을 내렸다. 야코프는 당시 요제프 셀리그먼의 뒤를 이어 월스트리트의 일인자로 등극한 피어폰트 모건을 찾아가 이 프로젝트에 대한 견해를 물었다.

피어폰트는 전혀 가망성 없는 사업이긴 하지만 야코프에게 한번 시도해 봐도 좋다고 권유했다.

훗날 나타난 결과지만 이 사업을 포기한 피어폰트 모건의 결정은 중대한 전략적 실수로 드러났다. 야코프 시프는 피어폰트의 암묵적 승인을 받은 다음 유니언 퍼시픽 철도 살리기에 돌입했다.

우선 그는 암암리에 유니언 퍼시픽 철도의 주식과 채권을 사들였는데, 얼마 지나지 않아 보이지 않는 손이 자꾸 자신의 계획을 가로막고 있다는 느낌을 받았다. 국회에서는 영문을 모르는 사건이 터져 이 프로젝트의 비준이 지연되었고, 잠잠하던 언론 역시 갑자기 공격적인 태도를 보였다. 유럽의 채권자들도 시간을 질질 끌면서 협력을 거부했다. 야코프는 분명 정체 모를 실력자가 일부러 자신의 계획을 방해하고 있다고 결론을 내렸다. 처음에는 당연히 피어폰트 모건을 의심했다. 이에 그를 직접 찾아가 혹시 생각이 바뀐 것이 아니냐고 질문을 던졌다. 피어폰트는 억울하다며 펄쩍 뛰었다.

"나는 약속을 어기지 않는 사람이오. 그렇게 대답한 이상 당신의 일을 방해할 까닭이 없소. 그럼 내가 배후의 훼방꾼을 찾는 데 도움을 드리리다."

며칠 후 야코프는 배후의 훼방꾼이 E. H. 해리먼이라는 사실을 알아냈다. 야코프는 철도 운영에 관한 한 희대의 천재로 불렸던 해리먼과 협상을 벌여 마침내 손을 잡기로 합의했다.[15] 그러나 유니언 퍼시픽 철도 프로젝트는 규모가 워낙 커서 두 사람의 힘만으로는 역부족이었다. 이에 야코프는 이 프로젝트의 기사회생을 위해 유럽 자본을 반드시 끌어들여야 한다고 판단했다.

그는 어린 시절 친구였던 어니스트 카셀(Ernest Cassel) 나이트작을 찾아갔다. 이 사람은 한때 영국 최고의 부호로 꼽혔던 재력가로 런던의 로스차일드가와도 매우 밀접한 관계를 맺고 있었다. 이때 카셀은 런던 로스차일드가를 비롯한 다른 국제 은행 가문들 사이를 부지런히 오가면서 자금을 조달, 관리, 안배하는 일을 맡고 있었다.

요제프 셀리그먼은 밑바닥부터 시작해 월스트리트에서 유대계 은행 가문의 위상을 확립한 반면, 야코프 시프는 이보다 한 발짝 더 나아가 주도적으로 미국 금융계를 주름잡는 방대한 파워 그룹을 키워냈다. 그는 어니스트 카셀과 손을 잡은 후 런던 및 유럽 금융시장의 모든 정보를 정확히 그리고 제때에 얻을 수 있게 되었다. 특히 유럽 금융 부호들의 자금 거래 상황을 소상하게 알 수 있었다. 그와 해리먼은 카셀이라는 든든한 조력자의 등장으로 사흘이라는 짧은 시간 안에 4,000만 달러의 자금을 유럽에서 조달했다. 파산 직전까지 갔던 유니언 퍼시픽 철도는 이렇게 기사회생의 길이 열렸다.

1897년 11월 2일, 야코프와 해리먼은 정식으로 유니언 퍼시픽 철도의 지분을 전부 인수했다. 이 프로젝트는 채무와 이자를 전부 상환하고도 전무후무한 2억 1,000만 달러라는 어마어마한 이윤을 창출해 당시까지 미국 역사를 통틀어 가장 성공한 최대 규모의 사업으로 일컬어졌다. 유니언 퍼시픽 철도의 자산 가치는 일거에 최소 20억 달러에 이르게 되었다. 피어폰트 모건은 그제야 황금알을 낳는 사업을 두 손으로 공손하게 야코프 시프에게 갖다 바친 것을 후회했으나 때는 이미 늦었다.

1895년 파울 바르부르크와 펠릭스 바르부르크는 야코프의 초청으로 뉴욕의 쿤-뢰브 회사에 합류했다. 이로써 독일의 바르부르크가와 미국의 시프가는 긴밀하고도 막강한 연합 세력을 형성했다.

야코프의 딸은 펠릭스 바르부르크와 결혼했고, 뢰브가의 딸도 파울 바르부르크에게 시집을 가게 되었다. 또한 쿤-뢰브 회사의 또 다른 동업자인 불프(Wulf)가의 딸도 오트 케인에게 시집을 갔다. 오트 케인은 원래 슈파이어(Speyer)가의 핵심 인물이었으나 훗날 쿤-뢰브 회사에 들어가 시프가의 후계자가 되었다. 이외에 쿤가의 아들은 뢰브가의 또 다른 딸을 아내로 맞았다. 얽히고설킨 통혼을 거쳐 바르부르크, 시프, 뢰브, 쿤, 케인, 불프 등의 쟁쟁한 가문들은 복잡한 인척 관계를 형성했다. 이로써 쿤-뢰브 회사는 미국 및 유럽에서 최대 인맥, 최다 인력 및 최고의 명성을 확보한 유대계 기업 그룹으로 부상했다.

이들은 훗날 하나같이 국제 금융시장에 막강한 영향력을 행사했다. 우선 바르부르크가의 장남인 막스는 독일 국왕 빌헬름 2세의 금융 고문 자격으로 독일을 대표해 베르사유 회담에 참가했고, 제1차 세계대전 후에는 독일의 재정과 금융을 주관한 독일 제국은행의 이사로 활약했다. 이 밖에 그는 히틀러 정권의 재무부 장관인 히얄마르 샤흐트의 막후 조종자로서 19세기 말부터 1930년대 말까지 약 40년 동안 독일의 정치, 경제 및 금융에 큰 영향력을 행사했다. 바르부르크가의 둘째 파울은 막강한 영향력을 발휘한 미국의 주요 은행가로 성장했다. 연방준비제도이사회를 창설한 설계자이자 미국 금융 정책의 주요 제정자로 널리 알려져 있다. 셋째인 펠릭스는 20세기 초 쿤-뢰브 회사의 최고위 동업자로 활약하면서 월스트리트를 주름잡았다. 넷째 프리츠는 함부르크 금속거래소장으로 활약했고, 제1차 세계대전 말기에

독일과 러시아의 비밀 강화 때 독일 대표를 지냈다.[16]

시프가의 후계자인 오트 케인은 월스트리트 유대계 은행가들의 지도자로 활약했다. 1919년 그가 일본 나가시마(長島)에 건설한 주택은 부지 면적이 1.8제곱킬로미터, 주거 면적이 1만 제곱미터를 넘었다. 방만 127개나 되는 호화 주택이었다. 이로써 야코프 시프가 이끄는 쿤-뢰브 회사는 전대미문의 전성기로 접어들었다.

시프가와 러일 전쟁

1904년 러일 전쟁이 발발했다. 메이지(明治) 유신을 통해 병영국가로 변신한 일본은 패기만만하게 러시아를 제압하려고 달려들었다. 그러나 곧 러시아군은 전투력이 막강한데 반해 자신들은 전쟁 경비가 점차 바닥이 나 지구전이 어려워지게 됐다는 사실을 깨달았다. 일본은 즉각 전쟁 비용 마련을 위해 쇼우킨(正金)은행의 다카하시 고레키요(高橋是清) 부총재를 런던으로 파견해 국제 은행 가문을 방문하도록 했다.

다카하시의 원래 계획은 로스차일드가에 일본이 발행한 전쟁 채권의 인수를 요청하는 것이었다. 그러나 겨우 500만 파운드의 융자에도 로스차일드가는 시큰둥한 반응을 보였다. 로스차일드가는 30년 전 보불 전쟁 당시 프랑스를 위해 2년 동안 50억 프랑(약 2억 파운드)을 조달하여 독일에 배상금으로 지불하도록 한 경험도 있었는데, 왜 다카하시를 그처럼 냉대했을까? 더구나 영국은 당시 일본의 최대 정치적, 상업적 파트너였다. 그 이유는 바로 런던의 국제 은행 가문들이 러일 전쟁에서 일본이 패할 것이라고 관측했기 때문이었다. 전쟁에 패할 것이 뻔한데 채권을 인수하는 것은 바보짓이었다.

이 일로 우울해하던 다카하시는 마침 사업차 런던을 방문한 야코프 시프를 만찬에서 우연히 만나 자신의 괴로움을 털어놓았다. 야코프는 다카하시의 하소연을 들어주는 한편 머릿속으로 열심히 주판알을 튕겼다. 미국의 경제가 급속도로 발전하고 금융 역량도 막 일어서는 시점이라 야코프는 월스트리트에서 내로라하는 인물로 통했다. 그러나 이런 그도 런던의 국제 은행 가문들 앞에서는 명함을 내밀지 못했다. 하지만 런던의 '어르신들'이 포기한 새로운 일본 시장을 보는 눈썰미만큼은 훨씬 나았다. 그는 월스트리트의 신흥 귀족 금융가들이 이에 흥미를 가질지도 모른다는 생각이 들었다.

또한 그는 러일 전쟁의 승패와 관련해 런던 금융 가문들과 다른 생각을 가지고 있었다. 전쟁터가 러시아의 경제 중심과는 멀리 떨어진 반면, 일본과는 가까운 곳에 있다는 사실을 간파하고 일본이 유리할 것이라고 전망했다. 게다가 러시아의 차르 정부는 부패가 극에 달해 오래전부터 민심을 잃었다. 이처럼 상승세를 탄 일본이 러시아를 물리칠 가능성이 높다고 판단한 야코프는 다카하시에게 월스트리트의 은행가들을 동원해 일본의 전쟁 경비를 조달해 보겠다고 약속했다.

그가 일본을 도와주려고 한 또 다른 이유가 있었다. 다름 아닌 러시아의 유대인 박해 정책 때문이었다. 그는 평소에 차르가 통치하는 러시아를 인류의 공적(公賊)으로 간주했고, 심지어 무장 혁명을 통해 차르 정권을 뒤엎어야 한다고 선동하기도 했다. 그는 러시아를 공격하는 일이라면 발 벗고 나서서 도와줄 사람이었다.

야코프는 즉각 일본의 전비 마련에 나섰으나 혼자 힘으로는 쉽지 않았다. 그래서 과거의 라이벌인 피어폰트 모건, 조지 베이커와 손을 잡았다. 그들과 상의 끝에 나중에는 록펠러 재단까지 끌어들였다. 일본은 역사상 처음으로 런던 이외의 금융시장에서 대규모 융자를 받게 되었다.

일본은 러일 전쟁 중에 총 세 번의 대규모 대출을 받았다. 이는 모두 야코프의 걸작이었다.[17] 이 세 번의 대출로 일본은 군사력을 크게 강화하여 마침내 러일 전쟁에서 일방적인 승리를 거뒀다.

러일 전쟁 전까지만 해도 구미 열강들은 일본은 그저 아시아의 맹주일 뿐, 영국 및 미국, 독일, 프랑스, 러시아 등 세계적인 열강과는 게임이 되지 않는다고 생각했다. 그런 일본이 러시아를 격파하자 전 세계가 깜짝 놀랐고, 야코프 역시 탁월한 안목을 사람들에게 자랑하며 국제 금융시장에서 명성을 드높였다.

영국의 에드워드 7세는 그를 버킹엄 궁전의 오찬에 초대했고, 일본 국왕도 그를 왕실의 오찬 모임에 초청해 러일 전쟁 승리의 공로를 치하했다. 이는 외국인으로서는 전례 없는 최고의 예우였다. 이때 야코프는 느닷없이 의전을 담당한 일본 관리를 불러 왕에게 술을 권하겠다는 입장을 피력했다. 의전 담당 관리는 얼굴이 사색이 돼 손사래를 쳤다.

"제발 그러지 마십시오. 지금까지 우리 왕실에서 외국인이 국왕 폐하께 술을 권한 일은 한 번도 없었습니다. 폐하께서 오해하고 화를 내실까 두렵습니다."

그러나 야코프는 고집을 꺾지 않았다. 술잔을 들고 자리에서 일어나 술을 권하며 일본 국왕에게 축하의 말을 건넸다.

"국왕 폐하께서는 전쟁을 벌일 때나 평화로울 때나 항상 백성들의 마음속에서 영원한 일본의 원수로 기억되기를 기원합니다."

일본 국왕은 야코프의 치하에 기분이 좋았는지 얼굴에 흡족한 표정을 지었다. 주위 사람들은 그 모습을 보고서야 겨우 놀란 가슴을 쓸어내렸다.

그는 최고의 귀빈으로 다카하시의 집에 초대를 받은 적이 있었다. 당시 다카하시에게는 열다섯 살 먹은 딸이 있었다. 다카하시는 귀빈을 접대하기 위해 자신의 딸을 그의 옆자리에 앉도록 했다. 그가 식사를 하다 말고 무심결에 다카하시의 딸에게 한마디를 던졌다.

"너도 미국에서 한동안 공부하고 생활하는 것이 좋겠구나."

그는 다카하시의 딸에게 무심코 던진 말을 마음에 담아두지 않았다. 그러나 듣는 사람 입장에서는 그의 엄숙한 표정과 말투가 명령으로 들릴 수도 있었다. 다음날 아침 다카하시가 직접 그의 숙소로 찾아가 정중하게 인사를 건네고 말했다.

"일본에서는 어린 여자아이가 조국을 떠나 외국 생활을 하는 일이 흔하지 않습니다. 그러나 선생은 이미 일본인의 가장 귀한 친구라는 사실을 행동으로 입증했습니다. 저는 선생을 전적으로 신뢰합니다. 제 딸아이를 선생이 계시는 뉴욕에 보내겠습니다. 그러나 한 가지 요구 조건이 있습니다. 제 딸이 미국에 머무르는 시간이 3년이 넘지 않게 해주십시오."

야코프는 무심코 내뱉은 말이었으나 일본의 거물 은행가에게는 월스트리트의 명령으로 받아들여졌다. 그의 영향력이 얼마나 컸는지 증명해 주는 사례라고 할 수 있다. 야코프는 자신의 말대로 다카하시의 딸을 데리고 뉴욕으로 갔다. 또 약속대로 3년이 지나기 전에 다카하시의 딸을 일본에 되돌려 보냈다. 이 일을 계기로 일본과 월스트리트 은행가와의 관계는 더욱 돈독해졌다.

신흥 커넥션과 전통 커넥션의 각축

1840년 전까지만 해도 미국에는 100만 달러 이상의 자산을 가진 부호가 20여 가문에 지나지 않았고, 500만 달러 이상인 부호는 고작 다섯 가문밖에 되지 않았다. 이들 부호 가문은 대부분 식민지 시대 영주의 후손들이었다.

당시만 해도 뉴욕은 결코 부유한 도시가 아니었다. 모리스가를 제외한 기타 신흥 가문들은 무역을 통해 근근이 생계를 유지했다. 하지만 남북전쟁을 계기로 미국 경제가 고속 성장 궤도에 진입하면서 부호 가문이 속출해 뉴욕에만 자산 100만 달러를 넘는 가문이 백여 가구를 초과했다. 특히 증기 터빈, 철도, 방직, 기계, 철강, 군수 산업, 석유, 전보, 전화 등 신흥 산업이 폭발적인 성장을 거듭하면서 미국의 부를 미증유의 속도로 증가시켰다.

뉴욕에 신흥 부호들이 폭발적으로 증가함에 따라 정통성을 고집하는 영주 계급의 옛 귀족 세력은 큰 위협을 느꼈다. 옛 귀족들은 여전히 사회적으로 상당한 지위와 영향력을 행사했으며, 같은 그룹과는 공통적인 가치관이나 생활방식을 공유했다. 그러나 부를 축적하는 능력은 신흥 부호를 도저히 따라잡을 수가 없었다. 이로 인해 신흥 부호와 옛 귀족들 사이에서는 상류 계급의 개념을 새로 정의해야 한다는 공감대가 서서히 형성되기 시작했다.

양 세력이 서로 타협해 손을 잡아야 한다는 주장을 가장 먼저 제기한 가문은 뉴욕의 맥앨리스터가였다. 당시 전통 귀족을 대표하는 가문이 모리스가였다면, 신흥 귀족의 대표 주자는 밴더빌트가였다. 맥앨리스터가는 신구 귀족이 부와 권력, 고귀한 전통을 두루 겸비한 고정된 상류 계급의 커넥션을 형성해야 한다고 주장했다. 그래야만 투기업자나 졸부를 비롯한 저속한 부자들이 '최고의 상류 계급'을 침범하거나 오염시킬 수 없다고 생각했다.

맥앨리스터가는 훗날 사교계의 여왕이 되는 브룩 애스터 부인과 함께 뉴욕의 최고 상류 클럽인 '400인 클럽'의 창립을 주도했다. 이 가운데 유대인은 단 한 명도 포함되지 않았다. 월스트리트의 유대계 은행 가문들은 이에 강력하게 반발했다.

재력으로 따지자면 유대계 은행 가문은 미국 금융계에서 단연 독보적인 지위를 차지했다. 이는 신흥 귀족은 말할 것도 없고 전통 귀족들도 수긍하는 사실이었다. 그럼에도 불구하고 유대인이 상류 사회에 발을 들여놓을 수 없었던 건 기독교 사회에서 유대인이 종교적, 신분적 차별의 대상이었기 때문이다. 심지어 지금까지도 미국 사회 곳곳에서 유대인에게 관대하지 못한 흔적들을 발견할 수 있다.

미국의 유대인이라고 다 똑같은 등급은 아니었다. 그중 최상위 계급은 이른바 '세파르디 유대인(Sephardi Jews)'이었다. 이들은 스페인 및 포르투갈 계통의 유대인으로, 대략 1654년 전후에 미국으로 이주했다. 미국 이민 시점으로 따지면 장원의 영주 계급보다 더 일렀다고 할 수 있다. 이들은 19세기에 미국으로 이주한 독일계 유대인과도 많이 달라 중세 시대의 독특한 문화, 종교의 전통과 생활 습관을 그대로 답습하고 있었다.[18] 이에 스스로를 미국 유대인들 중에서 가장 고귀한 계층이라고 자부했다. 장원의 영주 귀족들도 세파르디 유대인들만은 친구로 인정했다.

다음 계층은 셀리그먼, 벨몬트, 시프, 바르부르크, 슈파이어, 리먼, 골드만, 삭스, 구겐하임(Guggenheim), 쿤, 뢰브 등 독일계 유대인 은행 가문을 대표로 하는 신흥 귀족 세력이었다. 이들의 특징은 모두 1830년대에 독일에서 미국으로 이민을 왔다는 것이다. 이 중 시프와 바르부르크를 제외한 나머지 가문들은 별로 내세울 만한 것이 없었다. 대부분 상인으로 출발해 1850년대에 은행업에 진출한 후 미국 경제의 신속한 성장에 힘입어 어마어마한 부를 축적한 사례였다. 이들은 또 남북전쟁을 전후한 20~30년 동안에 금융업에서 큰 성공을 거두었다. 당연히 이들의 자산 증가 속도는 유럽의 유대계 은행 가문들을 훨씬 뛰어넘었다.

미국의 은행은 크게 상업 은행과 투자 은행으로 분류된다. 이 중 상업 은행은 해밀턴의 금융 사상을 이어받은 뉴잉글랜드 지역의 몇몇 대가족이 이를 독점한 채 지금까지 명맥을 이어오고 있다. 반면 투자 은행의 경우는 유대계 은행 가문들이 장악했으며, 특히 독일계 유대인 은행 가문들이 월스트리트의 중추 세력으로 활약하고 있다.[19] 이들의 주요 업무는 어음 거래, 주식 상장, 채권 인수 등이었다. 만약 신용 창조의 근원인 상업 은행을 인체의 조혈 및 혈액 공급 기관인 골수와 심장에 비유한다면, 자본과 신용의 흐름을 책임진 투자 은행은 인체의 동맥과 정맥, 모세혈관이라 할 수 있다.

민간 중앙은행이 나타난 이후, 상업 은행의 신용 창조 기능은 전통 귀족과 유대계 은행 가문이 함께 통제하는 중앙은행으로 넘어갔다. 이로써 양대 세력은 상호 견제하는 국면을 형성했다. 양대 세력은 번성기 때에는 각자의 사업에 열중하며 서로 간섭하지 않았다. 그러나 경제 위기 때는 살아남기 위해 서로 알력 다툼을 벌이기도 하고, 때에 따라서는 정부의 지원을 받아내기 위해 담합하는 경우도 있었다. 그러면 양 세력에 협조적인 중앙은행은 결국 돈주머니를 열게 돼 있었다.

유대인 중 하위 계층은 19세기 말에서 20세기 초에 미국으로 이민 온 동유럽계 및 러시아계 유대인이었다. 뉴욕의 경우, 1870년 유대인의 인구는 약 8만 명으로 도시 전체 인구의 대략 9%를 차지했다. 그러나 1907년에 이르러 연 평균 9만 명의 유대인이 뉴욕으로 이주했다. 이 중 대부분은 러시아 및 폴란드계 유대인이었다. 뉴욕의 유대인 인구는 가장 많을 때 뉴욕 총 인구의 25%인 100만 명에 달하기도 했다.[20] 뉴욕의 유대인 사회는 동유럽계 유대인이 유입되면서 점차 분열되기 시작했다.

독일계 유대인은 19세기 중후반에 미국에 갓 건너왔을 때, '세파르디 유대인'에게 멸시를 당했다. 그러나 나중에 금융업에 진출하면서 거액의 부를 축적해 나름대로 상류 사회를 구축해 갔다. 동유럽계 유대인들도 미국에 처음 왔을 때, 독일계 유대인에게 똑같이 멸시와 차별을 당했다. 독일계 유대인들은 뉴욕의 귀족 동네에 살면서 좋은 교육을 받고 멋진 옷을 입고 말과 행동에서도 귀족적 품격을 물씬 풍겼다. 이에 반해 동유럽계 유대인들은 대부분 빈민굴에서 살았다. 옷차림이 남루하고 발음이 이상하고 문화도 이질적이었다. 이처럼 가치관이나 출신, 경력이 서로 다른 사람들이 한꺼번에 뉴욕으로 몰려들자, 독일계 유대인 공동체에 큰 충격과 부정적인 영향을 미쳤다.

독일계 유대인은 자신들과 현격한 차이를 보이는 동유럽계 유대인을 극도로 멸시했다. 그 이유는 다음과 같았다. 이들은 쓰레기를 아무 데나 버리고 가래를 아무 데나 뱉으며 좁은 곳에 집단으로 모여 생활했다. 또 공공장소에서 큰소리로 떠들고 행동거지가 난폭했으며 심지어 폭력, 기아, 범죄 등 사회 문제들을 자주 일으켰다는 것이다. 독일계 유대인들은 자신들이 갓 미국에 왔을 때 어떤 행동들을 했는지 전혀 생각하지 않은 채 맹목적으로 동유럽계 유대인들을 혐오했다. 또 이들은 스스로를 평화, 자유, 진보, 문명의 세례를 받은 독일 태생의 문화인으로 간주했다. 반면 동유럽 및 러시아계 유대인들을 야만인으로 치부하며 마치 낯선 종족을 대하듯 거리감을 두면서 차별했다.

러시아와 동유럽계 유대인들은 지금은 백만장자가 된 독일계 유대인들도 처음에는 영세 상인부터 시작했다는 것을 상기하며, 그들이 해낸 일을 자신들도 이룰 수 있다고 다짐했다. 그래서 철저하게 독일계 유대인의 행적을 모방하여 가지각색의 상품을 다루는 영세 상인들이 다시 뉴욕 거리에 넘쳐났다.

이런 행보는 독일계 유대인의 심기를 불편하게 만들었다. 동유럽계 유대인들은 심지어 이름 표기법을 독일계 유대인을 따라 미국식으로 고치기도 했다. 그러나 이들은 갖은 노력에도 독일계 유대인 사회에 합류하지 못했다.

이들이 성공을 거둔 것은 뜻밖에도 영화 산업이었다. 이들은 구대륙의 유대인 수난사와 미국 신대륙에 대한 전 세계의 동경심을 영상으로 옮겨놓은 작품으로 할리우드 영화 산업을 장악했다. 유니버설, 파라마운트, 20세기 폭스, MGM, 워너 브러더스, 컬럼비아 영화사는 러시아 및 동유럽계 유대인이 설립한 기업으로 널리 알려져 있다.

20세기 초 미국의 영화 산업은 에디슨의 영사기 발명과 함께 시작되었다. 유대인들은 이 기회를 놓치지 않고 처음에는 뉴욕에 극장을 열었다가 점차 영화 제작에 투자자로 나섰다. 그들은 영화 필름 및 기자재의 독점권을 과도하게 행사한 동부 도시의 에디슨 트러스트 조직을 피해 신천지인 서부 캘리포니아로 이주했다.

1915년 칼 램믈(Carl Laemmle)이라는 유대인이 할리우드에 세계 최초의 메이저 영화 스튜디오인 유니버설을 세운 데 이어 1920년까지 나머지 5개 유대인 영화사가 속속 설립되었다. 1920~30년대에 이르렀을 때 할리우드는 미국 문화의 상징이 되었다. 미국인의 75%가 매주 영화 한 편씩을 본다는 통계도 있다.

미국의 유대인 이민자들이 창조한 자유와 민주, 분투를 표방하는 '아메리칸 드림'은 대중 전파 도구인 할리우드 영화를 통해 백인 주류 계층의 인정을 받았다. 나중에는 미국 사회를 관통하는 주류 이데올로기로 자리 잡고 전 세계로 전파되었다.

제 4 장 인맥 관계도

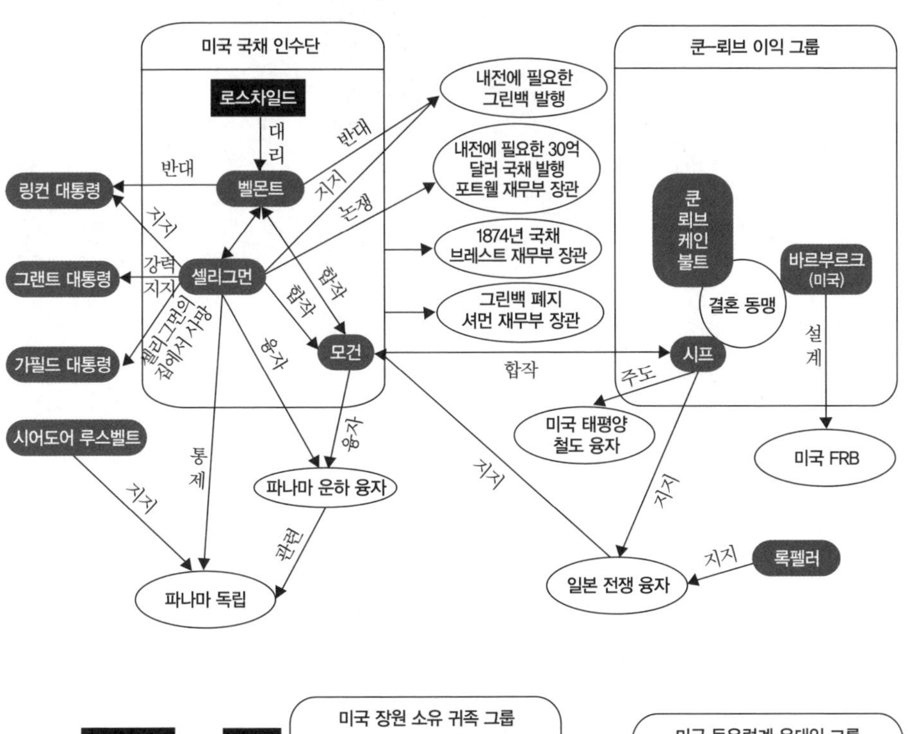

미국 국채 인수단
로스차일드
대리
벨몬트
셀리그먼
모건
반대
링컨 대통령
지지
그랜트 대통령
강력 지지
가필드 대통령
셀리그먼의 집에서 사망
반대
지지
논쟁
합작
합작
융자
통제
융자
내전에 필요한 그린백 발행
내전에 필요한 30억 달러 국채 발행 포트웰 재무부 장관
1874년 국채 브레스트 재무부 장관
그린백 폐지 셔먼 재무부 장관
쿤-뢰브 이익 그룹
쿤 뢰브 케인 불트
결혼 동맹
바르부르크 (미국)
시프
설계
미국 FRB
합작
주도
미국 태평양 철도 융자
시어도어 루스벨트
지지
파나마 운하 융자
관련
파나마 독립
지지
지지
일본 전쟁 융자
지지
록펠러

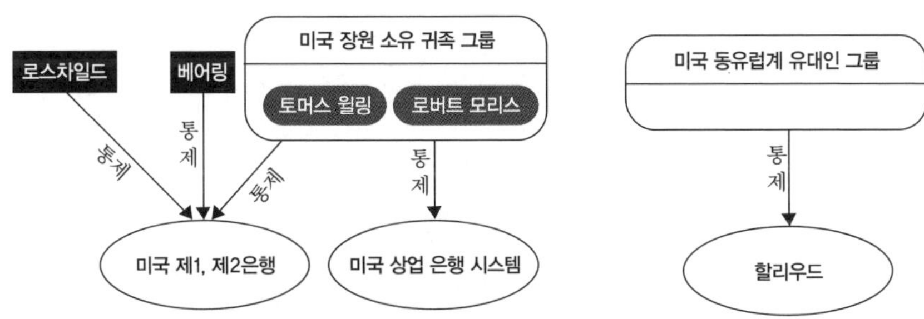

로스차일드
베어링
미국 장원 소유 귀족 그룹
토머스 웰링
로버트 모리스
통제
통제
통제
통제
미국 제1, 제2은행
미국 상업 은행 시스템
미국 동유럽계 유대인 그룹
통제
할리우드

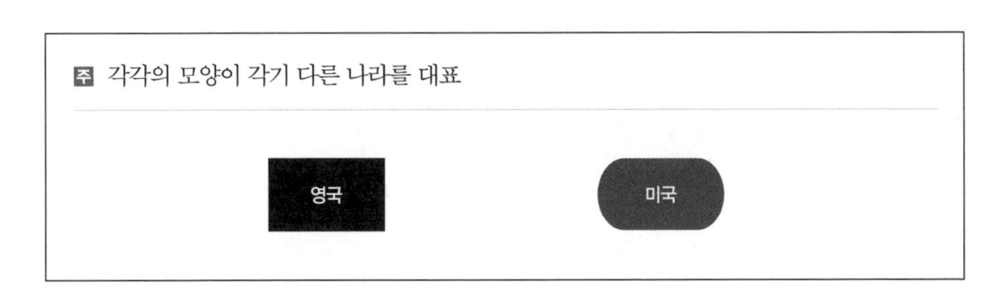

주 각각의 모양이 각기 다른 나라를 대표
영국
미국

제5장
혼돈의 유럽

우리는 오늘날 이 위기의 시대야말로 세계화폐 정책을 추진할 시기라고 기대한다. 지금의 금융위기는 그것이 가능한 유일한 시기이다. 위기의 시대에만 새로운 시스템을 세울 수 있기 때문이다.

_로버트 먼델

들어가면서

독일인은 극심한 우월의식과 좌절감을 동시에 지니고 있다. 게르만 민족은 근면하고 엄격하고 충성스럽고 원리원칙을 잘 지키는 우수한 전통을 무기로 세계 근대사에서 줄곧 독보적인 위치를 차지했다. 과학을 비롯해 기술, 문학, 음악, 시가詩歌, 군사, 정치, 금융 등 어느 분야 할 것 없이 일일이 열거하기 어려울 정도로 많은 유명 인물을 배출해 냈다. 그러나 동시에 세계 역사에서 보기 드물게 비운의 운명을 맞기도 했다. 독일처럼 인류 문명에 탁월한 기여를 한 공로를 인정받으면서도 인류에 희대의 재앙을 몰고 온 적으로 지금껏 세인의 질타를 받고 있는 나라는 없다.

독일의 불행은 지리적 요인에서 비롯되었다고 해도 과언이 아니다. 역사적으로 유럽의 양대 강국인 러시아와 프랑스의 협공을 받는 위치에 있었고, 동시에 바다로 통하는 길은 영국에 꽉 막혀 있었다. 활력과 에너지가 넘치는 독일이었지만 시종 보이지 않는 강력한 그물에 둘러싸여 유럽 오지에 갇혀 지내야만 했다. 탈출하려고 버둥거리고 반항이 치열해질수록 보이지 않는 그물은 점점 더 세게 죄어들어왔다. 17세기 무렵 프랑스의 리슐리외 추기경은 "독일을 조각조각 분할시켜 200년 동안 부활하지 못하도록 만들어야 한다"라고 주장하며 전쟁을 부추겨 독일에는 30년 동안 피비린내 나는 전쟁(1618~1648년)이 휘몰아쳤다. 제1차 세계대전 때는 영국, 프랑스, 미국, 러시아 등이 손을 잡고 독일의 부상을 저지했으며, 제2차 세계대전 때도 다시 한번 힘을 합쳐 독일의 세계 제패 야심을 철저하게 궤멸시켰다. 하지만 독일은 세 차례나 망국의 위기에서 극적으로 탈출했고 왕성한 생명력과 빠른 회복 능력은 전 세계를 놀라게 했다.

가난한 나라가 경제 발전을 통해 선진국을 따라잡기 위해서는 무엇보다 사회적 힘을 합치는 것이 중요하다. 19세기 후반까지 독일의 산업화 수준과 해외 식민지 개척은 영국이나 프랑스에 비해 훨씬 못 미쳤다. 독일의 상공업은 강력한 상대인 영국 및 프랑스와 경쟁하기 위해서라도 정부의 지원이 절실히 필요했다. 독일 정부는 자국 산업의 보호를 위해 높은 관세, 낮은 신용 자본 정책을 실시했다. 이런 정부의 지원에 힘입어 성실하고 부지런하기로 유명한 독일 국민은 영국과의 경제 격차를 점진적으로 줄여나갔다. 1871년에는 철혈 재상 비스마르크가 마침내 독일의 통일 대업을 이루었다. 당시 독일의 통일은 유럽 대륙에서 200여 년 동안 유지됐던 세력 균형의 파괴를 의미하는 중대한 사건이었다. 분열되고 약하기만 했던 중부 유럽의 통일과 독일의 국력 신장은 영국의 전략적 이익에도 큰 위협으로 작용했다. 이에 영국은 프랑스와 러시아를 규합하여 유럽 대륙에서 독일의 급부상을 막기 위한 노력을 펼쳤다.

국제 은행 가문들은 막대한 경제 이익과 더 중요한 전략적 목표를 달성하기 위해 국가 간의 대립 및 적대 관계를 적절히 활용했다. 심지어 의도적으로 국가 간 대립 분위기를 선동하기도 했다.

멈출 줄 모르는 갈망: 시온을 향해

《구약》에는 "시온은 하나님이 하사한 이름이다. 유일신 여호와를 모시고 정의를 지키면서 여호와 안에서 평안을 누리는 사람들을 시온이라 부른다"라는 대목이 나온다. 이로 보면 시온은 사람이라고 할 수 있다. 시온은 또 지명이기도 하다. 옛날에 정의로운 사람들이 모여 살았던 곳이다. 다시 말해 미래에 신의 선택을 받을 자들이 궁극적으로 모이게 되는 곳이 시온이다.

시온 산은 팔레스타인의 예루살렘에 자리하고 있다. 시온 산은 또 이스라엘과 고대 가나안 지역을 지칭하는 말로 세계에 흩어져 있는 유대인들의 정신적인 고향이라고 할 수 있다. 이스라엘 국가(國歌)인 〈하티크바(Hatikvah, 희망)〉에는 "동방의 시온을 사모하면서 언제나 그곳을 바라본다"라거나 "우리의 땅인 시온과 예루살렘 안에서 우리 민족이 자유롭게 사는구나"라는 가사가 나온다. 유대교에서는 여호와의 성전을 지을 때 보통 시온 산에서 자란 나무를 목재로 쓰며, 또 고대 유대인들은 포로를 시온 산에 보내 강제 노동을 시켰다. 이처럼 시온 산은 시오니즘(zionism)의 상징이었다.

유대인들이 대대로 자손들을 교육할 때 빼놓지 않고 가르치는 유명한 유대교의 교리가 있다. 그것은 바로 "젖과 꿀이 흐르는 아름다운 가나안은 여호와께서 유대인에게 주신 땅이다. 유대 민족은 어디에 흩어져 있더라도 여호와의 뜻에 의해 결국 가나안 땅에 들어가게 되어 있다. 어떤 힘도 이를 막지 못할 것이다"라는 교리이다.

유대인은 이처럼 확고부동한 신념과 정신적인 원동력이 있었기 때문에 수천 년의 방랑 생활과 갖은 박해 속에서도 꿋꿋하게 초심을 지킬 수 있었다. 그들의 신념은 조금도 흔들리지 않았고, 세계관 역시 애매모호하지 않고 분명했다. 그들은 스스로를 '신의 선민', 즉 신을 대신해 성스러운 권리를 행사하는 자들이라고 믿었다. 그래서 그들이 재산과 권력을 모은 목적은 방탕한 생활을 하기 위해서가 아니라 여호와의 영광을 온 누리에 전하기 위해서였다.

유대인들은 한 점의 가식이나 과장이 섞이지 않은 순수한 믿음을 수천 년 동안 한결같이 지켜왔다. 아마 유대 민족의 신앙에 조금이라도 흔들림이 있었다면 그들의 정신세계는 붕괴되었을 것이다. 또 정체성을 잃고 세계의 다른 민족에 동화되고 말았을 것이다. 그러나 유대 민족은 오늘날까지 사라지지 않고 역사상 보기 드문 강대한 세력을 형성한 채 그 파워를 세계에 과시하고 있다. 역사적인 천재와 유명 인사들 역시 유대 민족 중에서 속출했다. 이것도 따지고 보면 유대 민족의 정신적 통일과 확고부동한 신념이 큰 역할을 했다고 볼 수 있다.

시온 산을 하나님의 성스러운 땅이라고 믿는 시온주의자들은 하나님의 뜻에 따라 팔레스타인이 자신들의 최종 정착지가 돼야 한다고 믿었다. 유대교의 교리는 여호와의 땅으로 들어가는 길이 온갖 고난과 역경 심지어 절망으로 가득 차 있다고 가르쳤다. 그러나 여호와가 고난을 극복할 힘을 주고 그 길을 인도할 것이라고 강조했다.

독일 은행 가문: 귀향 희망의 불꽃이 타오르다

이스라엘의 국가 재건은 매우 방대하고 복잡하고 불가능한 사업이었다. 2,000년 동안 의지할 곳 없이 여기저기 떠돌아다닌 유대인들이 성지 예루살렘으로 돌아가 국가를 건설한다는 것은 말처럼 쉽지가 않았다. 19세기 이전까지 유대인들은 종교적 박해와 사회적 차별을 당해 기본적인 생존권조차 지키기 어려운 상황에 처해 있었다. 주어진 상황만 놓고 보면 이스라엘 재건은 솔직히 허망한 꿈이나 마찬가지였다.

하지만 16세기 이후 유럽 곳곳에서 점점 종교개혁과 계몽운동의 불씨가 타올라 철옹성처럼 여겨지던 천주교 세력과 봉건 전제 통치에 금이 가기 시작하면서 국가 재건의 꿈에 한 줄기 서광이 비치기 시작했다. 18세기 말에는 프랑스에서 시작된 부르주아 혁명이 빠른 속도로 유럽 전역에 퍼져나가 종교적, 봉건적 전통 사회체제를 무너뜨렸다. 뒤이어 자본주의가 발흥하면서 금권의 중요성과 역할이 갈수록 부각되었다. 시온주의자들은 이에 고무돼 19세기 중반부터 이스라엘 건국의 꿈을 서서히 실천에 옮기기 시작했다. 이들은 종교 및 사회 제약

이 다른 나라들보다 상대적으로 느슨했던 독일을 주 무대로 선택했다.

유럽 역사에서 유대인들은 생존 환경과 사회적 지위에 따라 총 세 계층으로 구분되었다. 서민을 비롯한 대부분은 최하위 계층에 속했다. 이들은 빈민굴이나 유대인 공동체에서 생활하면서 정치적, 종교적, 사회적으로 갖은 박해를 당했다. 이들보다 조금 나은 차상위 계층은 하위 계층보다 조세 부담이 적었고, 거주지 자유 이전 같은 약간의 권리를 향유했다. 이 부류의 유대인들은 종사하는 업종의 특성상 현지의 경제 발전에도 일정 정도 기여를 했다. 이에 따라 현지 정부로부터 그 가치를 인정받아 '정부의 보호를 받는 유대인'으로 불렸다. 상위 계층은 궁정 유대인(Court Jew)으로 불리는 소수 그룹이었다. 이들은 특수 업종에 종사한 덕에 사회적 지위가 비교적 높았다. 예를 들면 유대계 은행 가문들이 대표적으로 꼽혔다. 거주국 정부에 대출을 제공하는 등의 공을 세움으로써 더욱 높은 사회적 지위를 얻을 수 있었다. 로스차일드가를 비롯해 비교적 부유한 유대계 은행 가문은 모두 궁정 유대인 출신이었다.

유대인은 시종 배척과 박해 속에서 매우 힘들게 생존해 왔다. 당시 대부분의 유대인은 사회의 주변부 계급으로 몰려 지정된 거주지에서 벗어나 생활할 수 없었다. 그래도 그들은 자신들의 언어, 복장, 음식, 관습 등을 꿋꿋이 고수했다. 유럽 주류 권력층인 종교 세력의 박해와 현지 세속 사회의 멸시로 말미암아 그들에게는 취업, 이민, 생활 등에서 각종 제약이 뒤따랐다. 유대인들은 원칙적으로 땅과 농장을 소유할 권리가 없었고, 수공업에도 종사할 수 없었다. 오로지 할 수 있는 일이라고는 하층민의 직업인 환전(Money Change)밖에 없었다.

당시 환전상을 필요로 하는 사람은 세계 각국을 다니는 여행자나 장사꾼들이 대부분이었다. 외국의 화폐를 현지에서 통용 가능한 화폐로 바꿔야 여행이나 장사가 가능했기 때문이다. 그리고 유대인의 화폐 셰켈(shekel)은 환전이 용이하고 통용 범위가 넓고 유통 속도가 빠르고 계산이 정밀하다는 특징을 가지고 있었다. 유대인들은 각종 화폐 시장에서 환전 서비스를 통해 차액을 챙김과 동시에 넓은 인맥 관계를 맺고 고객 자원 확보를 위해 정성을 쏟았다. 수천 년에 걸친 노력을 발판으로 환전업은 유대인을 대표하는 직업이 되었고, 외부인들이 감히 넘볼 수 없는 독보적인 경지를 구축했다.

자본주의의 발전 과정으로 볼 때, 금융시장의 발전은 대체로 상업 자본주의, 산업 자본주의, 금융 자본주의, 독점 자본주의의 4단계 발전 과정과 궤를 같이했다.

13세기 십자군 원정에 따른 지중해 무역의 활성화와, 아라비아에서 고대 그리스와 로마의 법령집이 발견되면서 촉발된 르네상스에서부터 신대륙의 발견과 18세기 산업혁명에 이르기까지 상업의 발전을 이끈 것은 다름 아닌 해상 무역이었다. 이 무역의 목적은 생산자와 소비자를 서로 연결해 주는 다리를 만드는 것이었다. 그리고 이 다리를 만든 사람이 바로 상인이었다.

당시 무역량의 급증에 따라 상인 사회에는 분업 체계가 조성되었다. 이렇게 해서 상인 중 일부는 구매, 운송, 보관, 판매 등 일반적인 상업 업무에서 빠져나와 금융 서비스를 제공하기 시작했다. 주 업무는 구매 신용 대출, 운송보험, 어음 발행, 어음 할인 및 기타 금융 거래 등이었다. 분업화되고 전문화된 금융 서비스는 무역의 규모와 수익성을 대폭 향상시켰다. 이때 과거에는 전혀 생각조차 못했던 '상인 은행가(Merchant Banker)'라는 새로운 업종이 등장했다. 이들 '상인 은행가'가 바로 훗날 투자 은행가들의 시조였다. 이에 따라 대규모 유대인들이 당시의 이탈리아로 몰려들어 '상인 은행가'의 주류 세력을 이루었다.

13세기를 전후해 십자군 원정과 해상 무역의 발전에 따라 지중해 지역의 무역 및 화물 해운의 수요가 크게 증가했다. 그러면서 이탈리아는 점차 상인, 화물, 정보의 중심지로 떠올라 세계 각지의 부가 이탈리아로 흘러들었다. 무역에 필요한 상업 신용 대출 및 어음 거래라는 새로운 업종도 생겨났다. 이탈리아는 자연스럽게 금융시장 및 은행 서비스가 가장 먼저 형성된 지역이 되었다.

예를 들어 이집트의 수출업자와 프랑스의 수입업자가 모피 무역 계약을 체결했다고 가정해 보자. 그런데 이집트 상인은 융자를 얻어야 물건을 댈 수 있고, 프랑스 상인도 대출을 받아야 대금을 지불할 수 있는 상황이 발생했다. 이때 이탈리아의 한 상인 은행가가 중개인으로 나서서 양측에 자금을 제공하고 대가로 이자를 받았다. 상업 대출의 개념은 바로 이렇게 생겨났다.

또한 이집트 수출업자는 모피를 선적한 다음 바로 대금을 받고 싶었다. 그러나 프랑스 수입업자는 모피를 아직 받지 못했기 때문에 대금 지불을 거부했다. 양측이 모두 난감한 상황인 이때 이탈리아인이 '어음(Bill of exchange)'이라는 새로운 금융 도구를 들고 다시 나타났다. 어음에는 "프랑스인이 언제, 어떤 화폐로 이집트인이 지정한 이탈리아인(대리인)에게 모피 대금을 지급한다"라고 적혀 있었다. 이집트인은 새로운 지불 수단에 매우 만족해했다. 그런데 어음을 받은 이집트인은 갑자기 주머니에 현금이 있어야 안전하다는 생각이 들어 어음을 현금으로 바꾸는 시간까지 기다릴 수가 없었다. 그래서 이탈리아인을 시켜 어음을 할인해 다른 사람에게 팔았다. 그렇다면 할인된 어음을 사서 약정 시간까지 기다려 차액을 얻은 투자자는 누구였을까? 바로 똑똑한 유대인들이었다.

유대인이 어음을 구매한 목적은 두 가지였다. 하나는 투자 수익을 얻기 위해서였고, 다른 하나는 교황청에서 법으로 금지한 고리대금업의 규제를 피하기 위해서였다. 어음 할인이 고리대금이라는 행위를 교묘하게 위장해 주는 역할을 했다.

르네상스가 도시 상공업과 무역의 발전을 자극하자, 유대인들은 특유의 금융 재능으로 무역에서 본격적으로 두각을 나타냈다. 더구나 18세기 말의 프랑스 혁명을 계기로 "유대인은 게토에서만 생활해야 한다"는 유대인 봉쇄 정책이 점차 힘을 잃어갔다. 여기에 25년 동안이나 전 유럽을 뒤흔든 전쟁과 영국에서 싹트기 시작한 산업혁명을 계기로 전례 없는 자금 융자 수요가 생겨났다. 유대계 금융가들은 이런 절호의 기회를 놓치지 않고, 화폐 교환과 환전이라는 주 업무를 왕실에 자금을 융자해 주거나 전쟁 자금을 지원하는 쪽으로 발 빠르게 전환시켰다. 이렇게 해서 거액의 부를 축적하게 되자 사회적 지위도 크게 향상되어 훗날 시오니즘을 추진하는 든든한 밑받침이 되었다. 이 중 가장 유명한 가문이 바로 로스차일드가와 바르부르크가였다.

게토(ghetto)
중세 이후 유럽의 각 지역에서 유대인을 강제 격리하기 위해 설정한 유대인 거주 지역.

유대인은 천 년 동안에 걸친 배척과 박해 속에서 독특하고 예민한 금융 후각을 키웠고, 잔혹한 생존 환경은 그들로 하여금 역경 속에서 살아남는 방법을 터득하도록 만들었다. 그들은 화폐에서 상품까지 각양각색의 매매 및 교역 활동에 종사하며 낮은 가격에 사서 높은 가격에 파는 방법으로 차액을 취했다. 이는 오늘날의 아비트리지(Arbitrage), 즉 차익 거래로 발전했다.

자본과 정보의 흐름을 장악한 자가 경쟁에서 승리할 수 있다. 유대인은 수백 년 동안 각고의 노력을 통해 드디어 세계의 자본과 정보의 흐름을 완전히 장악하는 데 성공했다. 이들은 상업 정보에 대단히 민감했고 고객과 인맥이 널리 퍼져 있었으며, 경영 마인드가 매우 세심했고 유대 민족의 강한 종교적 응집력까지 갖추고 있었다. 이런 장점을 바탕으로 유대인은 금융 분야에서 최고 자리에 올라 결코 흔들리지 않는 기반을 확립했다. 그리고 이는 오늘날까지 대대손손 끊이지 않고 이어지고 있다.

근대 수백 년의 역사를 거치면서 세계 금융시장의 규모는 몰라볼 정도로 확장되었고, 깊이나 복잡함도 당시와는 비교할 수 없을 정도가 되었다. 자본, 신용, 어음은 현대적 의미의 주식, 채권, 파생 상품 등의 다양한 유가증권으로 바뀌었고, 또 하루가 다르게 새로운 금융 상품이 생겨나고 있다. 그래도 유일하게 변하지 않는 것이 있다면, 유대계 금융 가문들이 세계의 자본과 신용 흐름을 완전히 장악하고 금융시장의 게임 룰을 제정한다는 사실이다.

글로벌 금융 시스템을 사람에 비유하면 유대계 금융 가문은 혈관에 해당한다. 수많은 혈관으로 이루어진 완벽하고 튼튼하면서도 효율적이고 세밀하고 정확한 혈관 네트워크는 글로벌 경제 구석구석까지 뻗어 있지 않은 곳이 없으며, 전 세계의 부는 모두 이 방대한 시스템 안에서 유통된다. 결론적으로 자본 유통 과정에서 발생하는 각종 수수료는 모두 유대계 은행 가문의 주머니로 들어간다는 얘기이다.

상품의 유통 채널을 장악한 자는 왕이다. 그렇다면 금융의 채널을 장악한 자는 왕 중의 왕인 '태상황(太上皇)'이라 할 수 있다!

세계 금융 채널을 장악한 유대계 금융 가문들은 독일을 발상지로 삼아 지속적으로 부와 권력을 축적하여 점차 이스라엘 건국 희망의 불씨를 지폈다.

팔레스타인의 곤경

팔레스타인은 1518년에 오스만 제국 영토에 편입됐다. 이후 제1차 세계대전이 끝날 때까지 줄곧 오스만 제국의 지배를 받았다. 따라서 팔레스타인에 유대 국가를 건설하기 위해서는 반드시 오스만 제국의 동의를 얻어야 했다. 결국 시온주의자들이 선택할 수 있는 것은 돈으로 유혹하거나 전쟁으로 협박하는 두 가지 방법이었다.

시온주의자들은 유대계 은행 가문이 갈수록 큰 영향력을 행사하는 독일에서 먼저 팔레스타인 문제 해결을 위한 온갖 방도를 궁리했다. 결정적인 전기는 비스마르크 시대 때 마련되었다. 독일 통일을 전후로 시오니즘의 분위기가 독일에서 점차 형성되면서 국제 시오니즘의 중심지로 부상한 것이다.

19세기의 독일은 유대인에게 천국이나 다름없었다. 독일의 개방과 포용 정책으로 전 유럽, 특히 종교적, 봉건적으로 박해를 받던 동유럽 지역 빈민굴의 유대인들은 독일을 에덴동산으로 여겼다. 역사적으로 볼 때, 고압 정책을 실시한 중유럽과 동유럽 국가에서 살아온 유대인들은 반항 의식이 대단히 강했다. 또 이들 지역이 바로 시오니즘의 발상지가 되었다. 이에 반해 경제적으로 부유하고 심리적으로 여유로운 독일 유대인들은 자유주의 성향이 강해 시온주의자들과는 일정한 거리를 두었다. 하지만 유대 국가의 건설이라는 본질적인 이상에는 전혀 차이가 없었다.

19세기 후반에 독일을 통일한 후, 빌헬름 2세와 비스마르크는 동쪽으로 판도를 넓힐 마음을 먹었다. 이를 위해서는 중동 지역의 오스만 제국과 반드시 전략적 제휴를 맺어야 했다. 이 점에서 독일의 목표와 전략은 시온주의자들의 구미에 딱 들어맞았다. 시온주의자들의 계획은 우선 독일의 지지를 얻은 다음 독일과 관계가 좋은 오스만 제국을 설득하여 유대인들이 팔레스타인으로 대거 이주할 수 있는 통행권을 얻는 것이었다. 이에 그들은 독일 정부 설득에 나섰다.

▎빌헬름 2세

"중동 지역의 팔레스타인에 친독일 유대인 근거지가 건설되면 독일이 동쪽으로 세력을 확장하는 데 귀중한 전략적 자원을 제공할 수 있다. 우리는 믿음직한 발판 역할을 다할 것이다."

시온주의자들은 오스만 제국을 설득할 때는 이들이 얻을 경제적 이득을 입에 올렸다.

"방대한 규모의 유대인 자본이 팔레스타인에 흘러들어 가면 현지의 경제 발전을 이끌어 오스만 제국에 놀랄 만한 경제적 이익을 가져다줄 것이다. 아울러 오스만 제국의 국채를 구매하는 데 유대계 자본만큼 금전적으로 여유가 있는 구매자도 없다."

국가 재정이 이미 파산 위기에 처한 오스만 제국에게 시온주의자들의 말은 달콤한 유혹이었다. 더구나 금융과 재정 능력이 강화된 오스만 제국이 독일과 끈끈한 전략적 동맹 관계를 맺을 경우, 독일의 유럽 지역 지배권에 묵직한 힘을 보탤 수 있었다. 누이 좋고 매부 좋은 일을 마다할 사람이 누가 있겠는가? 시온주의자들이 이처럼 뛰어난 언변으로 자신들의 가려운 데를 긁어주자 독일과 오스만 제국은 기쁨을 감추지 못했다. 이들의 유창한 언변과 천부적 설득 능력은 중국 전국시대의 유세가 소진(蘇秦)과 장의(張儀)도 울고 갈 정도였다.

독일을 통치하는 엘리트 그룹도 물론 꿍꿍이가 있었다. 당시 독일 본토인들은 동유럽에서 살던 유대인들이 박해를 피해 대거 독일로 이주하자 노골적으로 불만을 터뜨렸다. 이에 따라 빌헬름 2세를 향한 정치적 압력도 갈수록 커져 독일 내 유대인 문제를 근본적으로 해결할 방안이 무엇보다 절실했다. 이런 상황에서 유대인들을 팔레스타인으로 이주시키면 독일에서 날로 거세지는 유대인 배척 분위기를 완화할 수 있는데다가 시온주의자들의 요구도 만족시켜줄 수 있었다. 이로써 팔레스타인을 유대인 정착지로 삼는다는 인식이 독일의 통치계급과 시온주의자, 반 유대인 세력들 사이에 공동으로 형성되었다.

오스만 제국의 법률에 따르면 유대인은 팔레스타인에서 땅을 살 수 없었다. 이에 1893년 독일은 유럽 열강 중 처음으로 오스만 제국에 이 법률 조항의 폐지를 제안했다. 이어 1898년 가을에 빌헬름 2세가 오스만 제국을 방문했을 때, 시오니즘에 대한 지지를 분명히 보여주기 위해 국가적 공식 방문임에도 불구하고 팔레스타인 참관과 현지 시온주의자인 테오도어 헤르츨과의 회담을 일정에 포함시켰다. 빌헬름 2세는 또한 오스만 제국의 술탄과 회담 중에 시온주의자들을 지지한다는 의사를 분명히 밝히고, 팔레스타인에 유대인 거주지를 건설하면 오스만 제국의 경제 발전에 크게 기여할 것이라는 낙관적인 전망을 은근히 내비쳤다.

그러나 오스만 제국은 그 자리에서 유대 국가의 건설 제안을 거절했다. 오스만 제국은 영토가 넓은 데 반해 국력은 점차 쇠약해지고 있는 다민족 국가였다. 일단 유대인의 건국을 허락할 경우 다른 민족들도 들고일어나 너도나도 같은 길을 걸으려고 한다면 통제할 방법이 전혀 없었다. 빌헬름 2세는 이번 회담을 통해 자신이 시온주의자들의 일방적인 말만 듣고 일을 추진했다는 사실을 절감했다. 독일 정부는 오스만 제국과의 불협화음을 피하기 위해 최종적으로 시온주의자들을 돕지 않기로 방침을 정했다.

시온주의자들은 독일과 오스만 제국 설득에 실패하자 독일의 라이벌인 영국에 눈길을 돌렸다. 영국과 독일 사이의 전쟁을 부추겨 오스만 제국의 영토를 분할한 다음 팔레스타인을 얻는다는 계획이었다. 동시에 은행 가문들은 전쟁 자금 융자, 전후 배상금과 전후 복구 자금 융자 등을 통해 폭리를 취할 수 있었으니 일거양득이나 다름없었다.

훗날의 일이지만 제1차 세계대전 중 시온주의자들은 유대인이 팔레스타인으로 이주할 수 있도록 영국과 미국을 성공적으로 설득했다. 그래서 독일을 포기하고 미국에게 독일에 선전포고하도록 부추겼다.

봉쇄와 부상: 영국과 독일의 전략적 경쟁

영국은 자유무역으로 나라의 기반을 닦았다. 이 이론의 근거는 스코틀랜드의 경제학자 애덤 스미스(Adams Smith)가 최초로 제공했다.[1] 그의 고전 경제학 이론의 핵심은 "국제무역은 쌍방 국가에게 모두 이점이 있다. 어떤 상품의 생산 비용이 자국에 비해 다른 나라가 적게 들 경우 그 나라는 그 상품을 생산할 필요가 없다. 다른 나라의 상품을 직접 구매하는 것이 더 실용적이고 이익이다"라는 말로 대표된다.

당시 전 지구의 6분의 1에 달하는 광대한 해외 식민지를 차지하고 있던 영국은 해양, 산업 기술, 금융, 원자재의 통제권을 틀어쥐고서 산업화를 아직 이루지 못한 국가들을 강요해 무역 관계를 구축했다. 그러나 이는 자유무역이라는 미명 아래 일방적으로 상대국의 자원과 시장을 약탈하고 막대한 이익을 얻는 것에 지나지 않았다. 청나라와 영국 사이에 벌어진 아편전쟁이 대표적인 사례라고 할 수 있다.

프리드리히 리스트

19세기 초 독일의 산업화 수준과 해외 식민지 규모는 영국과 프랑스보다 훨씬 뒤처졌다. 이 때문에 당시 독일의 경제학자들은 영국 경제를 성공적으로 이끈 자유무역을 본받자는 입장을 천명했다. 그러나 1870년대에 이르러 영국 경제가 쇠퇴하기 시작하면서 독일인들은 영국식 자유무역 모델의 심각한 폐단을 인식하게 되었다. 상황이 바뀌자 독일 경제학자들은 이번에는 관점을 바꿔 프리드리히 리스트(Friedrich List)의 보호무역론에 동조하기 시작했다.

프리드리히 리스트는 애덤 스미스의 자유주의 경제학을 비판한 인물로 유명하다. 그는《정치경제학의 국민적 체계》라는 저서에서 "자유무역을 이상화한 애덤 스미스의 세계주의 정치경제학은 실상 영국의 이익을 위한 것에 지나지 않는다. 독일은 국가 정치경제학에 기반을 둔 보호무역을 통해 자국의 이익을 보호해야 한다"라는 입장을 표명했다.[2] 그는 또한 낙후한 국가가 산업화를 먼저 이룬 강대국과의 자유경쟁을 통해 신흥 산업국가로 거듭난다는 것은 불가능하다고 주장했다. 이에 그는 "상대적으로 낙후한 독일이 선진국인 영국과 자유무역을 통해 경쟁하는 것은 어린이와 어른의 씨름처럼 결과는 불 보듯 뻔하다"라고 결론을 내렸다. 이런 현실 속에서 후발국이 강력한 국가가 되기 위해서는 반드시 자국의 취약한 산업을 보호해야만 한다. 그의 이런 보호무역론의 핵심은 관세 제도였다. 관세 인상을 통해 자국의 생산력, 특히 산업 생산력을 대폭 발전시켜야 한다고 주장했다.

독일은 그의 이론에 입각해 해상 운수와 철도를 대대적으로 발전시키고, 국내의 관련 산업에 대해 관세 보호 정책을 실시하며, 과학자와 기술자를 대거 육성하기로 방침을 정했다. 고생을 두려워하지 않고 부지런한 독일 국민은 정부의 지원에 힘입어 영국과의 경제 격차를 점차 줄여나갔다.

1871년에는 철혈 재상 비스마르크가 중부 유럽의 통일 대업을 이룩했다. 이는 유럽 대륙에서 200여 년 동안 유지돼온 세력 균형이 무너졌음을 의미했다. 여기저기 흩어지고 약하기 이를 데 없었던 중부 유럽이 완강하고 거친 프로이센에 의해 통일된 획기적 사건이었다. 여기에 독일이 구축한 새로운 경제 발전 모델과 폭발적인 경제 성장은 영국의 전략적 방침과 이익에 강력한 도전으로 다가왔다.

HAPAG: 해상 패권 쟁탈전

빌헬름 2세는 독일 통일 후 강력한 상업 선단(船團)과 해군이 없는 한 독일의 경제적 이익은 바다의 패자인 영국에게 좌우될 수밖에 없다는 사실을 절감했다. 이때 독일의 유대계 해운업자인 알버트 발린(Albert Ballin)과 그의 함부르크아메리카해운(Hamburg America Line, HAPAG)이 등장해 독일의 해양 발전사에 결정적인 역할을 했다.

1899년 HAPAG의 회장으로 취임한 발린은 빌헬름 2세의 지원을 등에 업고 175척의 초대형 기선을 확보해 유럽 대륙에서는 당할 자가 없는 규모를 자랑했다.[3] 빌헬름 2세조차 어마어마한 선단 규모에 깜짝 놀라 이후 자주 선단을 방문하며 각종 행사에 참석했다. 1910년 발린이 선단 운영을 위해 고용한 인원은 무려 2만 명을 초과했다. 함부르크는 뉴욕에 이어 세계에서 두 번째 규모를 자랑하는 항구로 발돋움했다.

사실 지리적 위치로 볼 때, 해양 전력 구축에 총력을 기울인 독일의 전략은 치명적인 문제를 안고 있었다. 왜냐하면 독일의 해안선은 매우 불리한 위치에 놓여 있었기 때문이다. 서북쪽에 자리한 함부르크는 대서양의 북해와 마주해 바다로 나가는 통로가 영국에 의해 막혀 있었다. 북쪽으로는 발트해가 있었으나 바다로 나가는 길이 대단히 좁은데다가 이를 통과해도 역시 북해가 나왔다. 영국이 길을 차단한다면 속수무책인 셈이었다. 독일은 궁여지책 끝에 킬(Kiel) 운하를 파 북해와 발트해를 연결했으나 해상 출구가 영국에 의해 가로막히는 근본적인 문제를 여전히 해결하지 못했다.

섬나라인 영국의 해양 조건은 독일과 완전히 달랐다. 북해로 통하는 독일의 출구를 가로막으면서도 영국의 서안을 통해 자유자재로 대서양을 출입할 수 있었다. 한마디로 영국은 바다를 자유롭게 활보하는 지리적 우위를 확보한 반면, 독일은 대서양으로 나가는 입구가 꽉 막혀 있었다.

독일은 당시 막강한 해양 전력을 목표로 '거함 및 원양 선단 발전 전략'을 대대적으로 추진했다. 그러나 훗날 두 차례의 세계대전을 겪으면서 이 전략은 엄청난 착오였음이 입증되었다.

20년 동안 거액의 자금을 투자해 구축한 방대한 해군력은 제1차 세계대전 때 완전히 궤멸되었다. 제2차 세계대전 중 히틀러도 강력한 해군력을 구축했다. 하지만 잠수함이 어느 정도 역할을 발휘했을 뿐, 채 완공되지 못한 항공모함 2척을 포함한 대형 군함은 실질적인 도움을 거의 주지 못했다. 근본적인 원인은 바로 영국이 봉쇄한 북해를 뚫을 수 없었기 때문이었다.

독일의 해양 지리적 특징은 중국과 매우 흡사했다. 중국의 해안선 길이는 1만 8,000킬로미터에 달했으나 지도를 자세히 살펴보면 중국의 바다는 제1열도선(first island chain)에 의해 막힌 형국이었다. 북쪽으로는 한국, 일본 열도, 오키나와 등이 있고, 중간 지점에는 타이완이 자리했으며, 남쪽으로는 필리핀을 비롯해 말레이시아, 인도네시아, 말라카 해협 등이 있었다. 이처럼 제1열도는 중국의 긴 해안선을 내해처럼 가로막고 있었고, 멀지 않은 곳에 제2열도까지 버티고 있었다.

다시 19세기 독일로 돌아가 보자. 알버트 발린은 빌헬름 2세의 좋은 친구가 되어, 빌헬름 2세는 "나는 지금껏 발린을 궁정 유대인이라고 생각해 본 적이 없다"라고 말했을 정도였다. 1891년 빌헬름 2세는 발린의 권유로 HAPAG에서 다음과 같이 연설했다.

"우리 프로이센 사람들을 바다로 데려다 달라. 프로이센 사람들이 바다 저편을 개척해 풍성한 성과를 얻으면, 독일과 HAPAG에 모두 이득이 될 것이다."[4]

빌헬름 2세는 군함만 건조한 것이 아니었다. 1895년 6월에는 킬 운하를 파서 발트해와 북해를 연결시켰다. 이를 계기로 바다에 대한 그의 환상도 갈수록 커져만 갔다. 그는 방대한 규모의 상업 선단과 강력한 해군은 서로 뗄 수 없는 관계라고 생각했다. 일단 전쟁이 터지면 발린의 HAPAG 선단은 바로 독일 해군 함대로 이용할 요량이었다.

1898년 알버트 발린은 독일의 군함 건조 계획을 공개적으로 지지했다. 당시 이 계획을 적극적으로 지지한 또 다른 인물은 바로 독일의 해군 원수 알프레드 폰 티피츠였다. 독일제국 국회는 1900년에 2척의 대형 군함 건조 계획을 비준했다.[5] 이로써 발린은 떼돈을 벌 수 있는 기회를 얻었다. 물론 그는 자신의 절친한 친구인 유대계 은행가 막스 바르부르크(Max Warburg)에게 이 기쁜 소식을 전했다.

막스 바르부르크: 미래의 경제 차르

방대한 규모의 해양 함대를 구축하려면 반드시 거액의 자금이 필요했다. 독일의 국제 은행 가문들에게는 엄청난 수익을 거둘 기회가 온 것이다. 동시에 이 전략은 영국의 심기를 건드렸고, 영국의 국제 은행 가문들은 한술 더 떠 독일의 해상 위협을 몇 배나 부풀리며 국가의 존망까지 들먹이는 고도의 전략을 발휘했다.

영국 정부가 본능적으로 더 큰 규모의 해군 함대를 건조하라고 지시하자, 양국 사이의 군비 경쟁이 불붙어 국제 은행 가문들은 어부지리를 얻게 되었다. 군비 경쟁은 '보이지 않는 조직적인 폭력'으로 대규모 융자에 의지해야만 했다. 게다가 독일과 영국의 경쟁은 유럽 동맹국의 군비 확장을 부추김으로써 전 유럽의 은행 가문들은 공채를 하늘로 뿌리며 기뻐 날뛰었다.

막스 바르부르크와 알버트 발린은 20여 년 동안 우정을 나눈 사이였다. 막스는 발린이 경영하는 회사의 이사직을 맡음과 동시에 발린의 추천으로 발린 회사에 부품을 납품하는 업체의 이사회에도 들어갔다. 그중에는 블롬 & 포스(Blohm & Voss)를 비롯한 대형 조선업체도 포함돼 있었다. 블롬 & 포스의 입장에서는 최대 바이어인 발린의 요구를 거부할 수 없어 하는 수 없이 막스를 이사로 받아들였다.

막스는 발린의 배려로 곧 독일의 조선업 및 무역업계의 기린아로 떠올랐다. 1920년에는 그와 그의 가문 은행 동업자들이 이미 80~90개에 이르는 대형 기업의 이사직을 맡으면서 독일의 상공업과 금융업계의 거두로 부상했다. 그는 이보다 앞서 발린과 함께 빌헬름

2세에게도 접근해 신임을 단단하게 얻었다. 빌헬름 2세는 두 사람의 언변에 경도되어 막강한 해양 전력을 구축할 날을 흐뭇하게 기다렸다.

1893년 막스는 가문의 은행인 바르부르크 은행의 경영권을 계승했다. 10년이면 강산도 변한다는 말이 있듯이, 철부지에 지나지 않았던 아이는 가문의 전권을 손에 거머쥐게 되자 독일 금융계를 주름잡는 거물로 자연스럽게 성장했다.

그가 발린의 소개로 빌헬름 2세를 처음 만난 것은 1903년, 36세 때였다. 당시 독일의 수상 뷜로는 빌헬름 2세가 금융 개혁을 실시하기 위해서는 체계적인 금융 지식을 배울 필요가 있다고 생각했다. 그래서 발린을 통해 막스를 만찬에 초대했다. 발린은 막스에게 향후 일어날 상황에 대해 언질을 주었다.

"국왕을 만날 시간은 단 10분밖에 없을 거야. 그 시간 내에 금융 지식을 전수해 주도록 하게."

"10분이면 너무 짧네. 그 시간으로는 불가능하다고."

이에 막스는 빌헬름 2세와의 접견 시간을 32분으로 늘리는 데 성공했다. 막스는 반복적인 연습을 거쳐 25분 분량의 완벽한 강의 원고를 준비했다. 나머지 7분은 빌헬름 2세와 강의 내용과 관련한 토론에 할애할 생각이었다.

리허설은 완벽했다. 그러나 실제 강의 과정에서 엉뚱한 상황이 발생하고 말았다. 빌헬름 2세는 성격이 괴팍하고 뭐든지 자기 마음대로 해야 직성이 풀리는 사람이었다. 막스가 막 강연을 시작하는데, 빌헬름 2세가 말을 중간에서 자르며 한마디 던졌다.

"차르는 곧 절단 날 거야."

이에 막스가 본능적으로 대답했다.

"폐하, 아닙니다. 차르는 곧 망하지 않습니다."

이어 막스는 러시아가 묵은 빚을 청산하고 새로운 대출을 위한 국채를 발행했기 때문에 국가 부채가 별로 증가하지 않았다는 설명을 덧붙였다. 빌헬름 2세는 감히 국왕의 말에 대꾸하는 모습을 보고 화가 머리끝까지 치밀었다. 이에 바로 "차르의 러시아는 끝장날 거라고. 아무리 발버둥 쳐도 끝장난단 말이야!"라고 소리를 지르며 자리를 박차고 나가버렸다. 훗날 막스는 이 일을 회상하며 우스갯소리로 이렇게 말했다.

"내 청중은 나에게 32분의 시간을 줬다. 그러나 내 강연은 딱 3분 만에 끝나고 말았다."

첫 번째 강연은 완전히 실패로 끝나고 말았다. 그러나 빌헬름 2세는 막스가 중요한 인물이라는 사실을 모르지 않았다. 이듬해 빌헬름 2세는 다시 그를 만찬에 초대했다. 이 자리에서 빌헬름 2세는 과거보다 진지한 태도를 보이면서 말했다.

"나는 그동안 미뤄왔던 금융 개혁 관련 강의를 들을 준비가 되어 있소."

빌헬름 2세는 오만이 하늘을 찌르는 사람이었다. 그런 그가 한걸음 물러나 막스와 타협하는 자세를 보인 데서 막스의 영향력이 얼마나 컸는지 알 수 있다. 빌헬름 2세는 두 번째 강연을 들을 때 차르의 러시아가 조만간 망하지 않을 것이라는 전망에 억지로 고개를 끄덕였다. 그러나 눈치 없는 막스는 국왕의 말을 바로 되받아쳤다.

"그건 제가 지난번에 이미 말씀드리지 않았습니까?"

빌헬름 2세는 이 말에 더는 참지 못하고 애꿎은 탁자를 내려치며 소리를 질렀다.

"그대는 왜 매번 그대가 옳다고 생각하는가?"

빌헬름 2세는 이번에도 자리를 박차고 나갈 기세였다. 이때 막스가 즉각 사과하고서야 1년 전부터 심혈을 기울여 준비해 온 금융 개혁에 대한 강연을 겨우 마칠 수 있었다.[6]

이후 막스는 빌헬름 2세와 빈번한 만남을 가졌다. 두 사람의 관계는 비스마르크와 블라이흐뢰더와는 달랐다. 비스마르크는 겉으로는 블라이흐뢰더를 절대적으로 신임하는 태도를 보이면서도 속으로는 주관이 뚜렷했다. 이에 반해 빌헬름 2세는 겉으로는 고집 세게 나왔으나 귀가 매우 얇아서 다른 사람의 말을 쉽게 믿었다. 막스가 겨우 그를 설득했다고 마음을 놓을 때쯤 그는 어느샌가 다른 사람의 말을 듣고 반대 주장을 펴기 일쑤였다.

당시 독일에서는 융커 계급과 프로이센 장군들이 유대인들을 적대시하고 배척했다. 주 요인은 바로 이익 문제 때문이었다. 보수적인 성향이 강한 융커 계급은 정부에서 농산품 가격을 보호하고 고율의 관세 정책을 실시해 외부의 경쟁자들을 막아달라고 요구했다. 이에 반해 해상 무역의 절대적인 지지자인 유대계 은행 가문들과 해운업자들은 보호무역주의를 극구 반대했다. 일단 보호무역주의가 성행하면 국제무역은 불가능해지기 때문이다. 이 경우 은행 가문들이 국제무역 과정에 제공하던 다양한 금융 서비스와 시장을 잃게 되는 것은 불 보듯 뻔했다.

이처럼 자신들의 이익을 지키기 위한 융커 계급과 유대계 은행 가문의 갈등은 갈수록 첨예해졌다. 사실 이는 현대 사회에 빈발하는 국제무역 분쟁과 유사한 점이 많다. 자유무역과 관세 인하 및 글로벌화를 주장하는 주력군은 대부분 대형 다국적기업과 국제 컨소시엄이다. 이에 반해 자유무역을 반대하고 보호무역을 제창하는 세력은 대부분 자유무역으로 피해를 입게 될 국가와 지역이다.

글로벌화도 좋고 자유무역도 좋다. 하지만 이런 것들은 결코 이론이나 원칙적인 구호가 아니라 오로지 적나라한 이익의 문제일 뿐이다.

빌헬름 2세는 막스 바르부르크와 알버트 발린의 적극적인 선동에 고무돼 향후 세계의 해상 패권을 장악할 청사진을 그리기 시작했다. 이처럼 독일이 토목공사를 크게 벌여 함대 건조에 나서자, 영국도 가만히 있지 않고 전 국력을 경주해 거함 건조 계획을 서둘렀다.

20세기 초 영국과 독일을 핵심으로 하는 유럽의 양대 세력은 봉쇄와 반봉쇄, 강력한 견제와 이를 뿌리치려는 부상을 놓고 그야말로 생사를 건 경쟁을 펼쳤다. 이 경쟁은 세계 근대사에서 가장 치열하고 잔혹한 대결로 평가되고 있다.

베를린-바그다드 철도: 영국의 해상 봉쇄에 대항한 독일의 전략적 출구

1885년 독일의 엔지니어인 고틀리프 다임러(Gottlieb Daimler)가 석유를 연료로 하는 자동차 엔진을 발명했다. 당시 석탄을 연료로 하는 무겁고 둔탁한 증기기관보다 훨씬 가볍고 효율적인 발명품이었다. 이 첨단 엔진 기술은 기선, 전함을 비롯해 이후에 출현한 항공기에도 이용되었다. 석유 엔진의 보급과 더불어 세계 각국의 관심은 자연스럽게 석유 자원으로 쏠렸다. 당시 영국 본토와 식민지에서는 석유가 발견되지 않은 상태였고, 각국의 눈길은 모두 아랍 지역의 석유 자원을 향하고 있었다.

고틀리프 다임러

영국의 강력한 해상 전력을 당분간 추월하기 어렵다고 판단한 독일은 육지로 눈길을 돌려 새로운 발전 기회를 찾아 나섰다. 19세기 말부터 독일은 아나톨리아(Anatolia) 반도에 자금을 투자해 은행 기구를

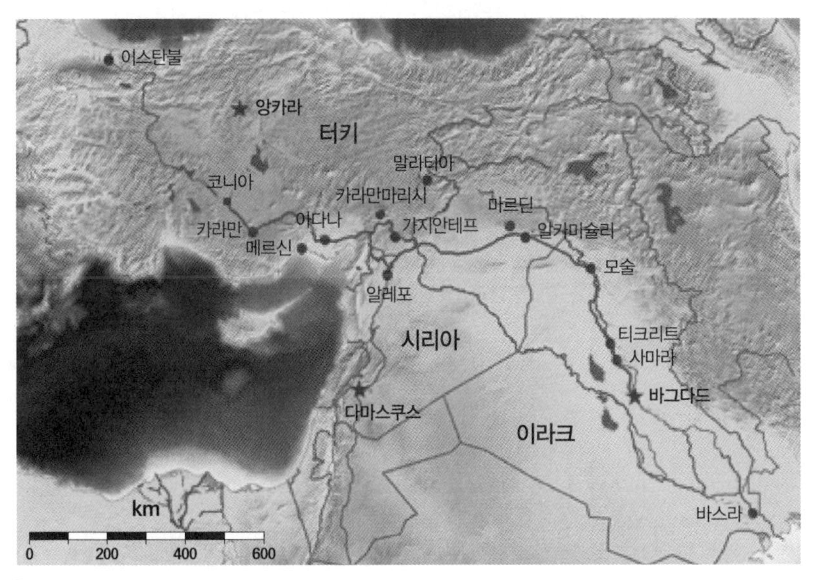

베를린-바그다드 철도 노선도

설립했다. 아나톨리아 반도는 북쪽으로 흑해, 서쪽으로 에게 해, 남쪽으로는 지중해와 접하고 있는, 유럽에서 중동으로 통하는 전략적 요충지였다.

독일의 전략적 목표는 명확했다. 베를린에서 바그다드에 이르는 철도(이보다 앞서 파리에서 이스탄불까지 운행하는 '오리엔트 특급열차'가 건설되었음)를 건설하여 독일의 강력한 산업 생산 능력과 중동 지역의 풍부한 원자재, 석유, 식량 및 잠재 시장을 연결시키겠다는 계획이었다. 계획대로 된다면 독일은 경제적으로 중부 유럽, 발칸 및 중동 전 지역의 산업 생산과 원자재를 완벽하게 통합하고, 정치적으로는 서아시아와 남아시아까지 영향력을 확대해 페르시아만에서 인도양에 이르는 해상 통로를 개척하는 것이 가능했다.

베를린-바그다드 철도의 가장 중요한 점은 강력한 영국 해군력을 피하고 영국과 프랑스가 통제하는 수에즈 운하를 돌아갈 수 있다는 것이었다. 또한 이 철도는 강력한 독일 육군의 보호하에 국가 안전의 전략적 대동맥이 될 수 있었다. 1900년 독일 함부르크의 바르부르크 은행과 도이체 방크는 공동으로 베를린-바그다드 철도 건설 공사를 위한 거액의 융자를 제공했다.

영국은 독일의 전략적 의도를 눈치채고 크게 긴장했다. 이로써 양국의 팽팽한 신경전은 격화일로로 치달았다.

1907년 아서 밸푸어(Arthur Balfour) 전 영국 수상은 미국 외교관 헨리 화이트에게 자신의 걱정거리를 솔직하게 털어놓았다.

"독일이 더 많은 운수 및 물류 시스템을 건설해 영국의 무역을 완전히 빼앗기 전에 선전포고를 할 필요가 있습니다. 그렇게 하지 않는다면 영국은 바보 같은 실수를 저지르는 것입니다."[7]

하지만 헨리 화이트는 대수롭지 않다는 듯 대답했다.

"독일과의 무역 경쟁에서 이기려면 수상을 비롯한 영국인들이 더 노력하면 될 것 아닙니까?"

아서 밸푸어는 기다렸다는 듯 대답했다.

"경쟁의 대가로 영국인의 생활수준은 지금보다 떨어지게 될 겁니다. 상대적으로 전쟁이 훨씬 더 간단한 방법입니다. 이것은 자질구레하게 시시비비를 가리는 간단한 문제가 아닙니다. 영국이 잡고 있는 패권이 걸린 문제입니다."

영국과 비슷한 입장이었던 프랑스와 러시아도 베를린-바그다드 철도 건설에 극력 반대하며 철도 건설 저지를 위해 온갖 수단을 동원했다. 영국은 "독일의 철도 건설은 터키를 통제하고 탈취하려는 음모가 분명하다"라는 말을 퍼뜨려 오스만 제국까지 독일에 반대하도록 만들었다. 프랑스 정부는 25억 프랑의 투자 수익을 포기하면서까지 파리 증권거래소에서 베를린-바그다드 철도 채권을 거래하지 못하도록 법으로 금지시켜 버렸다.

베를린-바그다드 철도 건설 계획은 독일이 영국, 프랑스, 러시아 등의 해상 봉쇄에 대항해 고안해 낸 전략이었다. 이는 제1차 세계대전을 불러일으킨 중요한 원인이 되기도 했다.

독일의 자작극, 아가디르 사건

1815년 나폴레옹 전쟁 이후 영국은 세계 각 대양의 주요 바닷길을 꽉 움켜쥔 채 명실상부한 해상 패자로 군림했다.

윈스턴 처칠의 아버지 랜돌프 처칠은 로스차일드가의 절친한 친구여서 영국의 외교 정책은 로스차일드가의 정치적 입김을 받을 수밖에 없었다. 영국 로열 해군의 가장 중요한 창도자이자 적극적인 추진자 중 하나가 바로 로스차일드가였다.

석유 엔진의 발명으로 군수 산업을 비롯한 모든 산업 분야에서 석유 수요가 급증했다. 이에 로스차일드가의 프랑스은행과 미국의 록펠러가는 서둘러 손을 잡고 세계의 석유 자원을 분할하는 발 빠른 행보에 나섰다. 로스차일드가의 영향을 많이 받은 랜돌프 처칠은 강력한 해군력은 석유 자원 없이 절대 불가능하다는 인식을 가졌다. 그는 향후 해전에서 석유 엔진을 사용하는 전함이 크게 늘어나 해군의 규모가 커지고 속도도 훨씬 빨라질 것이라고 확신했다.

1888년 로스차일드가의 영국 은행은 22만 5,000파운드 규모의 '해군건설회사(Naval Construction and Armaments Company)' 주식을 매도해 짭짤한 수익을 올렸다.[8] 그들은 이에 만족하지 않고 한술 더 떴다. 빠른 속도로 추격해 오고 있는 독일의 강력한 해군력의 위협에서 벗어나려면, 로열 해군의 전함 구축 프로젝트를 더 확장해야 한다고 적극적으로 주장했다.

이때 마침 '모로코 포함 사건'이 터졌다. 일명 '아가디르(Agadir) 사건'이 발생하면서 독일 해군이 영국에 큰 위협이 된다는 구실을 직접적으로 제공했다.

1911년 7월 1일, 한 독일인이 모로코 해변에서 생명의 위협을 받고 있다는 소식이 전해졌다. 이에 빌헬름 2세는 상황을 전혀 알아보지 않고 영국이 지배하던 모로코로 전함 판테르(Panther) 호를 출격시켰다. 이는 독일이 영국의 해상 패권에 공공연히 도전한 심각한 사건이었다. 영국 정부가 이에 분노하면서 전쟁의 먹구름이 유럽 상공을 뒤덮기 시작했다.

그러나 이 '아가디르 사건'은 독일 정부가 막스 바르부르크 등의 사주를 받고 벌인 자작극에 불과했다. 좀 더 자세히 사건의 전말을 살펴보자.

1909년 막스는 세실 로즈(Cecil Rhodes)의 열광적인 추종자라고 자처하는 빌헬름 샤를 레겐단츠(Dr. Wilhelm Charles Regendanz)라는 신비스런 젊은이를 만나게 되었다. 레겐단츠가 추종한다는 로즈는 평범한 인물이 아니었다. 그에 대해서는 뒤에서 자세하게 소개하도록 하겠다. 당시 레겐단츠는 독일이 아프리카에서 식민지를 얻을 수 있는 완벽한 계획이 있다고 떠들고 다니며 독일의 결단력 있는 행동이 필요하다고 주장했다. 이때 신흥 제국주의 국가로 부상한 독일은 400여 년 전 포르투갈을 비롯해 스페인, 영국, 프랑스 등의 유럽 강국들이 세계 각지에서 식민지를 개척한 능력을 따라잡지 못해 매우 우울해하고 있었다. 국력은 강성하고 산업은 발달했으나 해외에서 어떤 세력권도 형성하지 못한 데 대해 빌헬름 2세와 비스마르크는 늘 한스럽게 생각했다. 이런 상황에서 생각지도 못하게 독일도 해외 식민지를 얻을 수 있다고 했으니 흥미가 가지 않을 수 없었다. 레겐단츠는 확실히 '원대한 이상'을 품은 젊은이였다. 그는 1909년 자신의 일기장에 "나는 지도를 보면서 내 식민지가 어디에 있는지 찾아야 한다"라고 썼을 정도였다.

막스는 레겐단츠와 재빨리 교분을 쌓고 그를 바르부르크 은행의 '법률 고문'으로 초빙했다. 레겐단츠가 중점적으로 추진한 사업은 독일의 아프리카 식민지 획득 방안 마련이었다.

1911년 6월 16일, 레겐단츠는 막스의 주선으로 빌헬름 2세를 알현했다. 이 자리에서 그는 빌헬름 2세에게 모로코 남부에 식민지를 만들자고 설득했다. 그는 모로코 남부가 '땅이 비옥할 뿐 아니라 광산자원이 풍부한 천혜의 땅'이라고 떠벌였다. 그러나 사실 이 지역은 황량하기 그지없는 사막 지대였다. 처음에 빌헬름 2세는 영국, 프랑스와 벌어질 외교적 마찰을 우려해 그의 권고를 완강하게 반대했다. 당시 국왕 알현 현장에는 막스가 함께 있지 않아서 레겐단츠의 계획은 수포로 돌아갈 것처럼 보였다. 그러나 거기에는 다행히 알버트 발린이 있었다. 그는 급히 두 사람의 대화에 끼어들어 청산유수와 같은 언변으로 빌헬름 2세의 마음을 움직였다. 마침내 빌헬름 2세는 군함을 한번 보내보겠다고 마지못해 응낙했다. 레겐단츠 등은 이에 뛸 듯이 기뻐했다.

그러나 문제는 당시 모로코 남부에 독일인이 한 명도 살고 있지 않았다는 것이다. 독일인이 없는데 어떻게 "생명의 위협을 받는 독일인을 구조한다"라는 구실을 댈 수 있겠는가? 독일 정부는 고심 끝에 광산 개발에 종사하는 엔지니어 한 명을 '생명의 위협을 받을 독일인'으로 위장시켜 모로코 남부에 파견했다.

이 엔지니어는 예정대로라면 1911년 7월 1일에 정확히 지정된 장소에 도착해야 했다. 그러나 이 사람은 그만 길을 잃고 해변과 방향이 완전히 다른 산속을 헤매고 다녔다. 엔지니어가 어디에 있든지 간에 독일로서는 계획을 실행에 옮겨야 했다. 독일은 바로 모로코에서 한 독일인이 중화기의 습격을 받았다고 말하고, 영국과 프랑스에 독일인을 구조하기 위해 군함을 파견할 것이라고 통보했다. 독일 군함은 현지에 도착한 후 엔지니어를 찾아 나섰지만 종적이 묘연했다. 며칠 후 기진맥진한 엔지니어가 드디어 약속 장소에 모습을 나타냈지만 독일 군함은 끝내 그를 발견하지 못했다. 다급해진 그는 미친 사람처럼 소리를 지르고 펄쩍펄쩍 뛰었다. 그제야 독일 군함은 그를 발견했으나 진짜 미친 사람으로 여기고 거들떠보지도 않았다. 결국 7월 5일 저녁이 돼서야 '생명의 위협을 받은 소중한 독일인'은 겨우 구조될 수 있었다.[9]

'아가디르 사건' 이후 윈스턴 처칠은 영국 해군부 장관에 임명되었다. 취임 후 그는 '해가 지지 않는 제국'이 독일의 도전을 받지 않고 영원히 패권을 장악할 수 있도록 해군 건설에 총력을 기울이겠다고 맹세했다. 한편 영국과 프랑스가 '아가디르 사건'을 독일이 악의적으로 조작했다고 단정하면서 이들과 독일의 설전은 날로 강도를 더해갔다. 영국은 독일에 전쟁을 불사하겠다고 위협했고, 프랑스는 독일에 있는 자국의 자본을 하나둘씩 철수시켰다. 이로써 유럽 전역에는 전쟁의 기운이 감돌았다.

'아가디르 사건'의 경위에서 알 수 있듯, 독일의 빌헬름 2세는 내력이 불분명한 레겐단츠를 비롯해 독일의 바르부르크가, 영국과 프랑스의 로스차일드가, 독일 최대 해운업자 알버트 발린 등이 공동으로 꾸민 계략에 완전히 휘둘렸다. 은행 가문들의 목적은 독일과 영국, 프랑스의 분쟁을 조장해 양측이 해군 건설에 거액의 자금을 쏟아붓게 만든 다음 석유 수요를 증가시키려는 것이었다. 그러면 이들은 자본시장에서 주식과 채권을 통해 자금을 융통해 주고 떼돈을 벌려는 수순이었다. 물론 여기에는 좀 더 웅대한 전략적 계획이 포함되어 있었다.

1914년 6월 17일, 윈스턴 처칠은 영국 정부에 이란의 앵글로 페르시안(Anglo Persian) 석유 회사에 대규모로 투자할 것을 건의했다. 이 회사는 사실 로스차일드가가 영국 정부를 낚기 위해 준비한 미끼였다. 영국 정부는 이 계략에 말려들어 높은 가격에 회사를 인수했다. 로스차일드가는 이를 통해 다시 폭리를 취했다. 앵글로 페르시안은 훗날 유명한 영국석유회사(British Petroleum, BP)로 성장했다.

밸푸어 선언과 은행가들의 몽상

독일의 빌헬름 2세는 오스만 제국과의 알력을 피하기 위해 팔레스타인에 유대 국가 건설을 지원하겠다는 입장을 미련 없이 버렸다. 유대계 은행 가문들의 실망은 이만저만이 아니었다. 이에 그들은 독일의 라이벌 영국에게 승부의 주사위를 던지기로 결심했다.

20세기 초 영국 정부는 앵글로 페르시안 석유 회사를 인수하면서 신 페르시아(지금의 이란)의 석유 채굴권을 획득했다. 이는 당시 영국 해군의 유일한 석유 공급원이었다. 이에 마음을 놓지 못한 영국은 아예 중동 지역을 손아귀에 넣으려고 시도했다.

로스차일드가는 자신들의 영향력을 행사해 영국 정부에 향후의 유대 국가는 영국의 충실한 중동 동맹국이 될 것이라는 생각을 불어넣기 시작했다. 더불어 영국이 유대 국가를 통해 중동 지역을 장악해야 풍부한 광산자원을 보유한 아프리카 식민지와 중동을 하나로 연결시킬 수 있다고 설득했다. 이는 로이드 조지(Lloyd George) 영국 수상과 아서 밸푸어를 필두로 한 영국의 통치 계급이 오래전부터 꿈꿔온 영연방 제국의 모습이었다.

아서 밸푸어

1914년, 제1차 세계대전이 발발했다. 중동을 통치할 야심에 불탔던 영국은 독일을 물리치고 오스만 제국을 분할한 후 오스만 제국 경내의 아랍인들과 협상을 벌여 전후 아랍 지역의 독립(팔레스타인 지역의 독립 국가 건설 포함)을 보장하겠다고 약속했다. 이를 통해 영국은 아랍인의 지지를 이끌어냈다. 영악한 영국 정부는 이번에는 아랍인들 몰래 프랑스와 전후 오스만 제국 영토 문제 처리와 관련한 '사이크스-피코 협정(Sykes-Picot Agreement)'을 체결했다. 협정에는 영국과 프랑스 양국의 세력 범위를 정하는 것 외에 팔레스타인을 공동 관리한다는 규정이 포함되었다. 이후 1917년 11월, 영국은 팔레스타인에 유대 국가 건국을 지지한다는 '밸푸어 선언(Balfour Declaration)'을 발표했다.

밸푸어 선언은 사실 영국의 당시 외무장관 아서 밸푸어가 월터 로스차일드(로스차일드가의 제2대 남작. 제3대 남작인 빅터 로스차일드의 삼촌. 빅터 로스차일드에 대해서는 7장에서 소개함)에게 쓴 개인 편지였다. 이 편지는 그를 거쳐 시온주의 조직에 전달되었다. 무척 흥미로운 전달 과정이 아닐까 싶다. 편지 전문은 다음과 같다.

영국 외교부(1917년 11월 2일)

친애하는 로스차일드 훈작 귀하,

영국 폐하와 정부를 대표해 귀하에게 소식을 전해드릴 수 있게 돼 영광으로 생각합니다. 유대 국가 건설과 관련한 다음의 선언은 이미 영국 내각에 제출돼 내각의 지지를 받았음을 알려드립니다.

"영국의 폐하와 정부는 유대인이 팔레스타인에 유대 민족 국가를 세우는 데 찬성하고 총력을 기울여 도와줄 계획이다. 그러나 명확히 해야 할 것은 이미 팔레스타인에 살고 있는 비 유대인의 공민 자격 및 종교적 권리를 해쳐서는 안 된다는 것이다. 유대인이 다른 국가에서 향유하는 각종 권리와 정치적 지위도 손상돼서는 안 된다."

귀하께서 선언의 내용을 시온주의 연맹에 전해준다면 무한한 기쁨으로 생각하겠습니다.

_아서 밸푸어 배상 10

밸푸어 선언은 영국 통치자들이 일석다조의 효과를 노린 절묘한 계략이었다. 먼저 이 선언이 현실화될 경우, 미국에서 상당한 영향력을 가진 유대계 은행 가문들을 포섭하는 것이 가능했다. 특히 유럽의 전장이 대치 국면에 빠져 미국이 참전해야만 승패가 결정 나는 상황이 발생할 경우에는 그들의 힘이 절대적으로 필요했다. 둘째, 전 세계 유대인들의 경제적 지원을 영국에 쏠리게 할 수 있었다. 전쟁은 밑 빠진 독에 물 붓듯 엄청난 자금을 필요로 하는 만큼, 이는 영국이 절실히 바라는 바였다. 셋째, 미국의 독일계 유대인 은행 가문들이 독일 편을 들어주는 것을 막는 효과가 있었다. 독일과 관계가 두터운 야코프 시프를 비롯한 월스트리트의 유대 은행 가문들이 주요 대상이었다. 마지막으로 러시아 볼셰비키 정부의 요직 가운데 4분의 3을 차지한 유대인들이 독일과 자유롭게 강화하지 못하도록 견제할 수 있었다.

제1차 세계대전이 대치 국면에 접어든 다음에는 유대 은행 가문의 지원을 받는 쪽이 최후의 승자가 될 수밖에 없었다. 그리고 이스라엘의 부활을 지지하는 쪽이 은행가의 지원을 얻을 수 있었다!

미국은 1917년 4월에 독일에 선전포고를 했다. 그러나 미군은 본토에서 1년 동안이나 '워밍업'을 하면서 유럽 참전을 질질 끌고 있었다. 그러던 와중인 1917년 11월에 밸푸어 선언이 발표되자 미군은 1918년 초에야 부랴부랴 유럽 전선으로 달려갔다. 그야말로 토끼가 보이지 않으면 매를 풀어놓지 않겠다는 심보였다.

1917년 11월 6일, 영국은 아랍인이 대기의를 일으켜 지지를 선언하자 군대를 이끌고 팔레스타인을 침공했다. 이어 1918년 9월에는 팔레스타인 전역을 점령했다. 1920년에는 국제연맹으로부터 팔레스타인 지역의 최종 위임 통치권을 얻었다. 1921년 영국 정부는 밸푸어 선언 이행을 핑계로 요르단 강 동쪽 지역을 트랜스요르단(Transjordan), 서쪽 지역을 팔레스타인으로 부르면서 행정적으로 구분했다. 트랜스요르단과 팔레스타인은 모두 영국 총독의 직접 통치를 받았다.

밸푸어 선언이 발표되고 영국의 위임 통치가 실시되자 유대인들은 팔레스타인으로 대거 몰려들었다. 통계에 따르면 1917년 4월까지 팔레스타인의 유대인 인구는 채 5만 명도 되지 않았으나, 1939년에 무려 44만 5,000명으로 급증해 팔레스타인 총인구의 3분의 1을 차지했다.

유대 민족은 풍부한 기술과 자본력 및 영국 통치 당국의 비호를 등에 업고 팔레스타인에 수많은 도시를 건설해 아랍인들의 상공업에 심각한 타격을 입혔다. 이 밖에 유대인들은 '하가나(Haganah)', '이르군(Irgun)', '스턴 갱(Stern Gang)' 등의 비밀 무장 단체를 설립해 아랍인과 유대인 사이의 갈등과 충돌은 갈수록 격화되었다.

시오니즘을 지지해 온 미국 월스트리트의 유대계 은행 가문들은 미국 정부에 끊임없이 압력을 가했다. 이에 따라 1917년 10월, 미국 우드로 윌슨 대통령은 영국 정부에 밸푸어 선언의 초안을 지지한다는 입장을 밝혔다. 1919년 1월 21일에 열린 파리 강화회의에서도 미국은 '민족자결주의'를 주창하며 유대인의 '조국' 건설이 가시화될 경우 국제연맹은 즉각 팔레스타인을 유대 국가로 인정해야 한다고 주장했다. 1922년 6월 30일, 미국 국회는 밸푸어 선언 지지 결의안을 공식적으로 통과시켰다. 이와 동시에 팔레스타인에 대한 경제 침투 역시 본격화했다.

시오니즘은 유대계 은행 가문들을 등에 업고 미래를 향한 큰 걸음을 내딛게 되었다.

배신: 영국 통치 계급과 시오니즘의 갈등

밸푸어 선언이 발표된 1917년 직후, 월터 로스차일드를 필두로 한 시온주의자들은 내심 연합군이 제1차 세계대전에서 승리를 거둬 하나님이 오래전에 약속한 땅 팔레스타인에 유대 국가를 건설할 수 있기를 바랐다. 그러나 현실은 그들의 희망을 외면했다.

영국 통치 그룹은 대영제국이 중동 지역에서 얻을 전략적 이익을 크게 세 가지로 보았다. 첫째는 중동 지역의 풍부한 석유자원을 장악하는 것이었다. 둘째는 유럽, 아시아, 아프리카 3대륙을 잇는 전략적 요충지인 중동 지역을 통제하여 인도 및 기타 극동 지역 식민지까지 영국의 세력 범위를 넓히는 것이었다. 셋째는 다른 세력이 중동을 통제하지 못하도록 방지하는 일이었다. 이렇게 해야 영국의 핵심 이익이 위협을 받지 않을 수 있었다.

영국은 중동 지역의 정치, 경제, 군사 권력 독점을 최종 목표로 삼았다. 따라서 유대 국가든 아랍 국가든 이 지역에 독립 국가가 출현한다는 것은 절대 용납할 수 없는 일이었다.

영국은 제1차 세계대전 때 오스만 제국을 무너뜨리기 위해 아랍인에게 독립 국가를 세워주겠다고 약속했다. 그러나 전쟁에서 승리한 후 언제 그랬냐는 듯 태도가 돌변하더니 위임 통치라는 미명하에 팔레스타인을 영국의 식민지로 만들어버렸다. 이런 상황에서 밸푸어 선언의 원칙을 지킨답시고 유대인 독립 국가 건설에 동조하면 아랍인들의 강력한 반발을 사게 돼 중동에서의 전략적 이익을 해칠 우려가 있었다. 영국 외교부를 비롯해 식민지 사무부 및 팔레스타인의 영국 총독 당국은 머리를 맞대고 절충안을 모색했다. 이렇게 해서 고안해 낸 안이 바로 유대인의 팔레스타인 이민은 장려하되 국가 건설은 불허한다는 방침이었다.

이 방침에 아랍인들은 당연히 반발하고 나섰다. 그들은 "우리가 대대손손 살아온 땅을 왜 유대인에게 양보해야 하는가? 하물며 유대인은 우리 땅에 유대 국가를 건설하겠다고 덤벼드는 위험한 사람들이다"라고 성토했다. 유대인들 역시 국가 건설의 꿈이 수포로 돌아가자, '강을 건너자 다리를 부숴버렸다'며 신의를 저버린 영국인의 행동에 분개했다.

아랍인과 유대인의 충돌 및 팔레스타인 현지 주민과 영국 총독 당국 간의 갈등이 날로 격화되자 영국으로서는 팔레스타인 정책에 수정을 가하지 않을 수 없었다.

1922년 7월, 영국 식민부 장관 윈스턴 처칠은 영국 정부를 대표해 일명 '처칠 백서'로 불리는 성명을 발표했다. 주요 내용은 첫째 영국은 팔레스타인 전역을 유대 국가로 만들 계획이 없다는 것이었고, 둘째 팔레스타인의 유대인 공동체는 이민자 수를 늘릴 수는 있으나 현지의 경제 흡수 능력을 절대 초과해서는 안 된다는 것이었다.[11]

1930년 10월, 영국 식민부 장관 패스필드는 영국 정부의 또 다른 정책을 발표했다. 이른바 '패스필드 백서'로 불리는 이 정책은 처칠 백서의 원칙을 재차 천명한 것이다. 이 원칙을 기초로 유대 국가 건설보다는 아랍인의 이익 보호에 중점을 둬, 유대인 이민이 아랍인의 취업에 영향을 줄 경우 유대인 이민을 줄이거나 중지시키겠다는 내용이었다.

1939년 5월, 영국 정부는 또 일방적으로 팔레스타인 사무 관련 백서를 발표했다. 당시 영국 식민부 장관의 이름을 따 '맥도널드 백서'로도 불리는 이 백서는 다음과 같은 내용을 포함하고 있었다.

> 1. 팔레스타인에 유대 국가를 건설하는 것은 영국 정책의 일환이 아니다. (유대 국가 건설)은 위임 통치서의 규정 및 예전에 아랍인에게 했던

약속을 위반하는 행위이다.

2. 10년 안에 영국과 연결된 팔레스타인 독립 국가를 세운다. 아랍인과 유대인은 인구 비율에 따라 새 정부에 참여한다.
3. 5년 안에 7만 5,000명의 유대인이 팔레스타인에 이주할 수 있도록 허가한다. 그러나 5년 후에는 아랍인의 허가 없이 팔레스타인으로 이주하지 못한다.
4. 팔레스타인 독립 국가를 세우기 전까지는 영국 총독 당국이 모든 권력을 행사하고 토지 이전을 제한한다.[12]

맥도널드 백서는 밸푸어 선언을 전면 수정한 것이었다. 한마디로 영국은 팔레스타인 정책에 중대한 변화를 가해 사실상 시오니즘에 대한 지원을 포기했다.

이런 일련의 과정에서 알 수 있듯, 제1차 세계대전 이후 영국의 중동 정책은 점차 시오니즘에 대한 지원을 포기하는 쪽으로 가닥이 잡혔다. 시오니즘 지도자들은 영국이 처칠 백서를 발표한 1922년부터 영국 정부의 속셈을 간파하고 있었다. 그러나 제1차 세계대전의 전승국 영국은 이에 아랑곳하지 않고 독일을 물리친 위용을 한껏 뽐내며 '해가 지지 않는 나라'의 파워를 전 세계에 여전히 과시했다.

이제 시온주의자들 앞에 놓인 전략적 선택은 명확해졌다. 그들은 《구약》에서 하나님이 약속한 땅에 이스라엘을 재건하기 위해 제1차 세계대전 때 외부의 힘을 빌려 중동 지역에 지연적, 정치적으로 완전한 체제를 갖춘 오스만 제국을 무너뜨렸다. 그리고 이번에는 다시 외부의 손을 빌려 중동에서 완강한 태도를 보이고 있는 영국을 물리쳐야 했다. 그래야만 폐허가 된 중동 지역에 이스라엘과 '제3의 성전(聖殿)'을 세울 수 있었다.

그렇다면 이번에는 누구의 힘을 빌릴 것인가? 우선 영국과 상대할 수 있는 국가는 미국, 독일, 소련이 있었다. 그중 미국은 배제해야 했다. 미국과 영국 사이를 이간질하여 양국 사이의 전쟁이 영국을 무너뜨릴 정도로 치열해진다면 그 결과는 누구에게도 이득이 되지 않았다. 소련의 스탈린 정부 역시 이용은 할 수 있지만 통제가 거의 불가능했으므로 선택 대상에서 제외되었다. 그렇다면 남은 것은 독일뿐이었다.

독일은 영국과 지리적으로 가장 가까운 데다가 유대계 은행 가문들이 많아 자본을 통제하기가 그다지 어렵지 않았다. 게다가 당시 독일은 제1차 세계대전의 패전국으로 굴욕적인 베르사유 조약을 체결해 국내에서는 복수에 대한 분위기가 급속히 확산되었고, 국민경제를 회복하기 위해 외국 자본 도입이 절실히 필요했다. 그러나 당시 독일을 통치하고 있던 정부는 영국과 미국의 자유주의 정치 논리에 따라 조직된 바이마르 공화국이었다. 허약한 이 정부는 영국이 독일 정세를 안정시키고 다시 강대국으로 부상하는 것을 막는 데 제격이었다. 이런 독일에 영국을 압박해 중동 문제에서 양보를 얻어내는 중임을 맡기기에는 너무 부족했다.

그렇다면 방법은 무능한 바이마르 공화국을 뒤엎어버리고 강력한 독일을 건설하는 것이었다. 독일이 대영제국의 위험한 적수로 등장하면 영국은 별 수 없이 유대계 은행 가문의 돈에 의지할 게 분명했다. 이는 이스라엘 재건의 꿈을 실현하고 거액의 이익도 챙길 수 있는 일석이조의 전략이었다. 그러나 "하늘이 정한 일은 사람의 계획대로 되지 않는다"라는 말이 있듯, 그들이 온갖 노력을 기울여 키운 사람이 소련의 스탈린보다 더 위험한 인물이 될지는 아무도 예상하지 못했다. 독일은 시온주의자들의 바람대로 강력한 국가를 건설했으나 이미 유대인의 통제를 벗어나버렸다. 물론 이는 나중의 얘기이다.

시온주의자들이 당장 해야 할 일은 정해졌다. 어떻게 바이마르 공화국을 뒤엎느냐 하는 것이었다. 사실 은행가들은 무장 세력이 아닌데다가 제1차 세계대전이 갓 종식된 유럽에서 다시 전쟁을 부추기기는 아직 일렀다. 1922년에 유대계 은행 가문들이 바이마르 공화국을 무너뜨리기 위해 선택할 수 있는 방법은 오로지 '화폐 전쟁'뿐이었다.

이 국제 은행 가문들은 전략적 계획을 실행하는 과정에서 놀랍게도 자신들과 같은 방향으로 일을 추진하는 또 다른 세력을 발견했다. 그들은 바로 모건과 록펠러가를 필두로 한 미국 신흥 금융 그룹이었다. 미국의 산업 생산 능력은 19세기 말까지만 해도 유럽에 못 미쳤으나 19세기 말부터 20세기 초에 들어서면서 영국을 가볍게 추월했다. 미국의 금융 세력 역시 산업 발전에 따라 무섭게 팽창해 갔다. 이렇게 되자 유럽 은행 가문의 심부름이나 하던 미국의 금융 그룹은 점차 야심이 싹트기 시작했다. 물론 이들은 제1차 세계대전이 발발하기 전부터 영국을 대신해 전 세계 금융 패주가 될 마음을 먹고 있었다.

이때 두 세력은 지기를 만난 듯 바로 의기투합했다. 양측은 전략적 목표가 거의 일치해 전략을 추진하는 전술이나 절차까지도 호흡이 척척 맞았다. 양대 세력의 최고 목표는 대영제국이 차지하고 있는 세계 패자의 지위를 무너뜨리는 것이었다. 그렇게 되면 유대계 은행 가문은 이스라엘 재건의 꿈을 이룰 수 있고, 미국의 엘리트 그룹은 세계 '일인자' 자리에 앉을 수 있었다. 양측은 목표 달성을 위해 독일을 최적의 '하수인'으로 선택했다.

강력하고 공격적 성향이 강한 독일은 그들의 구미에 완전히 부합했다. 물론 독일이 강력해진 다음 배신하지 못하도록 미리 조치를 취해야 했다. 이를 위해서는 독일의 중앙은행에서부터 금융 시스템에 이르기까지, 또 산업 그룹에서부터 원자재 기지에 이르기까지 철저히 통제할 필요가 있었다. 그런 다음 허약한 바이마르 공화국을 무너뜨리고 강력한 새 독일 정부가 들어서야 '위대한' 전략의 실현이 가능했다.

그렇다면 어떤 방법으로 독일 경제를 통제할 것인가? 가장 확실한 방법은 독일의 금융 시스템을 파괴해 독일 화폐가치를 무한대로 떨어뜨리는 것이었다. 그러면 독일 경제를 통제하는 것은 식은 죽 먹기보다 쉬웠다. 이리하여 독일 화폐를 겨냥한 '화폐 전쟁'의 서막이 올랐다.

주식 투자자들의 전문 용어를 빌리면, '싸게 사서 비싸게 팔아 폭리를 취하는 방법'이 따로 없었다.

경제 무기와 베르사유 조약

영국의 앨프리드 짐머른(Alfred Zimmern) 경은 제1차 세계대전 때 《독일에 대항하는 경제 무기》(The Economic Weapon Against Germany, London: Allen&Unwin, 1918)라는 총 13쪽 분량의 소책자를 발간했다. 그는 이 책에서 처음으로 '경제 전쟁'이라는 개념을 창안했다.[13] 미국의 저명한 역사학자 캐럴 퀴글리는 그를 영국과 미국 엘리트 그룹의 핵심 인물로 꼽았다.

그는 자신의 저서에서 "전쟁 중인 중부 유럽 강국(독일, 오스트리아-헝가리 제국, 터키 등)들은 세계 다른 국가들에 의해 경제적 봉쇄를 당하고 있다. 이들은 자국의 힘만으로는 경제적 봉쇄에서 벗어날 수 없다"라고 일침을 가했다. 이 책은 역사상 처음으로 대규모 경제 봉쇄에 의한 '경제 전쟁'이란 개념을 제기했다. 그러나 당시 독일인들은 이러한 가능성을 전면 부정했다.

1915년 12월, 허버트 헨리 애스퀴스 영국 수상은 이에 관련해 "고무가 부족해 우리가 이번 전쟁에서 질 수도 있다는 사실을 진지하게 고민해 본 사람이 있는가?"라는 질문을 제기한 적도 있었다. 제1차 세계대전이 발발한 후 영국과 미국은 독일에 대한 경제적 봉쇄를 단행해 원자재 공급원을 차단했다. 독일은 이로 인해 전쟁에 필요한 원자재를 전혀 공급받을 수 없게 되었다. 당시 독일은 길어야 1년을 넘지 않을 것이라는 가정하에 전쟁을 일으켰다. 그러나 전쟁은 예상 밖으로 4년이나 지속되었다. 이 때문에 독일이 준비한 전쟁 물자는 이미 오래전에 바닥이 난 상태였다. 해상권을 완전히 상실한 독일은 영국의 경제적 포위망에 둘러싸여 막대한 전쟁 물자를 제때 공급받지 못해 서서히 전투력이 약해지더니 결국 궤멸되고 말았다. 이는 '육군 강국' 독일이 '해양 강국' 영국과 싸우면서 대두된 새로운 문제였다.

앨프리드 짐머른은 독일 패전 이후의 상황에 대해서도 정확하게 예측하는 능력을 보여줬다. 그는 저서에서 이렇게 지적했다.

"평화조약이 정상적으로 체결된 후 어떤 일이 발생할 것인가? 독일 항구에 대한 봉쇄 해제는 사실 영국과 미국이 원하지 않는 것이다. 그러나 원자재를 공급하지 않으면 산업 생산이 불가능해지고, 산업 생산이 불가능해지면 독일인의 취업도 불가능해진다. 만약 대량의 제대 군인이 실업자로 전락한다면 독일의 사회질서는 심각한 위협을 받게 될 것이다. 반대로 영국과 미국의 입장에서 보면 독일의 원자재 공급을 통제함으로써 독일 경제의 복구 과정을 장악할 수 있다. 독일에는 장차 물자가 심각하게 부족한 국면이 나타날 것이다. 최악의 경우 기근까지 출현한다면 독일의 경제 혼란은 적어도 3년은 지속될 가능성이 높다."

영국과 미국이 전쟁이 끝난 후에도 경제 봉쇄를 풀지 않아 독일에는 필연적으로 물자 부족 현상이 나타날 수밖에 없었다. 이는 일반적 개념의 상업 제재가 아니라 조직적이고 체계적으로 일어난 국가 차원의 행위였다. 때문에 앨프리드 짐머른의 경제 사상에 기초해 1919년에 체결한 베르사유 조약은 전쟁의 연속을 불러왔다고 해도 과언이 아니었다. 베르사유 조약의 입안자인 로버트 랜싱(Robert Lansing) 미국 국무부 장관도 훗날 이 사실을 솔직히 인정했다.

"베르사유 조약이 패전국에 공평과 평화를 가져다주리라는 기대는 버려야 한다. 전쟁의 연속을 위한 도구이자 수단일 뿐이다. 베르사유 조약은 실망과 후회, 그리고 더 절망적인 침체를 가져올 것이다. 이 평화조약의 약관은 예사롭지 않은 잔혹함과 모욕성을 가지고 있다."

영국과 미국의 주도하에 설립된 국제연맹은 "탐욕스럽게 '사냥감'을 잡아먹는 존재"나 다름없었다.

로버트 랜싱은 미국 대표로 강화 협상에 참여했으나 협상 과정에서 큰 역할을 하지 못했다. 대신 협상 대표의 고문 자격으로 참가한 각국의 은행 가문들이 협상의 주도권을 완전히 장악했다. 협상에서 제기된 내용은 독일에게 정말 혹독한 것이었다. 로버트 랜싱의 말을 들어보면 상황을 잘 알 수 있다.

"나는 5월 15일에 벌리 선생의 사직서를 받았다. 동시에 다섯 명에 이르는 우리 전문가들의 사직서도 받았다. 이들은 평화조약의 혹독하고 불공정한 조항에 대해 공동으로 항의했다. 사직서에서는 모두 베르사유 조약이 미국이 참전할 당시 지키려 했던 기본 원칙을 위배했다고 지적했다."

이탈리아의 프란치스코 수상도 베르사유 조약의 불공정한 조항에 대해 불평을 털어놓은 적이 있었다.

"베르사유 조약은 당대 역사를 통틀어 최악이었다는 선례로 남을 것이다. 지금까지 전해 내려온 선례나 전통은 완전히 무시되었다. 독일 대표는 아마 이처럼 불공정한 조약을 지금까지 들어본 적이 없었을 것이다. 이 조약은 독일에 기근을 비롯해 물자 부족 및 혁명의 위험을 가져다줄 것이 분명하다. 그러나 그들은 이 사실을 뻔히 알면서도 조약을 인정하는 것 말고는 다른 선택의 여지가 없었다. 옛날 종교가 국가를 통치하던 체제에서도 모든 사람은 제소권을 가지고 있었다. 심지어 악마나 악당도 제소권을 향유했다. 암흑의 중세기에도 형성된 성스러운 기본 원칙이 사회가 발전한 오늘날에는 오히려 지켜지지 않고 있다."

제1차 세계대전에서 각국은 엄청난 전비를 쏟아부었다. 이 비용을 모두 합치면 독일이 보유한 전체 자산의 3배나 되었다. 독일은 베르사유 조약에 따라 해마다 17억 마르크라는 거액의 전쟁 배상금을

1988년까지 지불해야 했다. 오죽했으면 히얄마르 샤흐트가 "베르사유 조약은 경제적으로 독일을 무너뜨리려는 의도적인 계획"이라고 평가했을까. 물론 이 계획은 영국의 통치 그룹이 세운 것이었다.

베르사유 조약의 영향력이 계속 유지되고 외국 정치 세력의 통제를 받는 한, 독일의 정상적인 경제 성장이나 경제 부흥, 이에 따른 자신감 회복은 완전히 불가능했다.

독일의 통화 공급량은 1914년의 72억 마르크에서 1918년에 284억 마르크로 급증했다. 1인당 기준으로 110마르크에서 430마르크로 늘어난 것이다. 물가지수는 1913년을 100이라고 가정할 경우, 제1차 세계대전에서 패한 1918년에 무려 234로 상승했다. 하지만 인플레이션 수치는 영국과 별반 차이가 없었다. 독일 정부는 물가 상승에 비례해 근로자들의 임금도 상향 조정하는 적절한 조치를 취해 1918년 임금이 1913년의 2.48배에 이르렀다. 임금 상승폭이 인플레이션율보다 오히려 높았음을 알 수 있다. 그래서 제1차 세계대전으로 독일 경제에 막대한 타격을 입혔으나 독일의 금융 시스템을 완전히 무너뜨리지는 않았다.

영국 통치자들의 의도는 이를 통해 독일의 재부상을 근본적으로 막겠다는 것이었다. '자유주의 경제' 체제를 실시할 경우, 독일은 '해상 강국' 영국의 경제 봉쇄에 옴짝달싹 못할 가능성이 컸다. 영국은 한마디로 경제적으로 낙후하고 정치적으로 무능하며 군사적으로 피폐한, '상대적으로 안전한' 독일을 원하고 있었다. 그리하여 독일의 화폐 시스템은 전쟁이 끝난 1918년부터 1922년까지 상대적으로 안정적인 상태를 유지했다.

그러던 1922년 7월 영국이 처칠 백서를 발표해 "팔레스타인을 유대 민족의 낙원으로 만들어줄 의향이 없다"라고 선언해 버렸다. 이는 밸푸어 선언을 완전히 뒤집는 것이었다. 이 백서가 국제적으로 주목을 받을 때 독일의 화폐 시스템에 관심을 보이는 나라는 어디에도 없었다. 하이퍼인플레이션의 전조는 이처럼 소리 없이 고개를 들기 시작했다.

하이퍼인플레이션
(Hyperinflation)
초(超) 인플레이션이라고도 하며, 전쟁이나 대재해 후에 정부가 과도하게 통화량을 증대시킬 경우에 발생함.

1922년 독일 중앙은행의 독립: 하이퍼인플레이션의 폭발

서방 국가들의 교과서에는 1922년부터 1923년 사이에 독일에서 폭발한 하이퍼인플레이션에 대해 화폐 발행권을 가진 중앙 정부가 화폐를 마구 찍어내 생긴 재난이라고 설명되어 있다. 그래서 화폐 발행권을 정부가 아닌 은행가가 통제해야만 '책임을 질 수 있고' '안전하다'는 결론을 내렸다. 그러나 독일 하이퍼인플레이션의 진정한 막후 조종자는 은행가들과 그들에 의해 움직인 중앙은행이었다.

1876년에 설립된 독일 제국은행(라이히스 방크)은 독일의 중앙은행이었다. 개인 소유이긴 했으나 독일 국왕과 정부의 상당한 통제를 받고 있었다. 제국은행의 총재와 이사는 모두 독일 정부의 관료들로, 국왕이 직접 임명하고 종신제였다. 중앙은행의 모든 수입은 개인 주주와 정부가 나눠 가졌다. 그러나 개인 주주들은 중앙은행의 정책을 결정할 권한이 없었다. 이는 잉글랜드은행, 프랑스은행 및 미국 FRB와 다른 독일만의 독특한 중앙은행 제도였다. 그리고 무엇보다 가장 두드러진 특징은 독일 국왕이 국가의 최고 통치자 자격으로 화폐 발행권을 독점했다는 사실이다.

독일 제국은행 설립 이후 골드마르크(마르크 이전의 화폐 단위)의 화폐가치는 대단히 안정된 상태를 유지해 독일 경제가 회복되는 데 중대한 추진력을 발휘했다. 이는 금융이 낙후한 국가가 선진국을 따라잡은 모범적인 선례로 꼽힌다. 독일이 패전한 1918년부터 1922년까지 독일 마르크의 구매력은 여전히 견고했다. 인플레이션율 역시 영국, 미국, 프랑스 등의 전승국과 뚜렷한 차이를 보이지 않았다. 여러모로 곤경에 처할 수밖에 없는 패전국 중앙은행의 화폐 정책이 이 정도 수준에 이르고 효과를 봤다는 것은 정말 대단하다고 할 수 있었다.

그러나 전승국들은 갖은 구실을 동원해 독일 정부가 가진 중앙은행 통제권을 완전히 박탈해 버렸다. 1922년 5월 26일에 입법을 통해 독일 중앙은행의 민영화를 확정함에 따라, 독일 정부는 중앙은행 통제권과 화폐 발행권을 모두 상실하고 말았다. 정부를 대신해 화폐 발행권을 장악한 세력은 개인 은행 가문들이었다. 그 안에는 바르부르크를 비롯한 거물급 국제 은행 가문이 포함돼 있었다.

독일 현대 역사상 최악의 인플레이션은 사실상 이때부터 예고된 것이나 다름없었다!

하이퍼인플레이션의 원인에 대해서는 설이 분분하다. 하지만 가장 보편적인 서구인들의 시각은 독일 정부의 책임론이었다. 당시 독일이 전쟁 배상금을 제때 지불하지 않자 프랑스와 벨기에는 독일의 루르 지역을 강점했다. 빌헬름 쿠노(Wilhelm Cuno) 수상은 이에 소극적으로 대항해 돈을 마구 찍어내기에 이르렀다는 것이다. 하지만 이 논리는 자세히 들여다보면 모순되는 점이 많다.

빌헬름 쿠노

우선 화폐를 대량 발행한 것이 독일 정부인가 하는 점이다. 절대로 아니다. 프랑스와 벨기에가 루르 지역을 점령한 것은 1923년 1월이었다. 그러나 독일의 중앙은행은 1922년 5월에 이미 민영화가 되었다. 그렇다면 결론은 독일 정부가 아닌 국제 은행 가문들의 통제를 받는 중앙은행이 화폐를 마구 발행했다는 얘기가 된다.

둘째는 독일 중앙은행이 재정 위기를 해결하기 위해 돈을 마구 찍어냈는가 하는 것이다. 이 역시 사실이 아니다. 루르 지역 문제로 독일 재정이 어려워진 것은 사실이나 화폐 남발이라는 '자살 조치'를 취할 정도는 아니었고, 더구나 그런 방법으로 문제를 해결할 수도 없었다.

빌헬름 쿠노 독일 수상으로서는 사실 선택할 카드가 많았다. 그는 한때 알버트 발린이 회장으로 있는 HAPAG의 사장을 역임한 적이 있었다. 이때는 막스 바르부르크가 HAPAG의 이사 겸 제국은행의 이사를 맡고 있었다. 당시 바르부르크 은행은 미국 월스트리트에서 가장 잘 나가는 쿤-뢰브 회사와 매우 가까운 관계에 있었다. 바르부르크가의 두 형제가 쿤-뢰브 회사의 중요한 동업자였기 때문이다. 이 중 파울 바르부르크는 FRB의 실제 운영자이기도 했다. 이런 상황 아래서 독일 정부가 루르 문제로 인해 생긴 1년 정도의 단기 재정 압박을 충분히 해결할 수 있었다. 우선 국제 은행 가문들을 대상으로 고수익을 보장해주는 국채를 발행해도 되었고, 막스 바르부르크를 대표로 내세워 동생 파울 바르부르크를 통한 FRB의 '국제 원조'를 요청할 수도 있었다.

마지막으로 독일 중앙은행이 전쟁 배상금 지급을 위해 화폐를 남발했다는 주장에 의문을 품어봐야 한다. 그렇다면 실제로 외채 상환에 도움이 됐을까? 전혀 그렇지 않았다. 베르사유 조약에 따르면 독일은 반드시 황금이나 파운드, 달러로 전쟁 배상금을 지급해야 했다. 이런 상황에서 자국 화폐를 과도하게 발행하는 것은 거의 자살 행위에 가깝다. 채무 상환에 도움이 되기는커녕 오히려 역효과만 일으킬 뿐이다. 화폐 발행량이 많아질수록 자국의 화폐가치가 하락하고 반대로 환율은 상승하기 때문이다. 아시아 금융위기 당시 태국이 자국 화폐인 바트화의 발행량을 늘려 달러화 외채를 갚으려다 실패한 사례를 보면 쉽게 이해할 수 있다.

전통적인 자유주의 경제학자였던 히얄마르 샤흐트 독일 중앙은행 총재는 1927년에 출판한《독일 마르크화의 안정》에서 서로 모순되는 변명으로 일관했다. 그는 독일 정부가 하이퍼인플레이션을 자초했다면서 "제국은행은 직권 범위 내에서 인플레이션을 억제하려고 노력했다. 그러나 어떤 대책도 내놓을 수 없었다"라고 변명했다. 그는 또 "프랑스가 여전히 독일의 루르 공업 지대를 점령하고 있고 전쟁 배상금 총액도 확정되지 않은 상황에서 충분한 재정 자원이 없는 독일 정부로서는 아무리 화폐 안정 조치를 취해도 소용이 없었다"라는 말로 당시 제국은행 측이 독일 정부에 대량의 화폐를 공급했다고 주장했다. 그의 주장은 패전국 독일이 생존을 위해 부득불 제국은행의 화폐 발행권을 이용할 수밖에 없었다는 얘기인 셈이다. 이는 그가 "독일의 생사가 걸린 중대한 고비에서 제국은행은 독립적인 화폐 정책을 펼칠 수 없었다"라고 말한 데서도 확실하게 알 수 있다.

그러나 샤흐트의 주장은 그럴듯하게 꾸며댄 이야기에 불과하다.[14]

바이마르 공화국의 몰락을 불러온 '화폐 전쟁'

그렇다면 독일의 마르크화가 폭락한 원인은 어디에 있었을까? 꼭 짚어서 말한다면 통화량의 팽창 때문이었다. 과도하게 화폐를 발행하는 방법에는 몇 가지가 있다. 우선 중앙은행이 직접 대량의 화폐를 발행하는 것이다. 민영 은행들이 다양한 신용 화폐를 만들어내거나 대량 발행하는 것도 방법에 속한다. 마지막으로 투기 세력이 대규모 '공매도'를 통해 일국의 화폐가치를 떨어뜨리는 것 역시 방법이다. 이 경우 대량의 화폐를 발행한 것과 똑같은 효과가 생긴다. 사실 독일 제국은행이 민영화된 1922년 5월 이후 이 세 가지 방법은 동시에 추진되었다.

공매도(空賣渡)
주가 하락으로 생기는 차익금을 노리고 주식이나 채권을 가지지 않은 상태에서 행사하는 매도 주문.

첫 번째 방법을 보면, 제국은행이 돈을 마구 찍어낸 것은 분명한 사실이다. 그러나 정부의 외채 상환이나 재정 위기 극복을 위해서가 아니었다.

두 번째 방법을 살펴보면, 당시 민영 은행의 화폐 공급량이 하이퍼인플레이션에 미친 영향을 시간대별로 알아보자.

- 1921년 11월, 달러 대비 마르크화 환율 1 대 330
- 1922년 1~5월, 달러 대비 마르크화 환율 1 대 320으로 안정적 수준 유지
- 1922년 5월 26일, 독일 제국은행 민영화
- 1922년 12월, 달러 대비 마르크화 환율 1 대 9,000
- 1923년 1월, 루르 위기 폭발. 마르크화 가치 수직 하락. 달러 대비 마르크화 환율 1 대 만 9,000
- 1923년 7월, 달러 대비 마르크화 환율 1 대 110만
- 1923년 11월, 달러 대비 마르크화 환율 1 대 2조 5,000억
- 1923년 12월, 달러 대비 마르크화 환율 1 대 4조 2,000억
- 1923년, 이틀에 한 번꼴로 물가 2배씩 폭등

2년 사이에 마르크화는 상상을 초월할 정도로 미친 듯이 폭락해 하이퍼인플레이션이 발생했다. 민영 은행들은 마치 경쟁이라도 하듯 금이나 외화를 기반으로 하는 화폐를 마구 발행하기 시작했다. 이미 민영화된 독일 제국은행 역시 이에 뒤질세라 화폐 남발 행렬에 합류했으나 민영 은행들의 화폐 발행량을 따라잡지 못했다. 히알마르 샤흐트의 추산에 따르면, 당시 독일의 통화 유통량 중 절반 이상은 제국은행의 법정화폐가 아닌 민영 은행의 화폐였다고 한다. 따라서 하이퍼인플레이션이 발생한 책임의 절반은 민영 은행들

독일의 어린이들이 하이퍼인플레이션으로 완전히 휴지가 된 마르크화 지폐를 이용해 놀이를 하고 있다.

에게도 있었다.

세 번째 방법은 가장 눈에 띄지 않으면서도 치명적인 결과를 초래했다. 누군가 의도적이거나 체계적으로 마르크화를 대규모로 매도할 경우, 마르크화 가치는 은행에서 돈을 마구 찍어내는 것처럼 폭락할 수밖에 없었다.

이처럼 한 나라의 통화 시스템을 공격해 화폐가치를 폭락시키기 위해서는 몇 가지 전제 조건이 필요하다. 그중 하나가 바로 그 국가 통화의 내생성에 뚜렷한 문제가 존재해야 한다는 것이다.

내생성(內生性)
실물 수요와 통화 수요가 통화량을 결정하는 성질.

독일의 당시 상황은 이 조건에 완전히 부합했다. 제1차 세계대전 이후 독일은 자국 화폐가 아닌 외화로 전쟁 배상금을 지급함으로써 거액의 외채 압력에 시달렸다. 이는 마르크화 자체에 심각한 결함이 내재돼 있다는 사실을 의미했다. 아시아 금융위기 발발 당시 '아시아의 네 마리 작은 용'이 반드시 달러화로 외채를 갚아야 했던 상황과 비슷했다.

정상적인 경우라면 국가의 경제 시스템은 스스로 천천히 문제를 해결해 나갈 수 있다. 예컨대 세수 증가나 국민의 생활수준을 잠시 낮추는 등의 방법으로 점차 외채를 갚아나가는 것이다. 하지만 이때 대규모 환투기가 집중적이고 돌발적으로 발생한다면 화폐가치는 폭락할 수밖에 없다. 더욱 큰 문제는 당시 독일에서 이 같은 대규모 환투기가 여전히 합법적인 행위로 간주됐다는 사실이다. 한마디로 투기 세력은 '내생성'의 결함이 있는 마르크화를 대량 '매도'해 거액의 이익을 챙긴 것이다.

환투기(換投機)
외국환 시세의 변동에 따른 차익을 얻을 목적으로 이루어지는 외국환 매매 행위.

이쯤에서 공매도를 통한 환투기 수법을 한번 알아보자. 보통 투기 세력은 화폐를 매도할 때 실제로 화폐를 보유하고 있지 않으면서 그저 입으로만 보유하고 있다고 소문을 낸다. 이어 일정한 기간이 지나 그 화폐가치가 대폭 하락하기를 기다렸다가 낮은 가격에 화폐를 매수해 거액의 이익을 얻는다. 따라서 실제로 가지고 있지 않으면서 "보유하고 있다"라고 소문 낸 화폐를 매도하는 행위는 일정 기간 내에 그 화폐를 발행할 실질 권리를 가지는 것이라고 할 수 있다. 투기 세력들이 같은 시간에 거의 동시에 힘없는 한 국가의 화폐를 대상으로 대규모 투기 행위를 자행할 경우, '가능성으로만 잠재돼 있던 화폐가치 하락이 실제로 실현되는 효과'를 일으키기 마련이다. 결과적으로 투기 대상이 된 화폐의 가치는 수직 하락할 수밖에 없으며, 심각한 경우에는 환란(화폐 공황)이 일어나기도 한다. 환란은 또 연쇄 반응을 일으켜 사회의 다른 계층들도 본능적인 공포심에 사로잡혀 보유 중인 자국 화폐를 팔아버리고 외화를 보유하려고 나서게 된다. 이는 더 큰 규모의 투기 행위를 유도하면서 악순환으로 이어진다.

투기 세력이 화폐가치의 폭락 과정에서 벌어들인 거액의 이익은 바로 그 나라의 국민들이 몇 년 동안 힘들게 생산하고 저축해 얻은 부이다. 그런데 이 부가 소수의 사람들 손에 들어간다면 국가의 사회 생산과 경제 활동이 치명적인 타격을 입을 수밖에 없다. 이 경우 자유주의 경제학자들은 정부의 화폐 정책에 문제가 생겼다면서 모든 책임을 정부에 돌린다. 그러므로 투기 세력이 인플레이션을 일으켰다고 생각하는 사람은 매우 드물다.

1923년 독일에서 발생한 하이퍼인플레이션은 1997년에 아시아를 강타한 금융위기와 비슷한 경우였다. 한 나라의 화폐가치는 경제 시스템과 해당국의 화폐에 치명적인 내재적 결함이 있으면 문제가 생길 가능성이 높아진다. 여기에 외채 부담이 가중되거나 환투기꾼들이 쏟아져 나와 취약한 통화를 공격하면 대응할 방법이 없다. 인플레이션이 일어난 다음 사회의 부는 극소수의 사람에게 집중돼 국가의 경제 기반이 흔들리게 된다. 물론 독일의 하이퍼인플레이션과 아시아 금융위기는 다른 점이 있다. 당시 독일 제국은행은 환투기 행위를 제지하기는커녕 암암리에 투기꾼들에게 대출을 해주었다. 또한 국제 은행 가문의 민영 은행들은 하이퍼인플레이션 과정에 통화 유통량의 절반에 달하는 화폐를 발행했다. 이는 불난 집에 기름을 끼얹는 꼴이었다.

역사가 놀라울 정도로 비슷하게 반복되는 이유는 역사를 주관하는 세력이 동일 집단이기 때문이다. 오늘날 조지 소로스와 그 배후의 국제 은행 가문은 1923년 독일 마르크화를 공격한 투기 세력과 같은 가문이다.

바이마르 공화국의 사회적 부는 고작 1년 만에 완전히 사라져버렸다. 중산층은 극빈층으로 전락했고, 모든 것을 잃은 분노와 전승국에게 당한 굴욕은 독일인들을 전례 없는 복수심에 불타게 만들었다. 독일 사회는 바짝 마른 장작처럼 불씨만 갖다 대면 활활 타오를 정도로 뒤숭숭해졌다.

히얄마르 샤흐트의 '렌텐마르크' 방어전

마르크화가 18개월에 걸쳐 몰아친 투기 회오리에 휘말려 완전히 휴지 조각이 되어버리면서 새로운 화폐의 등장을 요구하는 목소리가 갈수록 높아졌다. 이때 등장한 화폐는 금융 역사에서 '렌텐마르크(Rentenmark)'로 불리는 은행권이었다.

렌텐마르크는 토지와 산업 시설을 담보로 발행되었고, 총 가치는 32억 마르크에 상당했다. 당시 렌텐마르크 대비 달러 환율은 4.2 대 1이었고, 구 마르크화와의 교환 비율은 1 대 1조였다. 독일 정부는 렌텐마르크와 구 마르크화를 심리적으로 완전히 구분하기 위해 렌텐마르크를 발행하는 은행인 '렌텐은행(Rentenbank)'을 새로 설립했다. 교환 방법은 렌텐은행이 독일 제국은행에 렌텐마르크를 발행하면 제국은행은 다시 그 돈을 사회에 신용으로 공급하는 방식이었다. 그러나 렌텐은행은 심리적으로 옛 화폐와 신 화폐를 구분하는 방화벽 역할만 했을 뿐, 제국은행을 벗어나 독립적으로 운영되지는 않았다. 1923년 11월 15일부터 유통된 렌텐마르크는 법정 화폐가 아니어서 정부의 국내 채무와 외채를 상환하는 데 사용되지는 못했다.[15]

마르크화를 안정시키는 중책을 맡은 사람은 바로 금융계에서 23년이나 활약한 히얄마르 샤흐트였다. 그는 렌텐마르크가 발행되었을 때 서둘러 마르크화를 안정시키려는 노력 대신, 환투기 세력과 1년간에 걸쳐 대대적인 전쟁을 벌였다. 그는 환투기 근절만이 마르크화를 안정시키는 대책이라고 보았다. 뒤이어 일련의 신용 긴축정책을 실시하자 마르크화는 점차 안정을 되찾기 시작했다.

샤흐트가 추진한 '새로운 정책'의 핵심은 두 가지였다. 하나는 모든 민영 은행의 마르크화 발행을 즉각 금지시켰다. 이를 위해 그는 민영 은행이 보유하고 있던 구 마르크화를 모두 렌텐마르크로 교환해 주었다.

다른 하나는 외국인에게 렌텐마르크 대출을 금지한 것이다. 샤흐트는 독일에서 기승을 부리는 환투기 세력의 대부분이 외국인이라는 사실을 잘 알고 있었다. 당시 외국 투기 세력의 상투적인 수법은 마르크화를 매도한 다음 외환시장에서 그 액수만큼 화폐를 채워 넣는 방식이었다. 그러나 샤흐트가 실시한 조치로 인해 이들은 렌텐마르크를 얻을 수가 없었다. 이 조치만으로도 상당수의 외국인 투기 세력을 몰아내는 효과를 거둘 수 있었다. 환투기 근절을 통해 화폐 개혁은 중요한 첫걸음을 내딛었다.

투기 세력은 그제야 독일의 중앙은행이 마음만 먹으면 모든 외환시장에서 마르크화의 투기를 근절시킬 수 있다는 사실을 깨달았다. 샤흐트는 처음부터 투기 세력에 대한 대처 방법을 알고 있었다. 그러나 몇 달 전 심각한 인플레가 발생할 당시 제국은행은 투기 세력이 멋대로 마르크를 공격하도록 수수방관했었다.

샤흐트의 고강도 대책에도 불구하고 일부 외국인 환투기꾼들이 여전히 렌텐마르크에 대한 공격을 멈추지 않자 그는 끝내 분노를 터뜨렸다. 1923년 11월 말에는 매우 강경한 어조로 이렇게 말했다.

"렌텐마르크에 대한 투기 행위는 국가의 경제적 이익을 침해하는 악질적인 짓일 뿐 아니라 매우 어리석은 행동이다. 불과 몇 달 전까지만 해도 독일 제국은행이 선뜻 대출을 해주거나, 민영 은행이 발행한 긴급 화폐로 제국은행의 마르크화와 바꿔 투기 자금을 마련할 수 있었다. 그러나 지금은 상황이 달라졌다. 우선 (민영 은행이 자체 발행한) 긴급 화폐는 가치를 잃었다. 그것(민영 은행이 발행한 화폐)을 마르크화로 교환하는 것은 이제 금지되었다. 또 제국은행은 마음대로 대출을 해줄 수 없게 되었고, 렌텐마르크는 외국에서 사용할 수가 없다. 이상 세 가지 이유 때문에 환투기꾼들은 외환시장에서 채무를 상환할 렌텐마르크를 충분히 얻지 못해 거액의 손실을 보게 될 것이다."[16]

샤흐트의 말에서 독일 마르크화 체제의 붕괴 원인을 되짚어볼 수 있다. 우선 환투기꾼들의 투기 자본이 제국은행의 '아낌없는' 지원에 힘입어 조성됐다는 사실이다. 당시 투기 세력은 독일 중앙은행으로부터 저금리로 거액의 대출을 쉽게 제공받을 수 있었다. 그리고 이 돈은 마르크화 공격에 이용되었다. 다시 말해 국제 은행 가문들이 통제하는 중앙은행은 투기 세력에게 대량의 '살상무기'를 제공한 것이나 다름없었다. 둘째는 독일 본토의 민영 은행들이 외국인 투기 세력에게 막대한 대출을 제공했다는 사실이다. 민영 은행들은 자체적으로 발행한 화폐를 중앙은행에 가지고 가 마르크화로 바꿨다. 그런 다음 이를 다시 외국인 투기 세력에게 '공급'했다. 한마디로 독일의 민영 은행가들이 외국인 투기 세력의 공범이었던 것이다. 이들의 정체는 무엇일까? 샤흐트는 특정인을 지명하지 않았으나 "일부 유명한 은행 가문은 내가 마르크화 안정에 총력을 기울이고 있을 때조차도 투기 세력과의 공모를 멈추지 않았다"라는 말을 통해 우회적으로 지적했다. 그는 일부 은행 기관의 행태를 꼬집기도 했다.

"일부 유명한 은행 기관들도 뒤질세라 환투기 행렬에 끼어들었다. 이 국가에는 아직도 환투기꾼이 득실거린다. 이들은 돈만 벌 수 있다면 은행의 명성이나 신용이 땅바닥에 떨어져도 상관없다는 태도를 보인다."

샤흐트는 이들 은행에 대해 중앙은행에서 어음 재할인을 잠시 중단하는 것으로 제재를 가했으며, 정부의 명령을 어기고 외국인 투기 세력에게 렌텐마르크 단기 대출을 제공한 자국 은행을 가차 없이 처벌했다.

그는 1924년 4월 7일부터 두 달 동안 중앙은행의 신규 신용 대출도 중지시켰다. 이는 마르크화의 안정성을 회복하기 위한 조치였다. 이와 동시에 엄격한 신용 긴축정책을 병행해 1개월짜리 단기 대출 금리를 30%에서 45%, 당좌 대월 금리는 40%에서 한꺼번에 80%로 상향 조정했다. 외국인 환투기꾼들은 삽시간에 곤경에 처해 자신들이 가지고 있던 외화를 마르크화로 바꿔 손실을 메울 수밖에 없었다. 이 조치로 독일 중앙은행의 외화 보유액은 대폭 늘어나 1924년 4월에 6억 마르크에 달했고, 금리 인상 후 4개월이 지난 8월의 외화 보유액은 2배로 대거 늘어났다.[17]

샤흐트가 위의 조치들을 엄격하게 추진한 후, 마르크화를 심각하게 위협했던 환투기 세력은 자금줄이 끊겨 공격을 멈추고 드디어 항복을 선언했다. 이후 마르크화는 외환 시장에서도 점차 안정을 되찾았다.

1924년 7월, 마르크화가 안정을 회복한 후 단기 대출 금리는 하락하기 시작했다. 더불어 샤흐트가 실시한 엄격한 신용 긴축정책에 힘입은 독일 정부 산하의 우체국, 철도 등의 기구들이 잇달아 자체 은행을 설립했다. 이 기구들은 규모가 방대하고 자본력이 풍부하여 민영 은행들이 흉내 낼 수 없을 만큼 빠른 속도로 거액의 자금을 축적했다.

1924년 말에 이르러 독일의 사업가들과 일반 자영업자들은 렌텐마르크와 마르크화의 가치를 동일시하기 시작했다. 이에 샤흐트는 렌텐마르크를 회수하고 독일 중앙은행에서 발행하는 마르크화를 유통시켰다.

샤흐트가 추진한 조치는 1997년 아시아 금융위기 당시 런즈강(任志剛) 홍콩 금융관리국 총재가 실시한 것과 방법은 약간 달랐지만 결과는 똑같았다. 모두 환투기꾼이 애용하던 단기 대출 금리를 상상 이상으로 대폭 인상함으로써 환투기 행위에 큰 타격을 가한 것이다.

샤흐트는 평생 국제 은행 가문 커넥션과 연결 고리를 맺고 살아온 사람이었다. 솔직히 그는 이 내막을 폭로할 필요가 없었으나 후세에 독일 제국은행이 1923년의 하이퍼인플레이션에 속수무책이었다는 평가를 듣고 싶지 않았다. 그래서 자신이 결코 무능한 사람이 아니라는 사실을 분명히 밝힌 것이다. 더구나 그는 강렬한 민족주의자로 마르크화 안정을 자신의 성스러운 책임으로 여겼다. 때문에 자신이 애착을 가졌던 마르크화가 하이퍼인플레이션에 의해 휴지 조각으로 변하는 것을 보면서 형언할 수 없는 분노를 느꼈다.

1927년에 출판한 《독일 마르크화의 안정》에서는 "아무런 방법이 없었다"라고 독일 제국은행을 비호했다가, 1967년에 출판한 《금융의 마술》에서 비로소 모든 '진실'을 털어놓았다. 그는 무려 44년 동안 깊이 숨겨진 독일 하이퍼인플레이션의 진정한 원인을 함구하다가 마침내 앵글로-색슨 금융 커넥션의 모종의 관례를 깨뜨렸다. 그는 사람들에게 잘 알려지지 않은 책을 통해 이미 잊혀버린 44년 전의 진실을 늦게나마 전 세계에 알렸다.

도스 안: 독일을 일으켜 세우는 전기가 되다

국제 은행 가문들은 하이퍼인플레이션을 이용한 '양털 깎기' 작전을 통해 독일이 수십 년 동안 축적한 부를 싹쓸이하고, 금융 및 산업 시스템까지 완전히 장악했다. 이에 독일 국민들이 바이마르 공화국에 엄청난 분노를 쏟아내자, 민심을 잃은 바이마르 공화국의 정치 기반은 자연스럽게 휘청거렸다. 이제 남은 일은 대영제국의 패권에 도전할 수 있도록 독일의 산업 능력을 강화하고 실력을 쌓는 것이었다.

사실 국제 은행 가문들은 파리 강화 회담에서 이미 손을 써놓았다. 월스트리트의 변호사 존 포스터 덜레스(John F. Dulles)는 베르사유 강화 회담의 핵심 인물 중 한 사람이었다. 총 231장에 이르는 베르사유 조약의 초안을 작성한 그는 전쟁의 모든 책임을 독일에 떠넘기는 '전쟁죄' 조항을 집어넣었다. 록펠러가 소유의 스탠더드 오일의 수석 변호사를 역임한 바 있는 찰스 휴스 국무부 장관은 캘빈 쿨리지 대통령을 설득해 모건 재단과 밀접한 관계가 있는 찰스 도스(Charles Gates Dawes)를 전쟁 배상금 위원회의 위원장에 임명했다. 그는 은행가답게 즉각 자신의 자금 조달 방안인 '도스 안'을 세상에 선보였다. 이 안은 1924년부터 1931년까지 실시됐다. 독일은 이 기간 동안 총 105억 마르크를 전쟁 배상금으로 지급했으며, 이를 위해 해외로부터 총 186억 마르크의 융자를 받았다.[18]

1923년 이후에는 IG 파르벤, 연합철강(Vereinigte Stahlwerke), 독일 전력 등의 독일 대기업들도 해외로부터 자금 지원을 받았다. 이들의 배후에는 하나같이 유대계 은행 가문과 록펠러, 모건 재단이 있었다. 이들은 독일 경제 회복에 제공된 자금을 월스트리트에서 독일 채권을 팔아 모집했다. 다시 말해 월스트리트가 독일 경제 부흥 과정을 통제하면서 적지 않은 이득을 챙긴 것이다.

당초 독일의 전쟁 배상금은 1,320억 마르크로 결정됐으나 1924년에 미국이 개입을 선언한 도스 안이 마련되면서 370억 마르크로 조정되었다. 미국이 독일에 차관을 제공한 이유는 독일이 영국과 프랑스에 진 빚을 갚도록 하자는 데 있었다. 그러면 미국에 채무가 있는 영국과 프랑스는 독일로부터 받은 배상금을 다시 미국의 채무를 상환하는 데 쓸 수 있었다. 결과적으로 미국이 독일에 제공한 차관은 독일이 영국과 프랑스 채무를 갚는 데 사용되었고, 또 영국과 프랑스는 받은 돈 일부를 미국에 갚았다. 이렇게 해서 미국의 돈은 한 바퀴 빙 돌아 다시 미국으로 돌아왔다.

이 자금 순환 과정에서 손해를 본 쪽은 미국 납세자들이었다. 반면 월스트리트 자본에 이미 잠식당한 독일의 산업은 채무 부담이 경감되고 영업 이익이 증가하기 시작했다. 동시에 자금 교역까지 손을 댄 탐욕스러운 국제 은행 가문들도 거대한 이익을 얻었다.

도스 안이 제출되자 국제 은행 가문들은 즉각 열렬한 환영의 뜻을 표시했다. 독일의 산업 발전에 필요한 자금이 회전하면서 생기는 수수료를 챙길 수 있었기 때문이다. 찰스 도스는 이 공로로 1925년 영국의 J. 오스틴 체임벌린과 함께 노벨 평화상을 공동 수상하는 영광을 누렸다. 훗날 그는 미국 부통령을 역임하기도 했다.

샤흐트는 국제 은행 가문들에게 "독일 중앙은행의 개인 주주와 정부가 45 대 55의 비율로 중앙은행의 이윤을 분배한다"라는 내용의 새로운 배상 방안을 제안했다. 최종적으로는 중앙은행 주주들의 승낙하에 다음과 같이 합의가 도출됐다.

"중앙은행의 개인 주주는 처음 발생한 5,000만 마르크의 이윤 중 절반을 가져간다. 다음 발생한 5,000만 마르크 이윤에 대해서는 25%를 가진다. 그리고 매해 발생하는 이윤의 10%는 개인 주주에게 귀속된다."[19]

도스 안이 시행된 후 거액의 미국 차관이 독일에 제공되었고, 뒤이어 외국의 신용 자금이 들어오면서 국제 은행 가문들은 샤흐트를 크게 신뢰했다. 샤흐트는 외국 자본이 생산 분야에만 이용되도록 엄격히 제한하고, 사치품과 소비 방면에 이용되는 것을 불허했다. 이러한 정책하에 1924년부터 1929년까지 월스트리트 자본이 장악한 독일은 유럽에서 가장 선진적인 산업 생산 시스템을 구축할 수 있었다. 생산에 필요한 신용 대출을 지원하고 외국 자본이 주식시장을 비롯해 부동산 시장, 사치품 소비 시장에 흘러드는 것을 엄격히 제한한 샤흐트의 정책은 현저한 효과를 발휘했다. 독일의 산업 능력은 빠른 회복 속도를 보이며 점차 영국에 도전할 실력을 갖추기 시작했다.

국제 은행 가문들은 독일의 경제와 금융을 완전히 장악한 후, 영국과 세계대전을 치를 능력을 갖춘 정치 조직과 지도자를 물색했다. 이때 아돌프 히틀러와 나치당이 그들의 시선에 들어왔다. 월스트리트와 미국 국무부의 시온주의자들은 나치당이 활동을 시작한 초창기부터 다양한 경로를 통해 히틀러 관련 정보를 수집해 오고 있었다. 뮌헨 주재 미국 국무부 대표였던 로버트 머피는 '비어홀 폭동'이 발생하기 전인 1923년에 에리히 루덴도르프(Erich Ludendorff) 장군을 통해 비밀리에

빌더버그 그룹
(Bilderberg Group)
단일 세계정부를 지향하는 비밀 조직. 1954년에 출범함.

히틀러를 만난 적도 있었다. 그는 훗날 빌더버그 그룹의 핵심 인물로 부상했다. 나치의 사상과 조직 구성 관련 정보는 이런 비밀 접촉을 통해 끊임없이 월스트리트와 워싱턴으로 흘러들어 갔다.

이 점에서는 제국은행 총재 샤흐트 역시 마찬가지여서 1926년부터 비밀리에 나치에 자금을 융자해 주기 시작했다. 이어 1929년 6월에는 FRB를 통제하는 은행가들이 회의를 거쳐 시드니 바르부르크를 독일에 파견해 히틀러에 대한 면접을 실시하고 협력을 진행했다. 월스트리트의 요구 조건은 "공격적인 외교 정책을 주장하고 프랑스에 대한 보복심을 선동하라"는 것이었다. 그러나 히틀러는 만만한 상대가 아니었다. 그는 이 대가로 무려 1억 마르크(2,400만 달러)를 요구하는 배짱을 보였다. 양측은 협상을 거쳐 1,000만 달러로 합의를 보았다. 시드니 바르부르크가 미국에 돌아와 히틀러와 나치 사상을 상세히 보고하자 데이비슨 록펠러는 깊은 인상을 받았다. 뒤이어 〈뉴욕 타임스〉도 히틀러의 활동에 대해 정기적으로 보도했고, 대학에는 나치를 연구하는 전문 연구기관까지 개설되었다.[20]

그러나 이때 국제 은행 가문들은 거리의 불량배쯤으로 여겼던 히틀러가 '위대한 계획'을 가지고 있을 줄 꿈에도 생각하지 못했다. 히틀러는 그들의 돈을 이용해 뒤에서 완전히 '딴짓'을 꾸미고 있었다.

제 5 장 시오니즘 전개도

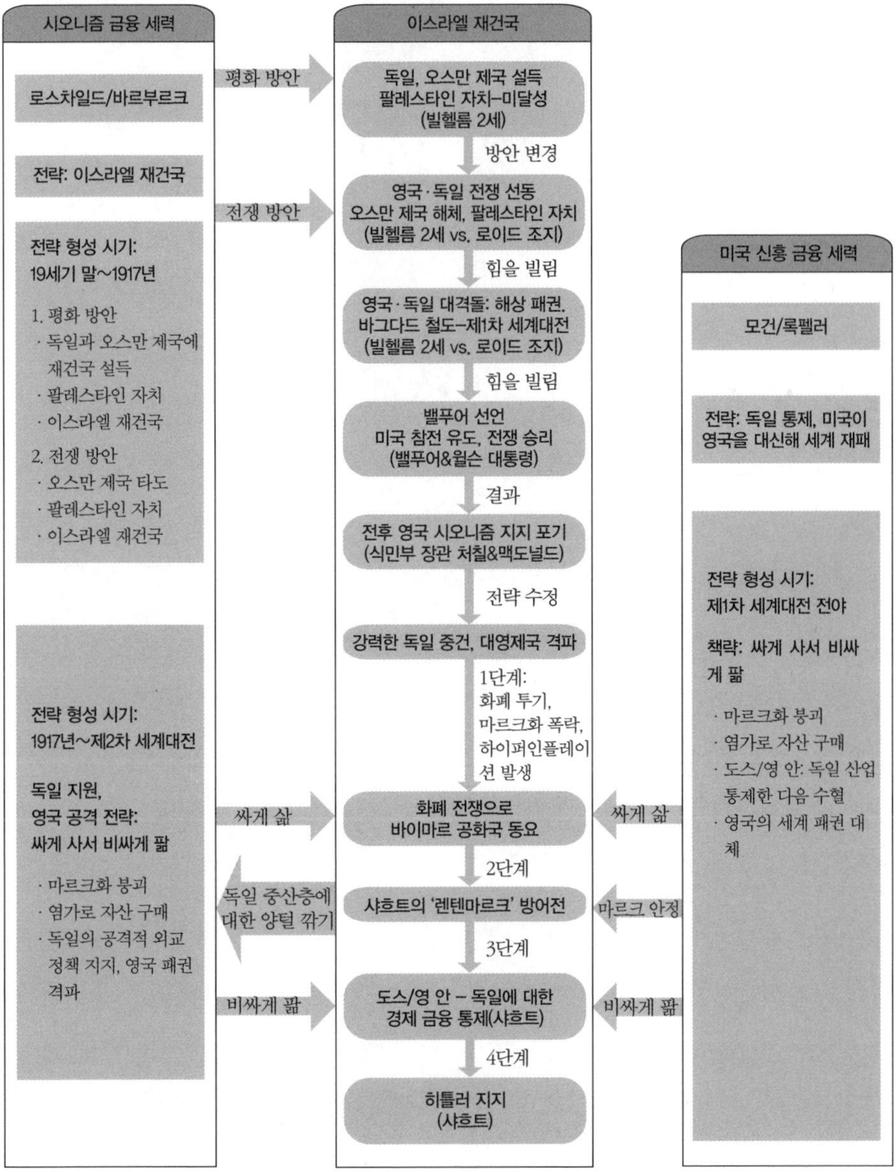

시오니즘 금융 세력

로스차일드/바르부르크

전략: 이스라엘 재건국

전략 형성 시기:
19세기 말~1917년

1. 평화 방안
· 독일과 오스만 제국에 재건국 설득
· 팔레스타인 자치
· 이스라엘 재건국
2. 전쟁 방안
· 오스만 제국 타도
· 팔레스타인 자치
· 이스라엘 재건국

전략 형성 시기:
1917년~제2차 세계대전

독일 지원,
영국 공격 전략:
싸게 사서 비싸게 팖

· 마르크화 붕괴
· 염가로 자산 구매
· 독일의 공격적 외교 정책 지지, 영국 패권 격파

이스라엘 재건국

→ 평화 방안 →
독일, 오스만 제국 설득
팔레스타인 자치–미달성
(빌헬름 2세)

↓ 방안 변경

→ 전쟁 방안 →
영국·독일 전쟁 선동
오스만 제국 해체, 팔레스타인 자치
(빌헬름 2세 vs. 로이드 조지)

↓ 힘을 빌림

영국·독일 대격돌: 해상 패권.
바그다드 철도–제1차 세계대전
(빌헬름 2세 vs. 로이드 조지)

↓ 힘을 빌림

밸푸어 선언
미국 참전 유도, 전쟁 승리
(밸푸어&윌슨 대통령)

↓ 결과

전후 영국 시오니즘 지지 포기
(식민부 장관 처칠&맥도널드)

↓ 전략 수정

강력한 독일 중건, 대영제국 격파

↓ 1단계:
화폐 투기,
마르크화 폭락,
하이퍼인플레이션 발생

→ 싸게 삶 → 화폐 전쟁으로 바이마르 공화국 동요 ← 싸게 삶 ←

↓ 2단계

← 독일 중산층에 대한 양털 깎기 ← 샤흐트의 '렌텐마르크' 방어전 ← 마르크 안정 ←

↓ 3단계

→ 비싸게 팖 → 도스/영 안 – 독일에 대한 경제 금융 통제(샤흐트) ← 비싸게 팖 ←

↓ 4단계

히틀러 지지
(샤흐트)

미국 신흥 금융 세력

모건/록펠러

전략: 독일 통제, 미국이 영국을 대신해 세계 재패

전략 형성 시기:
제1차 세계대전 전야

책략: 싸게 사서 비싸게 팖

· 마르크화 붕괴
· 염가로 자산 구매
· 도스/영 안: 독일 산업 통제한 다음 수혈
· 영국의 세계 패권 대체

제6장

히틀러의 뉴딜 정책

"국가는 반드시 통화 공급을 장악하는 권력을 가져야 한다."

_ 고트프리트 페더

들어가면서

나치 독일은 제2차 세계대전에서 막강한 군사력과 첨단 군사 장비를 선보여 전 세계를 놀라게 만들었다. 그리고 아돌프 히틀러는 세인들의 경멸과 미움을 받는 악당으로 낙인찍혔다. 그러나 학계를 제외하고 당시 나치 독일의 화폐 제도와 경제 시스템에 대해 관심을 가진 사람은 별로 없었다. 1930년대 세계를 휩쓴 대공황은 독일 경제를 완전히 파국으로 몰아넣었다. 나치가 민주 선거를 통해 합법적으로 정권을 장악한 것도 독일의 경제 위기와 밀접한 관계가 있었다. 당시 독일 사회는 불안정했고, 민심은 사회 변혁 쪽으로 쏠리고 있었다. 나치는 바로 이 기회를 이용해 경제 위기 극복을 위한 뉴딜 정책을 실시함으로써 총선에서 승리했다.

1933년 히틀러가 정권을 장악했을 때, 그의 앞에는 엉망진창이 된 경제가 기다리고 있었다. 1929년부터 1932년까지 산업 설비 이용률은 무려 36%로 떨어졌고, 모든 제조업의 생산액은 40%, 대외 무역액은 60% 하락했다. 또 물가는 30% 하락, 철강 생산량은 70% 감소, 조선업 생산액은 80% 하락, 실업률은 30%에 달했다. 경제 위기는 곧 사회 계층 간 갈등을 격화시켜 3년 동안 무려 1,000여 차례의 파업이 일어났다.

나치는 집권 이후 경제 회복을 최우선 해결 과제로 정하고 히틀러식 '뉴딜 정책'을 펼쳤다. 강력한 경기 부양책으로 독일 경제는 빠른 속도로 침체 국면을 벗어나 성장 궤도에 올라섰다. 실업률도 수직 하락해 1938년에는 1.3% 미만으로 떨어졌다. 1933~1938년 사이 생철과 철강 생산량이 각각 390만 톤에서 1,860만 톤, 560만 톤에서 2,320만 톤으로 늘어났다. 알루미늄과 마그네슘, 선반 생산량은 미국을 추월하기까지 했다. 이 기간 동안 독일의 군수 산업은 2.1배, 소비재 생산은 43%나 증가했고 GDP 성장률은 100%를 넘어섰다. 경제 성장의 과실은 인프라 시설의 확대로 이어져 전국에 고속도로 망이 구축되고, 중공업 기반이 재정비되었으며, 현대식 군대 체제를 갖추게 되었다.

미국 역시 1933년부터 '루스벨트의 뉴딜 정책'을 실시했지만 경기 침체를 잠시 완화하는 역할만 했을 뿐, 1941년에 발발한 제2차 세계대전에 참전한 이후에야 비로소 경기 불황에서 완전히 벗어날 수 있었다.

독일은 1930년대 발발한 경제 위기의 타격을 가장 크게 입은 국가였다. 그럼에도 제일 먼저 대공황에서 벗어났다. 당시 독일이 실시했던 일련의 경기 부양책은 글로벌 금융위기가 또 한 번 세계를 강타한 오늘날에도 시사하는 바가 적지 않다.

히틀러와 나치 독일의 범행은 이미 역사의 심판을 받았다. 때문에 이 장에서는 거론하지 않기로 한다. 그러나 나치 독일의 화폐 제도와 경제 정책에 대해서 알고 있는 사람은 극히 드물다. 당시 독일의 정치와 화폐의 상호 작용과 관계에 대해 본격적으로 살펴보기로 하자.

반항아 히틀러

1918년 11월 어느 날, 아돌프 히틀러는 전투에서 부상을 입고 두 눈이 잠시 실명돼 다른 부상병들과 함께 독일군 육군병원의 병상에 조용히 누워 있었다. 당시 독일 제국의 국방군 리스트 연대(바이에른 제16 예비 보병 연대)의 하사였던 그는 철십자 훈장을 수여받은 행복을 만끽하고 있었다. 그런데 조용하던 병실에 갑자기 독일이 항복했다는 청천벽력 같은 소식이 날아들었다. 그는 침대에서 벌떡 일어나 "무수한 젊은이들이 피를 흘리면서 4년간 싸운 결과가 고작 이것이란 말인가?"라고 뇌까렸다. 깊은 분노와 절망이 젊디젊은 그의 마음을 독사처럼 아프게 깨물기 시작했다.

얼마 후에는 바이마르 공화국 정부가 굴욕적인 베르사유 조약을 체결했다는 소식이 전해졌다. 이로 인해 독일은 약 10분의 1의 영토와 8분의 1의 인구 및 모든 해외 식민지를 잃었다. 여기에 라인란트 전역은 비무장지대로 설정되었고, 프랑스에 자를란트 지역을 점령당했으며, 거액의 배상금(1988년까지 70년 동안 분할 지불)까지 물어야 했다. 그중 가장 가혹한 것은 "전쟁의 책임은 전적으로 독일에게 있다"라고 규정한 조약 내용이었다.[1] 히틀러를 비롯한 독일 국민들을 모두 이에 격분했다.

1918년 11월 전까지 독일은 형세가 불리했지만 완전히 무너질 정도는 아니었다. 서부 전선에서는 협약국에게 한 치의 영토도 양보하지 않은 채 오히려 프랑스 북부까지 깊숙이 쳐들어갔다. 1918년 3월부터 7월까지 독일군은 서부 전선에서 다섯 차례의 대규모 공격을 감행했다. 그중 5월에 벌인 제3차 기습 공격에서는 프랑스의 방어선을 뚫고 파리에서 불과 37킬로미터 떨어진 지점까지 진입했다. 7월 15일에 제5차 공격을 감행했으나 전략적 목적을 달성하지는 못했다. 얼마 후 미군이 유럽에 도착하면서 협약국의 전력은 크게 강화되었다. 이에 따라 독일군은 서부 전선에서 방어 태세로 전략을 수정했다.

협약국(entente powers)
제1차 세계대전 당시 독일에 대항하기 위해 조직한 영국, 프랑스, 러시아의 3국 동맹.

동부 전선을 보면, 러시아에서는 1917년 10월 혁명을 통해 소비에트 정권이 수립되었다. 당시 소비에트 정부는 국내 정세가 매우 불안한 데다가 군사들마저 내전에 지쳐 전쟁을 지속하기가 불가능했다. 결국 레닌은 독일과 휴전을 결심했다. 1918년 3월에 러시아는 독일에게 '브레스트-리토프스크 조약' 체결을 강요당하고 5,000만 명이 거주하는 100만 평방킬로미터의 광대한 영토를 할양했다. 독일에 귀속된 이 지역은 러시아 석탄의 90%, 철광석의 73%가 생산되는 곳이자, 러시아 공업의 54%와 철도의 33%가 분포한 곳이기도 했다. 이 밖에

10월 혁명
볼셰비키의 주도로 이루어진 20세기 최초의 공산혁명.

조약에서 소비에트 정부는 편성된 지 얼마 되지 않은 붉은 군대를 포함해 군인들을 제대시킨다고 규정했다.[2] 3월 27일에는 베를린에서 3개 부가 조약을 체결하고 "러시아는 독일에 60억 마르크를 배상한다"라고 규정했다.

이돌프 히틀러와 히얄마르 사흐트

만약 독일이 서부 전선의 프랑스 전장에서 협약국의 공세를 늦추고 대치 상태를 유지하면서 동부 전선 군대를 기다렸다면 병력은 크게 강화될 수 있었다. 동부 전선은 이미 전쟁을 마무리 짓고 러시아로부터 할양받은 광대한 토지와 풍부한 자원, 60억 마르크라는 거액의 배상금을 보유했기 때문이다. 협약국은 인력과 물자의 엄청난 소모와 내부 분쟁으로 지구전을 가급적 피하려는 입장이었다. 따라서 독일이 전쟁을 장기전으로 유도했다면 최종 승리를 거두지 못하더라도 체면을 구기지 않고 전쟁을 끝낼 가능성이 높았다.

대다수 독일인들은 독일군이 절대 패할 리 없다고 굳게 믿었다. 바꿔 말하면 정부 대표가 '나라를 팔아먹거나' 혁명이 일어나 나라가 붕괴하지 않는 한, 독일군의 승리는 확정된 것이나 다름없다고 여겼다. 그리고 설사 강화를 청하더라도 미국의 우드로 윌슨 대통령이 제창한 '14개조 평화원칙'에 따라 독일에게 관대하게 대하거나, 또 '민족자결주의' 원칙에 따라 전 오스트리아-헝가리 제국의 독일인 거주 지역을 떼어 받아 '대독일 제국'의 꿈을 실현할 수 있다고 믿는 사람도 있었다.[3]

그러나 현실은 잔혹했다. 독일 국민들은 협약국과 매국노들에게 쓴 맛을 봐야만 했다. 협약국 열강들은 그렇다고 쳐도, 독일 국내에서 나라를 팔아먹은 매국노는 과연 누구였을까? 독일 국민들은 눈에 불을 켜고 이들을 찾아 나섰다. 결국 베르사유 조약에 조인한 사회민주당의 비둘기파와 '국제 유대인'들을 매국노로 지목하기에 이르렀다. 이들은 독일의 이익을 팔아먹은 죄인이라는 뜻으로 '11월의 죄인'으로 불렸다.

분노한 히틀러는 '11월의 죄인'을 향해 뼈에 사무치는 증오를 품은 채 낡은 군복과 철십자 훈장을 지니고 제대했다. 그는 이후 한동안 실업자로 지내다가 독일 육군 정보부의 스파이로 채용됐다. 그의 임무는 당원이 고작 55명밖에 안 되는 작은 정당인 '독일 노동자당'의 내부 상황을 은밀히 염탐하는 것이었다. 그는 이론적 기반은 거의 없었으나 사물에 대한 이해나 분석력은 대단히 뛰어났다. 그래서 스파이로 활동하며 각 파벌의 대표적 이론가들이 비분강개해 토해내는 연설의 알맹이를 끊임없이 자기 것으로 흡수했다. 그는 이렇게 장점을 취하는 동시에 정치 단체들이 전개하는 이론의 치명적 허점도 발견해 냈다.

1919년 9월 어느 날, 그는 다시 독일 노동자당의 집회 장소를 찾았다. 이때 그는 한 강연자의 연설 내용에 완전히 매료돼 버렸다. 그 사람은 다름 아닌 고트프리드 페더(Gottfried Feder)라는 인물이었다. 히틀러는 1924년에 출판된 자서전 《나의 투쟁》에서 이때의 감회를 토로한 바 있다.

"페더의 연설을 처음 듣는 순간 내 머릿속에는 즉시 어떤 개념이 수립됐다. 나는 우리(나치) 당의 중요한 기본 원칙 하나를 발견했던 것이다."

아돌프 히틀러는 즉각 페더가 이끄는 독일 노동자당에 입당했다.[4]

페더는 도대체 어떤 사람이었을까? 그의 어떤 고견이 히틀러를 깨우쳐 나치당의 원칙을 만들게 한 것일까?

페더: 히틀러의 금융 스승

히틀러는 독일 노동자당 입당 이후, 고트프리드 페더를 경제와 금융 방면의 스승으로 삼았다. 이후 본격적으로 가르침을 받으면서 화폐, 금융, 취업, 무역, 경제 및 금융위기 등 원래 생소하던 분야에 대해 큰 흥미를 가지게 되었다.

페더는 경제나 금융 분야에 대해 정규 교육을 받은 사람이 아니었다. 그럼에도 1917년부터 독자적으로 화폐, 경제, 대공황, 취업, 전쟁 등이 국가에 미치는 영향을 연구 분석하기 시작했다. 그리고 마침내 정통 학문을 뛰어넘어 깜짝 놀랄 만한 일련의 결론을 도출해 냈다. 그는 "국가는 반드시 통화 공급을 장악하는 권력을 가져야 한다"라고 말하고, 중앙은행은 절대 개인의 수중에 넘어가서는 안 되며 국유화해야 한다고 주장했다. 개인이 중앙은행을 장악하게 되면 이자를 비롯한 모든 이익을 국가와 공공의 행복을 위해 사용하는 것이 아니라 개인이 소유하기 때문이었다.[5]

히틀러의 경제 스승 페더

군인 출신인 히틀러는 경제나 금융 분야에

문외한이나 다름없었다. 그래서 그는 독일의 패전과 잇따른 하이퍼인플레이션이 순전히 정치 문제 때문이라고 여겼다. 그러나 페더의 가르침을 받은 다음부터는 모든 문제의 중심에 '금융'이 있다는 사실을 깨달았고, '창조적 산업 자본'과 '탐욕스럽고 약탈적인 금융 자본'이 본질적으로 구별된다는 사실 역시 알게 되었다. 그의 사상은 독일의 운명을 좌지우지하는 진정한 '주재자'가 바로 금융과 금융을 통제하는 세력 집단이라는 사실을 알게 되면서 한층 더 높은 경지에 올랐다. 예전에는 전혀 이해하지 못했던 많은 문제들도 그만의 통찰력과 새로운 시각으로 완전히 이해할 수 있게 되었다. 그의 머릿속에는 향후 독일의 운명과 나치당의 '중요 원칙'에 대한 논리적 구상이 하나씩 뚜렷한 틀로 자리 잡아갔다.

1920년 히틀러는 페더 등과 격렬한 논쟁을 벌였다. 또 논쟁을 통해 깨달은 수없이 많은 생각도 나름대로의 사고를 통해 다시 녹여냈다. 이렇게 해서 그는 나치 운동의 철학 원리 체계를 완성했다. 그로서는 이 철학적 차원의 '나치 운동 강령'이 '영원히 변하지 않을 것'이라고 확신했다. 나치당의 '25개조 강령'으로 연결된 이 사상 체계는 1932년 뉘른베르크에서 열린 나치당 전국 당 대회에서 재차 정치 강령으로서의 지위를 인정받았다.[6]

25개조 강령에는 나치의 모든 기본 관점과 정책이 망라되어 있었다. 이 중 경제 분야의 주장과 관점은 페더의 경제 사상이 많이 반영되었다. 몇 가지를 살펴보면 다음과 같다.

제11조: "모든 불로소득과 이자 노예제를 폐지한다." 이 관점은 "이자 노예제를 폐지하고 '창조적 산업 자본'과 '약탈적 금융 자본'을 구

분하자"라는 페더의 일관적인 주장과 맥을 같이한다. 페더는 기본적으로 자본이 실물 경제의 사이클에 진입할 때만 가치를 창조할 수 있다고 생각했다. 따라서 그는 금융 시스템 내부에서만 '눈덩이 굴리듯 굴려 이자를 발생시키는' '약탈적' 금융 자본은 근로자의 생산 성과를 착취하는 것일 뿐이라고 주장했다.

제12조: "전쟁으로 얻은 모든 불법 소득은 국가에서 단속해 몰수한다." 히틀러는 제1차 세계대전이 군사적으로 패한 것이 아니라 '국가 이익을 팔아먹은' 자산 계급과 유대인 금융가들이 '등 뒤에서 비수를 꽂았기' 때문에 패했다고 생각했다. 그래서 이들이 계속 전쟁을 통해 불법적인 소득을 챙긴다면 하늘이 용납하지 않을 것이라고 주장했다.

제13조: "우리는 트러스트 같은 모든 (현재까지의) 기업을 접수해 국유화할 것을 요구한다." 페더는 국가에서 '국유기업'이라는 거대한 '항공모함'을 구축해 사회의 주요 자원을 독점해야 한다는 원칙을 주창했다. 그렇게 해야만 자본가들의 과도한 이익 추구로 인한 악질적인 경쟁과 빈부 격차를 방지할 수 있다고 생각했다. 그는 또 '트러스트의 국유화'가 자본가들의 합리적 이윤과 노동자의 안정적 취업의 균형을 유지시키는 가장 바람직한 방안이라는 입장을 고수했다.

트러스트(trust)
같은 업종의 기업이 경쟁을 피하고 보다 많은 이익을 얻을 목적으로 자본에 의해 결합한 독점 형태.

제14조: "우리는 대기업이 이익 분배에 동참하기를 요구한다." 페더는 대기업이 반드시 자신들을 키워준 사회에 보은하여 경제 번영을 사회 각 계층과 공동으로 향유해야 한다는 주장을 견지했다.

제16조: "우리는 건전한 중산층의 육성과 보호를 요구한다. 이를 위

해 대규모 백화점을 즉시 공유화해 소규모 경영자에게 염가로 임대해 줄 필요가 있다. 국가와 각 주(州)는 필요한 물품을 조달할 때 소규모 납품업체들을 최대한 고려해야 한다." 소자산 계급과 평민 계층의 경제 이익을 대변한 페더의 이 관점은 철학적 원칙이라기보다 정책적 측면에 더 가깝다.

第17조: "우리는 민족의 수요에 부합하는 토지 개혁을 요구한다. 공공의 이익을 위해 대가 없이 토지를 몰수할 수 있는 법령을 제정해야 한다. 지세도 폐지해야 하며, 모든 토지의 투기를 발본색원해야 한다." 페더는 '불로소득'과 '토지에 대한 투기'를 가장 혐오했다. 또 모든 사회자원이 실제적인 생산 활동에 전부 투입되지 못하는 것을 항상 안타까워했다. 그러나 솔직히 말해 그의 관점은 인간의 본성을 간과한 추상적인 이상향에 지나지 않았다.

第18조: "매국노와 고리대금업자 및 투기업자들은 사형에 처한다."

페더는 이 밖에도 '국가의 권위'를 이용해 '경제건설 은행'을 설립해야 한다고 주장했다. 국가 명의의 증권을 발행해 공익사업을 위한 자금을 모집하기 위해서는 이 은행이 반드시 필요했다. 그는 이어 국제은행 가문들이 황금을 독점한 현실에 비춰볼 때, 금본위제에서 벗어나 국가가 유통에 필요한 자금의 액수를 결정해야 한다는 주장도 개진했다. 또 실물 경제의 생산 능력을 향상시켜 화폐 대신 상품으로 타국과 무역을 진행해 독일 화폐와 외화에 대한 외국 자본의 통제에서 벗어나고자 했다.[7]

히틀러는 누가 뭐래도 정치가였다. 그는 페더의 많은 관점에 대해 수긍하는 입장을 보였으나 이론 자체에는 크게 흥미를 가지지 않았다.

그에게 이론은 필요할 때는 이용하나 필요가 없으면 버리는 도구에 불과했다. 정치가들에게 영원불변의 법칙은 바로 '권력'에 따른 '변화'이다. 다시 말해 권력을 추구하기 위해 변화하고 변화를 통해 더 많은 권력을 장악하는 것이다.

히틀러는 당시 더 많은 권력을 얻기 위해 '실권'을 장악한 인물과의 협력이 절실히 필요했다. 군인 출신인 그에게 '실권'이란 '폭력+재력'을 의미했다. 양자는 상호 보완 관계로 어느 하나라도 없어서는 안 된다. 찢어지게 가난했던 히틀러가 당시 거액의 금전적 도움을 얻기란 거의 불가능했다. 그러나 '폭력'에 대해서는 유력한 지원자가 나타났다.

비어홀 폭동: 히틀러, 명성을 떨치다

히틀러에게 경제 및 금융과 관련한 이론적 무기를 제공한 사람이 페더라면, 폭력이라는 실천적 무기를 제공한 사람은 바로 에른스트 룀(Ernst Röhm)이었다.

룀은 열아홉 살 때 독일 제국 군대에 입대했다. 제1차 세계대전에서는 세 차례나 부상을 입었고 소령까지 진급했다. 그는 독일이 항복한 후 준(準)군사 조직인 '자유군단(Freikorps)'에 가입했다. 이후 바이에른 지역의 자유군단 지휘관인 리터 폰 에프(Ritter von Epp)의 부관을 맡아 뮌헨에서 손꼽히는 실력파 군인으로 인정받았다.

제1차 세계대전이 끝난 다음 독일 장병들은 대거 고향으로 돌아갔다. 그러나 독일 전역이 영국을 비롯한 연합국이 휘두른 경제 무기에 의해 물자 부족, 실업률 상승 등으로 일자리를 찾기 어려웠다. 결국 정력이 왕성한 제대 군인들은 일부 장교의 지휘 아래 자발적으로 준군사 조직을 결성했다. 이것이 바로 '자유군단'이었다. 이들은 설립 초기에 독일 군부로부터 비밀리에 자금과 장비를 지원받아 정규군인 국방군의 손이 미치지 않는 동쪽 변경을 수비하는 임무를 맡았다.

바이마르 공화국 체제에서 군대는 국가에 귀속되어 국내 정치 활동 참여를 불허했다. 제1차 세계대전 이후 독일의 국내 정세가 요동치고 도처에서 공산당 지휘 아래 노동자 계급의 혁명 운동이 일어나자, 정부와 군부를 대표로 하는 보수 세력은 이를 탄압하기 위해 '자유군단'의 힘을 빌렸다. 이들은 강한 화력을 앞세워 각지의 혁명 운동을 잔혹하게 진압했다.

1919년 10월, 히틀러는 독일 노동자당 집회에서 처음으로 연설할 기회를 잡았다. 이때 '선동적 연설가'인 그의 천부적 재능은 유감없이 발휘되었다. 그는 아무리 황당하고 논리에 어긋난 관점도 본인만 옳다고 생각하면 교묘하게 꾸며내 대중의 호응을 얻어내는 탁월한 재능이 있었다. 그의 연설은 어떤 관점을 표현한다라기보다 청중들에게 강렬한 감정을 발산하는 쪽에 가까웠다. 또 예리하고 냉혹한 분석은 사람들이 감히 거부하기 힘든 힘을 가지고 있었다. 당시 게르만 민족은 연합국에게 모든 것을 빼앗기고 잔혹한 굴욕을 강요당했으며 매국노들에게 철저히 배신까지 당했다. 이처럼 나락에 빠진 독일인들은 히틀러의 선동적인 연설에 광폭하고 극단적인 민족성과 잠재의식 속에 숨어 있던 열등감과 교만함을 여과 없이 분출해 냈다. 조금 남아 있던 이성마저 송두리째 사라져버리고 남은 것은 오로지 열광적인 신념과 복수를 향한 충동뿐이었다.

당시 청중들 속에 섞여 있던 에른스트 룀은 히틀러의 연설에 완전히 매료돼 처음 봤음에도 무한한 존경심이 우러났다. "그래, 히틀러는 전도가 유망한 사람이야. 저 사람이라면 극단적 민족주의 운동의 지도자로 손색이 없겠어"라는 말이 그의 입에서 맴돌았다. 이후 그는 의도적으로 히틀러에게 접근하여 두터운 친분을 맺었다. 그는 히틀러가 정치적 야망을 펼칠 수 있도록 격려했을 뿐 아니라 자신도 독일 노동자당에 입당하여 적극적으로 도움을 주었다. 1920년 봄에는 히틀러가 룀의 도움으로 군사 조직인 '자유군단'에 가입했다. 든든한 폭력 집단의 지원을 등에 업은 히틀러는 이때부터 '부국강병'의 원대한 계획을 품을 수 있게 되었다.

히틀러는 1920년에 페더의 도움으로 자신의 사상 이론 체계인 '25개조 강령'을 완성한 데 이어, 룀의 보좌에 힘입어 폭력 수단까지 장악하게 되었다. 이때 그는 독일 노동자당의 명칭을 '국가사회주의 독일 노동자당(Nationalsozialistische Deutsche Arbeiterpartei)'으로 바꾸고 약칭해 '나치당'이라고 불렀다.

한편 에른스트 룀의 부추김으로 바이에른의 군정 장관 리터 폰 에프는 아직 보잘것없는 나치당에 전폭적 지원을 아끼지 않았다. 자금 원조는 물론 히틀러를 병영으로 초청해 나치당에 필요한 인원을 기용하도록 했다. 히틀러는 당연히 기뻐서 입을 다물지 못했다. 그는 자유군단에 대해 "정력이 왕성한 젊은이들이 조직적이고 규율 있게 행동했다. 세상에 극복 못할 난관이 없다는 진취적인 정신을 갖추고 있었다"라고 칭찬을 아끼지 않았다. 얼마 후 룀은 나치당의 무장 단체인 나

히틀러와 그의 측근들이 쿠데타 현장인 비어홀 밖에 모여 있는 광경. 왼쪽은 나치당의 사상적 지도자인 알프레드 로젠베르그이고, 오른쪽은 비서인 프리드리히 베버이다. 히틀러는 오른손을 허리에 얹고 왼손으로는 중절모를 꼭 잡은 채 분노의 눈빛으로 자신의 탈권을 방해한 장소를 노려보고 있다.

치스 돌격대(Sturmabteilung)를 조직했다.

1921년 히틀러는 많은 사람들이 바라던 대로 나치당의 당수에 취임했다. 이때 나치당은 이미 이론적 무기는 말할 것 없고 든든한 무력 배경까지 확보한 상태였다. 게다가 그의 선동 정치까지 국민들에게 먹혀들어 바이마르 공화국의 다른 극우 단체들마저 경쟁적으로 나치당에 가담했다. 1923년에 나치당 당원은 5만 5,000명으로 급증했다.

1923년에 마침내 하이퍼인플레이션이 발생해 마르크화의 가치는 폭락하고 금융계는 대혼란에 빠졌다. 독일의 중산층도 완전히 빈털터리로 전락해 버렸다. 이 와중에 설상가상으로 프랑스와 벨기에가 독일의 루르 지역을 점령했다. 잇따른 내우외환에 독일 국민들은 바이마르 공화국에 대한 분노와 강렬한 애국심을 표출시켰다.

히틀러는 정권을 탈취할 기회가 바로 이때라고 생각했다. 그는 곧 빌헬름 루덴도르프(Wilhelm Ludendorff) 전 독일군 참모장과 연합해 무솔리니의 로마 진군을 재현하듯 무력으로 독일 정권을 무너뜨리려 시도했다. 1923년 11월 8일, 바이에른 군정의 최고 사령관이 뮌헨의 한 비어홀에서 연회를 열고 있을 때 히틀러와 루덴도르프는 나치스 돌격대를 인솔하고 이 비어홀을 습격했다. 이것이 바로 역사적으로 유명한 '비어홀 폭동'이었다.[8]

쿠데타는 비록 실패로 끝났지만 나치당은 이 사건을 계기로 전 세계에 자신들의 존재를 알렸다. 히틀러 역시 법정에서 특유의 언변과 주장으로 독일 국민들의 공감대를 불러일으켰다. 독일인들은 자발적으로 법정 밖에 모여 그와 나치당에게 성원을 보내기 시작했고, 세계 각지의 유력 신문사들도 1면에 그의 사진을 실었다. 그는 하룻밤 사이에 '국가 내란죄'의 피고에서 '독일의 운명을 구한 영웅'으로 변신했다.

그는 법정에서 변론 대신 자신의 정치적 주장을 강력하게 펼쳤다. 그러나 중형을 피하지 못하고 5년형을 선고받았다. 그는 감옥에 투옥돼 있던 9개월 동안 자신의 구술을 정리한 《나의 투쟁》이라는 책을 출간했다. 나치 통치하의 미래 독일의 청사진을 상세하게 묘사한 책이었다. 그는 옥중에서 바이마르 공화국이 생각보다 강력해 폭력 혁명으로는 정권 장악이 불가능하다는 사실을 깨달았다. 그래서 그는 출옥 후 즉시 나치당의 전략 방안을 조정하고 국회 진입을 통해 합법적이고 민주적인 방법으로 정권을 탈취할 결심을 굳히게 되었다.

히틀러는 비어홀 폭동으로 의외의 성과를 많이 올렸다. 별 볼 일 없던 그가 하룻밤 사이에 '국제적 명사'가 되었고, 각계각층의 다양한 목적을 가진 세력들이 그를 찾아와 협력을 요청하기도 했다. 그는 한동안 각계각층의 사람들을 만나며 바쁘게 지내다가 문득 이들은 대부분 자신에게 빌붙으려는 사람들이고 진정한 실력자들은 한 번도 찾아오지 않았다는 사실을 깨달았다.

그러나 그때 이미 그의 일거수일투족은 일부 대단한 실력자들의 주목을 받고 있었다. 단지 그가 모르고 있었을 뿐이었다.

히틀러에게 재복이 굴러 들어오다

국제 은행 가문들은 1920년을 전후로 독일에서 향후 역사적 중임을 떠맡을 만한 정치적 대리인을 물색하기 시작했다. 제1차 세계대전이 끝난 후 독일에는 각양각색의 정치 당파들이 우후죽순처럼 등장했다. 국제 은행 가문들의 목적은 이 중에서 훗날 자신들에게 어마어마한 수익을 가져다줄 블루칩을 골라내는 것이었다. 당원 수가 불과 수십 명에 불과한 히틀러의 나치당 역시 국제 은행 가문들의 레이더에 포착되었다.

국제 은행 가문의 정보 시스템은 업무 효율이 높기로 유명하다. 1920년 2월, 잭 모건은 윌리엄 도노반(William Donovan) 장군이 유럽에 비밀리에 건너가 사용할 20만 달러의 경비를 건넸다. 그의 임무는 제1차 세계대전 이후 유럽 각국의 상황을 체계적으로 조사해 보고하는 것이었다. 그는 유럽을 둘러보다가 독일 바이에른 주의 베르히테스가덴(Berchtesgaden)에서 히틀러를 만나 밤새도록 얘기를 나눴다. 그는 히틀러를 '대화가 잘 통하는 재미있는 사람'이라고 평가했다. 미국 전략 정보국(OSS)의 창시자이자 미국 중앙정보국(CIA)의 산파로 불리는 그다운 평가였다.

물론 이번 접촉은 히틀러의 허실을 샅샅이 파악하기 위한 초보적인 염탐에 불과했다. 당시 독일에는 소털처럼 많은 정치적 당파들이 활동하고 있었다. 월스트리트의 국제 은행 가문들의 입장에서는 '벤처 투자'의 실패 위험을 줄이기 위해 수많은 후보 중에서 진정한 능력과 잠재력을 가진 사람을 골라내는 것이 필요했다.

1924년 독일에서 극성을 부리던 마르크화 투기 광풍이 잦아든 후, 하이퍼인플레이션도 마침내 종말을 고했다. 독일 경제가 바닥에 이르렀다는 사실을 확인한 미국 정부는 도스 안을 실행에 옮기기 위해 본격적으로 나섰다. 대량의 외국 자본이 물밀듯이 독일로 흘러들어가 독일 경제는 예상대로 빠른 회복세를 나타냈다. 이런 경기 회복과는 반대로 나치당의 영향력은 급속하게 감소하기 시작했다.

사실 사람의 마음이란 다 똑같은 것이다. 난세나 전쟁, 경제 위기 등을 바라는 사람이 누가 있겠는가. 배불리 먹고 편안하게 살면서 즐겁게 일하는 것이 모든 사람들의 소망이다. 독일 국민들도 마찬가지였다. 천하가 태평해지자 과거의 재난과 고통 따위는 서서히 잊어버렸다. 1924년부터 1929년까지 나치당은 침체기를 맞아 히틀러는 별 흥미가 없는 국회 활동만 얌전히 할 수밖에 없었다.

나치당의 기층 조직은 전국 각지에서 우후죽순처럼 출현했지만 당의 지지율은 형편없이 낮았다. 궁극적인 이유는 사회가 전체적으로 안정되고 경제가 회복세를 보이는 상황에서 국민들이 급진적이고 폭력적 색채가 강한 나치당을 자연스럽게 경원시했기 때문이다. 1928년 5월에 열린 총선에서 나치당은 고작 12석의 의석을 차지했고, 득표율은 2.6%밖에 되지 않았다. 반면 사회민주당과 독일 공산당을 대표로 하는 좌익 연맹의 득표율은 40.4%, 천주교 중앙당의 득표율은 15%에 이르렀다. 남은 42%의 표는 나치당을 제외한 독일 인민당 등의 다른 극우 당파들이 나눠 가졌다.

히틀러는 본래 난세에 자신의 진가를 드러내는 영웅 타입이었다. 이런 인물은 나라가 안정되면 결코 세상에 이름을 알릴 수가 없다.

나치당은 물을 떠난 물고기처럼 버틸 날이 얼마 남지 않은 것처럼 보였다. 바로 그 시점인 1929년에 세계적으로 경제 대공황이 터졌다. 독일 경제 역시 급속도로 하락하기 시작해 실업자가 1930년에 200만 명, 1932년에 600만 명으로 급증했다. 나치당은 드디어 기회가 왔다는 생각에 즉시 "베르사유 조약에 의한 전쟁 배상금이 독일의 경제 위기를 초래했다. 연약하고 무능한 현 정부가 국민들을 도탄에 빠지게 만들었다"라는 선동적인 말로 정부를 헐뜯기 시작했다. 독일 국민들은 지속되는 경기 불황과 잇따른 사회 혼란 속에서 7년 전의 고통스러운 기억이 다시 떠올라 바이마르 공화국에 대한 신뢰는 완전히 바닥에 떨어졌다. 당시 경제 대공황이 1923년 때보다 훨씬 더 심각하자 독일 국민들은 방향을 바꿔 나치당을 지지하기 시작했다.

1930년 9월 총선에서 나치당은 18.3%의 득표율로 처음으로 독일 공산당을 추월해 사회민주당에 이어 제2당으로 부상했다. 1932년 7월 총선에서는 37.4%의 득표율로 36.2%를 얻은 사회민주당까지 제치고 국회의 최대 정당 자리에 올랐다.

국제 은행 가문들은 나치당이 급속도로 세력을 확장하는 모습을 그냥 흘려보지 않았다. 이들은 얼마 후 히틀러에게 과감하게 베팅을 하기로 결심했다.

1933년 11월, 네덜란드에서 세상을 깜짝 놀라게 만든 작은 책자가 발간됐다. 그 안에는 은행가인 시드니 바르부르크와 히틀러의 대화 내용이 수록되어 있었다. 이 책은 이외에도 록펠러 2세, 헨리 포드 등 미국의 최정상 기업가와 금융가들이 히틀러 집권을 전후해 JP 모건과 체이스맨해튼은행(Chase Manhattan Bank)을 통해 나치 정권에 3,200만 달러에 달하는 자금을 지원했다고 폭로했다. 이 책은 1934년에 금서로 지정돼 판매 금지되었다. 이 책에서 언급된, 당시 각각 IG 파르벤의 미국 및 독일의 이사직을 맡고 있던 바르부르크 형제는 책의 내용은 전혀 사실이 아니라고 단호하게 부인했다. 그러나 책에 소개된 많은 내용은 실제 자료 및 세부적인 부분까지 일치한다. 이렇게 볼 때 월스트리트의 국제 투자자들이 나치와 협력했다는 주장은 사실일 가능성이 매우 높고, 이 주장에 동조하는 사람 역시 한둘이 아니다.[9]

히틀러에게 자금을 지원한 것으로 알려진 또 다른 국제 은행가로는 쿠르트 폰 슈뢰더(Kurt von Schröder)가 있었다. 슈뢰더 가는 '17대 국제 은행 가문' 중의 하나로, 당시 런던과 뉴욕에 은행을 개설했다. 그는 1936년에 록펠러가와 함께 뉴욕에 합자은행을 설립하기도 했다. 존 록펠러의 조카가 이 은행의 부총재와 이사를 맡았다.[10]

슈뢰더는 본 대학을 졸업하고 제1차 세계대전 중에 독일의 국방군에 입대했다. 제1차 세계대전이 끝난 후에는 쾰른의 슈타인 은행에 들어갔다가 나중에 이 은행과 동업을 했다. 그는 우익 정치 이념의 신봉자로 나치당을 열렬히 추종하고 경제적으로도 지원을 아끼지 않았다. 그는 독일 인민당 당수인 프란츠 폰 파펜(Franz von Papen)과 히틀러의 회담을 주선하기도 했는데, 히틀러는 이 회담을 계기로 훗날 독일 제국의 총리에 오를 수 있었다.

슈뢰더는 또한 나치의 핵심 기관인 '경제동지클럽'의 주요 인물이었다. 이 단체는 빌헬름 케플러(Wilhelm Keppler)가 창설하여 '케플러 클럽'이라고도 불린다. 케플러는 전형적인 관료 스타일의 사업가로 정계에 많은 인맥을 거느렸으며 정치적 후각이 누구보다 예민했다. '케플러 클럽'은 1931년에 창설되었다. 이때 그는 히틀러와 깊은 대화를 나누다가 이렇게 물었다.

"나치가 정권을 잡은 다음 우리를 지원할 든든한 후원자가 필요하지 않습니까?"

히틀러는 즉각 환영의 입장을 표명했다.

"기업계의 거물들을 찾아봐 주시오. 그들이 나치당 당원이 아니라도 좋소. 나치 집권 후에 우리를 지원해 줄 사람이라면 다 괜찮소."[11]

케플러는 히틀러의 기대를 저버리지 않고 나치 정부를 지원할 거물급 인사들의 명단을 제출했다.

- 프리츠 크라네푸스(Fritz Kranefuss): 케플러의 조카, 하인리히 히믈러(Heinrich Himmler)의 비서
- 카를 크로그만(Karl Vincenz Krogmann): 함부르크 시장
- 아우구스트 로스테르크(August Rosterg): IG 파르벤 자회사의 사장
- 에밀 메이어(Emil Meyer): ITT 자회사 및 제너럴 일렉트릭 독일의 이사

- 오토 슈타인브린크(Otto Steinbrinck): 연방철강회사(Union Stahl)의 부회장
- 히얄마르 샤흐트: 제국은행(라이히스 방크) 총재
- 에밀 헬프리히(Emil Helffrich): 독일 모빌(Mobil) 석유 회사 회장
- 프리드리히 라인하르트(Friedrich Reinhardt): 상업 은행 총재
- 에발드 헤커(Ewald Hecker): 일세더 휘테(ILSEDER HUTTE) 회장
- 그라프 폰 비스마르크(Graf von Bismarck): 슈테틴(STETTIN) 회장[12]

케플러는 1933년에 독일 제국의 국회의원에 당선되었고, 한동안 히틀러의 재정 고문으로도 활약했다. 또 짧은 몇 년 사이에 IG 파르벤 그룹 산하 2개 자회사의 회장을 포함해, 여러 기업의 이사를 맡기도 했다. IG 파르벤은 모빌 석유와 밀접한 관계를 맺어 모빌 석유 측으로부터 합성 휘발유 생산 기술을 이전받았다. 이런 관계로 인해 IG 파르벤은 제1차 세계대전이 발발한 후 모빌 석유에 2,000여 건의 해외 특허를 긴급 양도하기도 했다.

미국국제전화전신회사라고 불리는 ITT는 소스테네스 벤(Sosthenes Behn)과 헤르난드 벤(Hernand Behn) 형제가 1921년에 설립한 회사로 모건가의 통제를 받고 있었다. 벤 형제와 히틀러는 1933년 8월 베르히테스가덴에서 처음 만났다.[13] 그 후 벤 형제는 '케플러 클럽'과 연줄이 닿아 쿠르트 폰 슈뢰더를 알게 되었다. 그들은 슈뢰더가 히틀러 및 나치와 친밀한 관계인 것을 알고, 슈뢰더에게 ITT가 독일에 투자할 수 있도록 도와달라고 부탁했다. 슈뢰더는 벤 형제가 독일에서 막대한 이익을 창출하는 군수 기업(전투기 제조업체인 포케-불프[Focke-Wulf] 포함)에 투자할 수 있도록 도와주고, 이들 회사의 이사로 취임했다. ITT는 여기서 얻

은 이윤을 군수 기업에 재투자했다.

이렇게 보면 제2차 세계대전 때 히틀러는 미국이 투자 생산한 전투기로 미국 및 연합군과 맞서 싸운 셈이었다. 이 과정에서 가장 중요한 역할을 담당한 사람이 바로 슈뢰더였다. 그는 이 밖에도 ITT로부터 받은 경제적 지원을 히믈러가 지휘하던 게슈타포에 넘겨주기도 했다. 일설에 의하면 미국 기업이 게슈타포에 지원한 금액 중 4분의 1은 ITT의 자금이었다고 한다.

게슈타포(Gestapo)
1933년에 창설된 나치의 비밀 경찰.

슈뢰더는 제2차 세계대전이 끝난 다음 전범 재판에 회부되어 처벌을 받았다. 1945년 11월 19일에 작성된 '슈뢰더 심문 기록'은 그와 ITT, 나치의 뿌리 깊은 관계를 잘 설명해 주고 있다.

문: 과거 기록을 보면 당신은 ITT와 연관된 몇몇 독일 기업과 왕래가 있었다고 했다. 그렇다면 ITT도 이들 기업과 직접 왕래가 있었는가?

답: 그렇다. 로렌츠(Lorentz) 회사는 제2차 세계대전 전에 브레멘(Bremen)에 있는 포케-불프의 지분 25%를 보유하고 있었다. 포케-불프는 독일 공군에게 전투기를 제조, 공급한 기업이다. 나중에 포케-불프는 경영 규모를 확대하면서 외부 자본을 받아들였다. 그래서 로렌츠 회사가 보유한 지분은 25% 미만으로 감소되었다.

문: 그렇다면 이 일은 벤이 ITT를 통해 로렌츠 회사의 100% 가까운 지분을 확보한 다음에 일어난 일인가?

답: 그렇다.

문: 벤은 로렌츠 회사가 포케-불프의 지분을 매입하는 데 동의했는가?

답: 벤은 자신이 파견한 독일 주재 대표가 정식으로 허가하기 전에 이미 지분 매입에 동의했을 것이라고 확신한다.

문: 로렌츠 회사는 언제 포케-불프의 지분 25%를 매입했는가?

답: 내 기억으로는 전쟁이 발발하기 전, 즉 폴란드를 침공하기 전이다.

문: 웨스트레이크(Westlake)는 로렌츠 회사가 포케-불프의 지분 25%를 매입한 세부적인 사실을 모두 알고 있었는가?(웨스트레이크는 두 차례의 세계대전에서 모두 독일 간첩으로 활동했음)

답: 그렇다. 나보다 더 잘 알고 있었다.

문: 로렌츠 회사의 투자액은 얼마였는가?

답: 처음에는 25만 마르크를 투자했다. 나중에 다시 증자했다고 들었다. 그러나 구체적인 액수는 기억나지 않는다.

문: 벤은 독일에서 번 돈을 전쟁이 발발하기 전에 미국으로 이전할 기회가 없었는가?

답: 있었다. 미국으로 가져가면 환율 때문에 약간 손해 볼 수도 있었으나 그래도 대부분의 이윤을 미국으로 이전할 수 있었다. 하지만 벤은 그렇게 하지 않았다. 나에게 그렇게 하라고 시키지도 않았다. 그는 그 이윤을 독일에 남겨 공장과 설비를 구매하고 다른 무기 제조 기업들에 투자할 계획이었다. 그가 투자한 기업 중 하나가 군사용 무전기 및 레이더 부품을 생산하는 베를린의 하스(Haas) 회사이다. 내 기억으로는 로렌츠가 하스의 지분 50%를 보유했다.

문: 당신은 1935년부터 로렌츠 회사의 이사직을 맡았다. 로렌츠와 포케-불프는 그 시기에 군사용 장비를 생산했다. 벤이나 벤의 지사 대표가 독일을 위해 무기를 제조하는 기업에 항의서를 제출했는지의 여부

에 대해 알고 있는가? 혹은 들어본 적 있는가?

답: 없다.[14]

'케플러 클럽'은 훗날 하인리히 히믈러와 점차 가까워져 '히믈러 클럽'이라고도 불렸다. 슈뢰더는 1936년 2월 25일에 '히믈러 클럽'의 동지 에밀 메이어에게 보낸 편지에서 '히믈러 클럽'의 활동 목적과 동지들의 임무, 쾰른의 슈타인 은행에 개설한 특별 'S' 계좌와 관련한 장기 목표에 대해 다음과 같이 설명했다.

제3제국 지도자의 동지클럽

제3제국 지도자의 초청을 받고 뮌헨을 방문했소. 이틀 동안의 일정이 끝날 때쯤 '히믈러 클럽'의 동지들은 쾰른의 슈타인 은행에 스페셜 'S' 계좌를 개설하는 데 만장일치로 동의했소. 이 계좌는 제3제국의 지도자가 지배하면서 예산 외의 임무에 사용될 것이오. 이렇게 함으로써 제국의 지도자는 모든 동지들의 도움을 받을 수 있게 됐소. 뮌헨에 모인 동지들은 서명인이 이 계좌를 개설, 관리하기로 결정했소. 아울러 동지들에게 알리고 싶은 것이 하나 있소. 만약 위에 설명한 제국 지도자의 임무를 위해 회사나 '히믈러 클럽'의 명의로 기부할 때에는 기부금을 반드시 쾰른의 슈타인 은행에 개설한 스페셜 'S' 계좌로 보내기 바라오 (제국 결제 계좌, 우체국 수표 계좌 번호 1392).

히틀러 만세!

_쿠르트 폰 슈뢰더[15]

위의 편지 내용을 보면 제2차 세계대전 후 육군 대령 보그단(Bogdan, 전 뉴욕 슈뢰더 은행 책임자)이 왜 수단과 방법을 가리지 않고 쾰른의 슈타인 은행에 대한 조사를 막으려 했는지 이유를 알 수 있다. 제2차 세계대전 기간에 미국 다국적기업과 나치 독일이 결탁한 비밀이 바로 슈타인 은행에 숨겨져 있었던 것이다.

슈뢰더는 나치에 협력한 공로를 인정받아 나치가 정권을 장악한 다음 요직을 두루 거쳤다.

- 국제결제은행 독일 대표
- 독일 제국은행의 수석 개인 고문
- 게슈타포의 고위 지도자, 1급 및 2급 철십자 훈장 수훈
- 독일 페어커르스 크레디트 방크(Verkehrs-Kredit-Bank, 제국은행의 통제를 받음) 총재
- 스웨덴 주재 총영사

제2차 세계대전이 끝난 후 슈뢰더는 독일 법정에서 '반인류죄'를 저지른 혐의로 징역 3년형을 선고받았다.

'반인류죄'는 이름만으로도 결코 가볍지 않은 형벌이다. 그러나 히틀러에게 직접적인 경제 지원을 해주다 '현행범으로 체포된' 그는 겨우 3개월 동안 형식적으로 수감된 다음 바로 풀려났다. 나치 정권의 재무부 장관 및 중

막스 바르부르크

앙은행 총재로 재임하면서 제2차 세계대전 기간 중 나치의 재정 전반을 총괄한 샤흐트는 법정에서 "죄가 성립되지 않는다"라는 판결을 받고 즉각 석방되었다.

'17대 은행 가문' 중에서 히틀러를 지원한 사람으로는 쿠르트 폰 슈뢰더 외에 막스 바르부르크라는 중요한 인물이 있었다.

하바라 협정

아돌프 히틀러는 자신에게는 양대 적수와 대대로 내려온 원수가 하나 있다고 공공연하게 떠들고 다녔다. 그의 첫 번째 적은 바로 소련의 볼셰비키였다. 그는 볼셰비키가 독일 후방에서 폭동을 일으키지 않았다면 독일이 패전하지 않을 것이라고 굳게 믿었다. 하지만 볼셰비키는 독일의 뒤통수를 쳤다. 그의 두 번째 적은 유대계 금융 세력이었다. 그는 고트프리드 페더의 가르침을 받아 국제 금융 세력의 강력한 위력을 너무나도 잘 알고 있었다. 그래서 그는 제1차 세계대전 때 이들이 협약국을 지원해 독일이 패전한 것과 막스 바르부르크 등이 베르사유 조약에 서명하여 독일의 이익을 팔아먹은 행위를 극도로 혐오했다. 게다가 독일에서 발생한 하이퍼인플레이션의 책임까지 모두 유대인에게 뒤집어씌웠다. 마지막으로 대대로 내려온 원수는 바로 독일을 핍박해 굴욕적인 조약을 체결하게 만든 프랑스였다.

나치는 정권을 잡은 후 소련과 프랑스에 즉각 손을 쓸 힘이 없었다. 하지만 유대인을 배척하는 데에는 아무런 어려움이 없었다. 그래서 그가 최초로 생각한 방안이 바로 유대인을 배척하는 '하바라(Haavara) 협정' 체결이었다.

'하바라'는 히브리어로 '양도', '이전'의 뜻으로 '하바라 협정'은 유대인을 양도한다는 의미이다. 독일 나치 정부가 팔레스타인의 시온주의 조직과 이 협정을 맺은 것은 1933년 8월이었다. 협정 내용은 독일 내 유대인의 팔레스타인 이민을 장려한다는 것이었다.

사실 나치는 유대인을 독일 땅에서 영원히 쫓아낼 속셈이었다. 그러나 당시 독일의 힘이 약하고 전 세계 금융을 쥐락펴락하는 국제 은행 가문에게 미움을 사서는 안 된다는 점을 고려해야만 했다. 알다시피 국제 은행 가문의 대다수는 유대인이었고, 또 상당수가 독일계였다. 히틀러의 유대인 배척주의가 한때 세계적으로 악명이 높아 유럽과 미국의 유대인들이 대규모로 독일 제품 불매 운동을 벌여 독일의 공산품 수출에 심각한 타격을 입은 적도 있었다. 나치 정부는 국제 유대 세력을 자극하기보다는 그들을 '친구'로 만드는 것이 더 현명하다고 판단했다. 그래서 유대인을 배척하고 몰아내려던 기존 정책들이 '유대인의 해외 이민 장려' 정책으로 교묘하게 탈바꿈했다.

독일은 거액의 전쟁 배상금을 달러나 파운드로 지불해야 했기 때문에 외화나 황금이 외국에 유출되지 않도록 엄격히 통제했다. 1931년에는 독일 내 자본을 해외로 이전할 경우 25%의 징벌세를 부과한다고 규정했다. 나치 집권 후에는 상황이 더욱 빡빡해져 국내 자본의 해외 유출에 대한 통제 정책이 엄격하게 실시됐다. 이렇다 보니 재산 이전은 유대인들의 해외 이주에 가장 큰 걸림돌로 떠올랐다.

당시 막스 바르부르크는 독일에서 영향력이 가장 큰 금융인으로 런던을 비롯해 파리, 뉴욕의 자본 시장에서 방대한 인맥을 형성하고 있었다. 그래서 하루빨리 필요한 자금을 조달해 '하바라 협정'에 따른 계획을 순조롭게 실행시키는 것은 도의상 거부할 수 없는 책임이었다.

바르부르크와 팔레스타인의 시온주의 조직, 나치 정부는 수차례 이 문제의 해결을 위해 협상을 벌여 마침내 삼자에게 모두 유리한 방안이 마련되었다. 방안은 다소 복잡했다. 우선 독일의 유대인들은 이민을 떠나기 전에 자신들이 보유한 마르크화와 부동산을 모두 나치 정부에 넘겨줘야 했다. 그리고 1년 후에 그들은 팔레스타인에서 동등한 가치의 파운드화를 받을 수 있었다. 단 조건은 이 돈을 마음대로 쓰지 못하고 반드시 독일의 기계 설비, 파이프, 비료 등의 산업 제품을 구매해야 했다. 구매한 독일 제품을 팔레스타인에서 팔아 얻은 자금의 소유권은 유대인에게 있었다. 실제로 팔레스타인에서 파운드를 지불하는 주체는 나치 정부가 아니라 바르부르크를 비롯한 국제 가문의 은행들이었다. 나치 정부는 산업 제품 수출을 통해 귀중한 '파운드'를 벌어들일 수 있었다.

이는 그야말로 누이 좋고 매부 좋은 방안이었다. 우선 시온주의자들 입장에서는 대량의 유대인과 그들이 가지고 온 풍부한 자본이 현지 유대인 공동체를 발전시키는 데 중요한 촉진제가 되기를 기대했다. 그리고 나중에는 이것이 그들의 궁극적인 목표인 유대 국가를 건설하는 데 견실한 인적, 물적 토대가 될 수 있었다. 나치 정부로서도 이 방안을 마다할 이유가 없었다. 독일 제품의 수출 판로를 넓히고 이로 인해 국내의 취업 기회를 창출하며 국제적으로 통용되는 '파운드'까지 벌어들일 수 있었다. 여기에 돈 한 푼 들이지 않고 유대인을 해외로 몰아내는 동시에 국제 유대계 은행 가문들의 환심을 사 세계적으로 일고 있는 독일 제품 보이콧 운동의 피해를 줄일 수 있었다.

국제 은행 가문에게도 이는 큰돈을 벌 절호의 기회였다. 독일의 유대인들은 계획의 원활한 실시를 위해 팔레스타인 신탁회사를 설립했다. 이렇게 해서 '하바라 협정'에 필요한 전체 자금의 4분의 3과 독일 제품 수출 신용 보증금이 모두 바르부르크가를 비롯한 국제 은행 가문들을 통해 팔레스타인의 앵글로-팔레스타인 은행으로 흘러들어갔다. 1933년부터 제2차 세계대전 발발 전인 1939년까지 5만 2,000명의 독일계 유대인(대부분 부유층)이 팔레스타인으로 이민을 떠났다. 이들의 이민에 따라 1억 4,000만 마르크의 자금이 예정된 경로를 통해 독일에서 팔레스타인으로 이전됐다. 바르부르크가는 각종 금융 '수수료' 명목으로 중간에서 짭짤한 이익을 챙길 수 있었다.[16]

'하바라 협정'은 간단하게 말하면 히틀러가 독일 유대인들의 독일 은행 계좌의 예금액과 부동산 금액만큼을 팔레스타인의 신탁회사에 독일 상품으로 바꿔 보낸다는 결정이었다. 독일정부로서는 외화(파운드)를 벌어들이면서 일부 자금의 유출을 허용한 셈이었다.

'하바라 협정'은 나치의 일관된 원칙에 위배되는 것이었으나 정치가인 히틀러의 임기응변 이론에는 딱 부합되었다.

한편 국제 은행 가문들은 독일의 금융 시스템에 직접 손을 댄 것 외에 자신들의 입장을 대변할 중요한 대리인을 세워두기도 했다. 그는 바로 히얄마르 샤흐트였다.

히얄마르 샤흐트: 국제 은행 가문의 중개인

히얄마르 샤흐트는 1877년 1월에 팅글레프(당시 독일 영토였으나 현재 덴마크에 편입됨)에서 출생했다. 아버지 빌헬름 샤흐트는 독일계 미국인, 어머니 콘스탄시아 폰 에거스 남작은 덴마크 사람이었다. 빌헬름 샤흐트는 일생 동안 이곳저곳을 떠돌며 시골 학교 교사, 신문사 편집자, 회계원 등으로 일하다가 한 미국 생명보험회사에서 안정적인 일자리를 찾았다. 그는 미국식 민주정치와 자유주의를 신봉한 사람으로, 가장 존경하는 정치가는 노예제도 폐지를 강력하게 주장한 뉴욕의 자유주의자이자 기자인 호러스 그릴리(Horace Greeley)였다. 그를 기념하기 위해 자신의 아들 히얄마르 샤흐트에게 호러스 그릴리라는 미국식 이름을 지어주었다.[17]

히얄마르 샤흐트는 어릴 때부터 총명하고 부지런했다. 문학, 신문학, 사회학, 철학, 정치학 등 광범위한 학문을 공부한 다음 22세에 철학 박사학위까지 땄다. 그러나 정작 진로는 금융계 쪽으로 정하고 드레스덴(Dresden) 은행에서 일을 시작했다. 그는 금융에 대한 직관력과 통찰력이 대단히 뛰어나 곧 출중한 업무 능력을 인정받았다. 나중에는 주위에 널리 알려진 금융계 엘리트로 부상했다.[18] 1923년에는 위기에 직면한 제국은행 총재로 취임하여 마르크화를 재난에서 구해냈다.[19] 그러나 1930년 이른바 '영(Young) 배상안' 수정 문제를 둘러싼 의견 대립으로 총재 자리에서 물러났다.[20]

그는 1931년부터 적극적으로 나치를 돕기 시작했다. 1933년 히틀러가 정권을 잡은 후 제국은행 총재에 재임명됐다. 그가 취임할 때 히틀러와 당시 대통령 파울 폰 힌덴부르크는 공동으로 사령장에 서명했고, 제국은행의 이사 8명도 공동으로 서명을 남겼다. 그중에는 멘델스존, 바이스만, 바르부르크 등 세 유대 은행 가문의 사람들도 포함돼 있었다.

히알마르 샤흐트와 막스 바르부르크는 뉴욕 월스트리트의 금융 그룹과 나치 독일 핵심 그룹을 연결해 주는 중요한 고리 역할을 담당했다. 1933년 7월, 히틀러는 '경제사무위원회'를 설립하고 본격적인 경제 발전 계획을 추진했다. 이 위원회는 크루프(Krupp), 지멘스(Simens), 보슈(Bosch), 타이슨, 슈뢰더 등 17명의 대자본가와 은행가로 이뤄진 조직이었다. 이들의 추천을 통해 샤흐트는 위원장으로 취임했다.

1933년 8월, 샤흐트는 나치 독일 정부를 대표해 미국은행가협회(ABA)와 대출 문제를 놓고 협상을 진행했다. 이때 월스트리트는 독일의 대출 상환 기간 연장, 독일에 있는 미국 자본과 산업체의 모든 수익을 향후 독일의 신규 군수 산업체의 설립이나 기존 무기 제조 기업의 확충에 투자할 것 등과 관련한 모든 독일의 요구 사항을 흔쾌히 들어주었다.

1934년 7월 어느 날, 회의석상에서 히틀러가 샤흐트에게 물었다.

"우리 정부의 경제부 장관을 맡으면 어떻겠습니까?"

샤흐트는 침묵을 지키다가 신중하게 물었다.

"경제부 장관에 임명되기 전에 묻고 싶은 것이 있습니다. 제가 유대인 문제를 어떻게 처리했으면 좋겠습니까?"

"유대인은 경제와 관련해서 지금까지 해왔던 것처럼 정상적인 경영 활동을 계속해도 좋습니다."[21]

샤흐트가 언급한 유대인은 물론 일반 서민이 아니었다. 히틀러가 바르부르크 등 유대계 은행 가문들에 대해 어떤 태도를 가지고 있는지 물어봤던 것이다. 당시 히틀러는 막스 바르부르크를 건드려서는 안 될 입장이었기 때문에 긍정적인 답변으로 마무리 지었다. 어떤 의미에서 보면 바르부르크는 뉴욕 월스트리트가 히틀러의 금융 정책을 감시하기 위해 심어놓은 스파이라고 할 수 있었다.

1934년 8월 2일, 파울 폰 힌덴부르크 대통령이 세상을 떠나자 히틀러는 정권을 완전히 장악하게 되었다. 그는 즉시 샤흐트를 경제부 장관에 임명했다.[22]

샤흐트는 바르부르크와 영욕을 함께할 정도로 절친한 사이였다. 그는 히틀러 앞에서 항상 교묘하게 바르부르크를 비호해 주었다. 또 바르부르크는 그의 비호를 등에 업고 국제 은행 가문들이 히틀러를 탐색하는 시금석이 되어주었다. 만약 히틀러가 딴마음을 먹었다면 월스트리트는 독일에 대한 경제적 지원을 가차 없이 중단했을지도 모른다. 그랬다면 집권 초기부터 경제 위기 때문에 골머리를 앓았던 히틀러는 심각한 문제에 봉착할 가능성이 높았다. 게다가 전쟁 준비에 필요한 자금 마련 역시 곤란한 상황에 직면했을 것이다.

속담에 "작은 일을 참지 못하면 큰일을 그르친다"라는 말이 있다. 히틀러는 누구보다도 이 이치를 잘 알고 있었다. 그는 샤흐트의 금융 분야의 재능을 충분히 활용해 바르부르크와 월스트리트의 신임을 얻었다. 실제로 독일은 제2차 세계대전 준비 기간인 1933년부터 1939년까지 6년 동안 거액의 수익을 미끼로 수많은 자본가들을 유치할 수 있었다. 탐욕에 눈이 먼 이들은 독일을 위해 열심히 전쟁 무기를 제조했다. 대표적인 기업들로는 듀폰 재단과 화학 회사, 록펠러 재단과 모빌 석유 회사, 모건 재단과 산하의 전화전신회사, 포드 자동차 등이 있었다.

카를 마르크스는 "자본가는 이익을 위해서라면 자신을 목 졸라 죽일 수도 있는 밧줄마저 무산계급에게 팔아버린다"라고 말한 바 있다. 이 말은 정말 한 치의 오차도 없는 명언이 아닐까!

미국의 '자동차왕' 헨리 포드는 나치에 협력한 공로로 철십자 훈장을 수여받았다. 이 밖에 철십자 훈장을 받은 사람으로는 토머스 왓슨 IBM 회장 겸 미국 국제상업회의소 회장이 있었다.[23] 항공기를 봐도, 1934년의 8개월 동안 미국이 독일에 수출한 물량은 1933년보다 무려 5배 이상이나 급증했다. 나치 독일의 무기 제조 회사 중에 미국 기업이 무려 60개가 넘었다. 미국은 군사용 첨단 제품 외에도 다양한 선진 군사 기술을 거리낌 없이 독일에 양도했다. 듀폰은 IG 파르벤을 통해 독일에 네오프렌(CR) 및 항공기 MMT 합성 기술을 팔아먹었다. 또 모빌 석유 회사는 탱크용 윤활유 제조 기술을 적극적으로 판매했고, 독일 항공기에 사용된 연료는 독일에 있는 모빌 항공유 회사에서 납품한 것이었다. 이외에 모건 산하의 전화전신회사는 독일 최신 모델의 전투기 연구개발에도 참여했다. 미국의 한 해군 장교는 제2차 세계대전이 벌어지고 있는 도중에도 미국이 독일에게 최첨단 항공기 엔진을 제공했다는 사실을 시인했다.

MMT
엔진의 노킹을 방지하기 위해 연료에 넣는 첨가물.

한마디로 샤흐트와 바르부르크의 대대적인 협조가 없었다면, 히틀러의 전쟁 준비는 이렇게 순조롭지 못했을 것이다.

(좌) IG 파르벤의 로고, (우) 1941년의 IG 파르벤 생산 공장 전경

바로 이런 이유 때문에 히틀러가 정권을 잡은 지 3년 후인 1936년까지 바르부르크는 독일 함부르크에 소재한 가문의 은행에서 채권 보유자들과 주주들에게 여전히 이자와 배당을 지급하는 수익을 올릴 수 있었다. 바르부르크 은행은 나치의 비호 아래에 그 어떤 제재도 받지 않고 심지어 1938년까지 계속 수익을 올렸다.

샤흐트는 바르부르크의 도움으로 월스트리트의 쿤-뢰브 회사와 밀접한 관계를 맺었다. 그러나 그는 오래전부터 이미 영국과 미국의 금융계 거물들과 왕래를 해오고 있었다. 그는 1905년 드레스덴 은행의 이사진을 따라 미국을 방문했을 때, 피어폰트 모건을 만난 적이 있었다.[24] 1923년 제국은행 총재에 취임한 후 가장 먼저 한 일은 바로 런던으로 날아가 몬태규 노먼 잉글랜드은행 총재를 만난 것이었다. 그는 이 만남을 통해 노먼과 평생의 우정을 나누는 사이로 발전했고, 나중에는 노먼이 샤흐트의 손자의 대부 역할을 해주기도 했다.[25]

샤흐트는 독일어보다 영어를 더 유창하게 구사했다. 그래서 수십 년 후 뉘른베르크에서 열린 전범 재판에서는 영어와 독일어를 모두 구사하기도 했다. 당시 재판에서 "죄가 성립하지 않는다"라는 판결을 받고 즉시 석방된 피고가 세 명 있었다. 그중 한 사람이 바로 샤흐트였다. 당시 소련 측 대표는 나치 정부의 경제부 장관과 중앙은행 총재로 있으면서 나치를 위해 전쟁 자금을 끌어모은 그가 무죄 판결을 받은 것을 두고 "자본가는 영원히 처벌을 받지 않는다"라는 신랄한 비판을 가했다.

독일 경제는 히틀러의 '뉴딜 정책'이 본격적인 궤도에 오르면서 점차 호전되기 시작했다. 실업자 수가 줄어들고 군사력 역시 급속도로 팽창했다. 여기에 1936년 베를린 올림픽까지 성공적으로 막을 내렸다. 독일의 민심이 더욱 더 나치 정부에 호의적으로 바뀌어가면서 히틀러의 힘은 소리 없이 강해지고 있었다.

이에 반해 샤흐트는 베를린 올림픽이 끝난 다음부터 왠지 모를 불안감에 시달렸다. 경제 발전은 지나치게 군수 산업에 치중되어 있었고, 특히 히틀러의 궁극적인 목표가 결코 '단순'하지 않은 것 같은 느낌에 매우 께름칙했다. 그의 예감은 틀리지 않았다. 히틀러는 암암리에 그에게 쥐어준 경제 대권을 약화시키기 위한 준비를 진행하고 있었다.

1936년 가을, 히틀러는 헤르만 괴링(Hermann Göring)에게 독일경제 부흥을 위한 4개년 계획 추진의 책임을 맡겼다. 또 계획을 구체적으로 시행할 새로운 정부 기관도 설립했다. 그런데 이 신설 정부 기관은 샤흐트의 경제부 기능과 중첩되는 부분이 상당히 많다는 문제가 있었다. 이 문제는 급기야 괴링과 샤흐트 간의 권력 투쟁을 촉발했다.

자유주의 학파의 계승자인 샤흐트는 이론적으로 국가 주도하의 계획경제를 반대하는 입장이었다. 게다가 괴링의 '4개년 계획'은 그의 실권을 위협하고 있었다. 그는 즉시 '4개년 계획'과 괴링에 반대하고 나섰다. 이때 히틀러는 누구의 편도 들지 않고 두루뭉술한 태도를 보였다. 이후 샤흐트는 언제부턴가 자신이 주관했던 공업 제품과 군수품 주문 계약이 줄줄이 괴링 쪽으로 흘러들어 가는 것을 목격했다. 그가 히틀러에게 농락당했음을 눈치채는 데는 그리 오랜 시간이 걸리지 않았다.

1937년 8월, 샤흐트는 히틀러에게 경제부 장관직 사임을 자청했다. 히틀러는 3개월 동안 좋은 말로 샤흐트를 구슬리는 척하다가 11월에 정식으로 파면시켰다. 샤흐트는 이 패배를 인정할 수 없었다.

당시 여전히 독일 중앙은행 총재로 있던 그는 화폐 발행권을 이용한 최후의 승부수를 날렸다. 1938년부터 이른바 '메포(MEFO) 어음'의 재할인을 거부한다고 선포하면서 히틀러와의 갈등이 최고조에 달하게 되었다. 하지만 당시 히틀러는 중앙은행의 국유화를 위해 필요한 모든 법적 절차를 마친 상태였다. 1939년 1월, 그는 제국은행 총재 자리에서도 파면되었다. 비록 내각의 일원이라는 자리가 남아 있기는 했으나 실질적으로는 이미 히틀러에 의해 권력 중심에서 멀리 밀려나 버렸다. 그의 파면 소식은 무려 5개월 동안이나 대외적으로 알려지지 않고 있다가 제2차 세계대전을 바로 앞둔 시점에 공개되었다. 정치와 권모술수에 뛰어났던 히틀러와 금융 분야에서만큼은 최고의 지략을 자랑했던 샤흐트의 대결은 최종적으로 정치가 금융을 압도하는 결과로 끝을 맺었다.

1944년 샤흐트는 클라우스 폰 슈타우펜베르크 대령의 히틀러 암살 미수 사건에 관련됐다는 혐의로 체포되어 다카우 수용소에 구금되었다.[26] 샤흐트는 월스트리트가 그에게 요구한 히틀러 감시 임무를 완수하지 못하고, 도리어 히틀러의 손바닥 안에서 놀아나고 말았다. 그가 복수를 결심한 것은 너무나 당연했다고 할 수 있다.

히틀러의 집권을 둘러싼 세계 각국의 대충돌

1933년 아돌프 히틀러는 국제 은행 가문의 지원에 힘입어 드디어 줄곧 꿈꾸던 독일 원수 자리에 올랐다. 같은 시기 세계 각국의 세력 집단들도 히틀러의 집권을 둘러싸고 열심히 계산기를 두드리고 있었다.

대영제국의 통치 계급 엘리트들은 줄곧 영국의 제도가 세계 역사에서 가장 완벽하다고 믿고 있었다. 그들은 영국의 기존 제도가 대영제국 내뿐만 아니라 전 세계 모든 국가에 보급돼야 한다는 인식을 가지고 있었다. 그 핵심은 바로 대영제국이 세계 패권을 쥐고 있는 시스템을 강화하고 유지하는 것이었다.

당시 영국의 세력 범위는 역사상 유래가 없을 정도로 확장된 상태에 있었다. 유럽 대륙에서는 최대 라이벌인 독일이 철저히 붕괴한 데다가 베르사유 조약에 의해 독일의 경제력과 군사력은 당분간 성장이 불가능했다. 독일 서쪽의 프랑스는 전쟁으로 인한 심각한 경제적 손실과 독일의 잠재적 위협으로 인해 영국에 의지하지 않으면 생존할 수 없는 상황이었다.

아프리카에서도 영국은 대륙 대부분 지역을 장악하고 있었다. 무려 21개 국가가 영국의 명령에 복종하며 천연자원과 원자재를 마음대로 가져가도록 허용했다. 중동의 경우도 팔레스타인, 사우디아라비아, 이란 및 이라크를 망라한 대부분 지역에서 석유 공급원을 장악하고 있었다. 아시아에서는 인도, 말레이시아, 미얀마, 홍콩의 넓은 땅을 통치하며 방대한 규모의 천연자원, 인적 자원 및 전략적 요충지를 모두 점령한 상황이었다. 대양주의 호주, 뉴질랜드 등 영연방 국가들은 산업용 원자재를 공급하는 후방 기지로 자리 잡았다. 아메리카에서는 캐나다, 가이아나, 자메이카, 바하마 등이 영국의 해군 기지와 전략적 보급품 공급 기지로 이용되고 있었다.

영국은 또한 세계에서 가장 강력한 해군력을 자랑하며 세계의 주요 해로를 모두 장악하고 있었다. 1930년대 초의 대영제국은 그야말로 전 세계를 한 손에 거머쥐고 원하는 바를 모두 얻을 수 있었다.

물론 영국도 걱정거리는 있었다. 무서운 속도로 성장하는 미국의 산업 경쟁력이 대표적이었다. 그러나 영국 통치 계급은 무의식중에 미국을 여전히 과거의 식민지, 발전 저력이 부족한 애송이로 여겼다. 우선 금융 센터가 걸음마 단계 수준이라 투기가 난무했고 체계적 관리 감독이 전혀 이루어지지 않았다. 게다가 생산 과잉으로 인해 자국 시장에서 소화하기 힘든 부분을 영국의 통제하에 있는 글로벌 시장에 의존해야 하는 입장에 있었다. 하지만 해외 식민지가 거의 없어 자원 가격 결정권을 행사하지 못했다. 그리고 당시 미국 군대는 아마추어 수준이었고, 해외에 군사 기지도 매우 부족했다.

그래서 영국이 미국을 제압하는 방법은 아주 간단했다. 영국은 세계의 자금 코스트를 결정하고, 세계의 자원 가격 책정권을 독점하고, 전 세계 물품 주문의 계약 흐름을 장악하고, 세계 시장의 수요를 분할하고, 무역 및 해상 운수 통로를 보호하는 방법을 사용했다. 이 다섯 가지 전략으로 미국의 숨통을 죄면 미국은 영원히 대영제국의 생산 기지로 전락하고 영국 자본에 통제될 수밖에 없었다. 한마디로 영국은 자국을 글로벌 시장의 조직자, 미국은 생산자로만 여겼을 뿐이다. 세계 판도를 뒤엎는 대규모 전쟁이 일어나지 않는 한, 영국은 미국의 '제위 찬탈'을 전혀 걱정할 필요가 없었다.

영국이 유일하게 걱정한 것은 소련의 발전 저력이었다. 1930년대 초에 막 전쟁의 소용돌이 속에서 빠져나온 소련은 경제부터 시작해 모든 것이 그야말로 공황 상태였다. 그러나 영국은 소련의 참신한 경제 발전 모델에 크게 긴장하기 시작했다. 사회주의 계획경제 체제가 식민지 확장을 통하지 않고도 산업화를 이루고 동시에 강력한 군사력까지 갖출 경우, 이는 영국에 군사적 위협이 될 뿐만 아니라 소련의 모델이 전 세계의 사상 체계를 혼란에 빠뜨릴 위험성이 다분했다. 또 소련이 자력갱생해 부국강병을 실현하게 된다면, 영국의 식민지 제도는 반대로 그 추악함이 전 세계에 드러나 합법적인 통치 질서를 유지하기가 어려워질지도 몰랐다. 그래서 영국은 소련을 가장 위험한 적으로 규정했다.

영국은 나치 독일의 흥기에 대해서는 일장일단이 있다는 결론을 내렸다. 해로운 점은 독일의 군사력 증강이 영국에 위협이 될 수 있다는 것이고, 이로운 점은 잘만 이용할 경우 소련의 대항마로 키울 수 있다는 것이었다. 그래서 영국은 나치를 크게 마음에 두지 않았다. 우선 심리적인 우월감이 강했다. 독일 경제는 베르사유 조약에 의해 피폐해질 대로 피폐해졌고, 중앙은행과 금융 시스템, 중화학 공업 등은 모두 국제 은행 가문이 장악한 상태였다. 히틀러는 그저 이들의 의지에 따라 움직이는 꼭두각시에 불과했다. 급소만 꽉 움켜쥐고 있으면 그들의 반격을 두려워할 필요는 없었다. 차라리 독일을 강대하게 만든 후 소련과 대치하도록 만드는 것이 영국에게는 더할 나위 없이 좋은 방법이었다. 당시 나치에 대한 영국 통치 계급의 시각은 두 가지로 나뉘어 있었다. 하나는 윈저 공을 필두로 하는 친독파였고, 다른 하나는 독일에 대한 지나친 공포로 후유증까지 생겨 독일의 부상을 무조건 반대하는 반독파였다. 반독파의 대표적 인물은 훗날 수상이 되는 윈스턴 처칠이 있었다.

미국의 신흥 금융 세력도 나름대로 속셈을 가지고 있었다. 제1차 세계대전이 발발하기 전부터 미국의 산업이 폭발적으로 성장함에 따라 미국의 통치 계급은 영국을 대체해 세계의 새로운 패자로 군림할 방법을 모색하기 시작했다. 힘이 커지면 야심이 생기고 야심이 생기면 시야가 넓어지는 법이다. 시야가 넓어진 만큼 상응하는 전략도 변화하기 마련이다.

미국은 영국의 최대 장점이 오히려 최대 약점이 될 수 있다고 생각했다. 영국의 생산품, 자원, 시장은 전 세계에 고루 퍼져 있었으나 오히려 영국 본토의 산업은 텅 빈 상태나 다름없었다. 그래서 영국이 최고 자랑거리로 생각하는 세계 금융 센터로서의 위상이 실물 경제의 든든한 뒷받침을 받지 못하고 전 세계에 분산된 이익 공동체에 의지할 경우, 일단 세상이 바뀌면 모래 위의 누각처럼 붕괴될 가능성이 높았다.

그래서 미국은 대규모 전쟁을 바라 마지않았다. 전쟁을 통해 이익을 챙길 수 있을 뿐 아니라 영국의 세계 패자의 지위가 약화돼 미국에게 이를 대체할 기회가 올 것이라고 생각했다. 이는 미국 신흥 금융 세력의 전략적 이익과 완전히 부합되었다.

이때 유대계 금융 세력은 영국의 식민지 시스템을 파괴하고 팔레스타인을 탈취해 이스라엘을 재건하고자 했다. 이를 위해 이들은 미국의 신흥 금융 세력과 손을 잡았다. 이렇게 해서 월스트리트의 양대 세력은 천하의 대사를 도모하기 위해 상부상조하고 친밀한 관계를 구축하기로 무언의 합의에 이르렀다.

이렇게 본다면 당시 유럽의 정세는 상당히 극적인 국면을 형성했다고 할 수 있다. 소련을 최대의 적으로 점찍은 영국, 영국을 대체해 세계 패권을 장악하려는 미국의 신흥 금융 세력, 이스라엘 재건을 꿈꾸는 유대계 금융 세력은 각기 자신의 목표를 실현하기 위해 새롭게 부상 중인 나치 독일을 손에 넣을 필요성을 느꼈다.

히틀러는 각 나라와 세력들이 자신을 이용해 목적을 달성하려 한다는 사실을 간파하고 있었다. 그러나 그는 남의 지배와 통제를 받을 사람이 아니었다. 히틀러는 오히려 이들을 역이용해 자신의 목표를 달성할 계책을 꾸미고 복잡한 세계 전략 구도에서 주인공이 되겠다고 결심했다.

나치 정권의 기반이 된 독일 사회의 권력층

많은 사람들이 나치 정권은 독재 정권이라 사회의 모든 권력을 소유하고 마음대로 사회 자원을 지배하며 히틀러가 모든 사람의 운명을 결정했다고 오해하고 있다. 그러나 정치가로서 그는 정부를 운영하기 위해 독일 사회의 4대 권력층에 의지해야만 했다.

제1차 세계대전이 발발하기 전, 독일 사회의 권력 구조는 1위가 군부 세력, 2위가 융커 지주 계급, 3위가 관료 계층, 4위가 산업 자본가 계층이었다. 제국 시대 최고 권력자인 황제는 4대 권력층을 대표해 정권을 운영했다. 바이마르 공화국 시대 후기의 나치 집권을 전후로 황제 제도는 폐지됐다. 하지만 나머지 4대 권력층은 여전히 존재했다. 다만 다른 점이라면 권력의 순위가 1위 산업 자본가, 2위 군부 세력, 3위 관료 계층, 4위 융커 계급으로 바뀌었다는 사실이다. 이렇게 볼 때, 융커 계급은 제1차 세계대전 후 독일 권력층의 최대 피해자였다고 할 수 있다.

융커 계급의 몰락은 사실 1880년대부터 시작되었다. 산업 발전과 농업 노동력의 이주, 잇따른 자연재해, 1895년 보호관세 제도의 변화 등으로 독일 농업은 쇠퇴 단계에 접어들었다. 융커 계급도 농업의 쇠퇴와 더불어 파산으로 내몰렸고, 경제 지위의 하락은 당연히 정치적 권력에 영향을 미쳤다.

나치 집권 후 독일의 농업을 지배한 세력은 나치당과 정부였다. 지배력의 관건은 가격 결정권의 장악 여부에 달려 있다. 즉 어떤 분야의 가격 결정권을 통제한 세력이 그 분야의 상응하는 지배력을 소유하게 되는 것이다. 융커 계급은 농업 분야의 가격 결정권을 잃은 후 그에 상응하는 정치적 권력을 상실했다. 역사적으로 보면 프로이센 장교단을 핵심으로 하는 군부 세력과 융커 계급은 매우 가까운 관계였기 때문에 히틀러는 나치에 대한 군부의 지지를 유지하기 위해 위기에 내몰린 융커 계급의 이익을 보호하지 않으면 안 되었다. 이에 나치 정부는 융커 계급을 경제적으로 지원하는 정책을 펼쳤다.

독일이 당시 실시한 다양한 농업 정책은 모두 융커 계급에 비교적 안정적인 농산품 시장 가격 시스템을 마련해 주기 위한 목적을 가지고 있었다. 융커 계급의 농산품은 이 시장에서 보호를 받았다. 또한 사회 전반이 나치의 엄격한 통제하에 있었으므로 자유주의자들이 사회적 소동을 일으킬 기반이 깡그리 제거돼 정치적 혼란에 의해 가격 시스템이 파괴되거나 불안정해질 걱정은 없었다. 나치 정부는 농산품에 대한 가격 통제도 실시해 지나치게 높지 않으면서도 융커 계급에게 충분한 이익을 가져다줄 정도로 농산품 가격을 조정했다. 융커 계급은 이외에 정부로부터 특별대우와 이에 상응한 특권을 향유했다.

이 결과 융커 계급의 농산품 가격은 1937년에 1933년보다 약 3% 정도 상승하는 효과를 보였다. 나치 정부는 내친김에 융커 계급을 위한 담보 제공 외에 다양한 특혜 정책도 실시했다. 이를테면 농업 노동자의 노동조합 결성 및 파업, 임금 인상 등을 금지했다. 농업 노동자들에게 생명과도 같은 권리를 제한함으로써 융커 계급에게 상대적으로 안정된 수익과 이윤 공간을 만들어준 것이다. 이 밖에도 융커 계급의 대출 이자와 조세 감면 정책도 실시했다. 이에 융커 계급의 각종 대출 이자는 1933년의 9억 5,000만 마르크에서 1936년에는 6억 3,000만

마르크로 감소되었다. 융커 계급의 이자 부담이 나치가 정권을 잡은 3년 동안 무려 3억 2,000만 마르크나 줄어든 셈이다. 조세 부담 역시 3년 사이에 7억 4,000만 마르크에서 4억 6,000만 마르크로 줄어들었다. 한마디로 융커 계급의 경제적 부담이 대폭 줄어들었음을 알 수 있다.

융커 계급은 정부에 납부하던 실업 보험료 부담 의무도 면제받았다. 당시 독일의 실업 보험 시스템은 세계 최초의 체계적 사회보장 시스템이었다. 그러나 나치는 이례적으로 융커 계급의 실업 보험료에 대해서는 납부 면제 조치를 취했다. 1932년과 1933년 동안 융커 계급이 면제받은 실업 보험료만 1,900만 마르크를 넘어섰다. 장기간 동안 융커 계급은 다양한 원인으로 의해 파산으로 내몰리는 경우가 많았다. 그러나 이런 파산 위협도 '친절한' 나치 정부의 도움으로 걱정할 필요가 없게 되었다. 나치 정부는 융커 계급의 파산을 막기 위해 "정부나 개인을 막론하고 모든 대출업자들은 융커 계급에게 채무 상환 독촉을 하지 못한다"라는 규정을 마련했다.

나치 정부가 추진한 일련의 농업 정책은 소규모 농장주보다 대형 농장주들에게 더 큰 혜택을 가져다주었다. 농장 규모가 큰 융커 계급의 혜택이 많아질수록 정부에 대한 이들의 지지도도 동반 상승하는 효과를 거두었다.

히틀러가 융커 계급을 자신의 편으로 끌어들인 것은 군부 세력의 지지를 얻기 위한 목적이 가장 컸다. 프로이센 장교단의 핵심 인물들 중에는 융커 귀족 출신이 상당히 많았다. 독일 군대에서 성 앞에 폰(von)이라는 접두사를 가진 장군이 모두 융커의 후예였다. 이처럼 융커와 군대는 뿌리가 같은 양대 세력이었다.

독일 군부의 핵심 세력을 형성한 프로이센 장교단은 바이마르 공화국보다 나치의 영향을 더 많이 받았다. 바이마르 시대에 장교단이 어떤 장군을 암살하는 일은 상상도 할 수 없었지만 히틀러 시대에는 이런 일이 빈번하게 일어났다. 이는 군부의 힘이 점차 쇠퇴하고 있음을 의미했다. 하지만 이는 나치당과 관련이 있다기보다 국가 제도와 더 밀접한 관련이 있었다.

사실 나치당은 그럼에도 독일 군부를 완전히 장악하지는 못했다. 제3제국 시대에 독일 군대는 여전히 정부 통제하에 있어서 나치당이 직접 군대를 통제하지 못했던 것이다. 이 때문에 나치는 사설 친위대인 슈츠슈타펠(Schutzstaffel, SS 친위대)을 조직하게 되었다. 이로 인해 SS 친위대와 독일 정규군인 국방군은 항상 갈등관계에 있을 수밖에 없었다. 바꿔 말하면 이는 독일 국방군이 히틀러의 완전한 통제를 받지 않았다는 말이 된다. 당시 독일에는 "무장 군사 조직의 구성원은 나치 당원을 겸할 수 없다"라는 규정이 법률로 명시되어 있었다. 그러나 독일 군대는 영원히 국가 원수에게 복종한다는 전통이 있었기 때문에 히틀러는 국가 원수로 등극한 다음 이 점을 교묘히 이용해 군대에게 충성을 맹세하도록 강요했다. 그리고 군 측이 이런 행동에 동의한 이유는 무엇보다 이념적으로 나치당이 추진한 정책에 찬성했기 때문이다.

바로 이런 이유로 인해 1938년과 1939년 사이에 히틀러의 정책에 반기를 든 고위급 장군들은 거의 찾아볼 수가 없었다. 히틀러가 추진한 정책과 방침이 가져온 결과가 그들이 바라던 바를 이루어주었기 때문에 반기를 들 하등의 이유가 없었던 것이다. 물론 1939년 이후에는 히틀러의 일부 정책에 대해 의문을 제기하고 그의 판단력을 의심하는 장군들이 더러 있었다. 그러나 이들은 힘을 모아 연합전선을 구축하지 못해 히틀러에게 결정타를 날리지는 못했다.

관료 계층의 상황을 살펴보면, 이들은 나치 집권 후 권력이 크게 약화되었다. 우선 유대인 출신이나 나치에 반대하는 정부 공무원들이 조기 퇴직을 당했다. 구 독일 제국의 관료 계층은 학력의 고하에 따라 두 부류로 나뉘었다. 학력이 높은 공무원은 주로 중고위직에 배치되었다. 이들은 모두 학력을 인정받아 나치 정부하에서 자리를 보존할 수 있었다. 그러나 하급 공무원은 고스란히 나치 정책의 희생양이 되었다. 특히 최하위직 공무원과 특별한 기능이 없는 공무원은 모두 나치 당원들로 교체되었다. 1939년에 독일의 공무원은 150만 명에 이르렀고, 이 중 무려 28만 2,000명이 나치 당원이었다.

1933년 히틀러는 아리안(Aryan) 민족주의를 주창하고 정치적으로 불온한 세력을 배척하는 정책을 제정했다. 그러나 이 정책은 고위 공무원 중 고작 1.1%의 사람에게만 영향을 미쳤을 뿐이다. 이에 반해 하위 관료의 경우는 달랐다. 특히 새로 채용된 공무원은 대부분 나치 당원이었다. 1937년의 독일 공무원법에 따르면 공무원은 나치당에 가입하지 않아도 무방했다. 하지만 반드시 나치 사상에는 충성해야 했다. 당연히 이들 전체 공무원 계층은 일상 업무에서 나치의 당헌보다 공무원법의 제약을 더 많이 받았다. 이들에게는 당헌보다 법률이 더 우선시된 것이다. 결론적으로 말하면, 하위직 공무원들의 경우 나치당의 영향을 많이 받았으나 고위직 공무원들은 예전의 업무 상태와 방식을 기본적으로 유지할 수 있었다.

독일의 자본가들을 살펴보면, 이들은 대체적으로 나치당의 영향과 간섭을 별로 받지 않았다. 자본가들은 원래 자율성이 강한 사람이라 나치의 관리와 통제를 달가워하지 않았다. 당시 독일 상공업은 매우 특별한 위치에 있었다. 무엇보다 공업 자본가와 상업 자본가는 나치당 집권을 계기로 큰 권력을 손에 넣은 계층이었다. 게다가 이들은 대규모 조직을 가지고 있지 않았고, 특정 통치자를 위해 충성을 맹세하는 따위의 원칙에도 전혀 구애를 받지 않았다. 나치 정부 역시 기본적으로 공업과 상업의 자유로운 활동을 간섭하지 않았고, 비상 전시 사태를 제외하고는 자본가들을 크게 통제하지도 않았다.

전통적인 관점에 따르면, 나치 독일은 국가자본주의 내지 독재 정권으로 알려져 있다. 그러나 이런 인식은 결코 옳지 못하다. 그 이유는 당시 독일에 진정한 의미의 독재 정권이라고 볼 만한 조직이 수립되지 않았기 때문이다. 엄밀하게 말하면 나치 독일은 독재 자본주의라기보다 전제적 자본주의 시스템이라고 보는 게 정확하다. 이는 전 사회를 효과적으로 조직한 상태에서 각종 사회적 행위와 자원의 이동이 이윤을 추구하는 자본주의의 목적을 만족시키는 시스템인 것이다.

나치 독일의 경제 시스템

전통적 자본주의는 생산, 소비, 번영, 취업, 국가 복지 등은 전혀 안중에 두지 않고 오로지 이윤 자체만을 추구하는 이익 중심의 경제 시스템이다. 이윤만 추구하고 다른 요소를 소홀히 하는 이 제도는 결국 사회 각 분야에서 많은 적을 만들어낸다. 그래서 사회의 다른 권력 계층이 자신의 이익을 침범당했다고 여겨 이윤 시스템에 반기를 들 때, 자산 계급의 이윤 시스템 자체는 손상을 입게 된다.

나치는 경제 시스템을 구축할 때 다음의 두 가지 요소를 반드시 감안해야 했다. 하나는 독일 사회의 4대 권력 계층을 기반으로 삼아야 한다는 것이었고, 다른 하나는 이윤 중심의 경제 시스템으로 인해 생겨나는 반대파들의 이익을 고루 돌봐야 한다는 것이었다. 따라서 한편으로는 이윤 시스템의 극단적인 발전을 제한하여 사회 적대 세력의 저항을 완화시켰고, 다른 한편으로는 이윤 시스템을 위협하는 각종 요인들을 통제하여 이윤 시스템의 정상적인 작동을 보호했다.

나치의 집권 방침을 살펴보면, 그들은 이윤 시스템에 대한 여섯 가지 잠재적 위협을 제압하려고 노력했다. 정부 자체가 이익 시스템에 가하는 위협, 조직을 가진 노동조합, 상호 경쟁, 불경기, 상업적 실패, 생산을 위주로 하거나 비영리를 목적으로 하는 다른 경제 모델의 발전 등이 바로 여섯 가지 위협에 속했다.

원래 정부의 행위는 이윤 중심으로만 움직이지 않는다. 따라서 정부 행위 자체가 이윤 시스템에 큰 위협으로 작용할 가능성이 있다. 그러나 나치 독일에서는 정부의 행위가 이윤 시스템에 위협이 되지 않았다. 그 이유는 산업 자본가가 나치당을 지지하고 통제했으며, 나치당이 정부를 조종했기 때문이다. 결론적으로 산업 자본가가 간접적으로 정부를 조종한 셈이었다.

노동조합은 이윤 시스템을 직접적으로 위협하지는 않는다. 노동조합이 추구하는 이익이 자본주의 이윤 시스템과 맥을 같이하기 때문이다. 그러나 자체 조직을 가진 노동조합, 특히 특정 정치적 신념을 가지고 있는 노동조합은 자본주의 이윤 시스템을 직접적으로 위협할 수도 있다. 따라서 나치당은 노동조합의 이윤 시스템 파괴 행위를 막기 위해 대중의 사상과 노동조합의 활동을 통제할 필요가 있었다. 그래서 고안해 낸 방법이 노동조합 조합원들의 자유 시간과 활동 방식을 통제하는 것이었다. 사람은 여가시간이 많으면 딴생각을 하고 잡념도 많이 생기기 마련이다. 나치는 노동조합을 해체하는 대신 조직을 가진 모든 노동조합을 감독 관리하는 방식을 택했다. 나치의 이와 같은 정책으로 인해 노동조합 조합원의 임금과 기타 생활조건들이 점차 악화되기 시작했다. 그러자 나치는 착취받는 노동자들에 대해 다른 방식으로 보상해 주는 방법을 택했다.

나치가 취한 보상 방식은 산업 자본가들의 직원 해고를 금지해 노동자들이 실업 상태에 놓이지 않도록 보호한 것이다. 당시 독일의 취업 상황을 살펴보면, 1929년 취업 인구는 1,780만 명에 이르렀으나 경제 위기가 본격적으로 도래한 1932년, 즉 나치 정권이 들어서기 1년 전에 1,270만 명에 불과했다. 이에 반해 나치 독일이 정권을 잡은 후 6년이 지난 1939년에는 취업 인구가 무려 2,000만 명에 이르렀다. 이때 유럽과 미국에서는 실업률이 최고조에 달했다는 사실을 상기할 필요가 있다.

경쟁 억제와 관련해서는 가격 경쟁을 통제하는 방식을 택했다. 기업 경영에서 자금, 원자재, 기계 설비, 기술 특허, 임금 등 모든 시장 요소에는 가격 경쟁이 필연적으로 존재한다. 경쟁에는 기업의 안정적인 운영과 생산 계획에 차질을 주는 불확실한 요소가 잠재해 있어서 기업의 이익을 위협하게 된다. 일반적으로 기업은 같은 제품을 생산하는 경쟁 상대와 가격에서 합의를 이끌어낸 다음 소비자에게 원가 부담을 전가한다. 그러나 나치는 다양한 제도를 통해 경쟁을 억제했다. 독점성을 띤 각 산업 협회와 무역 협회, 경영주 협회의 3대 협회를 통해 기업 간 경쟁을 제한하고 경쟁자 간 이윤을 조율했다. 독점성을 띤 각 산업 협회는 가격 결정, 생산량 조율 및 시장 배분을 책임졌다. 또 일종의 정치 단체인 무역 협회는 상업 및 농업과 관련한 활동을 효과적으로 조직했고, 경영자 협회는 노동조합을 통제했다. 사회 전반을 철저하게 관리 통제하면서 자금 코스트나 원자재 가격의 급등과 급락, 노동자의 파업, 사회적인 혼란 등 경쟁을 유발할 수 있는 요인들이 효과적으로 억제되었다. 이런 경영 환경에서 기업의 파산은 드문 일이 되었고, 기존의 이윤 시스템을 대체할 다른 상업 모델은 존재할 수 없었다.

이런 위협 요인들을 해소한 후 독일 사회는 경기 침체에서 완전히 벗어난 궤도로 진입을 시도했다. 그러나 나치 독일의 이런 사회 생산 경영 시스템은 그 자체가 더 위험한 존재였다. 전반적인 사회 시스템이 이윤 중심으로 움직이지 않았던 만큼, 발전하면 할수록 결국 기형적인 모습을 갖출 가능성이 매우 높았다.

나치 정부는 독일의 4대 권력 계층에 의지해 정부를 운영했다. 그리고 이들의 이익을 균형 있게 맞추면서도 효과적인 관리와 통제가 가능한 이윤 시스템을 구축하고자 노력을 아끼지 않았다. 이 이윤 시스템은 성공 여부를 떠나 나치 정부가 취할 수 있었던 최적의 선택이었다. 나치는 4대 권력 계층의 균형적인 발전과 경제 운영 시스템을 떠나서는 발전은 고사하고 하루도 생존할 수 없었다.

히틀러의 '뉴딜 정책'

1933년 정권을 장악한 히틀러 앞에는 엉망진창이 된 국가경제를 수습해야 하는 어려운 숙제가 기다리고 있었다. 1929년부터 1932년 사이에 독일의 산업 설비 이용률은 36%로 하락했고, 모든 제조업 생산은 40%나 떨어졌다. 여기에 대외 무역액은 60%, 물가는 30%, 철강 생산량은 70%, 조선업 생산액은 80% 하락을 기록했다. 이런 산업 위기는 곧 금융위기로 이어졌다.

1931년 7월에 다름슈타트 은행이 도산하자 불안해진 투자자들은 앞다퉈 은행에서 예금을 인출하기 시작했다. 결국 충분한 지불 준비금을 보유하지 못한 많은 은행들이 잇달아 파산했다. 베를린의 9대 은행은 고작 4개로 줄어들었다. 독일의 황금 보유량 역시 23억 9,000마르크에서 13억 6,000마르크로 감소했다. 실업률은 반대로 수직 상승해 1932년에는 무려 30%를 육박했다. 이해에만 독일의 실업자 및 반실업자 수가 노동자 수의 절반을 넘겼다. 경제 위기는 사회 계층 간 갈등을 격화시켜 3년 동안 1,000여 차례의 파업이 뒤따랐다.

독일은 유럽과 미국 등 다른 자본주의 국가보다 경제 위기의 타격을 훨씬 더 크게 입었다. 나치는 집권과 동시에 경제 회복을 최우선 해결 과제로 삼고, 이른바 '뉴딜 정책'을 실시했다. 일련의 강력한 경제 조치를 실시한 결과, 경제는 빠른 속도로 침체 국면을 벗어나 성장 단계에 들어섰다. 실업률 역시 수직 하락해 1938년에는 1.3% 미만으로 떨어졌다. 각종 산업 분야의 성과도 눈부셨다. 이에 대해서는 이미 앞에서 언급한 바 있다.

레니 리펜슈탈 감독의 영화 〈의지의 승리〉를 보면, 1936년 독일의 종합적인 국력과 국민들의 '하면 된다'는 정신에 대해 강한 인상을 받게 될 것이다. 하늘을 찌를 듯한 환호성, 숲처럼 빼곡하게 모여서 팔을 흔드는 국민들, 웅장한 건축물, 선수들의 건장한 체격 등 어느 것 하나 독일의 강력한 파워와 패기를 보여주지 않는 것이 없었다. 히틀러에 대한 국민들의 숭배 역시 극에 달해 전처럼 선동적이고 열정적인 달변을 쏟아낼 필요 없이 그저 공공장소에 얼굴만 내밀어도 수천 수만의 군중들이 마치 최면에 걸린 것처럼 그를 열광했다. 흔히들 독일인들이 나치를 지지한 이유가 나치 사상에 세뇌당했기 때문이라고 생각한다. 그러나 사실 그것이 다는 아니다. 나치는 집권 초기에 경제 위기를 성공적으로 극복하여 국민들에게 실질적인 경제 혜택을 주었기 때문에 나치 선전이 더욱 설득력을 얻은 것이다.

독일과 비교해 1933년 미국에서 실시한 '루스벨트 뉴딜 정책'은 미국이 장기적 침체 국면에 들어서면서 전혀 효과를 발휘하지 못하고 잠시 경기 침체를 완화시키는 역할만 했다. 1937년에 미국 경제에 다시 심각한 위기가 출현했다. 이 경제 불황의 위기는 1941년에 미국이 제2차 세계대전에 참전하면서 비로소 종식되었다. '루스벨트 뉴딜 정책'이 실시되는 기간 동안 미국의 실업률은 18%에 이르렀다. GDP 역시 1941년에 이르러서야 겨우 경제 대공황 폭발 전인 1929년 수준을 회복할 수 있었다.

히틀러의 '뉴딜 정책'은 경제 기적을 창조했다. 물론 이 기적의 배후에는 치명적인 결함이 내재돼 있었다. 그러나 경제 위기를 극복한 것만 따지면, 그의 정책은 최고의 효과를 거뒀다고 해도 틀리지 않았다.

1933년 경제 공황과 거의 흡사한 글로벌 금융위기가 다시 한번 세계를 강타한 지금, 히틀러의 '뉴딜 정책'의 공과를 분석해 보면 현실적으로 분명 도움이 될 것이다.

히틀러 '뉴딜 정책'의 첫 번째 조치: 중앙은행의 국유화

히틀러는 1919년 9월에 고트프리드 페더의 금융 및 화폐와 관련한 연설을 처음 듣고 깊은 감명을 받았다. 또 이 일을 계기로 독일 노동자당에 입당했다.

그는 금융학 이론에 대해 체계적으로 공부한 적이 없었다. 금융에 대해서는 완전히 '까막눈'이나 다름없었다. 그러나 그는 두뇌 회전 능력이 대단히 빨라 체계적인 지식 없이도 문제의 본질을 단번에 파악하는 능력을 가졌다. 이런 사람은 대체로 대화 과정에서 많은 것을 배우고 질문 과정에서 사고를 키우며 논쟁 과정에서 깨우침을 얻는다. 대다수 지도자와 마찬가지로 그 역시 어떤 분야의 전문가가 될 필요는 없었다. 다만 예민한 판단력과 통찰력으로 주위의 잡음 가운데에서 정확한 목소리를 잡아내는 능력을 갖추는 것이 중요했다.

히틀러는 페더와의 토론 중에 민영 방식의 중앙은행이 국가의 화폐 발행을 통제함으로써 막대한 이익을 얻고, 또 이를 통해 사회 전반과 국민을 통제하고 착취한다는 중요한 이치를 깨달았다. 페더의 이론은 사실 정통 학계에서는 용납될 수 없는 이단적인 관점이었다. 일반적으로 이론가들은 경제를 분석할 때 칠정육욕을 가진 인간의 본성을 배제하고 '객관적' 사실만을 분석하는 데 반해, 페더는 사람과 사람 사이의 이익 쟁탈 원칙에 입각해 경제 현상을 분석했다. 샤흐트는 페더와 상반된 관점을 가진 학자였다. 특히 중앙은행 제도와 관련한 원칙적인 문제에서는 의견이 극명하게 엇갈렸다. 사실 샤흐트의 '이론적 관점'은 그가 월스트리트와 밀접한 관계를 맺고 있는 것과 무관하지 않았다. 한마디로 두 사람은 서로 추구하는 이익이 달랐기 때문에 논쟁이 생길 수밖에 없었다.

히틀러는 두 사람의 치열한 논쟁 속에서 냉철한 이성을 가지고 관망했다. 그는 페더의 관점에 동조해 이를 실천에 옮기고 싶은 것이 솔직한 심정이었다. 그러나 겉으로는 샤흐트를 중용하고 페더를 냉대했다. 나치의 초기 경제 사상은 페더의 이론을 기반으로 했으나 나치 집권 후에는 오히려 푸대접을 받았다. 페더 역시 정치권에서 밀려나 대학에서 학생을 가르치는 신세로 전락했다.

이유는 아주 간단했다. 히틀러 정권의 생존 기반인 산업가와 은행가들이 태생적으로 페더의 이론을 반대하고 샤흐트의 주장을 열렬히 지지했기 때문이다. 히틀러는 '11월의 죄인'들을 뼈에 사무치게 증오했으나 겉으로는 애써 웃는 낯으로 그들과 어울릴 수밖에 없었다. 그는 정치가의 입장에서 이익의 게임 룰을 따라야 했을 뿐, 개인의 호오에 따라 그 룰을 파괴할 수는 없었다.

그러나 그는 중앙은행의 국유화와 관련해서는 샤흐트에게 한 치도 양보하지 않았다. 1933년 히틀러는 정권을 잡자마자 즉각 은행법을 개정했다. 새 은행법의 내용은 다음과 같다.

1. 제국은행 이사회의 독립성을 취소한다. 제국은행 총재 및 이사회 이사는 모두 국가 원수가 임명한다.
2. 제국은행에 공개시장 정책의 권한을 부여한다. 그러나 그 권한을 자주 사용해서는 안 된다.
3. 제국은행은 '메포 어음'을 할인해 정부의 고용 창출에 필요한 자금을 제공해야 한다.

이 내용에서 주목해야 할 부분은 일명 '페더 화폐'로 불린 '메포 어음'이다. 일찍이 페더가 주장한 것으로 히틀러의 '뉴딜 정책'이 경제 기적을 이루는 데 큰 공을 세웠다.

제국은행 이사들은 당연히 히틀러의 정책에 대해 강력하게 반발했으나 그의 행동을 제지하지는 못했다. 그는 은행가들의 반대 목소리를 뒤로한 채, 자신이 원하던 바를 꾸준히 추진해 나가 제국은행의 독립성을 점차 약화시켰다. 1937년 2월에 '제국은행 신질서법'이 발효돼 "제국은행 이사회는 국가 원수의 직접 관할을 받는다"라는 규정이 마련됨으로써 제국은행의 독립성은 철저히 박탈당했다. 그리고 1939년에 이르러 마침내 이사회가 해체되었다. 같은 해 나치 정부는 '제국은행법'을 반포했다. 자세한 내용은 다음과 같다.

1. 황금과 지폐의 태환을 금지한다.
2. 40%의 금과 외화로 이루어진 대외지급 준비 자산은 전부 '메포 어음', '수표', '단기 국채', '제국의 재정 채권' 및 다른 유사 채권으로 교체한다.
3. 중앙은행이 정부에 제공하는 대출액은 '최고 지도자와 제국 원수'가 직접 결정한다.

이는 실질적으로 독일의 화폐 제도가 로스차일드가의 '황금의 지배'에서 벗어나 자유를 쟁취했음을 의미했다. 이로써 나치 정부는 법적, 정치적으로 중앙은행의 국유화를 완수했다.

히틀러는 국제 은행 가문들의 강렬한 반발에 부딪쳐 계획이 무산될 수 있다는 우려 때문에 중앙은행의 국유화를 급히 서두르지 않았다. 무려 6년이라는 긴 시간 동안 정성을 들인 끝에 최종적으로 중앙은행을 자신의 수중에 넣는 데 성공했다.

'페더 화폐': 독일의 그린백

고트프리드 페더가 일관되게 견지한 이론은 게오르크 크나프(Georg Friedrich Knapp)의 화폐 명목 가치 이론이었다. 크나프는 자신의 저서《국가화폐론(The State theory of Money)》에서 화폐는 국가의 법제(法制)에 의해서만 통용될 수 있기 때문에 화폐의 본질을 연구하기 위해서는 반드시 법률의 역사를 연구해야 한다는 입장을 제기했다. 그는 사회 발전의 중요한 이정표로 지불 수단의 법률화를 꼽았다. 즉 화폐인지 아닌지를 판단하는 유일한 기준은 바로 정부가 인정한 지불 수단인지의 여부에 따라 결정되었다. 크나프의 이론을 근거로 할 경우 정부는 화폐를 마음대로 정의할 권리를 가진다. 따라서 국제 은행 가문들이 장악하고 있는 황금에 의존할 필요가 없었다. 이를테면 정부가 돌멩이나 나무 막대기를 '법정 화폐'로 지정하면 납세자는 이를 정부에 납부하면 되는 것이다. 다시 말해 화폐는 희소성과 보관할 가치가 전혀 없고 그저 거래에 필요한 유통 수단일 뿐이었다.

1932년에 제정된 '나치당 경제 강령'에서는 이 이론의 정책화를 천명했다. 강령에서는 "화폐가 유통 수단으로만 사용된다면 자본이 '부족'한 문제는 존재하지 않는다"라면서 당시 유행하던 '자본 부족론'을 정면으로 반박했다. 또 다음과 같은 내용을 조목조목 규정했다.

1. 독일의 경제 문제는 생산재가 부족해서 발생한 것이 아니다. 기존 생산재를 충분히 이용하지 못해 생긴 문제이다.
2. 실업률을 줄이기 위해 눈을 돌려야 할 급선무는 유휴 생산재를 충분하게 이용하는 것이다. 아울러 황무지 개간, 토지 개량, 고속도로 및 운하의 건설, 노동자 주거 단지 건설 등의 공공 건설 계획을 세워 내수 시장을 살려야 한다.
3. 공공 계획을 지원하기 위해서는 생산 자금 대출을 제공할 필요가 있다. 생산 자금 대출금 중 20~30%는 자금 조달 조치를 통해 마련하고, 나머지는 실업 보조금 절감과 세금 인상을 통해 해결한다.

그렇다면 '생산 자금 대출'에 필요한 돈은 어떻게 마련할 수 있을까? 페더는 이에 대해 나치 정부가 전통 화폐 이론에 구애받지 않고 황금 보유량이나 외화 보유액과 상관없이 일명 '고용 창출 어음'으로 불리는 새로운 화폐인 '메포 어음(Mefo Bill)'을 발행하면 된다고 주장했다. 그는 한편에서는 대량의 '유휴 생산재'와 노동력이 남아도는 반면, 다른 한편에서는 '자본 부족론'이 창궐하고 있다고 보았다. 이에 반해 정통 이론가들은 화폐가 부족하기 때문에 생산재와 노동력의 과잉이 초래됐다고 주장했다. 이들은 또 화폐는 반드시 '책임을 지는' 은행가들에 의해 공급돼야 한다는 입장을 굽히지 않았다. 은행가들이 화폐를 제공하지 않는 한 경제 위기를 극복할 방법이 없다는 주장이었다. 페더의 입장에서는 정통 이론가들의 논리가 황당무계하게 들렸다. 이에 그는 이렇게 말했다.

"산 사람이 앉아서 굶어죽을 수는 없지 않는가? 은행가들이 돈을 내놓지 않으면 정부에서 직접 화폐를 만들어내면 되는 것이 아닌가? 고용 창출을 위한 새 화폐가 일단 실물 경제에 투입되기만 하면 '유휴 자원'과 노동력을 활성화하고 부와 고용을 창출할 수 있다."

정통 교육을 받은 샤흐트는 '새 화폐' 방안을 놓고 페더와 수차례 설전을 벌였다. 그는 은행가의 이익을 대변하는 사람답게 "은행가들을 무시한 채 정부가 직접 화폐를 발행하는 방식은 문제가 많다"라며 반감을 표했다. 심지어 페더의 건의가 "독일의 화폐와 은행 시스템을 완전히 뒤엎으려는 이익집단의 극단적이고 미친 주장이다"라는 비난까지 서슴지 않았다. 또 히틀러에게는 "가장 어리석고 황당무계하고 위험한 생각을 실천에 옮겨서는 안 된다"라고 권고했다. 나중에는 "그런

어리석은 견해는 나치당 내부의 일부 사람, 즉 은행과 화폐에 대해 아무것도 모르는 까막눈들이 제기한 것이다"라고 말하기도 했다.

노련한 정치가인 히틀러는 페더의 이론도, 샤흐트의 입장도 모두 이해했다. 또 갓 정권을 잡은 중요한 때에 샤흐트와 그의 배후에 있는 금융 세력의 심기를 건드리고 싶지 않았다. 그래서 나치당의 원로이자 나치 경제 이론의 창시자인 페더를 '정중하게' 정치권에서 몰아내 한직을 맡기는 조치를 취했다. 반면 샤흐트는 경제부 장관으로 임명해 금융 세력의 말에 '고분고분'한다는 인상을 심어주었다. 그러나 히틀러는 이때 이미 '메포 어음'을 발행할 결심을 굳힌 터였다. 그는 샤흐트에게 빠른 시간 내에 '새 화폐' 발행 방안을 내놓으라고 명령했다.

샤흐트가 히틀러의 고집을 꺾지 못하고 내놓은 방안은 다음과 같다.

1. 나치 독일 정부는 등록 자본금이 100만 마르크에 지나지 않는 '가명(dummy) 회사'인 MEFO(Metallurgische Forschungsgesellschaft, 금속연구소)를 설립한다.
2. MEFO는 고용 창출 기회가 있는 각종 기업으로부터 재화와 서비스를 구매한다.
3. 구매 대금은 금리 4.5%의 3개월짜리 단기 어음인 '메포 어음'으로 지불한다. 만기 후 기한을 연기할 수 있으나 최장 5년은 초과하지 못한다.
4. 기업주는 독일의 어떤 은행에서도 '메포 어음'을 마르크화로 할인, 원자재와 노동력을 구매해 생산에 투여한다.
5. '메포 어음'을 받은 은행은 그 어음을 보유하거나 중앙은행에 보내

'재할인'해서 현금으로 바꿀 수 있다.[27]

'메포 어음'은 나치 독일이 금융 분야에서 취한 상당히 혁신적인 조치로, 일련의 중요한 난제를 해결하는 뚜렷한 성과를 거뒀다.

1. 협약국, 특히 프랑스는 독일 중앙은행이 정부에 직접 발행하는 신용대출의 상한액을 1억 마르크로 규정했다. 명목상으로는 독일의 하이퍼인플레이션 방지를 위한 것이라고 말했으나 실제로는 독일 정부의 전비 지출 능력을 통제해 군대 재정비를 막는 것이 목적이었다. '메포 어음'은 이런 법률적 제한을 받지 않았기 때문에 독일 정부는 은행으로부터 더 많은 통화를 공급받을 수 있었다.
2. '메포 어음'은 나치 정부가 MEFO 회사를 통해 직접 기업에 지불했다. '화폐'와 거의 유사한 기능을 가지고 있었다. 그런 의미에서 '메포 어음'은 독일의 '그린백'이라고 할 수 있었다. 다른 점이라면 '메포 어음'이 독일의 고용 창출에 사용된 데 반해, 미국의 남북전쟁 때 발행된 '그린백'은 전쟁에 사용되었다는 것이다. '메포 어음'과 '그린백'은 모두 정부가 화폐 발행권을 되찾은 계기가 되었다.
3. '메포 어음'은 정부가 직접 고용 창출 기업에 지불했기 때문에 고용 창출을 위주로 하는 경제 정책 실시에 유익했다. 또 이익을 중심으로 움직이는 상업 은행이 경기 불황 때에 기업 대출을 엄격하게 통제하면서 발생하는 통화 긴축을 막을 수도 있었다. 이 밖에 새 화폐는 직접 실물 경제의 순환에 영향을 미쳤기 때문에 유휴 생산재와 노동력으로 생산이 가능했다. 이에 따라 보다 많은 재화 창출을 통해 신용

확장에 대처할 수 있었다.

4. 독일 중앙은행은 황금과 외화 보유액이 대단히 부족했다. 1929년부터 1933년까지 황금 및 외화 보유액은 26억 마르크에서 4억 900만 마르크로 급감했고, 1934년에는 겨우 8,300만 마르크밖에 남지 않아 심각한 통화량 부족을 초래했다. 정통 화폐 이론에 따르면 독일 경제는 파산에 임박했다고 볼 수 있었다. 생산 능력은 과잉인데도 '자본 부족' 탓에 경제가 산 채로 굶어죽을 지경이었다. 그러나 '메포 어음' 발행이라는 과감한 금융 혁신을 통해 황금 및 외화의 속박에서 벗어나 독일 경제를 살릴 수 있었다. 독일인들은 실천을 통해 정통 화폐 이론이 꼭 정확하지만은 않다는 사실을 입증했다.
5. '메포 어음'은 독일이 외부의 눈을 피해 군대를 재정비하는 데도 큰 역할을 했다.
6. 연 금리가 4.5%인 '메포 어음'은 기업을 위해 저렴하고 편리한 융자 채널로 활용되었다.

'메포 어음' 발행을 실제로 주도한 사람은 샤흐트였으나 기본적인 이론과 정신은 페더가 제공한 것이다.

독일 경제를 살린 구세주 '금융 혁신'

1933년 5월 31일, 독일 정부는 특수한 기술 프로젝트에 자금을 지원한다는 목적으로 10억 마르크의 '메포 어음'을 발행했다. 정부는 기한 연장이 가능한 이 어음을 고용주에게 발행하고, 고용주는 노동자를 대규모로 고용해 대형 프로젝트에 착수하는 방식이었다. 따라서 '메포 어음'은 기업에서부터 일반 가정에 이르기까지 순환되면서 각 방면에 이익을 가져다주었다. 또 이 어음은 독일 중앙은행에서 재할인되는 이점도 있었다. 이로써 '메포 어음'은 황금, 외화, 장기 국채 등과 함께 독일 시중에 공급된 주요 화폐로 자리를 굳혔다.

'메포 어음' 발행 초기에는 독일 중앙은행에 재할인을 요청하는 경우가 거의 없었다. 금리가 4.5%로 비교적 높아 은행이나 다른 기관들은 어음을 그대로 보유했다. 통계에 의하면 1933년부터 1938년까지 '메포 어음' 발행량은 해마다 꾸준히 상승했다. 1938년에는 발행 어음 잔액이 120억 마르크로 정부 적자 지출의 85%나 차지했다. 이 중 절반은 고용 창출 기업에 융자금으로 제공되었고, 나머지 절반은 독일이 비밀리에 추진한 군사력 확장에 이용되었다.

'메포 어음'의 최대 장점은 어음의 구매력이 고용 창출에 실제적으로 긍정적인 영향을 미쳤다는 사실이다. '메포 어음'의 유통량이 증가

연도	'메포 어음'(억 마르크. 잔액)	실업자(만 명)
1933	10	600
1934	21	270
1935	48	220
1936	93	160
1937	120	90
1938	120	40
1939	120	20

하면서 유휴 자원 이용률이 대폭 상승하고 실업률 역시 급속도로 하락했다.

'메포 어음'은 공공 건설, 특히 신흥 중산층이 필요로 하는 주택 건설에 결정적인 역할을 했다. 1932년 독일에는 약 14만 1,000채의 주택이 신축됐으나 1934년에는 무려 28만 4,000채의 각종 주택이 건설됐다. 독일의 주택 건설 면적이 2년 사이에 무려 2배나 증가한 것은 모두 '메포 어음' 덕분이었다. 이 밖에 '메포 어음'은 고속도로 건설에도 이용되었다. 총 수천 킬로미터에 이르는 고속도로가 건설돼, 독일에는 전국을 관통하는 사통팔달의 고속도로 네트워크가 구축되었다.

히틀러의 경제 정책으로 독일의 중산층과 빈곤층은 상당한 혜택을 보았다. 그러나 외국 은행가들은 강한 불만을 터뜨리며 이 정책에 비상한 관심을 보였다. 독일 정부는 화폐와 유사한 기능을 하는 '메포 어음'을 직접 발행함으로써 국제 은행 가문이 쳐놓은 통제의 사슬을 에둘러갈 수 있었다.

일부 경제학자들은 제2차 세계대전이 발발한 근본적 원인을 독일 정부가 영국과 미국의 통제에서 벗어나 스스로 자국 '화폐'를 발행한 데서 찾고 있다. 정상적인 경우라면 독일은 외화와 황금이 심각하게 부족해 영국과 미국의 국제 은행 가문들로부터 대출을 받아야 하는 상황이었다. 그러면 채무자인 독일의 정치, 경제, 정책 등과 관련된 주요 이익은 모두 국제 은행 가문들의 직간접적인 통제를 받을 수밖에 없었다. 그러나 히틀러는 이 수순을 밟지 않고 독자적으로 독일 경제의 발전을 이끌었다.

그가 집권 초기에 사회적인 인정과 일반 민중의 지지를 획득한 가장 중요한 이유는 영국과 미국의 주류 경제학 이론의 속박에서 벗어나 새로운 방식으로 독일 경제를 재건한 것과 깊은 관련이 있다. 국제은행 가문들이 그를 선택한 것은 명백한 실수였다. 그는 결코 다른 사람의 손에 놀아나는 꼭두각시가 아니었다.

샤흐트는 '메포 어음'에 대해 상당히 모순된 생각을 가지고 있었다. 그는 페더와 설왕설래한 초창기에는 페더의 건의가 "대단히 어리석고 황당무계하다"라는 비난을 서슴지 않았다. 하지만 나중에는 이런 본인의 주장과 모순되는 말을 할 수밖에 없었다. 수십 년 후 많은 사람들이 그에게 이렇게 물었다.

"독일에서 '메포 어음'은 성공적인 정책이었다고 생각하는가? 국가에 실질적인 화폐(외화나 황금)가 부족할 때, 중앙은행의 신용 대출로 실질적인 화폐를 대체하는 이런 방법은 효과가 오래 지속될 수 있는가?"

이에 대한 샤흐트의 대답은 그럭저럭 긍정적이었다.

"이론적으로는 '메포 어음'이 상당히 효과가 있었다. 그러나 특정 상황에서만 효과를 볼 수 있는 조치였다."

당시 독일은 원자재 재고가 바닥을 드러냈다. 공장은 텅텅 비고 각종 기계 설비와 600만 명에 이르는 노동력은 졸지에 유휴 상태에 처하고 말았다. 이런 상황에서는 고용주에게 신용 대출을 제공해 유휴 인력과 기계 설비를 생산에 투입하는 것만이 효과를 볼 수 있는 유일한 방법이었다.

그러나 샤흐트는 '메포 어음' 발행과 관련해 내심 불만을 표시했다. 경제부 장관에서 낙마한 것도 '메포 어음'의 재할인을 거부한 것과 직접적인 연관이 있었다. 그의 회고에 따르면, 독일 중앙은행은 1939년

1월에 "독일 정부에 더 많은 신용을 제공하지 않겠다"라는 내용의 비망록을 히틀러에게 제출했다.[28] 그 후폭풍으로 샤흐트는 1월 19일 중앙은행 총재 자리에서 해고한다는 통보를 받았다.[29] 이어 1월 20일 히틀러는 독일 중앙은행에 "정부가 원할 경우 무조건, 무제한적으로 신용을 공급해야 한다"라는 명령을 내렸다.

뉘른베르크 전범 재판에서 심문을 받고 있는 전 독일 제국은행 총재 히얄마르 샤흐트

독일 정부는 샤흐트 해고 소식을 5개월이나 비밀에 붙였다가, 1939년 7월 제2차 세계대전을 목전에 둔 시점에 공개했다. 그러나 이는 그에게 행운이었다. 그는 독일 정부에 더 이상의 신용 공급을 거부했다는 이유로 뉘른베르크 전범 재판에서 극형을 면할 수 있었다.

제2차 세계대전이 끝난 1948년 일단의 미국 교수들은 패전국 독일을 위해 다음과 같은 새로운 화폐 개혁안을 내놓았다.

> 제국은행의 마르크는 10 대 1의 비율로 새로운 화폐인 도이체 마르크(DM)로 대체한다. 일반 시민은 40도이체 마르크, 기업체의 직원들은 60도이체 마르크, 정부 공무원들은 1개월 치 임금에 해당하는 금액까지 환전할 수 있다.

이에 따라 구 제국은행의 마르크는 은행 예치금이나 채무를 불문하고 액면 가치의 10%로 하락했다. 이에 반해 주식, 자산, 기타 유형 자산은 가치가 전혀 하락하지 않았다. 이는 한마디로 전례 없는 '양털 깎기' 식의 개혁이었다. 빈곤층은 은행에 저축하는 방식으로 재산을 가진 반면, 부자들의 부는 주로 자산으로 이루어졌기 때문이다. 마치 '폭파 대상을 정조준한 폭탄' 같은 이런 유형의 평가절하는 실제로 부를 한곳으로 집중 이동시켰고, 심각하고 잔혹한 사회 구조의 중대 변화를 초래했다. 어떤 의미에서 보면, 1948년의 화폐 개혁은 독일 사회에 1923년의 하이퍼인플레이션 못지않게 심각하고 광범위한 충격을 가져다주었다.

로스차일드가와 히틀러

1938년 3월 12일, 히틀러의 독일 군대는 오스트리아를 침공했다. 당시 그의 손에는 오스트리아 주요 인물들의 리스트가 쥐어져 있었다. 그중에는 오스트리아 로스차일드가의 장문인인 루이 폰 로스차일드 남작의 이름도 있었다. 그는 훗날 영국에서 로스차일드가의 젊은 금융인으로 이름을 날린 빅터 로스차일드가 가장 존경한 인물이었다.

나치 군대가 오스트리아를 점령한 지 3시간 정도 지났을 무렵, 일단의 나치 장교들이 쏜살같이 차를 몰아 로스차일드가 저택에 들이닥쳤다. 로스차일드가의 집사는 나치 장교들이 벨을 누른 지 한참이 지나서야 침착하게 대문을 열고 나왔다. 집사는 나치 장교들이 남작을 만나겠다고 하자, 잠깐 기다리라는 말을 남기고는 다시 집 안으로 들어갔다. 나치 장교들은 문 밖에서 순순히 기다릴 수밖에 없었다. 꽤 오랜 시간이 지난 다음 다시 집사가 나와 말했다.

"남작께서는 지금 저녁 식사 중이십니다. 방해하지 말아주십시오."

집사는 말을 마치기 무섭게 다시 펜을 꺼내며 정중하게 말했다.

"남작을 만나시려면 사전에 약속을 잡아야 합니다."

나치 장교들은 한참을 멍하니 서 있다가 답답한 마음을 안고 그냥 발길을 돌렸다.

이렇게 볼 때 나치는 전쟁 초기에는 유대계 은행가들을 박해하지 않았던 것 같다. 겉으로는 유대계 은행가들을 배척하고 반대했어도 가장 필요한 전쟁 자금 때문에 쉽사리 손을 쓰지 못했을 것이다. 그래서인지 로스차일드가는 이때까지만 해도 히틀러의 조치를 안중에 두지 않았다.

다음 날 영국에 있는 빅터 로스차일드가 루이 폰 로스차일드 남작에게 전화를 걸어 빨리 오스트리아를 떠나라고 권유했다. 루이 폰 로스차일드는 그러겠다고 대답했으나 전혀 서두르지 않고 천천히 짐을 꾸렸다. 그런데 전날 아무 성과 없이 돌아간 나치 장교들이 다시 찾아와 다짜고짜 로스차일드 남작을 연행해 가버렸다. 빅터를 비롯한 로스차일드가 사람들은 나치 정부에 압력을 넣어 남작을 풀어달라고 요구했다. 이에 나치 정부는 오스트리아에 있는 그의 전 재산을 몰수하는 조건으로 그를 풀어주겠다고 대답했다. 히틀러가 노린 것은 이 집안이 체코슬로바키아와 중부 유럽 지역에 보유하고 있는 대규모 철광과 탄광이었다. 당시 나치에게는 독일 군수 산업에 원자재를 지속적으로 공급할 원자재 기지가 절실하게 필요했다. 빈과 다른 지역에 있는 로스차일드가의 정보원들은 이 소식을 바로 옥중의 로스차일드 남작에게 전했다.

그는 이 소식을 듣자마자 바로 행동을 개시했다. 비록 투옥 중이었지만 정보원을 통해 외부 소식을 접할 수 있었던 그는 체코와 오스트리아에 있는 자신 소유의 탄광과 철광 자산을 모두 영국의 로스차일드가 산하의 보험회사로 이전해 버렸다.

이어 비밀리에 빈과 포르투갈 정부 측의 문서 공증을 받은 다음 쥐도 새도 모르게 관련 수속을 모두 마쳐버렸다. 나치 정부는 뒤늦게 모든 사실을 알게 되었다. 손만 내밀면 잡힐 것 같았던 그의 자산은 이미 법적으로 완벽하게 영국 로스차일드가로 이전된 뒤였다. 히틀러는 이 소식을 듣고 분기탱천했다. 즉시 측근을 보내 자산을 내놓지 않으면 평생 감옥에 갇혀 나오지 못할 것이라고 으름장을 놓았다.

로스차일드 남작은 느긋한 표정을 지으며 나치 장교에게 "그 재산은 이제 내 것이 아니오. 영국 로스차일드가의 것이오. 나치 정부가 그 자산을 구매하고 싶은 생각이 있으면 런던에 직접 연락하는 것이 좋겠소"라며 배짱을 보였다. 속수무책이었던 나치 정부는 결국 나치에 협조한다면 풀어주겠다고 약속했다. 그러나 그는 일언지하에 이를 거절하며, 자신의 자산을 얻으려면 영국의 로스차일드가와 직접 협상하라는 말만 반복했다. 히틀러는 이때만 해도 영국 측과의 정면충돌을 원하지 않았다. 조건은 다시 낮아져 200만 파운드만 내놓으면 풀어주겠다고 말했다.

영국 로스차일드가는 이 조건을 듣고 즉시 200만 파운드를 지불했다. 히틀러는 어쩔 수 없이 석방 명령을 내렸다. 그날 밤 로스차일드 남작은 저녁 식사를 마치고 휴식을 취하고 있다가 나치 장교에게서 석방 소식을 들었다. 그러나 그는 기지개를 켜며 "오늘은 너무 늦었소. 감옥에서 하룻밤 더 자고 내일 나가겠소"라고 천연덕스럽게 대답했다. 이어 몸을 뒤척거리더니 잠이 들어버렸다. 어찌할 바를 모르던 장교는 그가 잠에서 깰 때까지 기다릴 수밖에 없었다.

히틀러의 권모술수

히틀러가 정권을 장악하고 경제 위기를 극복한 것만 놓고 본다면, 사람들에게 익히 알려진 '미치광이'나 '이성을 잃은 사람'의 모습과는 거리가 상당히 멀다. 실제로도 그는 정치가로서 권모술수에 대단히 능한 사람이었다.

그는 내심 페더의 사상과 이론을 신뢰했으면서도 최종적으로는 자신과 목표와 뜻이 다른 샤흐트를 경제부 장관으로 선택했다. 이유는 샤흐트가 '배경이 든든한' 사람이었기 때문이다. 그의 집권 초기에 독일은 경기 침체, 실업률 상승, 사회 혼란 등으로 정권이 대단히 불안정했다. 따라서 그는 국제 은행 가문 세력과 친밀한 관계를 유지할 필요가 있었다. 만약 이때 자신의 진짜 목표를 일찍 공개했더라면 '군사를 거느리고 나가 싸우기도 전에 자신이 먼저 죽었을' 가능성이 컸다. 물론 그는 샤흐트의 금융 재능을 충분히 활용하면서도 늘 강한 경계심을 가지고 있었다.

그는 집권 초기부터 반유대 정책을 기치로 내걸었으나 실제로 추진한 정책을 보면 유대인과 이익을 공유한 부분이 많았다. '하바라 협정'이나 오스트리아의 로스차일드가를 대한 태도를 보면 이를 알 수 있다. 7장에서 설명할 시온주의 조직과의 비밀 접촉도 그 사례 가운데 하나이다.

원칙대로라면 유대계 은행 가문인 바르부르크가는 나치의 박해를 받아야 했다. 그러나 독일의 바르부르크 은행은 나치 정권이 들어선 지 5년이 지난 1938년까지도 정상적으로 영업을 하며 거액의 이익을 올렸다. 또한 막스 바르부르크는 버젓이 독일 중앙은행과 최대 산업 트러스트인 IG 파르벤의 이사까지 역임하다가 1938년에야 마지못해 미국 이민 길에 올랐다. 히틀러는 바르부르크를 잘못 건드렸다가 자신의 진짜 의도가 드러나 국제 은행 가문들의 경계의 대상이 되고 싶지 않았다. 그래서 시종 바르부르크를 건드리지 않았다.

그는 경제 위기가 한 고비를 넘기고 나치당이 강력한 힘을 구축한 뒤에야 비로소 본색을 드러냈다. 전쟁 발동을 앞두고서야 국제 은행 가문 세력을 제거하기 시작한 것이다. 그는 1938년에 바르부르크를 미국으로 내쫓았고, 이어 1939년에는 샤흐트를 해고하면서 독일 중앙은행 이사회까지 해산시켰다.

그는 자신을 이용하려는 국제 은행 가문들의 계략을 미리 알아차리고 오히려 이를 역이용했다. 상대에게 고분고분한 모습을 보이면서 자신의 계획을 실행에 옮기기 위한 시간과 돈을 벌었다. 또한 그는 독일을 군사 강국으로 건설하는 과정에서 영국 정부 수뇌부의 이목을 속이기 위해 말끝마다 "소련은 독일과 양립할 수 없는 철천지원수이다"라고 떠들고 다녔다. 이에 네빌 체임벌린 영국 수상은 '대독일 유화 정책'을 취했다.

독일이 1939년 9월에 폴란드를 침공했을 때 서부 전선의 영국-프랑스 연합군은 히틀러가 폴란드를 점령한 다음 소련을 공격할 것이라고 믿고 완전히 손을 놓고 있었다. 그러나 이때 독일은 예상과 달리 소련과 '불가침조약'을 맺고 폴란드 영토를 나눠 가졌다. 이어 갑자기 서쪽으로 진로를 바꿔 영국-프랑스 연합군을 공격했다. 이때 33만 명에 이르는 연합군은 덩케르크(Dunkirk) 해변에 완전히 포위돼 빠져나갈 구멍이 없었다. 그런데 연합군이 전멸을 눈앞에 둔 순간, 히틀러가 갑자기 대공세 중지 명령을 내려 연합군은 겨우 목숨을 건질 수 있었다. '덩케르크의 철수'는 제2차 세계대전에서 일어난 최대의 미스터리로 꼽힌다. 많은 군사학자들은 이때 히틀러가 결정적인 군사상의 실수를 범했다고 여기고 있다. 그러나 이는 사실 유치한 정치적 판단 때문에 빚어진 실수였다.

히틀러는 의심의 여지없는 강렬한 민족주의자였다. 프랑스를 격파한 것도 베르사유 조약 체결을 강요당한 복수의 일환이었다. 하지만 그는 국제 은행 가문과 철저히 결별할 마음이 없었고 그럴 능력도 없었다. 그래서 33만 명의 영국-프랑스 연합군에게 살길을 열어줬던 것이다. 프랑스 남부에 '비시 정부'를 세우도록 땅을 남겨둔 것 역시 같은 맥락으로 볼 수 있다.

비시(Vichy) 정부
1940년 6월에 프랑스가 독일에 항복한 후, 비시에 세운 친독일 정부.

히틀러의 생각은 복수는 복수대로 하고 어느 정도 여지를 남겨둔 다음 동쪽으로 진격해 소련 서부의 광대한 영토와 자원을 수중에 넣음으로써 영국, 미국과 대등한 지위를 확보할 계산이었다. 영국을 폭격한 것도 따지고 보면 깡패처럼 위협을 가해 식민 제국 영국과 땅을 나눠 갖는 담판에서 우위를 점할 목적이었다. 때문에 히틀러는 소련 침공을 앞두고 자신의 심복이자 나치당의 부총통인 루돌프 헤스(Rudolf Hess)를 영국에 파견해 비밀 협상을 벌이도록 지시했다. 히틀러가 제시한 조건은 다음과 같았다.

1. 영국이 점령하고 있는 모든 서유럽 국가의 영토를 반환한다.
2. 이들 국가의 재건 비용을 배상한다.
3. 독일은 이들 국가에 경찰을 파견한다.
4. 독일이 소련을 침공할 때 영국은 지원을 아끼지 않는다.

그런데 루돌프 헤스는 스코틀랜드에서 낙하산을 타고 내려오다 어이없게도 현지 민병들에게 사로잡히고 말았다. 결국 모든 사실이 백일하에 드러나고 영국 언론은 꽤 시끄러워졌다.

히틀러의 계획은 꽤 그럴듯했으나 '결정적인 강호의 금기'를 범하고 말았다. 국제 은행 가문의 눈에 비친 히틀러는 더 이상 예전의 그가 아니었다. 세계를 제패하려는 야망과 강력한 군사력을 보유하고 고삐 풀린 말처럼 날뛰는 위험인물이 돼 있어서 방치해 두기에는 너무 큰 후환이었다. 심지어 소련보다 더 위험한 적이어서 모든 세력이 연합해 그를 제거하려 들었다.

루돌프 헤스는 영국에서 완전히 '정신질환자'로 취급되었다. 윈스턴 처칠 수상 역시 그가 제시한 정전 조건을 '정신병학적으로 연구할 만한 과제'로 치부해 버렸다. '정신질환자'로 낙인찍힌 그는 영국 정보부의 특급 감시 대상이 돼 외부인의 면회가 완전히 차단됐다.

그는 나중에 뉘른베르크 전범 재판에서 '전쟁죄'나 '반인류죄'가 아닌 '반평화죄'라는 죄목으로 종신형을 선고받았다. 그는 1970년대에 대다수 나치 전범들이 감형을 받아 석방될 때에도 여전히 삼엄한 감시를 받으면서 수감 생활을 했다. 그러다 1987년 93세 고령의 나이에 옥중에서 전선줄로 목을 매 '자살'을 선택했다. 비어홀 폭동으로 히틀러와 함께 수감돼 그의 자서전《나의 투쟁》을 받아 적기도 한 나치당의 2인자는 쓸쓸히 감옥에서 생을 마감했다.

제 6 장 히틀러와 은행가 (1)

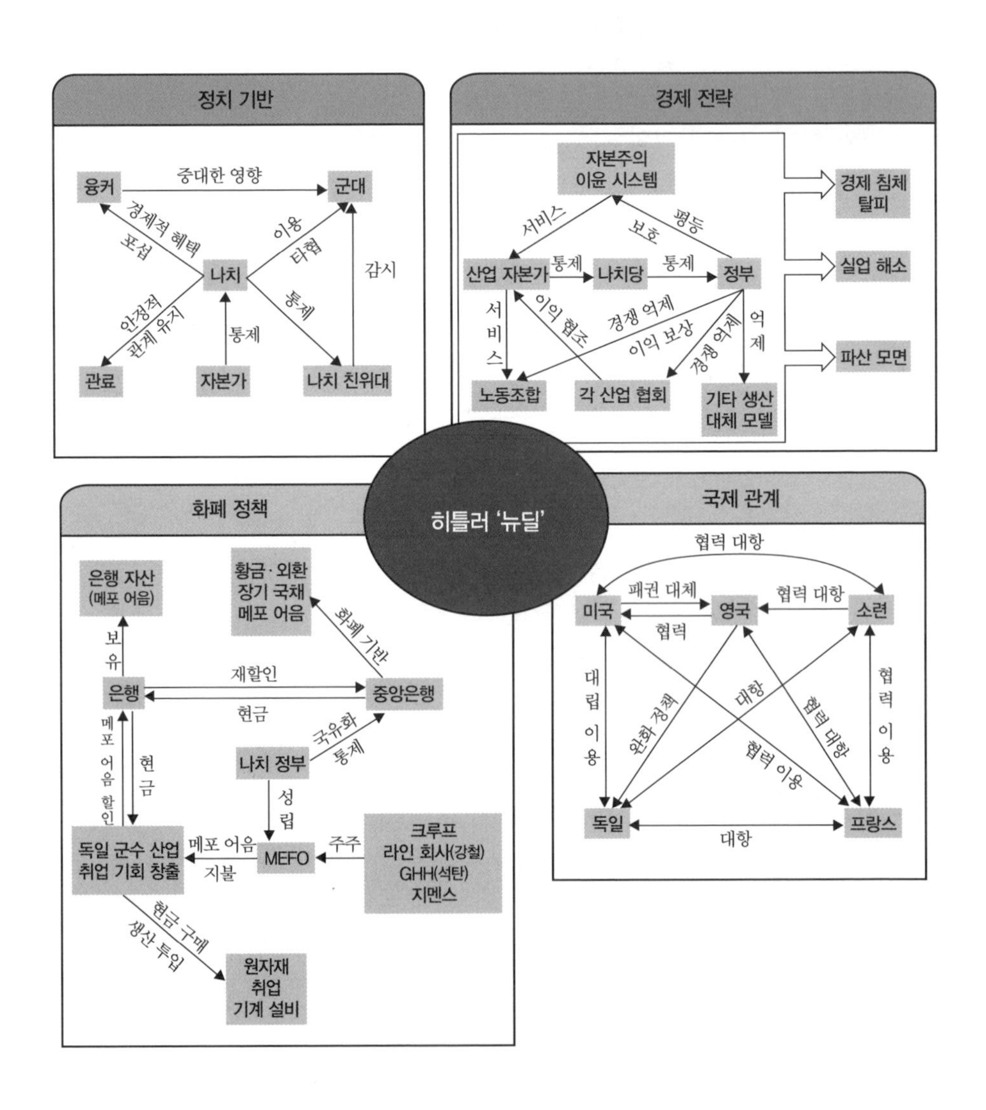

제 6 장 히틀러와 은행가 (2)

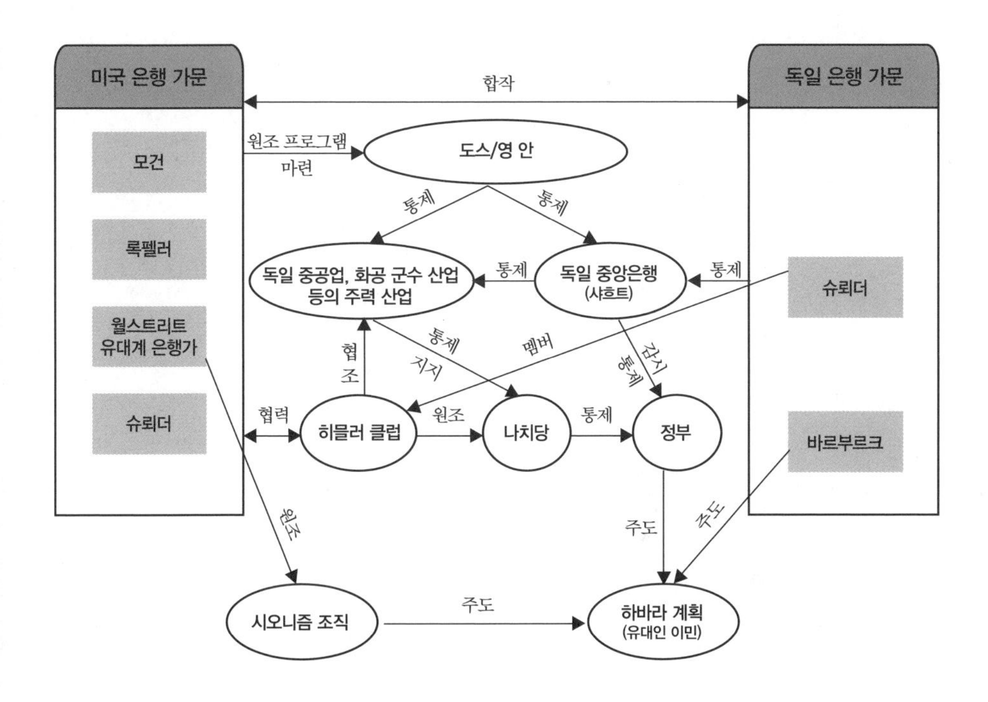

제7장

은행가와 정보 네트워크

'케임브리지의 다섯 스파이'는 이렇게 영국의 정보기관과 외교 정책 기관에 침투하여 훗날 제2차 세계대전 과정에서 상당히 중요한 역할을 담당했다. 이들 중 핵심 인물은 당연히 빅터 로스차일드였다. 모든 정보는 인맥 네트워크의 중심에 서 있던 그에게 모였다가 다시 그를 통해 사방으로 흩어졌다.

금융은 탄생한 날로부터 본질적으로 허황되거나 텅 빈 이론이 아니라 냉혹하고 정확한 정보를 바탕으로 하는 실전이었다. 경지에 오른 금융가들은 정보의 비대칭성을 이용해 시장에서 기회를 모색하고 발견해 이득을 취한다. 금융의 최고 경지는 비대칭 정보를 직접 창조해 내는 것으로 시장에서 다른 참여자들의 생각과 판단을 속이거나 혼란스럽게 만들어 그 속에서 이득을 얻는다.

금융가의 최고 학문은 단연 정보를 능수능란하게 다루는 방법을 연구하는 것이다. 시장의 주체가 사람이고 사람의 본성이 이기적이라면, 정보의 대칭성은 옛날에도 없었고 미래에도 영원히 나타날 수 없는 '유토피아' 같은 환상일 뿐이다. 따라서 이런 '유토피아' 위에 구축된 모든 이론적 체계는 금융계를 주름잡는 국제 금융가들의 눈에 영원히 정보의 비대칭을 창조하는 절묘한 수단인 것이다.

정보의 전파 경로를 좇아 정보의 근원지를 찾는 것을 첩보 활동이라고 한다. 분산된 정보를 집중시키고 난삽한 정보를 분류하고 개별적인 정보들의 상호 연관성을 찾아 왜곡된 정보를 바로잡는 등의 과정을 통해 '완성'된 정보를 얻는 행위가 바로 첩보 활동에 속한다. 이에 반해 상대의 이런 첩보 활동을 막는 것은 방첩 활동이라고 부른다. 금융시장에서는 첩보 고수와 방첩 고수들 사이의 대결이 시시각각 끊이지 않고 있다.

그래서 금융과 정보는 영원히 한통속인 것이다.

국제 정보 시스템의 수립과 발전은 국제 은행가들의 의사에 따라 좌지우지된다. 이는 국제 은행가들의 이익에 입각해 그들의 이익을 둘러싸고 활동하면서 결국 그들의 이익을 종착점으로 삼는다. 따라서 국제 은행가들의 목적과 이익 프레임을 깊이 분석하면, 오늘날의 국제 정보기관들이 누구를 위해 어떤 일을 하는지 정확하게 이해할 수 있다.

KGB의 '케임브리지의 다섯 스파이'

세계 정보기관에 대해 어느 정도 관심 있는 사람이라면 킴 필비(Kim Philby)라는 이름을 자주 들어봤을 것이다. 그는 KGB(소련의 최고 정보기관)의 고위급 첩자로 영국 정보기관에 무려 20여 년이나 잠복해 있었다. 그는 또 미국 CIA(중앙정보국)에 고위급 연락관으로 파견돼 영국과 미국의 대소(對蘇) 간첩 활동을 관장하기도 했다. 냉전 시기에 영국과 미국의 고위직에 수십 년 동안 포진하면서 양국 정보 시스템에 치명적인 타격을 가한 그는 희대의 스파이로 손색이 없었다.

킴 필비

영국과 미국의 대소 간첩 활동을 책임진 최고 수뇌가 소련의 스파이였다니, 세상에 이보다 더 황당한 일이 과연 있을까? 킴 필비는 1963년에 레바논의 수도 베이루트를 통해 소련으로 도주했다. 1965년에는 소련 적기 훈장을 받았고, 1968년에는 자서전인 《나의 조용한 전쟁(My Silent War)》까지 출판했다. 이 책은 세계 각국에서 일약 베스트셀러에 올랐다. 킴 필비 사건은 아마도 영국과 미국 정보기관이 생긴 이래 최악의 스캔들이 아닐까 싶다.

사실 킴 필비는 영국과 미국의 정보 시스템 내에서 혼자 고군분투한 것이 아니었다. 그의 곁에는 이른바 '케임브리지의 다섯 스파이(Cambridge Five)'로 알려진 핵심 멤버가 있었다. 이들은 명문 케임브리지 대학 때부터 의리로 똘똘 뭉친 후, 모두 영미 정보기관에 침투해 소련의 중견 스파이로 활약했다.

다섯 스파이 중 제일 먼저 행적이 발각된 인물은 도널드 매클린(Donald Duart Maclean)과 가이 버지스(Guy Burgess)였다.

도널드 매클린은 영국 MI5(국내 방첩 조직)와 MI6(대외 정보 수집 부서)의 요원으로 일하다가 워싱턴에 위치한 영국 대사관으로 자리를 옮겼다. 그는 그곳에서 핵무기 및 핵에너지 관련 정보와 영국의 윈스턴 처칠 수상, 미국의 프랭클린 루스벨트, 해리 트루먼 대통령 등의 정책 관련 고급 정보를 빼내 소련 KGB에 넘겼다. 특히 미국의 유럽 원조 계획인 마셜 플랜(Marshall Plan)의 진정한 목적을 소련에 맨 처음 알리는 활약상을 보였다.

마셜 플랜은 미국에게 일석다조의 절묘한 프로젝트였다. 이는 표면적으로는 유럽에 대한 대외 원조 계획이었다. 그러나 실제로는 미국 금융 세력 그룹이 유럽 재건을 주도하도록 만드는 동시에 소련의 경제 재건에 심각한 타격을 입힐 목적을 가지고 있었다.

당시 소련은 얄타 회담과 포츠담 선언에 따라 독일로부터 전쟁 배상금을 받기로 돼 있었다. 그러나 독일이 극심한 자금난을 겪고 있어서 기계 설비, 산업 기업, 자동차, 기선, 원자재 등으로 대체해 지급하기로 약속했다. 소련도 전쟁으로 인해 막대한 손실을 입은 탓에 수출을 통해 외화를 벌어들일 능력을 거의 상실한 상태였다. 이런 상황에서 독일의 설비와 원자재는 경제를 재건하게 해줄 가장 중요한 외부 자원이었다. 그러던 차에 마셜 플랜이 등장했다. 마셜 플랜의 취지는 소련에 대한 독일의 전쟁 배상금을 취소하고, 대신 미국이 유럽에 금융 원조를 제공한다는 것이었다. 하지만 참가국들이 수용해야 할 요구 조건에 경제 자유화가 포함되어 있었다. 따라서 계획경제를 실시하는 소련과 동유럽 국가들은 이 계획에서 실질적으로 배제된 것이나 다름없었다.

마셜 플랜의 또 다른 '절묘한 점'은 미국인이 납부한 세금으로 유럽 국제 은행 가문들이 전쟁에서 입은 손실을 보전해 주었다는 것이다. 미국은 마셜 플랜에 따라 유럽 은행 가문들에게 130억 달러를 빌려주었다. 나중에 독일을 제외한 어떤 나라의 가문도 이 돈을 갚지 않았다. 솔직히 국제 은행 가문들의 입장에서 보면 누가 전쟁에서 이기든지 아무 상관도 없었다. 누구든 자신들의 빚을 갚아주면 그만이었다. 그러나 아이러니컬하게도 전승국인 미국의 납세자들은 두 차례의 세계 대전에서 모두 금전적 손실을 감수하는 최대의 피해자가 되었다.

소련은 도널드 매클린의 정확한 정보에 힘입어 처음부터 마셜 플랜의 막후 진실을 속속들이 꿰뚫고 있었다. 때문에 마셜 플랜 참가를 거부하면서 다른 동유럽 국가들의 참가를 강력하게 저지했다. 또 독일에서 소련의 중공업 장비들을 재빨리 철수시켰다.

도널드 매클린은 38번째 생일날인 1951년 5월 25일에 그와 마찬가지로 이미 영국 정보기관으로부터 의심을 받고 있던 '케임브리지의 다섯 스파이' 멤버인 가이 버지스와 함께 소련으로 도주했다. 그는 훗날 KGB의 대령으로 진급했다.

가이 버지스는 제2차 세계대전이 한창일 때 영국 외교부에서 일했다. 이때 또 한 명의 '케임브리지의 다섯 스파이' 멤버인 앤서니 블런트(Sir Anthony Blunt)와 함께 연합군의 전략 계획과 외교 정책을 대량으로 KGB에 빼돌렸다. 나중에는 워싱턴에 있는 영국 대사관에 파견돼 킴 필비와 함께 일하기도 했다. 그는 소련으로 도주한 후 음주 과다로 사망했다.

앤서니 블런트는 '케임브리지의 다섯 스파이' 중에서 네 번째로 신분이 들통났다. 그는 영국 MI5에서 방첩 활동을 하면서 동료들이 해독해 낸 대량의 독일군 정보를 소련으로 흘려보냈고, 제2차 세계대전이 끝나기 전 영국 왕실의 스파이로 비밀리에 독일에 파견되었다. 이때 그는 영국의 윈저 공과 아돌프 히틀러의 비밀 편지를 비롯해, 영국 빅토리아 여왕과 그녀의 독일 친척들과의 통신 내용을 샅샅이 조사했다. 그는 이 공로로 1956년에 영국 왕실로부터 기사 작위를 받았고, 훗날 케임브리지 대학에서 예술사 교수를 역임했다. 그가 소련 스파이라는 사실이 밝혀지자 엘리자베스 여왕은 그의 기사 작위를 박탈했고, 뒤이어 마거릿 대처 총리가 그가 소련 스파이였음을 공개적으로 알렸다. 이로 인해 영국 여론은 한동안 벌집을 쑤신 듯 난리가 났다. 앤서니 블런트는 1983년 런던의 자택에서 세상을 떠났다.

그렇다면 '케임브리지의 다섯 스파이' 중 끝까지 정체가 탄로나지 않은 나머지 한 사람은 누구였을까? 베일에 가려진 이 '제5의 사나이'에 대해서는 각종 추측이 난무하며 지금까지도 설이 분분하다.

유명한 정보학자 롤랑 페리(Roland Perry)는 대량의 사실적 근거를 바탕으로 이 신비스런 '제5의 인물'이 바로 빅터 로스차일드라고 단정했다.[1]

'제5의 사나이'

로스차일드가는 국제 정보 시스템의 시조라고 불릴 만했다. 그들은 나폴레옹 전쟁 당시 탁월한 정보력을 바탕으로 워털루 전투의 결과를 24시간 일찍 예측해 런던 금융시장에서 엄청난 이익을 챙겼다. 신속하고 정확한 정보는 국경을 넘나들며 금융시장에서 차익을 노리는 국제 은행 가문들에게 이익과 직결되는 '제1의 생산력'이라고 할 수 있다. 또한 로스차일드가는 전화나 전보가 발명되지 않았던 시대에 비둘기를 이용해 금융 정보와 거래 명령을 전달하는 기발한 방법을 고안해 냈다. 이들은 정보가 다른 사람의 수중에 들어갈 것에 대비해 체계화된 정보 암호화 기술도 개발해 냈다. 정보학의 달인이라 불러도 크게 이상할 것이 없었다.

로스차일드가의 제3대 남작인 빅터 로스차일드는 영국 지점의 후계자로 지명돼 그야말로 온 가족의 기대를 한몸에 받았다. 그의 선조인 메이어 암셸 로스차일드가 집안을 일으킨 이래로, 고조부인 네이선 로스차일드는 나폴레옹 전쟁 당시 워털루 전투의 결과를 정확하게 예측해 일약 런던 금융계의 영웅으로 떠올랐다. 증조부 라이오넬 로스차일드는 수에즈 운하를 건설할 당시 대영제국을 담보로 잡고 돈을 빌려준 사건으로 유명했다. 조부 네티 로스차일드는 로즈 가문이 남아프리카 광산을 개발하고 전 세계의 다이아몬드를 독점하는 데 자금을 지원했고, 훗날 영국과 미국의 엘리트들을 수없이 배출한 로즈 장학재단을 설립하는 등 수많은 공적을 세웠다. 하지만 그의 아버지 찰스 로스차일드는 선조들과 달리 심한 우울증을 앓아 장장 6년 동안이나 불면증에 시달린 끝에 자살로 생을 마감했다. 이때 빅터 로스차일드는 겨우 열두 살이었다. 가업을 계승해야 하는 그에게는 막중한 책임과 함께 여러 방면의 압력을 스스로 이겨내야 하는 힘든 과제가 주어졌다.

첫 번째 압력은 바로 민족 문제였다. 그는 자신이 사회적 멸시를 받는 유대인이라는 데 대해 상당한 콤플렉스를 느끼는 동시에 남다른 우월감을 가지고 있었다. 유대 민족이 갖은 배척과 멸시를 당했으나 성경에서 하나님이 약속한 유일한 선민이라고 굳게 믿었다. 그는 또 유대 민족이 장차 전 세계를 통치하고, 자신들의 권력은 다른 민족이 결코 대체할 수 없는 것이라고 여겼다. 이처럼 유대인의 마음속에는 강렬한 자존심 속에 강렬한 피해의식이 혼재해 있었다. 그리고 이런 심리는 그들 특유의 강력한 원동력과 끈기를 만들어냈다.

두 번째 압력은 가문의 명성에 대한 부담감이었다. 이때까지 로스차일드가는 국제 금융계를 100여 년 동안 주름잡으며 세계 근현대사에 엄청난 영향을 미쳤다. 그는 어렸을 때 고관과 귀족 자제들만 입학

할 수 있는 귀족 학교에 다녔다. 그 가운데서도 그는 로스차일드가의 아들이라는 이유로 항상 학생들의 경외의 대상이 되었다. 그래서 그에게는 늘 가문의 명예와 지위에 먹칠해서는 안 된다는 부담감이 따라다녔고, 조그마한 실수나 2인자 자리도 용납되지 않았다.

그는 지식의 한계에도 끊임없이 도전해야 했다. 나치 전문가들은 그의 IQ가 무려 184에 달할 것이라고 예측한 바 있었다. 그는 총명한 두뇌를 바탕으로 여러 방면에서 다재다능함을 보였다. 그는 업적이 탁월한 은행가이자 유명한 방첩 전문가인 동시에 생물학자이며 핵물리학에도 정통했다. 이 밖에 그는 회화를 비롯해 예술과 음악에도 상당히 조예가 깊었다. 그는 끊임없이 새로운 지식을 탐구하면서 한평생 게으름을 피우지 않았다.

케임브리지 대학의 트리니티 칼리지에 입학한 청년 빅터는 온몸에 에너지가 넘치고 모험심이 강해 물리학, 생물학, 심리학 등 다양한 학과를 섭렵했다. 그중에서도 자연과학과 프랑스어에 각별한 흥미를 보였다. 그는 프랑스어를 더 잘하기 위해 세 살 많은 선배에게 특별 과외를 받기도 했다. 그 선배가 바로 '케임브리지의 다섯 스파이' 중에서 네 번째로 신분이 들통난 앤서니 블런트였다.

둘의 관계는 급속도로 가까워져 앤서니 블런트는 늘 일대일로 빅터 로스차일드에게 프랑스어 발음을 지도해 주었다.

블런트는 1928년 5월 대학 2학년 때 트리니티 칼리지의 유명한 비밀 단체인 '케임브리지 사도회(Cambridge Apostles)'에 가입했다. 이 조직은 1820년에 열두 명의 '사도'들이 발기한 비밀단체였다. 멤버 전원은 케임브리지 대학의 최고 수재로 꼽히는 학생이었고, 명문가 출신에 영국 상류 사회에서 폭넓은 인맥을 자랑했다. 이처럼 까다로운 조건으로 선발된 '케임브리지 사도회'는 훗날 영국을 지배하는 엘리트 그룹으로 성장했다. 빅터 로스차일드는 블런트의 소개로 '케임브리지 사도회'에 가입할 수 있었다.[2]

블런트는 빅터 로스차일드 외에 또 한 명을 '케임브리지 사도회'에 가입시켰다. 그는 바로 '케임브리지의 다섯 스파이' 중 세 번째로 행적이 발각된 가이 버지스였다. 그는 1932년 11월 12일에 빅터 로스차일드와 함께 '케임브리지 사도회'의 일원이 되었다. 이로써 '케임브리지 사도회' 내부에는 이들 세 명을 핵심으로 하는 작은 그룹이 형성되었다.

'케임브리지 사도회'의 커넥션

'케임브리지 사도회'는 신앙의 가치 체계, 조직 구성, 선발 메커니즘과 활동 의식 등의 형식이 완벽하게 갖춰진 단체였다. 단순하게 함께 모여 먹고 마시고 즐기는 사교성 모임이 아니었다. 명문가의 머리 좋은 젊은이들이 향후 사회를 '더욱 잘' 관리하기 위한 방법을 연구하고 엄격한 고등교육과 훈련을 받는 모임이었다. 이 멤버들의 공통점은 미래 사회를 개조하려는 강렬한 동기를 지녔다는 것이다. 다시 말해 '케임브리지 사도회'는 정치적 야심으로 똘똘 뭉친 학생들의 동아리라고 할 수 있었다. 그런 의미에서 일반적인 학술 단체, 동문회, 비밀 단체와는 완전히 구별되었다.

무엇보다 그들은 일반인의 상상을 초월하는 출신 배경, 부, 지능, 에너지를 가지고 있었다. 특히 사회를 그들 의지에 따라 움직이게 하겠다는 '엘리트' 의식이 대단히 강했다. 이런 그들이 함께 모여 영원히 서로를 배신하지 않는다는 서약을 한 다음 상부상조하면서 난공불락의 이익 공동체를 형성하는 것, 바로 그것이 '케임브리지 사도회'의 전통이었다. 두뇌가 뛰어나고 에너지가 충만한 사람들을 하나의 유대 관계로 묶을 수 있는 것은 결코 이익 때문만이 아니라 신앙이 더 근본적이고 중요한 힘이 되었다.

빅터 로스차일드는 '케임브리지 사도회'를 통해 당시 케임브리지 대학에서 꽤 유명했던 소련 과학자 표트르 카피차(Pyotr kapitsa)를 알게 되었다. 카피차는 노벨상을 수상한 저명한 물리학자로, 당시 영국 왕실 과학원의 초청으로 케임브리지 대학의 러더퍼드 실험실에서 근무했다. 그는 케임브리지 대학에 오자마자 '카피차 클럽'을 만들어 유명세를 탔다. 이 클럽에서는 케임브리지 대학의 최고 물리학자들을 초빙해 물리학의 새로운 연구 성과를 토론하는 활동을 적극적으로 가졌다. 이에 케임브리지 대학의 물리학자들은 "카피차는 단조로운 연구 논문을 읽을 필요 없이 우리와의 교류를 통해 최신 물리학 성과를 제때에 얻을 수 있었다"라고 농담처럼 말했다. 그러나 사실 카피차는 평범한 학자가 아니었다. 그는 케임브리지 대학에서 수집한 최신 물리학 연구 성과들을 종류별로 정리해 물리학 연구 보고서를 작성하여 정기적으로 모스크바에 보낸 스파이였다.[3]

젊은 빅터 로스차일드는 카피차와의 교류를 통해 소련이 세계 최초로 발전시킨 사회주의 정치체제 이론에 흥미를 가지게 되었다. 그의 시각에 따르면, 과학적 사회주의로 일컬어지는 소련식 정치체제는 엄밀한 과학적 법칙을 이론적 토대로 완벽한 사회체제와 경제체제를 구축한 것이 특징이었다. 물리학과 자연과학에 심취해 있던 그는 과학적 사회주의가 마치 엔지니어가 집을 짓는 것처럼 과학적 원리에 따라 빈틈없이 제정된 사회 발전 계획이라는 사실을 깨달았다. 전체 사회의 정치와 경제 시스템이 정밀하고 객관적인 과학 이론과 법칙에 따라 운영되는 체제라고 할 수 있었다. 이 사상 이론은 그에게만 깊은 감동을 준 것이 아니었다. '케임브리지 사도회'의 멤버들을 비롯한 많은 케임브리지 대학의 학생들도 그 사상에 매료돼 있었다.

'케임브리지 사도회'는 토론회를 자주 열었다. 이 토론회는 각 멤버들이 사회 운영 관련 논문 한 편씩을 발표한 다음 그 분야와 관련해 집중 토의하는 방식으로 진행되었다. 대부분의 논문은 소련식 사회 발전 모델과 경험을 연구 과제로 다룬 것이었다. 그들은 소련식 모델이 전 세계의 각종 위기를 해결할 최상의 방안이라는 데 의견 일치를 보았다.

이에 반해 빅터 로스차일드의 논문은 대부분 은행업의 사회적 역할을 논리적으로 분석한 내용이 많았다. 그중 '공산주의와 은행업의 미래'라는 제목의 논문은 그의 지혜와 아이디어가 단연 돋보이는 글이었다.[4] 그는 이 논문을 통해 기발하고 재미있으면서도 실행 가능한 방안을 많이 제안했다. 그러나 유감스럽게도 '케임브리지 사도회'는 그의 논문에 냉담한 반응을 보였다. 무엇보다 멤버들 대부분은 금융과 상업에 대해 체계적인 학습 경험이 부족했다. 그들은 주로 학문의 방법이나 이론을 연구하는 학술적 방면에 치우쳐 있었다. 그들의 관심은 오로지 사회 변혁이나 사회 운영, 사회 제도 분야 등에 집중돼 있었다.

앤서니 블런트는 '케임브리지 사도회' 멤버 중에서 제일 먼저 과학적 사회주의 이론을 받아들인 '선구자'였다. 동시에 그는 빅터 로스차일드에게도 자신과 같은 길을 걷도록 적극 유도했다. 그러면서도 평소에는 빅터 로스차일드에게 우회적 방법으로 가문 은행에 대한 견해를 묻곤 했다. 그럴 때마다 빅터 로스차일드의 대답은 무척이나 궁했다. 그는 분명 '이곳에 있는 돈을 저곳으로 의미 없이 옮기는 과정에서 이익을 얻는' 가문 은행의 운영 방식에 문제가 있다는 생각을 하고 있었다. 또 국제 은행 가문들로 이뤄진 금융 시스템이 결코 이 사회에 더 많은 이익을 가져다줄 수 없다고 생각했다. 하지만 솔직히 로스차일드가를 대표로 하는 국제 은행 가문들의 반대 입장에 서고 싶지는 않았다.

이때 그는 갓 스물을 넘어서면서 사상 관념과 가치관에 극심한 혼란을 겪었다. 블런트는 그에게 한 가지 관점을 지속적으로 주입시켰다. 국제 은행 가문들로 이루어진 금융 독점 시스템이 전혀 무가치하지 않다는 사실, 일단 혁명이 폭발해 국가의 은행 시스템이 국유화되면 사회에 막대한 이익을 가져올 것이라는 관점이었다.

그러나 빅터 로스차일드는 블런트와 카피차가 생각한 것처럼 단순한 '애송이'가 아니었다. 사람이 조숙하고 신앙심이 깊은 데다가 운명적으로 나고 자란 환경 때문에 어릴 때부터 생각이 깊고 의지가 굳세며 큰 뜻을 품고 있었다. 그에게는 또 주관이 뚜렷하다는 큰 장점이 있었다. 그래서 절대 다른 사람의 권유나 이론에 좌우돼 자기 주관을 굽히는 일이 없었다. 언제나 긴 안목으로 앞을 내다보고 뚜렷한 방향과 목표에 따라 심오하게 계획하고 행동하는 사람이었다. 고집이 세고 주관이 뚜렷한 그의 이런 성향은 로스차일드가의 고유한 전통이기도 했다.

그의 마음속에는 단순한 의식 형태의 사회 발전 계획보다 훨씬 더 원대한 목표가 자리 잡고 있었다. 그래서 그는 주위 사람들의 뛰어난 사상과 이념을 받아들이는 동시에 그들을 이용해 자신의 목표를 실천할 방법에 대해서도 연구하기 시작했다. 사업가 집안의 유전적 요인이 작용해서일까, 그는 이론 자체에 흥미를 가지기보다는 이를 토대로 이익을 얻으려는 욕망이 훨씬 더 강했다.

'케임브리지 사도회' 커넥션 내에는 세상이 알아주는 쟁쟁한 실력자가 또 한 명 있었다. 그는 바로 영국의 유명한 경제학자 존 케인스였다. 빅터 로스차일드와도 대단히 밀접한 관계를 맺었던 그는 '케임브리지 사도회'의 초창기 멤버로 1930년대에 케임브리지 대학에서 학생들을 가르친 적이 있었다. 그는 공산주의자는 아니었으나 '정부의 경제 개입 이론'에는 굉장한 흥미를 가지고 있었다. 때문에 소련의 근황과 소련 지도자들이 실시한 일련의 경제개혁 정책을 면밀히 주시했다. 1929년 세계적으로 대공황이 발생하면서 자본주의 사상 시스템은 전례 없는 위기를 맞았다. 이로 인해 사회 발전의 활로를 모색하려는 다양한 사조가 등장하게 되었다. 경제학자들 역시 그 흐름에 동참했으며, 당시 케인스도 소련식 계획경제 모델의 영향을 받았다.

빅터 로스차일드는 자주 케인스를 찾아가 대화를 나눴다. 케인스는 그가 사무실을 찾을 때마다 항상 흔들의자에 앉아 존 로크나 데이비드 흄의 철학서를 읽곤 했다. 그래서 그는 경제학 연구에 몰두하는 존 케인스의 모습을 거의 본 적이 없었다. 두 사람은 의기투합한 동지답게 만날 때마다 대화가 잘 통했다. 더구나 둘의 공동 취미인 도서 수집과 관련해서는 며칠 동안 대화를 나눠도 다 못할 정도로 할 말이 무궁무진했다. 그러나 빅터 로스차일드는 "케인스는 본업인 경제학을 도대체 언제 연구하는 것일까?"라는 의문을 항상 품었다.[5]

케인스는 빅터 로스차일드보다 나이가 무려 서른 살 가까이나 많았다. 그러나 나이나 경력은 그들이 절친한 지기가 되는 데 전혀 걸림돌이 되지 않았다. 빅터 로스차일드는 케인스를 만날 때 사전에 약속도 하지 않고 생각날 때마다 그의 사무실 문을 두드렸다. 둘은 만나기만 하면 화제가 끊이지 않았다. 철학, 사회, 문학, 사회 개조 등에 관한 이론과 실천에서부터 현 사회가 도대체 어떻게 운영돼야 하는지에 대한 심각한 문제에 이르기까지 이야깃거리가 그야말로 무궁무진했다. 둘이 자주 토론하는 화제 중에는 영국 금본위제도 있었다. 당시 세계의 금융 명맥을 장악한 로스차일드가는 금본위제 기반의 금융 시스템에 엄청난 영향력을 미치고 있었다. 따라서 로스차일드가의 후계자인 빅터 로스차일드로서는 금이 영국의 은행 시스템과 세계화폐 시스템에 미치는 역할에 대해 남다른 관심을 가질 수밖에 없었다.

'케임브리지 사도회'의 발표회에서 가장 인기 있는 것은 케인스의 강연과 논문이었다. 당시 그는 쉰을 바라보는 나이로 사회 경험과 견식이 풍부했다. 또한 사회, 경제, 정치, 외교 분야의 정보도 대단히 많이 보유하고 있었다. 스무 살을 갓 넘긴 애송이들에게는 거의 숭모의 대상이 될 수밖에 없었다. 그는 이론에 박식할 뿐 아니라 풍부한 사회 경험을 바탕으로 실천 방면에서도 늘 확실한 소견을 피력했다.

한번은 그가 '케임브리지 사도회'의 토론회에서 '정부 간섭'이라는 제목의 논문을 발표한 바 있었다. 이 논문은 빅터 로스차일드를 비롯한 '케임브리지 사도회' 대부분 멤버들에게 깊은 깨우침을 주었다. 빅터 로스차일드는 순수한 이론과 추상적인 개념에는 별 흥미를 가지지 않았다. 그의 흥미는 주로 상세한 실천 방법에 집중돼 있었다. 그의 이 생각은 자신의 친구에게 보낸 편지에 잘 드러나 있다. 그는 케인스의 논문에 대해 언급하면서 멤버들에 대한 불만을 터뜨렸다.

"우리 멤버들은 항상 공산주의 사회는 이러이러해야 한다는 화제를 토론하곤 하지. 참으로 단조롭고 지루한 얘기야. 물론 버지스나 왓슨, 데이비드는 이런 화제가 나올 때마다 기뻐 어쩔 줄을 몰라 해. 두 눈이 반짝반짝 빛나고 머리에서는 땀이 날 정도로 열광하지. 그러나 그들의 견해는 논리적인 연관성이 부족해. 적어도 내 생각으로는 그래."[6]

한번은 빅터 로스차일드도 '공산주의와 과학의 희망'이라는 제목의 논문을 쓴 적이 있었다. 그 자신이 보기에는 논점이 불분명할 뿐 아니라 내용도 모호했지만 이 논문은 멤버들로부터는 대대적인 호평을 받았다.[7]

얼마 후 '케임브리지 사도회'에 사회학과의 학생 한 명이 새 멤버로 들어왔다. 그는 바로 '케임브리지의 다섯 스파이' 중 세 번째로 신분이 탄로 난 킴 필비였다.

킴 필비의 아버지

킴 필비의 아버지 존 필비(John Philby)도 전설적 인물로 알려져 있다. 역시 케임브리지 대학 트리니티 칼리지 출신인 그의 절친한 친구 중에는 훗날 인도 총리가 되는 자와할랄 네루도 있었다. 그는 아들만큼 유명세를 떨치지는 못했지만 유대인답게 중동과 팔레스타인 지역의 정세 변화에 큰 관심을 가지고 있었고, 중동의 지연 정치에 대해 상당히 중요한 영향력을 미쳤다.

그는 영국의 대 식민지 정보 분야의 관리로 일하면서 오스만 제국에 대항해 아랍의 독립 운동을 이끌었다. 또 당시 영국 해군의 유일한 석유 공급원이던 바스라 유전 보호 운동에 적극적으로 가담하기도 했다. 나중에는 아랍인들에게 통일된 아랍 연방국가의 건국 지원도 약속했다. 이때 그와 함께 아랍 독립운동을 이끈 사람 중에는 〈아라비아의 로런스〉로 유명한 토머스 로런스(Thomas Edward Lawrence)도 있었다. 그러나 둘은 서로 다른 지도자를 선택했다. 그는 아랍에미리트 국왕 이븐 사우드(Ibn Sa'u－d), 로런스는 헤자즈(Hejaz) 왕 후세인을 지지했다.

헤자즈 지역의 하심(Hashemite)가는 선지자 무함마드의 직계 후손으로 지난 700년간 성도(聖都) 메카(Mekka)와 메디나(Madinah)의 법정 수호자 역할을 담당해 왔다. 또 왕인 후세인은 아랍인들의 지도자로 이슬람 세계에서 무척 존경받던 인물이었다. 1915년 10월, 영국은 맥마흔(McMahon)을 대표로 파견해 후세인과 담판을 벌인 끝에 후세인이 아랍인들을 인솔해 봉기를 일으키면 전쟁이 끝난 다음 아랍 국가를 독립시켜주겠다고 약속했다.

그러나 이때 이븐 사우드나 후세인은 영국과 프랑스가 이미 비밀리에 전후 중동 지역의 세력 범위를 확정지었다는 사실을 전혀 모르고 있었다. 1916년 5월, 영국과 프랑스는 오스만 제국을 분할하기로 하는 사이크-피코 협정을 체결했다. 이에 따라 프랑스는 시리아와 레바논, 영국은 요르단, 팔레스타인 및 이라크를 각각 분할 지배하기로 합의했다.[8]

1917년 11월, 영국이 이번에는 밸푸어 선언을 발표했다. 이때 영국은 팔레스타인에 유대 국가를 세워주는 대가로 유대계 과학자 하임 바이츠만(Chaim Weizmann, 이스라엘 초대 대통령)이 이룩한 군사과학 방면의 연구 성과를 자신들에게 제공해 줄 것을 요구했다.[9] 그러나 영국이 아랍인과 유대인에게 국가 건립을 적극적으로 지원해 주겠다고 한 약속은 완전히 사기였다. 이런 배신은 훗날 아랍 세계와 유럽의 관계 악화에도 일정한 영향을 미쳤다. 결과적으로 존 필비와 토머스 로런스는 영국 정부의 엉터리 약속을 전하는 '전령사'에 지나지 않았다. 물론 훗날 존 필비가 지지한 이븐 사우드는 사우디아라비아 국왕, 토머스 로런스의 지지를 받은 후세인의 아들 페이살(Feisal)은 이라크 국왕이 되었다.

1921년 존 필비는 영국령 팔레스타인 정보부의 최고 책임자로 임명됐다. 이때 그의 관할 구역은 오늘날의 이스라엘과 팔레스타인, 요르단 전역을 포함했다. 그는 그곳에서 나중에 미국 CIA의 국장이 되는 앨런 덜레스(Allen Dulles)와 장기적인 협력 관계를 구축했다. 아들 킴 필비가 CIA에 그토록 오래 침투해 있으면서도 전혀 의심을 받지 않은 것은 이런 그의 전력과 크게 관계가 있었다.

1922년 말 존 필비는 런던으로 돌아가 팔레스타인 문제와 관련한 정책 토론회에 참가했다. 참석자들로는 영국 국왕 조지 5세, 훗날 영국 수상이 되는 윈스턴 처칠, 월터 로스차일드, 시오니즘 지도자인 하임 바이츠만 등이 있었다.

그 후 존 필비는 사우드의 최고위 자문관 자격으로 사우디아라비아의 발전과 영토 확장에 많은 도움을 줘 사우디아라비아에서 최대 권력자 중 한 사람으로 군림했다.

1933년 그는 미국 스탠더드 오일 회사에 페르시아만 하사(Hasa) 지역 석유를 60년 동안 독점 개발하는 권리를 부여했다. 이로써 미국의 석유 회사는 중동 지역에 진출하는 계기를 마련했다. 한마디로 그는 미국과 사우디아라비아의 특별한 관계를 이끌어낸 로비스트 역할을 했다.

1936년 미국 스탠더드 오일 오브 캘리포니아는 동 수에즈 회사 등과 공동 출자로 아람코(Arabian-American Oil Company, ARAMCO)를 설립했다. 이때 존 필비는 사우디아라비아 대표로 협상에 참여했다. 이후 아람코는 세계 최대의 석유 생산 회사로 성장했다.

존 필비는 1937년부터 사우디아라비아 정부의 밀착 보호를 받으면서 유대인의 팔레스타인 이민을 적극적으로 추진했다. 또 나치 독일 및 스페인 파시스트 정부와 세계대전이 발발할 경우 중립국인 사우디아라비아가 석유를 다른 중립국 스페인에 팔고 이 석유를 스페인에서 다시 독일로 운송한다는 내용의 밀약을 맺었다. 이는 훗날 미국 사법부의 나치 조사팀이 독일 게슈타포의 유대인 담당 부서 책임자인 아돌프 아이히만(Adolf Eichmann)이 1930년대에 중동에서 존 필비와 비밀리에 만난 적이 있다는 사실을 끝까지 추적해 밝힌 사실이다.

아돌프 아이히만은 1935년에 나치 친위대가 추진한 유대인 말살 정책을 직접 기획하고 집행하는 책임자로 임명됐으며, 1938년 독일이 오스트리아를 강점한 다음에는 오스트리아의 유대인을 강제 이주시키는 일을 추진했다. 이때 그는 시오니스트들의 '불법 이민(Aliyah Bet)' 대리 사무국과의 협력을 통해 소기의 목적을 달성했다.

1939년 2월, 존 필비는 런던에서 벤 구리온(Ben-Gurion, 이스라엘 초대 수상)과 하임 바이츠만을 만났다. 이 회동에서 존 필비는 하임 바이츠만이 이끄는 시온주의 조직이 사우디아라비아에 2,000만 파운드를 지원할 경우 아랍인들을 팔레스타인 경내에서 떠나게 하겠다는 파격적 제안을 건넸다. 이에 하임 바이츠만은 미국의 프랭클린 루스벨트 대통령과 상의해보겠다며 즉답을 피했다. 당시 이 회동에는 킴 필비도 참석했다. 10월 시온주의 조직은 이른바 '필비 플랜'을 수락했다. 그러나 중간에 이 계획이 누설돼 아랍인들은 사생결단의 반대 투쟁에 나섰다. 결국 팔레스타인의 종교적 마찰을 고려해 이 계획은 3년 동안 보류되었다.

1940년 8월 3일, 영국 정부는 나치에 동조했다는 이른바 '국가방위법(Defence Regulation)' 18B조 위반 혐의로 존 필비를 뭄바이에서 전격적으로 체포했다. 그는 영국에 송환됐다가 존 케인스 등의 적극적인 구명 운동 덕분에 7개월 만에 감옥에서 풀려났다.

1943년 8월, 미국 대통령 프랭클린 루스벨트는 측근인 해럴드 호스킨스(Harold Hoskins)를 중동 특사로 파견해 사우디아라비아에 다시 '필비 플랜'을 제안했다. 미국은 이때 프랭클린 루스벨트 대통령의 보증을 통해 2,000만 파운드를 제공하겠다는 파격적 조건을 제시했다. 사우디아라비아 국왕은 난처한 입장에 처했다. 비밀이 이미 새어나간 상황에서 2,000만 파운드를 받고 아랍인들을 팔레스타인에서 쫓아낸다면, 한평생 "뇌물을 받고 아랍인들을 팔아버렸다"라는 오명을 뒤집어쓸 판이었다. 사우디아라비아 국왕은 심사숙고 끝에 '뜨거운 감자'를 포기하기로 결정했다. '필비 플랜'은 이렇게 유야무야되고 말았다.

킴 필비와 빅터 로스차일드

1933년 6월, 킴 필비는 경제학 시험에서 우수한 성적을 올려 장학금을 받았다. 그는 장학금 일부로 카를 마르크스의 저작 선집을 사고, 나머지로는 중고 오토바이 한 대를 구입했다. 이 오토바이를 타고 유럽을 일주할 계획이었다. 그는 전 세계를 누비며 정보원으로 맹활약한 존 필비의 아들답게 모험심이 강한 젊은이였다.[10]

킴 필비의 행동은 빅터 로스차일드에게 신선한 충격을 주었다. 그는 가문의 배경이나 지위, 재산, 명성이라는 무형의 '밧줄'에 묶여 영원히 킴 필비와 같은 자유를 누리지 못할 운명이었다. 킴 필비가 마냥 부러웠던 그는 불가능하다는 걸 알면서도 킴 필비에게 함께 떠나자고 제안했으나 그의 바람은 실현되지 못했다.

1934년 5월, 약 1년 동안의 유럽 일주를 마친 킴 필비는 약혼녀 리츠 프리드먼(Ritz Friedman)과 함께 다시 빅터 로스차일드를 만났다. 오스트리아 유대인인 리츠 프리드먼은 이때 지하 공산당원으로 활동하고 있었다. 유럽 여행은 킴 필비의 일생에 중대한 영향을 미쳤다. 그는 오스트리아에서 리츠 프리드먼을 만나 그녀의 권유로 공산당 지하 공작원으로 활동하기 시작했다. 그는 나치 박해를 받는 유대인 구조, 공산당원의 지하 활동 엄호, 자금 조달, 반파시스트 운동 참가, 나치에게 체포된 노동자 구조, 비밀 편지 전달 등의 활동을 벌였다. 심지어 그는 기자로 위장해 나치 조직에 침투하기도 했다. 젊은 빅터 로스차일드는 킴 필비가 1년 동안 겪은 파란만장한 모험담에 완전히 매료되었다.[11]

빅터 로스차일드의 입장에서 볼 때 킴 필비의 생활은 평생 흉내조차 낼 수 없는 것이었다. 그럴수록 그의 마음속에는 불가능한 모험과 스릴에 대한 동경이 가득 찼다.

어느 날 식사를 마친 다음 킴 필비가 빅터 로스차일드를 슬쩍 떠보았다.

"유대인 이민을 위해 더 직접적인 일을 해보지 않겠어? 돈을 지원하는 것보다 더 나을지도 몰라."

빅터 로스차일드는 이미 필비가 소련과 관련된 일에 깊숙이 관여하고 있다는 사실을 알고 있었다. 만약 필비의 요구에 흔쾌히 응한다면 자신이 소련의 지지자로 변신한다는 것을 뜻했다.

빅터 로스차일드는 일생일대의 중요한 선택을 해야 하는 기로에 섰다. 그가 소련을 돕겠다는 생각은 이론적으로 소련식 사회 체제를 선호했을 뿐 아니라 여태껏 깊이 숨기고 드러내지 않았던 개인적인 야심과 관련이 있었다. 그는 로스차일드가의 공식 후계자로 정보의 가치와 중요성을 누구보다 잘 알고 있는 터였다. 당시 전란을 목전에 둔 상황에서 정보를 잃는 것은 로스차일드가의 백년 가업이 중대한 위기에 빠진다는 사실을 의미했다. 그리고 소련에 정보를 제공한다면 로스차일드가는 이후 소련과의 거래에서 막강한 발언권을 가질 수 있었다. 원래 로스차일드가에는 100년 동안 꾸준히 고수해 온 '게임에서 지지 않는 불변'의 진리가 있지 않았던가. 양측에 모두 돈을 걸고 영원히 승리자의 편에 서는 게 바로 그것이었다. 이 이치를 깨닫고 있던 그는 마침내 초강대국 영국과 소련 사이에서 줄타기를 하면서 최후의 승자로 남기로 결정을 내렸다.

'케임브리지의 다섯 스파이' 영국의 정보기관에 침투하다

로스차일드가의 영국 내 방대한 인맥 덕분에 '케임브리지 사도회' 멤버들은 졸업 후 취직을 하거나 상류 사회에 진입하는 데 빅터 로스차일드의 도움을 적지 않게 받았다.
그는 우선 가이 버지스를 영국 보수당의 거물인 조지 볼(George Ball)에게 소개했다. 조지 볼은 MI5의 최고위급 인사이자 보수당 정보기관의 창시자였다. 가이 버지스가 친구와 조지 볼의 추천으로 처음 들어간 곳은 MI6의 D처였다. 그의 첫 임무는 팔레스타인의 유대인 문제와 관련한 것으로, 유대인 내부에 하임 바이츠만을 대표로 하는 시온주의자들에게 반대하는 조직을 만드는 것이었다. 이를 통해 영국 의회에 대한 유대인의 압력을 분산시켜 영국 정부와 아랍 국가 간의 협상에 유리한 상황을 조성할 계획이었다. 원래 영국 정부는 이 임무의 최적임자로 빅터 로스차일드를 염두에 두고 있었다. 실제 그는 시오니즘의 확고한 지지자였지만 항상 조용하고 소극적 자세로 일관해 사람들은 로스차일드가가 중립적 입장을 지키고 있다고 생각했다.

가이 버지스는 영국 정보부에서 탁월한 능력을 인정받았다. 이에 그의 소개로 필비 역시 MI6의 D처에 들어가게 됐다. 그는 또 MI5 B처의 수석 부처장인 가이 리델(Guy Liddell)을 빅터 로스차일드에게 소개했다. 리델은 훗날 빅터 로스차일드가 MI5에 들어가는 데 발판이 되어주었다.

로스차일드가는 윈스턴 처칠과도 친밀한 관계를 유지하고 있었다. 빅터 로스차일드의 할아버지인 네티 로스차일드 때부터 윈스턴 처칠은 그의 집에 자주 초대되었다. 로스차일드가의 방명록에는 그의 이름이 1890년부터 1930년까지 무려 40년 동안이나 기록되어 있었다. 또한 그는 빅터 로스차일드의 삼촌인 월터 로스차일드와 막역한 친구사이였다. 그래서 처칠은 팔레스타인에 유대 국가인 이스라엘을 세워야 한다는 월터 로스차일드의 주장에 시종일관 지지 입장을 표명했다. 그리고 바로 이 점 때문에 로스차일드가의 든든한 후원을 받을 수 있었다.

1939년 빅터 로스차일드는 윈스턴 처칠에게 독일 은행 시스템과 관련한 분석 보고서를 제출했다. 그는 비록 비정통적이기는 했지만 탁월한 식견을 보여주는 의견을 개진했다. 당시 로스차일드가의 각국 지점은 실시간으로 각종 금융 정보를 수집했다. 그중에는 독일의 물자 구매 및 거래 정보들이 당연히 포함돼 있었다. 나치 정부의 모든 거래 데이터는 은행을 거쳐야 했기 때문에 로스차일드가의 눈을 벗어날 수 없었다. 빅터 로스차일드는 독일의 금융 거래 데이터를 상세하게 분석한 다음 향후의 군수 물자 및 무기 장비 구매 수요를 예측해 냈다. 이어 나치 독일이 군사력을 확충 중이라는 결론을 이끌어냈다. 윈스턴 처칠을 비롯한 영국의 전쟁 지휘부는 그의 참신한 분석 방법을 높이 평가했다. 이 보고서가 영국의 정부 지도자들에게 높은 점수를 받으면서 그는 1940년에 수월하게 MI5의 B처에 들어갈 수 있었다. 담당 임무는 산업 스파이 색출이었다.[12]

그는 MI5에서 탁월한 능력을 인정받았다. 그의 추천으로 앤서니 블런트와 도널드 매클린도 MI5 D처와 MI6에 들어갔다.

'케임브리지의 다섯 스파이'는 이렇게 영국의 정보기관과 외교 정책 기관에 침투하여 훗날 제2차 세계대전 과정에서 상당히 중요한 역할을 담당했다. 이들 중 핵심 인물은 당연히 빅터 로스차일드였다. 모든 정보는 인맥 네트워크의 중심에 서 있던 그에게 모였다가 다시 그를 통해 사방으로 흩어졌다.

빅터 로스차일드, 미국과 소련 사이에서 이득을 취하다

1937년 빅터 로스차일드의 삼촌 월터 로스차일드가 세상을 떠났다. 그는 슬하에 아들이 없어서 그의 기사 작위는 자연스럽게 빅터 로스차일드가 물려받았다. 빅터 로스차일드는 이렇게 로스차일드가의 제3대 남작이 되었다. 또한 영국의 작위 세습 규정에 따라 자동적으로 상원 의원이 되어 그의 사회 활동 범위와 능력은 한층 더 배가됐다.

당시 영국에 머물던 소련 물리학자 표트르 카피차는 오래전에 모스크바로 돌아갔다. 그러나 빅터 로스차일드는 그와 계속 연락을 주고받으며 정기적으로 그에게 각 학문별 연구 성과와 관련 보고서를 발송했다. 그중에는 원자 물리학 분야의 최신 성과 및 내부 사람들에게만 공개되는 기타 학과의 중요한 연구 성과와 데이터도 포함돼 있었다. 당시 이런 정보와 데이터는 대단히 민감하고 기밀을 요하는 고급 정보로 일반적인 경로를 통해서는 절대 얻을 수 없는 것들이었다. 생물 독소인 바이오톡신(biotoxin) 연구는 생물학 무기 제조에 직접 응용되기도 했다. 이처럼 귀중한 최신 정보와 데이터들이 빅터 로스차일드를 통해 끊임없이 소련 과학자들에게 전달되었다.[13]

빅터 로스차일드는 조상 대대로 내려온 가업인 은행업 외에도 다양한 학과별 연구 논문들을 읽고 깊이 연구하는 것을 즐겼다. 일례로 그는 금융이나 은행업과 전혀 관계가 없어 보이는 생물학 분야의 연구에 몰두했다. 그는 정자의 운동 법칙에 대해 전문적으로 연구했는데, 정자와 난자가 만나는 순간 왜 한 마리의 정자만 난자와 결합할 수 있는지, 그리고 그 정자가 어떻게 다른 정자들을 물리치는지에 대한 비밀을 밝혀내고자 했다. 나아가 원자 물리학과 관련해서도 대량의 과학 문헌과 공개 및 비공개된 논문들 다수를 섭렵하는 노력을 기울였다. 이로 인해 그의 핵물리학 연구 지식은 전문가 못지않게 상당한 수준에 이르렀다.

그가 MI5에 들어가 처음 담당한 임무는 영국에 있는 독일계 상인들과 각 산업 분야 기업들의 경영 활동이 영국 안보에 어떤 위협을 미치는지 조사하는 일이었다. 이 조사를 통해 그는 이미 1940년 초에 각종 독일계 상업 기관들이 암암리에 나치 정부를 위해 일한다는 사실을 알아냈다. 그리고 보고서에서 영국 내의 독일계 상업 기관들이 영국을 상대로 첩보 활동을 벌일 가능성이 매우 높을 뿐 아니라 일반적인 방법으로는 이처럼 조직적이고 규모가 방대하며 은폐된 스파이들을 색출해 내지 못한다고 결론 내렸다.

당시 영국의 금속 가공업과 기계, 장비 제조업 등은 독일 기업에 많이 의존하는 편이었다. 특히 금형 산업은 거의 대부분 독일 기업에 의존하고 있었다. 그는 이를 눈여겨보고 있다가 훗날 독일의 금형 납품업체들과 관계를 일제히 정리한 다음 미국 기업으로 제휴선을 바꾸자고 건의했다. 이에 미국 측은 즉각 환영의 뜻을 밝히며 그를 미국 대사관으로 초청해 구체적인 사항을 협상하기 시작했다. 그는 이 일을 계기로 미국 정부의 신임을 크게 얻을 수 있었다.

그는 방첩 분야에서도 출중한 재능을 인정받아 CIA의 전신인 OSS(Office of Strategic Services, 미국전략정보국)의 교육 강사로 초빙되었다. 그가 집필한 방첩 자료는 미 정보기관의 공식 교재로 채택되기도 했다. 그는 이 공로로 미군의 특별 영예 훈장과 영국의 조지 철십자 훈장을 받았다. 해리 트루먼 미국 대통령도 미군 발전에 크게 기여한 빅터 로스차일드를 대단히 높이 평가했다.

로스차일드가는 오래전부터 하가나라는 단체와 가까운 관계를 유지해 오고 있었다. 1920년에 설립된 하가나는 시오니즘을 신봉하는 비밀 정보단체로 이스라엘 모사드(Mossad)의 전신이다. 이스라엘 건국을 신성한 사명으로 여긴 하가나는 로스차일드가의 대대적인 경제적 지원을 받아 유럽 전역에 촘촘한 간첩 네트워크와 방대한 감시 시스

템을 구축해 놓고 각 대도시에서 시오니즘 반대 조직의 움직임을 비밀리에 감시했다.[14]

정보도 상당한 가치를 가지는 일종의 '자산'이라고 할 수 있다. 빅터 로스차일드는 이미 얻은 정치 정보와 군사 정보의 '자산 가치'를 대대적으로 높이고자 노력했다. 또 향후 계획을 순조롭게 실행하기 위해 가급적 더 큰 가치가 있는 정보를 얻는 데에도 총력을 기울였다. 그는 독일계 산업 스파이 색출 업무를 담당하면서 영국에 있는 독일 납품업체를 몰아내고, 대신 미국 납품업체를 선택함으로써 미국 이익을 끌어올 수 있었다. 이와 동시에 그는 첨단 군사 기술의 연구 발전에 더욱 관심을 가지며, 소련 측이 가장 필요로 하는 군사 기술 정보 제공을 통해 소련의 구미를 한껏 돋우었다. 영국 정보계의 핵심에 있으면서 시오니즘의 정보 네트워크인 하가나와 밀접한 관계를 맺고 있던 그가 미국과 소련의 정보 동태까지 장악했으니, 제2차 세계대전 중에 명실상부한 전 세계 정보 네트워크의 허브로 부상한 것은 당연한 결과였다.

핵심 기밀

빅터 로스차일드는 내친김에 케임브리지 대학의 인맥을 이용해 영국 포튼 다운(Porton Down)에 위치한 국방 과학기술 연구소의 중요한 자리 하나를 얻었다. 포튼 다운 실험실은 극비 프로젝트를 수행하는 기관으로, 당시 세균전에 사용할 생화학 무기와 관련한 연구를 추진 중에 있었다. 생화학 무기 연구 계획의 목표는 3년 내에 무기화와 양산화를 실현하여 독일에 대항하는 최후의 무기로 삼는 것이었다. 히틀러가 영국 본토에 상륙할 정도로 군사력이 강력해질 경우 이 무기를 주저 없이 사용해 치명적인 타격을 입힐 계획이었다.

포튼 다운 실험실에서는 독약을 만들면서 해독약도 함께 만들었다, 즉, 생화학 무기와 백신의 연구 개발을 동시에 추진했다. 빅터 로스차일드는 생화학 무기 및 백신 관련 주요 연구 데이터들을 하나도 놓치지 않는 동시에 미국 메릴랜드주에 위치한 세균전 연구 기관의 연구 데이터와 미시시피주에서 진행되는 실제 테스트 결과도 소리 소문 없이 몽땅 수집했다.

포튼 다운 실험실에서 진행된 프로젝트는 전쟁 중 최고 극비 사항이었다. 하지만 빅터 로스차일드가 이 실험실에 온 지 4개월 만에 소련 KGB는 모든 실험 데이터들을 수중에 넣었다. 그리고 소련의 생화학 무기 연구 수준은 영국을 바짝 따라잡게 되었다.[15]

제2차 세계대전 중 빅터 로스차일드의 관심은 온통 대량 살상무기 연구에 집중되었다. 정보의 '자산 가치'로 볼 때, 전쟁에서 적을 대량 살상할 수 있는 무기일수록 연구의 난이도와 잠재적 영향력은 더욱 커지기 마련이다. 전쟁 참전국들은 그런 살상 무기를 얻기 위해 눈에 불을 켰으므로 이와 관련한 정보는 가치가 상당히 높은 '우량 자산'에 속했다. 돈이라면 넘쳐났던 그가 여기에 매달린 이유는 경제적 이익을 얻기 위해서가 아니었다. 그의 진정한 목표는 이 '우량 자산'을 제공하는 대가로 이스라엘 건국 지지를 얻어내는 것이었다.

일반 생화학 무기와 비교해 원자탄은 그야말로 초특급 '우량 자산'이었다. 빅터 로스차일드가 이를 간과할 리 없었다.

그는 제2차 세계대전 초기에 이미 원자탄의 전략적 가치를 깨닫고 있었다. 당시 그는 처칠에게 원자탄 분야의 연구를 강력하게 제안했다. 처칠은 그의 건의를 받아들여 원자탄 연구 과제를 국가 중점 연구 프로젝트의 두 번째 순위에 올려놓았다. 첫 번째는 레이더 연구 과제로 독일의 공습에 대비하는 것이 무엇보다 급선무였기 때문이다.

영국의 원자탄 개발 프로젝트는 윌리엄 에클스 경의 진두지휘하에 ICI(Imperial Chemical Industries)라는 곳에서 극비리에 진행되었다. 암호명은 '합금 관(Tube Alloys)'이었다.[16]

1941년 10월, 빅터 로스차일드는 원자탄의 구체적인 개발 과정을 관리 감독하는 '합금 관' 프로젝트의 핵심위원회에 들어갔다. 그는 더불어 윌리엄 에클스가 영국 정부의 대규모 지원을 받을 수 있도록 적극적으로 도움을 주었다. 이에 그는 제2차 세계대전 기간에 원자탄에 대해 가장 해박한 지식을 가지고, 또 원자탄 개발 상황을 가장 소상하게 알고 있는 전문가가 되었다.

1941년 말 진주만 사건이 터진 지 얼마 지나지 않아, 미국 컬럼비아 대학의 과학자 2명이 영국을 찾아와 영미 양국의 핵무기 공동 개발을 제안했다. 양국은 곧바로 나치 독일에 앞서 원자탄 개발에 성공해야 한다는 데에 의견 일치를 보았다. 처칠 수상 역시 원자탄 연구 진행 상황에 비상한 관심을 보이며 거의 매일 빅터 로스차일드에게 연구 근황을 물었다.

빅터 로스차일드는 이때 이미 특수한 위치에 올라서서 모든 기밀 논문과 실험 데이터들을 마음대로 열람할 수 있었다. 케임브리지 대학 시절부터 핵물리학 연구에 관심이 많았던 그는 기밀 논문을 꼼꼼히 읽다가 잘 모르는 문제가 나오면 수시로 과학자들을 찾아가 세부적인 부분까지 빠짐없이 가르침을 받았다. 이로써 빅터 로스차일드는 곧 원자탄 분야에서 최고 권위 있는 전문가로 자리매김했다. 모든 세부적인 사항까지 완벽하게 이해한 후에는 어떤 부분을 개선해야 한다는 등의 직접적인 의견을 제기하기까지 했다.

그는 원자탄 연구를 세세하게 꿰뚫고 있었을 뿐 아니라 영미 양국 공동 프로젝트의 진행 상황과 연구 절차에 대해서도 체계적으로 알고 있었다. 그는 원자탄 연구와 관련해 이미 획득한 정보들과 기타 정보들을 통합 분석하여 원자탄 연구개발 종합 보고서를 완성했다. 이로써 제2차 세계대전의 흐름에 중대한 영향을 미칠 수 있는 최고급 '정보 자산'이 그의 손에 들어오게 되었다.

1933년 영국의 유대계 핵물리학자 루돌프 파이얼스(Rudolf Peierls)가 핵 연쇄반응이 이론적으로 가능하다는 사실을 입증함으로써 원자로 건설을 통해 원자탄의 연료를 제조하는 것이 가능해졌다. 그는 학계 최초로 분리된 U235 1킬로그램이면 원자탄 하나를 만드는 데 충분하다고 주장했다. 1930년까지만 해도 전 세계 과학계에서는 원자탄 제조에 적어도 1톤 이상의 U235가 필요하다는 인식이 일반적이었다. 하지만 파이얼스는 계산을 통해 이런 관점을 뒤집었다. 얼마 후에는 버밍엄 대학의 마크 올리펀트(Mark Oliphant) 경과 함께 자신이 주장한 기술의 타당성을 입증하고 폭탄의 제조 방법까지 내놓았다. 이 기밀은 곧 빅터 로스차일드의 손에 들어갔다. 그는 이에 대해 자세한 연구 분석을 진행했다.

원자탄 개발 정보는 그를 통해 소련으로 넘어갔다. 소련은 당시 히틀러의 압박 수위가 점차 높아지자 원자탄 개발에 지대한 관심과 흥미를 보였다. 스탈린그라드 전투 이후 독일과 소련의 전세가 교착 상태에 빠지면서 원자탄 개발 정보는 소련에게 그 무엇보다 군침 도는 유혹이었다.

당시 소련에서는 카피차를 필두로 하는 물리학자들의 원자탄 연구가 중단될 위기에 처해 있었다. 이때 마침 빅터 로스차일드의 보고서가 가뭄에 단비처럼 날아들었다. 소련의 과학자들은 그의 보고서를 읽고 큰 깨우침을 얻어 원자탄 개발에 속도를 붙이기 시작했다. 한편 미국에서는 엔리코 페르미(Enrico Fermi)가 시카고에서 파이얼스의 핵 연쇄반응 이론을 토대로 연구를 진행하고 있었다. 그는 원자탄 제조에 플루토늄을 사용하는 것이 가능하다고 주장하고 세계 최초의 원자로를 건설했다.

그러나 영국 과학자들은 페르미의 주장에 의문을 제기했다. 빅터 로스차일드로서는 양국 과학자들의 의견이 엇갈리는 상황에서 플루토늄이 원자로의 연료로 사용 가능한지를 철저히 규명할 필요가 있었다. 그러나 원자로의 핵심 기술을 완벽하게 습득하는 것은 국방 과학기술 연구소의 거의 모든 실험실을 직접 방문해 다양한 분야 기술자들의 가르침을 받아야 가능한 일이었다. 더구나 그가 원자탄의 세부적 기술까지 요란하게 알려고 할 경우 의심을 받을 가능성이 컸다.

물론 그는 쉽게 물러설 사람이 결코 아니었다. 그는 냉정하게 생각을 거듭하여 묘책을 발견해 냈다.

그는 우선 영국 MI5 B처의 수석 부처장 가이 리델에게 다음과 같은 내용의 보고서를 올렸다.

"영국의 전체 국가 실험실과 상업적인 영역에서 협력하는 기관들의 안보 의식은 대단히 미흡합니다. 이래서야 독일 스파이들의 침투를 어떻게 막아낼 수 있겠습니까? 서둘러 이들 기관의 보안 관리를 강화해야만 장기적인 보안 의식을 확립할 수 있습니다."

가이 리델은 빅터 로스차일드의 제안이 일리가 있다고 여기고, 그에게 국방부 산하의 첨단과학 프로젝트 관련 보안 업무 일체를 관장하도록 지시했다. 그는 자신의 생각대로 모든 것이 돌아가자 쾌재를 불렀다. 공식 허가를 받은 그는 '안전 검사'를 구실로 자신이 관심을 가지고 있던 모든 프로젝트를 당당하게 조사했다. 이로써 그는 영국의 모든 비밀 프로젝트의 '안전 검사관'이 될 수 있었다.

1942년 그는 버밍엄 대학을 찾았다. 그는 파이얼스와 함께 플릭 실험실의 작업 상황을 '편한 마음'으로 검사한 다음, 아주 '자연스럽게' 레이더 분야 최고 전문가인 마크 올리펀트가 일하는 실험실을 방문했다. 이에 대해 올리펀트는 1994년 자서전에 이렇게 쓴 바 있다.

"그건 나와 그(빅터 로스차일드)의 처음이자 마지막 만남이었다. 그는 레이더 프로젝트의 전반적인 진행 상황을 알고 싶어 했다. 그는 온 실험실을 돌아다니면서 모든 연구 보고서를 읽고, 보고서의 세부적인 정보까지 모두 기록했다. 그는 레이더 분야의 전문가가 아니었고, 또 일부러 전문가인 척 행동하지도 않았다. 그래서인지 끊임없이 질문하고 그것을 다시 받아 적었다. '조사'를 마친 뒤 그는 나와 오랫동안 대화를 나눴다. 우리는 과학 연구와 실험 과정에서 직면할 수 있을 법한 다양한 문제에 대해 의견을 교환했다. 그는 매우 총명한 사람이었다. 나는 빅터 로스차일드 남작에게 정말로 호감을 느꼈다."[17]

사실 빅터 로스차일드가 MI5의 명의로 실시한 안전 검사는 일반적인 검사 범위를 훨씬 뛰어넘었다. 실제로 그는 원자탄과 관련한 모든 프로젝트의 구체적인 진행 상황, 더 나아가 세부적인 기술 분야까지 조사하고 있었다. 그는 이때 올리펀트가 부주의한 틈을 타 실험실에서 직경 3인치가량 되는 마그네트론(magnetron)을 몰래 가져갔다. 단파를 생성하는 자극(磁極)이 세 개나 달린 마그네트론은 레이더에 반드시 필요한 첨단 장치였다. 그는 케임브리지에 있는 자신의 집으로 돌아오자마자 밤을 새워 마그네트론의 세부적인 부분과 부품에 대한 정밀한 도면을 작성했다. 그림에도 일가견이 있었던 그가 관찰하고 이해한 바에 따라 그린 삼차원 입체 도면은 한마디로 대단했다. 카메라로 찍은 사진보다 훨씬 더 생동감이 넘치고 이해하기가 쉬웠다. 이처럼 정밀하게 작성된 도면은 얼마 지나지 않아 소련 KGB의 사무실로 넘어갔다.

다음 날 아침 그는 사람을 보내 올리펀트에게 마그네트론을 되돌려주면서 쪽지를 함께 건넸다.

"박사께서는 안전 관리에 조금 더 신경을 써야 할 것 같습니다. 어쨌거나 박사와 얘기를 나눌 수 있게 돼 매우 기뻤습니다. 당신의 충실한 친구 빅터 로스차일드."[18]

올리펀트는 빅터 로스차일드의 쪽지를 읽으면서 식은땀을 흘렸다. 중요한 물건이 사라졌는데도 미처 몰랐다니, 엄청난 실책이 아닐 수 없었다. 사실 그는 빅터 로스차일드가 마그네트론을 가져간 목적이 따로 있었다고 전혀 의심하지 않았다. 그로서는 그저 상부에 자신의 실책을 보고하지 않은 MI5 고급 요원의 호의가 고마울 따름이었다. 만약 빅터 로스차일드가 상부에 '고자질'이라도 했다면, 그의 실험실은 아마 크게 시끄러워졌을 것이다. 그러나 빅터 로스차일드는 선의의 충고만 했을 뿐 일을 크게 만들지 않았다. 그는 너무나 황송해 빅터 로스차일드에게 "실험실의 안전 관리를 강화해 내부 물품이 외부에 누출되지 않도록 하겠다"라는 내용의 답신을 보냈다.

1943년 초 빅터 로스차일드는 다시 '안전 검사'를 명분으로 런던 임페리얼 대학의 톰슨 교수 실험실을 방문했다. 톰슨 교수는 플루토늄으로 원자탄을 제조하는 방법에 대해 아주 상세하게 설명했다. 이처럼 톰슨 교수는 원자탄의 제조 원리를 정확하게 이해했으나 중수(重水)를 중성자 감속재로 사용하는 치명적인 실수를 범했다. 결국 실험은 실패로 끝났다.

빅터 로스차일드는 재빨리 톰슨 교수팀 실험실의 연구 성과를 정밀한 삼차원 입체 도면으로 그린 다음 앤서니 블런트에게 넘겼다. 도면은 블런트를 통해 다시 KGB에 전해졌다. 훗날 소련의 물리학자들은 "빅터 로스차일드는 우리가 무슨 수를 써서라도 얻으려 했던 정보를 정말 적시에 보내줬다"고 말했다. 최소한 그가 이들의 연구 시간을 대폭 단축해 준 것이다.

몇 년 후 소련은 1949년에 자국이 처음 개발에 성공한 원자탄이 미국이 설계한 원자탄의 '복제품'이었다는 사실을 솔직히 인정했다. 이 사실은 빅터 로스차일드의 정보가 소련 물리학자들이 원자로의 기본적 원리를 이해하는 데 도움을 줬다는 것을 의미했다. 처칠 정부 내의 고위층과 최고위급 과학자들을 포함해, 당시 영국과 미국을 통틀어 그처럼 원자탄에 대해 전체적이고 상세하게 알고 있는 사람은 거의 없었다.[19]

빅터 로스차일드는 이때 소련에 꼭 필요한 전략 정보를 제공하는 소스 공급원이 되었다. 그가 소련에 모종의 대가를 요구할 때가 드디어 도래했다.

빅터 로스차일드의 요구: 원자탄과 이스라엘 건국의 빅딜

소련은 1947년부터 이스라엘 문제에 대한 태도가 180도로 돌변했다. 이스라엘 건국을 일관되게 반대해 오다가 갑작스레 팔레스타인에 유대 국가를 세워야 한다는 쪽으로 입장을 선회했다.

국제 사학계에서도 소련의 갑작스런 태도 변화에 대해 명확한 결론을 내리지 못하고 있다. 카를 마르크스는 시오니즘을 시종일관 반대했으며, 이스라엘의 부활은 망상일 뿐이라고 비판했다. 스탈린 역시 시오니즘에 대해 줄곧 반대 입장을 고수했다. 소련은 건국 이래 정치적으로 시오니즘에 대한 부정적인 입장을 바꾼 적이 없었다. 시오니즘은 유대인 자본가들이 유대인 노동자를 착취하기 위한 일종의 반동적인 의식 형태라고 비판해 마지않았다. 또한 팔레스타인에 유대 국가를 건설하려는 생각은 역사의 흐름과 무산계급의 공산주의 운동을 거스르는 것이라고 지적했다. 영국도 1939년 5월에 발표한 맥도널드 백서에서 시오니즘에 대해 반대 입장을 밝혔다.[20] 1941년 독소전쟁 발발 후, 소련의 시오니즘 반대 태도는 다소 완화되기는 했으나 전체적인 입장은 여전히 요지부동이었다.

그러나 1947년 4월 사태가 엉뚱하게 전개되었다. 유엔이 팔레스타인 문제와 관련해 소집한 특별 회의에서 소련이 예상을 뒤엎고 팔레스타인의 분할 통치를 주장한 것이다.[21] 이 입장을 피력한 인물은 유엔 주재 소련 대표 안드레이 안드레예비치 그로미코(Andrei Andreevich Gromyko)였다. 그는 일장 연설을 통해 소련의 입장을 분명히 밝혔다.

"우리는 먼저 제2차 세계대전에서 '극도의 불행과 고난'을 겪은 유대인들에게 심심한 위로를 전한다. 이 때문에라도 우리는 유대인의 독립 소망을 무시해서는 안 된다. 나는 소련 정부를 대표해 팔레스타인에 '독립되고 이원화된, 민주적이고 동질성을 가진, 유대-아랍계 국가체제'를 세울 것을 건의하는 바이다. 만약 이 체제가 불가능하다면 '팔레스타인을 유대 국가와 아랍 국가, 두 개의 독립국으로 분할하는 방안'도 연구해 볼 필요가 있다."

그로미코는 한술 더 떠 유대인의 독립국 건설 요구와 권리를 묵살하거나 부정하는 것은 '유대인에게 매우 불공평한 일'이라는 지적했다. 1948년 5월 15일, 소련은 이스라엘이 건국을 선포하자 독립국으로 인정한다는 입장을 즉각 발표했다. 이어 5월 26일에는 이스라엘에 대사관 문을 열었다. 소련은 이후에도 물심양면으로 지원을 아끼지 않았다. 1949년 5월 11일에는 미국과 함께 이스라엘의 유엔 가입을 지지했다. 미소 양대 강국이 동시에 이스라엘의 건국을 지원한 것은 극히 이례적인 사건이라고 할 수 있었다.

시간적으로 분석해 보면, 빅터 로스차일드가 소련에 원자탄 정보를 비롯해 대량의 주요 전략 정보를 제공한 것과 시오니즘에 대한 소련의 태도가 180도 돌변한 데는 뚜렷한 연관성이 있다.

소련은 1949년 8월 29일 원자탄 개발에 성공했다. 묘하게도 이 시기는 소련이 이스라엘 문제에 대한 정책을 조정한 시점과 시간대가 중첩된다.

미국은 1945년에 세계 최초로 원자탄을 개발했다. 당시 핵무기를 개발하지 못한 소련에게는 커다란 위협이 아닐 수 없었다. 핵무기 개발의 전략적 의미는 이처럼 대단히 중요했다. 실제로 소련 지도자들은 미국에 한 수 뒤지고 있다는 압박감에 침식을 잊을 정도로 불안감에 떨었다. 원자탄을 보유해야만 명실상부한 초강대국으로 인정받을 수 있다는 생각이 이들의 뇌리에서 맴돌았다. 따라서 빅터 로스차일드가 소련에 원자탄 정보 제공을 대가로 이스라엘 건국에 대한 지지를 이끌어냈다는 가정은 충분히 일리가 있다. 두 사건의 발생 시간을 따져 봐도 내재적 연관성이 있다는 사실은 분명해진다.

이에 대해서는 미국의 전문지 〈원자 과학자 회보(The Bulletin of the Atomic Scientists)〉에 일찍이 보도된 바 있다.

"KGB 기록 보관실에 보존된 파일을 살펴보면, 소련이 제일 처음 받은 원자탄 관련 정보는 1941년 10월에 첩보기관을 통해 크렘린궁으로 전해졌다. 영국 핵물리학자들이 처칠에게 핵무기 제조를 제안한 내용을 담은 비망록 사본이었다. 소련 고위층은 이 정보를 받아들고 놀라움에 휩싸였다. 심지어 스탈린은 정보의 진실성마저 의심했다."

이 기사는 무엇을 말하는가? 빅터 로스차일드가 영국 원자탄 개발 프로젝트인 '합금 관'의 핵심위원회에 참가해 전체 과정을 감독하기 시작한 것도 '묘하게' 1941년 10월부터라는 사실을 말하는 것은 아닐까.

〈원자 과학자 회보〉의 다음 기사도 주목할 필요가 있다.

"1943년 초 그(스탈린)는 물리학자이자 애국 청년인 쿠르차토프(Kurchatov)를 소비에트 원자탄 프로젝트의 책임자로 임명했다. 미국은 처음부터 모든 것을 맨손으로 시작했으나 소련의 쿠르차토프는 그때 이미 서방 국가의 최신 핵연구 성과를 상당 부분 파악하고 있었다. 그것은 베리아(Lavrenty Pavlovich Beria) 수하의 간첩들이 얻어온 정보들이었다. 비밀 자료는 모스크바로 옮겨졌다가 다시 모스크바에서 400킬로미터 떨어진 핵무기 제조 기지로 옮겨졌다. 보안 통제가 엄격하게 이뤄진 상황에서 소련 과학자들은 원자탄 부품 제조에 착수했다."

빅터 로스차일드는 '묘하게도' 1943년 초에 '안전 검사'를 이유로 런던 임페리얼 대학의 톰슨 교수 실험실을 방문했다. 이때 톰슨 교수로부터 플루토늄으로 원자탄을 제조하는 방법에 대해 자세한 얘기를 들은 바 있었다.

빅터 로스차일드는 영국의 원자탄 개발 상황에 대해서만 잘 알고 있었던 것이 아니라 미국의 상황에 대해서도 거의 꿰뚫고 있었다. 그는 미국 원자력위원회의 회장 루이스 스트라우스(Lewis Strauss)와 절친한 친구 사이였다. 스트라우스는 쿤-뢰브 회사의 고위급 동업자로 국제 은행 가문들과 관계가 대단히 돈독했다.

빅터 로스차일드는 이때 국제 금융계를 주름잡는 로스차일드가의 지위, 원자탄 및 생화학 무기와 관련한 대량의 고급 정보, 영국 정계에 미치는 막강한 영향력, 폭넓은 인맥 등 어느 것 하나 부족한 것이 없었다. 이에 따라 그의 '정보 자산' 가치는 소련의 판돈을 점점 더 키웠다.

때가 왔다고 판단한 그는 드디어 소련 정부에 거래 조건을 제시했다. 유대인의 팔레스타인 이민 제한 조치를 푸는 것과 동시에 이스라엘 건국을 지원해 달라는 내용이었다.

그는 제2차 세계대전 종식 후 아예 공개석상에서 유대인의 이스라엘 건국을 호소했다. 심지어 영국 국회에서까지 이 문제를 공론화해 사회 각계각층의 집중적인 관심을 받았다.

그러나 이는 간단히 해결될 문제가 아니었다. 무엇보다 아랍인들과의 이익 관계가 극명하게 엇갈렸다. 모든 아랍 국가들은 유대 국가의 독립을 결사적으로 반대했다. 대대손손 살아오면서 자신들의 터전으로 가꿔온 땅에 유대인의 독립국을 세운다는 것은 어불성설이었다.

그는 복잡하고 미묘한 국제 정치 무대에서 자신이 가진 배경을 동원해 뛰어난 정치적 수완을 발휘했다. 그는 로스차일드가가 각별한 영향력을 행사했던 언론 매체를 이용해 스스로를 유대인 문제에서 중립적이고도 이성적인 입장을 지키는 온건파 인물로 절묘하게 부각시켰다. 언론의 세뇌를 받은 사람들은 그를 아랍 세계와 가장 친한 정치적 인물로 믿기 시작했다.

그러나 그는 1946년 7월 31일에 팔레스타인 지위를 놓고 벌인 설전에서 드디어 무대 전면에 등장했다.

이 논쟁은 팔레스타인 지역에서 발생한 테러 사건과 연관이 있었다. 당시 유대인 테러범들의 소행으로 밝혀진 킹 데이비드 호텔 폭파 사건 때 영국 병사 여러 명이 목숨을 잃었다.

그는 의회 연설을 통해 처음으로 미국의 팔레스타인 분할 통치 계획에 대한 자신의 분명한 입장을 밝혔다.[22] 그는 우선 자신이 시온주의자도, 시온 조직과 관련이 있는 사람도 아니라는 사실을 밝히고 격앙된 목소리로 다음과 같이 주장했다.

"유대인은 지난 400년 동안 유럽에서 온갖 멸시와 박해를 받았습니다. 1939년 영국 외교부가 일방적으로 발표한 맥도널드 백서는 또 어떻습니까? 1917년의 밸푸어 선언을 위반하고 유대인들을 배신한 것입니다. 맥도널드 백서는 유대인의 팔레스타인 이주를 반대하는 내용을 담고 있어서 전 세계 유대인들의 공분을 샀습니다. 처칠 수상도 맥도널드 백서가 앞서 유대인들과 한 약속을 배신한 것이라고 말한 바 있습니다. 이는 또 하나의 뮌헨 협정에 불과합니다. 미국의 팔레스타인 분할 방안도 그렇습니다. 이 제의가 현실화되기 위한 전제 조건은 먼저 모든 테러 행위가 중단돼야 한다는 것입니다. 팔레스타인 지역에 분포해 있는 무장 세력들은 반드시 무장을 해제해야 합니다. 이것이 바로 유대인이 새로 팔레스타인에 이주할 수 있는 선결 조건입니다."

연설을 통해 볼 때, 빅터 로스차일드는 팔레스타인 주위에 강적들이 포진해 있는 정세가 유대인에게 불리하다고 판단했다. 실제로 아랍 국가들은 여차하면 무력을 사용할 태세를 보이고 있었다. 다시 말해 그의 연설은 팔레스타인에서 유대인 무장 단체를 합리적으로 설립해 발전시킬 필요가 있다는 사실을 은연중에 강조한 것이다.

빅터 로스차일드는 연설 도중 유대인의 역사에 대해 언급할 때는 격한 감정을 드러내기도 했다.

"유대인은 2,000년 동안의 방랑 생활 끝에 드디어 조상의 땅이자 자신들의 땅에 돌아갈 수 있게 되었습니다. 그들은 제2차 세계대전 기간에 극심한 고통과 박해를 받았습니다. 유대인들은 향후에도 똑같은 일을 당하지 않도록 자신들만의 대피 장소를 절실하게 필요로 하고 있습니다."

빅터 로스차일드의 이 연설은 전 세계의 이목을 집중시켰다. 로스차일드가 입장에서는 전쟁은 아직 끝난 것이 아니고, 이스라엘 건국에 대한 열망은 영원히 흔들리지 않았다.

소련으로서는 빅터 로스차일드를 비롯한 유대계 과학자들로부터 원자탄 개발 정보를 계속 얻기 위해 외교적 타협을 하는 수밖에 없었다. 다시 말해 당시까지의 일관된 입장을 버리고 마지못해 이스라엘 건국을 지지해야만 했다.

실제로 소련이 이스라엘 건국을 지지한 기간은 1947년부터 1967년까지 딱 20년 동안이었다. 이후에는 다시 옛날의 강경한 태도로 돌아갔다.

그리고 '케임브리지의 다섯 스파이'들도 이 기간에 연이어 행적이 들통 나고 말았다. 빅터 로스차일드는 1960년대 초부터 KGB와의 협력 관계를 청산했다. 그럼에도 그와 소련 KGB와의 관계를 의심하는 '소문'이 난무했다. 그는 급기야 1986년 12월에 영국 신문을 통해 다음과 같은 공개 성명을 발표했다.

"나는 소련의 스파이가 아니다. 나는 지금까지 소련을 위해 일해본 적이 없다."[23]

'타깃 패턴'

2008년 11월, 미국에서 정말 충격적인 내용을 다룬 《타깃 패턴(Target Patton)》이라는 책이 출간됐다. 이 책에서는 미국의 명장군 조지 스미스 패턴(George Smith Patton)이 교통사고로 세상을 떠난 게 아니라 살해당했다고 폭로했다.

빌 도노반

미국의 군대 일각과 사학계에서는 오래전부터 비슷한 설이 떠돌았다. 다음의 몇 가지 시나리오가 꾸준히 제기되어 왔다.

첫째는 나치 독일의 소행이라는 추측이다. 그런데 패턴 장군이 세상을 떠났을 때는 제2차 세계대전이 이미 끝난 뒤였고, 독일의 나치 세력도 완전히 와해된 판국이었다. 이 마당에 패턴 장군을 죽이는 것은 아무 의미가 없었다. 따라서 나치 독일의 소행일 가능성은 크지 않았다.

다른 설은 소련 측의 소행이라는 주장이다. 패턴 장군은 소련을 적대시한 것으로 유명한 인물이었다. 심지어 제2차 세계대전이 끝났을 때는 미국 정부에 독일 나치 친위대의 석방을 공공연하게 요구했다. 그는 자신의 부하들과 나치 친위대를 이끌고 소련을 공격할 생각이었다. 이것이 소련 측이 패턴을 암살할 동기가 될 수 있다는 것이다.

또 한 가지는 패턴 장군의 출중한 능력을 시기한 라이벌이 죽였을 것이라는 주장이다. 패턴은 제2차 세계대전 후반기에 전개된 유럽 해방 전쟁에서 핵심적 역할을 해 미군 최고위 지도부, 특히 아이젠하워와 브래들리의 질투를 유발했다. 이 주장의 근거는 당시 아이젠하워와 브래들리가 패턴의 군사 행동을 걸핏하면 훼방했고, 중요한 군사 장비와 군수품, 휘발유 등을 몽고메리에게는 보급하면서도 패턴에게는 주지 않았다는 것이다. 패턴의 직속 상관들이 그의 능력을 시기했거나 자신들의 무능함과 독직 행위가 밝혀질 것을 우려해 손을 썼다고 추측할 수 있다.

그러나《타깃 패턴》은 위의 추측들을 완전히 뒤엎고 그야말로 깜짝 놀랄 만한 주장을 폈다. 미국 전략정보국이 바로 패턴의 암살을 계획한 막후 주모자이고, 실제로 암살을 주도한 사람은 미국 전략정보국의 책임자 빌 도노반(Bill Donovan)이라는 것이다. 그는 국제 정보계에서 '크레이지 빌(Crazy Bill)'로 불린 인물이었다.[24]

《타깃 패턴》은 바자타라는 저격수를 언급하면서 사건의 전말을 설명하고 있다. 바자타는 제2차 세계대전 기간 중에 연합군 스파이로 활동한 명사수였다. 유럽에서 전쟁이 막 끝나기 전인 1945년 4월 어느 날, 빌 도노반이 바자타를 호출했다.

"미국의 이익과 관련된 복잡한 일에 대담한 성격의 애국주의자인 자네의 도움이 필요하네."

바자타에게 맡겨진 임무는 바로 패턴 장군 암살이었다. 그러나 도노반은 정부나 기관에서는 어떤 도움도 줄 수 없다고 밝혔다.

"이번 일은 자네가 알아서 도움을 줄 사람을 찾게나."

바자타는 눈치가 빠른 사람이었다. 이 임무를 거절할 경우 자신은 쥐도 새도 모르게 제거당할 것이 분명했다. 그해 가을 바자타는 도노반과 '살인 청부 계약'을 맺었다. 도노반은 바자타에게 1만 달러의 보수를 건네며 그를 격려했다.

"나도 상부의 명령을 따를 뿐이야. 많은 사람들이 자네가 이 일을 성공적으로 처리하길 바라고 있네."[25]

1945년 12월 9일 오전, 패턴은 수행원과 그의 캐딜락 승용차를 타고 이차선 도로를 달리고 있었다. 일요일인 탓에 도로에는 차가 많지 않았다. 시야는 반 마일 앞까지 내다볼 수 있을 정도로 확 트여 있었다. 이때 군용 트럭 한 대가 맞은편에서 쏜살같이 달려오더니, 그가 탄 차와 6미터가량 떨어진 곳에서 거의 90도 각도로 급커브를 틀며 캐딜락을 들이받았다. 캐딜락 기사는 황급히 브레이크를 밟고 차머리를 왼쪽으로 돌리려 했으나 때는 이미 늦었다. 캐딜락은 그대로 트럭과 충돌했다. 뒷좌석에 있던 패턴은 앞으로 튕겨나갔고, 콧등에서 정수리까지 길게 터진 상처에서는 피가 분수처럼 쏟아져 나왔다. 패턴은 목의 통증을 호소하며 겨우 말을 이었다.

"숨 쉬기가 힘들군. 손가락을 좀 주물러주게."

구급차는 12시 30분경 중상을 입은 패턴을 싣고 가장 가까운 독일 하이델베르크의 130주둔지 병원으로 질주했다.[26]

패턴은 며칠 동안 생사의 갈림길을 넘나들다가 의료진의 세심하고 정성스런 치료 덕분에 겨우 목숨을 건졌다. 의사들은 패턴이 치명적인

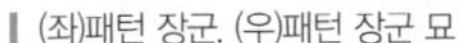
(좌)패턴 장군. (우)패턴 장군 묘

중상을 입고도 병세가 이처럼 빨리 회복된 것은 거의 기적이라고 말했다. 가족과 부하들도 그제야 안도의 한숨을 내쉬었다. 교통사고가 발생한 지 10일째 되던 12월 18일, 병세가 몰라보게 호전된 패턴은 미국으로 돌아가 크리스마스를 보내려고 했다. 그러나 12월 19일, 미국 출발을 하루 앞두고 갑자기 혈전 수치가 오르면서 병세가 악화되기 시작했다. 의료진의 노력에도 불구하고 12월 21일에 그는 끝내 숨을 거두고 말았다. 시신에 대한 부검은 이뤄지지 않았다.

《타깃 패턴》은 패턴 장군의 사인이 교통사고가 아닌 독극물 중독이라고 밝히고 있다. 병원에서 '혈전과 심장 기능 쇠퇴를 유발하는 시안화물 추출물'을 패턴에게 주입해 목숨을 빼앗았다는 것이다. 시안화물 추출물은 체코슬로바키아에서 만든 독극물로 소량만 사용해도 '18시간에서 48시간 내'에 사람의 목숨을 앗아갈 수 있다.[27]

당시 패턴의 차 사고와 관련한 모든 기록들, 예를 들면 현지 미군 헌병대의 조사 기록, 목격자의 증언 등은 하나도 남김없이 사라져버렸다. 패턴이 탔던 캐딜락도 사후에 어떤 조사나 검사를 받지 않은 채 황급히 어디론가 옮겨진 다음 종적이 묘연해졌다. 만약 소련의 범행이라고 가정한다면 병원에서 패턴을 독살했을 수도 있지만 사건 파일은 모두 미국 군부에서 관리했기 때문에 완전히 폐기하기란 불가능했다.

일찍이 패턴 장군은 어떤 이로부터 "내부에서 누군가 당신을 위해할 가능성이 있다. 조심하라"라는 귀띔을 받았다. 그러나 이때 패턴은 "좋아, 하려면 하라고 그래. 그러나 나를 잡으려면 엄청나게 빨리 뛰어야 할 거야"라고 대답했다. 그는 누군가가 자신의 목숨을 노리고 있다는 사실을 어렴풋이 예감했을 것이다. 한 달 사이에 이상한 차 사고를 무려 세 번이나 당했으니 말이다.

문제는 패턴을 살해한 주범이 CIA를 설립한 빌 도노반이라고 해도 의문점이 완전히 사라지지 않는다는 사실이다. 그는 미국 전략 정보 시스템을 확립한 공로를 인정받아 트루먼 대통령으로부터 '미국에 크게 기여한 인물'이라는 높은 평가를 받았다. 사실 그는 패턴과 개인적인 원한이 전혀 없었다. 그런데 도대체 왜 패턴을 죽인 것일까?《타깃 패턴》은 이 의문에 대해 답을 제시하지 않고 있다.

그는 도대체 어떤 인물이었을까? 그가 패턴을 살해한 진정한 동기는 무엇이었을까?

빌 도노반의 내력[28]

빌 도노반은 1883년 1월 1일 미국 뉴욕 주의 버펄로에서 태어났다. 학교는 컬럼비아 대학의 법과대를 졸업했다. 그의 법과대 동기 중에는 훗날 대통령이 된 프랭클린 루스벨트도 있었다. 그는 1903년부터 1908년까지 이 대학에 다니면서 한 명교수의 각별한 총애를 받았는데, 그가 바로 미국 최고법원의 대법관을 지낸 하란 스톤(Harlan F. Stone)이었다.

하란 스톤 교수가 애지중지한 학생은 두 명이었다. 하나는 빌 도노반이고, 다른 한 명은 훗날 미국 FBI의 창설자인 존 에드거 후버(John Edgar Hoover)였다. 후버 역시 평범한 인물이 아니었다. 당시 미국 검찰총장으로 있던 하란 스톤이 직접 그를 FBI 국장으로 임명하면서 워싱턴

FBI의 초대 국장 존 에드거 후버

의 화제인물로 급부상했다. 그는 1924년 초대 국장으로 임명된 다음 1972년 세상을 뜰 때까지 무려 48년 동안이나 FBI 국장을 역임했다. FBI가 미국에서 권력과 권위의 상징이라는 사실을 감안하면 그가 어느 정도의 인물이었는지 금방 알 수 있다.

빌 도노반은 컬럼비아 대학 시절 자신을 알아본 잭슨 레이놀즈(Jackson E. Reynolds) 교수를 만났다. 나중에 그는 뉴욕 제1국가 은행(First National Bank of New York)의 총재에 올랐다. 모건 재단을 위해 물심양면으로 도움을 준 인물로도 유명한 그는 빌 도노반이 미국 전략정보국 국장이 될 수 있도록 적극 후원했다.

빌 도노반은 상류 사회 인물들과도 밀접한 관계를 가졌다. 그중에는 유명한 미녀 탤런트이자 로스차일드가의 미국 대리인이며 아우구스트 벨몬트의 며느리인 엘리너 롭슨(Eleanor Robson)도 있었다.

도노반은 뉴욕 버펄로에 변호사 사무실을 개업한 후 훗날 아내가 되는 로즈 롬세이를 만났다. 그녀는 명성이 자자한 부잣집 딸로, 아버지 더그스트 롬세이와 삼촌 브론슨 롬세이는 버펄로에 1억 1,180제곱미터의 땅을 소유하고 있었고, 1890년경 이들 가족의 자산은 무려 1,000만 달러를 넘었다. 로즈 롬세이의 어머니 역시 부잣집 출신으로 조상들이 수천 명의 노예를 거느렸다. 아마 미국 역사를 통틀어 가장 많은 노예를 거느린 노예주가 아니었나 싶다. 몇 차례 우여곡절을 겪은 끝에 로즈 롬세이는 도노반과 결혼을 하게 되었다.

제1차 세계대전 기간인 1915년에 도노반은 대학 동기 및 월스트리트 친구들과 함께 록펠러 재단의 후원을 받아 유럽에서 '전쟁 구조단'의 일원으로 활동했다. 당시 그와 함께 유럽으로 떠난 동료 중에는 훗날 미국 31대 대통령이 된 허버트 후버(Herbert Hoover)도 있었다.

도노반은 제1차 세계대전 때 미군으로 참전했다. 그의 전공 기록을 보면 영광스런 부상을 입었는가 하면, 1918년 10월 15일에는 독일의 기관총 분대를 포로로 잡은 것으로 나와 있다. 이 전공으로 그는 '국회명예훈장(Congressional Medal of Honor)'을 받았다. 더구나 그의 영웅적 전공은 언론에 대대적으로 보도되어 월스트리트 은행가들로부터 높은 평가를 받았다. 그는 1919년과 1920년에는 월스트리트의 비밀 특사로 중국과 시베리아를 다녀오기도 했다.

제1차 세계대전이 끝난 다음 피어폰트 모건은 해외 투자 기업을 설립해 전후 유럽에 융자 목적으로 20억 달러의 채권을 발행할 계획을 세워놓고 있었다. 1920년 2월, 모건은 20만 달러의 보수를 주고 도노반을 채용해 유럽에 비밀리에 파견했다. 그의 임무는 유럽 채권 시장의 비밀 정보를 캐내 보고하는 것이었다. 모건이 도노반에게 중임을 맡긴 이유는 그의 유럽 전쟁 참전 경력, 유럽에서 다년간 생활한 경험, 넓은 인맥과 치밀한 정보망 등을 높이 평가했기 때문이다. 그는 이때 유럽을 돌다 독일의 바이에른 주 베르히테스가덴에서 히틀러를 만나 밤새도록 얘기를 나누기도 했다. 그는 히틀러를 '재미있는 대화 상대'로 평가했다.

그는 1922년에 뉴욕 주 변호사에 임명되었고, 1924년에는 하란 스톤 전 컬럼비아 대학 교수의 부름을 받고 워싱턴으로 향했다. 그가 스톤 교수를 만나자마자 던진 첫마디는 "에드거 후버 FBI 국장을 파면해 달라"는 말이었다. 그러나 그와 후버를 똑같이 총애한 스톤은 그의 요구를 들어주지 않았다. 이 일로 짐작해 보건대 그는 후버와 그다지 관계가 좋지 않았던 것 같다. CIA와 FBI가 협력 과정에서 항상 삐걱거리며 불협화음을 낸 것은 모두 이 때문이었다.

1924년부터 1928년까지 도노반은 훗날 대통령이 되는 허버트 후버와 각별한 우정을 나눴다. 후버는 이때 도노반이 후버 댐 건설의 총책임을 맡도록 캘빈 쿨리지 대통령에게 건의했다. 도노반은 후버가 정계에 진출한 다음에 최고위급 전략 고문으로 4년 동안이나 그를 보좌했다. 후버는 대선에 출마했을 때 그를 러닝메이트로 삼을 생각도 했었다. 그러나 그는 천주교인이었다. 만약 러닝메이트로 대선에 출마할 경우 미국의 비 천주교인 표를 잃을 가능성이 컸기 때문에 결국 이 생각을 접었다. 후버는 백악관에 입성한 다음 잊지 않고 공신들에 대한 논공행상을 했다. 그러나 후버가 당선되는 데 핵심 역할을 한 도노반에게는 내각의 그 어떤 장관 자리도 돌아가지 않았다. 그는 울적한 기분을 안은 채 워싱턴 정계에서 은퇴를 준비했다.

도노반은 1936년부터 1937년까지 독일 나치 정부에서 일하고 있던 한 친구의 초청을 받아 스페인 내전의 진행 상황을 지켜보았다. 그는 이때 '케임브리지의 다섯 스파이' 중 한 명인 킴 필비를 만났다.

1937년 나치 독일이 체코를 점령하자 로스차일드가는 체코에 제공한 대출 회수가 어려워져 오스트리아 빈에 있는 로스차일드은행은 난관에 봉착했다. 로스차일드가는 이때 나치와 밀접한 관계가 있던 도노반을 파견해 나치 정부의 내부 소식을 탐문하도록 했다. 이 일을 계기로 그와 로스차일드가의 관계는 더욱 돈독해졌다.

OSS-'Oh So Social'[29]

1940년 5월 29일, 윌리엄 스티븐슨이 도노반을 만나기 위해 뉴욕으로 달려왔다. 그는 도노반과 함께 1915년 '전쟁 구조단' 프로젝트에 동참했던 사람으로, 당시 영국 정보기관의 고위급 요원으로 있던 브린크 하워 장군의 편지를 도노반에게 전달했다. 편지에는 미국에도 전략 정보 부서를 설립하는 것이 급선무라고 적혀 있었다.

도노반은 편지를 가지고 월스트리트의 친구들과 컬럼비아 법과 대학 동기인 프랭클린 루스벨트 대통령을 찾아가 자신의 생각을 전했다. 루스벨트는 그에게 런던으로 달려가 미국 전략정보국 설립과 관련한 준비를 추진하라고 지시했다. 모든 것이 비밀리에 진행됐으나 미국의 언론 매체들은 그의 런던행이 루스벨트 대통령이 부여한 비밀 임무를 완수하기 위한 것이라는 추측을 쏟아냈다. 그는 런던으로 가는 길에 독일의 영토 확장 현황을 조사하기 위해 동유럽과 남유럽의 상황을 살펴보았다. 독일은 그가 미국 첩보 기관 설립의 막중한 임무를 띠고 있다는 사실을 알고 있었다. 그러나 미국과의 불필요한 알력을 만들지 않기 위해 그의 행보를 방해하지 않았다.

그는 유럽에서 돌아오자마자 자신이 얻은 정보를 루스벨트 대통령에게 그대로 전했다. 1942년 6월 13일, 루스벨트 대통령은 그를 미국 전략정보국 국장으로 공식 임명했다. 그는 이후 루스벨트 대통령의

'비밀 수족'이 돼 모든 비밀 계획을 도맡아 수행하는 활약을 펼쳤다.

그를 수뇌로 하는 미국 전략정보국은 사실 국제 은행 가문들의 '커넥션'이라고 해도 과언이 아니었다. 우선 피어폰트 모건의 아들 닐스 모건이 이 기관의 재정을 담당했다. 또 멜런(Mellon)가의 폴 멜런 역시 요직을 담당했고, 폴 멜런의 손아래 처남 데이빗 브루스는 미국 전략정보국 런던 지부 책임자로 있다가 프랑스 주재 미국 대사로 발령받았다. 'FRB의 총설계사'로 불리는 파울 바르부르크의 아들 제임스 바르부르크는 도노반의 개인 비서 역할을 담당했다. 밴더빌트(Vanderbilt), 듀폰, 라이언 가문 역시 뒤질세라 자기 사람들을 이 기관의 요직에 포진시켰다. 이때 누군가 미국 전략정보국(OSS)을 "오, 상류층의 사교계여(Oh So Social)!"라고 부른 것은 정말 기가 막힌 비유였다. 미국 전략정보국은 록펠러, 모건, 로스차일드, 바르부르크, 밴더빌트, 멜런, 듀폰 및 라이언 등의 금융 가문을 위해 일하는 기관의 한계를 벗어나지 못했다.

정보와 금융은 영원히 한통속인 것이다.

패턴을 살해한 동기

도노반과 미국 전략정보국의 인맥 관계는 이 정도로 알아보고 다시 《타깃 패턴》을 살펴보자. 도노반은 패턴과 개인적인 원한이 없었다. 또 바자타에게 임무를 맡기면서 상부의 명령을 따를 뿐이며, 많은 사람들이 그 일이 잘 처리되기를 바란다고 말했다. 그렇다면 그가 언급한 '상부'는 도대체 누구인가? 그의 명의상의 지도자인 미국 대통령인가? 아니면 그의 실질적인 '상부'인가? 그도 아니면 '많은 사람들'로 이루어진 국제 은행 가문들일까? 총명한 독자들은 답을 알 것이다.

패턴은 소련을 철천지원수로 여겨 끊임없이 시비를 걸었다. 만약 그의 행동을 그대로 방치한다면 미국과 소련의 군사 충돌을 피하기 어려워 심지어 전쟁으로 이어질 수도 있었다. 하지만 국제 은행 가문들은 미국과 소련의 전쟁을 원치 않았다. 더구나 1945년에서 1948년까지는 이스라엘이 건국을 준비하던 중요한 시기로, 시오니즘 세력이 거의 100년 동안 준비해 온 위대한 대업이 바야흐로 이루어지려는 순간이었다.

제1차 세계대전을 거친 다음 오스만 제국이 무너지고 팔레스타인은 마침내 오스만 제국에서 분리되었다. 제2차 세계대전을 지난 다음에는 유대인이 대규모로 팔레스타인에 이주했다. 나치 독일은 풍비박산이 나 있었고, 영국과 프랑스는 여전히 전쟁의 폐허에서 허덕이고 있었다. 한편 미국은 금권의 압력, 소련은 원자탄 개발을 향한 욕망을 억제하기 어려웠다. 강대국들의 각기 다른 이유로 이스라엘 건국 문제는 100년 만에 정말 얻기 어려운 공감대를 형성했다. 이런 상황에서 중뿔나게 패턴이 나서서 소련과 미국 간의 관계를 악화시켰다. 그는 미국에서 자자한 명성과 넓은 인맥을 자랑했고, 열광적인 '패턴 지지자'인 막강한 군대를 거느리고 있었다. 저돌적인 성격으로 미루어볼 때, 미국과 소련 간의 전쟁도 충분히 이끌어낼 가능성이 있었다. 만약 그렇게 된다면 100년 동안 준비해 온 이스라엘 건국 계획이 물거품으로 돌아가 영원히 기회가 오지 않을 수도 있었다. 절체절명의 이 순간에 패턴을 제거하는 것 외에 다른 방법은 전혀 없었다. 그들은 아마 한 사람의 패턴이 아니라 열 사람의 패턴이 나왔다 해도 똑같이 제거해 버리지 않았을까!

같은 신앙을 가지고 같은 목표를 추구하는 무리가 있다. 그들은 깊고 냉혹한 시선으로 앞길을 가로막는 걸림돌을 가차 없이 제거해 버린다. 자신들의 궁극적인 목표에 방해가 된다는 단 하나의 이유로 말이다.

제 7 장 국제 정보 네트워크와 은행 가문 인맥 관계도

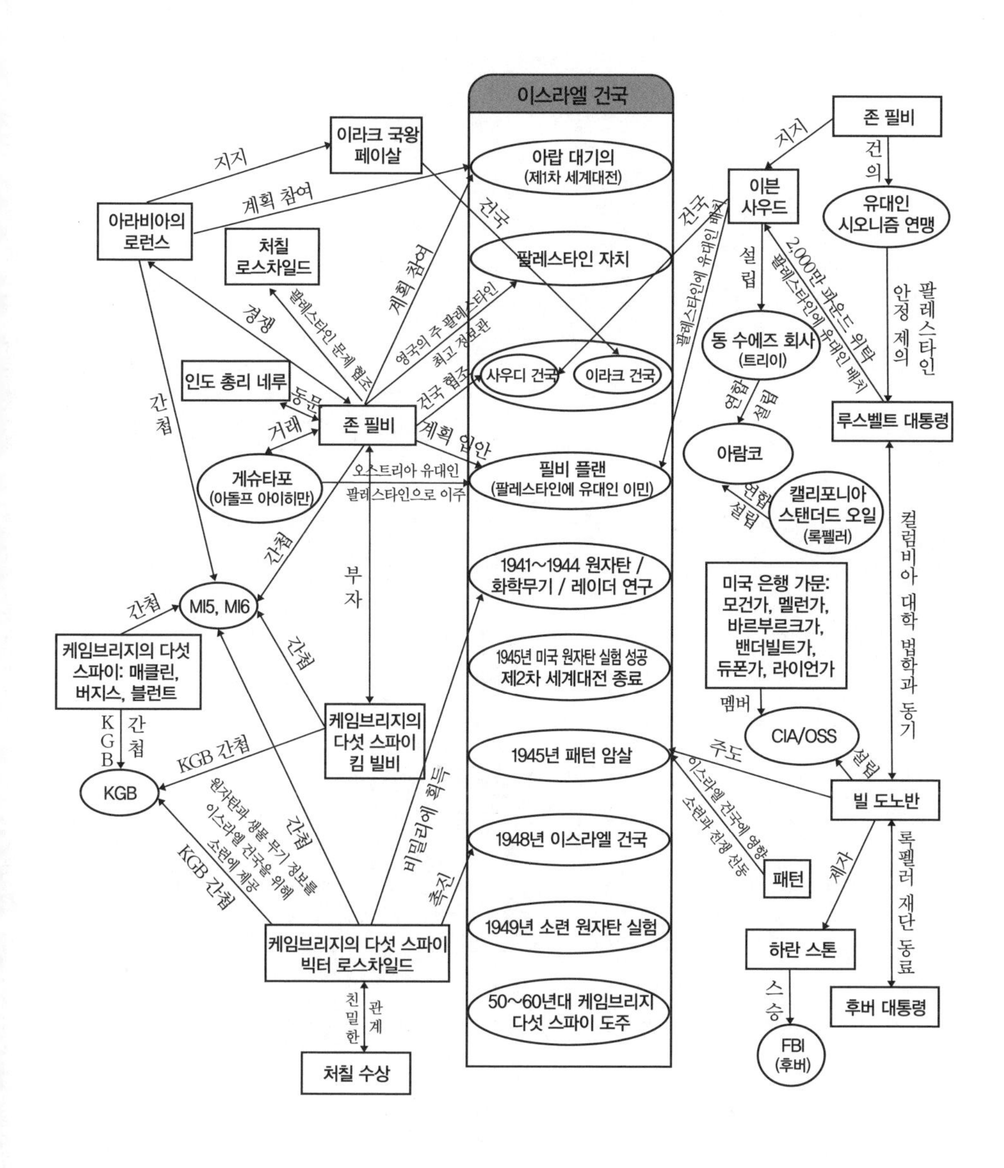

제8장 지배 엘리트 그룹과 배후의 금융 과두

사람의 본성은 영원히 변하지 않는다는 사실을 잊지 말아야 한다. 부와 권력을 향한 욕망은 인류 사회가 생긴 이후부터 지금까지 결코 변한 적이 없고, 상상 가능한 미래에도 변하지 않을 것이다. 변하는 것이 있다면 부와 권력을 얻는 방식뿐이다. 상업 자본주의로부터 산업 자본주의, 금융 자본주의, 독점 자본주의를 거쳐 오늘날의 이른바 다원화 자본주의에 이르기까지 소수의 권력 그룹이 다수를 지배하는 자본주의적 본질은 변하지 않았다. 오로지 지배 수단과 지배 방식이 과거에 비해 많이 달라졌을 뿐이다.

"부 하나만으로는 초특급 부호들의 갈망과 탐욕을 잠재우지 못한다. 오히려 그들 중 대부분은 풍부한 부와 그 부에 따른 강력한 영향력을 이용해 더 큰 권력을 탈취했다. 그렇게 얻은 권력은 봉건 시대의 폭군이나 전제 군주들이 꿈에서조차 상상하지 못할 정도로 막강했다. 그들은 세계의 권력을 지배하고 세계의 부를 지배하며 전 세계의 살아 있는 모든 것을 지배하는 사람들이다."[1]

로런스 패턴 맥도널드의 이 말은 국제 은행 가문들의 궁극적인 '목표'를 매우 정확하게 꼬집고 있다. 그들의 목적은 '앵글로-아메리카'를 정점으로 하는 피라미드형 세계 정부의 수립이다. 이는 허황된 추측이나 근거 없는 억측이 아니라 여러 세대를 거쳐 발전하고 변화해 온 구체적인 전략 목표이다.

영국과 미국의 지배 엘리트 그룹은 세계를 지배하는 전략적 목표를 실현하기 위한 이론적 연구와 실천적 탐구를 다양하게 시도해 왔다. 이는 초창기의 로즈 소사이어티 Rhodes Secret Society에서 훗날의 미국외교협회CFR에 이르는 단체들의 면면을 보면 잘 알 수 있다.

체계적이고 방대한 계획을 실현하기 위해서는 삼권의 배후에 도사리고 있는 금권의 지원이 반드시 필요하다.

오늘날 서구 사회는 표면적으로 민주와 자유, 다각화를 표방하고 있어서 과거의 금융 과두들은 '성스러운' 민주 제도에 의해 권력의 중심에서 밀려난 것처럼 보인다. 과거에 막강한 권세를 과시하던 초특급 부호들도 마치 인간 세상에서 증발한 것처럼 종적을 감추었다. 그렇다면 인류의 역사가 바뀌었다는 말인가? 자본주의는 더 이상 소수의 권력 집단을 위해 봉사하지 않는다는 말인가? 국제 은행 가문들은 지고무상한 권력을 내팽개치고 산속으로 은둔해 보통 사람의 생활을 하고 있다는 말인가?

사람의 본성은 영원히 변하지 않는다는 사실을 잊지 말아야 한다. 부와 권력을 향한 욕망은 인류 사회가 생긴 이후부터 지금까지 결코 변한 적이 없고, 상상 가능한 미래에도 변하지 않을 것이다. 변하는 것이 있다면 부와 권력을 얻는 방식뿐이다. 상업 자본주의로부터 산업 자본주의, 금융 자본주의, 독점 자본주의를 거쳐 오늘날의 이른바 다원화 자본주의에 이르기까지 소수의 권력 그룹이 다수를 지배하는 자본주의적 본질은 변하지 않았다. 오로지 지배 수단과 지배 방식이 과거에 비해 많이 달라졌을 뿐이다. 직접적이고 적나라하게 권력을 휘두르던 금융 과두들은 막후에 숨어버렸다. 대신 '재단'이라는 새롭고 방대한 시스템이 나타났다. 재단은 서구의 지배자들이 권력을 행사하는 중요한 수단이 되었다. 그렇다면 어떤 사람들이 재단을 지배하는가? 바로 과거의 국제 은행 가문, 즉 금권 가문들이다.

대한항공 007기의 미스터리한 피격

1983년 8월 31일 새벽, 신원불명의 대형 항공기가 극동 함대의 대륙간 탄도 핵잠수함 기지의 방공식별구역 상공을 날아가는 것이 소련 사할린 레이더망에 포착되었다. 소련 수호이-15 전투기 두 대가 추적 명령을 받고 황급히 출동했다. 5분 후 수호이-15 조종사가 "육안으로 발견했다"라는 보고를 지상 기지에 전달하자, 기지로부터 격추 명령이 내려졌다. 그날 세계 각 통신사들은 즉각 "KAL 007편 보잉 747 여객기가 사할린섬 상공에서 소련 요격기의 공격을 받고 추락, 269명 탑승자 전원이 사망했다"라는 속보를 타전했다. 이 소식에 전 세계는 깜짝 놀랐다. 이는 냉전 시기 최악의 사건으로 기록되고 있다.

이 사건과 관련해 미국 측은 다음과 같이 설명했다.

"8월 31일 새벽, 뉴욕을 출발해 알래스카 앵커리지를 경유하여 서울로 향하던 KAL 007 여객기가 소련 캄차카 반도와 사할린섬 영공에 잘못 들어섰다. 이는 기기 고장으로 인한 의외의 사고여서 누구도 이를 미리 막을 수 없었다. 결국 새벽 3시 27분 KAL 007기는 소련 사할린섬 상공에서 소련 공군이 발사한 미사일에 격추돼 269명의 승객과 승무원이 전원 사망했다."

당시 로널드 레이건 미국 대통령은 이 사건에 대해 "소련 측 행동은 무고한 민간인들을 무자비하게 살육한 비인간적인 만행으로 용서받을 수 없다. 국제 사회의 제재와 질책을 받아 마땅하다"며 비난했다.

그러나 소련 측의 항변은 당당했다.

"KAL 007기는 캄차카 반도와 사할린섬에 있는 소련 군사 기지를 정찰하기 위해 영공을 침범했다. 이에 소련 공군은 명령에 의해 KAL 007기를 격추했다. 우리의 행동은 국가 안전을 위한 정당방위일 뿐이었다. 그러므로 부당한 오해나 의도적인 비난을 받을 이유가 없다."

지난 20여 년 동안 KAL 007 사건과 관련해 다양한 추측이 난무했다. 이 가운데 1992년 이스라엘의 비밀 정보기관 모사드의 한 요원이 소련으로부터 입수했다는 내부 정보는 큰 충격을 던져주었다.

이 정보에 따르면 KAL 007기는 미사일의 요격을 받은 다음 즉시 폭파된 것이 아니었다. 12분 정도 계속 비행하다 사할린섬 인근 해역에 성공적으로 착륙했다. 소련 당국은 여객기를 유도 착륙시킨 후 승객들을 모스크바 부근의 루비얀카 감옥과 극동의 브랑겔 수용소로 이송했다. 1996년 1월 15일, 한국 KBS에서도 "KAL 007기는 추락하지 않았다. 대부분 생존자들은 러시아의 2개 수용소에 갇혀 있다"라는 내용의 놀라운 소식을 전했다. 그날 KBS는 미국 CIA의 극비문서도 함께 공개했다. 38쪽 분량의 극비문서에는 "KAL 007 여객기는 소련 공군의 미사일 공격을 받은 다음 성공적으로 해상에 착륙했다. 당시 탑승자 대부분이 생존한 것은 확실하다. 그러나 그 후 행방이 묘연해졌다"라고 적혀 있었다.[2]

당시 KAL 007기에 탑승한 승객 중에는 특별한 인물이 한 사람 있었다. 바로 로런스 패턴 맥도널드 미국 하원 의원으로, 제2차 세계대전 때 맹활약한 미국의 명장 패턴 장군의 사촌동생이다. 두 사람은 이른바 '신 세계 질서(New World Order)'에 완강한 반대 입장을 표명했으며, '국제주의'와 '글로벌화'의 명목으로 국가 주권을 파괴하려는 자들을 끔찍하게 증오했다. 이 밖에도 두 사람은 미국에서 지대한 영향력을 행사하고 민심을 크게 얻었다는 공통점이 있었다. 맥도널드는 이런 민심을 등에 업고 1988년 민주당 대통령 후보 출마를 준비하고 있었다. 한마디로 미국외교협회와 삼각위원회도 공격할 '최대 위험인물'로 꼽힐 만큼 정치가로서의 영향력이 막강했다.

삼각위원회
(The Trilateral Commission)
세계 경제를 독점하고 세계정부를 세우기 위한 조직. '삼변회'라고도 함. 삼각은 미국, 일본, 유럽을 일컫는다. 1972년에 창설됨.

KAL 007기 격추 사건 이후 그는 시신조차 발견되지 않았다. 미국 사회에서 상당히 인지도가 높은 복음교파의 지도자인 제리 폴웰(Jerry Falwell)은 맥도널드와 같은 이념을 가진 우익 인물로 유명하다. 그는 KAL 007 사건에 대한 뉴스를 듣자마자 본능적으로 "나의 직감은 소련의 행동이 맥도널드 한 사람만을 목표로 했다고 말해주고 있다. 그러나 소련은 여객기를 요격해 269명의 목숨을 앗아갔다"라는 반응을 보였다.[3] 패턴 장군 암살설이 나왔을 때처럼 이번에도 소련이 정말 사건의 원흉이었을까? 다른 가능성도 존재한다.

맥도널드를 필두로 하는 정치 그룹은 미국의 전통적인 우파 세력이

로런스 패턴 맥도널드

었다. 이들은 미국 헌법과 건국 정신을 수호할 뿐 아니라 권리장전(Bill of rights)을 적극적으로 지지했다. 개인의 자유와 민주 제도를 옹호했고, 개인권리에 대한 정부의 지나친 간섭을 반대했다. 또한 철저한 시장경제를 주장하고 국가주권을 훼손하는 모든 행동과 세력들에 대해 철저하게 반대했다. 그들은 이런 정치적 신념으로 미국인들의 민심을 크게 얻었다. 이들은 독립전쟁을 통해 영국의 식민 통치에서 벗어난 영광스러운 역사를 늘 강조했고, 미국인들에게 "폭정과 독재를 실시하는 정부에 대해서는 무장 봉기를 일으킬 권리가 있다"라는 의식을 심어주었다. 이들은 또 '작은 정부는 백성들을 위한 정부, 큰 정부는 백성들을 지배하기 위한 정부'라는 주장을 서슴지 않았다. 그래서 수단과 방법을 다해 연방정부의 권력을 제한하려고 애썼다. 그러니 당연히 '미국 주권'을 초월한 '세계정부'가 미국인을 통치하는 것을 용납할 리 없었다.

맥도널드의 이런 정치적 신념은 국제 은행 가문들의 이익을 핵심으로 하는 '글로벌화'와 '세계정부' 방침과 격렬하고 첨예한 충돌을 일으켰다.

그는 1975년 11월에 국제 은행가들에게 공개적인 도전장을 던졌다. 그는 《록펠러 파일(Rockefeller File)》이라는 책의 서문에서 이렇게 말했다.

부 하나만으로는 초특급 부호들의 갈망과 탐욕을 잠재우지 못한다. 오히려 그들 중 대부분은 풍부한 부와 그 부에 따른 강력한 영향력을 이용해 더 큰 권력을 탈취했다. 그렇게 얻은 권력은 봉건 시대의 폭군이나 전제 군주들이 꿈에서조차 상상하지 못할 정도로 막강했다. 그들은 세계의 권력을 지배하고 세계의 부를 지배하며 전 세계의 살아 있는 모든 것을 지배하는 사람들이다.

존 D. 록펠러가 부당한 방법으로 석유를 독점한 제국을 건설한 때로부터 지금까지 약 100년이 흘렀다. 그 기간에 록펠러 가문에 관한 책은 도서관을 만들어도 모자랄 정도로 많이 출간됐다. 그러나 그 엄청난 양의 책에서 한결같이 록펠러를 전설적 인물로만 묘사하고 있을 뿐, 가장 핵심적인 본질은 감히 폭로하지 못하고 있다. 록펠러와 그 충성스러운 친구들은 지난 50년 동안 자신들의 경제력을 이용해 정치권력을 탈취하기 위한 계획을 조심스럽게 꾸준히 추진해 왔다. 그들의 목적은 우선 미국을 지배한 다음 전 세계를 지배하는 것이다.

내가 지금 누군가의 음모를 폭로하고 있는가? 그렇다. 나는 음모가 존재한다고 확신한다. 세계적인 규모를 가진, 몇 세대에 의해 계획된, 그러나 본질은 사악하기 그지없는 그런 음모 말이다.

_로런스 패턴 맥도널드

1975년 11월 4

미국 주류 언론이 이런 도전에 대해 냉담한 반응을 보이자, 맥도널드는 직접 홍보 책자를 들고 거리로 나가 행인들을 대상으로 자신의 주장을 널리 알렸다. 그의 이런 집요한 행동은 미국 정치권의 관례를 완전히 무시하는 것이었다. 국제 지배 엘리트들의 참을성도 한계에 이를 수밖에 없었다.

더 큰 문제는 맥도널드가 대통령 경선을 준비하고 있었다는 사실이다. 경선 연설에서 그는 국제 은행 가문들의 세계 지배 계획을 크게 떠들어댈 것이 뻔했고, 충격적인 이런 발언은 방송을 통해 전 세계에 생중계될 터였다. 그의 고집은 승부욕 강하기로 소문난 사촌형 패턴 장군보다 못하지 않았고, 게다가 이들 두 형제는 미국인들이 두려움을 모르는 영웅호걸로 떠받들고 있었다. 이런 맥도널드가 대선에 출마할 경우 어떤 상황이 벌어질지 아무도 예측할 수 없었다.

존. F. 케네디
케네디는 미국인의 절대적 지지를 얻어 역대 대통령 중 유일하게 자신에게 주어진 권한을 모두 행사했다. 그래서 미국 파워 엘리트 집단이 자기들의 이익을 위해 케네디를 암살했다는 설이 있음.

국제 은행 가문들은 케네디 전 대통령 때문에 충분히 골머리를 앓은 적이 있었다. 그런데 맥도널드가 다시 케네디의 전철을 밟으려 하는 것이 아닌가. 더구나 맥도널드의 잠재적 위험은 케네디보다 훨씬 더 컸다. 본인이 미국인들의 광범위한 지지를 얻고 있었을 뿐 아니라 사촌형 패턴 장군의 명망에 기대 미국 군부의 지지까지 받고 있었다. 미국의 국가 이익에 영원히 충성하기로 맹세한 고위급 장군들이 '미국 주권'을 초월한 '세계정부'의 이념에 동조하지 않을 것은 명약관화했다. 심지어 맥도널드와 그의 추종자들은 CIA와 FBI에 대항하기 위한 비밀 정보망까지 구축해 놓고 있었다. 이런 맥도널드가 "폭정과 독재에 반대해 총을 들어도 된다"라고 생각하는 광대한 민중들과 힘을 합칠 경우, 미국은 정치적 색깔이 변할 가능성이 매우 컸다.

그렇다면 맥도널드가 지적한 '록펠러와 그 충성스러운 친구들' 및 함께 계획을 짠 '몇 세대의 사람들'은 과연 누구를 가리키는가? '몇 세대의 사람들'의 계획은 어떤 발전과 변화를 거쳤는가? 이 문제에 대한 답을 알기 위해서는 우선 계획의 근본부터 파헤쳐볼 필요가 있다.

다이아몬드 제국과 엘리트 그룹의 일인자

영국의 사상가 존 러스킨(John Ruskin)은 일찍이 옥스퍼드 대학 학생들에게 이렇게 가르쳤다.

"상류층은 교육, 예술, 법률 규범, 자유의지, 우아한 기질 및 자기 단속 면에서 우수한 전통을 가지고 있다. 그러나 이 전통은 반드시 잉글랜드, 더 나아가 전 세계의 하층 계급에까지 널리 전파해야 한다. 그래야만 하층 계급도 구원을 받을 수 있다. 만약 영국의 상류층이 우수한 전통을 널리 보급하지 않는다면, 얼마 못 가 규모가 훨씬 더 큰 하층 계급에 의해 붕괴하고 말 것이다. 이렇게 위험한 후폭풍을 미연에 방지하기 위해서 하루빨리 우리의 우수한 전통을 전 세계 구석구석까지 전파해야 한다."

당시 한 학생이 존 러스킨의 감동적인 이 연설을 노트에 기록했다. 노트는 무려 30년 동안이나 소중하게 보관됐다.[5] 이 학생이 바로 드비어스(De Beers)의 창업자인 세실 로즈(Cecil Rhodes)였다.

'다이아몬드는 영원히(Diamonds are forever)'라는 광고 문구로 잘 알려진 드비어스 그룹은 명실상부한 다이아몬드 제국으로 유명하다. 이들은 현재 세계 다이아몬드 시장의 40%를 장악하고 있으며, 한때 이 수

세실 로즈

치는 90%에 달하기도 했다.

세실 로즈는 1853년에 출생했다. 영국의 정치가이자 저명한 사업가이며 로디지아(Rhodesia, 짐바브웨의 옛 이름)의 지배자이기도 했다. 로디지아는 이름에서 알 수 있듯 세실 로즈의 이름을 따서 명명한 국가였다. 이처럼 로즈는 남아프리카의 자원을 수탈해 어마어마한 부를 축적했고, 죽은 다음에는 로즈 장학재단을 설립했다.

목사의 아들로 태어난 그는 영국이 대대적으로 식민지를 확장하던 시절에 혼자 아프리카 정복에 나선 영웅이었다. 그는 남아프리카에서 다이아몬드 광산을 경영하며 부를 쌓아 세계 다이아몬드의 90% 이상을 독점한 다이아몬드 제국인 드비어스 그룹을 창업했다. 그러나 그의 야심은 그칠 줄 몰랐다. 오죽했으면 영국인조차 세실 로즈를 일컬어 "지구 전체를 영국의 영토로 만드는 것도 부족해 달까지 정복해야 직성이 풀릴 위인"이라고 평가했을까.

그는 1882년에 의도적으로 로스차일드가에 대한 접근을 시도했다. 당시 로스차일드가의 샌프랜시스코 지점은 다이아몬드 광산에 관심이 많아 아프리카에 대리인을 파견했다. 그는 처음에 이 대리인을 통해 로스차일드가와 인연을 맺으려 했다. 이때 남아프리카의 다이아몬드 개발 사업은 무절제한 경생으로 아수라장을 방불케 했다. 그는 이 경쟁에서 승리하기 위해서는 런던 재벌의 금융 지원을 받아야만 한다는 발 빠른 판단을 내렸다. 그리고 그 타깃은 바로 로스차일드가였다.

1885년 로즈는 런던으로 향하는 기선에서 로스차일드가의 다이아몬드 광산 개발을 책임진 또 다른 미국 엔지니어를 우연히 만나게 되었다. 그는 그 자리에서 이 미국 엔지니어를 드비어스 회장에 임명하는 용단을 내렸다. 이어 두 달 후 그는 이 엔지니어의 주선으로 런던 로스차일드가의 네티 로스차일드를 만날 수 있었다.[6]

네티 로스차일드는 드비어스의 전망을 대단히 밝게 내다보고 주식 5,754주를 매입해 일약 드비어스의 최대 주주로 올라섰다. 드비어스는 로스차일드가의 전폭적인 지원에 힘입어 아프리카에서 막강한 실력을 자랑하던 대기업들을 차례로 인수 합병하더니, 드디어 세계적인 다이아몬드 제국으로 부상했다.

로즈는 네티 로스차일드를 절대적으로 신뢰했다. 1888년 그는 네티 로스차일드를 만난 자리에서 "회장께서 든든히 제 뒤를 받쳐주는 한, 저는 제가 말한 것을 모두 이룰 수 있다고 확신합니다"라고 솔직하게 말했다. 이후 로즈와 로스차일드가는 상호 신뢰를 토대로 긴밀한 상업적 전략 동맹을 맺었다. 1889년 드비어스가 175만 파운드의 채권을 발행하자 로스차일드가의 런던은행은 이중 17.8%를 매입했다. 또 1894년에는 로스차일드가의 런던은행이 아예 드비어스의 채권 350만 파운드를 재발행하기도 했다.

로즈는 로스차일드가의 경제적 지원과 격려에 힘입어 점차 경영 규모를 확장해 나갔다.

드비어스 그룹은 일련의 인수 합병 과정을 통해 규모를 크게 확장했다. 연간 이익 배당금이 1896년부터 1901년까지 160만 파운드(주당 수익률 40%)에 이르렀고, 1902년부터 1904년 사이에는 무려 200만 파운드를 초과했다.

1900년 네티 로스차일드는 로즈에 대한 찬사를 아끼지 않았다.

"당신은 드비어스의 신화를 창조했소. 다이아몬드 생산뿐만 아니라 판매 시장까지 완전히 장악해 당신만의 고유한 비즈니스 모델의 구축에 성공했소."

두 사람은 약속이나 한 듯 똑같이 식민주의와 제국 확장의 정치적 이념을 가지고 있어서 점점 뜻이 맞았다. 실제로 네티 로스차일드는 로즈가 세운 기업에 힘닿는 데까지 자금 지원을 아끼지 않았다.

1889년 로즈가 영국 남아프리카 회사(British South Africa Company)를 설립했을 때, 네티 로스차일드는 발기인으로 자본금을 불입하는 동시에 무보수 투자 고문까지 자청했다. 1888년 6월, 로즈는 자신의 유언장을 수정해 원래 형제 자매들에게 물려주기로 한 드비어스 그룹의 지분을 전부 네티 로스차일드에게 양도하기로 결정했다. 그는 이 유언장에 첨부한 편지에서 "대영제국의 이익을 위한 회사 설립에 써주시기 바랍니다"라고 부탁했다. 로즈는 자신의 오랜 꿈을 실현해줄 유일한 '귀인'이 바로 네티 로스차일드라고 확신했다.[7]

네티 로스차일드는 드비어스가 추진한 다이아몬드 사업의 거대한 상업적 가치를 주시했다. 반면 로즈의 눈길은 네티 로스차일드의 어깨 너머 저 멀리 아프리카, 더 나아가 전 세계의 끝없는 옥토를 향하고 있었다. 그에게 다이아몬드란 더 큰 정치적 권력을 향한 끝없는 추구를 의미했다. 그는 네티 로스차일드에게 보낸 편지에서 "반드시 드비어스를 또 다른 동인도회사로 키워, 아프리카를 기점으로 이상을 실현할 틀을 갖추어달라"라고 부탁했다.

로즈 소사이어티:
영국 지배 엘리트 그룹의 사관학교

자국의 안전을 중요하게 생각하지 않는 국가는 밀너 그룹(Milner Group)이 포부를 완성하는 데 이용될 것이다. 소수의 사람들이 정부와 정치를 초월한 권력을 휘두르고, 대중매체를 지배해 여론을 선도하면서 자신들이 처한 시대의 역사를 제멋대로 수정해 후세에 전하는 것, 이것이 바로 밀너 그룹의 포부이다.

_캐럴 퀴글리 8

수많은 정치권력 가운데 단연 최고는 아마 사서(史書) 편찬권이 아닐까 싶다. 후손들은 조상들이 살았던 시대를 경험해보지 못했기 때문에 역사책을 통해야만 과거에 어떤 일이 일어났는지 알 수 있다. 따라서 역사책에 어떤 소재를 선택하고 편집 수록하며 어떤 논평을 덧붙이느냐에 따라 사물에 대한 후손들의 인식은 극명하게 차이가 난다. 즉 사서 편찬권을 가진 사람이 미래 인류의 역사에 대한 인식을 좌우할 수 있다는 말이다. 역사책을 어떻게 쓰느냐에 따라 추한 것이 아름답게 보일 수도 있고, 악마가 천사로 둔갑할 수 있다. 한마디로 역사는 인류의 인식을 만들어내고 사람들의 판단을 좌지우지하는 것이다.

조지타운 대학의 캐럴 퀴글리 교수는 빌 클린턴 전 미국 대통령의 스승으로도 유명하다. 그는 1949년에 저술한 《앵글로-아메리카 파워 그룹》이라는 책에서 대단히 의미 있는 발언을 했다.

"1891년에 결성된 로즈 소사이어티는 여론 선전을 통해 세계를 지배하려고 한다. 이 단체는 20세기 세계사에 중대한 영향을 미치고 있지만 많은 사람들에게 알려지지 않은 비밀 조직이다."

책에 따르면 로즈는 24세 때인 1877년 옥스퍼드 대학에 다닐 당시 첫 번째 유언을 썼다고 한다. 그는 이때 유언장에 비밀 결사를 설립하는 '숭고한' 목적에 대해 이렇게 강조했다.

"내 목적은 대영제국의 지배권을 전 세계로 확장하고, 대영제국의 대외 확장 체계를 보완하며, 인간이 생존 가능한 모든 지역을 영국의 식민지로 만드는 것이다. …… 미국을 다시 대영제국에 편입시키고, 전 제국의 통일을 완성하며, 제국 국회에서 식민지 대표 제도를 실시해야 한다. 궁극적으로는 제국의 분산된 영토를 통일해 영원히 전쟁이 없고 인류 복지가 실현되는 세계를 만들어야 한다."[9]

로즈는 또 자신의 목표를 실현하기 위한 구체적인 방안도 마련했다. 그것은 서로 충성하고 공통의 목표를 위해 헌신할 수 있는 소수의 사람들을 모아 비밀 결사를 만드는 것이었다. 그리고 정계와 재계에 막후 영향력을 행사하는 동시에 '언론과 교육, 선전을 조작'하는 방법으로 목표를 실현하고자 했다. 그는 정말로 대영제국을 위해 헌신하고, 기독교와 유사하고, '선전가'들로 구성된 비밀 결사인 로즈 소사이어티를 만들 목적으로 전 재산을 내놓겠다는 유언을 남겼다.

로즈 소사이어티는 3개의 동심원으로 이루어져 있다. 가장 핵심이 되는 안쪽 원은 '로즈 소사이어티(1901년에 밀너 그룹으로 개명)'로 로즈 본인이 진두지휘했다. '대영제국의 영원한 영광 수호' 이념을 가진 어마어마한 대부호들이 구성원이었다. 가운데 원은 '세실 블록(Cecil Bloc)'이었다. 솔즈베리 후작(Robert Cecil, Lord Salisbury)을 필두로 한 정계의 쟁쟁한 권력자들로 이루어졌다. 바깥쪽 원은 《역사의 연구(A Study of History)》의 저자인 아널드 J. 토인비(Arnold J. Toynbee)의 숙부 아널드 토인비(Arnold Toynbee)와 금융가 밀너 훈작(Lord Milner)이 주도하는 이른바 '토인비 그룹(the Toynbee Group)'이었다. 이 그룹은 모두 지식인으로 구성되었다는 특징을 가지고 있었다.[10]

아널드 토인비

밀너 후작

로즈 소사이어티의 세 그룹 중 두 번째 그룹인 '세실 블록'은 영국의 교육과 언론에 절대적인 영향력을 행사했다. 대표적으로 무려 반세기 동안 영국의 최고 권위지 〈더 타임스(The Times)〉를 완전히 장악했고, 장학 제도를 통해 이튼 칼리지(Eton College)와 옥스퍼드 올 소울즈(All Souls) 칼리지에 절대적인 영향력을 미쳤다. 로즈 소사이어티의 세 동심원은 상부상조의 관계를 형성했다. '토인비 그룹'은 사람들의 의식 형태를 통제했고, '세실 블록'은 정치적으로 영향력을 미쳤으며, '밀너 그룹'은 재력으로 든든한 뒷받침을 제공했다. 이들은 삼위일체가 돼 대영제국과 세계의 운명에 영향을 미치는 비밀 조직을 이루었다.

로즈 소사이어티는 1938년까지 부유한 상류층 인사들을 대거 영입해 영국에서 가장 막강한 영향력을 행사하는 정치 세력으로 성장했다.

로즈 소사이어티의 핵심 멤버들은 모두 체계적인 절차에 따라 선발하고 육성했다.

우선 옥스퍼드 대학의 가장 우수한 학생들을 선발해 올 소울즈 칼리지에 입학시켰다. 이들은 다시 엄격하고 다양한 심사를 거쳐 도태된 이들을 제외한 '시드 선수'들이 '왕립국제문제연구소(Chatham House)', 〈더 타임스〉, 잡지사 〈라운드 테이블(Round Table)〉, 외교부 또는 식민지 사무국에 들어가 경험을 쌓았다. 당연히 이들은 두 번째 그룹에만 들어갈 수 있었고, 학술계의 요직을 차지하거나 언론 매체를 통해 여론을 조작하고 선도했다. 영국의 유명한 역사가이자 철학자, 정치 사상가인 아이자이어 벌린(Isaiah Berlin)도 두 번째 그룹에 들어간 적이 있다. 또한《역사의 연구》의 저자인 아널드 J. 토인비도 젊었을 때 왕립국제문제연구소에 들어갔다. 로즈 소사이어티의 전략은 소수의 엘리트들에게 영향력을 행사해 더 많은 사람들을 끌어들이는 것이었다. 따라서 그들의 타깃은 주로 사회의 엘리트들에게 맞춰져 있었다.

다음의 역사적 사건들을 살펴보면 '선전을 통한 세계 지배'를 표방하는 로즈 소사이어티가 세계 근대사에 어떤 영향을 미쳤는지 금방 이해할 수 있다.

- 1895년의 '제임슨 습격 사건(Jameson Raid)' 선동
- 1899~1902년의 보어 전쟁(Boer War) 유발
- 1906~1910년 남아프리카 연맹 창설
- 1910년 영국에서 간행물 〈라운드 테이블〉 창간(로즈 소사이이디 대변지)
- 옥스퍼드 대학의 올 소울즈 칼리지, 베일리얼(Balliol) 칼리지 및 뉴(New) 칼리지의 3개 단과대학에 장기적으로 영향력을 미침

- 반세기 이상 〈더 타임스〉 통제
- 1919년 프랑스 '파리 강화 회담'에 참가한 영국 대표단 통제
- 국제연맹의 주요 설계자이자 관리자
- 1919년 왕립국제문제연구소 설립 및 통제
- 1917~1945년 영국의 대 아일랜드, 팔레스타인 및 인도 정책 주도
- 1920~1940년 독일에 대한 유화 정책 주도
- 지금도 보어 전쟁 이후 영국의 대내외 정책 관련 역사 자료 출처와 편찬에 큰 영향을 미침
- '영연방' 개념을 확립해 선전하고 현실화시킴

로즈 소사이어티는 미국을 비롯해 캐나다, 인도, 호주, 뉴질랜드, 남아프리카 등 영국의 과거 식민지와 자치령에 모두 지부를 두었다. 이 중 가장 널리 알려진 지부는 미국의 '미국외교협회'이다. 로즈 소사이어티는 이외에 대영제국의 각 자치령에서 비정기적으로 비밀 집회를 소집하거나 통합 계획을 제정하고 구체적인 업무를 안배했다. 로즈 소사이어티는 이들 국가의 막후에서 정치·경제 정책의 제정 및 실시에 막대한 영향을 미쳤고, 언론 및 교육, 선전 기관들을 조정했다. 최우선 목적은 '영연방'의 형식으로 모든 영어권 국가를 통일하고, 최종적으로 특정 체제의 '세계정부'를 수립해 '대동(大同) 천하'를 건설하는 것이었다. '세계정부', '세계화폐', '세계 세수(稅收)' 등 이른바 '세계'라는 이름이 붙는 모든 구상은 기본적으로 로즈 소사이어티에서 나왔다고 할 수 있다.

'세실 블록'의 핵심 인물인 솔즈베리 후작은 1885년부터 1902년까

지 총 14년 동안 세 차례에 걸쳐 총리를 역임한 인물이었다. 그는 다음과 같은 세 가지 방법으로 사회 각 방면에 엄청난 영향력을 발휘했다.

1. 정치 및 교육, 언론의 3대 분야에 침투했다.
2. (주로 올 소울즈 칼리지를 통해) 재능 있는 학생들을 모집해 통혼이나 작위, 직위 부여 등의 방식으로 '세실 블록'에 흡수시켰다.
3. 극히 은밀한 방법으로 핵심 인물들을 요직에 배치해 공공 정책에 영향을 미치도록 만들었다.[11]

'세실 블록'의 또 다른 핵심 인물로는 밸푸어(영국 외교부 장관), 리틀턴 자작(Lyttelton, Viscount Cobham), 윈덤 남작(Wyndham, Barons Leconfield), 그로브너 공작(Grosvenor, Dukes of Westminster), 파머 백작(Palmer, Earls of Selborne), 캐번디시 공작(Cavendish, Dukes of Devonshire), 개손-하디 백작(Gathorne-Hardy, Earls of Cranbrook) 등이 있었다.

'밀너 그룹'

'세실 블록'은 1903년 솔즈베리 후작이 세상을 떠난 뒤에도 상당히 오랜 기간 존재했다. 그러나 솔즈베리 후작의 후임으로 새로운 지도자가 된 밸푸어는 야심과 결단력이 부족한 사람이어서 '세실 블록'은 점차 느슨한 조직으로 변모하고 말았다. 그러다가 드디어 '밀너 그룹'에 의해 대체되는 운명을 맞았다.

밀너는 밸푸어와 달리 야심이 크고 결단력이 강했다. 정치적 목표를 이루기 위해서는 개인의 행복과 사회생활을 서슴없이 희생할 각오가 돼 있는 사람이었다. 그는 특히 '세실 블록'이 기존 인맥 네트워크에만 의지해서는 지속적인 발전이 어렵다는 사실을 깨닫고 방향을 선회했다. 솔즈베리 후작은 주로 친구나 친척 인맥 네트워크를 이용해 '세실 블록'을 운영했으며, 정치 게임을 통해 보수적인 옛 잉글랜드의 이념을 수호했다. 이에 반해 밀너는 보수적인 사람이 아니었다. 그의 이상은 한마디로 대영제국의 사회복지 체계를 확장하고 통합하는 것으로, 이는 영국식 생활방식에 절대적으로 필요했다. 나아가 '인류 역사에서 가장 완벽하고 효율적인 영국식 생활방식'을 전 세계에 보급하려는 이상을 품었다. 그러나 시간이 흐르면서 그의 생각도 점점 바뀌어 '밀너 그룹' 내부의 선전 활동과 이념 통일에 역점을 두게 되었다.

아널드 토인비의 사상은 '밀너 그룹'에 다음과 같은 세 가지 방면에서 영향을 미쳤다.

1. 영국 역사는 위대한 도덕 사상인 '사상 자유'의 변화 과정을 대변하며, 대영제국의 완벽한 통일에 가장 중요한 역할을 한다.
2. 모든 사람은 국가에 봉사하기 위한 책임과 의무에 가장 큰 관심을 가져야 한다.
3. 임금 노동자 계층은 영어권 사회에서 사회 봉사에 종사해야 한다. 특히 교육 사업은 이들을 매우 필요로 하고 있다.

'밀너 그룹'은 엘리트 그룹에 영향을 미치는 중요한 도구로 〈더 타임스〉를 활용했다. 〈더 타임스〉는 일반 대중이나 무산계급이 아닌 소수의 엘리트 그룹을 타깃으로 하는 인쇄 매체였다. 〈더 타임스〉는 '밀너 그룹'의 다른 소그룹과 긴밀한 협력을 통해 독자들에게 영향을 미치고 이들 소그룹의 영향력도 증대시켰다. 이들은 이를 위해 외부에서 볼 때 하나의 진상을 다른 측면으로 다루는 것처럼 보이는 방법을 주로 사용했다.

한 의원(그룹 멤버)이 A 정책을 제안했다고 하자. 그러면 거의 같은 시기에 왕립국제문제연구소에서 같은 주제를 다룬 연구 보고서를 발표하고, 올 소울즈 칼리지의 학자(그룹 멤버)도 동일한 주제의 저서(그룹과 관련 있는 출판사를 통해)를 출판한다. 이때 〈더 타임스〉의 사설은 우선 A 정책에 대해 비판적으로 분석하다가 결국 A 정책이 정확하다는 결론을 내린다. 이어 〈더 타임스〉의 서평 섹션인 '문학평론지(영국에서 가장 영향력 있는 섹션)'가 위의 연구 보고서와 저서에 대해 논평하는 글을 싣는다(두 가지 출판물을 동시에 논평). 사설과 문학평론지에 실린 논평은 당연히 그룹 멤버가 익명으로 발표한 것이다. 마지막으로 〈라운드 테이블〉이 익명의 글을 실어 A 정책을 대대적으로 선동한다.

언뜻 보기에는 단계별, 절차별로 일부 사람들에게만 영향을 미치는 것 같아도 그 누적 효과는 무시하지 못할 정도로 대단했다. 필요할 때는 로즈 재단의 비서가 전 로즈 장학생을 찾아가 비공식 인터뷰를 한다. 동시에 이미 은퇴한 걸출한 정치가(전 인도 총독 등)를 설득해 올 소울즈 칼리지나 뉴 칼리지에서 이미 작고한 학장들을 기리는 연설을 맡긴다. 그런데 신기한 것은 로즈 장학생과의 인터뷰와 은퇴한 정치가의 연설 내용이 똑같다는 사실이다.

〈라운드 테이블〉은 1910년 11월 15일에 발간되었다. 그런데 창간호에서는 출판사 이름과 다섯 편의 글의 기고자명을 모두 명기하지 않았다. 기고자 이름을 익명으로 하는 이 전통은 지금까지도 이어지고 있다. 이에 대해 잡지사 측은 "기고자들의 보다 독립적이고 자유로운 문장"을 위해서라고 해명했다. 그러나 진짜 이유는 따로 있었다. 창간 당시 이 잡지의 편집자와 기고자들은 무명 인사들이어서 이름을 '당당하게' 밝혔다가 독자들의 비웃음을 유발할 가능성이 컸다. 또 일부 기고자들이 훗날 '유명인'이 될 경우 그들의 정치적 명예를 보호하기 위해 글을 익명으로 발표할 수밖에 없었다. 〈라운드 테이블〉의 글은 일반적으로 기고자가 죽을 때까지 익명으로 나가는 게 관례였다. 그리고 죽은 후에도 어떤 글을 썼는지 공개하지 않았다.

〈라운드 테이블〉은 로즈 소사이어티나 '밀너 그룹'의 가장 중요한 선전 도구였다. 편집진과 기고자들은 '라운드 테이블 그룹'으로 불렸다. 이들은 오직 대영제국을 통해서만 인류의 자유와 문명, 존엄 등이 완벽하게 실현될 수 있다는 확고부동한 신념을 가진 경우가 대부분이었다.

'밀너 그룹' 멤버들의 관점은 늘 의견 일치를 보았는데, 그룹의 가장 약하고 보수적인 고리인 경제 분야에서는 종종 분쟁이 생겼다. 이들은 1931년 이전까지 '17대 국제 은행 가문'의 하나인 랑제 브러더스의 동업자 로버트 브랜드(Robert Brand)의 재경(財經) 관점을 추종했다. 그의 관점은 경제 발전과 번영의 관건은 은행과 금융에 있다는 19세기 말 국제 은행 가문들의 관점을 대표했다. 이는 건전한 화폐, 균형적인 예산 및 금본위제가 경제의 번영과 생활의 질적 향상을 가져온다는 말로 풀이될 수 있다.

하지만 이는 금융이 경제에 복종하고 경제가 정치에 복종해야 한다는 밀너의 관점과 완전히 대립되는 것이었다. 따라서 통화 긴축 등의 금융 정책이 경제적으로나 정치적으로 나쁜 결과를 가져온다면, 그 정책은 폐지되어야 했다. 그는 또 영국이 1919년부터 12년 동안 로버트 브랜드의 금융 정책을 실시한 탓에 실업 및 경기 침체, 수출난 등의 재난을 초래했다고 지적했다. 밀너는 영국이 관세와 기타 장벽을 높여 자국 무역을 보호하고, 정부 지출 및 자본과 노동의 조정, 사회복지를 통해 경제 발전을 자극해야 한다고 일관되게 주장했다.

'밀너 그룹'은 초창기에 로버트 브랜드의 관점을 지지하다가 뒤로 가면서 밀너의 관점을 수용했다. 이는 사실 주류 국제 은행가들의 황금과 화폐에 대한 사상 이념의 변화 과정과 맥을 같이한다. 황금은 정부 재정 지출 및 전쟁 융자에 무제한 공급될 수 없기 때문에 이익을 목적으로 하는 은행가들의 수요를 만족시키지 못한다. 따라서 대량의 염가 화폐가 필요하다는 사상이 점차 새로운 주류 사상으로 떠올랐다.

로버트 브랜드의 관점은 철지난 '금융 자본주의'에 기반을 두고 있었다. 이에 반해 밀너의 관점은 '독점 자본주의', 심지어 '국가 자본주의'에 입각한 것이었다. '밀너 그룹'의 대다수 멤버들은 1931년 이후부터 밀너의 관점을 적극적으로 받아들였다. 1931년에 금본위제가 폐지되면서 로버트 브랜드가 1919년에 주창한 금융 정책은 완전한 실패로 끝나고 말았다. 1931년부터는 자연스럽게 밀너 그룹이 주도하고 정부가 적극 지지하는 '독점 자본주의'가 주류의 위치를 차지했다. 밀너와 토인비는 시종일관 경제 '자유주의'를 믿지 않았다.

사실 브랜드와 밀너의 분쟁은 별로 중요하지 않았다. 중요한 것은 1919년부터 1931년까지는 브랜드의 관점, 1931년 이후부터는 밀너의 관점이 '밀너 그룹'을 주도했다는 사실이다. 이는 대영제국이 1919년부터 1945년까지 실시한 재정 정책이 같은 시기 '밀너 그룹'이 주창한 정책과 완전히 맥을 같이했다는 점을 설명하기도 한다. '밀너 그룹'은 제1차 세계대전 후 영국의 보수당 내에서 지배적인 위치에 있었다. 한마디로 영국의 국내 정책에 막강한 영향력을 행사한 것이다.

1919년부터 1939년까지 '밀너 그룹'의 멤버들은 영국 내각의 5분의 1에서 3분의 1을 점유했다. 영국 정부가 왜 독일에 대해 '밀너 그룹'이 주창한 '유화 정책'을 실시했는지 알 수 있는 대목이다.

'밀너 그룹'의 대독일 정책의 두 가지 핵심[12]

'밀너 그룹'은 "역사는 정의와 악의 투쟁의 결과"라고 믿었다. 그들의 판단에 따르면 독일인은 '프로이센 독재자'와 '착한 사람'으로 구분되었다. 만약 '프로이센 독재자'가 권력과 영향력을 잃고 '착한 사람'들이 자유를 얻는다면, 독일 사회는 '아시아식 전제 국가'에서 '서방 문명 국가'로 거듭날 것이라고 확신했다. 대체적인 틀로 본다면 이 이론은 합리적이라고 할 수 있으나 구체적으로 따져보면 문제점이 많았다.

우선 '착한' 독일인과 '나쁜' 독일인을 구별하는 객관적 기준이 존재하지 않았다. 사실 압도적인 다수의 독일인이 제1차 세계대전에 참전했고, 〈라운드 테이블〉도 1918년 12월호에 이런 의문을 제기했다. 그러나 '밀너 그룹'은 이를 중요하게 여기지 않았다. 그들은 '악인'들이 1918년 국왕의 폐위와 함께 영원히 사라졌다고 고집스럽게 믿었다. 하지만 국왕은 단지 프로이센 장교단, 융커 계급, 정부 관료, 산업 자본자 등 독일의 4대 권력층을 대표하는 인물일 뿐이다. 이들 4대 권력층은 이미 짐이 되어버린 국왕을 내버린 후에도 여전히 권력과 영향력을 행사했다. 심지어 군부 수뇌부는 국왕보다 더 건방진 말투로 수상에게 명령을 내리기도 했다. 한마디로 1918년에 독일 국왕은 자리에서 물러났으나 독일의 정치 체제는 바뀌지 않았던 것이다.

'밀너 그룹'은 이 사실을 지나치게 간과했다. 이는 무엇보다 로버트 브랜드의 잘못이 컸다. 그는 독일 경제가 빨리 회복돼야 사회 혼란을 피할 수 있다고 믿었다. 전통 은행가들 역시 국가의 경제적 번영은 산업 자본가와 은행가들을 떠나서는 이뤄질 수 없다는 생각을 가지고 있었다. 이 밖에도 그는 독일의 전쟁 배상금을 감면해 주고 대출을 제공하면 독일 기업들이 경제를 신속하게 회복시킬 수 있다고 굳게 믿었다.

한편 '밀너 그룹'의 멤버 필리프 커(Philip Kerr)는 영국이 16세기 이래로 줄곧 사용해 온 '세력 균형 정책'을 강력하게 주창했다. 즉 유럽 대륙의 제2세력을 부추겨 제1세력의 힘을 견제하자는 주장이었다.

'밀너 그룹'은 1919년 파리 강화 회담에 참가한 후 비로소 유럽 대륙에 자치 제도나 의회 제도 보급이 불가능하다는 사실을 깨달았다. '밀너 그룹'의 이념에 가장 대치되는 국가는 단연 프랑스였다. 프랑스에서는 무력이 사회와 정치 생활의 근간으로 자리 잡았고, 독일에 자국 군대를 주둔시키고 국제연맹의 직접 관할을 받는 국제 경찰을 둬야 한다고 완강히 주장했다. '밀너 그룹'의 기독교적인 이념에 따르면,

무력은 도덕 문제를 해결해 주지 못하고 오히려 무력을 보유한 사람의 부패를 조장할 뿐이므로 관습과 전통이 사회와 정치 생활의 진정한 근간이 되어야만 했다. 이에 '밀너 그룹'의 '세력 균형 정책'은 두 가지 목표를 가지게 되었다. 하나는 타협을 통해 독일을 '용서받는 죄인'으로 만드는 것이었다. 다른 하나는 이렇게 '정화'된 독일을 이용해 '사악'한 소련에 대항하고, 민족주의 정서가 지나치게 짙은 프랑스를 약화시키는 것이었다.

영국 지배 엘리트들의 이런 잘못된 판단을 교묘하게 이용한 사람은 다름 아닌 히틀러였다. 실제로도 세계 패권을 호시탐탐 노린 미국 신흥 세력 그룹, 대영제국의 식민지 시스템을 파괴하고 팔레스타인에 이스라엘을 건국하려는 유대계 국제 은행 가문들은 그를 적극적으로 지지했다. 히틀러는 이 양대 세력의 지원을 등에 업고 독일의 경제 회복과 군사력 증강에 총력을 기울였다. 한마디로 히틀러는 1933년부터 1938년까지 유럽 각국과 미국 및 유대계 금융 세력 간의 서로 물고 뜯는 이전투구를 적절히 이용해 자신의 전략적 목적을 달성한 다음 유럽 강국들을 손아귀에 넣고 주무르는 뛰어난 정치적 수완을 보여주었다.

'앵글로-아메리카 파워 그룹'[13]

앵글로-아메리카의 통일을 궁극적 목표로 하는 로즈 소사이어티는 1920년대부터 영국과 미국의 특별 관계 구축을 위해 노력을 기울였다. 캐럴 퀴글리는《비극과 희망: 우리 시대의 세계 역사》라는 책에서

"영국과 미국의 특별 관계 구축을 실현하기 위해 양국을 넘나드는 이른바 '앵글로-아메리카 파워 그룹'이 존재한다"고 언급하면서 이에 대해 자세하게 설명하고 있다.

미국에는 여론을 선도하는 5대 권위지가 있다. 〈보스턴 글로브〉, 〈크리스천 사이언스 모니터〉, 〈뉴욕 타임스〉, 〈뉴욕 헤럴드〉, 〈워싱턴 포스트〉가 이에 속한다. 이 5대 권위지를 모두 앵글로-아메리카 파워 그룹이 장악하고 있다. 게다가 이들 주류 언론의 일인자들은 얼기설기 서로 엮여 있는 관계로 유명하다. 예컨대 〈크리스천 사이언스 모니터〉의 편집국장은 영국 〈라운드 테이블〉의 미국 특파원을 역임했다. 또 〈라운드 테이블〉의 전임 편집장인 로턴 훈작은 주미 영국 대사로 재임할 때 〈크리스천 사이언스 모니터〉에 글을 발표한 적이 있었다. 이밖에 그는 로즈 소사이어티의 사무국장을 맡기도 했다. 월스트리트의 몇몇 유명 금융인들이 영국 주재 미국 대사를 지낸 것 역시 같은 맥락으로 이해할 수 있다.

퀴글리는 또 자신의 책에서 '앵글로-아메리카 파워 그룹'이 적어도 20세기 초반에는 미국 명문 대학의 정책 결정권을 장악했다고 밝히고 있다. 우선 모건 그룹은 1930년대까지 하버드 대학과 컬럼비아 대학의 정책을 제정했다. 또 미국 스탠더드 석유 회사의 록펠러 그룹은 예일 대학을 완전히 장악하고 있었고, 프린스턴 대학 역시 푸르덴셜 생명보험회사의 수중에 들어가 있었다.

'앵글로-아메리카 파워 그룹'의 파워와 영향력은 이처럼 막강했으나 미국 정부를 완전히 통제하지는 못했다. 이 결과 20세기 초 미국 정부는 '진보주의 운동'의 압력을 견디지 못하고 '앵글로-아메리카 파워 그룹'에 불리한 일련의 세수 정책을 실시했다. 그중 대표적인 것이 상속세이다. 이로 인해 이들 그룹은 월스트리트가 주무르던 거액의 개인 재산을 면세 혜택을 받는 재단으로 옮길 수밖에 없었다. 이렇게 해서 부의 화려한 변신이 은밀하게 이루어졌다.

로즈 소사이어티의 멤버이자 미국의 정치 평론가 겸 정부 고문인 월터 리프먼(Walter Lippmann)은 20세기 미국 사회와 외교 정책에 큰 영향을 미친 인물이었다. 유럽 경제 부흥을 위해 추진된 마셜 플랜의 초안을 바로 그가 마련했으며, 미국이 양대 세계대전 및 냉전 시기에 실시했던 심리전 전략 역시 그의 주도하에 제정되었다. 그는 또한 미국외교협회와 로즈 소사이어티를 연결해 주는 중요한 연락책이기도 했다. 윌슨 대통령 때부터 닉슨 대통령 시대에 이르기까지 오랫동안 대통령의 참모를 역임한 그는 제1차 세계대전 종식 후 윌슨 대통령을 수행하여 파리 강화 회담에 참가해 미국외교협회를 설립했다.

미국외교협회는 협회의 사명, 가입 멤버들의 배경, 여론을 선도하는 방식 및 미국의 대내외 정책에 끼친 영향을 감안한다면, 미국판 로즈 소사이어티이자 미국의 '그림자 정부'라고 할 만했다. 기관지인 〈포린 어페어스(Foreign Affairs)〉는 이 협회의 대외 정책을 선전하는 도구로 활용되었다. 대표적인 필진으로는 월터 리프먼을 비롯해 조지 케넌(George Kennan), 브레진스키(Z. K. Brzezinski), 헨리 키신저 등이 있었다. 새뮤얼 헌팅턴(Samuel Huntington)의 《문명의 충돌》도 〈포린 어페어스〉에 가장 먼저 발표되었다.

1919년에 열린 파리 강화 회담에서 영국과 미국은 전승국의 유리한 지위를 이용해 자신들을 주축으로 하는 새로운 국제사회 시스템을 구축했다. 회담이 끝난 후 리프먼을 비롯한 회담 참석 미국인들은 파리의 한 호텔에 모여 영국 왕립국제문제연구소를 설립했다. 이들 대부분은 로즈 소사이어티의 멤버들이었다.

로즈 소사이어티의 지부인 미국외교협회는 원래 왕립국제문제연구소의 미국 지부로 출발했다. 1921년 이 지부는 뉴욕의 은행가와 변호사들이 전시 금융계 및 은행계의 문제와 관련한 토론을 위해 1918년에 설립한 동명의 조직과 합병되었다. 이후 미국외교협회라는 이름으로 지금까지 남아 있다.

미국외교협회는 80여 년 동안 이어오면서 "잉글랜드가 미국을 비롯한 영어권 국가들을 재통일한다"라는 로즈 소사이어티의 초심을 버린 지 오래였다. 오히려 '앵글로-아메리카 파워 그룹'의 세계 지배 야망을 실현하기 위해 잠시도 쉬지 않고 달려왔다. '세계화'는 지금 전 중국에서 열렬한 호응을 받고 있다. 그러나 '세계화'의 배후에 있는 로즈 소사이어티의 냉엄한 모습과 득의만만한 미소에 주의를 기울인 사람은 과연 얼마나 될까?

세계가 소수 비밀 단체의 손에 지배된다는 관점은 오늘날 전혀 새롭지도 신기하지도 않다. 이에 대해 한 영국 학자가 정곡을 찌르는 말을 했다.

"우리는 권력자와 부자들이 언제나 자신의 이익만을 위해 행동한다는 사실을 진즉 알았어야 했다. 이것이 바로 자본주의이다."

오늘날 서구 사회가 표면적으로 민주와 자유, 다원화를 표방함으로써 과거의 금융 과두들은 '성스러운' 민주 제도에 의해 권력의 중심에서 밀려난 것처럼 보인다. 과거에 막강한 권세를 과시하던 초특급 부호들도 마치 인간 세상에서 증발한 것처럼 종적을 감추었다. 그렇다면 인류의 역사가 바뀌었다는 말인가? 자본주의는 더 이상 소수의 권력 집단을 위해 봉사하지 않는 것인가? 국제 은행 가문들은 지고무상한 권력을 내팽개치고 산속으로 들어가 은거하고 있다는 말인가?

사람의 본성은 영원히 변하지 않는다는 사실을 잊지 말아야 한다. 부와 권력을 향한 욕망은 인류 사회가 생긴 이후부터 지금까지 결코 변한 적이 없고, 상상 가능한 미래에도 변하지 않을 것이다. 변하는 것이 있다면 부와 권력을 얻는 방식뿐이다. 상업 자본주의로부터 산업 자본주의, 금융 자본주의, 독점 자본주의를 거쳐 오늘날의 이른바 다원화 자본주의에 이르기까지 소수의 권력 그룹이 다수를 지배하는 자본주의적 본질은 변하지 않았다. 오로지 지배 수단과 지배 방식이 과거에 비해 많이 달라졌을 뿐이다. 직접적이고 적나라하게 권력을 휘두르던 금융 과두들은 막후에 숨어버렸다. 대신 '재단'이라는 새롭고 방대한 시스템이 나타났다. 재단은 서구의 지배자들이 권력을 행사하는 중요한 수단이 되었다. 그렇다면 어떤 사람들이 재단을 지배하는가? 바로 과거의 국제 은행 가문, 즉 금권 가문들이다.

재단: 부를 감쪽같이 은닉하는 최고의 방법

중국인들은 오래전부터 '대도무형(大道無形, 큰 도는 눈으로 볼 수 없다는 의미)', '대은은어조'라는 말로 사람의 본성을 꿰뚫어봤다. 진리는 항상 가까운 곳에 있고, 최고 경지에 오른 통치자는 항상 상대방을 눈에 띄는 위

대은은어조(大隱隱於朝)
진정한 은자는 산속으로 숨지 않고 최고 통치자 곁에 있다는 의미.

치에 있도록 하는 반면 자신은 남의 눈에 보이지 않는 곳에 숨어 불패의 입지를 단단히 다지는 법이다.

20세기 초 국제 은행 가문들은 독점 자본주의가 최전성기에 이르렀을 때, 웬만한 나라가 따라오지 못할 만큼 거대한 부를 축적하고 한 나라를 좌우할 만한 정치적 영향력을 행사했다. 그러나 부작용도 만만치 않았다. 금융 과두들의 세력이 무한대로 확장되면서 반대파 역시 정비례로 증가했고, 사회적으로 금융 과두들을 향한 불만과 증오가 확산되었다. 가장 두려운 것은 사회의 각종 반대 세력이 힘을 합칠 경우 금융 과두들이 치명적인 위험에 빠질 수도 있다는 사실이었다.

국제 은행가들은 이 이치를 깨닫고 약속이나 한 듯 제1차 세계대전을 전후로 모두 공공의 시선에서 완전히 사라져버렸다. 이에 대해 그들은 한 목소리로 소극적인 변명을 시도했다.

"우리 가문의 후손들은 재산에 큰 흥미가 없고 각자 하고 싶은 일을 하고 있다. 따라서 가문의 재산은 그들이 관리하는 것이 아니라 사회적인 투자에 활용되고 있다. 현대 사회에서 신흥 산업과 첨단 과학기술이 비약적으로 발전함에 따라 우리 가문들의 전통적인 자산 축적 방식은 한계에 다다랐고 재산 역시 대폭 줄어들었다. 십 년이면 강산도 변한다는 말처럼 세상은 완전히 바뀌었다. 과거의 명문 거족들과 부호들은 역사의 무대에서 완전히 퇴출되고 지금은 '후발 주자'들이 세상의 주목을 받고 있다."

과연 그들의 말은 사실일까?

실제로 전통 부호 가문들의 재산은 단 한 푼도 줄어들지 않았다. 단지 합법적, 합리적인 방법으로 교묘하게 감춰두었을 뿐이다. 초특급 부호들은 사람들 앞에서 모습을 감춘 데 불과하다. 재산에 대한 통제권과 지배권을 지금껏 포기해 본 적이 없고 오히려 훨씬 더 강해졌다. 과거에는 부호라는 타이틀과 함께 각 방면에서 얼굴을 드러냈으나 지금은 부호 타이틀에서 흔적도 없이 사라졌다. 그러나 그들은 존재하지 않은 때가 없고 존재하지 않은 곳이 없다. 또 그들은 소리 소문 없이 못하는 일도 없다. 그들은 대리인을 앞에 내세우고 배후에서 조종하는 방식으로 이 사회를 지배하고 있다. 그들의 통치 전략은 그야말로 '대도무형'의 경지에 이르렀다.

이처럼 완벽하고 새로운 부의 게임 법칙이 바로 오늘날 유럽과 미국 사회를 실질적으로 조종하고 있는 방대한 규모의 재단 시스템이다.

20세기 상반기에 금융 자본주의가 쇠퇴하고 독점 자본주의 시대가 열리면서, 금융 세력 그룹은 사회의 부를 직접 통제하던 방식에서 간접적으로 막후에서 조종하는 방식으로 변화를 꾀했다. 새로운 기업 구조의 핵심은 소유권과 지배권을 분리하고 사회 공공 자본을 대량으로 모집하는 것이었다. 그 목적은 지렛대효과를 이용해 최소한의 자기 자본으로 방대한 규모의 사회 자본을 통제하고, 사회 각 산업의 근간 핵심 분야를 광범위하게 지배하면서도 독점 자본주의 피라미드에 보이지 않는 계층을 형성하여 외부에는 진정한 지배자의 실체를 드러내지 않는 것이었다. 물론 겉으로는 전문 경영인이 기업을 운영하지만 이사회와 핵심 지배권은 모두 극소수 금융 가문들의 수중에 집중되어 있다.

지렛대효과(leverage effect)
기업이나 개인 사업자가 차입금 등 타인의 자본을 지렛대처럼 이용하여 자기 자본의 이익률을 높이는 일.

새로운 게임 룰의 특징은 금융 가문들이 방대한 재단 시스템과 기타 투자 그룹에 대해 직접적인 권력을 행사하지 않는다는 것이다. 대신 명목상의 투자 대행 회사(대리인)를 내세운다. 이 경우 '형태는 변했으나 본질은 변하지 않았으므로' 이사회 및 기타 주주의 권리는 여전히 금융 가문들이 행사한다. 금융 가문들의 대표적인 '투자 대행 회사'는 유명한 금융기관 및 자산관리회사이다. 그들은 실제 지배자인 금융 가문들이 대중들의 눈에 띄지 않도록 시선을 가려주는 '방화벽' 역할을 한다. 다원화 자본주의 시대에 이르러 이와 같은 현상은 더욱 보편적이고 뚜렷해졌다.

그러나 부호들은 새로운 게임에 참여하기 위해서 먼저 일정한 '희생'을 치러야 했다. 버리는 것이 없다면 얻는 것도 없는 법. 그들은 명예를 버리고 실질적인 것을 얻었다. 부호들이 부를 은폐하는 방법 중에서 가장 초보적인 것은 바로 기부이다. 기부의 이론적 토대는 '소유권을 포기하고 지배권을 확대함으로써 재산을 합법적으로 은폐하는 것'이다. 이 결과 부호들은 '부호 랭킹' 순위에 오르지 못하고 언론 매체의 집중 조명도 받지 못했다. 그러나 배후에서 자유를 만끽하며 부에 대한 지배력을 행사했다.

미국 헌법에 의하면, 부호들은 최고 50%에 달하는 상속세를 비롯해 개인소득세, 증여세 등 다양한 명목의 세금을 납부해야만 했다. 그러나 재단을 설립하면 이런 세금들을 모두 면제받을 수 있다. 특히 좋은 점은 재단이 투자를 통해 수익을 창출한 경우 자본 이득세를 납부할 필요가 없다는 사실이다. 완전 면세 상태에서 재단의 자산은 구르는 눈덩이처럼 엄청나게 불어나는 것이다.

미국 의회 보고에서는 "미국에 수많은 재단이 설립되면서 연간 3분의 2 이상의 소득이 면세 대상에 포함되었다"라고 발표한 바 있다. 이처럼 부호들이 교묘한 수법으로 세금을 회피함에 따라 영원히 재단을 설립할 능력이 없는 중산층의 납세 부담만 갈수록 커지고 있다. 초특급 부호들의 재단 자산은 마치 암세포처럼 왕성한 번식력을 보이며 중산층의 부를 야금야금 갉아먹고 있다. 따라서 사회적 부의 분배는 갈수록 불평등하게 이루어질 수밖에 없는 것이다.

통계에 의하면 1969년 미국의 596개 재단의 순수입은 미국 50대 은행 순수입의 2배를 넘어섰다. 1790년에 최초의 재단이 설립된 이후 미국에는 재단이 해마다 우후죽순처럼 설립되고 있다. 미국 재단의 놀랄 만한 증가 속도를 한번 살펴보자.

- 1900년 이전: 18개
- 1910~1919년: 76개
- 1920~1929년: 173개
- 1930~1939년: 288개
- 1940~1949년: 1,638개
- 1950~1959년: 2,839개
- 2002년까지 미국의 재단은 총 6만 2,000개에 이름[14]

재단은 연간 소득의 5%만 자선사업에 투자하면 된다. 그렇다면 국제 은행 가문들의 재단 수익률은 얼마나 될까? 고작 5%에 그칠까? 절대 아니다. 더구나 5%의 자선 투자를 통해 그들의 사회적 영향력과

학술 연구 지배력은 대대적으로 향상되고, 자신들에게 유리한 사회적 여론 환경과 법적, 정책적 지원을 통해 5%를 훨씬 초과하는 이익을 얻는다.

오늘날 부호들 역시 이와 같은 게임 룰을 깨달았다. 꼭 '부호 랭킹 순위'에 진입할 필요가 있을까? 재산을 꼭 자신의 명의로 보유할 필요가 있을까? 재산을 다른 사람의 명의로 해놓고 내가 지배권을 행사하면 되지 않는가? 부를 소유하는 목적은 쓸데없는 허영심을 만족시키기 위해서가 아니라 재산에 대해 영원한 지배권을 행사하는 데 있다. 상장사의 실제 지배자가 직접 모습을 드러내지 않고 투자 대행 회사를 통해 주식을 보유하는 것도 모두 이 때문이다. 하지만 중국의 부호들은 부에 대한 직접적 지배에서 간접적 지배, 눈에 보이는 지배에서 눈에 보이지 않은 지배로 '업그레이드'를 실현하지 못하고 있다. 이유는 아마 유럽이나 미국처럼 부의 '변신'을 도와주는 '합법적'이고 '영원'할 뿐 아니라 '면세' 형태의 '계승 가능한' 법률적인 장치가 중국에 존재하지 않기 때문일 것이다. 만약 자신의 재산 상황을 숨길 수 있고 재산의 파생까지 가능하다면, 중국인들도 당연히 부를 숨기고 싶어 하지 않을까.

영혼을 위한 닭고기 수프: 포기하는 것이 많으면 얻는 것도 많다

《영혼을 위한 닭고기 스프》에 실린 존 데이비슨 록펠러의 노년 시절

이야기는 많은 사람들에게 큰 감동을 주고 있다.

그는 평생 동안 근검절약하면서 악착같이 거액의 부를 모았다. 그러나 53세 때 불치병에 걸려 백약이 무효했다. 그는 매주 순수입이 수백만 달러를 넘는 부호였음에도 불구하고 2달러도 안 되는 과자와 요구르트로 식사를 때웠다. 그러던 중 그는 비로소 큰 깨우침을 얻어 자신의 재산을 사회에 기부했다. 그 자금은 주로 과학 연구기관이나 자선단체 설립에 사용되었다. 마음을 비우면 몸도 건강해지는 법. 그는 언제 아팠냐는 듯 여생을 자선 사업에 바치면서 무려 98세까지 천수를 누렸다.

록펠러의 얘기는 사람들에게 "포기하는 것이 많으면 얻는 것도 많다"라는 교훈을 주고 있다.

이 말은 분명한 사실이다. 그는 정말 자선 사업을 통해 많은 것을 얻었다. 그리고 이러한 '기적'을 가능케 한 도구는 바로 재단이었다.

록펠러 1세는 온갖 냉혹하고 불법적인 수단을 동원해 거대한 '석유왕국'을 건설했다. 그래서 무수한 기업과 노동자들로부터 '악인'으로 손가락질을 받았다. 그는 한때 미국인이 가장 증오하는 사람이자 잔혹한 독점 자본가의 대명사로 통했다. 그러나 '악인' 이미지에서 벗어나기 위해 측근의 제안을 받아들여 말년에는 자선 사업에 적극 나섰다.

그는 분명 많은 재산을 사회에 기부했으나 '기부'한 재산에 한시도 눈을 뗀 적이 없었다. 오히려 재단 운영을 통해 '기부' 재산에 대해 훨씬 더 막강한 지배력을 행사했다. 이것이 바로 록펠러가의 '기부의 과학'이다. 다시 말해 "기부를 많이 할수록 지배하는 것이 많다"라는 등식을 록펠러가는 일찌감치 깨달은 것이다.

록펠러가가 최초로 설립한 재단은 1910년에 출범한 록펠러 재단이다.[15] 그해에 미국의 대다수 주에서는 누진 소득세 징수와 관련한 '미국 헌법 제16조 개정안'이 통과되었다. 이 때문에 록펠러 재단은 누진 소득세 납부를 피할 교묘하면서도 합법적인 수단이라고 할 수 있었다.

비슷한 시기에 석유 가격 횡포로 소비자와 중소 업체들의 원성이 높아졌다. 그러자 미 연방 대법원의 케네소 랜디스(Kenesaw Landis) 대법관이 나서서 스탠더드 석유 회사를 강제 분할하라는 명령을 내렸다. 이에 록펠러 재단은 즉각 4개의 면세 재단을 더 설립하는 것으로 대응한 후, 록펠러 재단의 대다수 지분을 새로 설립한 재단에 기부했다. 눈 감고 아웅 하는 식으로 왼쪽 주머니에서 꺼낸 돈을 오른쪽 주머니에 옮겨 넣었을 뿐이지만 사회적 명분은 확 달라졌다. 이로써 강제 분할된 여러 소기업이 필요한 자금을 얻은 데 이어 재산세와 소득세도 피할 수 있었다.

이후 록펠러가의 후손들은 재단 정관에 이름만 등재하면 대대손손 재단을 위해 '봉사'하고 결정적인 부결권을 행사하며 무궁무진한 이익을 얻을 수 있었다. 록펠러 재단은 재산 소유권을 재산 통제권으로 바꾸는 전략을 이용했다. 이를 통해 조세를 교묘하게 회피하고 재산 가치를 대폭 증식시켰다. 또 재단은 보유하고 있는 부동산이나 유가증권 등 각종 자산을 매매하면서도 재무제표를 공개할 필요가 없어서 시장에 보이지 않는 영향력을 행사했다.

재단에 '기부'된 돈은 다양한 분야의 기업에 재투자되었다. 어떤 기업에 대한 투자 규모가 일정한 수준에 이르면 재단은 그 기업의 이사회 멤버를 지명하거나 위임 파견할 수 있었다. 따라서 비록 돈은 록펠러가의 수중에 없었으나 실제로 경영인과 돈의 사용권에 대해서 록펠러가가 손에 쥐고 흔든 셈이었다.

주의해야 할 점은 이때 돈의 소유권자 이름이 록펠러가가 아니었다는 것이다. 이 방법은 여러 가지로 장점이 있었다. 우선 록펠러의 명의로 되어 있던 재산이 재단 소유로 바뀌면서 개인 소득세를 납부할 필요가 없었다. 또한 재산을 '록펠러 2세', '록펠러 3세', '록펠러 4세'에게 증여할 때 발생하는 증여세가 절약되었다. 이 밖에 상속세 면제 혜택도 누렸다. 상속세는 부자들의 자산이 자녀에게 무상 이전되는 것을 막는 유일한 방패로 미국에서는 세율이 무려 50%에 달했다. 그러나 자산이 록펠러가의 명의로 되어 있지 않았으므로 상속세는 당연히 면제 대상이었다. 록펠러 1세는 재단 설립을 통해 개인 자산을 합법적, 합리적으로 후손들에게 물려줄 수 있게 된 것이다.

록펠러가는 이때부터 해마다 연간 소득의 절반을 재단에 '기부'하여 막대한 감세 혜택을 보았다. 록펠러 1세는 소득세를 납부하지 않았고, 록펠러 2세, 록펠러 3세, 록펠러 4세 등은 상속세와 증여세를 물지 않았다. 금상첨화로 재단이 투자를 통해 얻은 수익에 대해서는 자본이득세조차 적용되지 않았다. 각종 세금 면제 덕분에 재단의 자산은 급속도로 불어났다. 록펠러의 이른바 비영리(non-profit)의 본질은 비납세(non-taxation)에 불과할 뿐이었다.

록펠러 1세는 자신이 보유한 타이타닉 석유 회사(Titanic Oil Corporation)의 수백만 주도 '두 굿 파운데이션(Do Good Foundation)'이라는 재단에 기부했다. 두 굿 파운데이션은 록펠러가가 관리하던 재단으로 개인 명의의 주식을 재단으로 양도했을 뿐이다. 하지만 그 재산의 가치와 인지도는 대폭 상승했다. 미국에는 두 곳 파운데이션과 유사한 다양한 명목, 다양한 등급의 재단과 자선단체들이 부지기수에 이른다. 이들 재단과 자선단체들이 과학 연구와 의료 분야에 자금을 지원하고 빈곤층에 경제적 지원을 하는 것은 솔직히 부인하기 어렵다. 그러나 이런 지출은 부호나 재벌들이 재산을 은폐하고 세금을 회피한 액수에 비하면 그야말로 새 발의 피에 지나지 않는다. 게다가 재단에 기부한 재산의 투자 소득은 자본 이득세조차 면제되었다. 록펠러가는 자산의 실제 지배자임에도 불구하고 투자 소득세를 납부하지 않았으므로 부가 놀라운 속도로 성장하는 것은 당연했다.

〈워싱턴 포스트〉는 일찍이 다음과 같은 보도를 실었다.

"록펠러가의 2대에 걸친 세심한 경영에 힘입어 록펠러 재단의 대부분 재산은 다양한 수준, 다양한 차원의 재단 및 그 재단에서 파생된 산하 기업, 지사와 재단의 직간접 지배를 받는 기업에 모두 이전되었다. 그래서 방대한 규모의 재단 네트워크 시스템을 구축했다. 이 시스템 내의 단위 기업은 재무제표 회계 감사나 공시가 필요 없고, 재무 상황에 대한 조사 요구도 합법적으로 거부할 수 있었다. 국가에서 기업의 투명한 경영 행위를 촉구하기 위해 출범한 회계 제도 및 감독 관리 시스템도 이들 기업 앞에서는 속수무책이었다. 록펠러가가 최초로 개발 응용한 이 같은 '재산 숨기기' 전략은 훗날 수많은 초특급 부호들이 앞다퉈 모방했다. 빌 게이츠나 워런 버핏을 막론하고 부호들이 일관적으로 써먹는 '기부'를 통한 '재산 숨기기' 방식은 모두 20세기 초 록펠러 1세를 원조로 삼고 있다."

록펠러가는 60~70년에 걸친 경영을 통해 현재 수백 아니 수천 개의 재단과 산하 기관을 통제하고 있으며, 이 네트워크의 규모와 구체적인 숫자는 아무도 정확히 모르고 있다. 일반적으로 록펠러가의 재산은 대략 10~20억 달러인 것으로 외부에 알려져 있으나 공개된 액수는 실제 재산에 비하면 빙산의 일각일 뿐이다. 초특급 부호들의 실제 재산 액수는 가늠할 수도, 추측할 수도, 확인할 수도 없는 것이다.

"포기하는 것이 많을수록 통제하는 것이 많아진다"라는 진리는 정말 오묘한 것 같다.

록펠러가는 과연 쇠락했는가

몇 년 전부터 언론 매체들은 록펠러 재단이 겨우 중간 수준의 부호로 떨어졌다는 기사를 대서특필하고 있다. 만약 유럽의 로스차일드가가 최고의 부호 지위에서 내려온 이유를 잇달아 터진 전쟁에서 찾는다면, 미국의 석유, 화학, 제약 등의 산업을 100년 이상 독점하면서 정상급 은행까지 운영해 온 록펠러 그룹이 몰락한 원인은 무엇일까? 언론에서는 록펠러가 역시 경제 발전 과정에서 여러 차례 전쟁의 '물세례'를 받은 사실을 들고 있다. 언론은 현재 록펠러가의 총재산이 겨우 20억 달러에 지나지 않는다고 주장하고 있다. 이는 최근 20년 사이에 중국에서 떠오른 신흥 부호들의 재산과 겨우 맞먹는 액수에 지나지 않는다.

그렇다면 국제 은행 가문들의 가세는 정말 쇠락했는가?

넬슨 록펠러가 부통령 후보로 대통령 선거에 출마한 1960년대와 70년대에 미국 상원은 관례에 따라 그의 재산 상황에 대한 청문회를 실시했다. 이때 넬슨 록펠러는 자신의 개인 자산이 3,300만 달러밖에 안 된다고 대답했다. 미국 상원은 이에 기본적인 조사를 진행한 다음 다시 그에게 물었다. 그러자 넬슨은 자신의 개인 자산이 2억 1,800만 달러라고 말을 바꿨다. 처음 말한 것보다 무려 6배나 많은 액수였다. 당시 달러는 금본위 통화에 연동돼 있어서, 1달러가 약 0.88g의 금에 상당했다. 따라서 그의 개인 자산은 191톤의 금에 상당한 액수였다. 이를 지금의 금값(온스당 900달러)으로 환산할 경우 그의 자산 가치는 당시의 25배를 넘는다. 넬슨이 당시 공개한 개인 자산 액수는 미국의 이전 37명 대통령들의 개인 자산을 합친 것보다도 많았다.

그러나 이 개인 자산은 록펠러가가 대부분의 자산을 록펠러 재단에 '기부'하고, 그중 남은 재산을 84명의 가족들이 나눠가지면서 배당받은 몫일 뿐이었다.

상원이 넬슨 록펠러의 개인 자산을 조사하는 과정에서 그가 1970년대에 몇 년 동안 단 한 번도 개인소득세를 납부하지 않은 사실이 들통났다. 1970년에 재무 담당 고문과 변호사 팀이 그의 자산을 '합리적'으로 조정해 면세 대상 기관과 회사의 명의로 바꿨기 때문이었다. 이 방법으로 그는 몇 년 동안 소득세를 한 푼도 내지 않았다. 당시 조사에 관여했던 사람들은 넬슨의 세무사 연락처를 적어두었다가 세금을 회피하는 방법을 물어보고 싶지 않았을까 하는 생각이 든다.

넬슨 록펠러는 록펠러가가 방대한 경제 권력을 조종하고 지배하는 것이 아니냐는 상원 의원들의 질문에 당당하게 "아니다"라고 대답했다. 또 그는 록펠러가 사람들은 재산 지배와 관리에 대해 별 흥미가 없다면서 재산에 대해 투자만 할 뿐 지배하지는 않는다고 말했다. 그리고 록펠러가의 구성원이나 록펠러 재단의 자산 관리팀 모두 합리적 범위 내에서만 투자 수익을 올리길 기대한다는 말을 덧붙였다.

그렇다면 록펠러가의 자산 관리팀은 어떤 사람과 기관으로 이루어져 있었을까?

록펠러 재단의 자산 관리팀을 이끌었던 최고의 인물은 리처드슨 딜워스(Richardson Dilworth)였다. 그는 1958년부터 록펠러 재단의 자산을 총관리한 인물로, 이전에는 쿤-뢰브 회사의 주요 동업자로 일했다. 20세기 초 쿤-뢰브 회사는 오늘날의 골드만삭스처럼 월스트리트에서 가장 유명한 투자 은행으로 세계 금융시장에서 막강한 영향력을 행사했다. 쿤-뢰브 회사의 주요 동업자로는 뢰브, 쿤, 바르부르크, 시프 및 기타 유대계 금융 가문들을 꼽을 수 있다. 이들은 모두 내로라하는 정상급 투자 은행 가문들로 쿤-뢰브 회사는 특히 록펠러 재단 및 모건 재단과 뿌리 깊은 협력 전통을 가지고 있었다.

리처드슨 딜워스가 관리한 자산 범위는 대단히 넓었다. 84명에 이르는 록펠러가 후손들의 개인 명의 자산 약 10억 3,300만 달러도 그 안에 포함돼 있었다. 이 자산은 주로 존 록펠러(John D. Rockefeller Junior)가 설립한 2개의 신탁회사에 투자되었다. 하나는 그가 1934년에 아들들을 위해 설립한 것이고, 다른 하나는 1952년에 손자들을 위해 설립한 것이었다. 이 밖에 록펠러가 명의로 된 재단은 200개를 넘었고, 록펠러가가 지분 보유 및 경영권 지배 등의 다양한 방식으로 직접 또는 간접적으로 지배하는 재단과 신탁회사는 대략적으로 계산해도 수천 개를 훨씬 넘었다. 록펠러가의 재단과 신탁회사는 모두 국제적 기구들로 세계적 범위에서 업무와 자금 유통이 이루어졌다. 따라서 록펠러 재단의 실제 자산 규모와 흐름을 추적한다는 것은 거의 불가능했다. 더구나 록펠러 재단 역시 다른 부호 재단과 마찬가지로 거액을 투자할 때에는 실명을 공개하지 않고 대리인을 내세웠다. 록펠러 재단의 '대리인'으로 대중 앞에 나선 곳이 바로 메릴린치, 골드만삭스 등의 금융기관이었다.[16]

이들 재단과 신탁 기관은 현대 상업 기관들이 보유한 경영방식과 명분을 집대성해 연구한 다음 이것을 철저하게 이용했다. 이로 인해 개별적인 기관들이 서로 연결되고 맞물리면서 갈피를 전혀 잡을 수 없게 됐고, 각 분야마다 능력 있는 대리인과 변호사들이 라인업을 이뤄 관리를 책임지는 시스템이 만들어졌다. 그중에서도 극소수의 고위급 대리인이나 변호사만이 자산 상황의 진실에 접근할 수 있었다. 원래 재단과 신탁 기관은 개인 재산과 프라이버시를 보호한다는 원칙하에 재무 상황과 세부적인 재무 흐름을 공개하지 않고 있다. 그리고 구조적인 각도로 봤을 때 재단과 신탁 기관은 동급이나 산하, 부속 기관을 무제한으로 설립할 수 있었기 때문에 진실은 완벽하게 은폐되었다.

미국 상원은 대외에 조사 결과를 발표했으나 록펠러가 각 구성원의 자산 액수를 따로 발표한 것이 아니라 록펠러 재단의 총 자산만 상징적으로 공개했을 뿐이다. 역시 개인의 프라이버시를 존중해야 한다는 명분이 이유로 올려졌다. 록펠러가의 재무 회의 기록과 기타 관련 서류 역시 대외적으로 공개되지 않았다. '프라이버시 존중'이라는 미명하에 대중들은 졸지에 '알 권리'를 박탈당한 셈이었다.

그러나 미국인들은 공개된 소수의 정보만으로도 록펠러가의 엄청난 자산 보유량에 입을 다물지 못했다. 록펠러가가 소유한 뉴욕의 한

부동산은 1930년에 토지 가치만 5,000만 달러를 넘어섰다.[17]

넬슨 록펠러의 아들인 스티브 록펠러의 장원에는 길이 100킬로미터의 전용 도로가 있었고, 면적은 16제곱킬로미터를 넘었다. 훨씬 이전 자료에 따르면, 이 장원의 부지 면적은 31제곱킬로미터에 이르렀다고 한다. 1929년에 이 장원에는 75채의 건물에 100여 세대가 모여 살았다. 장원에 소장된 가문 내부 문헌들의 가치만도 450만 달러에 달했다.

장원의 화려한 인테리어를 위해 록펠러 1세는 미국 철도 회사에 70만 달러를 지불하고 장원 안에 있는 철도를 철거했다. 또 장원 '영토'에 포함돼 있던 한 대학을 이전하는 데 150만 달러를 지급했다.

1930년대 록펠러가의 부동산 규모를 대충 더 살펴보면 뉴욕에 방이 32개나 되는 호화 저택이 하나 있었고, 워싱턴에 도시 하나와 맞먹는 규모의 성이 있었을 뿐 아니라 마이애미에도 장원이 여러 곳에 있었다. 중앙아메리카와 베네수엘라, 브라질 등 해외 곳곳에도 농장을 소유하고 있었다.

넬슨 록펠러는 1975년 텍사스 주에 73제곱킬로미터에 이르는 부지를 구매했다. 그런데 엄청난 면적의 이 땅은 그저 '야외 활동용'으로 사용되었다.

포칸티코 힐(Pocantico Hill)에서는 청소부를 비롯해 경비, 요리사, 정원사 등 무려 500여 명의 고용인이 항상 대기하면서 록펠러의 명령을 기다렸다. 실 하버(Seal Harbor)에 있는 리조트 산장에는 고용인이 45명이었고, 넬슨 록펠러의 사저에는 15명의 사설 직원들이 늘 대기하고 있었다. 소문에 따르면 당시 록펠러가의 고용인은 2,500명을 넘었다고 한다. 록펠러가 사람들은 모두 여행을 즐겨 누가 언제 어느 장원이나 별장으로 들이닥칠지 몰랐다. 그래서 고용인들은 늘 '주인'을 맞이하기 위해 만반의 준비를 해놓아야만 했다.

록펠러가는 부동산 외에도 대량의 주식을 보유하고 있었다. 그중 록펠러 재단이 직접 보유한 엑손 석유 주식만 1억 5,600만 달러(1974년 기준)에 이르렀다. 당연히 록펠러가가 재단이나 신탁 기관을 통해 간접적으로 보유한 주식을 제외한 액수이다. 뉴저지 스탠더드 석유 회사를 전신으로 하는 엑슨 석유는 스탠더드 석유 회사가 여러 개로 분할된 다음 출범한 기업 중의 한 곳이었다.

세계적으로 유명한 록펠러 센터의 대외적 가치는 9,800만 달러로 알려져 있다. 하지만 이는 터무니없이 낮은 수치이다. 1974년 9월 30일자 〈로스앤젤레스 타임스〉의 기사에 따르면, "록펠러 센터의 정확한 가치와 관련해 전문가들의 의견을 구했다. 그러나 전문가들은 그 가치를 추산할 수 없다고 입을 모았다"라고 말했다. 보편적인 견해에 따르면 록펠러 센터는 1974년 당시 기준으로 10억 달러를 호가했다고 한다.[18]

록펠러 재단이 1975년에 움직인 투자 자산을 대략적으로 살펴보자. 이중 주식 투자 자산으로는 캘리포니아 스탠더드 석유 회사의 주식 8,500만 달러, IBM의 주식 7,200만 달러가 있었다. 또 록펠러 재단이 1,000만 달러 이상의 주식을 보유한 기업으로는 체이스맨해튼(Chase Manhattan), 엑슨 석유, 이맥(EaMac), 제너럴 일렉트릭(GE), 텍사스 인스트루먼츠(Texas Instruments), 미네소타 광업 제조(Minnesota Mining & Manufacturing) 등이 있었다.

록펠러 재단은 미국의 50대 주요 기업의 지분도 대량 보유하고 있었다. 소문에 의하면 이 부분의 자산은 154명의 직원들이 전담 관리했다고 한다. 록펠러 재단의 수석 자산 관리사인 리처드슨 딜워스를 직접 보조한 15명은 모두 최고 권위를 자랑하는 재무 전문가들이었다. 이들 자산 관리사는 또 각종, 각급 재단과 신탁 기관에서 이사나 경영 관리인 역할을 겸하고 있었다. 이들이 관리한 록펠러 재단의 자산은 무려 700억 달러에 이르렀다고 한다. 주목해야 할 사실은 이 700억 달러가 현재가 아닌 1974년 기준이라는 점이다.

록펠러가뿐만이 아니라 로스차일드가와 다른 국제 은행 가문들 역시 거액의 부를 보유하고 그 실체를 은닉하는 방법은 거의 대동소이했다.

또한 록펠러가는 미국의 권력 가문들과 광범위한 통혼을 통해 더욱 긴밀한 전략적 동맹 관계를 맺음으로써 사회 영향력을 한층 더 확대해 나갔다. 록펠러가는 미국의 60대 최고 부호 가문 중 절반 이상과 '겹사돈'을 맺었다는 설이 있다. 이 중에는 스틸먼(Stillman), 닷지(Dodge), 맥엘핀(McAlpin), 매코믹(McCormick), 카네기(Carnegie), 올드리치(Aldrich) 등이 있다.

지렛대효과와 부의 통제

1974년 엑슨 석유는 제너럴 모터스를 제치고 〈포천(Fortune)〉지가 선정한 미국 최대의 기업으로 등극했다. 이때 록펠러 재단은 미국에서 가장 큰 4개 석유 회사의 지분을 각각 2%씩 보유하고 있었다. 액수로는 총 3억 2,400만 달러 가치의 주식이었다. 이보다 앞서 1966년에는 패트만 하원 의원의 주도로 이뤄진 '재단 자산 상황 조사'가 발표된 적이 있었다. 당시 록펠러가의 9개 재단은 스탠더드 석유 회사 산하 기업의 지분을 모두 3%씩 보유한 것으로 밝혀졌다. 이렇게 계산하면 록펠러가는 미국 4대 석유 회사의 지분을 각각 5%씩 보유한 셈이었다. 게다가 록펠러 재단 산하의 신탁 기관, 은행, 보험 회사 및 대학 재단 등이 보유한 석유 회사 지분까지 합칠 경우, 록펠러가는 미국 석유 산업을 절대적이고 직접적으로 지배했다고 해도 과언이 아니었다.

은행업의 경우도 록펠러가의 영향력은 매우 막강해 제1국민은행(First Nation City Bank)과 체이스맨해튼은행을 통제하고 있었다. 체이스맨해튼은행은 규모로는 세계에서 세 번째로 큰 은행 기관이나, 세계 금융시장에 미치는 영향력은 단연 1위로 꼽혔다. 체이스맨해튼은행은 체이스 내셔널 뱅크(The Chase National Bank)와 유명한 유대계 금융기관인 뱅크 오브 더 맨해튼(Bank of the Manhattan Company)이 합병해 탄생한 은행이었다. 이 합병은 양측에 거대한 상업적 성공과 이익을 가져다주었다. 훗날 JP 모건 앤드 컴퍼니(JP Morgan & Co.)와 합병해 JP모건체이스 앤드 컴퍼니(J.P. Morgan Chase & Co.)로 이름을 바꾸었다.

록펠러가의 자산은 이것이 전부가 아니었다.

〈뉴욕 타임스〉는 체이스맨해튼은행의 업무가 상당 부분 해외 기구를 통해 진행됐지만 세상에는 전혀 공개되지 않았다고 보도한 바 있다.

1975년 보도에 따르면, 체이스맨해튼은행의 해외 기구는 총 28개로 세계 각지에 5만여 개의 지점이 있었던 것으로 파악되고 있다. 간단하게 지점 한 곳당 자산 가치를 1,000만 달러라고 가정해보자. 체이스맨해튼은행은 이때 무려 5,000억 달러의 자산에 대한 지배권을 행사했다는 얘기가 된다. 이 정도의 어마어마한 영향력과 지배력이라면 세계화폐 및 외환, 황금 시장을 마음대로 주무르며 금융시장을 불안정하게 만들거나 사람들의 공황 심리를 조성해 어부지리를 챙길 수 있었다. 이것이 전형적인 '양털 깎기' 수법이다.

넬슨 록펠러는 부통령에 출마할 때 가진 청문회에서 "체이스맨해튼은행의 지분을 전혀 가지고 있지 않다"는 입장을 밝힌 바 있었다.

그의 말은 논리적으로나 기술적으로 전혀 문제될 것이 없었다. 그의 개인 명의로 된 지분은 정말 하나도 없었기 때문이다. 그러나 체이스맨해튼은행의 지분 구조를 보면 말은 달라진다. 록펠러가가 62만 3,000주(2.54% 상당), 록펠러 브러더스 재단이 14만 8,000주, 록펠러 대학이 8만 1,000주를 보유하고 있었다. 결론적으로 록펠러가와 관련 기관은 체이스맨해튼은행의 지분 4%를 보유하고 있었던 셈이다.

1974년 체이스맨해튼은행은 총 자산이 42억 달러라는 내용의 연차 보고서를 발표했다. 이해 록펠러가의 연간 순수입은 1억 7,000만 달러에 달했다.

기업에 대한 대부호들의 지배권이나 소유권 행사는 항상 비밀리에 진행되었다. 간혹 필요에 의해 관련 정보를 공개해야 할 때, 그들은 자신들의 이름 대신 일련의 금융 대행 기구인 자산관리회사의 명의로 내놓는 경우가 많았다. 하지만 자산관리회사에서 내놓는 정보는 매우 애매모호하여 실제 상황과 큰 차이가 났다. 게다가 일부 대행 기구는 원래부터 조작된 경우도 많았다. 대행 기구에서 제출하는 '명의 신탁자' 정보 역시 실제 자산 소유자와 수익자의 신분을 진실하게 반영하지 않았다.

록펠러 재단은 체이스맨해튼은행 외에도 뉴욕 최대 은행인 내셔널 시티 뱅크(National City Bank)를 통제하고 있었다. 내셔널 시티 뱅크의 제임스 스틸먼 사장은 윌리엄 록펠러의 사업 파트너이자 스탠더드 석유 신탁회사의 경영자였다. 두 딸이 각각 윌리엄 록펠러의 두 아들과 결혼했다. 스틸먼은 동시에 재력이 막강한 카네기 가와도 혼맥을 맺었다. 록펠러가는 이처럼 '겹사돈' 관계를 통해 세력 범위를 한층 더 확장해 나갔다.

록펠러 재단이 지배한 세 번째 은행은 케미컬은행(Chemical Bank)이었다. 케미컬은행의 에드워드 하켄니스 회장은 록펠러 1세와 장기적으로 긴밀한 협력 관계를 유지해 온 사업 파트너이자 스탠더드 석유 신탁회사의 경영자 중 한 사람이었다. 1939년 그는 록펠러 1세 다음으로 스탠더드 석유 신탁회사의 두 번째 최대 주주가 되었다.

록펠러 재단은 은행 외에도 보험 회사를 통해 기업에 대한 실제 지배권을 확장했다. 주지하다시피 기업은 상업 은행으로부터 단기 대출을 얻고 보험회사로부터는 장기 대출을 제공받는다. 따라서 록펠러 재단은 은행과 보험회사를 모두 통제하며 기업의 장단기 대출 자금줄을 꽉 틀어쥐고 있었다.

결론적으로 록펠러 재단은 기업들에 대해 막강한 지배력을 행사했다고 해도 과언이 아니었다.

더구나 록펠러 재단은 미 3대 보험회사인 메트로폴리탄 라이프(Metropolitan life), 메트 라이프(MetLife), 뉴욕생명보험(New York life)의 이사회와 이익 동맹을 맺고 있었다. 어림잡아 추산해도 록펠러 재단은 미국 50대 은행의 25%, 50대 보험회사의 30%의 자산을 장악하고 있었다고 해도 무방했다.

이처럼 록펠러 재단은 지렛대효과를 통해 경제와 사회 전체의 부에 대한 지배력을 소리 소문 없이 확대해 나갔다.

1974년 미국 상원 은행위원회의 보고에 따르면, 록펠러 재단은 주요 상장 회사의 지분 5%를 보유했다고 한다. 하지만 실제로는 은행, 보험회사 등 여타 금융기관을 통해 2%의 지분을 추가로 보유했고, 여기에 록펠러 재단 경영자들이 점유한 지분까지 합치면 이들 상장 기업에 대한 지배력은 훨씬 더 막강했다고 볼 수 있다. 이들 기업으로는 엑슨 석유, 캘리포니아 스탠더드 오일, 인디애나 스탠더드 오일 등이 있었다.

록펠러 재단은 3대 은행 및 3대 보험회사 외에도 은행의 신탁 담당 부서를 통해 기업을 심층 통제했다. 은행의 신탁 부서는 원래 주식 소유권과 투표권에 대해 대단히 중요한 역할을 했다. 대부분의 큰손들이 신탁 부서에 주식을 위임 통제하면서 상응하는 투표권도 함께 위임하기 때문이다. 다시 말해 은행의 신탁 부서는 투자자를 대표해 기업의 정책 결정권을 행사했다고 할 수 있다. 그래서 업계에서는 "모든 기업에게 은행의 신탁 부서는 공포의 대상이다"라는 말이 유행했다. 1967년 록펠러 재단은 이러한 미국 은행 신탁 자산의 14%인 총 350억 달러를 보유하고 있었다.

록펠러 재단은 앞에서 예를 든 이런 직접 또는 간접적인 방식을 통해 각 업종별 다양한 기업에 대해서 강력하고 효율적인 지배력을 행사했다.

록펠러 투자 신탁 회사는 미국 21개 대기업의 단일 최대 주주였다. 이렇게 록펠러 재단의 직접적인 지배를 받는 기업으로는 유나이티드 항공, 노스웨스트 항공, 릴코(Long Island Lighting Company), 내셔널 스틸(National Steel), 내셔널 항공을 비롯한 16개 기업이 포함돼 있었다.

IBM, AT&T, 뉴욕 센트럴 철도, 델타 항공, 모토롤라, 세이프웨이(Safeway), 휼렛패커드(HP) 등은 직접 또는 간접적으로 록펠러 재단의 통제를 받고 있었다.

록펠러 재단이 은행의 신용 대출을 이용해 이사회를 장악한 대기업으로는 듀폰, 셸(Shell) 등이 있었다.

이상의 내용들을 종합해보면 놀라운 사실을 알 수 있다. 록펠러 재단은 미국의 100대 산업 기업 중 37곳, 미국 20대 교통 운송 기업 중 9곳, 미국 최대 전력 기업, 급수(給水) 기업, 가스 기업 모두와 4대 보험 회사 중 3곳, 여기에 무수히 많은 중소형 투자 회사 및 대출 회사, 소매업체들을 실제로 장악하고 있다는 것이다.

상상을 초월하는 경제적 지배력은 이에 상응하는 정치적 영향력을 낳기 마련이다. 미국의 정치는 초특급 부호들과 정부가 짜고 치는 포커 판에 불과하다고 해도 과언이 아니었다.

당시 〈워싱턴 포스트〉의 기사를 한번 살펴보도록 하자.

"만약 넬슨 록펠러가 부통령에 당선된다면 정부의 경제 및 정치적 정책 결정 과정에서 그가 비호하는 록펠러 재단의 이익과 사회 공공 이익 사이의 충돌은 불가피해질 것이다."

이 밖에 주요 재단 사이에도 폐쇄적인 시스템 운영을 통한 상호 통제가 이루어졌다. 카네기 재단은 록펠러 재단의 통제하에 있었다고 봐도 무방했다. 주요 경영자들이 록펠러 재단이 지배하는 미국외교협회의 멤버였고, 재무관리 위원회의 6명 위원 중 2명은 록펠러 그룹 산하 금융기관의 이사를 겸하고 있었다. 또한 포드 재단을 1953년부터 65년까지 이끌었던 총재는 맨해튼 은행의 회장이었다. 그의 후임 역시 맨해튼 은행의 이사 및 세계은행 총재를 역임한 바 있다. 포드 재단의 역대 이사장과 경영자들 역시 모두 미국외교협회 멤버 출신이었다.

록펠러가의 자산에 대한 의회의 조사

록펠러가는 이처럼 경제적, 정치적으로 막강한 영향력을 행사함으로써 미국 의회로부터 일찌감치 주목을 받았다.

1950년 하원 의원인 패트만은 미국 주요 재단들의 자산 상황에 대한 조사안을 발의했다. 재단들이 각종 자산 운용 및 재조합을 통해 금융시장을 조종하는지 여부를 알아내자는 것이 목적이었다. 당시 조사 보고서의 결론 부분에 이렇게 적혀 있었다.

"미국 전체의 경제생활은 이미 재단의 상업적 활동과 복잡하게 뒤얽혀 있다. 즉시 상응하는 조치를 취하지 않는다면 재단은 국가 및 민간의 모든 활동을 통제하게 될 것이다."[19]

하지만 이 조사안은 의회에 제출된 뒤 함흥차사가 되었고, 재단에 대한 어떤 조치도 취해지지 않았다. 의회 조사는 결국 흐지부지 끝나고 말았다.

1952년 미국 의회는 유진 콕스(Eugene E. Cox) 의원의 주도로 면세 재단에 대한 2차 조사를 실시했다. 이 조사는 재단들이 미국의 국가 이익과 전통에 위배되는 행위를 했는지 반드시 밝혀내겠다는 각오로 시작되었다. 그러자 록펠러 재단은 조사가 시작된 날부터 민주당 내 측근 의원들을 이용해 수단과 방법을 가리지 않고 의회 조사를 방해했다. 결과적으로 족히 몇 년은 소요돼야 하는 조사인데도 "시간을 아껴야 한다"라는 허울 좋은 명분하에 조사 기간이 고작 6개월로 단축되었다. 이어 조사에 필요한 경비 지급도 차일피일 미루는 방법으로 훼방을 놓았고, 구체적인 조사 절차와 토론을 놓고도 시간을 질질 끌었다.[20]

콕스 의원은 거듭된 좌절과 난관 속에서도 수개월 동안 힘겹게 조사를 추진하다가 과로로 쓰러져 그만 세상을 등지고 말았다.

이후 캐럴 리스(Carroll Reece) 하원 의원이 장기적인 조사에 임할 각오로 3차 조사를 위한 의안을 발의했다. 록펠러 재단은 이때에도 가만히 보고만 있지 않았다. 의회 조사를 통해 록펠러 그룹의 본색이 드러날 경우, 미국의 재단 제도는 격렬한 반대와 의혹에 직면해 재단 제도가 폐지될 가능성이 있었다.

이때 가장 먼저 총대를 멘 것은 록펠러 재단과 밀접한 관계가 있는 〈워싱턴 포스트〉였다. 신문은 보기 드문 준엄한 논조로 "국회 조사 의안은 공공 자원을 낭비하는 우둔하고 불필요한 행동이다"라고 질타를 퍼부었다.[21]

다른 주류 언론 역시 이에 뒤질세라 협공을 펼쳐 캐럴 리스의 의안이 일종의 '음모론'이라며 이구동성으로 비난을 서슴지 않았다. 또 갖은 모욕적인 말로 그를 매카시주의자라고 매도했다.

이처럼 리스의 조사는 시작부터 가시밭길을 걸어야 했다.

조사가 난항을 거듭하던 중, 리스는 5명의 조사 위원 중에 자신을 제외한 나머지 4명이 모두 록펠러 재단의 대리인이라는 사실을 발견했다. 그중에서도 웨인 헤이스(Wayne Hays) 의원의 반대와 훼방이 가장 심했다. 헤이스 의원은 매주 정기적으로 워싱턴의 한 호텔에서 재단 대표들과 점심식사를 하며 비밀리에 대책을 의논하곤 했다.

웨인 헤이스는 조사 청문회에서 시도 때도 없이 다른 사람의 말머리를 자르며 회의의 원활한 진행을 방해했다. 한번은 185분 예정으로 열린 청문회에서 그가 다른 사람의 발언을 무려 264번이나 가로채기도 했다. 그는 또 청문회의 규칙을 무시하고 증인을 공격하거나 폄하하는 발언을 쏟아냈다. 그의 끊임없는 훼방으로 청문회는 결국 중단되는 사태를 맞았다. 훗날 그는 백악관 측에서 먼저 위원회의 조사 중지 방안을 모색하자며 그에게 연락을 취했다고 털어놓았다.

사면초가에 빠진 캐럴 리스는 조사 대상과 범위를 계속 줄여나가 결국 최대 규모의 3대 재단에 대해서만 집중 조사하기로 결정했다. 그러나 의회의 조사는 사방에서 조여오는 압력과 방해, 턱없이 부족한 시간 및 자금, 인력 등의 문제로 인해 흐지부지되고 말았다. 1954년 8월 19일, 캐럴 리스는 조사 활동을 종합한 보고서에서 다음과 같이 말했다.

"재단은 미국 연방정부에 버금가는 제2의 권력 집단이다. …… 어쩌면 일부 분야에서는 미국 연방정부를 능가하는 권력을 가졌을지도 모른다. 적어도 정부의 입법부보다 권력이 센 것은 확실하다."[22]

이후 미국 정부와 의회에서 조직적이고 체계적으로 재단에 맞서는 일은 단 한 번도 일어나지 않았다.

재단과 엘리트 그룹과 정부

독점 자본주의의 최고 경지는 경쟁 상대를 완전히 제압하여 경쟁 자체를 없애버리는 것이다. 이 목적을 달성하기 위해서는 정부와의 협력이 필수적이다. 더 넓은 의미에서 보면, 산업, 상업, 자본, 기술, 인력 및 자원에 대해 보다 큰 지배력을 행사하고 나아가 세계정부를 수립하기 위해서도 먼저 정부와 손을 잡아야 한다.

미국 정치와 정부에 대해 국제 은행가들은 미국외교협회 설립 및 지속적인 경제적 지원을 통해 간접적으로 영향력을 행사했다. 미국외교협회는 설립 초기부터 현재까지 줄곧 록펠러 재단의 통제하에 있었다.

미국외교협회는 인재 배출 싱크 탱크로도 유명하다. 변호사, 은행가, 교수, 장군, 저널리스트, 평론가, 고위 공무원 등 미국에서 사회적 영향력이 큰 인물들을 대량 배출했다. 이 중에서도 미국 정부의 정책, 특히 외교 정책에 막강한 영향력을 미치는 중량급 인물들은 모두 이 협회 출신이라고 보면 틀리지 않는다.

루스벨트 대통령 이후 역대 대통령 중 대부분이 미국외교협회의 멤버들이었다. 대통령은 임기를 마친 후 퇴임하고, 정부 관리 역시 세대 교체에 의해 이선으로 물러나는 게 순리이다. 그러나 대통령 배후에 도사린 전주(錢主), 정부 배후에 있는 파워 그룹, 삼권 배후에 군림하는 금권은 시종일관 굳건히 자리를 지켰다.

미국 정부에 대한 록펠러가의 영향력은 1894년 매킨리 대통령이 대선에 출마하면서 가시화된 후, 루스벨트 대통령 시대에 이르러서는 거의 결정적인 영향력을 미쳤다. '루스벨트 뉴딜 정책'은 사실 '록펠러 뉴딜 정책'이라고 해도 과언이 아니었다.

'루스벨트 뉴딜 정책'의 대부분 조치들은 록펠러 재단의 상업적 이익을 직접 대변한 것이었다.[23]

록펠러가가 루스벨트 대통령 주변에 배치한 대리인 중 가장 중요한 인물은 바로 해리 홉킨스(Harry Hopkins)였다. 홉킨스는 한 사회봉사 기관을 이끌면서 10년 동안 간접적으로 록펠러 재단의 지원을 받았다. 문제는 그가 루스벨트 대통령의 분신으로 두 사람은 윌슨 대통령과 에드워드 하우스 대령처럼 불가분의 사이였다는 점이다. 그는 제2차 세계대전 기간에 루스벨트 대통령에 버금가는 실권을 행사하며 워싱턴 최고 권력층의 이인자로 자리매김했다. 그러나 그는 록펠러가 앞에서는 많은 도움을 받고 빚을 지고 있다고 입버릇처럼 말하고 다녔다.

넬슨 록펠러 역시 루스벨트 대통령과 끈끈한 관계를 맺고 있었다. 그가 상무부 장관 시절 '루스벨트 뉴딜 정책'을 집행한 인연이 있었다.[24] 1960년 5월 20일자 〈뉴욕 타임스〉를 보도록 하자.

"넬슨 록펠러와 루스벨트 대통령은 절친한 친구 사이였다. 그들은 함께 샹그릴라(현재의 캠프 데이비드)에서 휴가를 즐겼다."

아이젠하워 대통령 재임 시 초대 국무장관을 역임한 존 포스터 덜레스(John Foster Dulles)는 넬슨 록펠러의 사촌동생이었고, 2대 국무장관인 크리스는 미국외교협회의 멤버이자 스탠더드 석유 회사의 주요 경영자였다. 아이젠하워 정부의 검찰총장 역시 미국외교협회의 멤버였고, 한동안 록펠러가의 회사에서 고위급 임원으로 일한 적이 있었다. 아이젠하워는 대통령에 당선된 다음 연방법원과 지방법원의 판사와 변호사, 고위 공무원 수백 명을 임명했다. 그런데 이들은 하나같이 미국외교협회에서 활동한 전력을 자랑했다. 이 밖에 아이젠하워 정부에서 요직을 담당한 17명의 정부 고위 관리 역시 모두 미국외교협회의 멤버인 것으로 알려졌다.

케네디 대통령은 본인이 아예 미국외교협회의 멤버였고, 케네디 정부의 국무장관 딘 러스크(Dean Rusk)는 록펠러의 대리인이었다. 케네디 대통령은 딘 러스크를 국무장관에 임명하기 전까지 그를 만난 적조차 없었다. 상식적으로 이해가 되지 않는 대목이지만 레이건 대통령과 카터 대통령 역시 얼굴조차 못 본 사람들을 국무장관이나 FRB 의장에 임명하기도 했다. 당시 딘 러스크는 록펠러 재단의 고위 임원 신분으로 국무장관을 맡았다. 어떤 의미에서는 딘 러스크가 '휴가를 내고(leave of absence)' 미국 국무장관을 맡은 셈이었다고 하겠다. 케네디 정부의 국무장관보도 미국외교협회의 멤버이자 록펠러 브러더스 재단의 경영자 및 이사 신분을 가지고 있었다. 이 밖에 상무부 장관보 알렉산더 트로브리지(Alexander Trowbridge)는 미국외교협회 멤버이자 스탠더드 석유 회사의 경영자였다. 케네디는 대통령 재임 기간에 그를 상무장관으로 승진시켰다. 같은 시기에 함께 승진한 국방차관 역시 미국외교협회 멤버였다.

닉슨 대통령 시기의 검찰총장은 록펠러가의 전담 변호사 출신으로 닉슨이 대선에 출마했을 때 후보 수행 본부장 및 고문을 맡았다.[25]

닉슨의 러닝메이트로 부통령에 당선된 스피로 애그뉴(Spiro Agnew)는 1968년 대선 때 록펠러의 선거대책본부장을 맡은 바 있었다. 닉슨의 반대파였으나 나중에 정무 고문에 임명되었다. 닉슨의 최측근이자 주요 고문인 키신저도 넬슨 록펠러의 개인 외교정책 고문을 무려 10년 넘게 담당했다.

키신저는 1956년에 독일에서 미국으로 이민 간 유대인이었다. 그러나 불과 20년도 안 돼 하버드 대학의 무명 교수에서 일약 미국 정계를 주름잡는 인물로 급부상했다. 록펠러라는 든든한 백그라운드가 있었기 때문에 가능한 일이었다. 닉슨 대통령과 키신저는 사실 정치 이념과 사상에서 근본적으로 차이가 났고, 닉슨은 그를 국가안전보장회의 사무차장에 임명하기 전까지 딱 한 번밖에 만나본 적이 없었다. 그나마 그 만남에서조차 키신저는 닉슨 대통령의 호감을 얻지 못했다. 그러나 이때 넬슨 록펠러가 키신저를 직접 지명하자 닉슨 대통령으로서는 울며 겨자 먹기로 임명 절차를 밟을 수밖에 없었다.

115명에 이르는 닉슨 정부의 각급 고위 관리들 모두 미국외교협회의 핵심 멤버로 대부분 포드 대통령 집권 때까지 요직에 머물렀다. 넬슨 록펠러는 또 공화당 집권 기간에 주요 인물 다수를 상원과 하원의 정책위원회에 '끄나풀'로 심어놓기도 했다.

백악관에 대한 록펠러가의 영향력은 1975년의 상황만 봐도 쉽게 알 수 있다. 5,000명이 넘는 미국 정부 고위 관리들이 모두 록펠러가의 사람들이었다.

미국의 국제적 입장과 외교 관계는 록펠러가의 이익과 특히 직결되는 중대한 사안이었다. 따라서 록펠러가와 커넥션을 가지고 있는 인물

(위) 존 포스터 덜레스 국무장관.
(아래) 아론 덜레스 중앙정보국 국장

들이 항상 미국의 역대 국무장관 및 중앙정보국 국장 등의 요직을 도맡아 담당해 왔다. 우선 중앙정보국의 초대 국장은 록펠러 2세의 사촌동생인 아론 덜레스로, 요직에 모두 스탠더드 석유 회사 출신들을 앉혔다. 따라서 중앙정보국은 스탠더드 석유 회사의 해외 담당 부서나 다름없었다. 록펠러 2세의 또 다른 사촌동생 존 포스터 덜레스는 아이젠하워 대통령 시절 국무장관을 역임했다.[26]

록펠러가는 이처럼 미국의 역대 정부와 시종일관 한집안 식구처럼 '끈끈한' 관계를 이어왔다.

물론 록펠러가도 워싱턴 정부를 홀대하지 않았다. 늘 자신들의 최대 조력자로 비유하면서 기회만 있으면 "수많은 외교 사절과 장관들이 록펠러가를 위해 세계 각지에서 새로운 시장을 개척하고 있다"라고 치켜세웠다. 미국 정부는 록펠러가의 각종 이익을 위해 봉사하며 이에 부합하는 정책을 펼쳤다는 얘기로 해석된다. 〈워싱턴 포스트〉의 기자 잭은 이에 대해 비판적으로 보도한 바 있다.

"어떤 의미에서 미국 국무원의 정책은 석유 기업의 이권을 둘러싸고 진행되고 있다. 석유 기업이 해외에서 이익을 얻지 못하면 미국 국무원이 즉각 나서 문제를 해결해 준다. 많은 국가에 있는 미국 대사관은 실질적으로 석유 기업의 해외 사무실이나 다름없다. 국무원에서 집행되는 각종 정책과 조치에는 미국 7대 석유 기업의 그림자가 어른거리고 있다."

록펠러 그룹은 미국 재무부가 JP모건체이스 은행의 지점 역할을 하도록 만들기 위해 재무부 장관 인선에도 깊숙이 관여했다.

(위) 록펠러 1세. (아래) 록펠러 2세

- 아이젠하워 정부의 재무부 장관 로버트 앤더슨(Robert Anderson)은 미국외교협회 멤버였다.
- 케네디 정부의 재무부 장관 더글러스 딜런(Douglas Dillon)은 미국외교협회 멤버이자 록펠러 브러더스 재단의 위탁인이었다.
- 존슨 정부의 재무부 장관 헨리 파울러(Henry Fowler)는 미국외교협회 멤버였다.
- 포드 정부의 재무부 장관 윌리엄 사이먼(William Simon)은 미국외교협회 멤버였다.

그러나 최근 들어 재무부 장관 자리는 점차 월스트리트의 투자 은행가들에 의해 대체되는 추세에 있다.

재단과 교육 시스템

앤드루 카네기는 1890년에 11편의 글을 엮어 《부의 복음(The Gospel of Wealth)》이라는 책을 출간했다. 그는 이 책에서 부에 대한 자신의 생각을 다음과 같이 밝혔다.

"만약 자유 시장 체계가 산업과 금융이 폭발적인 성장을 이룬 우리 시대에 이르러 종식된다고 가정하면, 우리는 부의 절대 지배자로 군림할 뿐 아니라 정부까지 통제할 수 있다. 그러나 만약 다음 세대들이 성장한 다음 문제의 심각성을 깨닫고 부자들에게 유익한 기존 체제를 뒤바꾸려 한다면 그야말로 큰일이다."

그래서 카네기는 반드시 교육 시스템을 통제해야 한다고 생각했다.

미국의 교육제도는 각 주나 지역, 학교에 따라 매우 다양한 형태로 운영되고 있다. 때문에 초특급 부호들은 미국의 교육제도를 당분간 '통일'하기 어렵다는 판단을 내렸다. 그래서 이들은 '채널이 왕'이라는 전략을 택했다. 다시 말해 미국의 교사협회와 교재 편찬 부서에 지속적으로 투자해 전체 교육 시스템에 영향력을 행사하겠다는 것이었다. 록펠러 재단이 미국의 주요 교육 기관인 일반교육위원회(General Education Board)에 거금을 투자한 것은 바로 이런 이유 때문이었다.[27]

록펠러는 일찍부터 이런 사실을 간파하고 다음과 같이 말했다.

"우리에게는 사람들을 복종하게 만들 수 있는 무한한 자원이 있다. 지금의 교육 방식은 시대에 너무 뒤떨어져 있다."

이에 록펠러 재단과 카네기 재단은 학교 교재 편찬과 발행 사업에 거액을 투자하여 간접적인 방식으로 교육 시스템에 영향력을 미쳤다. 한두 세대 더 나아가 그 이후의 세대들이 똑같은 사상과 이념을 교육받는다면 그들의 사상 체계는 같은 방향으로 흘러갈 수밖에 없다. 록펠러 재단과 카네기 재단은 1920년대와 30년대부터 이런 생각으로 미국의 각 학교와 교육 기관의 교재 편찬 및 발행을 꾸준히 지원하며 지금까지 단 한 번도 중단한 적이 없다.

이 밖에 초특급 부호들은 대학 교육을 통제하는 데 주력했다. 록펠러 재단과 카네기 재단은 교육 투자액의 3분의 2 이상을 대학 교육에 쏟아 부었다. 1930년대 미국 대학들의 운영 자금 중 20%를 록펠러 재단과 카네기 재단이 후원했다. 어떤 의미에서 보면 이들 재단은 미국 교육부의 기능을 대신했다고도 할 수 있다. 이 양대 재단은 이런 방식을 통해 현재까지 미국 대학 교육을 효과적으로 통제하고 있다.

이 사실은 록펠러 재단과 카네기 재단의 통제하에 있는 미국 최대의 전미교육협회(National Education Association)가 1934년에 발표한 보고서를 보면 명확히 알 수 있다.

"백해무익한 자유 시장 시스템은 종말을 앞두고 있다. 전 세계는 하나의 거대한 사회로 통합되어야 한다."

이 주장은 록펠러의 이념과 완전히 맥을 같이하고 있다. 그는 경쟁은 일종의 죄악이므로 반드시 없어져야 한다고 주장했다. 이런 관점은 경쟁 상대를 제거하고 독점을 실현해 사회 전체를 통제하려는 록펠러가의 의지와 야심을 그대로 반영하고 있다.

대중 여론 조작

정치와 대중 여론에 영향을 미치기 위해서는 언론에 대한 절대적인 지배가 필요하다. 록펠러 재단은 언론 매체에 대해서도 '채널이 왕'이라는 원칙을 고수했다. 우선 미국의 3대 통신사를 지배하여 뉴스의 소스를 통제했다. 3대 통신사는 모든 지방 인쇄 매체의 뉴스 소스로, 이들의 지면 내용과 편집 구성은 기본적으로 3대 통신사의 논조를 따랐다. 따라서 록펠러 재단이 3대 통신사를 장악했다는 것은 출판, 신문, 잡지 등 모든 인쇄 매체를 수중에 쥐었음을 의미했다.

록펠러 재단은 또한 "도둑을 잡으려면 우두머리를 먼저 잡아야 한다"는 전략을 택했다. 이런 고단수 전략을 달성하고자 미국 언론을 선도하는 최고 권위지 〈뉴욕 타임스〉를 손에 넣었다. 〈뉴욕 타임스〉가 발표하는 사설은 각 주류 언론에게 신호등 역할을 했다. 〈뉴욕 타임스〉가 취하는 입장을 각 주류 언론들도 따라가는 경우가 많았다.

록펠러 재단은 〈워싱턴 포스트〉에도 눈길을 돌렸다. 수도에서 발행된다는 상징성과 정치인들이 매일 필독한다는 사실을 감안한 것이다. 〈워싱턴 포스트〉의 발행인인 캐서린 그레이엄(Katharine Graham)은 미국외교협회 멤버였다. 서부 지역 최대 신문인 〈로스앤젤레스 타임스〉의 발행인 프랭클린 머피(Franklin Murphy) 역시 미국외교협회 멤버로 유명했다. 록펠러는 미국외교협회 창설 및 지원을 통해 주류 언론 매체의 오피니언 리더들과 이익 동맹을 결성했다.[28]

방송 분야에서는 200여 개의 TV 방송국과 255개의 라디오 방송국을 소유한 윌리엄 페일리(William S. Paley) CBS 회장이 미국외교협회 멤버이자 록펠러 재단의 최고위 임원이었다. RCA 산하 TV 방송국인 NBC의 데이비드 사르노프(David Sarnoff) 회장 역시 미국외교협회 멤버였다. ABC는 산하에 153개의 TV 방송국을 거느린 엔터테인먼트 위주의 TV 방송 그룹으로, 체이스맨해튼은행이 지분 6.7%를 보유하고 있었다.

이 밖에 록펠러 재단은 은행과 신탁 기관을 통해 CBS의 지분 14%

와 RCA의 4.5% 지분을 보유했다. 미국의 주류 방송은 이처럼 록펠러 재단 산하 언론사나 마찬가지였다. 누군가는 ABC, CBS, NBC를 통틀어 'RBC(Rockefeller Broadcasting Company, 록펠러방송회사)'라고 비꼬기도 했다.

언론을 언급할 때 빼놓을 수 없는 것이 바로 광고이다. 인쇄 매체는 광고 수입이 총수입의 3분의 2 내지 4분의 3을 차지했다. 따라서 매체에게 광고는 '황금알을 낳는 거위'였다. 체인점과 백화점은 이들 매체의 주요 광고주였으므로 매체 편집자들이 광고주에게 불리한 내용을 공공연히 떠벌일 리는 없었다.

매시(Macy), JC 페니(Penny), 시어스(Sears) 등 대표적인 체인점과 백화점의 경우, 이사회의 임원 중 적어도 한 명은 미국외교협회의 멤버였다. 또 미국외교협회 멤버가 통제하는 은행 및 기업의 이사회와 이익동맹을 맺고 있었다.

이 밖에 석유 기업과 금융기관도 매체의 주요 광고주들이었다. 어떤 매체가 감히 이들의 귀에 거슬리는 내용을 보도하겠는가?

재단은 종교계의 목소리도 비중 있게 생각했다. 종교 대국인 미국에서 종교의 힘과 사회적 영향력은 무시할 수 없었다. 록펠러 재단과 카네기 재단은 뉴욕 신학연구회와 전국 교회연합회(Federal Council of Churches)에 꾸준하게 경제적 지원을 해오고 있다. 미국의 종교계에서 점차 경제와 금융 및 사회의 글로벌화 흐름을 주창하는 목소리가 나오는 것도 다 이런 이유 때문이다. 미국 전국 교회연합회는 4,000만 명의 회원을 보유한 대규모 단체로 손꼽힌다. 이들이 대중에게 사상적으로 미치는 영향력과 권력 주도층에게 가져다주는 이익은 예측이 어려울 정도로 어마어마하다.

세계정부: '앵글로-아메리카 파워 그룹'이 분투하는 목표

> 어떤 사람들은 심지어 우리가 비밀 집단의 일부라고 생각하고, 미국의 핵심 이익을 해치려한다고 평가한다. 그들은 내 가족과 나를 '국제주의자'로 묘사하며 우리가 (같은 이상을 가지고 있는) 다른 나라의 사람들과 함께 전 세계적인 정치 및 경제 기구-단일한 세계(정부)-를 세우려는 음모를 꾸민다고 매도한다. 만약 이것이 우리에 대한 고발이라면 나는 죄가 있다고 인정하겠다. 그러나 나는 이를 영광으로 여길 것이다.
>
> _ 데이비드 록펠러 29

세실 로즈가 추구한 궁극적인 이상은 미국을 다시 영국의 품으로 돌아오게 한 다음 영국과 미국을 중심으로 자신들의 '완벽한 사회 제도'를 전 세계에 전파하고, 이를 기반으로 '세계정부'를 수립하는 것이었다. 물론 로즈가 구상한 세계정부의 '피라미드형 권력 구조'가 모두에게 공평한 것은 아니다. '위대한 전통'과 '우아한 기질'을 가진 앵글로-아메리카 상류층은 조금도 사양하지 않고 피라미드 꼭대기에 군림하며 전 세계의 '상류층보다 규모가 훨씬 더 큰 하층계급'을 통치할 것이다.

로즈는 이 '위대한 이상'을 실현하기 위해 로즈 장학재단을 설립하고 미국 젊은이들이 세계정부 수립을 위해 노력할 수 있도록 유럽에 보내 교육을 시켰다. 이처럼 수십 년의 세월을 거치면서 수많은 미국 엘리트들은 로즈 사상의 영향을 받아 세계정부 이념을 수용하거나 추구하고 있다. 미국의 클린턴 전 대통령 역시 로즈 장학생 출신이었다.

하지만 제2차 세계대전이 끝난 후 영국은 미국을 다시 자신의 궤도로 돌려놓을 수 없었고 양국 관계에 본질적인 변화가 발생했다. 또한 양국은 나치 독일보다 훨씬 더 위협적인 상대인 소련에 공동으로 맞서야 했다. 이렇게 해서 '앵글로-아메리카 파워 그룹'은 함께 손잡고 소련을 비롯한 기타 세력을 견제하면서 '세계정부'를 수립하는 쪽으로 뜻을 같이하게 되었다.

세계정부 수립을 추진하려는 이들 엘리트들은 점진파와 급진파로 나뉘어졌다.

점진파는 우선 세계 각 지역별로 동맹을 결성해 지역 정부를 수립한 다음 범위를 점차 확대하고 상호 연합하여 세계정부를 수립하자고 주장했다.[30] 그들의 주장에 따라 설립된 것이 바로 북대서양조약기구(NATO)로 대표되는 대서양 동맹이었다. 대서양 동맹은 사실 미국의 헌법 정신과 미국의 독립 주권 국가로서의 자주적 취지를 위배했으나 많은 부호들은 이 조직과 이 조직이 주장하는 사상을 인정했다. 대서양 동맹의 회원 가운데 871명이 부호이며 이중 107명이 미국외교협회 회원이었으니 당연한 결과였다. 1970년대 중반 대서양 동맹의 회원 수는 2,000여 명으로 늘어났다. '대서양 동맹 결의안'이라는 중요한 결의에서는 미국의 독립 선언을 철회하고 미국 헌법 원칙을 넘어서는 영미 연합국을 설립하자고 주장했다.

'대서양 동맹 결의안'은 1949년에 정식으로 미국 의회에 상정됐지만 당연히 통과될 리가 없었다. 절대 다수의 의원들은 '듣도 보도 못한 어처구니없는 결의안'이라고 입을 모아 비난했다. 이후 '결의안'은 해마다 누군가에 의해 꾸준히 의회에 상정되더니 결국 록펠러, 닉슨, 아이젠하워, 덜레스 형제, 키신저, 매카시 등 중량급 인물들의 인정과 지지를 받기 시작했다. 1975년 이 '결의안'은 다시 하원에 상정되고, 뜻밖에도 111명 의원이 지지했다. 사실 대서양 동맹은 오랫동안 록펠러가의 은밀한 지원을 받고 있었다. 넬슨 록펠러는 뉴욕 이스트 40번가 10호의 한 오피스텔을 대서양 동맹에게 무료로 제공하기도 했다.[31]

세계정부 추진 급진파의 대표 인물은 '17대 은행 가문'의 일원인 파울 바르부르크의 아들 제임스 바르부르크였다. 파울은 FRB의 총설계사이자 월스트리트의 유명한 투자 은행인 쿤-뢰브 회사의 동업자였다. 아들 제임스는 루스벨트 대통령의 재정 고문을 역임한 인물로 1947년에 '세계연방(United World Federal, UWF)'을 창설하여 록펠러가의 대대적인 지원을 받았다. 그는 이때 "하나의 세계 또는 아무것도 없는(One World or None)"이라는 유명한 슬로건을 제창했다. 한편 과격 급진파인 밀턴 교수는 1949년에 미국 국기를 끌어내려 그 위에 침을 뱉겠다는 발언을 하기도 했다.

세계정부 추진 급진파들이 정신적으로 고무된 계기는 미국이 1945년에 인류 역사상 최초로 원자탄 제조 실험에 성공한 것과 무관하지 않았다. 제임스 바르부르크가 '세계연방'을 창설한 1947년에 미국은 세계의 유일한 원자탄 보유국이었다. 이 대량 살상 무기의 발명으로 세계정부론자들의 사기는 하늘을 찌를 듯했다. 그야말로 "나를 따르는 자는 살고 거역하는 자는 죽는다. 세계정부 수립을 반대하는 국가는 지구에서 영원히 자취를 감추게 될 것이다"라며 기세등등한 태도를 보였다. 제임스 바르부르크 역시 1954년에 이르자 강경하기 그지없는 발언을 쏟아냈다.

넬슨 록펠러 부통령

"우리는 사람들이 찬성하든 반대하든 반드시 세계정부를 수립해야 한다. 다만 이 세계정부가 평화적으로 수립될 것인지 아니면 무력에 의해 세워질 것인지는 알 수 없다. 그것이 문제이다."

'세계 연방'은 통합된 세계 조직 기구와 체계를 통해 세계 평화를 실현하자고 주장했다. 미국의 많은 청년들이 이 사상에 영향을 받아 세계정부 통합 체계가 개인의 인권, 종교, 사상의 자유 및 세계 평화를 완벽하게 보장해줄 것이라고 믿어 의심치 않았다. '세계 연방'은 세계정부 수립을 위해 수십 년 동안 온갖 노력을 기울였으나 성과는 아주 미미했다.

록펠러 재단은 점진파와 급진파에게 모두 각종 형식으로 대대적인 지원을 아끼지 않았다. 그러나 미국 국민들에게 전통적인 독립 국가 이념을 포기하고 세계정부 수립을 받아들이도록 하는 것은 하루아침에 이루어질 수 있는 일이 아니었다. 점진파와 급진파가 세계정부 수립을 위해 수십 년 동안 부단히 노력했으나 궁극적인 목표와는 여전히 상당한 거리가 있었다.

그래서 세계정부론자들은 이른바 삼각위원회라는 제3의 조직을 창설하고 시각과 방식을 달리해 그들의 궁극적인 목표를 달성하려고 노력했다. 이 조직의 핵심 멤버는 즈비그뉴 브레진스키라는 인물이었다. 그가 주장한 관점은 대서양 동맹이나 세계 연방과는 다소 달랐다. 그의 주장을 한번 들어보자.

"미국인들이 100년 이상 고수해 온 독립 주권 국가 이념을 단시간에 포기한다는 것은 직관적 또는 감성적으로 받아들이기 어려운 일이다. 따라서 궁극적인 목표를 달성하기 위해서는 간접적, 점진적, 우회적인 교묘한 방법과 수단이 필요하다."

대서양 동맹의 주장은 너무 편협해서 1970년대 이후의 다극화 시대, 다시 말해 냉전 체제하의 세계적인 대립 구도에 적응하지 못했다. 따라서 '세계정부'의 이념만 맹목적으로 떠들고 다녀서는 대중들의 마음을 움직일 수 없었고, 경제 위기, 생태 환경 악화, 에너지 고갈 등의 해결책을 함께 찾으며 사람들의 공통 관심사에 신경을 써야만 했다.

만약 각국 정부와 국민이 국부적인 문제와 지역 현안에만 관심을 가질 경우, 세계정부에 대한 논의는 진전되기 어렵다.

결론적으로 세계 각국의 정부 지도자에서부터 일반 대중에 이르기까지 모두 한마음 한뜻으로 똑같은 문제에 관심을 가지고 점차 공감대를 형성하면서 사상의 통일이 이루어져야만 비로소 세계정부 수립의 가능성은 커지게 되어 있다.

이에 세계정부론자들은 다음의 네 가지 전략적 목표를 마련했다.

1. 완전히 새로운 세계화폐 체계 구축
2. 세계적으로 자원 및 생태 환경 위기 유발
3. 세계 무역 통합 및 일체화 제창
4. 에너지 위기 유발

이는 한마디로 통합이라는 목표 속에 위기를 가미하는 전략이다.

구체적으로 경제 및 금융, 무역을 통합하는 과정에서 각국의 공감대를 이끌어내는 것을 기본으로 한다. 그러면서 기회를 엿봐 위기 속에서 세계정부 수립을 위한 세계적인 행동을 펼친다는 것이다.

어떤 국가라도 이 노선을 따르지 않고 자국의 내정과 국부적인 문제만 중시할 경우에는 필연적으로 식량, 에너지, 금융의 3대 위기가 나타날 가능성이 높아진다. 이 위기의 규모와 파괴력은 1920년대와 30년대에 폭발한 대공황에 못지않을 것이다. 이때 각국 지도자들은 마지못해 한자리에 모여 발등에 떨어진 불을 끄기 위해 첨예한 의견 대립에서 시작해 대화와 토론, 양보와 타협을 거쳐 각자 경제 및 화폐 주권의 일부를 포기하며 공감대를 형성할 것이다. 세계정부론자들은 아마도 만족스러운 미소를 띠며 이 광경을 지켜보지 않을까.

국제 은행가들은 미국에 대해 막강한 영향력과 지배력을 행사하고 있다. 그런데 무엇 때문에 다시 미국의 독립 주권을 버리고 세계정부를 수립하려고 하는지 의문을 갖는 사람도 있다. '세계정부'는 미국외교협회 95% 이상의 멤버들이 공통으로 주창하는 사상 이념이다. 미국의 독립과 주권을 버리는 것은 세계정부를 수립하고 전 세계를 보다 광범위하고 심층적으로 지배하기 위해 반드시 필요한 과정이다. '세계정부 수립'을 위한 행동 방식과 과정은 다양한 형태를 띠며 바뀌어왔다. 때론 급진적으로 때론 점진적으로 때론 우회적으로 변했다. 그러나 전체적인 목표와 강령은 한 번도 변한 적이 없다.

80년 만에 도래한 최악의 경제 위기가 세계를 강타하면서 세계정부론자들의 이상은 현실에 점점 더 가까워지고 있다. 2008년 글로벌 경제 위기는 어쩌면 이들에게 하늘이 내린 절호의 찬스일지도 모른다.

제 8 장 (1) 로즈 소사이어티와 영향

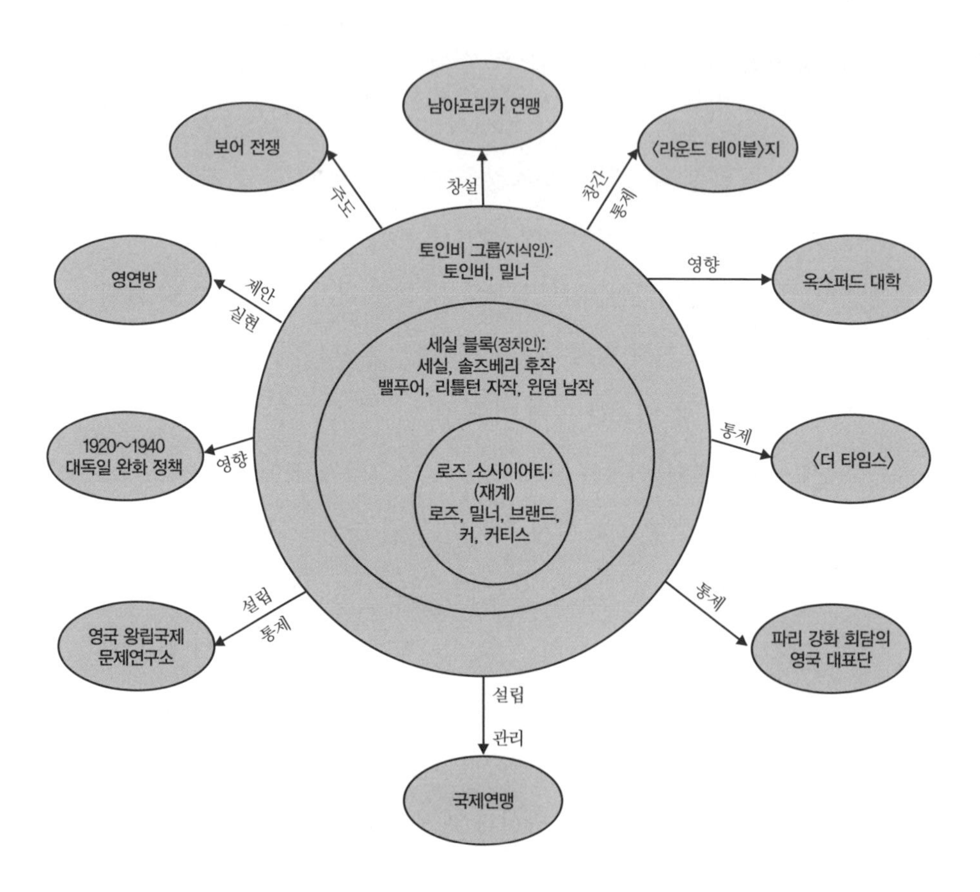

제 8 장 (2) 권력 피라미드와 세계정부

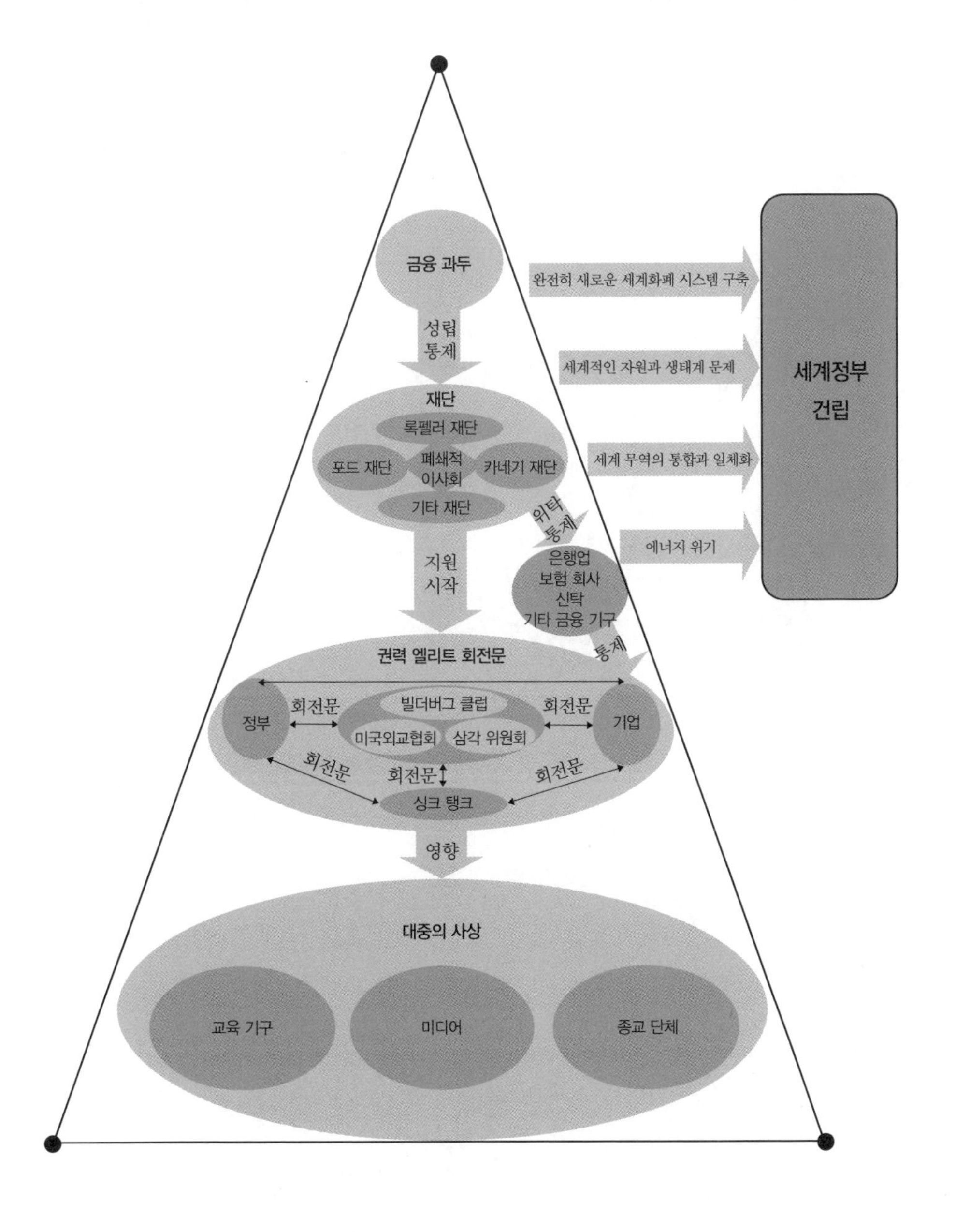

제9장
금융 쓰나미 이후

금융시장에서의 경쟁은 '승자'와 '패자'만 존재할 뿐 공동의 이익이란 없다. 사유재산 제도가 폐지되지 않는 한, 동일 자산에 대한 소유권은 유일성을 가지기 때문이다. 유형의 재산이든 무형의 재산이든 소유권자는 오로지 하나뿐이다. 금융시장에서의 거래 대상은 표준화 단위로 표시된 이익(자산 또는 자산 수익권) 소유권이다. 이 같은 소유권은 뚜렷한 배타성을 지니고 있어서 다른 사람과의 공유가 절대 불가능하다.

들어가면서

미국 부동산 시장을 기초 자산으로 삼아 파생한 복잡하기 그지없는 파생 금융 상품들은 투자자들에게 높은 수익률에 대한 환상을 심어주었다. 그러나 그 기초 자산은 어느 순간부터 충분한 수익금을 지속적으로 창출해 내지 못하게 되었다. 이 사실을 깨달은 투자자들이 앞다퉈 자금 회수에 나서자 시장은 파산을 초래했다. 이것이 바로 2008년 글로벌 금융위기의 본질이다. 대표적인 신용 파생 상품으로 불리는 부채담보부증권CDO은 자산 수익권의 다단계 유동화 과정을 거쳐 발행된 금융 상품이다. 이처럼 내실 없는 거품 투자는 전형적인 '폰지 게임Ponzi Scheme(일명 폰지 사기로 다단계 금융 사기를 뜻함)'에 지나지 않는다.

그렇다면 국제 은행 가문들은 이 같은 전형적 '폰지 게임'이 궁극적으로 금융위기로 이어진다는 불 보듯 뻔한 시나리오를 몰랐다는 말인가? '폰지 사기'는 과거에도 여러 번 반복되었고, '예견 불가능'한 특별한 점도 전혀 없었다. 금융위기는 이미 예고된 것이었고, 국제 은행 가문들은 일찌감치 이를 예상하고 있었다.

금융위기를 미리 경고한 사람도 적지 않았다. 워런 버핏은 2005년 파생 상품을 '대량 살상 무기'라고 부르며 경계할 것을 호소했다. 헤지펀드 매니저인 존 폴슨은 2006년 캠프 데이비드에서 부시 대통령에게 파생 금융 상품으로 인한 금융위기가 곧 도래할 것이라고 분명하게 밝혔다. 또한 패니 메이 등 모기지 업체들에서도 2006년부터 대규모 감원설이 흘러나왔고, 영국의 〈이코노미스트〉지는 2006년 1월호 표지에 앨런 그린스펀 미국 FRB 의장이 폭발 직전인 '뇌관' 미국 경제를 자신의 후임인 벤 버냉키에게 넘겨주는 내용의 만평을 실었다.[1] 서구의 헤지펀드 매니저들도 2005년부터 블로그를 통해 "손에 있는 CDO 등 독성 자산을 어떻게 '어리석은' 아시아 투자자들에게 되팔 것인가"하는 문제에 대해 활발한 토론을 전개했다. 필자 역시 2006년 하반기에 탈고한 《화폐전쟁》에서 파생 금융 상품의 중대한 위기 및 양대 모기지 회사(패니 메이 및 프레디 맥-옮긴이)의 신용 위기, 달러화와 미국 국채의 약세를 예측했다. 더불어 서브 프라임 모기지의 위기가 필연적으로 글로벌 금융위기와 심각한 경기 침체로 이어질 것이라고 경고한 바 있었다.

그렇다면 미국 통화 정책의 수장인 그린스펀 FRB 의장은 퇴임을 앞둔 2006년 초까지 정말 금융위기의 징후를 눈치채지 못했을까? 파생 금융 상품의 무분별한 발행을 방임한 그의 정책은 우연일까 아니면 의도적인 것일까? 100년 만의 글로벌 금융위기는 과연 '우연하게 발생'한 '예측 불가능한 것'이었을까?

이 모든 물음의 해답을 알기 위해서는 이번 금융위기 촉발에 중대한 책임이 있는 그린스펀 FRB 의장의 심중과 그를 대표로 하는 지배 엘리트 그룹의 진실한 생각을 들여다볼 필요가 있다. 그들은 과연 어떤 전략적 목적을 가지고 있는가? 이 세계는 어떤 방향으로 나아가고 있는가? 이번 위기는 어떤 새로운 형태로 진화할 것인가?

중국을 비롯한 아시아에는 분야별 전문가는 많다. 그러나 각 분야의 경계선이 쳐놓은 벽을 깨부술 수 있는 전략적 사상가는 부족하다. 중국에서 주입식 교육으로 양성된 대다수 전문가들은 원론만 얘기하는 학자 스타일의 '책벌레'일 뿐이다. 그들의 대뇌는 정보를 저장하고 그 정보를 고유한 방법에 따라 처리하는 기능만 하고 있다. 사실 질문이 정확하면 그 문제는 절반은 해결된 것이나 다름없다. 창의력이란 무엇인가? 창의력의 핵심은 관례에 얽매이지 않는 질문을 던지는 것이다. 어떤 시각에서 질문하느냐에 따라 그 사람의 사고의 깊이와 폭이 결정된다. 사고를 통해야만 복잡하고 방대한 정보자원을 수집, 가공, 처리해서 정곡을 찌르는 질문을 던질 수 있다. 질문의 요지가 정확하지 못하면 내실 있는 답변을 기대하기 어렵다. 깊고 넓은 사고를 거치지 않고서는 신을 신고 발바닥을 긁는 것처럼 핵심을 찌르지 못하고 겉도는 연구 결과만 나오게 된다.

우리는 진실의 일부를 알고 있다. 그러나 우리가 알고 싶어도 알 수 없는 진실이 있고, 또 어떤 진실에 대해서는 그것을 모른다는 사실조차 완전히 모르고 있다.

그린스펀: 경제 엔지니어

20세기의 위대한 수학자에 대해 논한다면 앨런 그린스펀은 자신의 이름을 절대로 올릴 수 없다. 그러나 그는 숫자와 모형을 이용한 경제학 분석에 있어서는 가히 천재적인 재능을 보여주었다.

그는 뉴욕 대학 상경대에서 금융과 회계를 전공했다. 자서전에서 밝힌 대로 학생 시절에는 금융 회사에서 몇 년 동안 인턴으로 일을 했다. 그가 인턴으로 들어간 회사는 월스트리트에서도 단연 주가를 올리고 있던 BBH(Brown Brothers Harriman)사였다.

그린스펀이 BBH에서 제일 처음 맡은 업무는 FRB에서 발표한 일련의 데이터 자료, 특히 대형 마트 체인점의 통계 데이터를 주별로 정리하는 일이었다. 이 일은 간단해 보여도 사실은 상당한 집중력과 세심함을 요했다. 당시에는 컴퓨터가 없었기 때문에 이 작업은 모두 사람의 머리와 손을 거쳐야 했다. 연필로 도면을 그리고 차트를 만들고 방대한 데이터를 꼼꼼히 정리해야만 했다. 그러나 그린스펀은 다른 사람이라면 단조롭고 지루하다고 포기했을 일에 즐겁게 임했다. 그에게는 숫자를 자유자재로 다루는 천부적인 재능이 있었기 때문이다. 그는 다른 사람의 눈에는 딱딱하고 무미건조한 숫자일 뿐인데, 자신의 눈에는 항상 다르게 보였다고 자서전에서 밝히고 있다. 그는 BBH에서의 인턴 기간에 통계학 분야의 튼튼한 토대를 쌓았다. 또 숫자에 민감하게 반응하는 천부적인 자질로 과학적 방법을 통해 '데이터가 스스로 나서서 말하도록 하는' 경지에 이르게 되었다.

2006년 1월 14일 자 〈이코노미스트〉 표지

컨퍼런스 보드 (The Conference Board) 미국의 대표적인 경제 조사 기관으로 뉴욕의 싱크 탱크 역할을 함.

그린스펀은 대학 졸업 후 뉴욕의 컨퍼런스 보드에 입사해 데이터 통계 분석 분야의 업무를 담당했다.[2] 그의 첫 직장의 고객은 다름 아닌 뉴욕에 본부를 두고 있는 FRB였다.

방대한 장서를 갖춘 회사 도서관에서 책을 읽는 것은 그의 일상생활에서 가장 중요한 부분이 되었다. 그는 도서관의 도서와 통계 보고서를 열람하면서 점차 미국 경제에 눈을 뜨기 시작했고,[3] 국가의 경제 시스템은 각종 산업의 개별적인 운행과 산업 간 연동을 통해 공동으로 이뤄진다는 사실을 알게 되었다. 그린스펀의 머릿속에는 산업혁명 이래 경제와 산업의 발전 변화 과정이 파노라마처럼 스쳐지나갔다. 증기 터빈의 발명과 방직업의 발전, 대규모 철도 부설과 야금 공업의 발

앨런 그린스펀

전, 해상 운송의 발달과 조선업의 발전, 기계 공업에 이은 군수 산업의 발전, 전보와 전화 등 통신 기술의 발전, 석탄에서 석유로 이르는 연료 '혁명', 자동차 및 항공기 발명 등의 '나사못'들이 함께 연결돼 그의 머릿속에 '국가 경제'에 대한 통합적인 인식을 심어주었다.

이 밖에 컨퍼런스 보드 도서관은 그에게 각종 통계 데이터도 무제한으로 제공했다. 대부분 '연륜이 꽤 묻어나는' 데이터들이었다. 1861년 미국 남북전쟁을 전후해 작성된 통계 자료도 적지 않았다. 한마디로 이 도서관은 미국의 거의 모든 주요 산업 분야의 상세한 통계 데이터를 완비한 곳이었다. 그는 마치 물을 만난 물고기처럼 도서관에서 각종 데이터를 열심히 탐독했다.

성격이 대단히 꼼꼼했던 그는 목화 산업 연구에 착수했다면 온종일 가지각색의 목화만 들여다보고 성분, 등급, 종류, 생산 공법에 대한 분석은 기본이고, 종류별로 어떤 용도로 사용되고 어떤 형태로 가공되는지에 대해서도 일일이 조사했다. 또 목화 가공은 어떤 기계를 이용해 어떤 생산 공정을 거치는지, 목화의 시장 판매 상황은 어떤지 등에 대해서도 상세하게 분석해야 직성이 풀렸다. 그의 눈에는 이런 데이터들이 마치 색다른 별천지처럼 느껴졌다. 미국의 철도 운수 산업, 고무 산업, 1890년 미국 인구 집계 수치 등 국가 차원의 중요한 데이터들은 그린스펀의 관심을 더욱 끌었다.[4] 급기야 그는 다른 사람이라면 벌써 질려버렸을, 끝없이 펼쳐지는 숫자와 자료들에 완전히 매료되어 손에서 책을 놓지 못했다. 그는 곧 미국의 각 산업별 데이터를 두루 섭렵하여 전면적이고 깊이 있는 지식을 갖추게 되었다.

수년이 흘러 그는 미국의 경제 운행 메커니즘에 대해 완벽하게 이해했고, 게다가 각 산업별 데이터를 깊이 연구하여 젊은 나이에 이미 경제 메커니즘의 숙련된 '엔지니어'로 성장했다. 그는 경제라는 '기계'의 작동 원리를 확실하게 파악했고, 각종 파라미터를 손바닥 안에서 가지고 놀았으며, 경제를 구성하는 각종 요소들의 동적 데이터와 그 연동 효과에 대해서도 상당히 많은 '역사적 경험'을 쌓았다.

그의 대뇌는 마치 미국의 전체적인 산업 현황과 발전 추세에 대해 고속 분석이 가능한 소프트웨어를 장착한 기계 같아서, 데이터를 통해 경제 활동의 법칙과 흐름을 정확하게 짚어냈다. 그는 다년간의 데이터 열독과 분석을 통해 자신만의 독특한 '그린스펀 모델'을 구축했다. 이를 통해 국가의 전반적인 경제와 국부적인 산업의 운행 흐름 및 운행 방식을 독특한 방법으로 정확하게 분석해 냈다. 만약 기업의 경제 활동과 관련한 기초 파라미터까지 주어졌다면, 즉시 거시 경제 사이클 예측 보고서를 작성했을지도 모를 일이다. 물론 이 경우에는 막대형 차트와 선형 차트를 이용한 완벽한 분석을 덧붙였을 것이다.

'경제 엔지니어'로 불린 그는 다른 산업의 엔지니어처럼 경제학 이론에 대해서는 별 관심이 없었다. 추상적 원론을 분석하기보다는 실제 문제를 해결하는 일이 적성에 더 맞았다. 그는 자서전에서 이에 대해 솔직히 기록했다.

"나는 케인스의 거시 경제 연구에 대해 큰 흥미가 없었다. 대신 기술적 분석, 특히 데이터와 모형을 이용한 기술 분석에 흥미가 많았다."

한마디로 그의 관심의 초점은 경제 '머신'의 실제 운행에 있었을 뿐, 경제학 이론 자체는 결코 관심 대상이 아니었다.

이론에 대해 유일하게 깊은 인상을 받은 것은 1951년에 선택 과목으로 이수한 제이콥 울포위츠(Jacob Wolfowitz) 교수의 통계학과 경제학 이론이 결합된 과목이었다.[5] 울포위츠 교수는 조지 부시 대통령 재임 시에 국방부 차관을 지낸 폴 울포위츠의 아버지였다. 폴 울포위츠는 이라크 전쟁을 10여 년 동안 준비해 온 강경 우파로 국방부 차관에서 물러난 다음에는 네오콘의 대표주자로 맹활약했다. 나중에는 세계은행 총재를 역임했다.

네오콘(neocons)
공화당을 중심으로 하는 신보수주의자.

그린스펀은 울포위츠 교수의 수업을 들으면서 수리 통계학적 원리를 이용해 경제 변수를 다루는 방법을 처음 배웠다. 이것이 바로 현대적 의미에서의 '경제통계학'이라고 할 수 있다. 그린스펀은 이 이론을 배우기 전에 이미 '그린스펀 모델'을 개발한 상태로, 경제의 전반적인 발전 현황과 동적인 발전 추세에 대해 완벽한 분석 구상을 가지고 있었다. 다만 '그린스펀 모델'은 이론 체계가 상대적으로 명확하지 못했고, 수학적 도구로 정확히 표현하기 어렵다는 단점이 있었다.

그린스펀에게 울포위츠 교수의 경제통계학 이론은 어둠 속에서 비친 한 줄기 빛과 같았다. 그는 울포위츠 교수의 강의를 듣고 눈앞이 탁 트이고 환해지는 느낌을 받았다. 드디어 자신의 이론 모델에서 부족한 점을 보완할 방법을 찾아낸 것이다. 그는 순간 자신이 이 분야에서 두각을 나타낼 것이라고 예감했다.

'그린스펀 모델'은 이미 광산, 야금, 철강, 철도 운수, 자동차 공업 및 경공업과 중공업에 이르기까지 미국의 제반 산업에 대해 상세하고도 전면적인 데이터베이스를 구축해 놓은 상태였다. 따라서 경제통계학적 모델을 도입해 이 데이터들을 분석하기만 하면 미래 경제 발전 추세를 즉시 예측해 낼 수 있었다. 실제로 그가 파악한 각 연대별, 산업별 데이터는 생산과 실천의 제1선에서 근거한 것이었던 만큼 정확성이 매우 높았다. 따라서 그의 대뇌 속의 데이터베이스와 '그린스펀 모델'을 결부시켜 도출해 낸 결론은 순수한 이론 기반의 경제학 모델보다 훨씬 더 정확하고 실용적이었다고 할 수 있다.

그의 대뇌 속의 데이터베이스는 정보의 종류가 다양하고 용량이 풍부했다. 또 대량의 역사적 데이터도 포함돼 있는 것이 특징이었다. 경제와 산업은 끊임없이 변화 발전하고, 각종 경제 데이터와 산업 데이터 역시 경제 체제의 변화 발전에 따라 동적이거나 연속적인 데이터의 흐름을 만들어낸다. '그린스펀 모델'의 이론과 모형은 고립 또는 정지된 것이 아니라 일정한 변화와 변천이 가능하다는 특징이 있었다. 더구나 그는 수학적 도구를 활용하면서부터 경제 운행 법칙에 한층 더 본질적으로 접근할 수 있었다.

그의 머릿속에는 드디어 거시 경제의 운행 법칙에 대한 명확한 그림이 그려졌다. 이는 아이작 뉴턴이 지구와 천체의 운행 법칙을 발견한 것에 견줄 정도로 느껴졌다. 그는 기본적으로 인류가 살고 있는 세계를 하나의 크고 복잡한 수학 모델로 간주했다. 따라서 그는 충분한 역사적 데이터가 주어진다는 전제하에 '그린스펀 모델'을 적용할 경우 미래의 경제 추세를 충분히 예측할 수 있다고 주장했다. 즉 적당한 초기 변수가 주어진다면 '그린스펀 모델'을 통해 미래 경제의 발전 추세를 현실에 맞게 도출해 낼 수 있다는 것이다.

그린스펀은 마음속으로 경제 분야의 히말라야를 정복했다는 희열에 세계 경제의 과거와 현재, 더불어 미래를 통찰할 수 있다는 자신감과 패기가 솟구쳤다. 그는 '그린스펀 모델'을 이용해 세계를 이해한 다음 본격적으로 스스로 터득한 데이터를 통해 자신이 행한 추측의 정확성을 입증하려고 시도했다.

한국 전쟁,
그린스펀을 일거에 유명인사로 만들다

데이터와 수학 모델에 대한 그린스펀의 집착과 자신감은 한국 전쟁 발발 후 최고조에 이르렀다.

전쟁 중에 미국 국방부는 대규모 참전을 준비했다. 당연히 군수 산업 관련 정보는 군사 기밀로 간주되어 외부에 일절 공개하지 않았다. 이 중에는 전투기, 폭격기를 비롯해 여타 신형 비행기 제조에 대한 데이터도 많이 포함돼 있었다. 사실 경제 분야에서 항공기 제조와 관련된 산업은 매우 많았다. 따라서 특수 금속, 알루미늄, 동, 철강 등 금속 제조업체와 관련 기술자 및 엔지니어들은 군수품 생산 정보를 제때에 파악해야 했다. 당시 군용기 제조업이 사회 경제에서 차지하는 비중은 매우 높았다. 더구나 1953년 회계 연도에 미국의 군비 지출은 GDP의 14%에 이를 정도로 대폭 늘어났다. 이때 군수 산업 데이터를 입수하지 못한 월스트리트의 은행가들과 산업 애널리스트들은 마치 어둠 속에 갇힌 사람처럼 어쩔 줄 몰라 갈팡질팡하며 전쟁이 미래 경제 발전에 어떤 영향을 미칠지 도무지 종잡을 수가 없었다.

그린스펀이 이때 당당하게 모습을 드러냈다. 그는 월스트리트 및 관련 산업 애널리스트들이 군수품 생산 정보를 전혀 모르는 상황이 오래 지속될 경우, 미국 경제에 악영향을 미칠 것이라는 판단하에 자진해서 나섰다. 그는 다년간 축적한 풍부한 통계 데이터와 경제통계학적 수학 모델을 결부시킨 '그린스펀 모델'이 정확한 결과를 도출해낼 것임을 믿어 의심치 않았다.

그는 먼저 공개된 정보부터 입수하기로 생각했다. 그러나 군부는 만만한 상대가 아니었다. 항공기 기종, 소재, 편제 및 생산 계획 수량 등 군용기 제조와 관련한 모든 정보는 물샐틈없이 봉쇄되어 있었다.

그는 하는 수 없이 이 작업을 멈추고 제2차 세계대전 기간의 데이터 수집에 들어갔다. 다행히 1940년 전후의 군수 산업 데이터는 기밀사항이 아니었다. 그는 다양한 경로를 통해 1940년대의 국회 기록, 관련 산업 청문회 기록 및 정부 발표 데이터 등을 참고로 항공기 산업 데이터와 정보를 광범위하게 수집했다. 온갖 방법을 다 기울인 노력은 효과가 있었다. 그의 책상 위에는 얼마 안 있어 항공기 엔지니어의 작업 노트, 관련 기업의 생산 관리 보고서 및 통계 보고서, 미국 국방부에서 발표한 관련 산업 수주 데이터 등의 자료가 산더미처럼 쌓이게 되었다.

필요한 데이터를 입수했으니 이제 남은 일은 '그린스펀 모델'을 작동시키는 것이었다.

그는 제2차 세계대전 기간의 군수 산업 데이터를 기초로 일부 유한한 공개 정보에 의지해 '그린스펀 모델'을 적용하는 방식으로 계산을 시작했다. 우선 항공기 부품인 알루미늄, 동, 철강 등 금속의 수량과 구성 비율을 계산한 데 이어 항공기 한 대를 만드는 데 소요되는 재료의 양을 통계로 뽑았다. 마지막으로 이 결과를 바탕으로 미국 군수 산업이 동, 철강, 야금, 철도 운수, 전력 등 각 산업 경제에 미치는 영향을 추산했다.

1952년 그린스펀의 연구 성과가 드디어 세상에 공개되었다. '미 공군의 경제학'이라는 제목의 글은 발표되자마자 엄청난 센세이션을 불러일으켰다. 국방부는 직감적으로 그가 고급 스파이라는 판단을 내렸다. 그가 발표한 군수 산업 통계 데이터가 국방부의 실제 데이터와 놀라울 정도로 비슷했기 때문이다. 국방부가 "이 자는 국방부의 비밀 정보를 빼간 것이 틀림없다. 그렇지 않으면 이토록 정확한 통계가 나올 수 없다"라고 판단한 것도 무리는 아니었다.

그린스펀은 절대 그런 일을 하지 않았다며 당당하게 맞섰다. 이는 '그린스펀 모델'을 이용해 추산해 낸 결과일 뿐이라고 적극적으로 해명했다.

국방부는 말문이 막혀버렸다.

그는 그야말로 하룻밤 사이에 미국 경제계의 '스타'로 떠올랐다.

그가 1950년대에 샛별로 떠오르게 된 것은 무엇보다 세계 경제의 흐름과 운행 법칙을 훤히 꿰뚫고 있었고, 게다가 '신의 손'을 움직이기만 하면 세계 경제의 향후 발전 추세를 정확하게 계산해 냈기 때문이다.

그의 명성이 세상에 널리 알려지기 시작했을 때, 그의 세계관 형성에 중요한 영향을 미친 한 사람이 등장했다. 바로 그의 정신적 스승이라고 할 에인 랜드(Ayn Rand)였다.

에인 랜드: 그린스펀의 정신적 스승

> 당신에게 무한한 숭배를 받는 사상가들은 지구가 평평하고 세상에서 가장 작은 물질이 원자라고 가르쳤다. 과학의 발전 과정은 새로운 성과를 만들어내는 것이 아니라 잘못된 이론을 끊임없이 반박하고 정확한 이론을 내놓는 과정이다.
> 가장 무지하고 우매한 사람만이 진부하기 이를 데 없는, '눈으로 본 것이 진실'이라는 말을 믿는다. 눈에 보이는 모든 것은 우선 바로 의심의 대상이 되어야 마땅하다.
> _에인 랜드 6

미국을 논할 때 에인 랜드라는 여성을 절대 빼놓을 수 없다. 그녀의 저서는 1950년대 이후 미국, 더 나아가 전체 서방 세계 엘리트들의 세계관에 대단히 중대한 영향을 미쳤다.

에인 랜드는 소련의 유대계 여류 작가로 소련에서 유년 시절을 보내고 젊은 나이에 미국으로 이주했다. 그녀는 유럽과 미국의 국제 은행 가문들과 밀접하고 뿌리 깊은 관계를 맺고 있었다. 그녀가 결정적으로 유명세를 타게 된 계기는 1957년에 출판한 《아틀라스(Atlas Shrugged)》라는 소설 때문이었다. 이 작품은 1,168쪽에 이르는 방대한 분량의 대작으로 읽기가 그리 만만치 않았다. 그럼에도 무려 8,000만 부나 팔려 서구에서는 《성경》 다음으로 많이 보급된 책이 되었다.

《아틀라스》는 "레일 위에 올려놓으면 기차가 전복될 수도 있다"라고 말했을 정도로 매우 두꺼웠다. 그래서 출판사인 랜덤하우스는 이 책의 출판을 앞두고 에인 랜드에게 일부 내용을 삭제하면 안 되겠느냐고 건의했다. 이때 그녀는 "당신이라면 성경을 삭제할 수 있는가?"라는 말로 대답을 대신했다. 결국 《아틀라스》는 단 한 글자도 삭제되지 않고 출판되었고,[7] 미국 지식인들 사이에서 센세이션을 일으켰다. 이후 반세기 동안 이 책에 대한 평가가 엄청나게 쏟아져 나왔는데, 호불호가 극명하게 갈렸다.

1952년 그린스펀은 26세밖에 되지 않은 나이에 이미 출중한 재능을 인정받아 명성을 날렸다. 이때 그는 지인의 소개로 '에인 랜드 클럽'에 가입했다.[8] 엄숙하고 진지한 성격의 그는 미모의 여류 작가를 만나자마자 바로 에인 랜드의 열광적인 팬이 되었다. 이후 그는 장장 8년 동안 매주 그녀의 집을 찾아와 토론회에 참석했다. 솔직히 그의 이런 행동은 다소 이해하기 힘든 부분이 있었다. 당시 '에인 랜드 클럽'은 심각한 철학 사상을 연구 토론하는 모임이었다. 수학 모델과 데이터 통계학에 정통한 전문가 그린스펀에게는 전혀 어울리지 않았다. 더구나 그는 젊은 시절 거시적 사고 습관을 기르는 데는 별 흥미가 없어, 추상적인 이론보다는 실질적이고 기술적인 면에 온통 관심이 쏠려 있었다. 그렇다면 '에인 랜드 클럽'의 무엇이 그를 그토록 매료시켰을까?

에인 랜드

에인 랜드의 미모에 반해서였을까? 당연히 미인을 싫어하는 남자는 없다. 그러나 그린스펀은 에인 랜드의 미모에 반한 것은 아니었다. 오히려 그를 그녀에게 소개해 준 남자가 훗날 그녀와 애인으로 발전했다.

장장 8년 동안 매주 빠짐없이 몇 시간짜리 토론회에 참석한다? 바쁜 현대인들로서는 상상도 할 수 없는 일이다. 가까운 곳에 살고 계시는 부모님조차 자주 찾아뵙지 못하는 것이 우리 현실이 아닌가? 그런데 결코 한가한 사람이 아닌 그가 8년이나 그렇게 했다니 놀라운 일이 아닐 수 없었다. 그는 소설가가 아니었다. 철학자는 더더욱 아니었고, 거시적 이론에 흥미 있는 사람도 아니었다. 그런 그린스펀을 그토록 오랫동안 매료시킨 '에인 랜드 클럽'의 매력은 도대체 무엇이었을까?

그를 매료시킨 것은 바로 그녀의 사상과 세계관이었다. 그는 그녀를 대단히 높이 평가했다.

"그녀는 내 영혼에 큰 충격을 준 사람이었다. 내가 과거에 상상조차 못했던 정신적 경지에 오른 사람이었다. 나로 하여금 세계 경제 운행의 메커니즘을 새롭게 인식하게 만들고 내 지혜를 더 높여준 사람이었다."

1952년부터 1957년까지는 에인 랜드가 《아틀라스》의 클라이맥스 부분을 집필하던 시기이자, 그린스펀의 세계관이 중대한 변화를 맞은 시기이기도 했다. 《아틀라스》는 그의 머리를 뒤흔들었고, 그녀는 그의 정신적 스승으로 자리 잡는 계기가 되었다.

《아틀라스》의 주인공인 아틀라스는 기우는 하늘을 한 손으로 떠받쳐 사람들을 보호한 그리스 신화의 거인 신이다. 그러나 사람들은 그의 고마움을 모르고 그를 존중하지도 않는다.[9] 이 책의 핵심은 "세계에는 '하늘을 떠받치는 거인 신' 역할을 하는 소수의 엘리트들이 있다. 이 엘리트들은 인류 역사의 발전과 사회 진보를 추진했다. 그러나 엘리트들은 이 세계에서 공평한 대우를 받지 못하고 충분한 권력을 행사하지 못한다"라는 말로 설명할 수 있다. 또 "일반인들은 어쨌든 어떤 세력으로부터든지 비호를 받는다. 이들은 사상과 영혼이 없으면서도 수시로 파업이나 태업을 벌인다. 그런데 만약 어느 날 엘리트들이 집단으로 파업을 한다면 이 세계는 과연 어떻게 될 것인가?"라는 질문을 던지고 있다.

그녀는 "인류의 역사를 이끄는 사람은 과연 누구인가?"라는 매우 첨예한 역사관과 세계관에 대해 질문을 던졌다. 사실 이 문제는 수천 년 동안 줄곧 논쟁거리가 되어왔지만 아직까지도 완벽한 해답이 나오지 않았다. 역사의 발전을 추진하는 원동력은 광대한 인민 대중인가 아니면 소수의 엘리트들인가?[10]

《아틀라스》는 사회를 움직이는 메커니즘의 핵심을 '금전'에 두었다. 사회 전반의 정치, 경제, 군사, 문화, 예술, 역사 등의 분야가 '금전'을 둘러싸고 움직인다는 주장이다. 이 책은 도덕적 가치를 무시하고 "도덕을 가늠하는 유일한 기준은 금전"이라고 말하고 있다. 즉 돈을 많이 가지고 있는 사람은 부를 창출하는 능력이 일반인보다 훨씬 뛰어나기 때문에 사회에서 '강자'의 위치에 올랐다는 것이다. 에인 랜드는 결과적으로 사회가 발전하기 위해서는 강자를 격려해야 할 뿐, 약자를 동정해서는 절대로 안 된다고 강조했다.

그녀의 관점은 금권이 모든 것에 우선하는 사회 현상을 정확하게 분석했다고 할 수 있다. 바꿔 말하면, 수천 년 동안 억압받은 금권이 사회를 지배하는 주도적 역량으로 떠올랐다는 사실을 간파한 것이다. 금권의 세력이 끊임없이 확장된 현재, 금권을 장악한 국제 은행 가문들이 당연히 이 세계를 지배하고 도덕의 모범과 화신이 되지 않겠는가?

《아틀라스》는 미국의 엘리트들로부터 열광적인 인기를 얻었다. 책이 그들의 목소리를 대변하는 데에서 나아가 가려운 곳을 긁어주었기 때문이다. 사실《아틀라스》가 베스트셀러로 등극한 것은 지배 엘리트들의 의도적인 도움에 힘입은 바가 컸다고 해도 틀리지 않는다. 지배 엘리트들은 이 책을 이용해 철저한 도덕적 '세뇌'를 꾀했던 것이다.

《아틀라스》는 아시아 각국에도 번역 출판되었다. 그러나 대부분의 사람들은 이 소설이 시사하는 바를 정확하게 이해하지 못하고 철학서나 소설로 간주하고 읽고 있다. 또 전통적인 도덕 평가를 완전히 뒤엎은 새로운 사상을 다룬 책이라고 여기는 독자들도 있다. 사실 이 책의 묘미는 이 세계를 지배하는 초특급 엘리트들의 정신 세계를 생동감 넘치게 그려낸 데에 있다. 독자들은 이 점을 생각하고 소설을 읽으면 무소불위의 '앵글로-아메리카 파워 그룹'의 진면모에 한 걸음 더 가깝게 다가갈 수 있다.

누가 신의 손인가

> 이 세상에 사람은 많다. 그러나 결국 두 부류로 나뉜다. 한 부류는 남을 지배하는 사람, 다른 한 부류는 남의 지배를 받는 사람이다. 주역이 되지 못하면 단역밖에 될 수 없다는 사실, 이것이 바로 인간사회의 섭리이다.
>
> _민간 격언

그린스펀은 에인 랜드를 만난 26세 이전까지 자신의 '그린스펀 모델'을 이용해 세계의 모든 경제 운행 법칙을 파악할 수 있다고 보았다. 초기 변수가 정확하기만 하다면 뉴턴의 고전 역학(力學) 시스템처럼 이 모든 것이 가능하다고 확신했다.

그러나 문제는 초기 변수를 누가 설정하느냐 하는 것이었다. 이는 그린스펀이 에인 랜드를 만나기 전에는 전혀 생각하지 못했던 문제였다. 뉴턴 역시 이에 대해 "'신의 손'이 지구를 회전하게 만들었다. 이것만 빼놓고 나머지 문제는 모두 나의 역학 이론의 범주 내에서 처리할 수 있다"라고 고백하지 않았던가. 그렇다면 경제 활동에서의 신은 누구인가? 누가 경제 시스템을 회전하게 만드는가? 경제라는 '머신'을 작동시키는 키는 누가 쥐고 있는가? 그린스펀은 처음으로 이런 문제들과 맞닥뜨리게 되었다.

그는 에인 랜드를 만나고 나서 처음으로 '신의 손'의 중요성을 깨달았다. 그리고 그녀와의 만남을 통해 해답 역시 찾게 되었다.

그는 자서전에서 이때의 깨달음에 대해 진지하게 고백했다.

"나는 에인 랜드를 만나기 전까지 경제 활동에서 사람의 중요성을 인식하지 못했다. 그러나 그녀와의 교류가 깊어지면서 드디어 한 가지 이치를 깨달았다. 경제를 연구하는 데 가장 중요한 대상은 바로 사람이라는 사실을 말이다."[11]

그린스펀이 자서전에서 언급한 사람은 당연히 아이스크림을 파는 구멍가게 할머니나 거리에서 한가롭게 태극권(太極拳)을 연마하는 할아버지를 가리키는 것이 아니었다. 그가 말하는 '연구 대상'은 바로 에인 랜드의 극찬을 받은 지배 엘리트 그룹이었다.

그에게는 지배 엘리트 그룹이 바로 경제 활동의 방향을 제시하고 경제를 움직이는 '신의 손'이었다. 그가 과거에 연구한 것은 그저 '신의 손'에 의해 이미 움직이기 시작한 경제 운행의 상태였을 뿐이었다. 그는 이전까지만 해도 경제의 초기 변수가 무엇인지, 누가 이 초기 변수를 설정하는지에 대해 전혀 생각하지 않았다. 또 누가 경제를 특정 방향으로 움직이도록 조종하는지의 문제와 경제 시스템을 움직이게 하는 초기 원동력인 '신의 손' 등의 문제에 대해서도 마찬가지였다.

그는 바로 이런 놀라운 의문에 대한 해답을 찾기 위해 에인 랜드를 찾아간 것이다. 그것도 26세 이후부터 장장 8년이나 죽 이어졌다. 결론적으로 그를 자석처럼 빨아들인 에인 랜드의 매력은 철학도 예술도 소설도 아니었다. 이후 '신의 손'이 어떻게 힘을 발휘하는지에 대한 그의 호기심과 연구는 꾸준히 계속되었다.

에인 랜드는 그린스펀의 인생을 완전히 뒤바꿔놓았다. 그린스펀은 에인 랜드를 통해 큰 깨우침을 얻었다. 그의 시야는 수학 모델과 통계 데이터라는 좁은 울타리에서 벗어나 더 멀리, 더 넓게 열리기 시작했다.

에인 랜드의 거짓 명제

에인 랜드는 일찍이 사회적 평등을 구현하는 다양한 정책을 일컬어 "부자들의 돈을 빼앗아 가난한 자들을 구제하는 어리석은 정책"이라고 비난했다. 더불어 정부의 경제 간섭을 확고하게 반대했고, '사회적 평등'을 강조하는 이념 역시 극도로 멸시했다. 그녀의 평소 주장을 들어보면 다른 설명은 별로 필요 없어진다.

"한 개인의 능력을 평가하는 기준은 돈의 많고 적음이다. 강자만이 사회를 위해 더 많은 부를 창조하고 사회적 가치를 향상시킬 수 있다. 따라서 강자에게 불공평한 사회는 좋은 사회가 아니다. 달리는 말에 채찍질하듯 강자만 다그치고 강자를 핍박해 무용지물인 약자들을 도와주는 기존 사회제도는 죄악의 근원이다."

에인 랜드의 시각은 분명했다. 정부가 폭력이나 강압적인 수단으로 강자들의 부를 빼앗는 것은 잘못되고 황당한 일이고, 약자들이 눈물과 구걸을 통해 강자들로부터 부를 얻어내는 것 역시 마찬가지였다. 강자들이 사회의 여론에 못 이겨 억지로 재산을 기부하거나 사회적으로 비천한 인간들이 비열한 수단으로 강자들의 부와 돈을 강탈하거나 절도하는 등의 행위 역시 다르지 않았다.

중국에도 막대한 재산을 가진 일부 사람들이 있다. 이들은 아마도 에인 랜드의 이런 관점을 두 손 들고 환영할지도 모르겠다.

그녀의 관점은 지극히 개인적인 의견이기 때문에 본질적으로 보면 틀린 것이라고 할 수 없다. 그녀의 생각에 대한 호불호는 누가 어떤 입장에 서서 평가하느냐에 따라 결정된다고 할 수 있다. 지배 엘리트 그룹은 당연히 그녀의 관점과 이념에 동감하고, 《아틀라스》에 대해서도 진심 어린 찬사를 보낼 것이다. 이에 반해 물질적인 부를 충분히 가지지 못하거나 사회적으로 약자인 사람들은 그녀의 주장에 반대하고 거부감을 보일 것이다. 그녀는 후자를 가리켜 이른바 '재능도 능력도 없이 천성적으로 기생충'처럼 생활하는 프롤레타리아라고 비하하는 발언을 서슴지 않았다.

그녀는 '기생충'이란 말에 대해서도 새로운 도전적 정의를 내렸다. 전통 관념에 따르면 자본가와 자산 계급은 무산계급을 착취하는 '기생충'으로 인식돼 왔다. 그러나 그녀는 자신의 저서를 통해 다음과 같은 예리한 질문들을 제기했다.

"무슨 근거로 무산계급보다 훨씬 더 많은 부를 창조하는 엘리트들을 '기생충'이라고 하는가? 왜 취업 기회를 제공하는 엘리트들이 무산계급을 착취한다고 하는가? 무엇 때문에 발명과 창조의 원동력을 제공하는 엘리트들이 불로소득을 얻는다고 하는가? 사회경제의 운행 법칙을 알고 있는 엘리트들이 핵심적인 지위에 오른 것은 당연한 일이다. 그런데 무엇 때문에 일반 대중에게 높은 보수를 받는 '무소불위의 권력자'로 비난받아야 하는가?"

에인 랜드는 자신의 질문에 대해 명쾌한 해답을 내렸다.

"지배 엘리트 그룹은 일반 사람보다 더 많은 노력을 쏟아붓는다. 그렇기 때문에 더 많은 사회적 부를 보유하고 지배하는 것이다. 그러나 무산계급은 어떤가? 배불리 먹으면 만족하는 비전 없는 삶을 산다. 천성적으로 비굴하고 도덕적으로 나태하다. 식견이 짧고 노력하지 않는다. 능력이 부족하고 강자들을 시기 질투한다. 한마디로 소수의 지배 엘리트들은 인류 역사의 발전을 추진하는 원동력인 반면, 광범위한 무산계급은 철두철미한 '기생충'에 지나지 않는다."

그녀의 말과 관점은 대단히 자극적이고 도전적이다.

바로 이 때문에 속마음이야 어떻든 그녀의 관점을 공개적으로 지지하는 국가가 없었다. 소수의 지배 엘리트 그룹이 국가를 지배하는 전형적인 자본주의 국가인 미국 역시 '금권 지상주의'를 드러내놓고 선양한 그녀의 관점에 침묵으로 일관했다. 표면적으로라도 '조화로운' 사회 도덕관을 유지할 필요가 있었기 때문이다.

어떤 사회나 총명하고 능력 있는 소수의 '강자'들이 피라미드형 권력 구조의 정점에 자리하고, 대다수의 평범한 일반인들이 사회를 구성하는 주체가 된다. 따라서 어떤 정부라도 극소수의 입장을 대변해 광범위한 대중과 반대되는 정치적 태도를 취하는 것은 쉽지 않다. 그럴 경우 사회의 근간이 되는 사상 관념과 대중 여론은 충격을 받아 크게 흔들릴 것이다. 미국 정부와 주류 매체가 그녀의 관점을 드러내놓고 지지하지 못한 것도 사실은 모두 이 때문이었다. 따라서 그녀가 제기한 주장의 호불호를 가리는 논쟁은 갈수록 뜨거워질 수밖에 없었다.

미국의 지식인들 중에서도 그녀의 관점에 반대하는 사람이 적지 않았다. 그녀가 이들에게도 비난의 화살을 날려 가식덩어리이자 무용지물이라고 힐책했기 때문이다. 그녀의 말이 완전히 틀린 것은 아니지만 어떤 사회도 그녀가 고집하는 것처럼 선명하게 대립되거나 흑백논리로 나뉘지는 않았다. 지식인들이 그녀의 소설을 비판한 이유는 그녀의 극단적인 말이 심기를 불편하게 했기 때문일 가능성이 높다. 이들 중에는 물론 가식덩어리라고 불릴 만큼 허위로 가득한 지식인도 포함돼 있었다. 어쨌든 그녀의 '금권 지상주의' 주장은 인간의 보편적인 인식과 사회적인 통념에 도전장을 내밀었다. 다시 말해 어떤 것이 좋고 나쁜지에 대한 가장 기본적인 사회적 가치관을 철저하게 위협했다. 천하의 일을 자신의 소임으로 삼는 지식인들이 이를 좌시할 리 없었다. 지식인 외에도 많은 사람들이 그녀의 '황금만능주의' 가치관에 대해 적극적으로 반대했다.

한 사람의 성공 여부나 가치를 판단하는 기준이 돈이라면 두말할 것 없이 국제 은행가들이 사회에서 가장 가치 있는 사람이라고 해야 옳다. 이들은 돈 버는 방법을 가장 잘 알 뿐 아니라 물질적 부의 최종적인 근원과 흐름을 장악하고 있기 때문이다. 이 논리대로라면 국제 은행가들이 세계를 지배해야 마땅했다. 그렇다면 다른 사람들은 어떻게 살아야 하는가? 다른 사람들은 태어나면서부터 노예로 살아야 마땅한 것인가? 이와 같은 관점은 대단히 위험하여 사회 전체 구조의 안전을 위협할 수 있다.

사실 돈이 도덕이나 죄악의 기준이냐 아니냐 하는 논쟁은 문제의 핵심이 아니다. 문제의 핵심은 바로 돈이 공평하고 합리적으로 분배되는지의 여부에 있다. 돈은 부를 의미한다. 부는 지배 엘리트 그룹과 광범위한 무산대중의 공동 노력에 의해 창출된 것이다. 그런데 사회적 부의 분배가 불공평한 근본적인 이유는 부의 분배 시스템에 치명적인 오류가 있기 때문이다. 불합리한 화폐 제도는 이익 분배 시에 소수의 지배 엘리트들에게 지나치게 치우치고 무산계급에게는 불공평하다. 이것이 바로 죄악의 근원이다.

따라서 에인 랜드가 제기한 것은 거짓 명제일 뿐이다. 문제의 핵심은 돈이 좋은 것이냐 나쁜 것이냐를 판단하는 것이 아니라 돈의 합리적인 분배 방법을 연구하는 것이다. 그녀의 장편소설은 바로 이런 문제의 핵심을 교묘하게 피하고 지엽적인 문제만 다루었다고 할 수 있다. 사회적 부의 불평등한 분배와 점유, 바로 이것이야말로 도덕과 죄악을 판단하는 기준이 되어야 한다.

이처럼 《아틀라스》는 소수 지배 엘리트들의 금전관과 도덕관을 비호하여 엘리트 그룹의 사회 통치에 대해 정당성을 부여하려고 노력했다. 그럼에도 그녀의 책은 미국 초중등학교의 필독 도서로 지정되었다. 이는 누가 지정한 것일까? 당연히 지배 엘리트 그룹이었다. 미국의 교육 기관과 교사협회를 장악하고 교재 편찬 권한을 가진 지배 엘리트들이 미국의 청소년들에게 그녀의 관점을 체계적으로 주입시키기 위한 방편이었다. 각 학교에서는 연령대별 학생들의 이해 능력에 따라 《아틀라스》 중의 일부 내용을 발췌하거나 새로운 버전으로 바꿔 학생들을 가르쳤다. 8,000만이란 숫자는 도서 시장의 판매량이 아니었다. 엘리트 계급이 사람들을 철저하게 '세뇌'시키기 위해 자의적으로 만들어낸 기적이었다. 이 책이 베스트셀러가 확실함에도 세계적 명작 대접을 받지 못하는 이유는 바로 여기에 있다.

에인 랜드를 필두로 하는 지배 엘리트 계급은 스스로 세계의 '주인', 신의 선택을 받은 사람이라고 자부한다. 천성적, 필연적으로 세계를 지배하기 위해 태어난 사람이라고 생각한다. 때문에 이들은 어떤 곳에 가서도 대중의 미움을 받기 마련이다. 사람의 본성으로 말하자면 누구나 다 평등하고 진실하고 착한 사회를 지향하지, 다른 사람의 노예가 되려는 사람은 없다. 그러나 그녀의 책은 인간의 기본적인 가치관과 도덕적 마지노선에 공공연하게 도전장을 던졌다. 그녀는 '합리성'을 가장한 불평등을 받아들이도록 사람들을 '세뇌'시켰고, 금권의 중요성과 사회 윤리도덕의 허위성을 지나치게 강조했다. 인류의 기본 상식조차 무시한 그녀의 관점이 모든 사람들의 지지를 받는다면 오히려 이상한 일이 아닐까.

아틀라스의 '거인 신'들이 정말 파업을 한다면

에인 랜드는 《아틀라스》에서 지배 엘리트 계급이 더 큰 권력을 얻기 위해 오래전부터 '거인 신 집단 파업'이라는 구조적인 대규모 위기를 획책해 왔다는 흥미진진한 스토리를 전개했다.[12]

은행 총재, 철도 운송 회사 사장, 석유 업계 거물, 야금 업계 황제, 100년 전부터 방대한 광산 자원을 보유해 온 부호를 비롯해 유명한 정치가, 과학자, 예술가, 발명가 등 사회 경제 발전에 중요한 역할을 담당해 온 모든 지배 엘리트들이 어느 날 갑자기 마치 약속이나 한 듯 아무런 징후도 남기지 않은 채 이 세상에서 증발해 버렸다. 그들은 이미 예정된 스케줄과 절차에 따라 사회의 핵심 분야에서 철수해 깊은 산속으로 들어가 은거했다. 이때 속세에는 그들로부터 '버림'받은 프롤레타리아만 남게 된다. 이때 이들의 운명은 어떻게 될 것인가?

그녀는 소설에서 "지배 엘리트들은 사회 핵심 분야에서 철수할 때 의도적으로 '자가 파괴' 수법을 사용한다"라는 가정을 전제로 내세웠다. 우선 동광(銅鑛) 업자의 행태이다. 그는 수백 년 동안 경영해 온 가업을 제 손으로 철저히 파괴해 버렸다. 폐허가 된 광산을 아무리 뒤져도 구리 1킬로그램조차 얻을 수 없었다. 또 철도 회사는 철수에 앞서 몇 세대 사람들의 피와 땀으로 건설한 철도를 완전 폐기해 버렸다. 또한 은행가들이 철수하면서 국가와 사회의 금융 시스템은 완전 마비 상태에 빠져들었다. 이에 따라 미국 경제는 완전히 와해되고 사회는 갈수록 혼란에 접어들어, 인류 문명은 점점 후퇴하다가 드디어 사라지고 전 세계는 암흑과 혼돈에 빠졌다. 프롤레타리아들은 그제야 지배 엘리트들의 부재가 얼마나 위험한 위기를 초래하는지 깨달았다. 유일한 방법은 산속으로 은거해 버린 지배 엘리트들을 찾아가 "다시 속세로 나와 우리 불쌍한 중생들을 구해주십시오"라고 비는 것뿐이다. 지배 엘리트들은 속세로 나가는 데 대한 요구 조건을 내걸었다. 자신들이 더 많은 권력을 독점하고 자신들의 필요에 따라 세계를 지배하고 사회를 운행한다는 조건이었다. 한마디로 지배 엘리트들이 자신들의 궁극적인 목표인 모든 사회 자원을 독점할 때까지 온갖 수단과 방법을 가리지 않겠다는 의지를 피력한 것이다.[13]

《아틀라스》에서 묘사한 난세의 위기와 글로벌 금융위기를 맞이한 오늘날을 비교해 보면, 놀랍게도 양자 사이에 유사성을 발견할 수 있다. 그렇기 때문에 이런 질문이 가능해진다. 현재의 실물 경제 침체 및 금융 시스템 붕괴 등의 위기는 정말 불가항력적인 요인에 의해 발생한 것인가? 혹시 지배 엘리트들의 '파업'에 의해 발생한 것은 아닐까? 혹시 '앵글로-아메리카 파워 그룹'이 전 세계를 지배할 더 큰 권력을 얻기 위해 의도적으로 획책한 것은 아닐까?

루스벨트는 "어떤 정치적 사건이든 우연은 없다. 모두 세심하게 계획된 것일 뿐이다"라는 말을 남겼다. 정치적 사건뿐만 아니라 경제적 사건도 마찬가지이다. 이들 중대한 변고는 우연히 발생한 것이 아니라 누군가 배후에서 조작했기 때문이다.

에인 랜드를 대변인으로 하는 지배 엘리트 계급은 스스로 평범하지 않은 지능과 능력을 가졌다고 자부했다. 그리고 스스로 신의 선택을 받은 사람, 운명적으로 특별한 사람이라고 생각했다. 그들의 논리에 따르면, 그들을 제외한 일반인들은 모두 《성경》에서 일컫는 '이방인'

에 해당했다. '이방인'들은 자신들의 숙명을 받아들여 '신의 선택을 받은 사람'들에게 순종하는 삶을 살아야 했다.

그들의 논리대로라면 '이방인'이 '신의 선민'이 되는 것은 영원히 불가능하다. 이방인들이 만약 이런 이념과 인식을 지속적으로 주입받는다면 어떻게 될까? 두말할 것 없이 '노예'의 삶에 순종하고 앵글로-아메리카 파워 그룹의 지배를 받는 것 외에는 다른 선택의 여지가 없다. 솔직히 겉으로는 민주와 자유를 표방하나 정신적이나 신앙적 측면에서는 '이방인'과 '신의 선민'이라는 엄연한 차별을 두고 있는 것이 오늘날 미국의 현실이다. '속인'과 엘리트들은 피지배자와 지배자의 관계로 평등한 게임이 불가능하며 평등한 인생을 살 수조차 없다. 그러니 어떻게 평등한 사회에 대해 말할 수 있겠는가?

《아틀라스》를 읽고 나면 비할 바 없이 절망적이 되고 사회의 불평등이 당연하다는 생각도 든다. 그러나 객관적으로 존재할 수밖에 없는 현실에 대해서 더 깊이 이해할 수 있고, 지배 엘리트들이 무엇 때문에 스스로 '지배자'로 군림하는지에 대해서도 깨달을 수 있다. 더불어 새로운 시각으로 오늘날 세계 곳곳에서 끊임없이 발생하는 전란, 정변, 사회 혼란 등의 사회적 현상을 바라볼 수 있는 능력을 길러준다.

우리는 새로운 시각으로 베일에 가려진 진실을 파헤쳐야 할까? 아니면 서구 주류 매체가 전달하는 정보를 아무런 의심 없이 액면 그대로 받아들여야 할까?

세계의 주류 매체는 누구의 손에 장악되어 있는가? 바로 국제 은행가들이다. 이들이 KGB와 CIA의 숨 막히는 두뇌 싸움과 같은 교묘한 수법을 언론에 적용한다고 가정해 보자. 우리가 평소에 언론을 통해

'진실한 정보'라고 믿고 있는 것들이 사실은 '진실'을 표방한 왜곡된 정보가 아니라고 과연 단언할 수 있을까?

어떻게 사실의 진상을 밝혀낼 것인가? 어떤 시각으로 세계의 참 모습을 볼 것인가? 독립적인 사고력을 갖춘 사람이라면 반드시 한 번쯤 심각하게 생각해 봐야 할 중대한 문제라고 여겨진다.

황금: 지배 엘리트 그룹의 이상적 화폐

에인 랜드의 《아틀라스》에는 이런 내용도 나온다. 사회 핵심 분야에서 '집단 파업'을 한 지배 엘리트들은 함께 콜로라도 산에 있는 옥토로 올라가 '천국'처럼 완벽한 새 국가를 세웠다.[14] 흥미로운 사실은 그들이 이 '무릉도원'에서 사용한 화폐가 미국의 달러나 다른 어떤 형태의 지폐도 아닌 '금'이라는 점이다.

사실 그린스펀이 1966년에 출판한 《황금과 경제 자유》에서 언급한 금에 대한 설명이나 로스차일드가가 100년 가까이 세계 금시장을 독점한 사실, 세계 주요 중앙은행과 대형 은행들이 암암리에 금 가격을 조작하는 등의 현상은 모두 한 가지 사실을 설명해 준다.[15] 국제 은행가들이 금에 대해 각별한 흥미를 가지고 있다는 사실이다.

금은 국제 은행가들의 마음속 깊은 곳과 정신 세계에서 지고무상의 지위를 갖고 있다. 국제 은행가들이 황금 시장을 확고하게 장악하고 있으면서 다른 국가의 사람들에게는 금의 중요성을 폄하해 세뇌시키는 것도 모두 이 때문이다. 따라서 《아틀라스》는 우회적이고도 모호하게 국제 은행가들의 이율배반적인 행동에 대해 명쾌한 답안을 내놓았다고 할 수 있다.

《아틀라스》에서 프랜시스코는 소설 전체의 스토리를 이끌어가는 주인공이다. 그는 돈과 부를 정의하면서 중요한 기준을 반복적으로 제기한다. 즉 유통성이 있는 화폐는 반드시 표준적 가치를 기반으로 해야 하고, 화폐의 가치는 반드시 실질적인 의미가 있어야 한다는 것이다. 그래야만 화폐가 경제 활동 과정에서 객관적인 가치 척도로 기능할 수 있다는 것이 그의 생각이었다. 그는 나아가 객관적인 가치 척도 기능을 하는 화폐의 기준은 반드시 금 같은 상품이어야 한다고 주장했다. 말하자면 그는 금은 부와 가치를 저장하는 일종의 수단이자, 서로 다른 상품과 서비스 속에서 구현되는 가치에 대한 사람들의 평가 기준을 정확하게 반영한다고 생각했다.

프랜시스코는 화폐의 가치 척도 역할이 인플레이션 때문에 점차 사라지고 있다고 주장했다. 또한 금 대신 지폐를 사용해서 생기는 화폐 가치 하락이 사회 도덕의 상실을 초래하는 중요한 근본 원인이라고 생각했다.[16] 따라서 지배 엘리트와 국제 은행가들은 금이 가장 성실한 화폐라고 보았다. 그들의 주장에 따르면 금은 객관적이고 공평하며 성실한 거래 행위를 의미했다. 사회 각 구성원의 거짓 없는 거래 행위 역시 보증했다. 이 밖에 금은 오늘 가지고 있는 부로 내일, 나아가 내년과 더 먼 미래에 여전히 오늘과 같은 가치의 상품과 서비스를 구매할 수 있다는 사실을 의미하기도 했다.

금은 일종의 공평하고 객관적인 사회 계약이다. 거래에 참여한 모든 당사자들을 긴밀하고 평등하고 거짓 없는 관계로 묶어준다. 따라서 프랜시스코는 금이 전체적인 화폐 시스템에서 공평하고 합리적인 가치 척도 기능과 부의 저장 역할을 한다고 여겼다. 더불어 합리적인 화폐 시스템은 실제적으로 오히려 사회적 부의 분배 시스템도 대변한다. 사회적 부의 공평하고 합리적인 분배 여부가 전반적인 사회 도덕과 윤리 수준의 고하를 결정한다는 것이다. 공평하고 합리적인 화폐 제도 아래에서 근면하고 능력 있고 저축을 잘하는 사람은 노력한 만큼의 공평한 대가를 얻는다. 반면 부당한 이익을 꾀하고 투기에 능한 사람들은 이 제도 아래에서 압박과 제한을 받는다. 따라서 합리적인 화폐 제도는 사회 윤리를 지탱해 주는 중요한 초석인 것이다.

화폐 제도는 부의 분배 방식을 결정하고 최종적으로는 사회 도덕 및 윤리의 마지노선을 결정한다. 따라서 합리적인 화폐 제도는 성실한 부의 창조를 자극하고 투기를 억제한다. 반면 불합리한 화폐 제도는 투기를 부추기고 성실한 부의 창조자들을 억압한다. 그래서 불합리한 화폐 제도를 실시하면 사회 윤리의 '마지노선'이 무너지고 윤리가 붕괴하여 사회 문명은 필연적으로 암담해지다가 결국 소멸되고 만다. 국제 은행가들을 대표하는 인물인 프랜시스코의 시각에서 본다면 불합리한 화폐 제도는 바로 사람들의 부를 약탈하는 모든 수단과 음모, 다시 말해 악의 근본인 셈이다.

그린스펀은 1966년에 발표한 〈경제 자유를 논함〉이라는 글을 통해 프랜시스코의 관점과 똑같은 맥락의 이론을 분명하게 강조했다. 그는 이 글에서 프랜시스코가 화폐가치 하락과 인플레이션에 대해 극도의 반감을 표시한 것과 마찬가지로 이에 대한 직관적이고 깊이 있는 분석을 행했다. 프랜시스코와 그린스펀이 대변하는 국제 은행가들의 의

도는 매우 명백하다. 그들은 이른바 완화된 화폐 정책과 법정 화폐 체제를 반대하고, 미국 정부와 FRB의 경제 간섭을 확고하게 반대한다. 그들은 완전한 방임을 뜻하는 자본주의 자유시장경제의 철두철미한 신봉자인 것이다.

여기까지 읽고 나면 의문이 하나 생긴다. 그린스펀은 〈경제 자유를 논함〉이라는 글을 발표한 1966년에 이미 40세를 넘었다. 개인의 인생관 및 가치관, 세계관이 형성된 나이였다고 할 수 있다. 그러나 그는 FRB 의장 자리에 오른 다음 오히려 달러화의 남발을 방임해 결국 오늘날의 글로벌 금융위기를 촉발한 주범이 되었다. 그렇다면 그는 왜 자신의 가치관과 완전히 반대되는 화폐 정책을 실행에 옮겼을까?

그린스펀이 실시한 화폐 정책은 그의 일관된 주장과 완전히 배치된다. 이 사실만 보더라도 우리는 오늘날 글로벌 금융위기가 발생하게 된 원인과 관련해 새로운 의심을 해볼 필요가 있다. 그린스펀은 정말 경제 위기를 예감하지 못했을까?

수학 모델을 자유자재로 다루고 통계 데이터에 대해 천부적인 감각을 지닌 그가 경제 위기를 예측하지 못했다는 것은 솔직히 말이 안 된다. 그는 미국 철강기업의 고문으로 일하고 있던 1957년에 6개월 후인 1958년에 경제 위기가 터질 것이라고 예언했고, 그의 예언은 정확히 적중했다. 그러나 2002년에는 완화된 화폐 정책을 실시하고, 한편으로는 달러화 통화량을 대폭 늘리면서 다른 한편으로 부동산 시장에서 갈수록 커져가는 버블을 본척만척했다. 그는 정말 미국의 상업용 부동산 부실이 금융위기의 도화선이 될 것이라는 사실을 몰랐다는 말인가?

그린스펀은 2007년 초에도 서브 프라임 모기지 위기가 별 문제가 되지 않는다는 발언을 했다.[17] 경제 대통령으로 불리는 천하의 그린스펀이 정말 그 정도의 판단 능력밖에 없었다는 말인가?

혹시 그가 의도적으로 달러화의 약세와 신용 하락을 조작하고 달러화의 생존 토대를 무너뜨린 것은 아닐까? 여기에서 주의할 점은 달러화의 붕괴가 미국의 붕괴를 의미하지는 않는다는 사실이다. 오히려 그 반대로 달러화의 채무를 모두 벗어던진 다음 가볍게 새 출발을 할 수도 있는 것이다. 말하자면 '파산 면책'을 받아 채무의 속박에서 철저하게 벗어나는 것이다.

이 경우 미국은 자국의 강력한 군사력, 과학 기술력 및 풍부한 자원을 바탕으로 세계화폐 게임의 룰을 가볍게 바꿔놓을 수도 있다. 그때쯤 되면 미국은 '화폐의 신용 회복'이라는 미명하에 꽁꽁 비축해 둔 8,100톤의 금과 IMF의 3,400톤에 이르는 금을 담보로 '새로운 화폐'를 출범시키는 비장의 카드를 내놓을지도 모른다. 이때 금 보유량이 적은 국가는 불공정한 게임 룰에 의해 불리한 위치에 설 수밖에 없다. 하지만 미국은 달러화의 폐지를 통해 '채무의 사슬'을 끊어버리고 참신하고 아름다운 미래를 맞이하게 된다.

오늘날의 글로벌 금융위기는 1923년 독일에서 일어난 하이퍼인플레이션의 전철을 밟게 되는 것은 아닐까? 만약 그렇다면 극소수 사람들이 조작한 달러화 약세는 극히 위험한 전조가 아닐 수 없다.

왜곡된 달러와 '부채 댐'

달러화로는 문제를 해결하지 못한다. 달러화 자체가 문제이기 때문이다.

_민간 지식인

국가를 회사라고 가정하면 국가 역시 자산부채표(대차대조표)가 있다. 이를 살펴보면 자산 항목에는 국가의 부, 다시 말해 노동을 통해 창조된 각종 재화와 서비스가 들어가고, 부채 항목에는 노동 성과를 증명하는 '영수증', 즉 화폐가 들어간다. 따라서 화폐는 절대 부가 아니며, 그저 부의 '수취권'과 '분배권'을 표시하는 일종의 도구일 뿐이다.

사회 자산부채표	
자산	부채
부	화폐
	자산과 부채의 균형

경제학자들은 경제 원리를 설명할 때 흔히 케이크에 비유한다. 실물 경제를 '이미 만들어진 케이크'라고 한다면, 화폐 제도는 '케이크를 자르는' 용도로 사용된다. 또한 화폐 제도는 부의 사회적 분배의 가치 취향을 결정하므로 부의 창조자와 부의 소유자에 대한 상벌 제도를 결정하는 기반이라고 할 수 있다.

합리적인 화폐 제도는 부지런한 사람에게 상을 내리는 반면 게으른 자를 징계하며, 열심히 노력해 부를 창조하고 노동 성과를 성실하게 저축하는 사람은 제도적인 보호와 체계적인 격려를 받는다. 따라서 갈수록 더 많은 부가 창조되고, 노동 성과에 대한 공평한 분배도 이루어진다. 이에 반해 불합리한 사회 제도는 게으른 자를 격려하고 부지런한 자를 징계하여 투기꾼과 도박꾼들이 넘쳐나고 소득 분배의 메커니즘이 왜곡된 상태에 빠지게 된다. 또 부지런하게 부를 창조한 사람은 노동의 대가를 받지 못하고, 성실하게 부를 저축한 사람은 가지고 있는 것을 박탈당한다. 주식을 해서 부자가 될 수 있다면 누가 힘들게 일하려 하겠는가? 누구나 다 금융시장에서 쉽게 떼돈을 벌 수 있다면 누가 실물 경제에서 복잡하고 힘든 일을 하려고 들겠는가? 전 사회적으로 편한 것만 추구하고 일하기 싫어하는 분위기가 극성을 부리고 열심히 노력하는 자세와 근검절약의 미덕이 사라진다면, 부를 창조하려는 사람들의 적극성이 사라져 궁극적으로는 국가의 경제, 더 나아가 문명이 쇠퇴하게 된다. 그래서 유명한 화폐 전문가 프란츠 피크는 "화폐의 운명은 결국 국가의 운명이 된다"라는 명언을 남겼다.

화폐 제도는 한 사회, 더 나아가 문명을 대변하는 도덕윤리의 기반이다. 이런 측면에서 볼 때, 그린스펀을 위시한 국제 은행가들은 합리적이고 공평한 화폐 제도가 인류 문명에 어떤 의미로 작용할지 벌써부터 꿰뚫고 있었다. 그들이 경제적으로 채무 부담이 가중하고 도덕적으로 만신창이가 된 달러화 체계를 궁극적으로 포기하기로 마음먹은 이유는 바로 이 때문이다.

2008년에 세계를 강타한 금융위기는 결코 우연의 산물이 아니다. 소수의 특정인들에 의해 상당히 오래전부터 계획된, 세계 경제의 심각한 구조적 불균형(Global imbalances)으로 촉발된 것이다. 그렇다면 역사적으로 보기 드문 심각한 글로벌 불균형은 어떻게 초래되었을까? 가장 중요한 원인은 바로 1971년 브레턴우즈 체제 붕괴 이후에 두드러진 달러화의 무절제한 발행 때문이라고 봐야 한다. 달러화 발행량이 해마다 증가하면서 세계 경제 체제에 잠재돼 있던 각종 위험 요소들이 점차 수면 위로 드러났을 뿐 아니라 장장 30년 동안이나 완만하게 악화되면서 세계 경제가 버텨내지 못하고 마침내 위기로 나타난 것이다.

이번 금융위기는 본질적으로 달러화 체제의 중대한 위기이다. 1930년대 이후 여러 차례 발생한 경제 위기와는 성격부터가 다르다. 이번 금융위기가 어떤 방식으로 전개되고 해결될지는 아직 미지수이다. 그러나 한 가지 확실한 것은 세계 구도가 다시는 예전으로 돌아가지 못할 것이라는 사실이다. 이번 금융위기는 세계 경제의 발전 모델, 국제무역과 분업, 글로벌 화폐 체제 및 금융시장 재건, 국제 세력 균형 및 지역 정치, 신에너지 혁명 및 저탄소 녹색 성장 시대의 도래에 이르기까지 전체 세계 구도에 전쟁 못지않은 큰 충격을 가져다주었다.

미국은 1971년에 일방적으로 브레턴우즈 체제를 해체시켰다. 이후 금을 지불 보증으로 하지 않고 국제기구의 감독도 받지 않은 채 달러를 멋대로 찍어냈다. 결과적으로 미국은 기축통화 및 결제 수단으로서의 특권을 이용해 세계 각국으로부터 화폐주조차익을 거둬들여 막대한 이익을 챙겼다.

1959년부터 미국의 통화량 증가율은 GDP와 실물 경제 성장 속도를 훨씬 넘어섰다. 설상가상으로 1997년 이후부터는 미국의 달러화 과잉 발행에 가속도가 붙기까지 했다.[18] 그래프를 보면 1959년을 기점으로 현재까지 M2 증가율과 GDP 성장률 간의

화폐주조차익(Seigniorage)
일명 세뇨리지라고도 함. 중앙은행이 화폐를 발행함으로써 얻는 이익을 말함. 돈에 인쇄된 금액에서 돈을 만들어낸 비용을 뺀 차익.

M2
총통화를 의미.

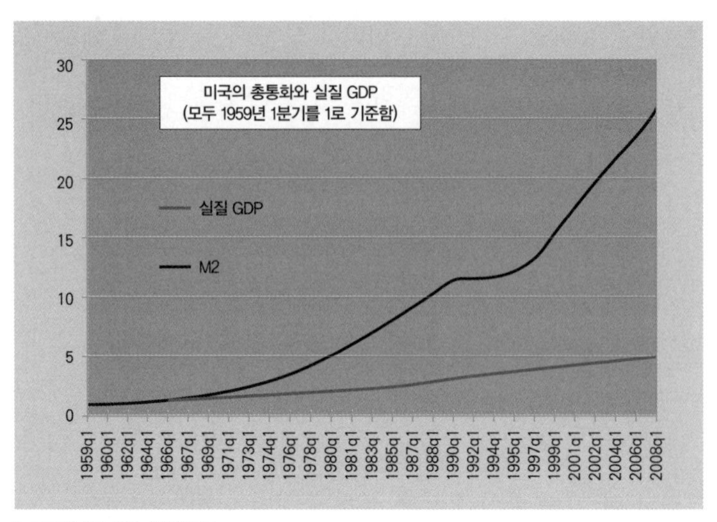

| 미국의 총통화와 실질 GDP

격차가 갈수록 커지고 있다는 사실을 알 수 있다. 이는 한편으로 미국이 달러화를 과잉 발행해 징수한 화폐주조차익이 수십 년 동안 꾸준히 증가해 왔다는 사실을 의미한다.

미국이 1971년에 브레턴우즈 체제를 일방적으로 해체한 것은 달러화의 중대한 국제 계약 위반 행위였다. 브레턴우즈 체제는 각국 대표들의 협의하에 탄생된 국제적인 통화 제도 협정으로 법적인 구속력을 가지고 있었다. 그러나 미국 정부는 다른 국가와 협상조차 하지 않고 일방적으로 달러와 금의 연결 고리를 끊어버렸다. 달러화의 채무 불이행을 선언한 것과 크게 다를 바가 없었다. 국제 계약을 위반한 '전과'가 있는 미국 달러가 두 번, 세 번 같은 행위를 반복하지 않는다고 과연 누가 장담할 수 있겠는가?

절대 권력은 반드시 부패한다는 말이 성립된다면, 이 교훈은 달러화에도 적용할 수 있다. 달러화의 특권은 미국에 어마어마한 이익을 가져다주는 동시에 갈수록 심각한 부작용을 초래했다.

달러를 찍어내기만 하면 다른 사람의 노동 성과를 가질 수 있었다. 이런 불로소득의 쾌감은 마치 마약과 같아서 한번 빠지면 헤어 나오기 어렵다. 미국에는 건국 이래로 줄곧 견지한 청교도 정신, 근검절약의 사회 도덕적 가치관, 노력을 통해 부를 창조한다는 '아메리칸 드림'이 있었다. 그러나 이런 정신은 점차 사라지고 있다. 대신 투기, 사치, 무절제한 소비를 부추기는 기풍이 성행하고, 미국의 신세대들은 실물경제 발전과 부의 창조에 대한 열정을 점차 잃어가 미국이 200년 동안 축적한 사회적 부는 점점 고갈되고 있다.

한편 미국은 달러화를 기축통화와 국제 결제 수단으로 다른 국가와 무역을 해왔기 때문에 무역적자와 부채 규모가 필연적으로 증가하고, 채무와 이자 지출이 급격히 늘어날 수밖에 없었다. 따라서 미국은 적자를 메우기 위해 대량의 달러를 찍어내는 방법을 강구했다. 이렇게 되자 사회 전체 부의 분배 불균형 현상이 갈수록 심화되고, 중산층의 부채가 눈덩이처럼 늘어났다. 반면 소득 수준은 점점 낮아져 가계 부실 지수가 갈수록 높아지고 지급 위기 사태에 봉착했다.

달러가 장기적으로 과도하게 발행된 탓에 현재 글로벌 경제는 심각한 불균형에 직면했다. 불합리한 달러화 제도를 바로잡지 못한다면 미국의 과잉 부채와 과잉 소비, 신흥 국가의 과잉 생산과 과잉 예금 사이의 극단적인 불균형은 절대 해소될 수 없다. 인류 역사를 통틀어 봐도 장장 30년 동안 무역적자와 재정적자 상태에서 꾸준히 버텨온 나라는 단 하나밖에 없다. 바로 미국이다. 미국의 국민경제가 심각한 부채 상환 압력 속에서도 무너지지 않고 버틸 수 있는 이유는 달러화가 금본위제에서 벗어났기 때문이다. 더구나 브레턴우즈 체제 붕괴 이후 미국은 사실상 부채 상환을 위해 노력할 필요가 없어졌다. 필요할 때마다 조폐기를 돌려 달러를 찍어내기만 하면 부채 부담을 덜 수 있었다. 결국 이익은 미국이 챙기고 인플레이션의 후폭풍은 전 세계가 함께 부담해야 하는 것이다. 이처럼 황당하고 불공평한 통화 제도는 솔직히 세계 역사에서 전무후무했다.

정말로 그렇다면 달러화 체제는 더 이상 유지될 수 없다고 봐야 한다.

2008년에 미국의 국채, 지방채, 회사채, 금융채 및 개인 부채의 총액은 57조 달러에 이르고 있고, 최근에는 이자에 이자가 붙어 연 7~8%의 무서운 증가 속도를 보여주고 있다. 이에 반해 미국의 연간 GDP와 국민소득 성장률은 고작 3%밖에 되지 않는다. 부채 성장률이 GDP 성장 속도를 훨씬 초과함에 따라 1980년부터 2009년까지 약 30년 동안 미국의 부채(국채 외의 다른 부채도 포함)가 GDP에서 차지하는 비중은 꾸준히 증가해 163%에서 370%로 폭등했다. 이자에 이자가 붙는 것까지 감안할 경우 미국의 부채 규모는 향후 더 놀라

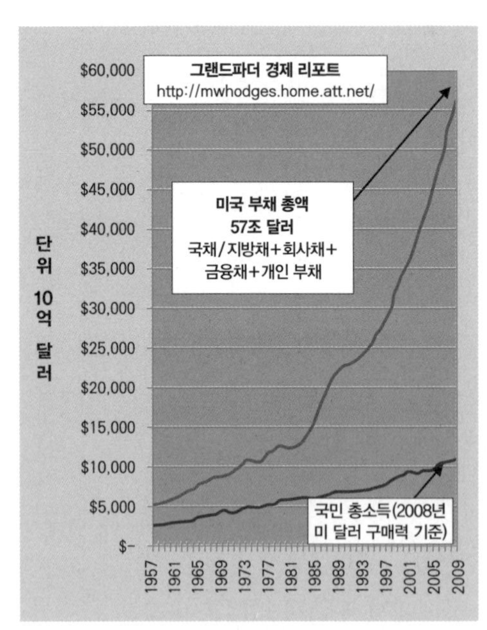

미국 부채와 국민소득 대조표(출처: Federal Reserve, US Treas., Bureau Economic Analasis)

운 속도로 증가할 가능성이 높다. 미국의 천문학적인 부채는 이미 위험 수위에 도달했다고 할 수 있다.

달러화가 금본위제를 벗어난 1971년부터 미국의 부채 증가율은 연 평균 6%에 이르렀고, 2000년 이후부터는 연 평균 7~8%로 더욱 높아졌다. 보수적인 기준으로 단순하게 6%의 증가율만 적용해도 41년 후 미국의 부채 총액은 무려 621조 5,000억 달러에 이르게 된다. 정말 깜짝 놀랄 수치이다. 미국의 현재 GDP는 고작 11조 달러에 불과하며, 향후 41년 동안 지속적으로 연 평균 3%씩 성장한다 해도 41년 후에는 37조 달러밖에 되지 않는다. 반면 부채 이자율을 6%라고 가정할 경우, 621조 5,000억 달러의 부채 이자만 해도 37조 3,000억 달러에 이르게 된다.

단적으로 말해 2051년은 결정적인 한 해가 될 가능성이 높다. 위의 계산대로라면 그해에 미국 부채의 이자 총액이 GDP를 초과하기 때문이다. 결론적으로 미국 경제는 2051년에 완전히 붕괴되고 말 것이다!

주의할 점은 위의 부채는 의료보험 및 사회복지기금 등 100조 달러 규모의 잠재 부채를 제외한 액수라는 사실이다.

미국 사회는 달러화의 지렛대효과를 이용해 거품 경제를 구축했다. 그러나 거품은 언젠가는 꺼지기 마련이다. 미국의 국민경제는 막중한 부채 압력을 견디지 못할 경우 필연적으로 붕괴될 수밖에 없다.

따라서 달러화 위기는 터질 것이냐 아니냐가 아니라 언제 터지느냐의 문제다. 더구나 2051년 전에 먼저 달러화 체제가 붕괴할 가능성이 더 크다는 점을 감안하면 더욱 비관적이다. 어쩌면 2008년 글로벌 금융위기가 달러화 체제 붕괴의 서막을 열었는지도 모르겠다.

세계 경제의 미래: 향후 14년 동안의 '소비 빙하기'

지금은 금융위기로 인해 어떤 일이 발생했느냐에 초점을 맞출 때가 아니다. 금융위기 이후 어떤 일이 발생할 것인가에 더 큰 관심을 기울여야 할 때이다.

현재 세계 경제의 기본 추세를 살펴보면, 금융위기로 인한 심리적 공황 상태는 다소 진정되었고 경제 회복 조짐도 보이는 듯하다. 세계 증시 역시 2009년에 들어서서 예상 밖의 반등을 나타냈다. 그렇다면 증시가 정말 강세로 전환한 것일까 아니면 약세가 지속되는 과정에 나타난 반짝 반등일까? 글로벌 경기는 정말 회복세로 돌아선 것일까?

1929년 미국 월스트리트의 증권 시장이 대폭락했다. 이때만 해도 이것이 10년 대공황의 전주곡이 될 줄 누구도 예측하지 못했다. 1930년에 증시가 반짝 반등하면서 시장의 강세에 대한 투자자들의 기대감도 되살아났다. 그러나 1931년에 더 큰 규모의 금융 쓰나미가 밀려들었고, 투자자들의 자신감은 바닥으로 떨어지고 말았다. 이어 도래한 것이 바로 장장 10년에 달하는 경제 대공황이었다.

그린스펀은 2008년의 글로벌 금융위기를 "100년에 한 번 있을까 말까 한 경제 위기이다"라고 고백했다. 그러나 그가 금융위기 발발 후에 비로소 금융위기의 위험성을 깨달았다는 것은 솔직히 말이 안 된다. 그는 사실 이번 금융위기가 1929년의 경제 대공황보다 훨씬 더 심각할 것이라는 사실을 미리 알고 있었을 가능성이 크다.

1930년대의 대공황은 먼 옛날 얘기 같지만 사실은 그렇지 않다. 사람들은 당연하게 오늘날의 세계가 과거와는 본질적으로 다르고, 인류 역사는 지칠 줄 모르고 발전할 것이라고 생각한다. 그래서 가끔 발생하는 경기 침체나 금융위기 역시 일시적 현상일 뿐, 곧 해결될 것이라고 믿어 의심치 않는다. 은행가들도 크게 다르지 않다. 무에서 유를 만들어내듯 부를 창조해 내는 통화 정책을 경제 위기 발생과 확산을 방지할 수 있는 신비의 묘약으로 꼽고 있다. 각국 정부 역시 재정 정책을 잘 운용하면 영원한 경제의 번영을 이룰 수 있을 것으로 생각한다. 물론 그럴 수도 있다. 경제 고유의 내재적 법칙이라는 것이 정말로 존재한다면 사람이 할 수 있는 일은 경제 법칙을 잘 파악하고 그에 따라 경제의 기복을 다스리는 것이니까 말이다. 이는 투자자들에게도 대단히 중요하다.

물 위에서 배를 타는 사람들은 급류와 위험한 여울목을 지나 넓고 잔잔한 호수에 이르면 모든 것이 평온해질 것이라고 생각한다. 그러나 높은 곳에서 아래를 내려다보는 사람은 평온한 호수가 끝나는 곳에 간담을 서늘하게 만드는 대형 폭포가 기다리고 있다는 사실을 알고 있다. 이는 7,700만 명에 이르는 미국 '베이비 붐' 세대가 곧 맞이하게 될 '소비 대공황' 시대를 은유적으로 비유한 말이다.

미국의 '베이비 붐' 세대는 제2차 세계대전 종식 후인 1946년에서 1964년 사이에 태어난 사람들을 지칭한다. 이 18년 동안 미국에서는 전체 인구의 4분의 1인 7,700만 명이 태어났다. 이들은 현재 미국 사회의 중견 역할을 하고 있으며, 미국 경제 역시 '베이비 붐' 세대의 성장과 더불어 비약적인 발전을 이룩했다. 이들은 1960년대와 70년대의 완구, 애니메이션, 엔터테인먼트 산업의 성장을 이끌었다. 결혼 적

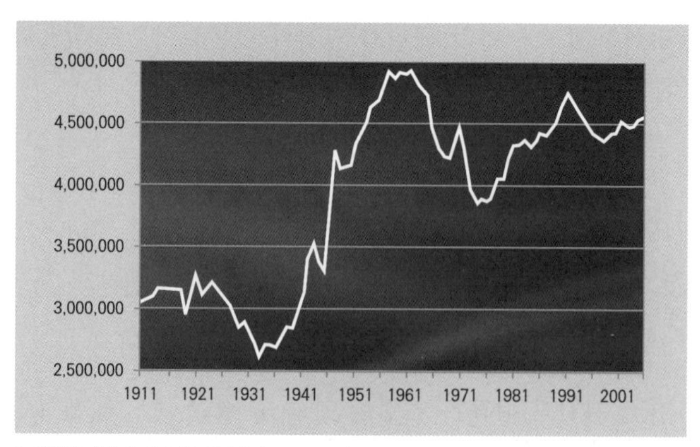

이민법 개정 후의 출생 지수(출처: H. S. Dent)

령기에 들어선 70~80년대에는 부동산과 자동차 산업의 성장을 견인했고, 소비 '황금기'를 맞이한 80~90년대에는 PC 산업과 인터넷 산업의 발전을 이끌었다. 이 시기에 미국 증권 시장과 부동산 시장은 사상 최대 상승폭을 기록했고, 국제 항공, PC, 인터넷 및 스포츠 레저용품 수요 역시 사상 최대치를 경신했다.

그래프를 보면 '베이비 붐' 세대의 출생아 수가 최대치에 이르렀다가 다시 하락한 시기는 1962년부터이다. 미국이 이민 대국이라는 사실을 감안하면, 위의 그래프는 이민법 개정 후의 미국 인구 출생률을 반영한 것이라고 할 수 있다. 자, '베이비 붐' 세대가 1962년에 가장 많이 태어났다는 사실을 일단 기억하자.

미국 노동부의 통계 데이터에 따르면, 미국인의 일생에서 소비 활동이 가장 왕성한 시기는 47세라고 한다. 47세는 젊고 기력이 왕성하며 돈도 제일 잘 버는 연령대이다. 반면 47세 이후부터는 퇴직과 노후를 계획하는 시기이다. 몸이 점점 늙어가면서 건강을 돌보는 데 필요한 지출이 증가하고, 향후 소득이 줄어들 것이라는 불안감에 점차 소비를 줄이고 근검절약하는 생활을 하게 된다. 또 나이가 들어가면서 젊은 시절의 왕성하던 욕망도 점차 사라지게 된다. 결론적으로 전체적인 소비 지출이 줄어들기 시작한다.

미국의 '베이비 붐' 세대는 절약이나 저축을 미덕으로 생각하지 않는 세대였다. 이들은 미국이 세계 패권을 장악하고 전 세계를 쥐락펴락하던 호시절을 만나 풍요로운 반평생을 살아왔다. 미래에 대한 불안은 터럭만치도 없이 돈을 그야말로 물 쓰듯 하는 사치스런 생활 습관이 몸에 배어 있다. 이와 같은 무절제한 소비는 이들 세대의 대표적인 특징으로 꼽을 수 있다. 이들은 아버지 세대의 어둡고 음울한 대공황을 겪은 기억이 없고, 2차 대전의 잔혹한 경험도 해보지 않았다. 그저 순풍에 돛 단 것처럼 순조롭고 휘황찬란한 삶을 살아왔을 뿐이다.

1962년에 태어난 사람들은 사치스런 생활을 하면서 2009년에 소비가 가장 왕성한 시점인 47세에 이르렀다. 하지만 2009년은 미국의 국운이 쇠퇴 단계로 전환한 결정적인 해였다. 전 세계에는 어두운 그림자가 드리웠고 잘나가던 경제가 갑자기 침체됐으며, 금융 쓰나미가 밀려들더니 실업률이 급격하게 올라갔다. 이때 '베이비 붐' 세대는 치명적인 타격을 입었다. 증시에 투자한 퇴직금은 반 토막이 나버렸고, 무절제한 소비 습관과 지나친 사치 때문에 은행 잔고는 '제로'였을 뿐 아니라 산더미 같은 빚까지 지고 있었다. 이런 상황에서 급선무는 향후 들이닥칠 경제 한파에 대비해 허리띠를 꽉 졸라매는 것이다. 이들의 소비 곡선은 정상적인 상황에서라면 47세를 정점으로 완만한 하락세를 보여야 했지만 지금은 급격한 하락세를 나타내고 있다.

2009년은 세계 경제의 전환기였다. 그래프에서 볼 수 있듯 다우존스지수는 연령대별 소비 곡선과 놀랄 정도로 일치한다. 이유는 아주 간단하다. 주가지수는 상장 기업의 실적을 반영한 것이고, 기업 실적은 제품 판매량에 의해 결정되며, 판매는 당연히 소비의 영향을 받기 때문이다. 미국의 경우 GDP 성장에 대한 소비의 기여도는 72%로 대단히 높다.

미국 증시는 1966년부터 1982년까지 16년 동안 장기적인 약세장(인플레이션 조정 후)을 나타냈다. 이 기간은 '베이비 붐' 세대의 윗세대 미국인들이 고령화에 접어든 시기였다. 이는 증시 약세장 주기가 윗세대 인구의 고령화 주기와 완벽하게 겹친다는 사실을 말해준다. 반면 1980년대는 '베이비 붐' 세대들이 대학을 졸업하고 취직한 시기였다. 젊고 능력 있고 모험심과 창의력이 뛰어날 뿐 아니라 과감하게 소비하는 이들 세대는 1980년대부터 미국의 소비 시장을 활성화시키고 미국 경제 성장을 주도했다. 미국 경제가 전례 없던 전성기에 들어서면서 증시도 거의 20년 동안 강세장을 유지했다.

2009년은 미국 인구의 소비 곡선이 벼랑 끝에 선 시점이다. 앞으로 한 발자국만 더 내딛으면 '낭떠러지'가 기다리고 있다. 실제로 미국의 소비 시장은 1962년에 태어난 사람들의 소비 전성기인 2009년(47세)이 지난 다음 급격한 침체 주기로 접어들었다. 그리고 이 소비 침체는 2024년까지 이어질 것이다. 엎친 데 덮친 격으로 경기 불황까지 겹쳐 미국 소비 시장이 2009년 이후부터 14년 동안은 1930년대의 대공황 못지않은 긴 '빙하기'를 겪게 될 것이다!

주의할 점은 어떤 통화 정책이나 재정 정책도 늙어가는 세대의 소

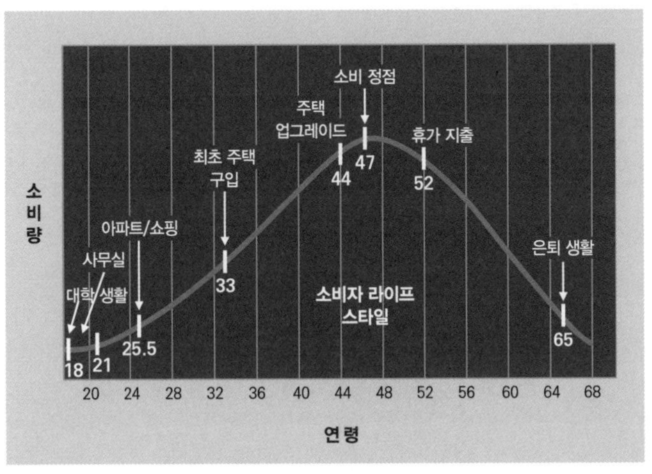

소비자의 주요 지출과 투자(출처: 미국 노동 통계국, 소비자 지출 조사연구 비망록[H. S. Dent])

비 욕구를 자극하지 못한다는 사실이다. 노인들을 다시 젊어지게 하는 방법이 있다면 모를까, 노인들이 과감하게 대출을 받아 소비한다는 것은 현실적이지 않다. 물론 일각에서는 미국 경제가 회복 조짐을 보이고 있다고 한다. 그러나 소비 시장의 침체에 따라 신용대출 시장도 위축돼가는 상황에서 경제가 호전될 수 있을까? 더구나 미국 경제는 경제 성장에 대한 소비의 기여도가 72%에 이를 만큼 의존도가 심하다.

일본의 경우는 1994년에 소비가 정점에 이르렀다가 이후 10여 년 동안 불경기가 이어졌다. 당시 일본 정부는 소비 진작을 위해 금리를 0%까지 인하했고, 재정 확충을 위해 GDP의 160%에 이르는 국채를 발행하는 등 안간힘을 다했으나 소비 시장을 활성화시키지 못했다. 그 이유는 정부의 정책이 젊은 층 소비자들에게는 약효가 있었으나 노인들의 대출 및 소비 욕구를 자극하지 못한 데에 있었다.

더 심각한 문제는 유럽 인구의 증감 사이클이 미국과 일치한다는

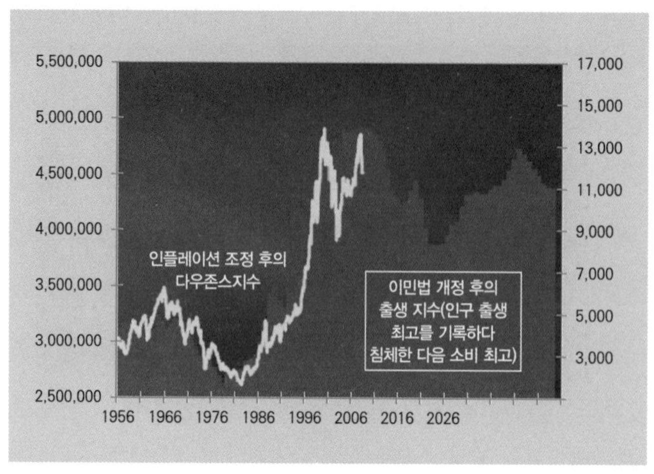

▎소비 곡선(인구 출생 최고를 기록하다 침체한 다음 소비 최고, 출처: H. S. Dent)

사실이다. 다시 말해 유럽과 미국 양대 경제 주체가 동시에 긴 소비 침체기에 빠져들 가능성이 있다는 얘기이다. 이는 유럽과 미국을 주요 수출 대상국으로 하면서, 이미 생산 과잉으로 몸살을 앓고 있는 신흥국가들에게는 청천벽력이 아닐 수 없다. 글로벌 경제의 생태적 위기를 극복하지 못하는 국가는 험난한 여정이 예정돼 있는 셈이다.

사실 세계를 통치하는 지배 엘리트들은 벌써부터 이 모든 것들을 예측하고 있었다. 다만 자신들의 중대한 전략적 목표를 달성하기 위해 오래전부터 때를 기다려왔을 뿐이다. 독자들에게 다시 한번 강조하지만 2024년은 전 세계에 있어 대단히 중요한 한 해가 될 것이다. 국제은행가들이 100년 동안 꿈꿔왔던 야망이 이해에 결실을 맺을지도 모른다!

제 9 장 통화 긴축과 통화 팽창

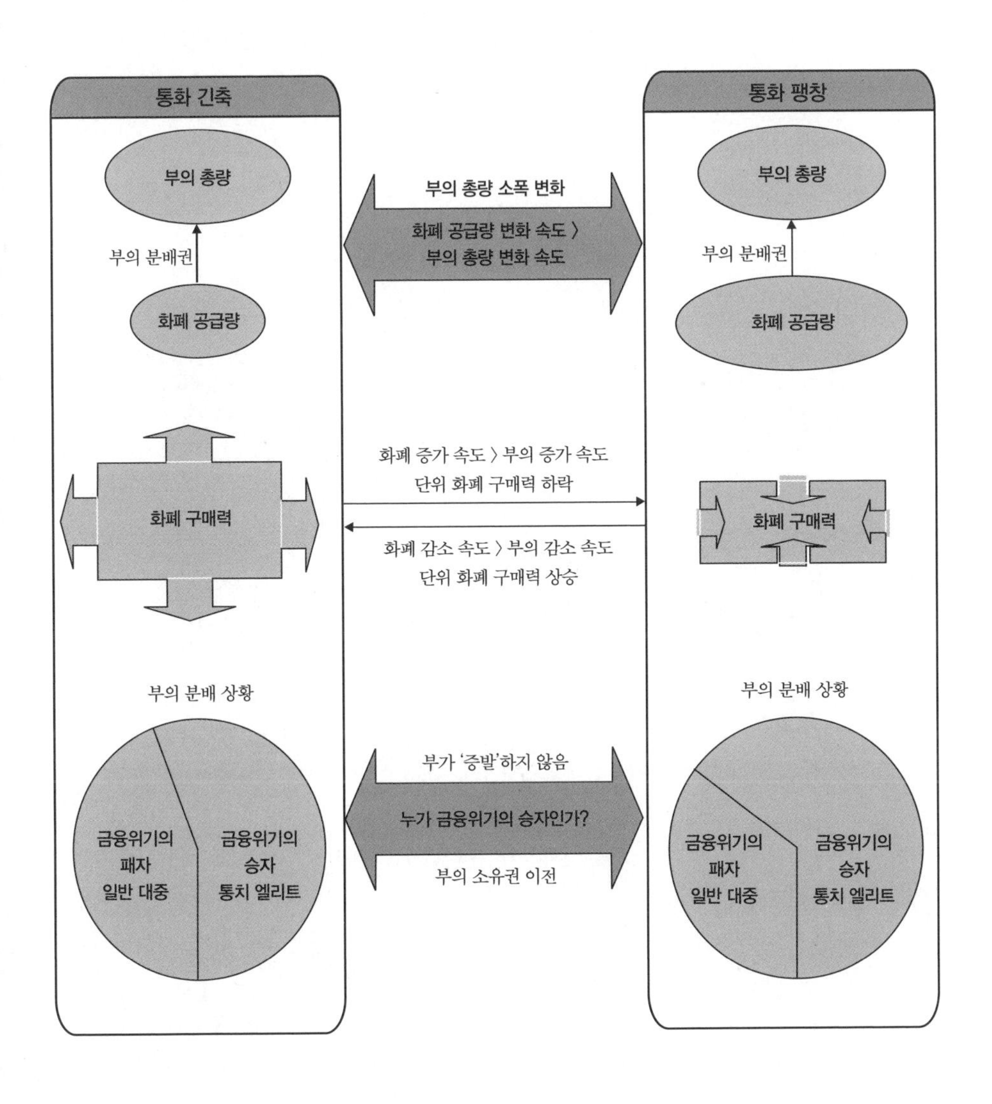

제10장

미래로 돌아가다

"글로벌 경제는 세계화폐를 필요로 한다."

_ 폴 볼커(전 FRB 의장)

들어가면서

〈백 투 더 퓨처〉라는 유명한 SF 영화가 있다. 주인공인 고등학생 마티 맥플라이는 뜻밖의 사고를 당한 후 괴짜 발명가인 에메트 브라운 박사가 발명한 타임머신을 타고 30년 전인 1955년으로 돌아가 일생일대의 모험을 하게 된다는 내용이다.

자, 그럼 우리도 이 장에서 타임머신을 타고 14년 후인 2024년으로 한번 가보자. 아마도 그때는 세계 단일 정부, 세계 단일 은행 및 세계 단일 화폐가 존재하고 있을 것이다.

국가 주권과 민족주의는 '세계정부' 이념과는 언제나 '숙적지간'이다. 또 세계화폐를 출범시키기 위해서는 주권主權 화폐 폐지가 선행되어야 한다. 화폐 발행권을 둘러싸고 벌어지는 논란은 순수한 이론 차원의 논쟁이 아니라 적나라한 이익 다툼이다. 만약 화폐 발행권이 큰 권력이 아니라면 누가 이를 둘러싸고 아귀다툼을 벌이겠는가?

세계화폐가 막을 수 없는 역사의 발전 추세라고 한다면, 문제의 핵심은 누가 세계화폐를 주도하느냐는 것이다. 화폐는 사회적 부의 분배권을 의미하므로 국가 권력 중 가장 핵심이 된다. 따라서 세계화폐의 출범은 주권 국가들에게 자국의 부 분배권을 고스란히 포기할 것을 요구하는 것이다.

중국은 세계적인 파워 그룹과의 이익 다툼에서 결코 우위를 차지할 수 없다. 그렇다면 중국은 이들 파워 그룹의 주도로 펼쳐지는 화폐권 쟁탈 게임에 굳이 참여할 필요가 있을까? 하지만 이는 중국의 향후 50년 동안의 국운 및 13억 국민의 미래와 밀접하게 관련된 중요한 문제이자 중국의 전략가와 정치인들의 핵심 화두이기도 하다. 그러나 아쉽게도 이 문제는 아직 중국에서 중요하게 인식되지 않고 있다.

지배하느냐 아니면 지배를 당하느냐, 그것이 문제이다!

2024년 1월 1일, 세계 단일 화폐 출범

> 위대한 투쟁을 거쳐야만 화폐 통제권을 소유할 수 있다. 화폐 발행과 분배를 장악하는 목적은 부와 자원, 전 인류를 지배하기 위해서이다.[1]
>
> _잭 웨더퍼드(Jack Weatherford, 미국의 유명한 인류학자 겸 화폐 사학자)

2024년 1월 1일, 세계 단일 화폐가 스위스 바젤에 위치한 세계 중앙은행에서 정식으로 발행되었다는 소식이 세계 주요 통신사들을 통해 실시간으로 전해졌다. 세계 각지의 인터넷, TV, 신문, 잡지 등도 쉬지 않고 관련 뉴스를 보도했다. 영국의 〈파이낸셜 타임스〉는 신년 사설에서 '세계가 영원한 번영에 진입했다'라는 제목으로 극찬을 늘어놓았다.

"세계 시민들은 마침내 세계 단일 화폐의 이점을 깨달았다. 각국 정부는 국민들의 요구를 받아들여 수백 년 동안 실시해 왔던 주권 통화

환헤지(換hedge)
투자 대상국의 통화 가치가 하락하면 생기는 환차손을 막기 위해 환매 시 현재 시점의 환율로 고정해 두는 것.

의 발행을 포기했다. 오늘은 인류 역사상 가장 위대한 하루이다. 인류 사회는 오늘부터 영원한 번영을 향한 새로운 발전 단계에 접어들었다."

영국 〈이코노미스트〉는 권위 있고 전문적인 시각에서 다음과 같은 논설을 발표했다.

"단일 화폐 사용으로 과거의 번거로운 환전 과정이 필요 없어졌고, 환율 변동에 따른 위험을 피하기 위해 환헤지를 할 필요도 없어졌다. 환투기와 국가 화폐 정책의 실패 위험성, 국제수지 불균형 등의 문제 역시 자연스럽게 해결되었다. 정치적 영향을 고려하지 않을 경우, 세계 단일 화폐는 거래 과정에서 상품의 진정한 가치를 보다 더 효과적으로 반영할 수 있다."

미국의 〈월스트리트 저널〉은 미국 정부의 기회주의적 태도를 대변하는 기사를 실었다.

"미국은 역사 발전의 필연적인 추세를 막을 수 없었다. 사실 달러화 폐지와 세계화폐 출범은 미국의 합법적인 이익을 해치는 것이 아니다. 오히려 미국의 주도적 역할과 권력을 두드러지게 하는 작용을 한다. 미국은 달러화의 독주 체제를 폐지하고 공평한 경쟁에 참여해야 달러 체제의 딜레마를 극복하고 이익 극대화를 실현할 수 있다. 미국은 향후에도 독보적인 우위를 기반으로 실물 경제 발전과 국력 강화에 총력을 기울여, 강대국으로서 세계 정치와 경제 글로벌화라는 시대적 조류를 주도해야 한다."

잭 웨더퍼드

중국의 시나닷컴(sina.com) 역시 주류 경제학자들의 긍정적인 목소리를 반영했다.

"세계 각국의 공동 노력에 힘입어 우리는 드디어 글로벌화의 새로운 봄날을 맞이했다. 중국은 보다 더 공평해진 세계 금융 질서의 최대 수혜자가 될 것이다. 중국의 외화 보유액은 달러화 폐지로 인해 일정한 손실을 입고 불확실성이 증가했으나 장기적인 안목에서 보면 중국은 국제 주류 사회와 순조롭게 융합할 수 있게 되었다. 한마디로 중국은 글로벌화의 피해자가 아닌 수혜자이다."

그러나 한쪽에서는 찬사 일변도인 국제 여론과 극명하게 대비되는 광경이 펼쳐졌다. 미국에서는 21세기 이후 최대 규모의 세계화 반대 시위가 벌어졌다. 장기적인 경제 공황의 충격 탓으로 미국의 실업률은 이미 15%로 치솟아 재산과 연금, 의료 등 복지 혜택을 모두 잃은 국민들은 마침내 정부를 향해 그동안 참아왔던 분노를 표출했다. 뉴욕과 필라델피아의 시민 수백만 명은 달러화 폐지를 반대한다는 구호를 내걸고 대규모 군중집회를 벌였다. 달러 문양의 가지각색 옷을 입은 시위대는 미국의 독립 혁명을 상징하는 자유의 종을 에워싼 채 수십만 명이 함께 〈성조기여 영원하라!〉를 열창하고, 시위 주도자들은 '독립선언'과 '미국 헌법'을 반복적으로 낭독했다. '목숨 걸고 달러화 체제를 수호하고', '미국 의회 위에 군림하는 세계 중앙은행을 용납할 수 없다'는 그들의 의지는 확고부동했다. 동부 지역의 50만 시위대는 워싱턴 기념탑 앞 잔디밭에 모여 "백악관이 미국을 팔아먹었다"는 구호를 외쳤다. '배신 행위를 중단하라', '매국노를 교살하라', '세계화폐는 지옥에나 가라', '헌법을 수호하자'라고 쓴 커다란 플래카드 역시 펜실

베이니아 대로와 7~14번가를 온통 뒤덮었다. 의회에서는 의원들끼리 볼썽사나운 설전을 벌였고, 링컨 기념관 앞에서는 경찰과 시위대 사이의 유혈사태가 발생했다. 495번 순환 고속도로는 완전히 마비되고 8차선 도로는 시위대에게 점령당했다. 세계은행과 IMF 빌딩은 폭탄 테러의 위협에 시달렸고, NRA(전미 총기 협회)를 위시한 우익 단체들은 비밀리에 회동을 가진 후 매국적인 정부를 뒤엎을 '무장 봉기'를 획책했다. 미국 국방부에도 미묘한 기류가 감돌아 아메리카합중국에 충성을 맹세한 일부 장교들은 비밀리에 모임을 가지고 쿠데타를 도모했다.

프랑스 파리는 무정부 상태에 빠졌다. 은행 파괴, 상점 절도, 자동차 방화, 대중교통 차단, 대규모 파업 사태 등 혼란 상황으로 아수라장이 따로 없었다. 프랑스 군부는 도리 없이 계엄령을 선포했다. 런던의 시위 사태는 점차 폭동으로 발전했고, 영국의 금융 시스템은 완전히 붕괴돼 각 금융기관은 잇따라 직원들에게 무급 휴가를 발표했다. 사회 치안을 유지하기 위해 무장 병력이 런던 시내에 진입했다. 베를린, 프랑크푸르트, 로마, 빈, 모스크바, 도쿄, 서울 등도 모두 충격에 휩싸였다.

국제주의자들은 민족주의자들의 완강한 저항과 실력을 너무 과소평가했다. 인터넷의 등장으로 주류 매체들의 언론 독점 체제가 무너지면서 수많은 프롤레타리아들은 국가의 화폐 발행권 상실이 곧바로 자신들을 철저히 노예로 만든다는 사실을 알게 되었다.

리처드 쿠퍼

민주 제도 아래에서 선거는 프롤레

2009년	유로존 신규 회원국: 슬로바키아 가입
2009년	서아프리카의 가나, 나이지리아, 시에라리온, 기니, 감비아 5개국이 통화 동맹 결성 및 통합 화폐 ECO 사용 결정(2015년 1월까지 연기 – 옮긴이)
2010년	페르시아만안협력회의(GCC) 통합 화폐 출범 계획을 발기. 회원국은 바레인, 쿠웨이트, 오만, 카타르, 사우디아라비아, 아랍에미리트
2011년	먼델의 논문 〈최적 통화지역(Optimum Currency Areas) 이론〉 미국 〈비즈니스 위크〉지 발표 50주년
2012년	유로존 신규 회원국: 에스토니아 가입
2012년	동아프리카의 부룬디, 케냐, 우간다, 탄자니아, 르완다 5개국 통합 화폐 출범
2012년	세계화폐 연합 구축을 위한 국제 회의 개최
2013년	유로존 신규 회원국: 라트비아, 리투아니아, 불가리아 가입
2013년	유로존 신규 회원국: 체코, 폴란드 가입
2014년	유로존 신규 회원국: 헝가리 가입
2015년	유로존 신규 회원국: 루마니아 가입
2016년	남아프리카 14개국 통화 동맹(SADC) 결성: 앙골라, 보츠와나, 콩고, 레소토, 마다가스카르, 말라위, 모리셔스, 모잠비크, 나미비아, 남아프리카공화국, 스와질란드, 탄자니아, 잠비아, 짐바브웨
2017년	세계적 범위의 세계화폐 명칭 선정(유로는 1995년에 확정, 1999년부터 실시)
2018년	경제학자들은 세계 단일 화폐가 적어도 대다수의 산업화 국가에서 실시될 것으로 예측. 1988년에 일부 경제학자들은 30년 후에 세계 단일 화폐가 출범할 것이라고 예언
2020년 6월 1일	세계 중앙은행 설립. 세계 중앙은행은 IMF나 세계은행의 운영 모델을 일부 혹은 전부 채택
2021년 1월 1일	세계 단일 화폐가 전자 상거래에 사용됨
2021년	2001년에 설립된 아프리카연합이 범 아프리카 통화 연맹 설립 목표 제안
2024년 1월 1일	세계화폐가 전 세계적인 결제 수단이 됨
2024년 5월 1일	이후 세계화폐를 제외한 다른 화폐는 결제 수단으로 사용 금지. 기존 화폐는 회원국의 지정 은행에서 세계화폐로 교환해야 함. 이때부터 화폐 위험이 사라지고 자산 가치는 지속적으로 상승함

타리아들이 정치와 정치 지도자들에게 영향을 미치는 중요하고 효과적인 수단이었다. 따라서 국가의 화폐 발행권은 국민들의 선거권과 큰 연관이 있었다. 그런데 화폐 발행권이 폐지되고 세계 중앙은행이 민선 정부 위에 군림하는 금융 괴물이 된다면, 그들은 아무런 제재나 감독도 받지 않고 선거를 거칠 필요가 없으므로 민주적 절차에 따라 그들을 제약할 방법이 없게 된다.

세계 단일 화폐는 금권의 세력이 인류 역사상 절정에 이르렀을 때 발행될 것이다. 그 시각은 절대 '우연'하게 또는 '무작위'로 오지 않는다. '세계 단일 화폐 협회'라는 단체는 심지어 세계화폐의 단계적인 출범 시간표를 정확하게 구상해 놓기도 했다.

"현실주의 전략에 따라 2024년에 세계 단일 화폐를 출범시킨다. 리처드 쿠퍼(Richard Cooper) 교수는 1984년에 산업화된 경제 국가의 화폐 연합을 추진하면서 25개년 계획을 제안했다. 그의 25개년 계획은 2009년에 마감한다. 따라서 우리의 계획은 2009년부터 시작한다."[2]

단일 화폐: 역사의 종결자

"우리는 오늘날 이 위기의 시대에 세계화폐 정책을 추진할 수 있기를 기대하고 있다. 지금의 금융위기는 그것이 가능한 유일한 시기이다. 위기의 시대에만 새로운 시스템을 세울 수 있기 때문이다."[3]

_2008년 11월 13일, '유로화의 아버지' 로버트 먼델

"글로벌 경제는 세계화폐를 필요로 한다."[4]

_폴 볼커(전 FRB 의장)

"화폐와 신용 대출을 장악하는 것은 국가 주권의 심장을 때리는 것과 같다"[5]

_올던 클로센(Alden W. Clausen, 뱅크 오브 아메리카 총재 겸 세계은행 총재)

"국가가 화폐와 신용 대출 권리의 일부를 빼앗긴 후에는 그 국가의 법을 누가 제정하는지는 별로 중요하지 않다."[6]

_매켄지 킹(W. L. Mackenzie King, 캐나다 전 총리)

똑똑한 사람들은 화폐를 둘러싼 국제적 게임의 본질을 꿰뚫고 있었다. 《부자 아빠 가난한 아빠》의 저자 로버트 기요사키가 그중 한 사람이었다. 그는 2008년 글로벌 금융위기가 발발한 지 얼마 지나지 않은 11월 24일에 다음과 같은 글을 발표했다.

"1910년 일곱 명의 거물이 조지아주 제킬섬에서 비밀 회담을 가졌다. 이 일곱 명은 세계 부의 6분의 1을 소유하고 있던 사람들이었다. 그중 여섯 명은 모건과 록펠러, 미국 정부를 대변하는 미국인, 나머지 한 명은 로스차일드가와 바르부르크가를 대변하는 유럽인이었다. 이 정상 회담의 산물이 바로 1913년에 설립된 미국의 FRB이다. 아이러니한 것은 미국 FRB가 연방 정부 소속이 아니라는 사실이다. 더구나 FRB는 황금을 비축하는 곳도, 은행도 아니었다. …… 그러나 FRB는 미국의 금융 시스템과 화폐 발행을 장악하고 있다. IMF와 세계은행은

1944년의 브레턴우즈 협정에 따라 설립된 세계 경제 기구로 세계의 은행 시스템과 화폐 공급 통제를 설립 목적으로 하고 있다. 1971년 닉슨 대통령은 달러화와 황금의 연결 고리를 끊어버렸다. 이는 세계 금융 시스템을 장악하기 위한 미국의 첫 번째 계획이 성공했음을 의미했다. 2008년 세계 경제는 위기에 빠졌다. 앞으로 부자들은 더 부유해지고 가난한 사람들은 더 가난해질 것이다. 이번 금융위기가 수십 년 전의 어떤 비밀 회담과 직접적인 연관이 있다면 믿겠는가? 다시 말해 이번 글로벌 금융위기는 인위적으로 치밀하게 계획된 음모이다."[7]

세계 중앙은행은 정말 필요한 기구일까? 세계 단일 통화 시스템을 출범하고 가동하기 위해서는 일찍이 없었던 화폐 정책으로 국제 금융 시스템을 통제해야 한다. 본질적으로 말하면 세계화폐를 발행하는 은행은 국가 및 종족, 언어를 초월하는 권력을 행사해야 한다. 때문에 캐나다 전 국회의원인 폴 헬라이어(Paul Hellyer)가 1994년에 세계 단일 화폐에 대해 다음과 같이 평가한 사실을 곱씹어 보아야 한다.

"세계 단일 화폐/은행 시스템하에서 국가와 국민의 이익은 반드시 국제 금융 시스템의 이익에 복종해야 한다. …… 국가는 자국의 정책을 독립적으로 제정할 권리를 잃게 될 것이다."[8]

그렇다면 주권 국가 위에 군림하는 가장 강력한 금융 시스템은 누구의 손에 장악될 것인가? 바로 세계를 지배하는 엘리트 그룹이다.

이와 같은 방대한 계획은 하루아침에 이뤄지는 것이 아니다. 오랜 준비 기간과 이론적인 연구를 거쳐 적당한 시기를 골라 실행해야 한다. 가장 중요한 것은 계획을 실행하는 '때'인 것이다. '때'를 맞추지 못하고 너무 일찍 또는 너무 늦게 실행하면 일을 그르치고 만다. 세계 단일 화폐 이론에 대한 연구는 1960년대에 벌써 상당히 깊이 이루어졌다. 많은 정재계 요인들이 세계 단일 화폐와 관련해 표명한 주요 입장들은 상호 연관성이 있다.

- 1969년: "다른 사람의 발언 내용에 훼방을 놓기보다는 더욱 적극적으로 토론에 임하는 자세가 필요하다. 나는 세계 최고의 통화 시스템과 최악의 통화 시스템에 대해 말하고자 한다. 내 판단으로 세계 최고의 통화 시스템은 세계적인 금융 권위를 자랑하는 세계 단일 화폐이다."[9]

  _찰스 킨들버거(Charles P. Kindleberger, MIT 경제학 교수, FRB 보스턴 컨퍼런스에서 한 발언)

- 1984년: "나는 우리가 선택해야 할 비교적 급진적인 방안을 내놓겠다. 세계의 모든 공업화된 민주 국가들이 공동으로 단일 통화 시스템을 구축하고, 단일 화폐 발행 은행을 설립하고, 통합 화폐 정책을 실시하는 방안이다. 나의 제안은 단기적으로는 매우 과격해 보인다. 그러나 장기적 안목으로 보면 더 밝은 세계의 미래를 보장할 것이다."[10]

  _리처드 쿠퍼(미국 하버드 대학 교수, FRB 보스턴 컨퍼런스에서 한 발언)

- 1998년: "세계 단일 화폐가 전 세계에 보급되는 속도는 놀랄 정도로 빠를 것이다. 아마 10년 안으로(2008년까지) 세계의 200여 종의 화폐가 단일 화폐로 통일될 것이다. 그리고 25년 후(2023년 후)에는 역사학자들이 20세기에 존재했던 화폐들이 역사 무대에서 사라진 원인에 대해 연구하게 될 것이다."[11]

  _브라이언 테일러(Bryan Taylor, 글로벌 파이낸셜 데이터 수석 이코노미스트)

  (브라이언 테일러가 10여 년 전에 이런 예언을 했다는 데에 깜짝 놀라지 않을 수 없다.

그러나 그는 예언가라기보다 계획자라고 하는 편이 훨씬 더 정확하다.)

- 2001년: "25년 전 '비자카드'를 처음으로 발행했을 때, 우리는 전 세계를 하나의 화폐 시스템으로 인식했다. 우리는 세계적인 시각에 입각해 모든 업무를 진행하고, 글로벌화 목표를 실현하기 위해 차근차근 노력해 나가고 있다."[12]

  _사라 페리(Sarah Perry, VISA 전략적 제휴 및 투자부문 수석 부사장)

- 2004년: "만약 글로벌 시장 경제가 향후 수십 년 동안 활기차게 발전한다면, 세계화폐의 출범도 충분히 논리적이라고 할 수 있다."[13]

  _마틴 울프(Martin Wolf, 〈파이낸셜 타임스〉 수석 경제 칼럼니스트, 세계은행 연차 총회 발언)

2007년 1월 5일, 미국외교협회의 빈 스틸(Benn Steil) 국제경제부 부장은 영국 〈파이낸셜 타임스〉에 '디지털 골드(digital gold)와 화폐 제도의 결합'이라는 제목의 글을 발표했다. 그는 이 글에서 변동환율과 고정환율의 장단점을 비교하고, 현재 글로벌화 과정에서 가장 취약한 부분이 바로 글로벌 통화 시스템이라고 거듭 강조했다. 그는 이런 문제점을 해결할 대안 통화로 현대적 의미의 금, 다시 말해 디지털 골드를 결제 수단으로 사용하자고 주장했다.

그는 결론 부분에서 다음과 같이 언급했다.

"(디지털 골드라는 화폐 제도는) 언뜻 듣기에는 과격하고 불가능한 대안 같아 보인다. 그러나 인류가 2,500년 동안 금을 화폐로 사용해 왔던 사실을 감안하면, 금을 디지털화한 디지털 골드 체제가 겨우 35년의 짧은 역사를 가진 달러화 체제보다 생명력이 훨씬 더 길 것이라는 사실을 알 수 있다."[14]

2007년 5월 9일, 빈 스틸은 다시 미국외교협회의 기관지인 〈포린 어페어스〉에 '통화 민족주의의 종결'이라는 제목의 글을 발표했다. 이 글에서 그는 "글로벌화의 안전한 실현을 위해 세계는 필요 없는 통화들을 포기할 필요가 있다. 필요 없는 통화들이 오늘날 많은 동란의 근원이 되고 있기 때문이다"라는 과감한 주장을 펼쳤다. 그의 입장은 오늘날의 금융 혼란은 모두 '주권 국가의 화폐 교란'으로 인해 발생했다는 것이다. 그는 이어 이렇게 주장했다.

"왜 화폐 위기와 관련된 문제가 최근 수십 년 동안 갈수록 심각해졌는가? 1971년 닉슨 대통령이 달러화와 금의 연결 고리를 끊은 후부터 비로소 세계 각지에서 유통하는 각종 화폐는 실물에 대한 청구권을 의미하지 않게 되었다. 전 세계의 화폐는 모두 정부들이 마술처럼 만들어낸 주권의 표상에 불과하다. …… 화폐가 국가의 주권을 상징하는 체제는 큰 대가를 지불해야 하고, 심지어 위험에 빠질 수도 있다. 화폐 국가주의와 글로벌화는 물과 불처럼 서로 용납하지 못한다."

여기까지 읽으면 스틸이 이어 어떤 주장을 펼칠지 충분히 짐작이 된다. 그는 '세계 단일 화폐'라는 개념을 제기하면서 주권 통화 폐지를 강력하게 주장했다.

"달러는 지난 수십 년 동안 글로벌 기축통화로서의 역할과 지위를 지속해 왔다. 이는 의심의 여지없는 사실이다. 세계 각국은 달러를 결제 수단으로 각종 무역, 특히 석유 무역을 진행했다. 달러화의 특권적 지위는 하늘에서 거저 떨어진 것이 아니다. 달러도 초기에는 다른 정직한 화폐(금)를 지불 보증으로 삼았다. 사람들이 달러를 신뢰한 이유는 달러 가치가 변하지 않을 것이라는 믿음 때문이다. 따라서 미국 정부는 달러화의 가치를 유지해야 할 과중한 부담을 떠안게 되었다. 불행한 것은 미국 정부와 관련 기관이 그 중차대한 임무를 소화하지 못했다는 사실이다. 미국의 경솔한 재정 정책은 달러화의 글로벌 기축통화 지위를 점차 약화시키고 있다."[15]

그렇다면 스틸이 제안한 해결 방안은 무엇일까? 그는 현대적 의미의 금, 다시 말해 디지털 골드와 세계 단일 화폐를 제안했다.

"민간의 황금 은행은 이미 오래전부터 존재했다. 금 통장 소지자들은 금 실물을 주식처럼 국제 결제 수단으로 사용하고 있었다. 비록 아직은 황금 은행 업무가 소자본 사업이나 달러화의 몰락에 따라 향후 크게 발전할 것으로 예측된다. 지금 금을 지불 보증으로 하는 새로운 국제 통화 시스템을 논한다면 사람들은 이상하게 생각할 것이다. 그러나 1900년에 금과 연계되지 않은 통화 시스템을 이상하게 여겼던 사실을 감안하면 내 주장이 이상할 것도 없다. 현대의 과학 기술을 이용해 금본위 통화 시스템(디지털 골드)을 구축하는 것은 충분히 가능한 일이다. 이것은 정부의 지원이 없어도 가능하다."[16]

이 부분이 바로 전체 문장의 화룡점정이 되는 핵심 내용이다. 그의 주장을 바꿔 말하면 "각국 정부가 지지하지 않아도 각국의 주권 통화를 폐지하고 금을 핵심으로 하는 세계 단일 화폐를 출범시켜야 한다!"라는 것이다.

분명한 것은 스틸을 비롯한 에인 랜드, 그린스펀이 골드 화폐에 대해 가진 가치관이 유럽의 국제 은행 가문, 그중에서도 특히 로스차일드가의 관점을 계승했다는 사실이다. 이들의 화폐 관념은 미국 신흥재벌의 그것과는 완전히 상반된다. 로스차일드가는 200년 동안 '먼저 적이 나를 이길 수 없도록 만들어놓고', '적을 이길 수 있을 때까지 기다리는' 전략으로 경쟁 상대를 제압했다. 오늘날 세계 금융을 움직이는 양대 세력은 로스차일드가를 대표로 하는 '친환경 골드 화폐 지지파'와 록펠러가를 필두로 하는 '석유 전쟁 지지파'라고 할 수 있다. 이 중 '석유 전쟁 지지파'는 달러 발행권을 장악한 기득권 층이다. 양대 세력은 향후 세계 단일 화폐 출범에 대한 목표와 전략에서는 일치하나 이익과 화폐 관념에서는 뚜렷한 차이를 보이고 있다.

'친환경 골드 화폐 지지파'는 화폐의 도덕적 속성 및 내재적인 공평성과 합리성을 강조했다. 도덕적 측면에서 향후의 세계화폐는 화폐로서의 성실성과 탄력성을 가지기 위해 반드시 '금'과 '친환경'이라는 양대 기본 요소를 포함해야 한다고 생각했다. 이에 반해 '석유 전쟁 지지파'는 화폐 배후의 폭력적 요소를 중시했다. 한마디로 중동의 석유 공급을 장악하면 천하를 호령할 수 있다는 것이 이들의 생각이었다. 여기에 강력한 군사력을 기반으로 무력적 위협까지 더할 경우, 세계 어느 국가도 감히 달러화 체제를 반대하지 못할 것이라고 생각했다. 솔직히 기존 달러화 체제가 폐지되더라도 수중에 석유 자원과 무력을 장악한 자들이 새로운 세계화폐의 지배자가 될 것이라는 점은 거의 확실하다. 게다가 달러화 체제가 폐지되면 달러화 부채 상환도 이행할 필요가 없어지게 된다.

이 양대 세력의 싸움은 국제적 측면에서는 미국과 유럽 또는 달러와 유로 간의 대결로 나타나고 있다. 또 미국 국내 정계에서는 친환경을 주장하는 민주당과 석유 전쟁을 지지하는 공화당 사이에서 벌어지는 각축을 의미하고 있다.

차력타력(借力打力)
태극권의 주요 기술로 상대방의 힘을 이용해 역공을 가하는 것을 의미함.

어떻게 하면 이 양대 세력 사이에서 '차력타력'의 전략을 이용해 전략적 이익의 극대화를 실현할 것인가? 이는 신흥 국가들의 외교적인 지혜를 시험하는 중대 과제가 아닐 수 없다.

2008년 1월 7일, 〈파이낸셜 타임스〉는 '금은 일종의 새로운 세계화폐이다'라는 제목의 기사를 실었다. 이는 최근 들어 구미 주류 매체들 가운데 황금을 새로운 화폐로 삼자고 호소한 글 중 가장 직설적인 것이었다.

"금 가격의 폭등은 국제 금융 형세에 대한 투자자들의 긴장감을 반영하고 있다. 금이 화폐로 정착되면 골드 화폐 대비 달러 가치가 상승할 것은 말할 것도 없고, 골드 화폐 대비 파운드 및 유로의 가치도 오를 것이다. 미국이 금본위제를 폐지하기 전까지 세계 각국 중앙은행은 금에 대해 공통된 인식을 가지고 있었다. 그것은 바로 금이 상품이 아니라 화폐의 일종이라는 것이다."

그렇다면 세계 지배 엘리트 그룹의 직접적 통제를 받고 있는 〈포린 어페어스〉, 〈이코노미스트〉, 〈파이낸셜 타임스〉 등의 주류 매체와 스틸을 비롯한 주요 인물들이 발표한 글은 '지극히 개인적인 견해'를 피력한 것일까? 당연히 아니다. 로즈 소사이어티가 맹활약하던 시절부터 '앵글로-아메리카 파워 그룹'이 언론과 대중 여론을 능수능란하게 장악하고 조종해 온 사실을 감안한다면 이 글들은 지배 엘리트 그룹의 의지를 대변한 것이며, 오래전부터 공들여 획책한 방대한 선전 공세의 일환이다. 짐작이 틀리지 않는다면 글로벌 금융위기가 심화될수록 더 많은 주류 매체와 전문가들이 '약속이나 한 듯' 금에 대해 지대한 관심을 나타낼 것이다. 나아가 금 가격의 폭등은 달러화 체제 붕괴의 '신호탄'이 될 수밖에 없다.

2009년 5월 17일, 빌더버그 회의가 폐막된 후 짐 로저스와 조지 소로스 등은 최악의 국제 통화 위기가 곧 닥칠 것이라고 거듭 경고했다. 그들의 경고는 결코 농담이 아니다. 달러화 위기가 현실화할 경우 다음의 두 가지 영향이 우려된다. 하나는 미국의 철저한 채무 불이행이고, 다른 하나는 기존 국제 통화 시스템이 혼란에 빠져 세계 단일 화폐 출범의 목소리가 높아진다는 것이다. 이는 1907년의 위기가 1913년 FRB를 출범시킨 것과 상당한 유사성을 가지고 있다. 세계 경제가 취약해질수록 사람들은 점점 세계 중앙은행과 세계 단일 화폐의 필요성에 대해 공감대를 형성할 것이 분명하다.

위기라고 생각할 때가 바로 기회이다

"국제 화폐 개혁은 통상 세계적인 위기나 위협이 닥쳤을 때 비로소 그 가능성이 열린다." 이 노벨상 수상자는 가능성 있는 위기 촉발점을 손으로 가리키며 이렇게 말했다. "글로벌 경제 위기는 필연적으로 달러화에도 영향을 미친다. 그리고 세계 단일 화폐는 달러가 당하는 글로벌 재난에 따른 우연으로 간주될 것이다."[17]

_2007년 5월, 로버트 먼델

"내가 이 업종에 몸담은 이후로 중앙은행(FRB)이 지난 6~7년 동안 이처럼 (화폐) 이론을 왜곡하려고 연구하는 것을 본 적이 없었다. 1990년 말 이른바 '신경제' 붐을 주도할 때부터 최근의 경상수지 조정에 대한 이론을 이끌어내기까지, 미국 FRB는 전통적 거시 경제학을 다시 쓰려고 시도했다. 또한 시장 참여자들에게 이 '수정'된 이론을 믿게끔 하려고 노력을 기울였다. …… 나 자신은 음모론을 믿는 사람이 아니다. 하지만 90년대 말 FRB의 행동을 목격하고 생각을 바꾸지 않을 수 없었다."[18]

_2005년 4월 25일, 스티븐 로치(모건 스탠리 수석 애널리스트)

주목해야 할 점은 먼델이 미국 서브 프라임 모기지 사태가 터지기 석 달 전인 2007년 5월에 위의 연설을 했다는 사실이다. 심지어 로치는 먼델보다 2년 앞선 2005년 4월에 이미 자신의 '원죄'라는 글에서 금융위기의 형성과 전개 과정을 아주 상세하게 기술했다. 따라서 금융위기 징후를 사전에 파악할 수 없었다는 주장은 새빨간 거짓말이다. FRB는 3,000명의 뛰어난 경제학자를 거느리면서 세계에서 가장 완벽한 정보와 데이터를 확보하고 있다. 게다가 그린스펀 FRB 의장은 데이터 통계와 수학 모델에 정통한 '천재적인' 경제학자였다. 그런 FRB가 2006년까지도 금융위기 징후를 눈치채지 못했다는 것은 믿기 어렵다.

위기는 중대 개혁의 호기가 될 수 있다. 이는 역사적으로 검증된 진리이다. 세계적인 금융학자 올던 클로센은 "종족을 초월하는 새로운 정치·경제 제도는 항상 위기를 함께 극복하는 과정에서 탄생한다"고 말했다.

위기와 관련해 빈 스틸이 제기한 유사한 관점은 일종의 '이타주의'

해결 방안이었다. 그는 세계 각국에서 '통화 주권'을 부르짖는 통화 민족주의가 사라져야 위기를 미연에 방지하고, 위기가 더 심화되기 전에 해결이 가능하다고 주장했다. 더불어 세계화와 관련한 거의 모든 논쟁이 '시장'에만 초점을 맞추고 '통화' 문제는 배제하고 있다면서 "오늘날 개도국의 통화 민족주의와 세계화는 위험한 결합이다. 이는 국제 통화 위기와 지정학적 긴장 및 보호주의를 야기하는 주범이다"라고 지적했다. 두고 보면 알겠지만 스틸의 '예언'은 아마도 곧 현실화되지 않을까 싶다.

그렇다면 어떻게 통화 주권을 포기하도록 유도할 수 있을 것인가? 이에 대해 스틸은 "전 세계 화폐를 달러 및 유로, 아시아 단일 화폐 이 세 가지로 통합하는 방안이 가장 적절하다"라는 입장을 피력했다. 이 제안은 로버트 먼델의 주장 및 실천 행동과 맥을 같이한다. 먼델은 실제로 세계를 돌아다니면서 "달러(Dollar) 및 유로(Euro), 엔화(Yen) 기반의 새로운 국제 화폐 단위를 만들어야 한다"라는 주장을 널리 펼쳤다. 그의 계획은 한마디로 달러와 유로, 엔화가 합쳐진 '데이(DEY)'라는 새로운 '세계화폐'를 만들고, IMF가 이 새로운 세계화폐를 찍어내야 한다는 것이다.[19] 그의 말을 한번 상기해 볼 필요가 있다.

"지금의 문제는 세계 단일 화폐의 채택 여부가 아니다. 언제, 어떻게 세계 단일 화폐를 채택할 것인지를 연구해야만 한다. 가급적이면 높은 원가를 지불하지 않고 간단한 절차를 거쳐 순조롭게 세계화폐를 발행하는 것이 바람직하다. 국제주의자들은 자신들의 계획을 방해하는 '국가 주권'을 눈엣가시로 생각하고 있다. 세계 중앙은행과 세계 단일 화폐의 출범을 위해서는 반드시 일련의 인위적인 정치적 결단을 이끌어내야 한다."

먼델은 2003년 '국제 화폐 시스템과 세계 단일 화폐 사례'라는 강좌에서 정치적 장애물에 대한 화제가 나오자 "세계 단일 화폐는 세계 정부 없이 실현될 수 없다. 세계화폐를 강제 출범시키기 위해서는 특정 조직의 기구가 있어야 한다"라고 솔직하게 의견을 밝혔다.

아메로(Amero)
미국, 캐나다, 멕시코 3국 화폐를 통합한 단일 화폐 구상.

1999년 5월, 경제학자 주디 셸턴(Judy Shelton)은 미국 하원의 은행 및 금융 위원회에 북미 통합 화폐인 '아메로'를 발행하자고 정식으로 건의했다. 이 밖에 대륙 간 통합 화폐 연구를 적극적으로 진행하는 학자들도 적지 않았다. 그들의 목적이 미국 및 캐나다, 멕시코를 포함한, 강력하고도 구속력을 가지는 새로운 지역 단일 통화 시스템을 구축하려는 데 있다는 사실은 굳이 설명이 필요 없다.

그렇다면 지역 단일 화폐를 어떻게 세계 단일 화폐로 통합할 것인가? 세계 단일 화폐의 실현을 목표로 하는 경제학자들이 자발적으로 모여 만든 단체인 세계 단일 화폐 위원회(Single Global Currency Association, SGCA)의 모리슨 본패스(Morrison Bonpasse) 회장의 말을 들어보자.

"21세기에 설립된 화폐 동맹과 20세기에 설립돼 지금까지 운 좋게 살아남은 화폐 동맹은 미래의 글로벌 화폐 동맹으로 향하는 이정표 역할을 한다. 유로 및 기타 화폐 동맹 덕택으로 우리는 차세대 화폐 동맹, 즉 세계 중앙은행과 세계 단일 화폐를 '대변인'으로 하는 글로벌 화폐 동맹을 어떻게 설립하고 유지할 것인지에 대해 잘 알게 되었다. 세계 단일 화폐를 위한 준비는 이미 시작됐다. 마치 유럽이 유로화 도입 준비를 하고, 페르시아만 국가들이 단일 통화 도입을 위해 준비한 것처럼 말이다. 세계 GDP 순위의 선두권을 차지하는 국가들이 세계 단일 화폐 목표를 정한 이후로 이 프로젝트는 거침없이 추진되고 있다."[20]

"요컨대 지역 단일 화폐 모델은 세계 단일 화폐 모델의 발판이다. 유감스럽게도 지금은 통화 민족주의가 성행하고 있다. 147종의 화폐를 하나로 통합하여 세계 단일 화폐를 추진하는 데 최대 걸림돌이 되는 것은 갈수록 팽창하는 통화 민족주의와 그 잔여 정치 세력들이다."[21]

(위) 올던 클로센, (아래) 모리슨 본패스

2009년부터 2024년까지 세계 경제는 미증유의 혼란을 겪게 될 가능성이 농후하다. 우리에게 익숙한 많은 주요 경제 법칙들은 이 기간에 완전히 모습이 바뀔지도 모른다. 그 안에는 국제 통화 체제의 중대한 변화도 포함되어 있다. 그때가 되면 많은 중국인들이 바닥을 모르고 가치가 추락하는 달러만 가득 움켜쥔 채, 황금은 거의 가지고 있지 않다는 불행한 사실을 깨닫게 될지도 모른다. 또 중국은 게임의 룰이 한시가 멀다않고 급격하게 변하는 시국에 화폐와 관련한 국제 규칙 제정에 참여할 권리를 잃게 될 수도 있다. 금을 보유하지 못한 국가는 미래의 국제사회에서 발언권을 가지지 못하고, 미래의 국제 통화 시스템 구축 협상에서 우위를 확보하지 못한다. 금을 보유하면 중국은 지배자의 지위에 오를 수 있으나 달러를 보유하면 다른 나라의 지배를 받게 될 것이다.

2024년은 필자가 아무 근거 없이 즉흥적으로 가져다 붙인 숫자가 아니다. 국제은행가들이 간혹 실수는 했어도 수백 년 동안 치밀한 논리와 과학적인 계산을 바탕으로 게임에서 거의 실패한 적이 없다는 사실을 상기하고 싶다.

제9장에서도 언급했듯 유럽과 미국의 양대 경제 주체는 2009년 말부터 장장 14년 동안 극심한 소비 침체기를 겪게 될 것이다. 이 경우 세계 경제는 '고통스럽고 기나긴' 회복 과정을 거쳐야만 한다. 소비가 경제 성장에 미치는 기여도가 3분의 2에 이르는 양대 경제 주체가 동시에 소비 '빙하기' 접어든 상태에서는 솔직히 비관적일 수밖에 없다. 나아가 이 기간에 새로운 금융위기가 촉발될지도 모른다.

새로운 위기 촉발 요인은 현재 이미 갖춰진 상태에 있다. 소비 침체 주기에 접어든 유럽과 미국에서 보호무역주의가 성행할 것이기 때문이다. 이렇게 되면 세계적으로 무역 전쟁이 가열돼 각국 정부는 수출 경쟁력을 높이기 위해 앞다퉈 자국 통화의 평가절하에 나설 것이다. 이는 바로 세계적인 인플레이션으로 연결되고, 무엇보다 벌크 상품 가격이 상승할 가능성이 크다. 특히 국제 유가가 폭등하면서 각 산업의 생산 원가가 상승한다면 최종 소비재 가격 역시 상승해 인플레이션이 현실로 나타나게 될 것이다. 각국 정부가 금융위기 극복을 위해 대량으로 풀어놓은 유동성은 원래 바닥에 가라앉고 속도가 느린 화폐로, 마치 수면이 고요한 거대한 댐과 같다. 그런데 이때 인플레이션이 발생하면 유동성은 마치 봇물 터진 댐처럼 한꺼번에 쏟아져 나와 인플레이션 압력이 가중되고 중앙은행이 유동성을 회수할 틈을 주지 않는다. 이런 악성 인플레이션은

벌크 상품(Bulk Stock)
벌크란 선박에서 다발 짓지 않고 흩어진 채로 막 쌓은 화물을 가리킴. 여기서는 주로 곡물, 석탄, 원유 따위의 대량 상품을 이름.

1923년부터 1924년까지 지속된 독일의 하이퍼인플레이션처럼 적어도 1년은 이어질 가능성이 농후하다.

금융위기의 고비를 넘긴 다음에는 유명한 경제학자들과 국제적 싱크 탱크들이 나서서 각국 정부가 식은땀을 닦기도 전에 달러화를 대표로 하는 주권 통화가 금융위기의 원흉이라고 주장할 것이다. 또 각국 중앙은행의 개별적인 행동과 각국 간 통화 정책의 비효율적인 조율이 금융위기의 두 번째 원인이라고 주장할 것이다. 그들의 결론은 하나같이 세계 각국이 힘을 합쳐 글로벌 위기를 극복해야 한다는 쪽으로 모아질 것이다. 지금의 위기는 개별 국가 차원에서 해결이 불가능하므로 '세계 단일 화폐'가 위기를 해결할 특효약이며, 세계화폐를 발행하는 세계 중앙은행은 반드시 각국 정부의 '간섭과 저항'을 받지 않는 '독립적인' 권력 기구이어야 한다고 강조할 것이다. 당연히 각국 정부는 자국의 부 분배 권리를 달갑게 포기할 리가 없고, 결과적으로 각국 간의 신경전은 몇 년 동안 계속될 것이다. 그러다가 2020년을 전후로 공감대를 형성하는 이상적인 시기가 올 것이다. 2020년은 미국의 의료보험 및 사회복지기금 적자가 눈덩이처럼 불어나 100조 달러 규모에 이르는 시기로, 부채 압력을 견디지 못한 미국은 철저한 '파산보호'를 받게 될 것이다. 이는 곧 달러화 체제를 포기한다는 말이 된다. 이후 세계 단일 화폐는 2020년부터 2023년까지 시험 운행되다가 2024년부터 정식으로 출범하게 될 것이다. 다행히 2024년은 유럽과 미국의 차세대 인구의 소비 절정기가 시작되는 해이다. 상황을 낙관적으로 보면 세계 경제는 2024년부터 수십 년 동안 번영기를 구가할 수 있다. 또 세계 경제 성장에 대한 세계 단일 화폐의 '기여도'도 높은 평가를 받을 수 있다.

세계 중앙은행을 '주식회사'라고 한다면, 세계 각국은 이 '회사' 지분을 가진 주주라고 볼 수 있다. 그중에서 영국과 미국은 '회사' 경영권을 장악한 대주주 내지는 결정적인 거부권을 행사하는 유력 주주가 된다. 이때부터 전 인류가 창조하는 모든 부의 지배권은 사실상 극소수 사람들의 손에 장악될 수밖에 없다. 세계 모든 부의 분배권, 이것은 아마 인류 역사에서 사람의 머리로 상상할 수 있는 최대 권력이 아닐까. 세계 단일 화폐는 인류 문명사의 일대 전환점이 되어 부를 창조하는 수많은 사람들의 부의 분배권을 박탈해 버릴 것이다. 인류 역사는 이때부터 빛과 어둠, 자유와 억압의 극명한 차별 시대에 접어들 수밖에 없다.

화폐의 운명과 국가의 운명

세계 단일 화폐가 거스를 수 없는 역사 발전의 추세라고 한다면, 어떤 통화 시스템이 세계의 모든 부를 분배하는 데 공평성을 유지할 수 있을까?

부는 사람이 노동을 통해 생산해 낸 상품을 가리키고, 화폐는 이런 노동 성과에 대한 '청구권'을 의미한다. 모든 사회인은 자신의 노동 성과를 팔아 타인의 노동 성과에 대한 '청구권'을 얻을 수 있다. 이런 '청구권'이 타인에게 양도될 때 바로 '지불 수단'으로 불린다. 또 어떤 '청구권'이 보편적으로 수용될 때 이 '청구권'은 '거래 매개체', 즉 '유통 수단'이 된다. 한편 '청구권'을 사용하지 않고 보관할 경우, 그 '청구권'은 '저축 수단'의 기능을 하게 된다. 만약 어떤 '청구권'으로 다른 사람의 노동 성과를 완벽하게 얻을 수 있다면, 이 '청구권'은 양질의 '가치 척도' 기능도 하는 셈이다. 한마디로 화폐는 바로 위의 네 가지 기능을 통해 부와 완벽한 대응 관계를 형성한다.

화폐의 네 가지 기능 중 핵심은 단연 '저축 수단'의 기능이다. 따라서 전혀 손실 없는 완전한 상태의 부를 청구할 수 있는 기능을 오래 가지고 있는 화폐일수록, 다시 말해 '저축 수단' 기능이 강한 화폐일수록 '가치 척도'로서의 중요한 역할을 더욱 잘 실현할 수 있다. 더불어 시장에서 환영을 받고 쉽게 유통되며 자연스럽게 양질의 '유통 수단'과 '지불 수단'으로 활용된다.

화폐의 '저축 수단' 기능의 핵심은 바로 현재 가지고 있는 '청구권'으로 미래에도 전혀 손실 없이 공평하게 타인의 부를 얻는 것이다. 여기서 말하는 '공평성'은 우리가 흔히 알고 있는 '등가교환 법칙'을 가리키는 것이 아니다. 실제 거래 과정에서는 사람마다 가치 평가 기준이 각각 다르기 때문에 '타인의 부를 공평하게 얻는다.'라는 것은 거래 쌍방이 각자 필요의 우선순위에 따라 거래의 공평성을 평가하는 것이다. 사람은 각자 자신에게 '가장 필요한 것'에 대해 서로 다른 정의를 내린다. 따라서 자신에게 가장 필요한 것을 상대방에게서 얻는 방식으로 거래가 이루어진다.

현재의 노동 성과로 미래의 노동 성과를 교환하는 과정에는 시간 차이가 발생한다. 따라서 '저축'에는 사람들의 '기대 심리'가 담겨져 있다. 역사적으로 보면, 상품 유통이 처음 시작되었을 때 통화에는 '기대 심리'가 전혀 없이 이미 생산된 노동 성과들로만 거래를 했다. 따라서 '저축 수단'의 기능이 분명하게 생성되지 않았다. 그러나 생산력이 발전하면서 미래에 사용 가능한 잉여 노동 성과가 나타남에 따라 저축이 필요해지고, 화폐와 이자의 개념도 자연스럽게 출현했다. 이자란 '미래에 더 많은 노동 성과를 얻을 수 있다'고 생각하는 '기대 심리'이다. 따라서 화폐 공급은 '현재 가치+기대 심리' 형태로 이뤄진다고 볼 수 있다.

항해 무역 발전으로 '어음'이라는 새로운 유가증권이 탄생하면서 자연스럽게 화폐에 담긴 '기대 심리'를 더욱 높은 단계로 끌어올렸다. 자급자족의 경제 체제에서 이자는 농산물 수확에 대한 합리적인 '기대 심리'를 반영했다. 이에 반해 '어음'은 상업 무역의 수익에 대한 '기대 심리'로 그 범위를 확장시켰다.

산업혁명 시대에 이르면 은행업에 '부분 준비금' 제도가 나타나게 된다. 이는 사실상 화폐의 '기대 심리'가 대규모 산업 생산의 수익으로까지 범위가 확장됐다는 사실을 의미했다.

정보화 시대에는 다양한 파생 금융 상품이 쏟아져 나오고 있다. 증권화와 파생 상품화를 통해 사이버 세계의 수익까지 실현해 주는 시대가 도래했다. 이로 인해 화폐에 대한 '기대 심리'는 파멸의 낭떠러지에 이를 정도로 무한대로 확장돼 결국 금융위기를 촉발하고 말았다.

역사적으로 볼 때 화폐에 담긴 '기대 심리' 자체는 합리성을 가지고 있었다. 그런데 이 '기대 심리'가 무제한으로 확장되면 과거의 '기대 심리'로는 현재를 만족시켜줄 수 없는 모순이 발생한다.

만약 '저축'의 핵심 요소가 '현재의 노동 성과+미래의 노동 성과'를 포괄한다면, '현재의 노동 성과'는 화폐의 상품적 속성을 보여주며 '미래의 노동 성과'는 화폐의 신용적 속성을 반영한다고 볼 수 있다. 그러나 화폐의 상품적 속성을 완전히 제거해 버리면 화폐의 '저축 수단' 기능은 혼란에 빠져 균형을 잃게 된다. 역사상 어떤 화폐도 상품적 속성이라는 기능을 잃을 경우 필연적으로 가치가 하락할 수밖에 없다.

화폐는 '저축 수단' 기능이 있기 때문에 화폐의 내재적 지속 가능성을 유지할 수 있다. 또 외재적인 수용성, 다시 말해 화폐의 유통 범위를 구현할 수 있다.

이제 인류 문명의 흥망성쇠와 화폐와의 관계를 살펴보자. 천연자원의 종합적인 배치 효율과 사회자원의 통합 능력은 본질적으로 이를 지배하는 문명의 흥망성쇠를 통해 반영되었다. 그리고 화폐의 강력함이나 허약함은 이 두 가지에 대한 지배력이 외부로 나타난 결과이다. 강력한 문명이 부상하면 그 문명의 화폐가 강세를 보이고 유통 범위 역시 끊임없이 확대되었다. 이런 강세 화폐는 안정성과 신뢰성을 기반으로 다각적 이익을 보호하는 강력한 사회 신용 시스템을 구축했다. 이런 건전한 화폐 제도에 의지해 사회 운영은 '화폐의 법제(法制)' 기틀 안에서 이루어졌다. 이에 반해 문명이 쇠퇴기로 접어들 때에는 부의 생산력이 갈수록 커지는 엄청난 지출을 만족시키지 못하고, 산발적인 재정적자도 화폐가치 하락 및 인플레이션 현상을 초래했다. 부단한 화폐가치의 하락은 당연히 사회적 부의 생산력을 저해했다. 이는 다시 화폐의 유통 범위를 축소시키는 악순환을 낳고, 사회 통합 및 자원을 배치하는 능력과 효율을 약화시켰다. 결과적으로 재정 악화가 갈수록 심각해지면서 가치가 절하된 화폐는 사회 각 계층이 공동으로 형성한 이익 계약 관계를 파괴하기에 이르렀다. 자연스럽게 '화폐 법제'는 '화폐 인치(人治)'로 대체되었다. 이에 따라 사회의 응집력이 약해지고 사회 도덕이 사라져, 결국에는 국가의 붕괴나 문명의 쇠퇴를 초래했다.

고대 로마의 쇠망사가 바로 로마 화폐의 쇠망사와 맥을 같이한 대표적인 사례다. 카이사르 통치 시대에 로마 제국은 금은본위제를 채택했다. 당시 로마 군대가 지중해 지역의 광활한 땅까지 세력 범위를 확장함에 따라 로마 화폐의 유통 범위 역시 그 일대까지 이르렀다. 화폐의 유통 범위 확장은 다시 주변 지역 자원에 대한 로마 제국의 통합 능력을 크게 강화시켜 국력이 대폭 향상되었다. 로마 제국은 약 100년에 걸친 전성 시대에 경제 번영, 물가 안정, 조세 감소 및 무역의 발전이라는 태평성대를 구가했으며, 상업 대출 금리는 4~6%의 정상적인 구간에 머물렀다. 이는 로마 제국 전 시대를 통틀어 가장 낮은 수준이었다.

그러나 서기 54년에 즉위한 네로 황제는 이런 태평성대를 단번에 무너뜨렸다. 그의 폭정으로 국가 재정 수입이 지출을 감당하지 못하게 되자, 재정 적자를 메우기 위해 화폐가치를 평가절하하는 조치를 취했다. 이로 인해 로마 은화의 은 함유율은 서기 54년의 100%에서 68년 90%, 117년 85%, 180년 75%로 계속 떨어졌다. 다시 2명의 황제의 통치를 거친 서기 211년에는 은화 순도가 고작 50%밖에 되지 않았다. 로마 화폐의 가치가 네로 황제 때부터 150년 동안이나 내리 하락하면서 번영을 구가하던 로마 제국은 몰락의 시대로 접어들었다. 화폐 가치의 지속적인 하락은 곧 악성 인플레이션으로 이어졌다. 서기 260년부터 268년까지 로마 은화의 순도가 겨우 4%로 급락했다는 사실은 무엇보다 이 현실을 잘 말해준다. 이때 로마 제국은 이미 심각한 곤경에 빠져 경제는 쇠퇴일로를 걸었고, 내란과 전쟁이 끊이지 않았다. 화폐의 액면 가치는 높았으나 은 함유량이 현저히 떨어지면서 물가가 폭등하고 국민들의 조세 부담이 가중되었다. 급기야 불만을 품은 군대가 모반을 일으켜 아우렐리아누스 황제는 서기 275년에 암살당했다.

뒤이어 즉위한 디오클레티아누스 황제는 카이사르와 아우구스투스를 본받아 로마 화폐의 위상을 회복하기 위해 화폐 개혁을 단행했다. 그는 우선 인플레이션 억제 조치로 100% 은화를 새로 발행했다. 그러나 100% 은화(새 화폐)와 가치가 심각하게 하락한 기존 화폐(낡은 화폐)를 '동등하게 인정할 것'을 명령하는 치명적인 실수를 범했다. 100% 은화는 사람들의 손에 소장됐을 뿐, 시중에 전혀 유통되지 않았다.

화폐 개혁이 실패하자 그는 인플레이션 억제의 두 번째 방편으로 물가 잡기에 나섰다. 그래서 등장한 것이 로마 역사에서 너무나 유명한 서기 301년의 '최고 가격령'이었다. 이 '최고 가격령'은 수천 가지의 상품과 용역에 대해 상품의 품질 및 용역의 종류별로 최고 가격을 규정한 것이다. 그는 또 금리가 지속적으로 상승하자 법정 금리를 6~12% 수준으로 제한했다. 금리 수준은 리스크 크기에 의해 결정되었다. 동시에 일부 부족한 물품은 대외 수출을 금지한다는 명령을 내렸다. 식량, 철, 청동, 무기, 군수품, 말 등 '전략적 물자'가 이에 해당됐다.

'최고 가격령'을 비롯한 경제 개혁은 계급 제도의 개혁으로 이어졌다. 콘스탄티누스 황제는 부모의 직업을 자식이 세습하도록 법령을 제정했다. 처음에는 병사와 농민에게만 해당되던 이 직업 세습제는 훗날 사회 각 분야에 모두 적용되었다. 물가가 통제되고 경직된 사회에서 상품 생산자들은 수익을 창출할 수 없었기 때문에 대량의 상품이 암시장에서 거래되었다. 이를 도저히 용인할 수 없었던 콘스탄티누스는 결국 암시장에 대한 대대적인 단속을 벌여 상인들에게 무거운 벌을 내렸다. 암거래 진압은 큰 효과를 거둔 것처럼 보였으나 생산자들이 즉각 생산을 거부하는 대가를 치러야만 했다. 결국 로마 제국의 경제는 파탄에 이르고 말았다.

이 시기 로마 제국의 화폐 시스템은 완전히 붕괴되어 정부는 화폐 대신 상품과 용역으로 세금을 거둘 수밖에 없었다. 강력했던 로마 제국은 이후 물물교환 시대의 경제로 퇴보하고 말았다.

서기 350년을 전후해 로마 은화의 가치는 아우구스투스 시대의 3,000만 분의 1로 한없이 폭락했다. 이로써 서로마 제국은 붕괴에 직면하게 되었다.

이와 반대로 동로마 제국의 콘스탄티누스 황제는 금본위제를 도입하여 솔리두스(Solidus)라는 새 금화를 발행했다. 비잔틴 제국(동로마 제국)은 바로 이 금화를 통해 천 년 동안 주변 일대의 패권을 장악하면서 존속할 수 있었다. 당시 솔리두스는 비잔틴 제국 주변의 적대국과 저 멀리 떨어진 아프리카 및 서유럽에서도 통용될 만큼 신용도가 높았다. 일부 역사학자들은 동로마 제국이 강대국들 틈새에서 천 년 이상 존속할 수 있었던 것은 황금 화폐 기반의 경제 구조와 금융 시스템을 구축했기 때문이라고 분석하고 있다. 하지만 솔리두스의 가치는 서기 1034년까지 유지되다가 1081년 이후부터 급격히 하락하기 시작했다. 약 800년 동안 '중세의 달러'로 불릴 정도로 널리 통용되던 솔리두스 금화 체제는 마침내 무너지고 말았다. 통화 시스템의 붕괴와 더불어 비잔틴 제국의 세계 무역 중심지 지위도 함께 와해되었다. 위대한 제국의 사회 응집력과 도덕윤리 체계가 잇따라 붕괴된 것은 더 말할 필요가 없었다.

화폐의 강약 교대 현상은 유럽뿐만 아니라 중국 역사에서도 반복적으로 나타났다. 북송(北宋) 시대에 사천(四川) 지역에는 동이 부족해 어쩔 수 없이 철로 만든 주화를 대량 발행하여 상업 무역에 사용했다. 당시 천 한 필을 사는 데 철전(鐵錢)이 무려 2만 개나 필요했고, 무게도 500근에 달해 마차로 운반해야만 했다. 이처럼 철전은 거래 원가가 너무 높아 경제 발전을 심각하게 제약했다.

이 문제를 해결하기 위해 성도(成都) 지역에서 활동하던 일단의 상인들이 조합을 결성하여 세계 최초의 지폐 발행 기관을 설치했다. 그들은 철전을 담보로 '교자(交子)'라는 세계 최초의 지폐를 발행했다. 북송 정부도 1024년에 교자를 법정 지폐로 인정했다. 교자 발행 담보는 '초본(鈔本)'이라 불렸으며 보통 철전을 담보물로 사용했다. 담보물 비율은 지폐 발행량의 30%에 가까웠다. 다시 말해 '초본'의 3배에 이르는 지폐를 발행한 부분 준비금 제도라고 할 수 있었다.

교자가 발행된 처음 100년 동안에는 교자 발행량이 비교적 안정돼 사회 경제도 장족의 발전을 이루었다. 그러나 1160년대부터 '초본'의 비율이 교자 발행량의 60분의 1로 떨어졌고, 나중에는 아예 정부에서 무절제하게 지폐를 찍어내기에 이르렀다. 남송(南宋) 정권이 들어서서부터 말년에 이르기까지 150년 사이 인플레이션율은 무려 20조 배에 달했다!

사실 송나라는 남송의 통화 시스템이 먼저 붕괴된 뒤에 몽골군이 침략해 들어왔기 때문에 멸망한 것이다. 화폐 시스템이 붕괴함에 따라 정부의 세수가 대폭 줄어들어 군사력과 전투력도 약화돼 몽골군의 침략을 막아내지 못했던 것이다. 한마디로 송나라는 지폐 제도의 붕괴에 따라 멸망했다고 볼 수 있다.

금(金)나라의 퇴장 역시 송나라와 크게 다르지 않았다. 약세 화폐가 심각한 인플레이션을 초래해 망국의 결과를 낳았다. 금나라는 지폐를 발행한 70년 사이에 물가가 무려 6,000만 배나 폭등해 민심이 흉흉하고 상품 생산이 종적을 감췄다. 금나라 역시 화폐 시스템이 먼저 붕괴된 다음 외래의 침략으로 멸망했다.

원(元)나라 정부는 송나라와 금나라에서 일어난 화폐 제도의 붕괴에서 교훈을 얻어 일련의 정책적 개혁을 실시해 세계 최초로 은본위제와 유사한 화폐 제도를 구축했다. 그러나 끊임없는 전란과 기근, 왕실과 귀족층의 과소비 등 무절제한 지출로 인해 보초의 과도한 발행을 막을 수 없었다. 보초의 가치는 20년 후에 원래의 10분의 1로 급락했다. 원나라 말기에 쌀값이 초기보다 6만 배나 폭등하면서 보초 제도는 철저하게 붕괴되었다. 급기야 일반 백성들은 보초의 가치를 불신하고 실물인 은을 거래 수단으로 사용했다. 화폐가 유통 기능을 상실하자 정부는 재정 수입과 세수를 통제할 방법이 없었다. 결국 원나라는 국력이 쇠약해져 멸망의 길로 접어들었다.

보초(寶鈔)
원나라의 지폐.

명(明)나라 때는 지폐 제도가 150년 정도 유지됐다. 그러다 1522년에 보초의 가치가 원래의 2%로 급락했다. 이로 인해 인플레이션이 기승을 부리자 명나라 정부는 할 수 없이 지폐 제도를 폐지하고 예전처럼 은이나 현물을 이용한 거래로 되돌아갔다. 우리는 송나라에서 명나라에 이르기까지 500년의 역사를 통해 지폐 제도의 취약성을 낱낱이 확인할 수 있었다.

송나라 때의 교자, 원나라 및 명나라 시기의 보초, 미국 독립혁명 당시 발행됐던 '대륙 화폐', 미국 남북전쟁 시기의 '그린백' 및 나치 독일의 '페더 화폐'를 막론하고, 상품적 속성을 이탈한 지폐는 일정 기간 동안은 경제 발전을 자극하는 역할을 하지만 이는 그저 '응급조치'일 뿐 장기적인 효과를 거두지는 못한다. 상품의 속성을 이탈한 지폐는 결국 역사 무대에서 퇴출을 당할 수밖에 없다.

대륙 화폐(fiat paper)
불환 화폐인 식민지 화폐를 일컬음.

1971년 브레턴우즈 체제의 붕괴로 달러는 금본위제에서 벗어났다. 이로써 인류 사회는 처음으로 상품을 기반으로 하지 않는 순수한 신용 화폐 시대에 접어들었다. 신용 화폐는 신용 창조자(금융기관)가 반드시 신용을 지킨다는 전제하에 그 가치의 유효성을 인정받을 수 있다. 미국발 금융위기의 본질은 바로 이 채무자의 신용 유지가 불가능하다는 데 있다. 신용 불량 채무를 기반으로 파생된 달러 가치가 폭락할 것은 자명한 사실이다. 한마디로 신용 화폐의 고질적 병폐는 채무 불이행 위험이 항상 존재한다는 데에 있다. 따라서 이런 화폐는 '저축 수단' 기능을 제대로 이행할 수 없다.

역사적 교훈을 살펴보면, 화폐는 '저축 수단', '유통 수단', '지불 수단', '가치 척도'의 네 가지 기능을 동시에 발휘할 때 화폐 메커니즘이 안정되고 지속될 수 있었다. 그러나 순수한 신용 화폐 제도는 가장 핵심적인 '저축' 기능을 상실했기 때문에 결국 '가치 척도'로서의 역할을 수행하지 못했다.

달러화는 한때 화폐의 이 네 가지 기능을 온전하게 수행했다. 그러나 39년 전 금과의 연결 고리가 끊어진 뒤 '저축 수단'과 '가치 척도'의 두 가지 기능을 잃고 현재 위태로운 상황에 처해 있다. 미국의 부채는 2008년에 57조 달러에 이르렀고, 게다가 연 평균 6%의 무서운 속도로 증가하고 있다. 대충 계산해 봐도 미국의 채무는 2020년에 102조 달러라는 엄청난 규모에 이르게 된다. 그러나 향후 10년 동안 미국 경제가 지속적으로 플러스 성장을 한다는 가정하에 연 평균 GDP 성장률을 3%로 잡으면, 2020년의 GDP는 18조 8,000억 정도로 부채에 대한 이자 지출만 해도 GDP의 3분의 1에 이른다. 원금에 이자가 붙고 이자에 이자가 붙는 방식으로 현재 미국의 부채 압력은 상상할 수 없을 정도로 심각해지고 있다. 미국은 '파산 보호'를 신청하는 외에는 다른 선택의 여지가 없다.

더구나 2020년이 되면 의료보험 및 사회복지기금에 쌓일 100조 달러 규모의 잠재 부채도 미국의 부채 압력을 한층 더 가중시키고 있다. 이 경우 미국은 채무 상환 압력을 줄이기 위해 필사적으로 대량의 달러를 찍어내는 것 말고는 달리 방법이 없다. 그러나 세계 각국은 2009년부터 달러 약세에 대해 실망한 나머지, 보유하고 있는 달러 자산을 팔아버릴 기회만 호시탐탐 노리고 있다. 이런 상황에서 그들은 달러 가치가 지속적으로 하락하는 2020년까지 달러를 보유해야 하는 고통을 감수하고 달러화 체제를 계속 수용하려고 할까?

달러화 체제가 2020년을 전후해 붕괴된다고 가정할 경우, 이 세계에는 달러화를 대체할 주권 통화가 더 이상 존재하지 않게 된다. 다시 말해 신용 화폐 제도는 달러화의 붕괴와 더불어 역사 무대에서 영원히 사라진다는 얘기다. 그때가 되면 금이 다시 화폐의 위치를 차지하는 것이 불가피해진다. 황금 화폐를 도입하면 '저축 수단'의 기능을 회복해 화폐의 네 가지 기능을 모두 이행할 수 있다. 그러나 예전의 금본위제를 그대로 현대 통화 시스템에 도입하면 문제가 생길 수 있다. 그중 가장 큰 문제는 금 생산량이 세계 경제 발전 속도를 따라잡지 못하기 때문에 '저축 수단' 기능은 충분히 이행할 수 있으나 '가치 척도'의 기능을 효과적으로 발휘하기 어려워진다. 따라서 순수한 황금 화폐 시스템 아래에서 세계 경제는 불균형 발전을 이루게 된다. 그러므로 미래의 세계 단일 화폐는 금의 단점을 보완할 수 있는 요소가 추가된 새로운 형태가 되어야만 오랫동안 안정되고 태평한 통화 시스템을 유지할 수 있다.

완벽하나 치명적인 조합: 세계 단일 화폐 = 금 + 이산화탄소

세계 단일 화폐의 새로운 구성 요소는 반드시 금의 강성(剛性)에 상응하는 '탄력성'이 있어야 한다. 그래야만 디플레이션 유발 가능성이 있는 금의 단점을 보완하고 세계 단일 화폐에 화폐의 네 가지 기능을 완벽하고 충분하게 부여할 수 있다.

　달러를 대체할 새로운 기축통화로 금과 이산화탄소 배출권이 최상이라는 주장이 나오고 있는 것은 바로 이 때문이다.

희소가치가 있는 물건은 비싼 법이다. 국제 은행가들 중 '친환경 골드 화폐 지지파'는 이 점에서 이산화탄소의 화폐적 가치를 대단히 중요하게 여기고 있다. 그렇다면 자유롭게 배출 가능한 이산화탄소에 어떻게 '희소성'을 부여할 것인가? 그래서 이 그룹은 '환경 보호'의 이념을 만들었다. 이들의 기본 논리에 따르면 환경 보호는 인류의 생존과 직결된 중대한 문제로, 환경 보호의 핵심은 바로 이산화탄소 배출량이다.

따라서 이산화탄소가 인류의 운명을 결정한다고 해도 과언이 아니다. 이렇게 중요한 이산화탄소에 배출량 '상한'이라는 규정을 두고 제한해야만 사람들은 '희소성'을 인정하게 된다. '교토(京都) 의정서'는 이렇게 해서 등장했다.

교토 의정서의 핵심은 기후 변화 협약에 따른 온실가스 감축 목표를 규정한 것이다. 세계 각국에 이산화탄소 배출 쿼터를 할당한 것이라고 보면 된다. 이를테면 감축 기준을 충족시키지 못한 국가는 탄소 배출권 시장에서 다른 국가의 여유분 배출권을 구매해야 한다. 이처럼 교토 의정서는 세계 최초로 이산화탄소 배출 쿼터에 금융적 가치를

\+
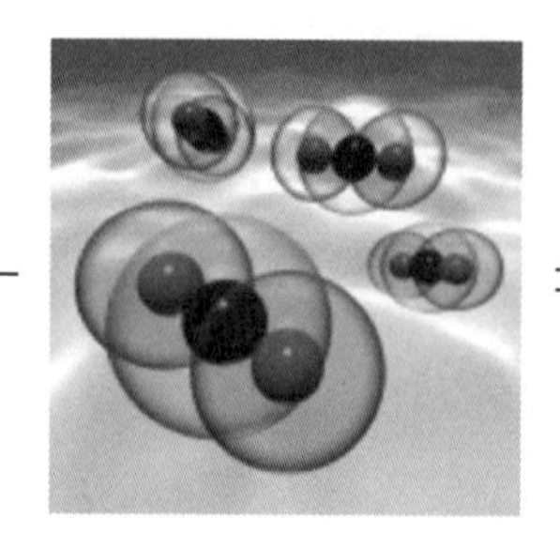
= 세계 단일 화폐

부여한 국제조약이다.

미래에는 이산화탄소 배출 쿼터가 채권, 주식 등 금융 거래 상품과 마찬가지로 자유롭게 매매, 양도할 수 있고, 은행의 대출 담보로도 활용될 수 있다. 궁극적으로는 세계 중앙은행에서 발행하는 기축통화의 중요한 구성 부분이 될 가능성이 농후하다.

이산화탄소 배출량은 솔직히 매우 미묘한 개념이다. 그것은 굉장히 탄력적이고 배출량을 사람이 통제하고 조정하는 것이 가능하기 때문에 화폐로서의 '희소성'을 부여하는 것이 가능하다. 또한 이산화탄소 배출량은 사회 경제 활동의 믿음직한 '대체 변수'로, 전기 사용량처럼 경제 활동을 측정하는 좋은 지표가 된다. 따라서 화폐에 담긴 합리적인 '기대 심리'를 충분히 통화량에 반영할 수 있다.

물론 화폐의 구성 요소로 '탄력성'을 가지고 있는 것은 이산화탄소 외에도 여러 가지가 있다. 그러나 지금 상황으로 봐서는 이산화탄소가 세계 단일 화폐의 구성 요소가 될 가능성이 가장 크다. 위에 설명한 이유 외에 더욱 근본적인 이유는 탄소 화폐가 세계 지배 엘리트들의 전략적 이익을 가장 잘 만족시킬 수 있기 때문이다. 세계화폐의 게임 룰을 제정할 유럽과 미국 등의 선진국들은 자국의 이익에 가장 유리한 화폐 구성 요소를 선택할 것이 명약관화하다. 첨단 기술 분야에서 강력한 우위를 확보한 선진국은 산업화 사회에서 이미 정보화 및 서비스형 사회로 진입했다. 이들 국가의 전통 산업은 개도국에 이미 이전됐거나 현재 이전 중에 있다. 따라서 선진국의 이산화탄소 배출량은 꾸준히 감소 추세를 나타내고 있다. 이에 반해 현재 산업화를 추진 중인 신흥 국가들은 예측 가능한 미래까지 이산화탄소 배출량이 꾸준히 증가할 수밖에 없다.

화폐 제도는 누가 뭐래도 사회의 최대 권력이어서 항상 각 파워 그룹 간의 이익 다툼이라는 '폭풍의 중심'에 서 있다. 따라서 각 파워 그룹들은 이익 극대화를 실현하면서 잠재적 라이벌을 견제할 수 있는 화폐 제도를 실시하기 위해 온갖 지혜를 짜내고 갖은 수단을 다 동원하고 있다.

세계 단일 화폐가 '금+이산화탄소 배출량'의 '완벽한' 조합으로 출범한다면, 서구 선진국들은 최대 '수혜자'가 되는 반면 중국을 비롯한 개도국은 최대 '피해자'가 될 수밖에 없다. 이는 수치로 봐도 분명해진다. 현재 서방 국가들의 황금 보유량은 3만 톤을 웃돈다. 이에 반해 가장 많은 금을 가진 개도국의 리더 중국의 보유량은 고작 1,000톤에 불과하다. 중국은 외화 자산을 대부분 달러로 가지고 있다. 미국은 기존의 달러화 체제가 붕괴되고 '금본위제'로 돌아갈 경우, 달러화 채무를 이행하지 않을 가능성이 대단히 높다. 또 미국 국고에 있는 8,100톤의 금과 IMF의 3,000톤의 금을 이용해 부채 부담을 가볍게 벗어버리려 할 개연성 역시 농후하다. 이 경우 미국 경제는 새로운 스타트 라인에서 빠른 속도로 성장을 구가할 수 있다.

그렇다면 중국의 운명은 어떻게 될 것인가? 개혁개방 30년 동안 이룩한 성과 중에서 실물 상품은 이미 미국 소비자의 수중으로 모두 넘어갔고, 막대한 무역흑자와 넘치는 저축 역시 대부분 미국에 빌려준 상태에 있다. 중국이 가지고 있는 것은 미국의 부채 '차용증'뿐이다. 중국이 30년 동안 쌓은 2조 달러의 부는 '금본위제'로의 회귀와 더불어 깨끗하게 약탈당하고 마는 셈이다.

게다가 이산화탄소 배출량까지 신 화폐 구성 요소로 도입될 경우, 중국은 향후 30년 동안 다른 국가로부터 여유분 배출권을 구매해야 한다. 중국 국민들이 30년 동안 더 헛고생을 해야 한다는 얘기이다. 한마디로 '금+이산화탄소 배출량' 조합의 세계 단일 화폐는 중국 국민들의 60년 동안의 노동 성과를 빼앗아간다는 결론이 나온다.

금융 전략이란 무엇인가? '금+이산화탄소 배출량' 조합의 세계 단일 화폐가 바로 미국과 유럽의 금융 전략의 위력인 것이다. 중국에는 분야별 전문가는 많지만 전략적 사상가는 엄청나게 부족하다.

'이익이 없으면 일찍 일어나지 않는다.'라는 속담이 있다. '탄소 화폐'는 서방에서 이미 40년 동안 계획해 온 전략이다. 자신들의 이익을 위해서가 아니라면 그토록 많은 시간과 돈을 아낌없이 투자하면서 이산화탄소 배출량 개념을 홍보하고 보급했을 까닭이 있겠는가?

혹자는 이들의 행동이 인류의 생존과 미래를 위한 이타주의적 성격이 짙다고 주장할지도 모른다. 그렇다면 그들은 지구의 환경오염보다 훨씬 더 직접적으로 인류의 생명을 위협하는 문제에 대해서도 관심을 가지고 있을까? 아프리카의 제3세계 빈곤 국가에서는 매일 수많은 아이들이 기아와 질병으로 목숨을 잃는다. 그러나 '이타주의자'를 자처하는 지배 엘리트들은 눈앞에서 죽어가는 어린 생명에는 관심조차 없다. 탄소 화폐, 이산화탄소 배출권, 환경세 등의 이념만 주야장천 부르짖는다. 왜일까? 한마디로 이익 때문이다. 서방 세계의 논리는 이익 집단들의 이익 추구 행동인 것이다.

똑똑한 지배 엘리트들은 오래전부터 자신들의 목적을 달성하기 위한 포석을 깔아놓고 있었다. 그들이 지배하는 언론 매체의 대대적인 선전 공세에 힘입어 '이산화탄소 배출' 문제는 세계에서 가장 중요한 어젠다가 되었다. 더 나아가 지구의 생존과 관련된 최대 전략적 화두로 떠올라 세계의 도덕적인 고지는 그들의 손에 의해 완벽하게 점령되었다. 온실가스 감축 목표에 반기를 드는 사람과 국가는 가차 없이 '반 인류죄', 심지어 '반 지구죄'의 죄명을 뒤집어쓰고 인류의 '공공의 적'이 되어 세계 각국의 비난과 집중 공격을 받는 데 이르렀다. 그리고 이제는 실제 제재가 뒤따를 것이 분명하다. 각국 정부와 민간단체는 담합을 통해 국제무역 과정에서 '공공의 적'에게 막대한 온실가스 배출세를 부과하고, '공공의 적'의 제품을 세계시장 밖으로 밀어내며, 국제 금융가들의 의도적인 방해로 해외 인수 합병 과정에서 쓴맛을 보게 될 날이 올 것이다. 또한 '공공의 적'의 경제 발전에 필요한 모든 국제 원자재와 벌크 상품에는 하나같이 '환경세' 등의 징벌적 과세가 부과될 것이다. 결국 '공공의 적'은 생산 원가 상승에 따른 심각한 인플레이션으로 말미암아 경제 발전이 제약받을 수밖에 없게 된다.

누구나 다 '공공의 적'이 될 수 있다. 중국 역시 예외일 수 없다. 이것이 당장 1~2년 후는 아니더라도 10년 후에는 중국이 반드시 직면하게 될 잔혹한 현실이다.

중국은 총성 없는 '화폐 전쟁'에 이미 휘말려 들었다. '전쟁'에서 지지 않기 위해서는 예방 전략에 대한 연구가 시급하다.

달러의 종말

미국이 떠안고 있는 57조 달러의 채무는 이자에 이자가 붙는 방식으로 눈덩이처럼 불어나고 있다. 게다가 10년 후에는 의료보험 및 사회복지기금의 잠재 부채까지 더해져 미국 경제의 지속적인 발전을 저해하는 큰 걸림돌로 작용할 것이다. 그러나 미국이 이 어마어마한 규모의 부채를 상환하기란 영원히 불가능하다. 시간이 흐를수록 커지는 빚더미 속에 빠져 허우적거릴 수밖에 없다. 이미 신용을 잃은 달러화가 세상의 버림을 받는 것 역시 시간문제일 뿐이다. 미국의 화폐 제도 제정자들은 이 모든 사실을 손금 보듯 빤히 알고 있다.

이 상황에서 미국의 장기적인 이익에 가장 부합하는 유일한 최선책이자 기본 국책은 달러화 체제가 붕괴되기 전에 중국을 비롯한 각국 국민들의 피땀 어린 부를 최대한 편취하는 것이다. 이로써 수십 조 달러의 부채를 벗어던지고 달러화 가치를 제로까지 하락시켜 새 출발을 하는 발판을 마련할 수 있다. 그러나 미국이 달러화 체제 붕괴를 추진한다면 미국 국민과 전 세계 투자자들이 가만히 있을 리 만무하다. 이에 의도된 대위기가 필요했던 것이다. 이것이 바로 미국발 금융위기가 발발한 원인 중 하나이다.

정상적인 경제 상황에서 화폐가치는 점진적으로 하락하게 되어 있다. 따라서 달러화 가치가 제로까지 하락하려면 비교적 긴 시간과 과정을 필요로 한다. 그러면 이 기간 동안 미국 경제는 엄청난 부채 부담에 짓눌려 질식해 버릴 것이고, 다른 국가들은 달러화 포기를 위한 충분한 시간을 벌 수 있다. 이 때문에 합리적이고 합법적인 방법으로 달러화 가치를 빠르게 하락시킬 필요가 있었다. 동시에 투자자들에게 의심을 사지 않도록 미 FRB의 달러화 남발을 지지하는 것도 중요했다. 그래서 상식적으로 이해하기 어려운 일들이 다발적으로 일어났다. 투기 방지법이 폐지돼 은행가들의 미친 듯한 환투기가 성행했고, 금융의 대량 살상 무기인 파생 금융 상품이 속출했으며, 모기지론 대출을 장려하기 위한 금리 인하 정책이 추진되었다.

또 대형 금융 기업을 순식간에 말아먹은 CEO에게 거액의 보너스를 지급하고, 100년에 한 번 있을까 말까 한 금융위기가 갑자기 폭발했으며, 수억, 수조 달러의 화폐를 남발한 FRB의 행동에도 정당성을 부여했다. 그리고 외국 투자자들의 우려를 해소하기 위해 달러화가 한동안 이유 없이 하락을 멈추고 반등하기도 했다. 이런 일들이 벌어진 데는 다 그럴 만한 이유가 있었다.

지배 엘리트 그룹은 개구리를 찬물에 넣고 천천히 열을 가해 죽이는 것처럼 사람들의 신경을 천천히 마비시키는 수법을 사용했다. 위안(元)화 가치가 수직 상승하는 것과 달리, 달러화는 큰 폭으로 하락했다가 소폭 상승하기도 하면서 변화무쌍한 등락을 반복하는 것은 이런 속임수 전략과 무관하지 않다. 심지어 시장 조작자들은 달러화 매수 호조가 나타날 때에는 가만히 있다가 매도 심리가 확산된다 싶으면 시장에 개입해 달러화 상승을 이끌기도 했다. 이 때문에 달러화 및 미국 국채 보유자들은 매수와 매도 시기를 파악하지 못해 갈팡질팡했다. 달러화의 미래에 대해 여전히 환상을 품은 채 손에 쥐고 있는 것을 제때 팔지 못하게 만들어 결국 점점 더 깊은 나락으로 빠져들게 만드는 것이다. 한마디로 지배 엘리트 그룹은 경거망동하지 못하는 투자자들의 심리를 교묘히 이용해 자신들이 계획한 시간표와 방식에 따라 "의도적으로 달러 가치를 제로까지 하락시키고" 있다고 봐야 한다.

그러나 유럽과 미국은 이번 금융위기를 통해 중국이 어부지리(위안화 위상 제고 및 달러화의 기축통화 지위 위협 – 옮긴이)를 얻도록 내버려 두지 않았다. 어떻게 보면 달러화 체제는 침몰하는 타이타닉 호를 연상케 한다. 문제는 '타이타닉'에 탑승한 승객들 대부분이 중국인이라는 사실이다. 싼값에 '배표'를 구했다고 기뻐하면서 너도나도 앞다퉈 타이타닉에 탑승했으나 올라탄 것은 바로 '지옥행' 유람선이었다. 누가 이 사실을 알겠는가? 향후 벌어질 참상은 상상하기조차 두렵다. 서서히 침몰하는 달러화 체제를 보면서 아우성치는 중국의 수많은 피해자들의 모습이 눈에 선하다.

우리는 이쯤에서 미국이 금융 구제 대책을 마련하면서 벌인 쇼에 주목할 필요가 있다. 얼마나 감동적이고 현란한지 눈물이 날 지경이다. 대표적으로 7,000억 달러 규모의 구제 금융 법안이 미국 하원에서 부결되었을 때를 보자. 이때 헨리 폴슨 재무장관은 낸시 펠로시 하원의장 앞에서 무릎을 꿇으며 법안 통과를 애원했다. 이는 미국의 의도적인 '쇼'의 클라이맥스를 장식하는 장면이었다. 미국 정부가 세계에 보내는 메시지는 명백하다.

"우리는 달러화와 미국 경제를 구하기 위해 전력을 다했다. 우리가 3일에 수천억 달러, 5일에 1조 달러씩 내놓기 위해 얼마나 노력했는지 다 알고 있지 않는가? 우리의 노력에도 불구하고 경제가 다시 살아나지 못한다면 그때는 더 이상 우리의 책임이 아니다."

미국이 이렇게 만반의 준비를 마치고 나면 돌연 영국과 프랑스, 독일이 동시에 미국의 달러를 거부한다. 이때는 증시가 폭락하고 달러화 체제가 붕괴돼 다시는 구제할 방법이 없어진다. 이렇게 되면 하룻밤 사이에 미국은 모든 부채를 벗어던질 수 있다. 미국 부채만 사라지는 것이 아니라 중국의 외환 보유고에서 절대 다수를 차지하는 달러 자산과 중국인들의 달러화 예금 역시 동시에 사라져버린다. 미국인들의 연금 보장과 의료보험 역시 모두 물거품이 되어버리고, 미국 국채와 달러화 예금은 완전 휴지조각으로 변해버린다.

모든 것을 잃고 분노에 휩싸인 미국인들은 당연히 미국 정부에 항의할 것이다. 하지만 이때도 미국 정부는 "우리는 최선을 다했다. 우리에게 책임을 묻지 말라"는 식의 일관된 태도를 보일 것이다. 서구 언론 매체들은 일제히 예봉을 '달러화를 비롯한 주권 통화'에 겨눈다. 마지막으로 세계 지배 엘리트들은 중국인을 위시한 전 세계의 '달러화의 희생자'들을 향해 다음과 같은 말로 깊은 동정과 애도를 표할 것이다.

"살아 있는 사람들이여, 주권 통화의 폐허에서 일어나 정직한 세계 단일 화폐와 함께 새로운 삶을 시작할지어다. 아멘!"

'거인 신'들이 내려다보는 세계

영화 〈백 투 더 퓨처〉에서 주인공 마티는 엉겁결에 30년 전으로 돌아갔다가 놀랍게도 젊은 시절의 부모가 서로 사랑하지 않는 사이였음을 알게 된다. 이 때문에 마티와 형제자매들이 부모와 함께 찍은 30년 후의 가족사진에서는 이들의 모습이 점점 희미해지면서 곧 사라지려고 한다. 이때 놀라 어쩔 바를 모르던 마티는 두 사람을 결합시키고자 갖은 노력을 다한다. 그의 노력 덕분에 젊은 아버지와 어머니는 서로 사랑을 맹세하는 키스를 한다. 가족사진에서 사라져가던 마티와 형제자매들의 모습은 다시 생생하게 살아난다. 순간 마티는 한 가지 이치를 깨닫는다. 자신이 과거에 했던 어떤 행동들이 미래를 바꿔놓았다는 사실을 말이다.

마티는 황급히 타임머신의 시간을 자신이 출발하기 좀 전으로 설정한다. 이어 시간과 사투를 벌인 끝에 30년 후로 돌아가 테러범의 총알이 브라운 박사의 몸에 닿기 전에 그의 목숨을 구해낸다.

영화를 보던 관객들은 이때야 영화 제목은 분명 〈백 투 더 퓨처〉인데 왜 '과거로 돌아가는' 얘기를 다뤘는지 깨닫는다. 영화는 '과거로 돌아가는' 목적은 미래를 변화시키기 위해서이고, '과거'를 바꾸면 미래도 바뀐다는 이치를 말해주고자 했던 것이다.

에인 랜드의 소설《아틀라스》의 결말은 이렇게 끝을 맺는다.

"세계에서 가장 우수한 지배 엘리트들은 '집단 파업'을 통해 큰 성과를 얻은 뒤 각자 자가용 비행기를 타고 개선장군처럼 돌아온다. 그들이 구름 위에서 내려다본 속세는 그들의 계획대로 혼란, 쇠퇴, 파멸로 접어들고 있었다. 과거에 그들에게 반기를 들었던 각국 정부 관리들에게는 반격할 힘조차 남아 있지 않았다. 세계의 모든 부, 지혜와 사상은 하나같이 지배 엘리트 그룹의 손에 장악되었다. 구름 위를 나는 지배 엘리트들은 승리자의 오만한 미소를 지으면서 인간 세상이 이른바 '지혜롭고 올바르면서 바람직한 정상 궤도'에 진입하는 것을 내려다본다."

소설에서 지배 엘리트 그룹에 대항하는 각국의 정부 관리들은 하나같이 어리석고 탐욕스러우면서 허세를 부리는 꼴불견의 악역으로 묘사되고 있다. 사회의 대다수를 차지하는 프롤레타리아들도 시종 사회에 아무런 영향도 미치지 못하는 사람으로 묘사되고 있다. 무지하고 무능한 이들은 파괴된 철도, 폐기된 광산 옆에 개미처럼 모여앉아 그저 부들부들 떨고 있거나 파산한 은행, 아수라장이 된 도시와 먹을 것이 떨어진 시골에 멍하니 서서 어쩔 줄 몰라 한다. 에인 랜드의 소설은 별 볼일 없는 이들에게 성과 이름조차 지어주지 않았다. 어차피 프롤레타리아들은 지배 엘리트 그룹의 지위를 부각해 주는 들러리일 뿐이고, 지배 엘리트 그룹에 의해 새로운 세계에서 새 운명을 부여받게 될 테니까 말이다.

'거인 신'들은 자신들에게 걸림돌이 되는 낡고 썩은 사회를 뒤엎고, 자신들의 '탁월한 지혜와 재능으로 설계한 새로운 사회'를 건설하려 한다. 그들은 또 정밀한 '설계도'대로 전 세계가 움직이는 바로 그날을 위해 오랫동안 소리 없이 준비해 왔다. 마치 일본 영화 〈추격〉에서 무지몽매한 대중들이 주인공 케이지를 따라 '푸른 하늘'을 향해 한 걸음씩 나아가는 장면처럼 말이다.

'거인 신'들은 과연 최후의 승자가 될 것인가? 그들이 계획한 '미래'는 그대로 실현이 될 것인가?

'거인 신'들은 자신들이 미래로 통하는 '금권'의 열쇠를 쥐고 있기 때문에 중생들은 자신들이 지정한 운명을 받아들이는 수밖에 없다고 믿고 있었다. 그러나 그들은 인류 역사를 만들어가는 주인공은 소수의 정예 그룹이 아닌 광범위한 대중이라는 사실을 소홀히 했다! "물은 배를 띄울 수도 있고 뒤집을 수도 있다." 이는 동서고금을 막론하고 절대 변하지 않는 불후의 진리다.

전 세계인들은 과연 자신들의 미래가 '거인 신'들에 의해 이미 만들어져 있었다는 사실을 알고도 가만히 보고만 있을까?

아마도 '거인 신'들은 스스로의 능력을 과대평가하고 타인의 능력을 과소평가했는지도 모른다.

구름 위에서 아래를 내려다보는 '거인 신'들의 눈에는 과연 무엇이 보일까?

러시아, 브라질 등이 치밀하고 과감하게 대량의 미국 국채를 팔아버리는 모습이 보일 것이다.

중동 석유 부국들이 '석유 결제에서 달러 외에 다른 통화를 사용하는 방안'을 확고하게 추진하는 모습이 보일 수도 있다.

중국을 대표로 하는 개도국들이 사전에 짜여진 '각본'에 따르지 않고 새로운 방법으로 금융위기를 극복하는 모습 역시 보일 것이다.

이 밖에 개도국들이 힘을 합쳐 '거인 신'들의 세계 단일 화폐와 양립하는 새로운 화폐 체제를 구축하는 모습이 보일 수도 있다.

프롤레타리아들은 원하지 않는 미래의 모습을 바꾸기 위해 지금부터 바로 행동에 들어갈 것이다.

누가 진정한 승자가 될지 벌써부터 귀추가 주목된다.

옮긴이의 글

번역은 잘 모르는 사람이 단순하게 보면 참 쉬운 작업이다. 자신의 생각을 글로 옮기는 것도 아니고 그야말로 무에서 유를 창조하는 엄청난 일도 아니다. 그저 있는 글 그대로 맛깔스럽게 옮기면 된다. 많은 독자들도 이렇게 생각하실지 모른다. 또 번역에 대해 편견을 가지는 분들 역시 비슷하게 생각하시는 경우가 적지 않다. 하지만 정작 번역을 업으로 삼는 사람들이나 번역의 괴로움을 아는 사람들은 이렇게 말하지 않는다. 심지어 제2의 창작이라고 하는 사람도 있고 차라리 무에서 유를 창작하듯 자신의 글을 쓰는 게 더 쉽다고 생각하는 사람도 간혹 있다. 역자 역시 20여 년 전부터 적지 않은 각종 책들을 번역했으나 늘 이렇게 생각했다. 과연 이게 제대로 된 번역인가 하는 괴로움이나 자조감에 다시는 이 일을 하지 않고 내 글을 쓰리라는 결심을 한 것도 한두 번이 아니었다. 그래서 언론인 생활 23년 동안 끊임없이 기사를 생산하면서 글쓰기를 게을리 하지 않았다. 소설도 5권이나 출간했고 저널리스트로서의 자존심과 시대에 대한 책임감이라는 그럴듯한 명분으로 스스로를 압박, 칼럼집도 세상에 선을 보였다. 심지어 여행 에세이와 자기계발 서적을 출간하는 엉뚱한 짓까지 했다. 만족감 역시 느꼈다. 아, 이제 일상적인 번역의 괴로움에서 탈피할 수 있겠구나 하는 생각도 없지 않았다. 그러다 이 책의 번역을 의뢰받았다. 사실 선뜻 승낙은 했으나 이 과정에서 과연 다시 번역을 해야 하느냐 하는 자신과의 싸움이 없지 않았다.

그러나 이 책을 번역하면서 역자는 생각을 고쳐먹을 수 있게 됐다. 중국인이 쓴 구미(歐美)를 대상으로 하는 경제 관련 서적이라는 특이성으로 인해 적지 않은 어려움이 있었으나 보람을 상당히 느꼈기 때문이 아닐까 싶다. 역시 번역은 제2의 창작이라는 말은 결코 빈말이 아닌 것 같았다. 간혹 번역이라는 게 자신의 생각과 혼을 불어넣는 작업이 아닐까 하는 생각을 하기도 했다. 그만큼 이 책의 번역은 상당한 의미가 있었다.

이 책은 구미의 화폐, 금융 경제사라고 불러도 좋을 만한 내용을 담고 있다. 그러나 학문적으로 보면 정사라고 보기는 어렵다. 정사의 뼈에 야사라는 살을 아주 듬뿍 붙인 것 같다. 저자 역시 이런 생각으로 이 책을 쓰지 않았을까 감히 생각한다. 그러나 야사라고 다 무시할 수는 없다. 게다가 책의 내용이 흥미진진하고 독자들의 피와 살이 될 정도로 유익하다면 정사를 읽는 괴로움과는 비교하기 어려운 즐거움을 얻을 수 있다. 이 책은 바로 이런 책이라고 할 수 있다. 야사이기는 하나 꼭 알아야 하는 내용들을 정말 소설처럼 재미있게 기술한 책이다.

이 책은 금세기 들어 중국에서 단시간에 가장 많이 팔린 책으로 손꼽히기도 한다. 그만큼 큰 반향을 일으켰다. 내용의 흥미진진함과 충격적인 사실들, 일반 저자와 다른 쑹훙빙만의 독특한 시각을 감안할 때 당연한 결과가 아닌가 보인다. 중국 독자들 역시 확실히 보는 눈이 있다고 해야 하겠다.

솔직히 역자는 《화폐전쟁1》이 중국에서 나오자마자 번역을 하고 싶은 생각이 있었다. 그러나 당시 베이징에 주재하던 관계로 인연을 맺지 못했다. 다행히 2권이 역자에게 번역 의뢰가 와 당시의 희망을 실현시킬 수 있게 됐다. 그러나 과연 1권의 역자분만큼 잘했을까 하는 부담이 없지 않다. 또 혹시나 잘못된 번역이 없지는 않나 하는 결벽증적인 생각을 이 글을 쓰면서 해보기도 한다.

역자로서 부디 이 책이 많은 독자들에게 사랑을 받았으면 하는 생각은 당연히 할 수밖에 없다. 그래서 역자 역시 제2의 창작 작업인 번역에 다시 본격적으로 매달리는 전기가 된다면 그것도 나쁘지는 않을 것 같다. 대작을 선뜻 역자에게 번역을 의뢰해 주신 알에이치코리아에 감사를 드리고 싶다.

홍순도

주

제 1 장

1 Niall Ferguson, The House of Rothschild.
2 S. Bleichroder to Baron Anselm Solomon, 17 Nov. 1839.
3 Michael Sturmer, Gabriele Teichmann and Wilbelm Treue, Striking the Balance-Sal. Oppenheim jr. & Cie. A Family and a Bank, 1994, P37.
4 Sebastian Hensel, tr. Carl Klingemann, The Mendelssohn Family 1729~1847.
5 Michael Sturmer, Gabriele Teichmann and Wilbelm Treue, Striking the Balance-Sal. Oppenheim jr. & Cie. A Family and a Bank, 1994.
6 Ibid.
7 Fritz Stern, Gold and Iron-Bismarck, Bleichroder, and the Building of the German Empire, 1977, P21.
8 Bleichroder to Baron James, 21 Feb. 1863.
9 Niall Ferguson, The House of Rothschild.
10 Holborn, Modern Germany.
11 Eyck, Erich. Bismarck and the German Empire.W. W. Norton & Company. (1964).
12 Fritz Stern, Gold and Iron-Bismarck, Bleichroder, and the Building of the

German Empire, 1977, P32.
13 Ibid, P39.
14 Bohme, Deutschlands Weg, Chapter 2 and 3.
15 Fritz Stern, Gold and Iron-Bismarck, Bleichroder, and the Building of the German Empire.
16 Roon, Denkwurdigkeiten, P354~355.
17 Rohl, "Kriegsgefahr", P102.
18 Michael Sturmer, Gabriele Teichmann and Wilbelm Treue, Striking the Balance-Sal. Oppenheim jr. & Cie. A Family and a Bank, 1994, P171.
19 Michael Sturmer, Gabriele Teichmann and Wilbelm Treue, Striking the Balance-Sal. Oppenheim jr. & Cie. A Family and a Bank, 1994.
20 Ibid, P176.

제 2 장

1 Byron, Don Juan, 1821.
2 Philip Ziegler, The Sixth Great Power, Alfred A. Knopf, 1988.
3 Stephen Zarlenga, The Lost Science of Money(American Monetary Institute 2002).
4 Schama, S., Patriots and Liberators, Revolution in the Netherland 1780~1813.
5 Adam Smith, An Inquiry into the Nature and Causes of the Wealth of Nations(4thEdition).
6 Philip Ziegler, The Sixth Great Power, Alfred A. Knopf, 1988.
7 Ibid.
8 Ibid.
9 N. Baker, Government and CNick Leesonontractors: The British Treasury and War Suppliers(1971).
10 Ibid.
11 Donald R Hickey, The War of 1812: The Forgotten Conflict(University of Illinois Press 1990).

12 Niall Ferguson, The House of Rothschild The World's Banker 1849~1999: Volume 2, P369.

13 Benjamin Disraeli, Coningsby, or the New Generation(Coningsby at Project Gutenberg, 1844).

14 Lewis Samuel Feuer, Imperialism and the Anti-imperialist Mind(Transaction Publishers, 1989).

15 Niall Ferguson, The House of Rothschild The World's Banker 1849~1999: Volume 2.

16 Philip Ziegler, The Sixth Great Power, Alfred A. Knopf, 1988.

17 Niall Ferguson, The House of Rothschild The World's Banker 1849~1999: Volume 2.

18 Ibid.

19 Gwynn, Stephen Lucius, The Life of the Rt. Hon. Sir Charles W. Dilke, Volume 1(Project Gutenberg, 2003).

20 Niall Ferguson, The House of Rothschild The World's Banker 1849~1999: Volume 2.

제 3 장

1 Alberge, Dalya, What the King said to the executioner…,(The Times, 8 April 2006, Accessed 26 June 2008).

2 George Taylor, review of Jacques Necker: Reform Statesman of the Ancien Regime, by Robert D. Harris(Journal of Economic History40, no. 4(1980): 877~878).

3 Collectif, Mallet Fr res et Cie-250 ans de banque, 1713~1963(Presses de Jean Ruchert, Paris, 1963).

4 http://en.wikipedia.org/wiki/Baron_Jean-Conrad_Hottinguer

5 http://en.wikipedia.org/wiki/Achille_Fould

6 http://en.wikipedia.org/wiki/P%C3%A9reire_brothers

7 Ibid.

8 Rondo E. Cameron, Mark Casson, France and the Economic Development

of Europe, 1800~1914: Evolution of International(Routledge, 2000).
9 Ibid.
10 마르크스, 《자본론(제3권)》 중국어판 499쪽.
11 Niall Ferguson, The House of Rothschild The World's Banker 1849~1999 Volume 2.
12 Ibid.
13 카를 마르크스 중앙편역국, 《마르크스엥겔스전집》 25권 499쪽.
14 Rondo E. Cameron, Mark Casson, France and the Economic Development of Europe, 1800~1914: Evolution of International(Routledge, 2000).
15 W. O. Henderson, The Industrial Revolution on the Continent: Germany, France, Russia 1800~1914(Taylor & Francis, 2006).
16 Rondo E. Cameron, Mark Casson, France and the Economic Development of Europe, 1800~1914: Evolution of International(Routledge, 2000).
17 Ibid.
18 Niall Ferguson, The House of Rothschild The World's Banker 1849~1999 Volume 2.
19 Ibid.
20 http://en.wikipedia.org/wiki/P%C3%A9reire_brothers
21 Niall Ferguson, The House of Rothschild The World's Banker 1849~1999 Volume 2.

제 4 장

1 Stephen Birmingham, "Our Growd"-The Great Jewish Families of New York, P58.
2 Katz, Irving, August Belmont; a political biography. New York and London: Columbia University Press(1968).
3 Stephen Birmingham, "Our Growd"-The Great Jewish Families of New York, P37.
4 Ibid, P74.
5 Bertram Korn, American Jewry and the Civil War, P161.

6 Niall Ferguson, The House of Rothschild.
7 Stephen Birmingham, "Our Growd"-The Great Jewish Families of New York, P119.
8 Ibid, P120.
9 Ackerman, Kenneth D. Dark Horse: The Surprise Election and Political Murder of James A. Garfield, Avalon Publishing, 2004.
10 Mellander, Gustavo A., The United States in Panamanian Politics: The Intriguing Formative Years.
11 Ibid.
12 Stephen Kinzer, Overthrow-America's Century of Regime Change from Hawaii to Iraq, 2006.
13 Cyrus Adler, Jacob Henry Schiff: A Biographical Sketch, New York: The American Jewish Committee, 1921.
14 Ron Chernow, The Warburgs, Random House, 1993.
15 Stephen Birmingham, "Our Growd"-The Great Jewish Families of New York, P222.
16 Ron Chernow, The Warburgs, Random House, 1993.
17 Dictionary of American Biography, Vol. XVI, P431~432.
18 Kaplan, Yosef, An Alternative Path to Modernity: The Sephardi Diaspora in Western Europe. Brill Publishers(2000).
19 Walter Lord, The Good Years From 1900 to the First World War. New York: Harper & Brothers, 1960.
20 Diner, Hasia. The Jews of the United States, 1654 to 2000.

제 5 장

1 Adam Smith, The Wealth of Nations.
2 Friedrich List, The National System of Political Economy.
3 Ron Chernow, The Warburgs The 20th-Century Odyssey of a Rememberable Jewish Family.
4 Ibid.

5 Lawrence Sondhaus, Naval warfare, 1815~1914(Routledge, 2001).
6 Ron Chernow, The Warburgs The 20th-Century Odyssey of a Rememberable Jewish Family.
7 John V. Denson, Reassessing the presidency: the rise of the executive state and the decline of freedom(Ludwig von Mises Institute, 2001).
8 Jules Ayer, A century of finance, 1804 to 1904: The London house of Rothschild(W. Neely, 1905).
9 Ron Chernow, The Warburgs The 20th-Century Odyssey of a Rememberable Jewish Family.
10 Ronald Sanders, The High Walls of Jerusalem: A History of the Balfour Declaration and the Birth of the British Mandate for Palestine(Holt, Rinehart and Winston, 1983).
11 Martin Gilbert, Churchill and the Jews: A Lifelong Friendship (Henry Holt and Co., 2008).
12 Paul R. Mendes-Flohr, Jehuda Reinharz, The Jew in the modern world: a documentary history(Oxford University Press US, 1995).
13 Alfred Zimmern, The Economic Weapon Against Germany, London: Allen & Unwin, 1918.
14 Hjalmar Schacht, The magic of money(Oldbourne, 1967).
15 Ron Chernow, The Warburgs The 20th-Century Odyssey of a Rememberable Jewish Family.
16 Hjalmar Schacht, The magic of money(Oldbourne, 1967).
17 Ron Chernow, The Warburgs The 20th-Century Odyssey of a Rememberable Jewish Family.
18 Carroll Quigley, Tragegy and Hope(MacMillian Company, 1966).
19 Stephen Zarlenga, Germany's 1923 Hyperinflation: A "Private" Affair.
20 Antony C. Sutton, Wall Street & the Rise of Hitler(GSG & Associates, 1976).

제 6 장

1 류더우(劉德武) 주편(主編): 국제관계사, 베이징, 고등교육출판사, 2003년, 216~217쪽.
2 류더우 주편: 국제관계사, 베이징, 고등교육출판사, 2003년, 203~204쪽
3 Ibid. 206~207쪽
4 Munich 1923, John Dornberg, Harper & Row, NY, 1982. P344.
5 Hitler: A Profile in Power, Ian Kershaw, Chapter I(London, 1991, rev. 2001).
6 Adolf Hitler, John Toland, New York: Doubleday & Company, 1976. P94~98.
7 Ibid.
8 The Rise and Fall of the Third Reich: A History of Nazi Germany, William L. Shirer,(Touchstone Edition) (New York: Simon & Schuster, 1981), P312.
9 Antony C. Sutton, Wall Street and the Rise of Hitler(GSG & Associates Pub 1976) Chapter 10.
10 Richard Roberts, Schroders Merchants & Bankers(MacMillan, 1992).
11 Nuernberg Military Tribunal Volume VI P285.
12 Nuernberg Military Tribunal Volume VI P287.
13 Antony C. Sutton, Wall Street and the Rise of Hitler(GSG & Associates Pub 1976).
14 Ibid.
15 Nuernberg Military Tribunal Volume VII, P238.
16 Ron Chernow, The Warbugs(Random House).
17 【미국】 존 비츠 저, 장위주(張禹九)역, 《히틀러의 은행가》, 베이징, 광밍르바오(光明日報)출판사, 2000년, 6~7쪽.
18 Ibid, 14, 22, 30~31쪽.
19 Ibid, 74쪽.
20 Ibid, 108쪽.
21 【독일】 샤흐트, 《내 인생의 76년》, 404쪽.
22 【미국】 존 비츠 저, 장위주 역, 《히틀러의 은행가》, 베이징, 광밍르바오출판사, 173~176쪽.
23 Ibid, 212~213쪽.

24 Ibid, 33쪽.
25 Ibid, 78~80쪽.
26 Ibid, 284~299쪽.
27 Ibid, 163~164쪽.
28 Ibid, 243쪽.
29【독일】샤흐트,《내 인생의 76년》, 495쪽.

제 7 장

1 Roland Perry, The Fifth Man(London: Pan Books, 1994), Pxv-xlii.
2 Ibid, P36~37.
3 Ibid, P37~38.
4 Ibid, P45.
5 Ibid, P43.
6 Letter from Vivtor Rothschild to Keynes, Keynes Papers.
7 Roland Perry, The Fifth Man(London: Pan Books, 1994), P43.
8 류더우 주편: 국제관계사, 베이징, 고등교육출판사, 2003년, 275쪽.
9 Ibid, P277.
10 Roland Perry, The Fifth Man(London: Pan Books, 1994), P47.
11 Ibid, P49.
12 Ibid, P89~90.
13 Ibid, P77.
14 Ibid, P79~80.
15 Ibid, P95.
16 Ibid, P113.
17 Ibid, P116~117.
18 Ibid, P117.
19 Ibid, P118.
20 Paul R. Mendes-Flohr, Jehuda Reinharz, The Jew in the modern world: a documentary history(Oxford University Press US, 1995).
21 Roland Perry, The Fifth Man(London: Pan Books, 1994), P176.

22 Ibid, P152~155.

23 Ibid, P365.

24 Robert Wilcox, Target Patton(US: Regnery Publishing,Inc. 2008), P25.

25 Ibid, P92~99.

26 Ibid, P20,167~170.

27 Ibid, P16~17, 202~204.

28 Wild Bill Donovan: The Last Hero, by Anthony Cave Brown, New York: Times Books, 1982.

29 OSS: The Secret History of America's First Central Intelligence Agency, by R. Harris Smith, University of California Press, 1972.

제 8 장

1 Gary Allen, The Rockefeller File, Buccaneer Books, Inc.1976.

2 Schlossberg, Bert(2000). Rescue 007: The Untold Story of KAL 007 and its Survivors. Xlibris. ISBN 0-7388-5775-0, 0-7388-5774-2. Retrieved on 2009-01-01.

3 who killed congressman Lawrence Patton Mcdonald?, by Todd Brendan Fahey (fargone@disinfo.net) - July 01, 2001.

4 Gary Allen, The Rockefeller File, Buccaneer Books, Inc.1976.

5 Carroll Quigley, Tragegy and Hope, GSG & Associates, 1996.

6 Niall Ferguson, The House of Rothschild, Penguin Books, 1999.

7 Carroll Quigley, Tragegy and Hope, GSG & Associates, 1996.

8 Carroll Quigley, The Anglo-American Establishment(GSG & Associates,1981).

9 Ibid.

10 Ibid.

11 Ibid.

12 Ibid.

13 Carroll Quigley, Tragegy and Hope, GSG & Associates, 1996.

14 David Rivera, Final Warning: A History of the New World Order-Illuminism

and the master plan for world domination, 1994.
15 Ron Chernow, Titan: The Life of John D. Rockefeller, Sr., New York: Warner Books, 1998,(P563~566).
16 Gary Allen, The Rockefeller File, Buccaneer Books, Inc.1976, P11.
17 Ibid, P13.
18 Ibid, P15.
19 Ibid, P40.
20 David Rivera, Final Warning: A History of the New World Order -Illuminism and the master plan for world domination, 1994.
21 Gary Allen, The Rockefeller File, Buccaneer Books, Inc.1976, P43.
22 David Rivera, Final Warning: A History of the New World Order -Illuminism and the master plan for world domination, 1994.
23 Antony C. Sutton, Wall Street and FDR, Arlington House Publishers, 1975.
24 Gary Allen, The Rockefeller File, Buccaneer Books, Inc.1976, P156.
25 Ibid, P157.
26 Ibid, P159.
27 Ibid, P44.
28 Ibid, P68.
29 David Rockefeller, David Rockefeller Memoirs, Random House, 2002, P405.
30 Clarence K. Streit, Union Now, Harper & Brothers, 1940.
31 Gary Allen, The Rockefeller File, Buccaneer Books, Inc.1976

제 9 장

1 The Economist, 2007(1).
2 Martin, J(2000). Greenspan: The Man behind Money.
3 Greenspan, Alan(2007). The Age of Turbulence. Penguin Press.
4 Ibid.
5 Ibid.
6 Rand, Ayn(1957), Atlas Shrugged, 50thAnniversary Edition.

7 Martin, J(2000). Greenspan: The Man behind Money.

8 Ibid.

9 Rand, Ayn(1957), Atlas Shrugged, 50thAnniversary Edition.

10 Rubin, Harriet(2007). "Ayn Rand's Literature of Capitalism". The New York Times.

11 Greenspan, Alan(2007). The Age of Turbulence. Penguin Press.

12 Rand, Ayn(1957), Atlas Shrugged, 50thAnniversary Edition.

13 Ibid.

14 Ibid.

15 Greenspan, Alan(July 1966). "Gold and Economic Freedom". The Objectivist 5(7).

16 Rand, Ayn(1957), Atlas Shrugged, 50thAnniversary Edition.

17 Fleckenstein, William(2008). Greenspan's Bubbles: The Age of Ignorance at the Federal Reserve.

18 Batra, R X(2005). Greenspan's Fraud: How Two Decades of His Policies Have Undermined the Global Economy.

제 10 장

1 Weatherford, Jack, The History of Money(Crown Publishers, 1997).

2 Cooper, Richard N., "Is there a Need for Reform?"(Speech at a Federal Reserve Bank of Boston conference, May 1984).

3 먼델: 세계화폐 추진은 위기의 시기에만 성취할 수 있다(《디이차이징르바오(第一財經日報》), 2008년 11월 13일

4 Bonpasse, Morrison, The Single Global Currency(Single Global Currency Association, 2006).

5 Clausen, A.W., in a 1979 interview with the Freeman Digest, "International Banking".

6 Mackenzie King, William Lyon, in a radio address, August 2, 1935. Quote printed in Walter Stewart's book, Bank Heist(HarperCollins, 1997).

7 Kiyosaki, Robert, How the Financial Crisis Was Built Into the System (Yahoo

Finance, November 24, 2008).
8 Hellyer, Paul, Funny Money(Chimo Media, 1994).
9 Kindleberger, Charles P., speaking at a Federal Reserve conference. The International Adjustment Mechanism, Federal Reserve Bank of Boston, 1969, Conference Series 2.
10 Cooper, Richard N., "Is there a Need for Reform?"(Speech at a Federal Reserve Bank of Boston conference, May 1984).
11 Bonpasse, Morrison, The Single Global Currency(Single Global Currency Association, 2006).
12 Ibid. P7.
13 Wolf, Martin, writing for the Financial Times, August 3, 2004.
14 Steil, Benn, Digital gold and a flawed global order(Financial Times, January 5, 2007).
15 Steil, Benn, "The End of National Currency,"(Foreign Affairs, May/June 2007).
16 Ibid.
17 Mundell, Robert, "A Decade Later: Asia New Responsibilities in the International Monetary System," presentation given in Seoul, South Korea, May, 2~3, 2007.
18 Roach, Stephen, Original Sin,(Global Economic Forum in Tokyo, April 25 2005).
19 Mundell, Robert, "A Decade Later: Asia New Responsibilities in the International Monetary System," presentation given in Seoul, South Korea, May, 2~3, 2007.
20 Bonpasse, Morrison, The Single Global Currency(Single Global Currency Association, 2006).
21 Ibid.

찾아보기

ㄱ

ㄴ

ㄷ

ㅇ

ㅎ

기타

홍순도

경희대 사학과를 졸업하고 독일 보쿰 대학에서 중국정치학으로 석사학위를 수료했다. 〈매일경제〉와 〈문화일보〉에서 국제부 기자로 일했으며, 1997년부터 9년 동안 베이징 특파원으로 활동했다. 2004년 한국기자협회 올해의 기자상과 제8회 한국언론대상을 받았다. 지은 책으로 《사기로 처세하고 삼국지로 성공하라》, 《명문가의 격》, 《시진핑》 등이 있으며, 옮긴 책으로 《탐욕경제: 부의 분배 메커니즘을 해부하다》, 《삼국지 강의》, 얼웨허 대하소설 '제왕삼부곡' 시리즈(《강희대제》, 《옹정황제》, 《건륭황제》) 등이 있다.

화폐전쟁 2

| 금권 천하 |

1판 1쇄 발행 2008년 7월 28일
2판 1쇄 발행 2020년 9월 15일
2판 5쇄 발행 2023년 1월 3일

지은이 쑹훙빙
옮긴이 홍순도
감 수 박한진

발행인 양원석
편집장 김건희
영업마케팅 조아라, 정다은, 이지원, 한혜원
펴낸 곳 ㈜알에이치코리아
주소 서울시 금천구 가산디지털2로 53, 20층 (가산동, 한라시그마밸리)
편집문의 02-6443-8902 **도서문의** 02-6443-8800
홈페이지 http://rhk.co.kr
등록 2004년 1월 15일 등록 제2-3726호

ISBN 978-89-255-8989-3 (03320)
ISBN 978-89-255-8984-8 (set)